财政部规划教材

会计信息化

——财务链管理系统

杨　勋　王剑萍　主编

中国财经出版传媒集团
经济科学出版社
Economic Science Press

图书在版编目（CIP）数据

会计信息化：财务链管理系统 / 杨歟，王剑萍主编．
—北京：经济科学出版社，2019．6
财政部规划教材
ISBN 978－7－5218－0620－5

Ⅰ．①会…　Ⅱ．①杨…　②王…　Ⅲ．①会计电算化－高等职业教育－教材　Ⅳ．①F232

中国版本图书馆 CIP 数据核字（2019）第 118897 号

责任编辑：白留杰　刘殿和
责任校对：王苗苗
责任印制：李　鹏

会计信息化
——财务链管理系统
杨　歟　王剑萍　主编
经济科学出版社出版、发行　新华书店经销
社址：北京市海淀区阜成路甲 28 号　邮编：100142
教材分社电话：010－88191355　发行部电话：010－88191522
网址：www.esp.com.cn
电子邮件：esp@esp.com.cn
天猫网店：经济科学出版社旗舰店
网址：http://jjkxcbs.tmall.com
北京密兴印刷有限公司印装
787×1092　16 开　26.5 印张　635000 字
2019 年 6 月第 1 版　2019 年 6 月第 1 次印刷
ISBN 978－7－5218－0620－5　定价：59.00 元
（图书出现印装问题，本社负责调换。电话：010－88191510）

前言

会计信息化是信息社会对企业财务信息管理提出的一个新要求，是企业会计顺应信息化浪潮做出的必要举措。它是网络环境下企业领导获取信息的主要渠道，也是增强企业竞争力、提高会计管理决策能力和企业管理水平的重要工具。为了贯彻财政部颁布的《企业会计信息化工作规范》，推进会计信息化人才建设，培养适应企业需求的人才，我们编写了本教材（高职高专）。

本教材以用友公司开发的 ERP-U8V10.1 版本软件为平台，从企业实际应用出发，以某工业企业 1 个月的实际经济业务为任务载体，通过 10 个学习项目中的 44 个任务，讲解软件的基本工作原理、操作方法和工作流程，重点介绍用友软件的财务模块、薪资管理模块、固定资产管理模块、应收款管理模块、应付款管理模块和 UFO 报表模块。

教材从项目分析入手，以问题引领方式介绍完成任务所需知识及具体操作步骤，以“提示”标注关键点和易错点，以“思维导图”进行项目总结，通过图文并茂方式加深学习者对重点和难点的理解与掌握。

本教材配套教学资源丰富，包括教学课件、电子教案、账套等，可发送邮件至 19757862@qq.com 索取；另外，为满足学习者的自学需求，教材中提供了重点学习任务的操作视频，可扫描二维码（见封底）进入微程序自主学习。

本教材由黑龙江建筑职业技术学院杨勲、黑龙江生物科技职业学院王剑萍担任主编，具体分工为：项目 1、项目 2、项目 3、项目 4、项目 9、项目 10 由杨勲编写；项目 5、项目 6、项目 7、项目 8 由王剑萍编写。全书在编撰过程中得到了浙江商业职业技术学院陈强教授的大力支持，在此表示感谢！

由于编者水平有限，书中难免存在疏漏和不当之处，敬请各位老师和同学不吝赐教，以便今后不断完善。

编者

2019 年 5 月

目录

项目1

认知会计信息化

项目分析

2019年1月1日，新宇公司准备采用会计软件进行日常会计核算与管理。为此公司组织人员从以下几方面进行了可行性分析。

问题1：会计信息化的发展现状如何？

问题2：国内市场普遍采用的会计软件有哪些？

问题3：会计软件对运行环境有哪些要求？

问题4：如何安装会计软件？

任务1 了解会计信息化

任务单1-1

项目	项目1 认知会计信息化	任务	任务1 了解会计信息化
学习目标 1. 了解会计信息化的发展历程； 2. 了解会计软件的发展历程； 3. 了解会计软件的功能模块。		学习方法 1. 预习，查找资料； 2. 认真听课。	

知识链接

随着信息技术和互联网的发展，信息化浪潮冲击着各行各业，并成为这一时代的主旋律，顺应信息化潮流，运用现代信息技术，改革传统会计，实现会计信息化，已成为时代发展的迫切要求。

会计信息化，就是指企业利用计算机、网络通信等现代信息技术手段开展会计核算，以及利用上述技术手段将会计核算与其他经营管理活动有机结合的过程。

1.1.1 会计信息化的发展历程

1954年，美国通用电气公司首次将计算机用于薪资核算，揭开了人类利用计算机进行会计数据处理的序幕。

在我国，计算机用于会计事务处理工作始于1979年长春第一汽车制造厂会计电算化试点工作。而真正把“计算机在会计工作中的应用”称为“会计电算化”，却是在1981年召开的“财务、会计、成本应用计算机专题研讨会”上。

随着信息技术的发展，企业开始在会计核算和其他经营管理活动中引入网络通信等现代化的技术手段。因而，2003年杨周南教授提出将“会计电算化”改称为“会计信息化”。

但明确会计信息化的概念是在2014年1月，财政部颁布的《企业会计信息化工作规范》中。

“会计电算化”是“会计信息化”的初级阶段，侧重于会计核算；“会计信息化”是利用软件控制企业业务流程，强调会计核算与企业经营管理相结合；随着人工智能在各个领域的广泛应用，会计信息化又朝着会计智能化的方向发展。

1.1.2 会计软件的发展历程

在“会计电算化”向“会计信息化”发展的进程中，始终伴随着会计软件的不断更新换代，从最初的定点研发到如今的ERP集成管理软件，它的发展大致经历了以下几个阶段。

(1) 会计软件定点开发阶段。20世纪70年代末，部分单位开始进行会计软件自主开发，主要针对易于解决的会计核算工作和工资发放与管理业务。这一时期的开发工作是盲目的，周期长，社会普及率低，低水平重复开发严重，造成大量人力、物力的浪费。

(2) 商品化会计软件发展阶段。根据国际发展趋势和国内情况，我国认识到要解决中国会计电算化问题，必须走通用化的道路。1988年，先后成立了多家专门从事会计软件开发的专业公司，目前国内最大的管理软件供应商和服务商——用友软件股份有限公司就成立于1988年。1989年12月，财政部颁布了关于《会计核算软件管理的几项规定（试行）》，提出了对会计软件的“十条基本要求”，建立了商品化会计核算软件的评审制度。管理部门的介入对会计软件开发从通用化向商品化发展起到了积极的推动作用。

这一期间开发出的商品化会计软件主要以计算机替代手工核算和减轻会计人员记账、算账的工作量为主要目标，一般称之为“核算型会计软件”。软件模块构成主要包括账务处理、报表、工资核算、固定资产、材料核算等，各模块相对独立，没有形成一个整体系统，不能实现数据共享。

(3) 财务与业务一体化软件发展阶段。1999~2008年，是会计信息系统与企业管理信息系统相融合的10年。这一阶段，出现了财务与业务一体化软件，会计软件由单纯的只对资金流进行管理，发展成为财务与购销存业务一体化管理；由单一的财务部门级的应用系统，发展成为跨越多个部门的企业级会计信息系统；由单机型会计信息系统，发展为网络型会计信息系统；由孤立的几个财务模块，发展成为具有账务、报表、应收、应付、工资、固定资产、购销存业务管理、成本管理、财务分析、决策支持等各项功能高度集成化的通用会计信息系统。

(4) 与ERP管理信息系统接轨阶段。随着互联网技术的成熟以及ERP管理理念的推广，我国一些财务软件公司开始向ERP领域（enterprise resource planning，即企业资源计划）进军，将企业的管理工作全面集成，实现与企业管理信息系统接轨。这一阶段，会计软件已经成为ERP系统不可缺少的组成部分。

1.1.3 会计软件功能与结构

会计软件是企业使用的，专门用于会计核算和财务管理的计算机软件、软件系统或者其他的功能模块。它既可以进行会计核算，还可以从业务中获取数据进行分析。在会计软件发展到 ERP 集成管理阶段后会计软件已经将企业内外部资源整合在一起，可以执行财务预算、质量管理、资源调度、辅助决策，还可以与客户和供应商实现信息共享和数据交换，完成供应链信息流、资金流和物流的统一，实现跨企业的联合作战和协同作战。

用友 ERP-U8 软件涵盖了财务会计、管理会计、供应链管理、生产制造、人力资源等 8 大项 56 个模块，其结构如图 1－1 所示，各模块间数据传递如图 1－2 所示。

财务会计	管理会计	供应链管理	生产制造管理	人力资源管理	决策支持系统	集团财务	网络分销
•总账 •报表 •固定资产 •财务分析 •网上银行 •应收款管理 •应付款管理 •现金流量表 •出纳管理 •网上报销	•资金管理 •成本管理 •标准成本 •项目成本 •预算成本	•采购管理 •电商订单中心 •销售管理 •库存管理 •存货核算 •合同管理 •质量管理 •售前分析 •委外管理 •进口管理 •出口管理	•物料清单 •车间管理 •工序委外 •设备管理 •工程变更管理	•人事管理 •人事合同管理 •薪资管理 •计件工资 •保险福利管理 •考勤休假管理 •招聘管理 •培训管理	•商业分析 •分析报表工具 •安全库存模型 •关联分析	•合并报表 •结算中心 •集团预算 •网上结算 •行业报表	

图 1－1　用友 ERP-U8 软件功能结构

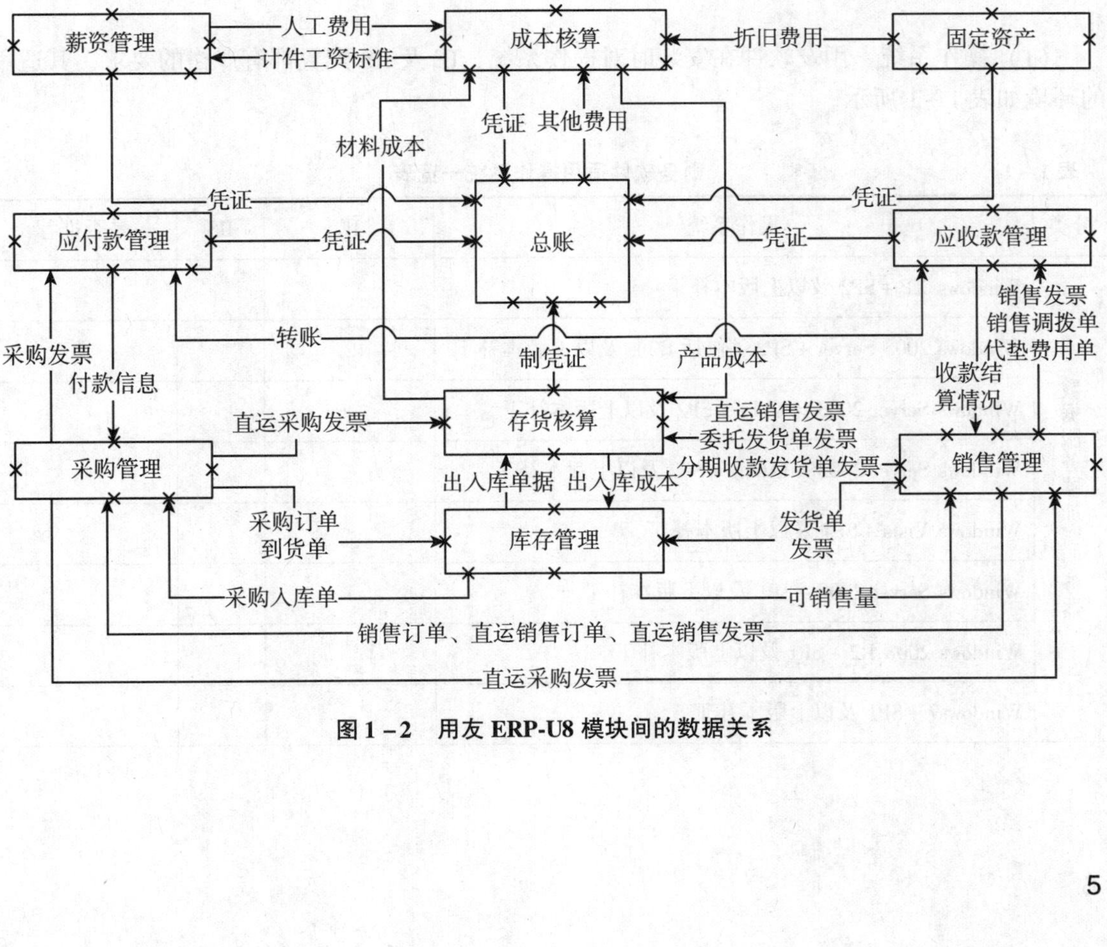

图 1－2　用友 ERP-U8 模块间的数据关系

任务2 安装软件

任务单1-2

项目	项目1　认知会计信息化	任务	任务2　安装软件
学习目标 1. 了解会计软件对运行环境的要求； 2. 掌握 SQL Server 数据库的安装方法； 3. 掌握用友 U8V10.1 软件的安装方法。		学习方法 1. 预习，查找资料； 2. 通过操作完成学习任务。	
学习资源 1. SQL Server2008 安装盘； 2. 用友 U8V10.1 软件安装盘。		学习任务 1. 安装 SQL Server 数据库； 2. 安装用友 U8V10.1 软件。	

1.2.1　用友 U8V10.1 版本软件对运行环境的要求

（1）操作系统。用友软件在安装时对操作系统、IE 及 IIS 配置都有严格的要求，其适用的环境如表1-1所示。

表1-1　财务软件适用操作系统一览表

分类	操作系统	IE	IIS	是否推荐
数据服务器加密服务器	Windows XP + SP2 及以上版本补丁			
	Windows 2003 Server + SP2（包括 R2）及以上版本补丁			是
	Windows Server 2003（X64）+ SP2 及以上版本补丁			
	Windows Server 2003（IA64）+ SP2 及以上版本补丁			
	Windows Vista + SP1 及以上版本补丁			
	Windows Server 2008 + SP1 及以上版本补丁			
	Windows 2008 R2 + SP1 及以上版本补丁			
	Windows7 + SP1 及以上版本补丁			

续表

分类	操作系统	IE	IIS	是否推荐
应用服务器	Windows XP + SP2 及以上版本补丁	IE60 + SP1（或 IE7、IE8、IE9）	IIS5. 1	
	Windows 2003 Server + SP2（包括 R2）及以上版本补丁		IIS6. 0	是
	Windows Server 2003（X64）+ SP2 及以上版本补丁			
	Windows Server 2003（IA64）+ SP2 及以上版本补丁			
	Windows Vista + SP1 及以上版本补丁	IE7（或 IE8、IE9）	IIS7. 0	
	Windows Server 2008 + SP1 及以上版本补丁			
	Windows 2008 R2 + SP1 及以上版本补丁			
	Windows7 + SP1 及以上版本补丁			
客户端	Windows XP + SP2 及以上版本补丁	IE60 + SP1（或 IE7、IE8、IE9）		
	Windows 2003 Server + SP2（包括 R2）及以上版本补丁			是
	Windows Server 2003（X64）+ SP2 及以上版本补丁			
	Windows Server 2003（IA64）+ SP2 及以上版本补丁			
	Windows Vista + SP1 及以上版本补丁			
	Windows Server 2008 + SP1 及以上版本补丁	IE7（或 IE8、IE9）		
	Windows 2008 R2 + SP1 及以上版本补丁			
	Windows7 + SP1 及以上版本补丁			

注：如果是单机安装，即把数据服务器、应用服务器、客户端安装在一台机器上，需要满足以上几项配置要求。

（2）数据库管理系统。用友 ERP-U8 的运行需要数据库管理系统的支持，U8 V10. 1 需要安装以下 SQL Server 版本的标准版、企业版或数据中心版，包括：

Microsoft SQL Server Desktop Engine2000（MSDE 2000）+ SP4

Microsoft SQL Server 2000 + SP4

Microsoft SQL Server 2005 + SP2（或以上版本补丁）（包括 EXPRESS）

Microsoft SQL Server 2008（SP1 或以上版本补丁）

Microsoft SQL Server 2008 R2

（3）基础环境。安装用友 ERP U8 软件前请确保计算机中安装有 office 2007、IIS、. net2. 0SP1、. net3. 5SP1。

1.2.2 安装 SQL Server 2008 数据库

☞ 操作步骤

(1) 将 SQL Server 2008 安装盘插入光驱。

(2) 单击根目录下图标“setup. exe” 文件，进入 SQL Server 2008 安装中心，如图 1 – 3 所示。

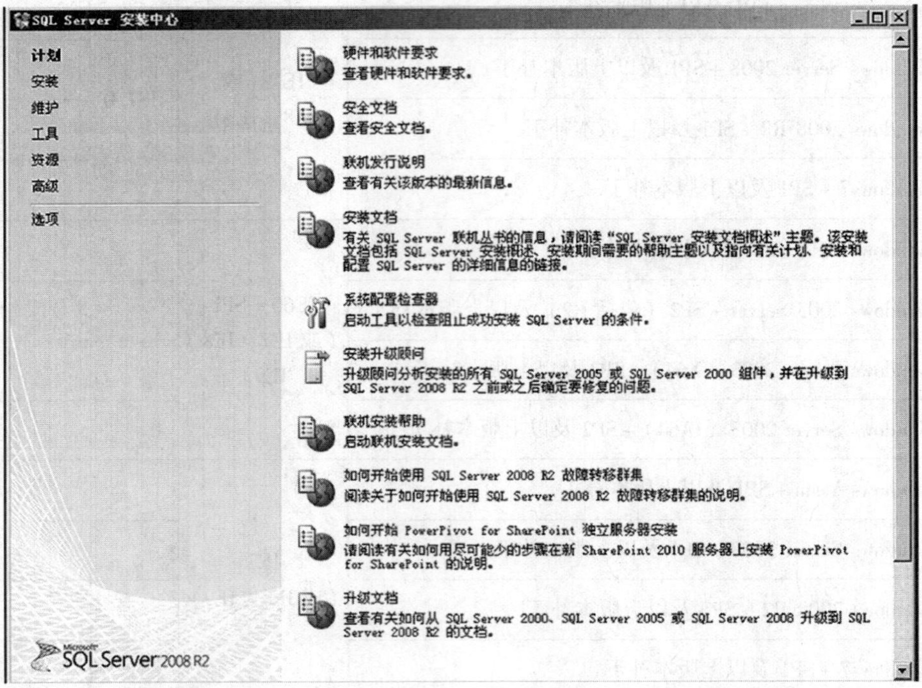

图 1 – 3 SQLServer 安装中心 1

(3) 启动“系统配置检查器”，查找阻止成功安装 SQL Server 的条件，如图 1 – 4 所示。

(4) 单击左边第二项“安装”|“全新安装或向现有安装添加功能”，如图 1 – 5 所示。

(5) 系统自动进行安装环境检查，全部通过后单击“确定”，进入下一步，输入产品密匙后单击“下一步”，如图 1 – 6 所示。

(6) 进入许可条款界面，点击我接受许可协议，单击“下一步”，如图 1 – 7 所示。

(7) 出现功能选择界面，选中全部功能，共享功能目录，最好设置为默认路径，如图 1 – 8 所示。

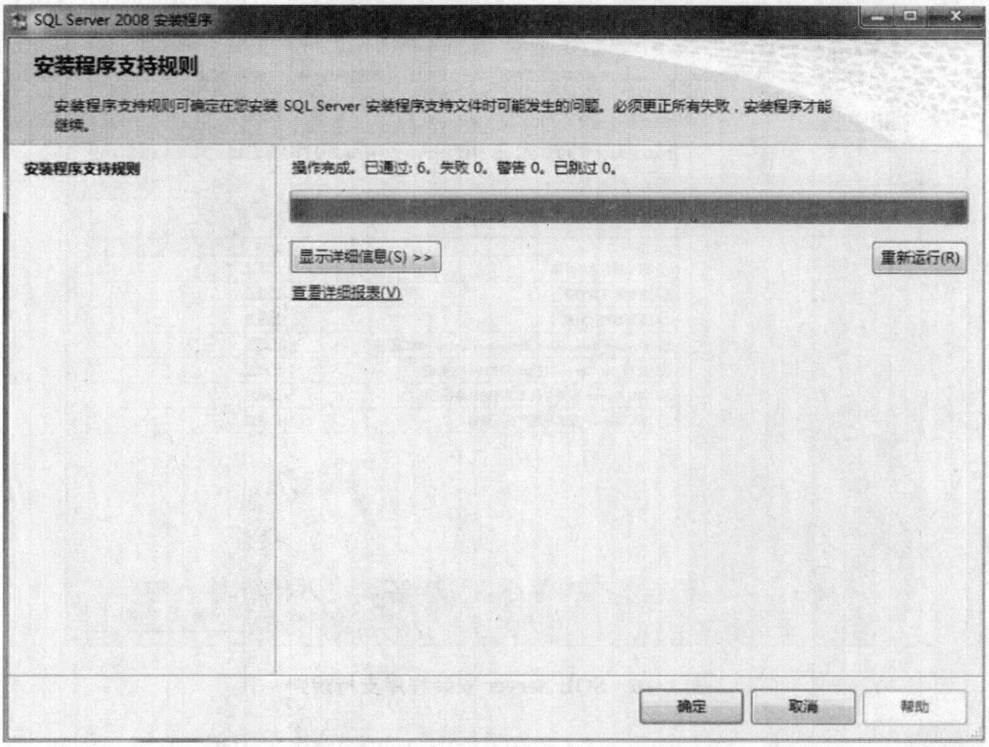

图 1－4　安装程序支持规则窗口

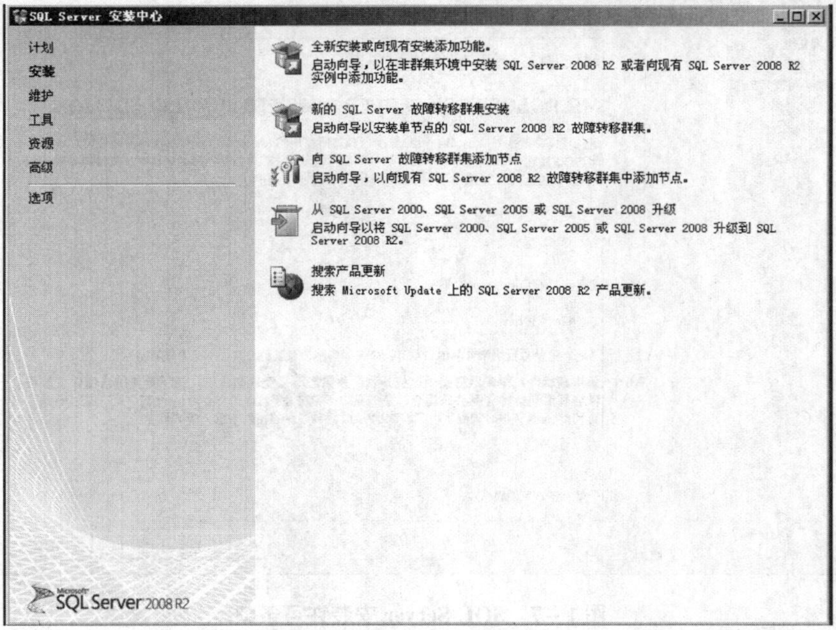

图 1－5　SQL Server 安装中心 2

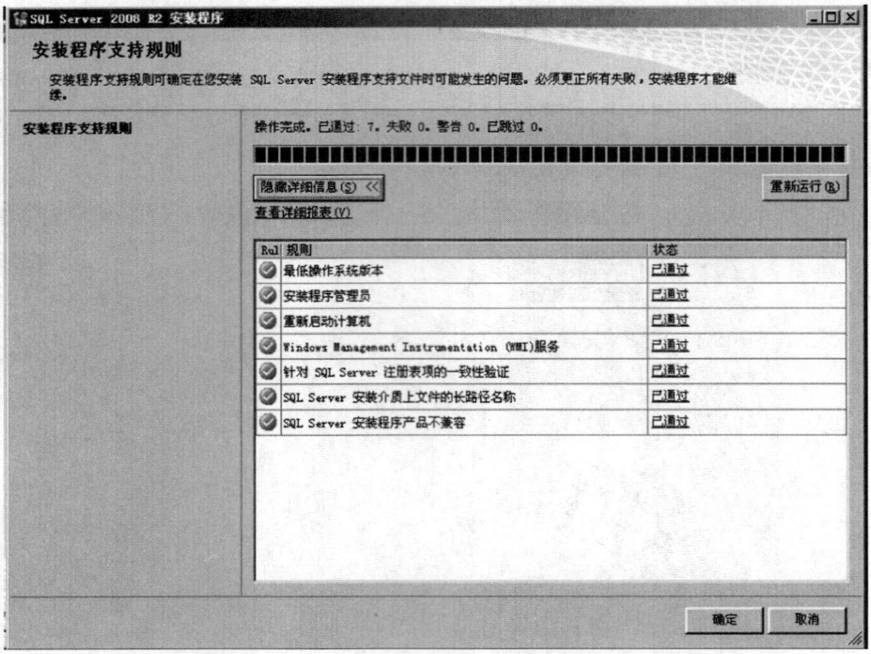

图 1-6　SQL Server 安装程序支持规则

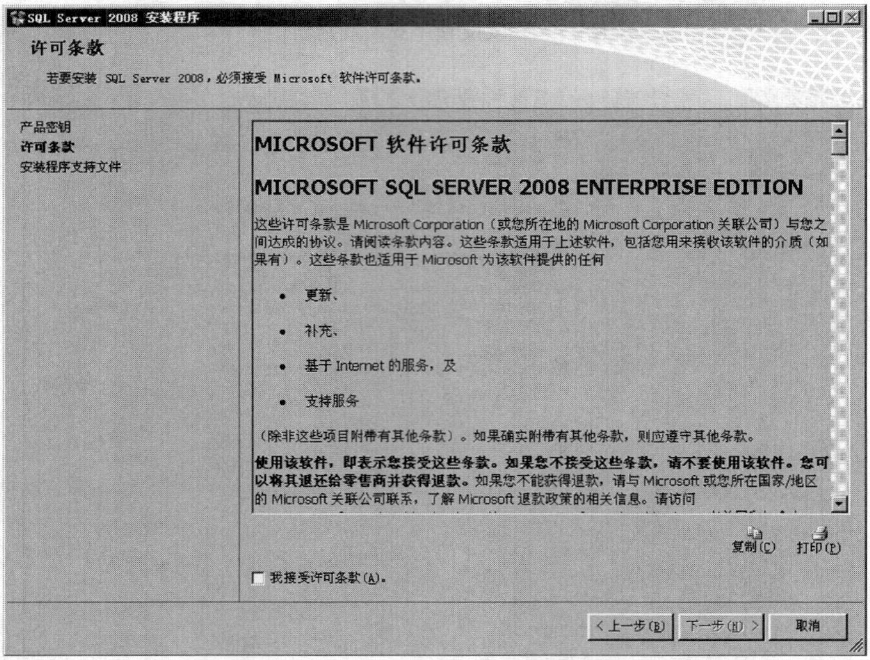

图 1-7　SQL Server 安装许可条款

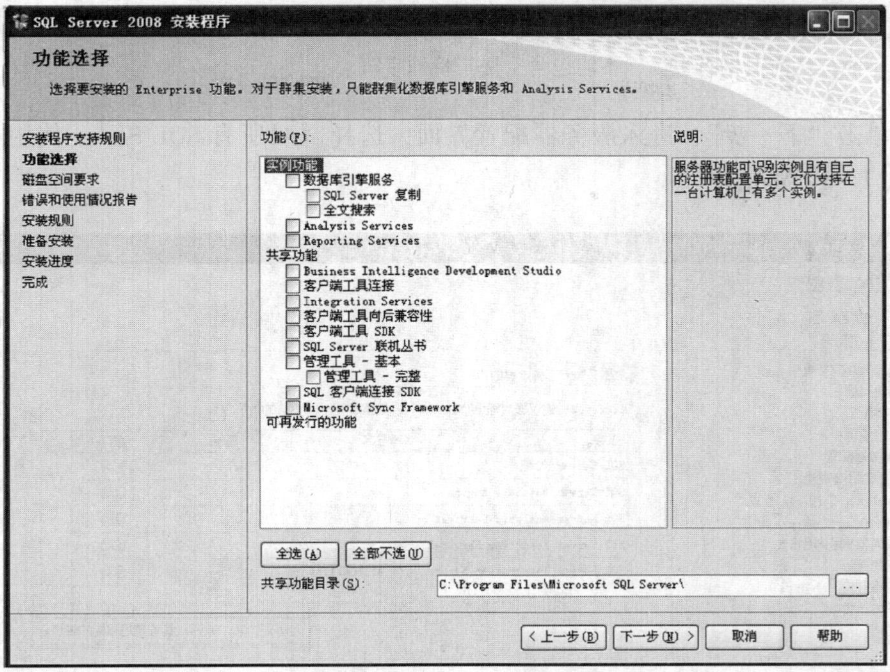

图 1-8　SQL Server 功能选择

(8) 单击“下一步”，进入实例配置界面，选择默认实例，单击“下一步”，如图 1-9 所示。

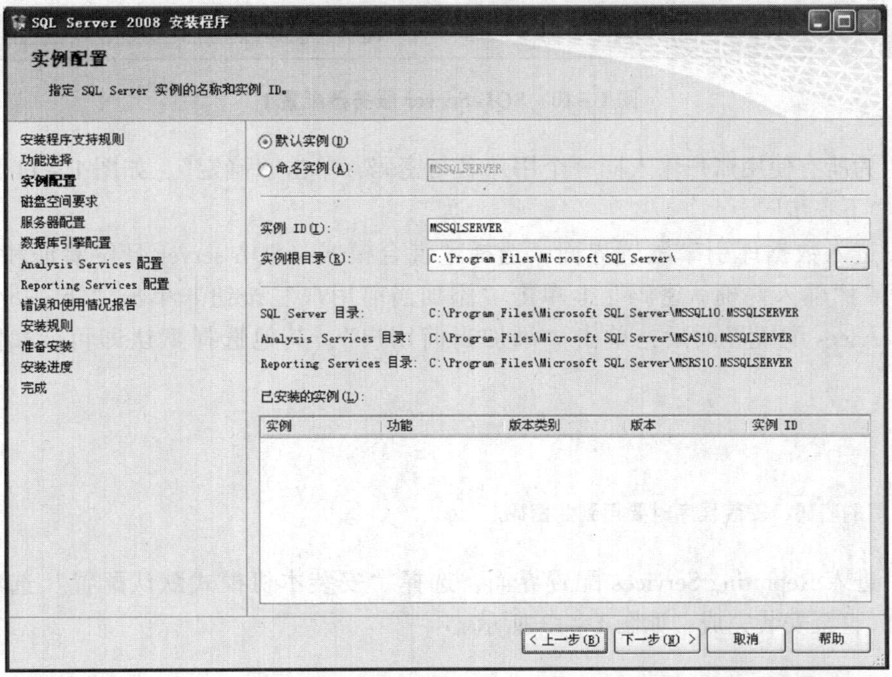

图 1-9　SQL Server 实例配置

提 示

实例名不能与之前实例有重复，不能包含空格与特殊字符。

（9）单击“下一步”，进入服务器配置界面，选择“对所有 SQL Server 使用相同的账户”，如图 1－10 所示。

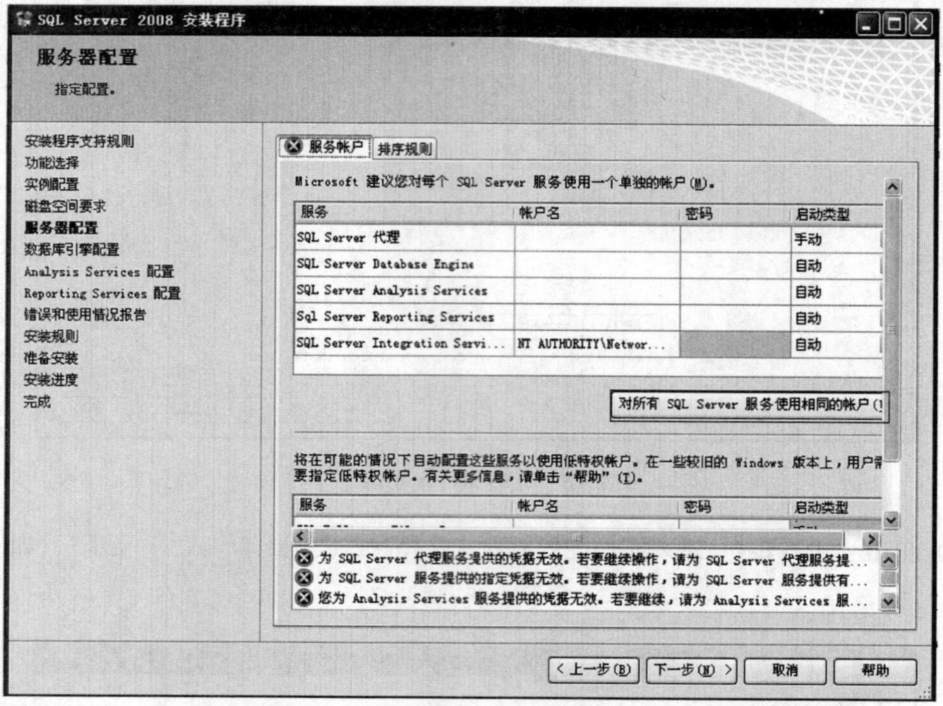

图 1－10　SQL Server 服务器配置 1

（10）为所有使用账户输入同一个用户名与密码，单击“确定”，如图 1－11 所示，完成后单击“下一步”。

（11）进入数据库引擎配置界面，选择“混合模式（SQL server 身份验证和 Windows 身份验证）”|“输入并确认密码”|单击“添加当前用户”按钮|单击“下一步”。出现 Analysis Services 配置界面后，单击“添加当前用户”，其他选择默认即可，如图 1－12 所示。

提 示

记住填写的密码，安装程序时要用到此密码。

（12）进入 Reporting Services 配置界面，选择“安装本机模式默认配置”选项，单击“下一步”，直至安装完成，如图 1－13 所示。

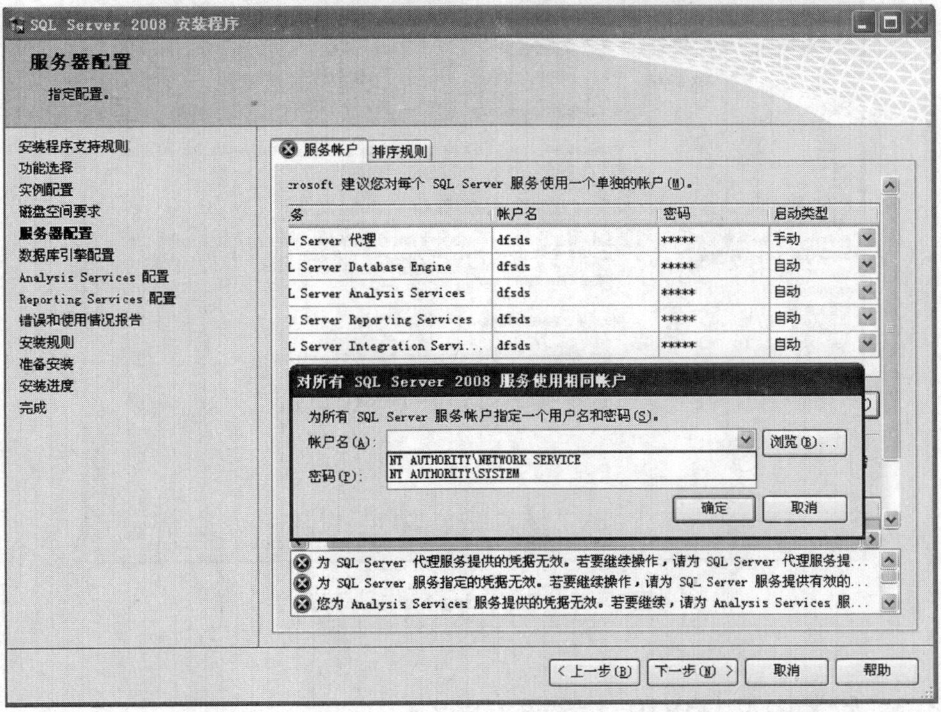

图 1－11　SQL Server 服务器配置 2

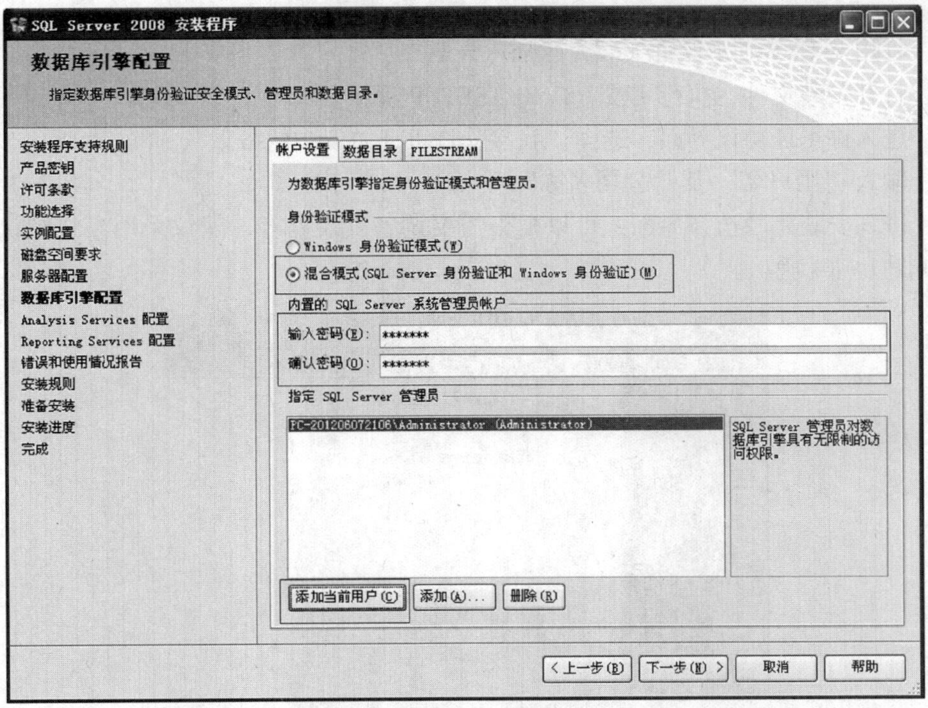

图 1－12　SQL Server 数据库引擎配置

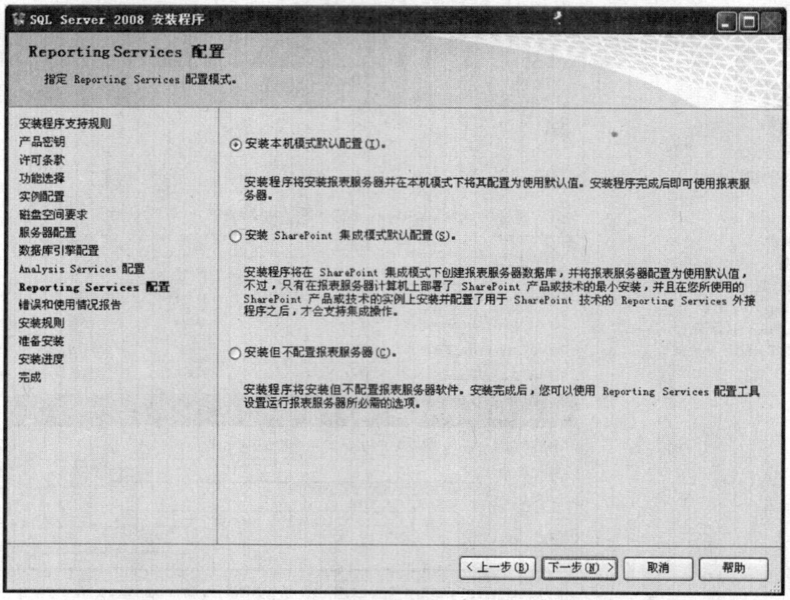

图 1-13　Reporting Services 配置

1.2.3　安装用友 U8V10.1 软件

☞ 操作步骤

（1）将用友 U8V10.1 软件安装光盘插入光驱。

（2）打开安装文件，执行用友 U8V10.1SETUP 程序。

（3）进入许可证协议界面，选择“我接受许可证协议中的条款”，单击“下一步”。

（4）输入“用户名”及“公司名称”。

（5）进入安装路径选择界面，可以根据需要调整安装路径。建议采用系统默认的安装路径，如图 1-14 所示。

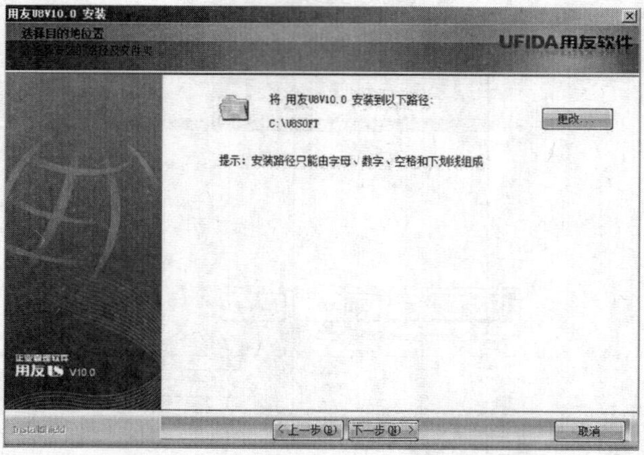

图 1-14　用友 U8V10.1 软件安装

（6）选中“全产品”，单击“下一步”。

提 示

● 在服务器上安装用友 U8V10.1 时，需要选择“全产品”安装模式（用于后面可能出现的异常问题的解决）。

● 将“繁体”和“英文”两种语言模式去掉。

（7）进入系统环境检测窗口，如图 1－15 所示。

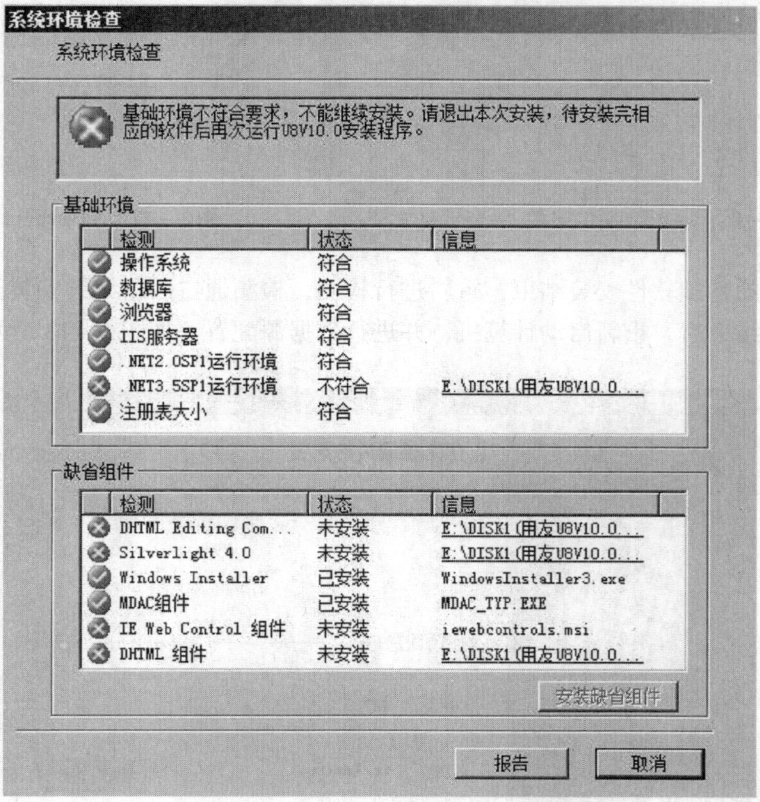

图 1－15 系统环境检测

提 示

● 第一次安装 U8V10.1 时，系统会出现环境检测环节，如果环境检测不通过，说明操作系统中缺少某项软件环境。

● 对于缺少的软件环境和组件可根据安装程序的提示，到用友 U8\V10.1SETUP\3rdProgram 目录下，找到相应的软件安装包，进行安装。

● 在安装.net3.5SP1 框架文件时，最好先将外网断开，再进行安装。因为在联网状态下，此安装时间会很长，安装程序需要从网上下载数据。安装结束后，系统会提示“重新启动机器”，请重新启动，然后继续，如图 1－16 所示。

● 在安装 Silverlight 时，需要将“启用 Microsoft Update”取消，如图 1－17 所示。

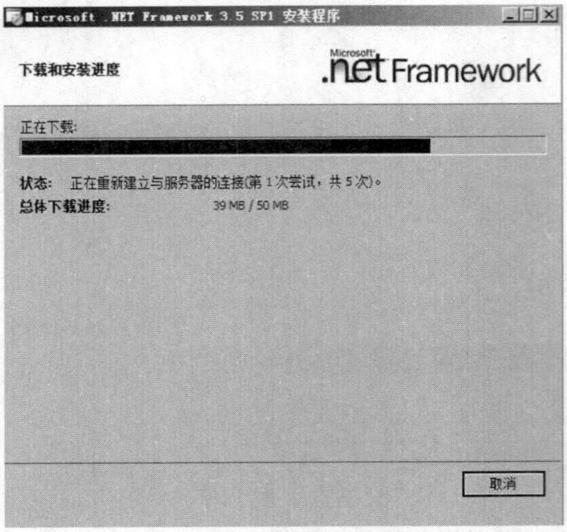

图 1－16　. net3. 5SP1 安装

图 1－17　Silverlight 安装

(8) 需要的基础软件安装结束，重新进行检测，检测通过后，继续安装至结束。

(9) 安装结束后，重新启动计算机，并进行数据源配置，如图 1－18 所示。

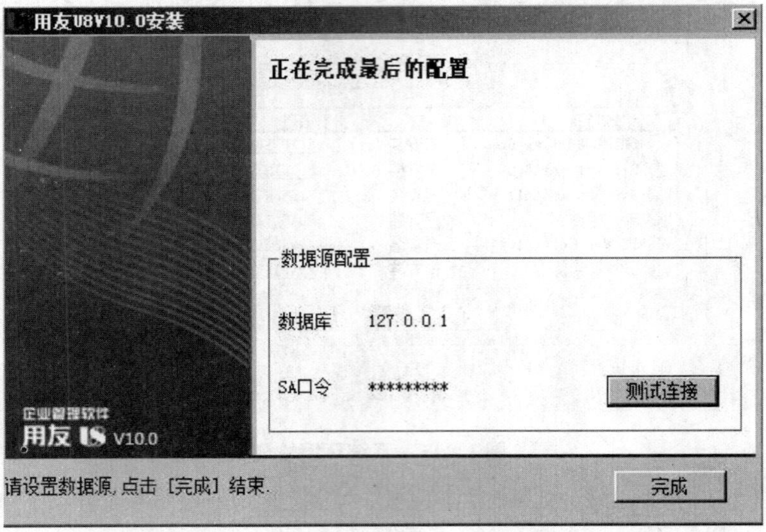

图 1－18　数据源配置

(10) 数据库初始化完成后，出现登录界面。

提　示

"数据库" 要填写 IP 或机器名。

项目总结

项目总结如图 1－19 所示。

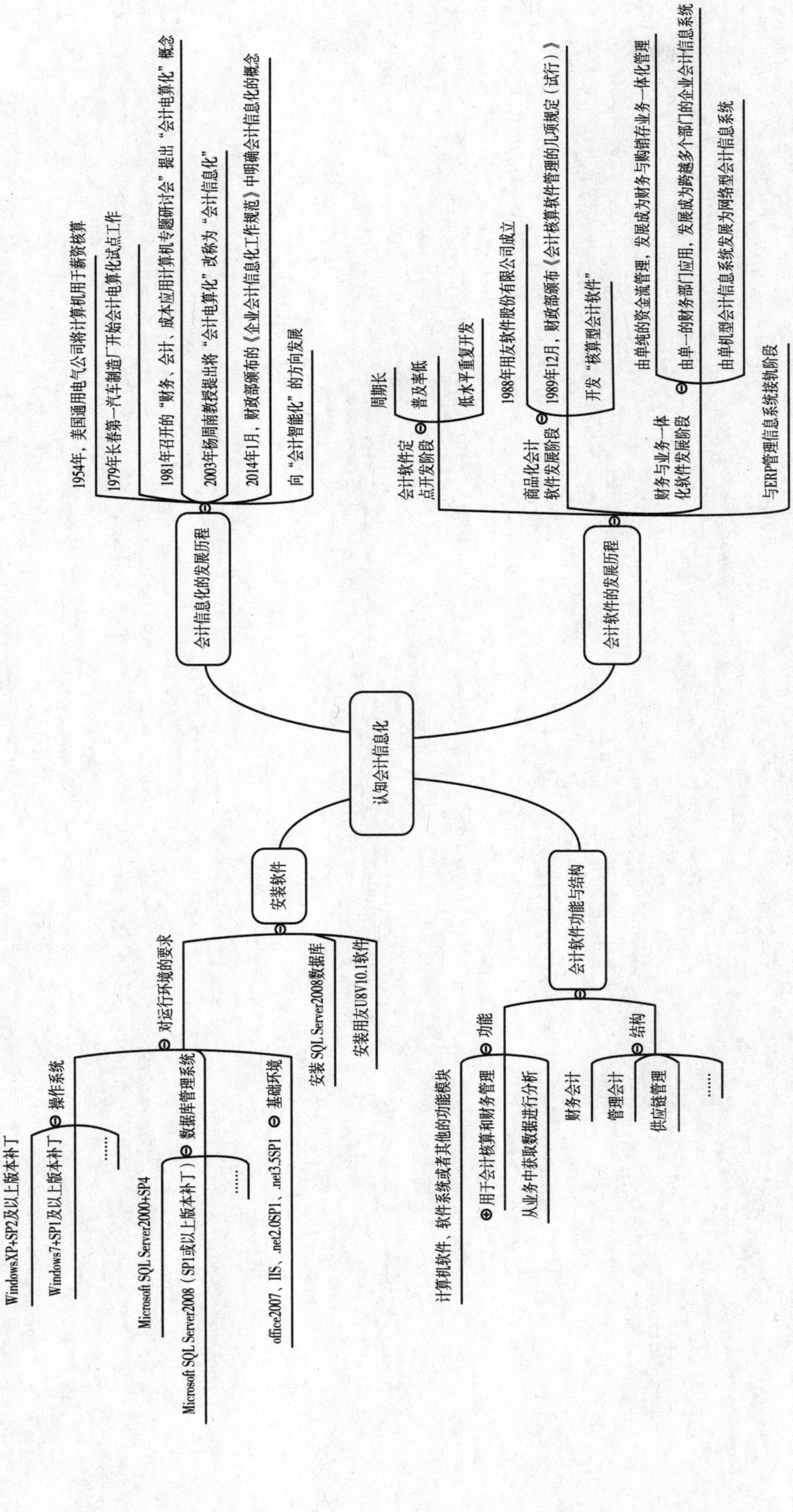

图1－19 认知会计信息化

项目2

建立账套

项目分析

新宇公司选用的用友 ERP 软件已安装完成，要想运用软件处理新宇公司的各项经济业务就必须为新宇公司建立账套并设置专职的操作人员，因而需要解决如下几个问题。

问题 1：如何启动用友软件。

问题 2：怎样设置软件的用户。

问题 3：怎样建立账套。

问题 4：怎样输出、引入、删除账套。

问题 5：怎样修改账套信息。

问题 6：怎样为操作员设置权限。

请在下列任务的执行过程中探索解决问题的方法。

任务 1 了解系统管理

任务单 2 - 1

项目	项目 2 建立账套	任务	任务 1 了解系统管理
学习目标 1. 了解系统管理的主要功能； 2. 了解系统管理的操作流程； 3. 了解系统管理的使用对象。		学习方法 1. 预习，查找资料； 2. 认真听课。	

知识链接

2.1.1 系统管理的主要功能

系统管理是会计软件的重要组成部分，是系统正常运行的基础，能够为企业提供数据安全支持和管理。它的功能主要体现在三个方面：即账套管理、财务分工和安全管理。每一功能所执行的操作如图 2 - 1 所示。

提 示

- 在网络版用友 U8 软件中，系统管理通常安装在服务器中，客户端可分散在各个使用部门中，在线访问服务器上的数据。
- 院校版用友 U8 软件在安装时通常将服务器和客户端装在同一台机器上。

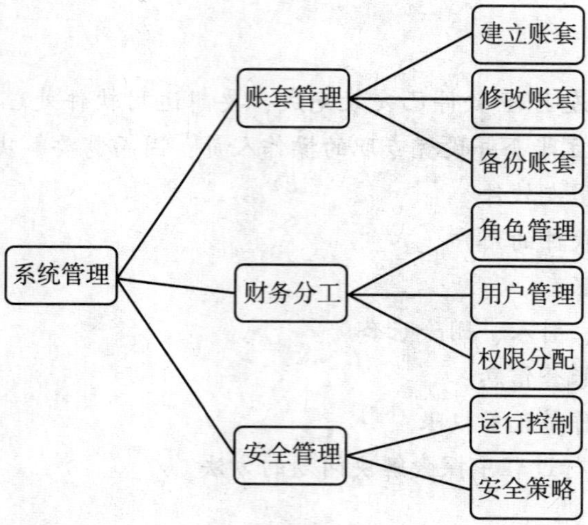

图 2－1　系统管理功能

2.1.2　系统管理的操作流程

对于系统管理的操作，新用户和老用户的操作流程是有所区别的，如图 2－2 和图 2－3 所示。

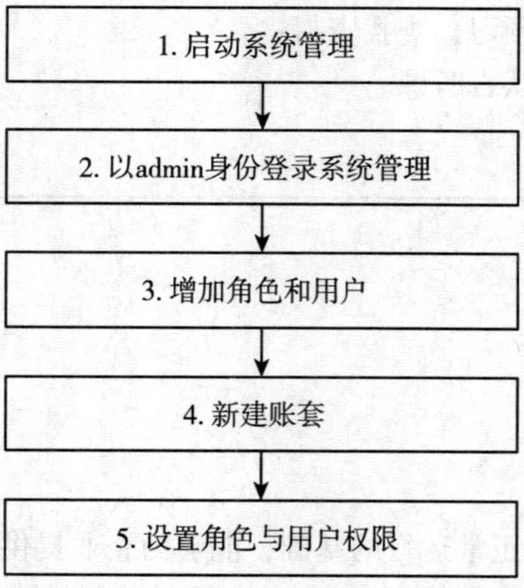

图 2－2　新用户操作流程

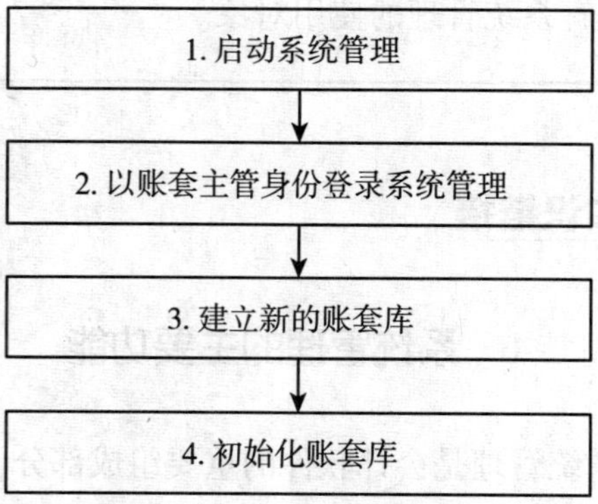

图 2－3　老用户操作流程

2.1.3　系统管理的使用对象

系统管理的使用对象为企业的信息管理人员，包括系统管理员 admin、安全管理员 SAdmin、管理员用户和账套主管。对于系统管理员（admin）、安全管理员（SAdmin）、管理员用户和账套主管其可操作的权限如表 2－1 所示。

表 2－1　　　　信息管理人员操作权限明细表

主要功能	详细功能 1	详细功能 2	系统管理员（admin）	安全管理员（SAdmin）	管理员用户	账套主管
账套操作	账套建立	建立新账套	Y	N	N	N
		建立账套库	N	N	N	Y
	账套修改		N	N	N	Y
	数据删除	账套数据删除	Y	N	N	N
		账套库数据删除	N	N	N	Y
	账套备份	账套数据输出	Y	N	N	N
		账套库数据输出	N	N	N	Y
账套操作	设置备份计划	设置账套数据备份计划	Y	N	N	N
		设置账套库数据备份计划	Y	N	Y	Y
		设置账套库增量备份计划	Y	N	Y	Y
	账套数据引入	账套数据引入	Y	N	N	N
		账套库数据引入	N	N	N	Y
	升级 SQL Server 数据		Y	N	Y	Y
	语言扩展		N	N	N	Y
	清空账套库数据		N	N	N	Y
	账套库初始化		N	N	N	Y
操作员权限	角色	角色操作	Y	N	Y	N
	用户	用户操作	Y	N	Y	N
	权限	设置普通用户、角色权限	Y	N	Y	Y
		设置管理员用户权限	Y	N	N	N
其他操作	安全策略		N	Y	N	N
	数据清除及还原	日志数据清除及还原	N	Y	N	N
		工作流数清除及还原	Y	N	N	N
	清除异常任务		Y	N	Y	N
	清除所有任务		Y	N	Y	N
	清除选定任务		Y	N	Y	N
	清退站点		Y	N	Y	N
	清除单据锁定		Y	N	Y	N
	上机日志		Y	Y	Y	N
	视图	刷新	Y	Y	Y	Y

注：Y 表示具有权限，N 表示不具备权限。

提 示

系统管理员 admin 和安全管理员 SAdmin 是软件开发时已经被设定好的，不可以修改和删除，而账套主管和管理员用户要由系统管理员（admin）设定。

任务2　增加用户

任务单 2-2

<table>
<tr><td>项目</td><td>项目2　建立账套</td><td>任务</td><td>任务2　增加用户</td></tr>
<tr><td colspan="2">学习目标
1. 掌握增加用户信息的操作方法；
2. 掌握修改用户信息的操作方法；
3. 掌握删除用户信息的操作方法；
4. 掌握注销用户信息的操作方法。</td><td colspan="2">学习方法
1. 观看操作视频，记录操作要点；
2. 讨论、交流；
3. 实践操作。</td></tr>
<tr><td colspan="4">学习任务
1. 增加用户信息（见表 2-2）。
表 2-2　用户信息表
<table><tr><td>编号</td><td>姓名</td><td>隶属部门</td><td>认证方式</td><td>口令</td></tr><tr><td>001</td><td>李丽</td><td>财务部</td><td>用户 + 口令</td><td>空</td></tr><tr><td>002</td><td>张新</td><td>财务部</td><td>用户 + 口令</td><td>空</td></tr><tr><td>003</td><td>刘萍</td><td>财务部</td><td>用户 + 口令</td><td>空</td></tr></table>2. 修改用户信息，将 001 李丽设置为账套主管。
3. 删除用户信息。
4. 注销用户信息。</td></tr>
</table>

2.2.1　增加用户

☞ 岗位说明

系统管理员 admin 执行操作。

☞ 操作步骤

（1）注册登录。

①启动系统管理。执行“开始”|“所有程序”|“用友 U8V10.1”|“系统服务”|“系统管理”命令，打开“系统管理”窗口。

②注册登录。执行“系统”|“注册”，打开“登录”对话框，如图 2－4 所示。

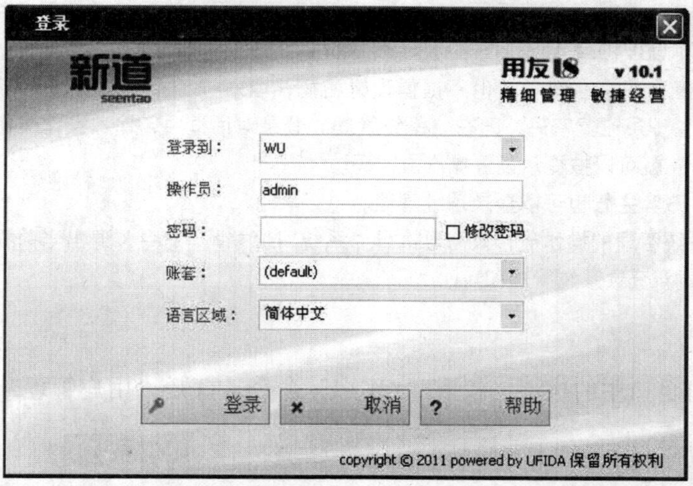

图 2－4 系统管理登录对话框

③选择登录服务器。单击“登录”到文本框中的下拉按钮，选择正确的登录服务器名称。如果是单机用户或本身就在服务端，则选择本地服务器；如果是在客户端登录，则选择服务端的服务器名称。

④输入操作员名称。输入操作员为“admin”，初始时密码为空；单击“账套”文本框的下拉按钮，选择默认账套“default”，单击“登录”，进入系统管理员登录窗口。

⑤此时系统管理窗口中的“账套”“权限”功能被激活，如图 2－5 所示。

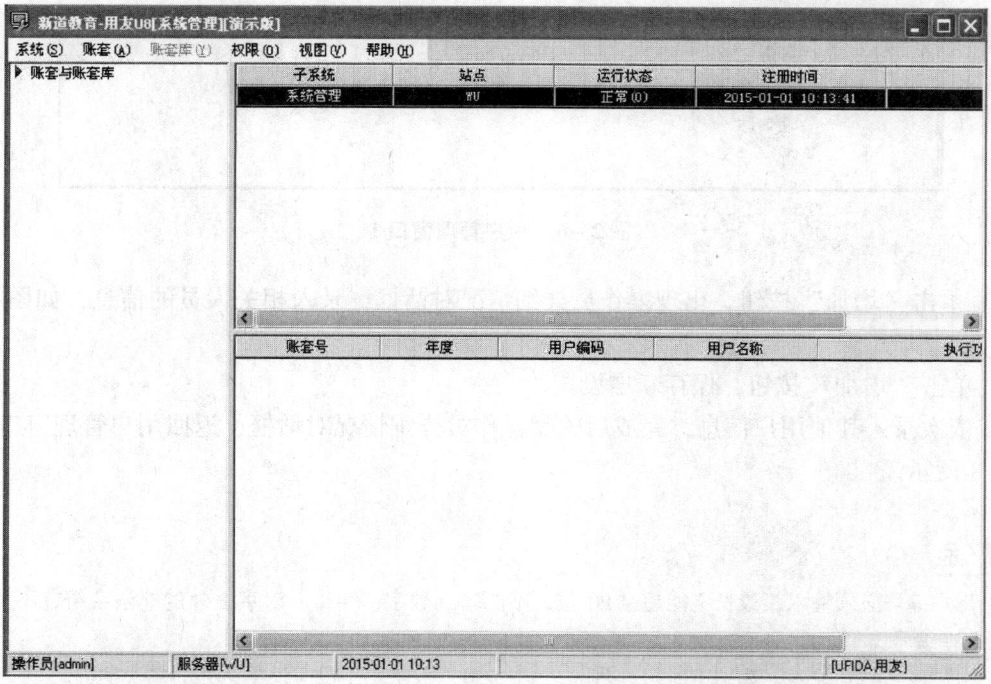

图 2－5 系统管理窗口

提 示

• 首次运行系统时，应以系统管理员“admin”的身份登录系统管理，增加用户并建立账套，系统管理员“admin”是用友 U8V10.1 管理系统中权限最高的操作员，不能修改也不能删除。在软件出厂时为了方便用户使用没有设置密码，在教学中也不提倡设置密码，但对一个单位而言，为了保证系统运行的安全，就一定要为系统管理员设置密码，即在“系统管理”登录对话框中，输入操作员密码后，单击“改密码”复选框并“确定”就可以按提示设置操作员密码。

• 建立账套后，账套主管也可以登录系统管理。

• 如果要更换系统管理的操作员，只需要执行“系统”|“注销”命令，退出当前操作员，再执行“系统”|“注册”命令，重新登录系统管理即可。

（2）增加用户。

① 在系统管理窗口中的执行“权限”|“用户”命令，打开“用户管理”窗口，如图 2－6 所示。

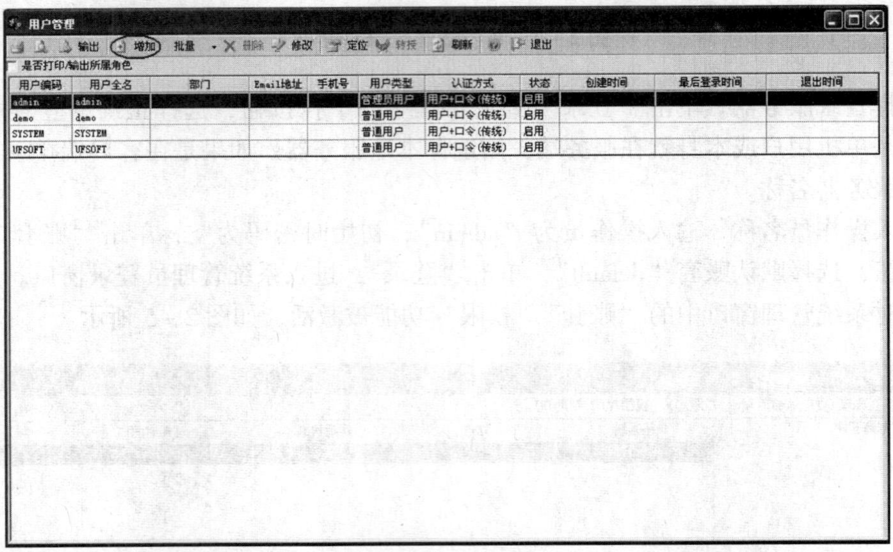

图 2－6　用户管理窗口 1

② 单击“增加”按钮，出现操作员详细情况对话框，录入相关人员的信息，如图 2－7 所示。

③单击“增加”按钮，保存新增设置。

④依次录入其他用户信息，完成后关闭操作员详细情况对话框，返回用户管理窗口，如图 2－8 所示。

提 示

• 用户编号必须输入，最长不能超过 20 位，不能输入数字、字母、汉字之外的非法字符，不能与系统内已存在编号重复。

• 用户姓名必须输入，最长不能超过 20 位，不能输入数字、字母、汉字之外的非法字符。

• 口令最长不能超过 20 位，输入时以隐含符号“＊”代替输入信息，可以为空。

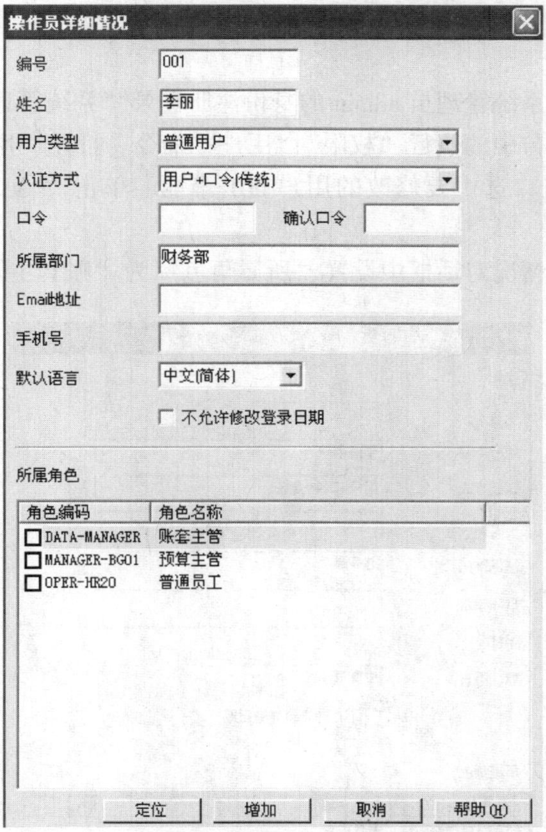

图 2－7 操作员详细情况 1

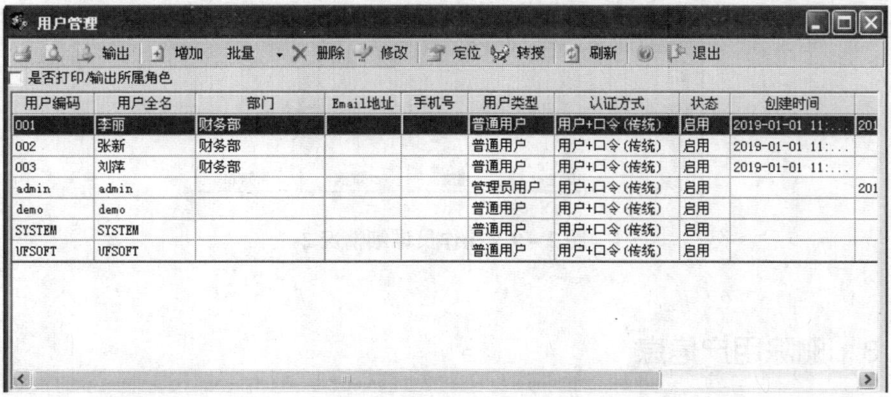

图 2－8 用户管理窗口 2

2.2.2 修改用户信息

☞ 岗位说明

系统管理员 admin 执行操作。

☞ 操作步骤

(1) 注册登录。以系统管理员 admin 的身份注册登录“系统管理”。

(2) 在系统管理窗口中的执行“权限”|“用户”命令，打开“用户管理”窗口。

(3) 在用户管理窗口选中要修改的用户 001 李丽，单击“修改”命令，可进入修改状态。

(4) 在操作员详细情况对话框中设置“所属角色”为“账套主管”，如图 2-9 所示。

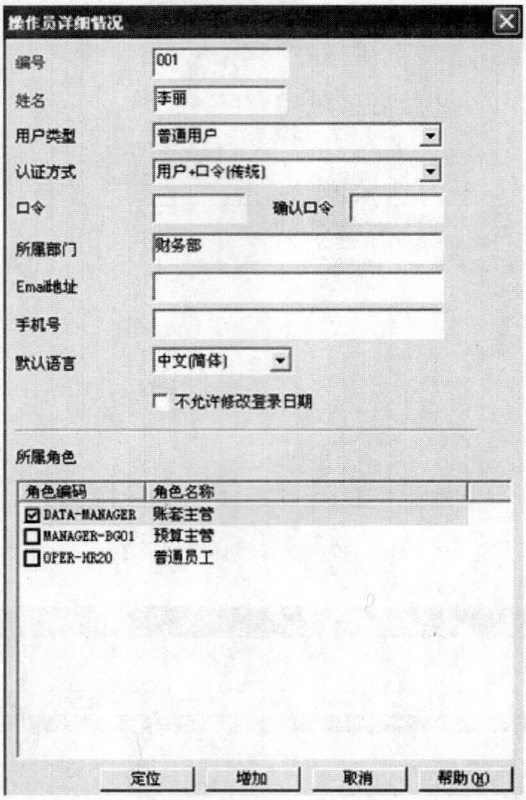

图 2-9　操作员详细情况 2

2.2.3　删除用户信息

☞ 岗位说明

系统管理员 admin 执行操作。

☞ 操作步骤

(1) 注册登录。以系统管理员 admin 的身份注册登录“系统管理”。

(2) 在系统管理窗口中的执行“权限”|“用户”命令，打开“用户管理”窗口。

(3) 在用户管理窗口选中要删除的用户，单击“删除”命令。

提 示

用户（操作员）一旦在某个账套中使用就不能删除。如果一定要删除，则必须先删除相关账套，取消相应角色或权限后，方可删除。

2.2.4 注销用户

☞ **岗位说明**

系统管理员 admin 执行操作。

☞ **操作步骤**

（1）注册登录。以系统管理员 admin 的身份注册登录“系统管理”。

（2）在系统管理窗口中的执行“权限”|“用户”命令，打开“用户管理”窗口。

（3）在用户管理窗口选中要注销的用户，单击“修改”命令。

（4）在修改用户信息对话框中单击“注销当前用户”按钮，单击“确定”后返回系统管理。此用户将无权再进入系统，如图 2－10 所示。

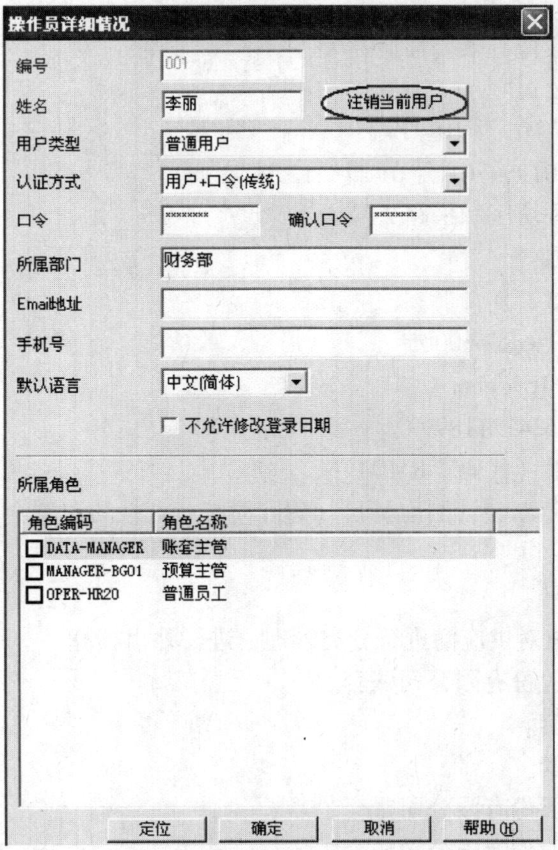

图 2－10　注销用户对话框

任务3　管理账套

任务单 2－3

<table>
<tr><td>项目</td><td>项目 2　建立账套</td><td>任务</td><td>任务 3　管理账套</td></tr>
<tr><td colspan="2">学习目标
1. 掌握建立账套的操作方法；
2. 掌握输出账套的操作方法；
3. 掌握删除账套的操作方法；
4. 掌握引入账套的操作方法；
5. 掌握修改账套的操作方法。</td><td colspan="2">学习方法
1. 观看操作视频，记录操作要点；
2. 讨论、交流；
3. 实践操作。</td></tr>
<tr><td colspan="4">学习任务
1. 建立账套。
账套号：111
单位名称：新宇股份有限公司
单位简称：新宇公司
启用日期：2019 年 01 月 01 日
会计期间设置：2019 年 01 月 01 日—12 月 31 日
地址：哈尔滨市香坊区和平路 2 号
法定代表人：陈强
邮政编码：150005
电话及传真：0451－84660005
电子邮箱：xygs@ 163. com
纳税人登记号：865432118999
本币名称：人民币（代码：RMB）
行业性质：2007 年新会计制度科目（建账时按行业性质预置会计科目）
企业类型：工业
账套主管：李丽
基本信息：本单位对供应商进行分类管理，进行外币核算
2. 输出 111 新宇股份有限公司账套。
（1）手动输出账套。
（2）自动输出账套。
3. 删除 111 新宇股份有限公司账套。
4. 引入 111 新宇股份有限公司账套。
5. 修改 111 新宇股份有限公司账套，对存货进行分类管理。</td></tr>
</table>

知识链接

账套是用于存放核算单位会计数据的实体，可由一个或多个账套库组成，一个账套库含有 1 年或多年使用数据。一个账套对应一个经营实体或核算单位，账套中的某个账套库对应这个经营实体的某年度区间内的业务数据。例如，2018 年某单位建立“001 账套”并使用，2019 年期初建 2019 年账套库，则“001 账套”具有两个账套库，即“001 账套 2018 年”和“001 账套 2019 年”；如果希望连续使用也可以不建新库，直接录入 2019 年数据，则“001 正式账套”具有一个账套库，即“001 账套 2018－2019 年”。

2.3.1 建立账套

☞ **岗位说明**

系统管理员 admin 执行操作。

☞ **操作步骤**

（1）选择建账方式。在“系统管理”窗口中，执行“账套”|“建立”命令，打开“创建账套——建账方式”对话框。选择“新建空白账套”，如图 2－11 所示。

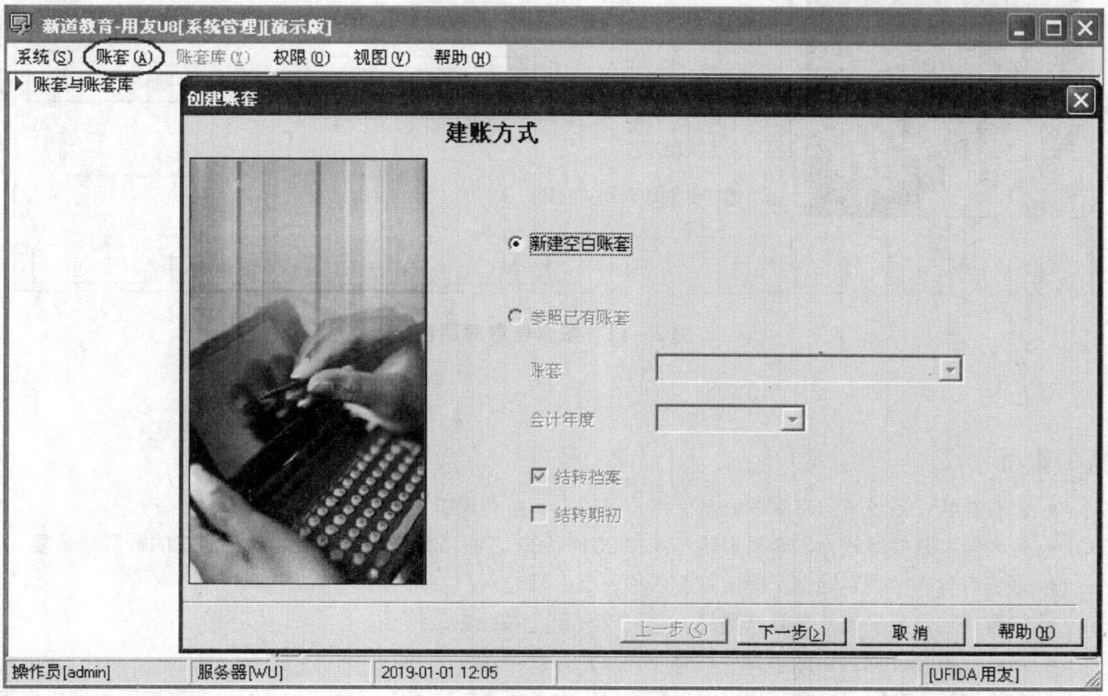

图 2－11　建账方式对话框

提 示

- 如果是新用户，或者老用户需要建立一个与已有账套没有关联的账套，可以选择“新建空白账套”方式建账。
- 如果是老用户，由于扩展分支机构等其他原因，需要建立一个与已有账套相似的账套，包含相同的基础档案和某些期初数据，可以选择“参照已有账套”方式建账。

（2）录入账套信息。单击“下一步”，打开“创建账套——账套信息”对话框，录入账套号“111”及账套名称“新宇股份有限公司”，启用会计期“2019 年 1 月”，如图 2－12 所示。

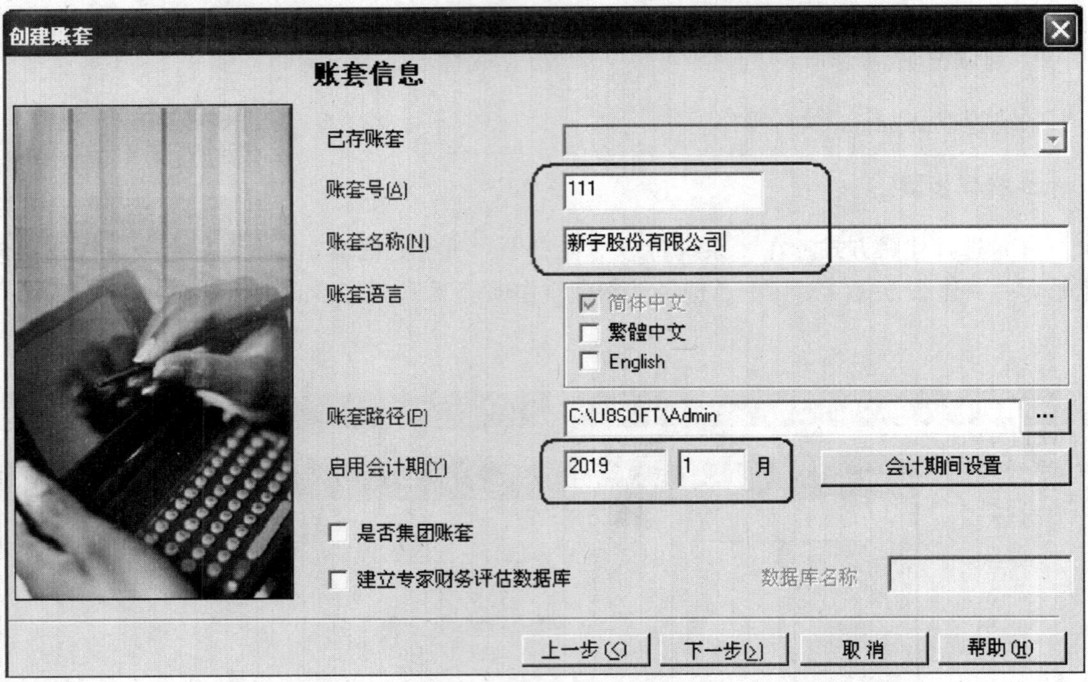

图 2－12　账套信息对话框

提 示

- 已存账套：系统中已存在的账套，用户可以在下拉列表框中查看。
- 账套号：院校版软件账套号设定范围在 001 ~999 之间，新建账套号不能与已存在的账套号重复。
- 账套名称：根据实际情况确定账套名称，且必须输入。
- 账套路径：可采用系统默认路径，也可以利用…按钮更改路径。
- 账套启用会计期：新账套启用的时间，用户必须输入。
- 会计期间：系统自动将启用月份以前的日期设置成不可修改的部分，而启用日期之后的日期可根据实际需要进行设置，即单击“会计期间设置”按钮设定启用年度和月度，如要调整结账日期可双击结束日期，调出日历进行调整，如图 2－13 所示。

图 2－13　修改会计期间

（3）录入单位信息。单击“下一步”，进入“创建账套——单位信息”对话框，输入单位信息，如图 2－14 所示。

（4）设置核算类型。单击“下一步”，进入“创建账套——核算类型”对话框，录入核算信息，并勾选“按行业性质预置科目”，如图 2－15 所示。

提 示

- 企业类型、行业性质、科目预置语言及账套主管可利用下拉按钮选择输入，如果建账前没有增加用户，账套主管暂时可由“demo”来担任，待以后增加完用户后再进行调整。这正是我们在建账套之前先增加用户的理由。
- 如果选择按行业性质预置科目复选框，那么会计科目将由系统设置，否则，在定义基础档案时要由用户设置。

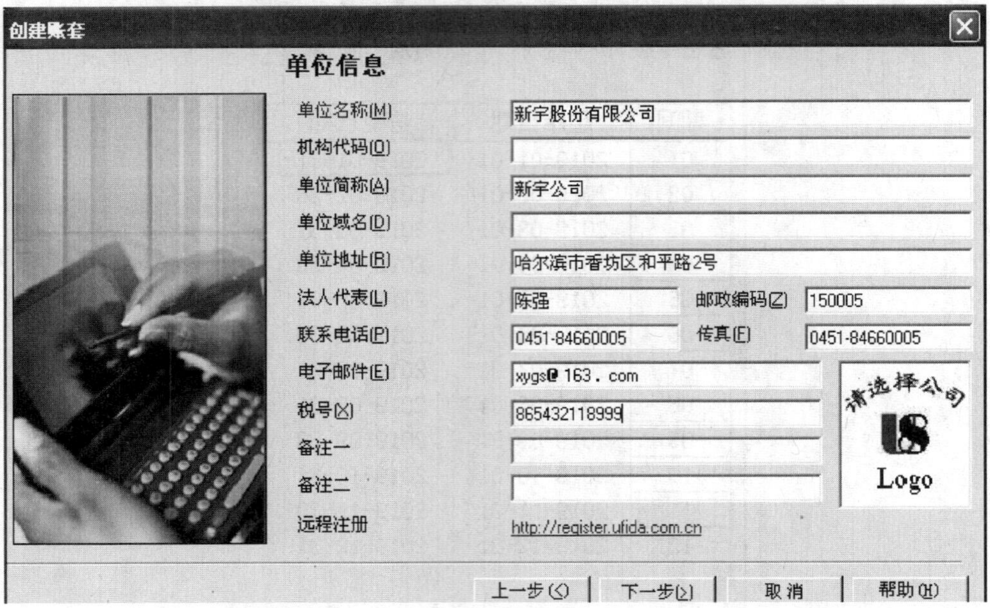

图 2－14　单位信息对话框

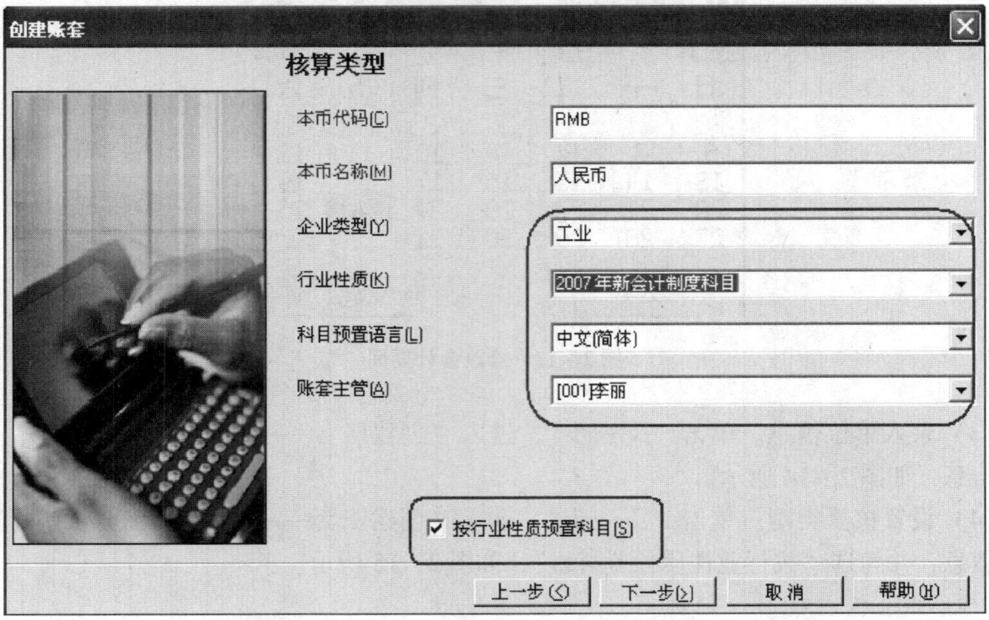

图 2－15　核算类型对话框

（5）设置基础信息。单击“下一步”，进入“创建账套——基础信息”对话框，勾选“供应商是否分类”“有无外币核算”项，如图 2－16 所示。

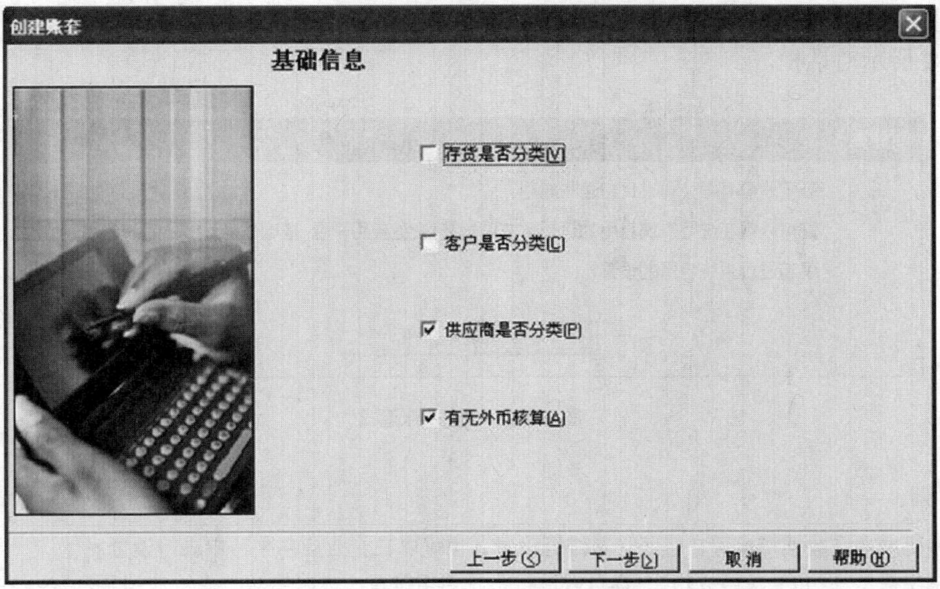

图 2－16　基础信息对话框

提　示

- 是否对存货、客户及供应商进行分类将会影响到基础档案的设置，有无外币核算将会影响会计科目的设置及日常外币业务的处理。
- 基本信息设置错误，可以由账套主管通过修改账套进行修改。

（6）完成创建。单击“下一步”，进入“开始创建账套”对话框，单击“完成”，系统提示“可以创建账套了么?”，单击“是”，系统将开始创建账套，如图 2－17 所示。

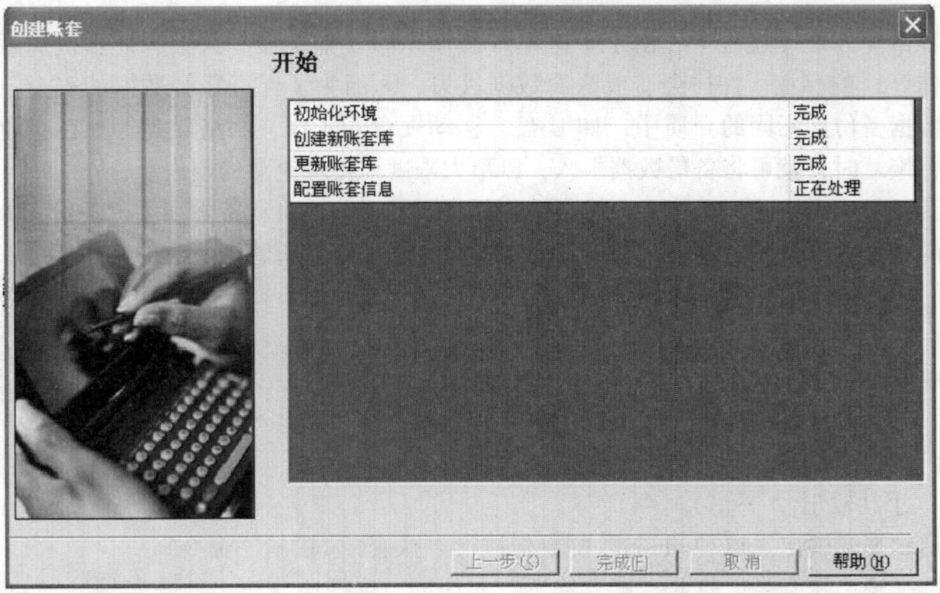

图 2－17　创建账套 1

（7）当系统弹出“编码方案”及“数据精度”对话框时，可关闭对话框，直接进入图 2－18 所示对话框。

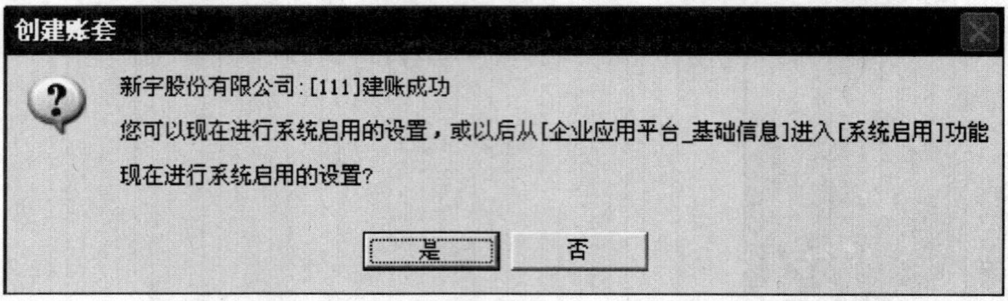

图 2－18　创建账套 2

提　示

- 编码方案及数据精度可在建账环节进行设置，也可以在企业应用平台中进行设置。
- 系统提示：“111 建账成功”，你可以进行系统启用设置，或以后从“企业应用平台——基础信息”进入“系统启用”功能，“现在进行系统启用的设置?”如果选择“是”，进入系统启用设置界面；如果选择“否”，以后进入“企业应用平台——基础信息”进行设置。如果此时完成当前设置，则企业建账成功。对于其他相关参数，可以在“企业应用平台”中进行设置。

（8）单击“否”，系统提示“请进入企业应用平台进行业务操作”，单击“确定”并“退出”，完成建账。

2.3.2　输出账套

知识链接

在日常业务处理过程中，由于一些不可预知原因（如地震、火灾、计算机病毒、人为的误操作等）的存在，往往会造成账套数据丢失。因而为了保证账套数据的安全，企业应定期将数据备份到不同的介质中，如 U 盘、移动硬盘、光盘、网络磁盘等。在企业需要对数据进行恢复时，就可将备份数据引入，以最大限度地降低企业的损失。

账套备份由系统管理员执行，按自动化程度不同可分为自动备份和手工备份，如果以账套主管的身份登录系统管理进行备份，输出的只是账套主管所管辖单位的某一年度账。

☞ **岗位说明**

系统管理员 admin 执行操作。

☞ **操作步骤**

（1）手动输出。

①启动账套输出。以“admin”的身份执行“账套”|“输出”命令。

②选择输出账套号。打开“账套输出”对话框，选择所要输出的账套号，“111 新宇股份有限公司”。

③设置存储路径。单击输出文件位置后的“…”，系统将提示数据所要存储的路径。在备份前最好事先在相应的磁盘上建一个文件夹（也可通过新建文件夹命令执行操作），然后选择并打开该文件夹后单击“确定”，如图 2－19 所示。

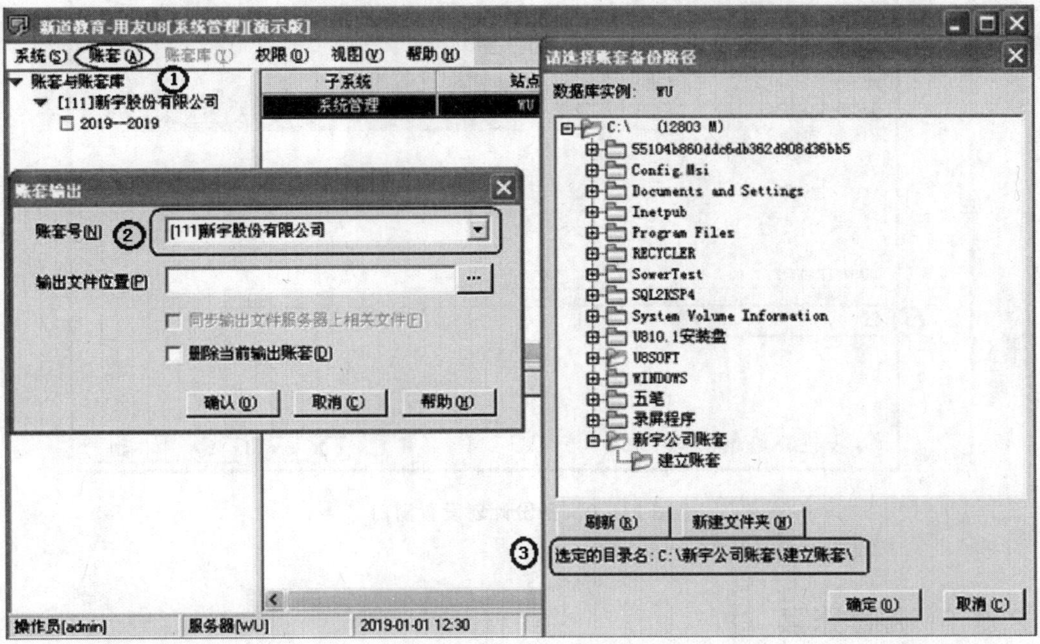

图 2－19 手动输出账套窗口

④数据存储路径出现“输出文件位置”时，单击“确认”按钮，输出完成后会提示备份成功。

提 示

- 输出成功后，可在指定文件夹中看到 UFDATA. BAK 和 UfErpAct. Lst 两个文件。
- 装有还原卡的机器只能以系统管理员的身份作备份，因为系统被还原后，账套主管就不复存在，因此他输出的数据也就无法引入。
- 输出账套可以采用手动备份和自动备份两种形式。

（2）自动输出。

①打开“备份计划设置”窗口。以“admin”的身份执行“系统”|“设置备份计划”命令，打开“备份计划设置”窗口。

②增加备份计划。单击“增加”，打开“备份计划详细情况”对话框。

③录入备份计划信息。录入计划编号“001”，计划名称“新宇股份有限公司”，发生频率为“每天”，开始时间为“00：00：00”，发生天数为“1”。

④设置备份路径。单击“增加”，设置备份路径。

⑤选择备份账套。勾选所要备份的账套，单击“增加”，此次计划设置完毕，系统就会按时自动备份，如图 2－20 所示。

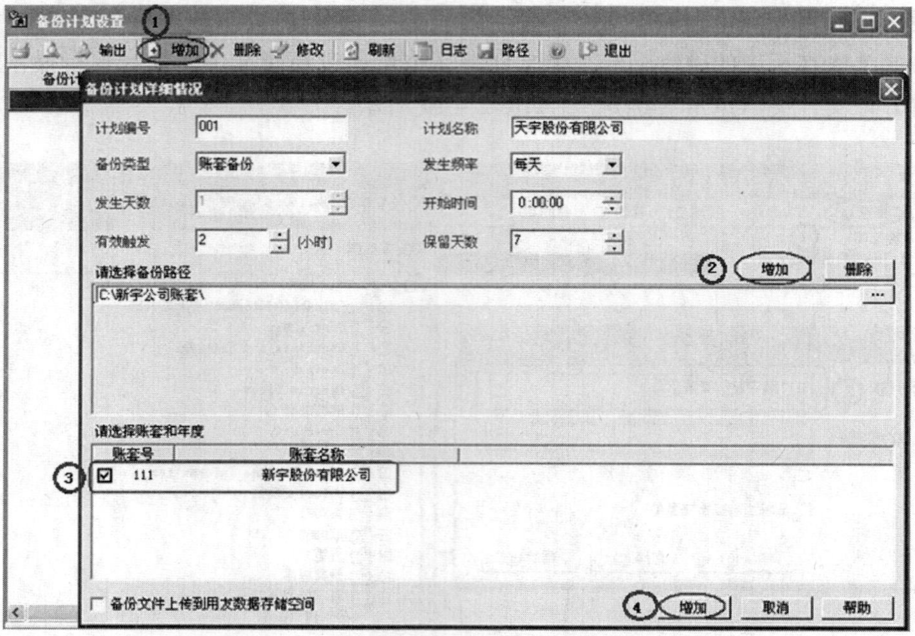

图 2-20　备份计划设置窗口

2.3.3 删除账套

☞ 岗位说明

系统管理员 admin 执行操作。

☞ 操作步骤

(1) 打开“账套输出”对话框。以“admin”的身份执行“账套”|“输出”命令，打开“账套输出”对话框。

(2) 选择删除账套号。选择所要删除的账套号，“111 新宇股份有限公司”，同时勾选“删除当前输出账套”复选框。

(3) 设置存储路径。单击输出文件位置后的“…”，系统将提示数据所要存储的路径，选择并打开要存储账套的文件夹后单击“确定”。

(4) 数据存储路径出现在“输出文件位置”，单击“确认”按钮，即可删除该套账的全部数据，如图 2-21 所示。

2.3.4 引入账套

☞ 岗位说明

系统管理员 admin 执行操作。

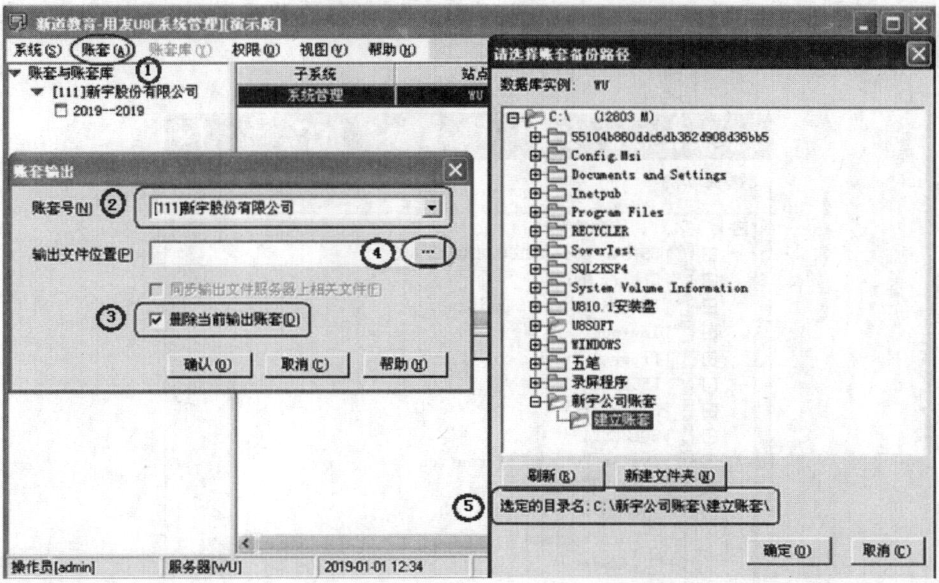

图 2-21　删除账套窗口

☞ **操作步骤**

（1）启动账套引入。以“admin”的身份执行“账套”|“引入”命令。

（2）选择账套备份文件。在打开的“选择账套备份文件”对话框中选中备份文件“ufErpAct. Lst”，单击“确定”，如图 2-22 所示。

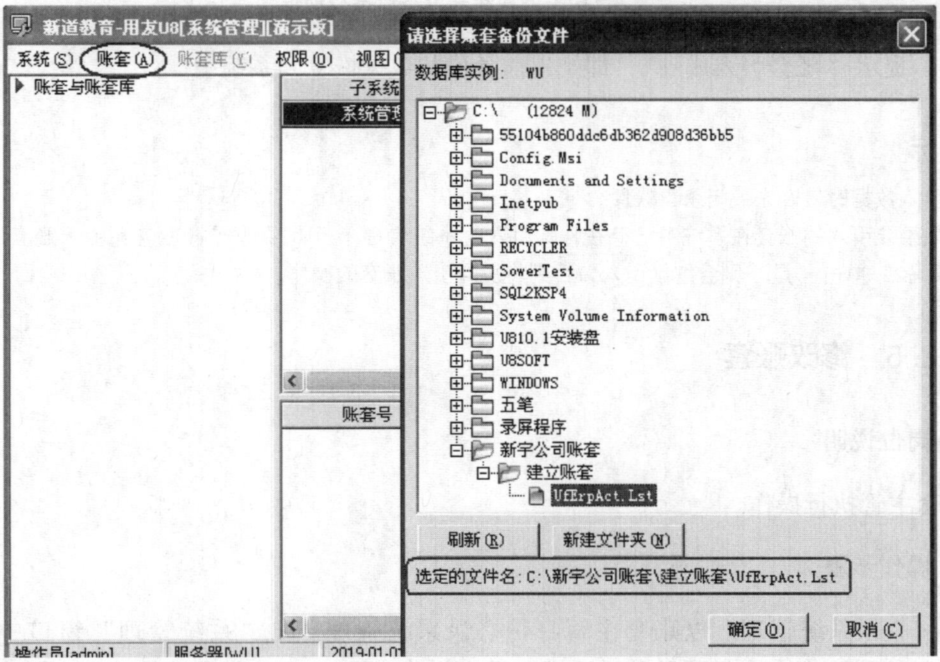

图 2-22　选择账套备份文件对话框

(3) 选择账套引入目录。对话框中选择引入账套存放路径 C:\U8SOFT，单击“确定”，如图 2-23 所示。

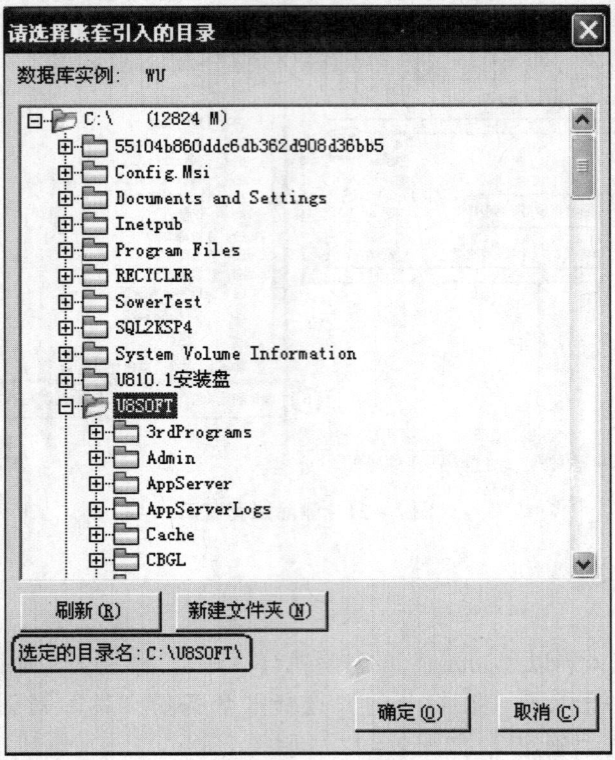

图 2-23　选择账套引入目录对话框

(4) 提示“账套引入成功”，即把以前备份的数据恢复到系统中。

提 示

- 引入数据时最好先关闭杀毒软件。
- 如果要引入的账套在系统中已存在，则引入时系统会提示“此项操作将覆盖＊＊＊账套的所有信息，继续吗?”单击“是”则会继续引入，否则将放弃引入账套的操作。

2.3.5　修改账套

☞ 岗位说明

账套主管执行操作。

☞ 操作步骤

(1) 登录系统管理。以账套主管身份登录系统管理，在“系统管理”窗口中，执行“系统”|“注册”命令，打开登录对话框，录入操作员“001”，账套选择“111 新宇股份有限公司”，操作日期“2019-01-01”，如图 2-24 所示。

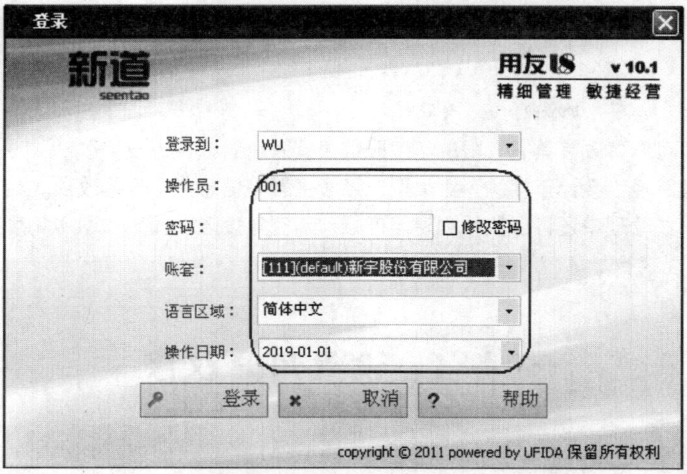

图 2-24　账套主管登录系统管理对话框

（2）单击“登录”，在“系统管理”窗口执行“账套”|“修改”命令，如图 2-25 所示。

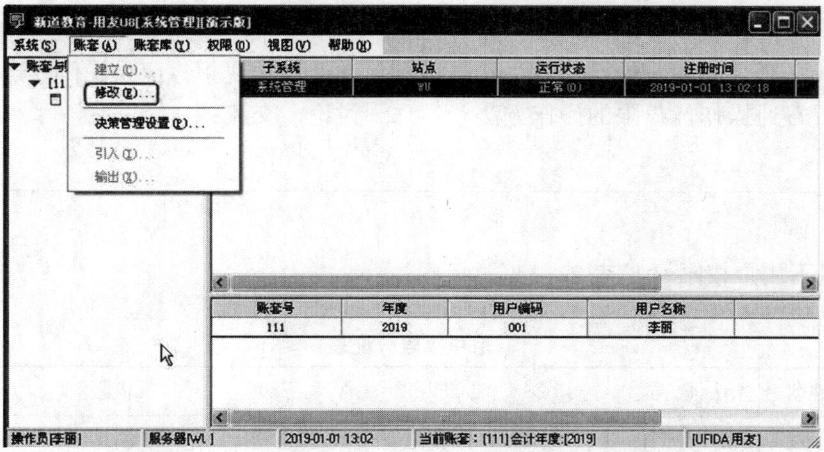

图 2-25　修改账套窗口

（3）打开“修改套账”对话框，单击“下一步”，找到基本信息对话框，勾选“存货是否分类”复选项，如图 2-26 所示。

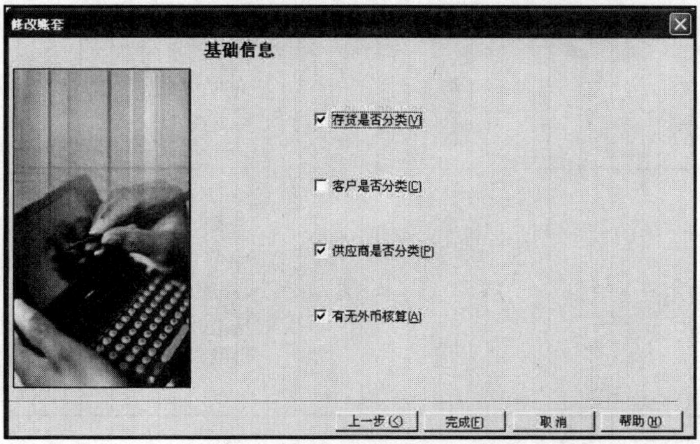

图 2-26　修改基本信息

（4）单击“下一步”，直到完成账套修改。

提 示

- 只有账套主管可以修改其具有权限的年度账信息，系统管理员无权修改。
- 账套号、账套路径、会计年度、企业类型、账套主管等信息为不可修改项。
- 账套主管在系统管理中还可以执行创建年度账、清空年度账、输出和引入年度账的操作，但教学演示版软件有些操作不能执行。

任务4 设置用户权限

任务单2－4

项目	项目2 建立账套	任务	任务4 设置用户权限
学习目标 1. 掌握设置账套主管权限的操作方法； 2. 掌握设置普通操作员权限的操作方法。		学习方法 1. 观看操作视频，记录操作要点； 2. 讨论、交流； 3. 实践操作。	

学习任务

设置以下用户权限（见表2－3）。

表2－3 **用户权限分配表**

<table>
<tr><th>编号</th><th>姓名</th><th>认证方式</th><th>口令</th><th>职务</th><th>权限</th></tr>
<tr><td>001</td><td>李丽</td><td>用户＋口令</td><td>空</td><td>账套主管</td><td>账套主管</td></tr>
<tr><td>002</td><td>张新</td><td>用户＋口令</td><td>空</td><td>会 计</td><td>1. 总账：凭证处理、查询凭证、账表、期末
2. 应收款管理：不包含收款单据处理|卡片编辑及选择收款
3. 应付款管理：不包含付款单据处理|卡片编辑及选择付款
4. 固定资产
5. 薪资管理</td></tr>
<tr><td>003</td><td>刘萍</td><td>用户＋口令</td><td>空</td><td>出 纳</td><td>1. 总账：拥有出纳签字权及所有出纳权限
2. 应收款管理：票据管理、收款单据处理（卡片编辑、卡片查询）、选择收款
3. 应付款管理：票据管理、付款单据处理（卡片编辑、卡片查询）、选择付款</td></tr>
</table>

2.4.1 设置账套主管权限

☞ **岗位说明**

系统管理员 admin 执行操作。

☞ **操作步骤**

（1）打开“操作员权限”设置窗口。以系统管理员 admin 的身份在“系统管理”中执行“权限”|“权限”命令。

（2）选择权限分配对象。在窗口左侧选择要设置账套主管权限的操作员“李丽”。

（3）选择账套。单击窗口右上方账套名称的下拉按钮，选择账套“[111] 新宇股份有限公司”。

（4）设置主管权限。勾选“账套主管”前面的复选框，出现“设置：[111] 账套主管权权限吗?”的提示，单击“是”，即将“李丽”设为 [111] 账套的账套主管，如图 2－27 所示。

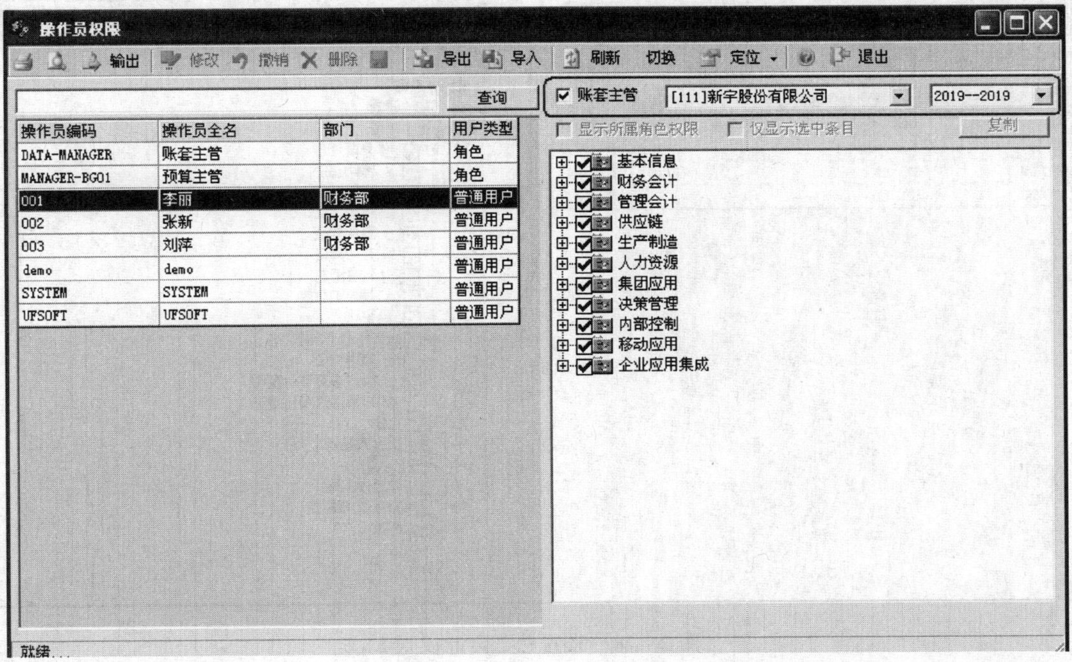

图 2－27 设置账套主管权限窗口

提 示

- 如建账时已赋予李丽账套主管权限，则此处不需要进行设置。
- 如要取消李丽的账套主管权限，只需要取消账套主管复选框中的选中标志即可。
- 一个账套可以有多个账套主管。

2.4.2 设置普通操作员权限

☞ 岗位说明

系统管理员 admin 执行操作。

☞ 操作步骤

(1) 设置总账会计权限。

①打开操作员权限窗口。以系统管理员 admin 的身份执行“权限”|“权限”命令。

②选择账套。在操作员权限窗口的右上方选择“[111] 新宇股份有限公司”账套。

③选择权限分配对象。选择操作员“张新”，然后单击工具栏中的“修改”按钮。

④单击展开“财务会计”|“总账”，勾选总账中的权限，如图 2-28 所示。

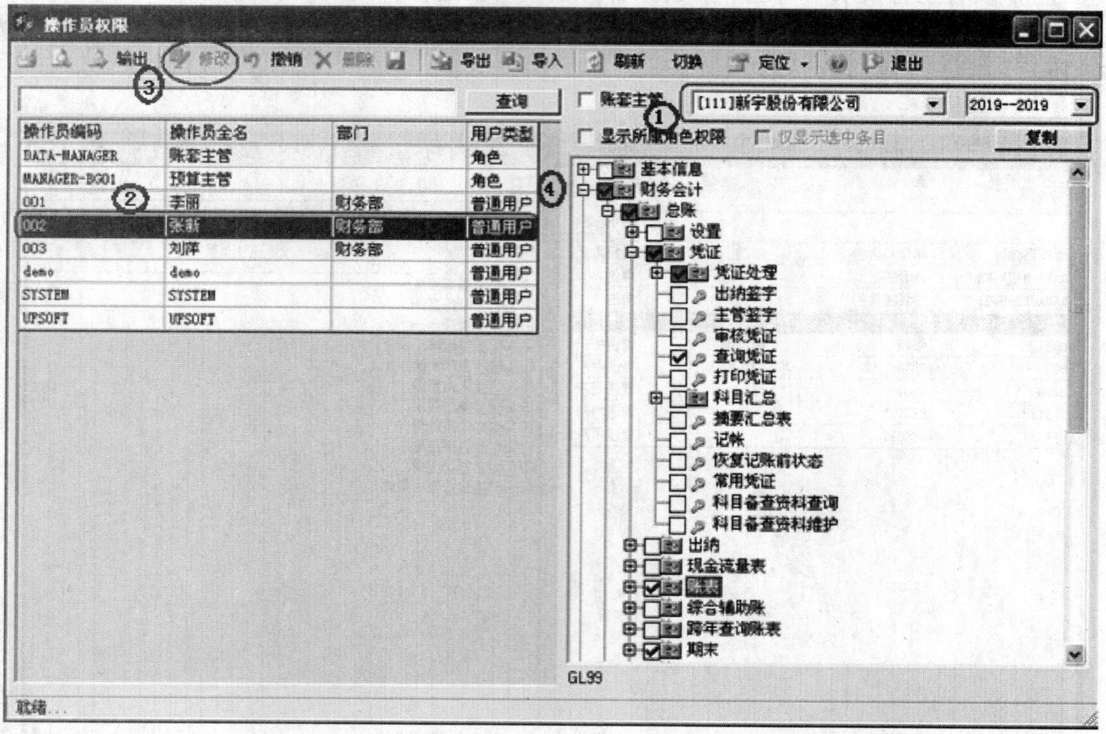

图 2-28 设置总账会计权限 1

⑤单击选中“应收款管理”权限，取消“收款单据处理”|“卡片编辑”“选择收款”，如图 2-29 所示。

⑥单击选中“应付款管理”权限，取消“付款单据处理”|“卡片编辑”“选择付款”，如图 2-30 所示。

⑦选中“固定资产”，展开“人力资源”，选中“薪资管理”，如图 2-31 所示。

⑧单击“保存”。

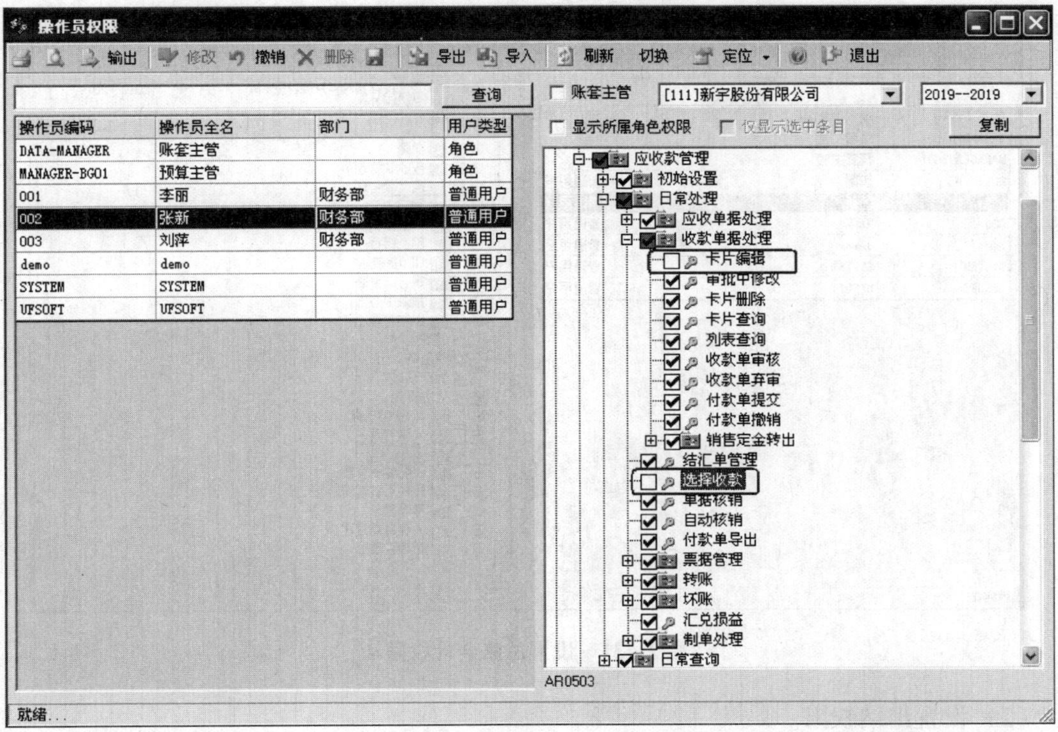

图 2－29 设置总账会计权限 2

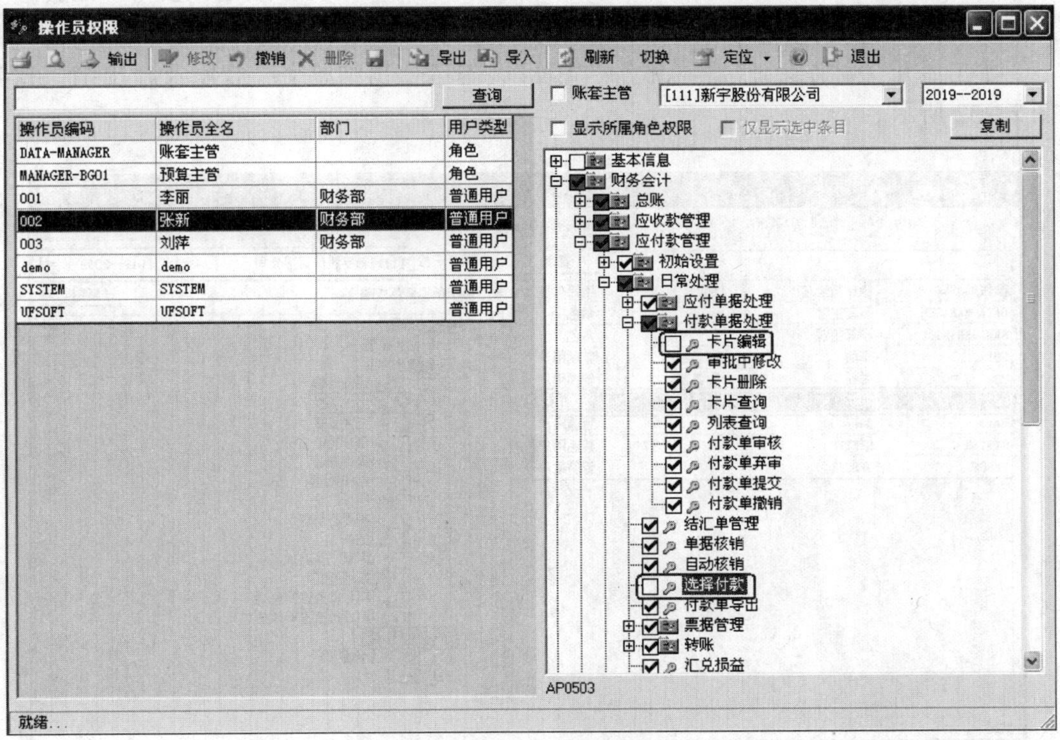

图 2－30 设置总账会计权限 3

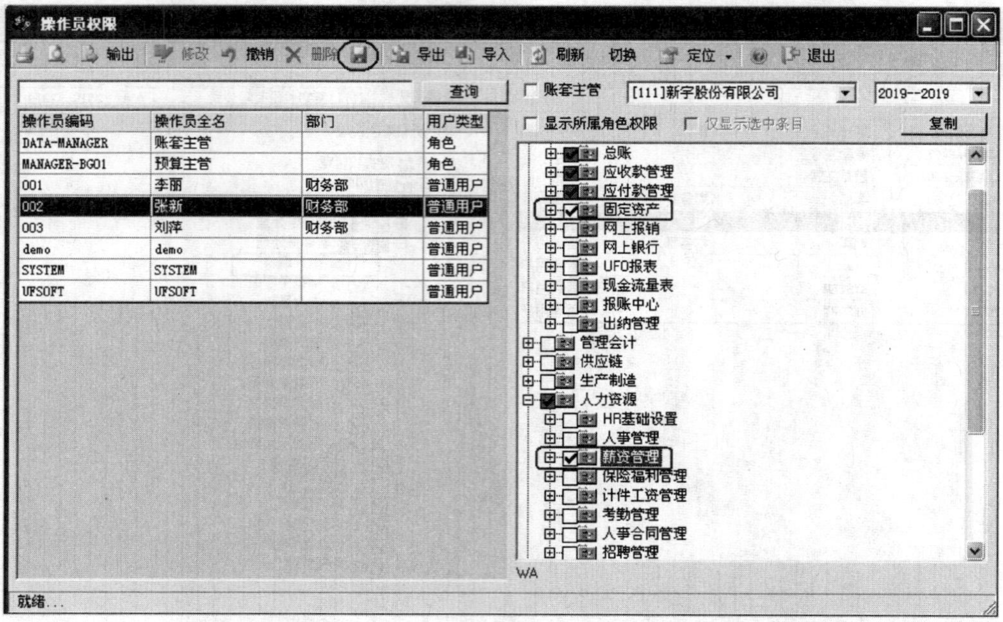

图 2-31 设置总账会计权限 4

（2）设置出纳权限。

①打开操作员权限窗口。以系统管理员 admin 的身份执行“权限”|“权限”命令。

②选择账套。在操作员权限窗口的右上方选择“[111] 新宇股份有限公司”账套。

③选择权限分配对象。选择操作员“刘萍”，然后单击工具栏中的“修改”按钮。

④单击展开“财务会计”|“总账”|“凭证”，勾选“出纳签字”权限及“出纳”权限，如图 2-32 所示。

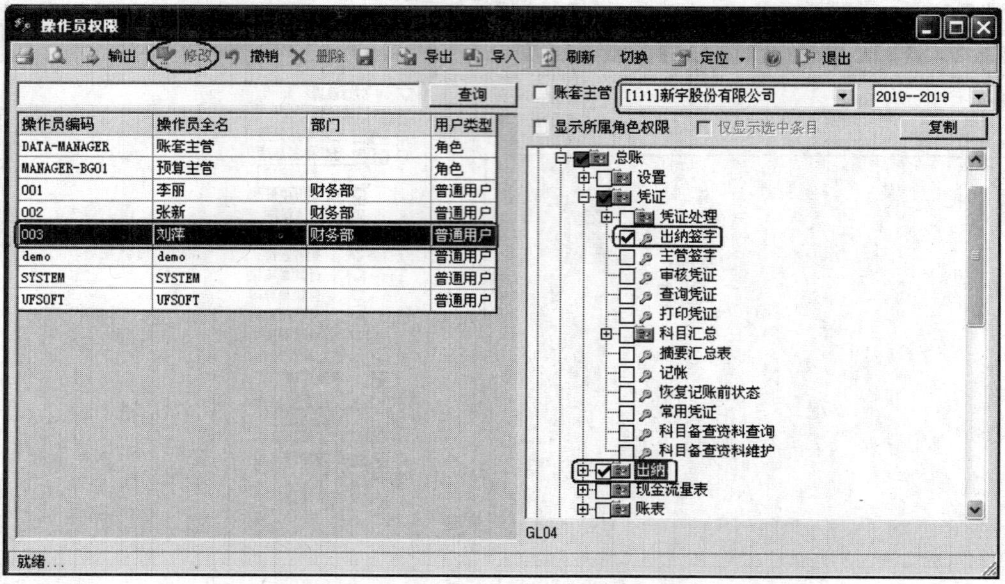

图 2-32 设置出纳权限 1

⑤单击展开“财务会计”|“应收款管理”|“收款单据处理”，选中“日常处理”|“票据管理”“选择收款”“收款单据处理”|“卡片编辑”“卡片查询”，如图 2－33 所示。

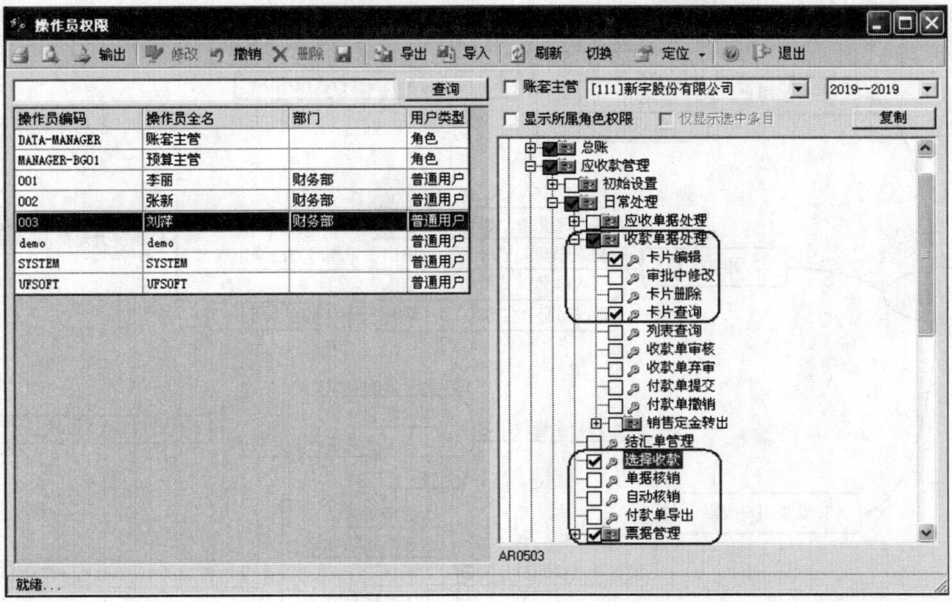

图 2－33　设置出纳权限 2

⑥单击展开“财务会计”|“应付款管理”|“付款单据处理”，选中“日常处理”|“票据管理”“选择付款”“付款单据处理”|“卡片编辑”“卡片查询”，如图 2－34 所示。

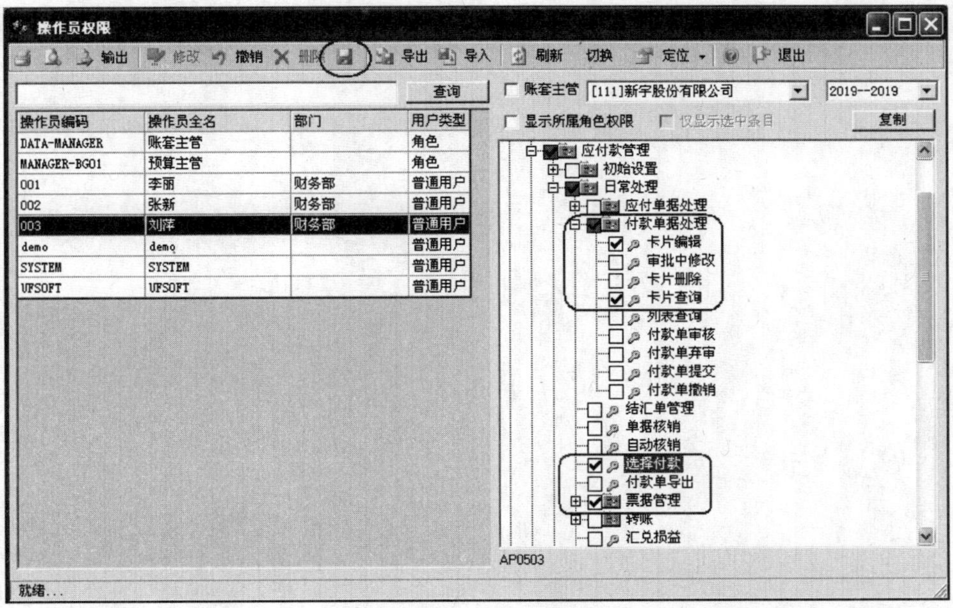

图 2－34　设置出纳权限 3

⑦单击“保存”。

项目总结

项目总结如图 2－35 所示。

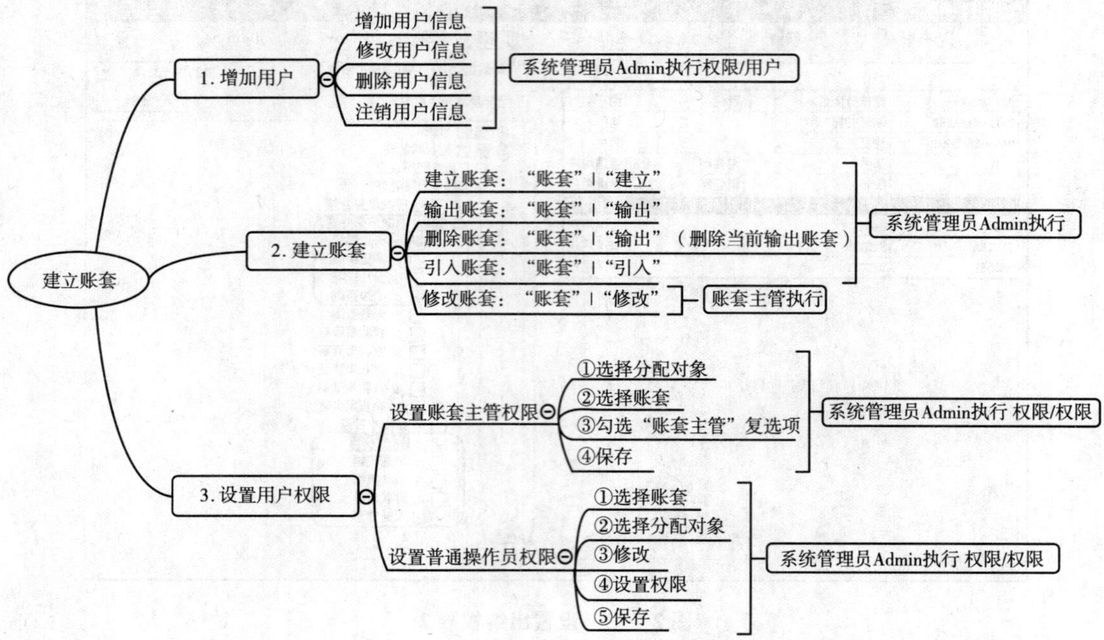

图 2－35　建立账套流程

项目3

设置企业应用平台

项目分析

企业在业务处理过程中随时要运用部门信息、人员信息、存货信息、客商信息等企业内部和外部的数据资料，为保证数据的一致性、连贯性，就要事先设置一个统一的信息平台。用友 U8V10.1 软件提供了企业应用平台，帮助企业员工、用户和合作伙伴从单一的渠道访问其所需要的个性化信息，定义业务工作，设计工作流程。那么，

问题1：如何启动企业应用平台？

问题2：如何启用系统？

问题3：如何设置编码方案及数据精度？

问题4：如何设置基础档案？

问题5：如何设置数据权限？

任务1 设置基本信息

任务单3-1

<table>
<tr><td>项目</td><td>项目3　设置企业应用平台</td><td>任务</td><td>任务1　设置基本信息</td></tr>
<tr><td colspan="2">学习目标
1. 了解企业应用平台的作用；
2. 掌握登录企业应用平台的方法；
3. 掌握启用系统的操作方法；
4. 掌握设置编码方案的方法；
5. 掌握设置数据精度的方法。</td><td colspan="2">学习方法
1. 观看视频，记录操作要点；
2. 讨论、交流；
3. 实践操作。</td></tr>
<tr><td colspan="4">学习任务
1. 启用下列系统：
（1）总账系统；（2）薪资管理；（3）固定资产；（4）应收款管理；（5）应付款管理。
2. 设置编码方案。
科目编码级次：4222；
部门编码级次：12；
供应商分类编码级次：22；
存货分类编码级次：12；
其他分类为默认值；
3. 设置数据精度，所有数据精度均为小数点后两位。</td></tr>
</table>

知识链接

企业应用平台是用友 U8 软件的集成应用平台，是进行企业账套管理的唯一入口。操作员登录后可以查看权限范围内的信息、完成业务处理、设计工作流程。它由多个视图组成，其中最常用的是业务导航视图，主要由系统服务、基础设置、业务工作等多个业务导航区组成。它可以实现企业基础档案和基础数据的设置与维护、信息的沟通和传输、信息的统计分析等。因而，利用好企业应用平台，不仅可以帮助企业员工提高工作效率，还可以帮助企业提高业务处理能力。

3.1.1 登录企业应用平台

☞ **岗位说明**

账套主管 001 李丽执行操作。

☞ **操作步骤**

(1) 执行“开始”|“所有程序”|“用友 U8V10.1”|“企业应用平台”命令，打开企业应用平台登录界面。

(2) 登录企业应用平台。输入操作员编码“001”，密码为空，选择账套为“[111] 新宇股份有限公司”，操作日期为“2019－01－01”，如图 3－1 所示。

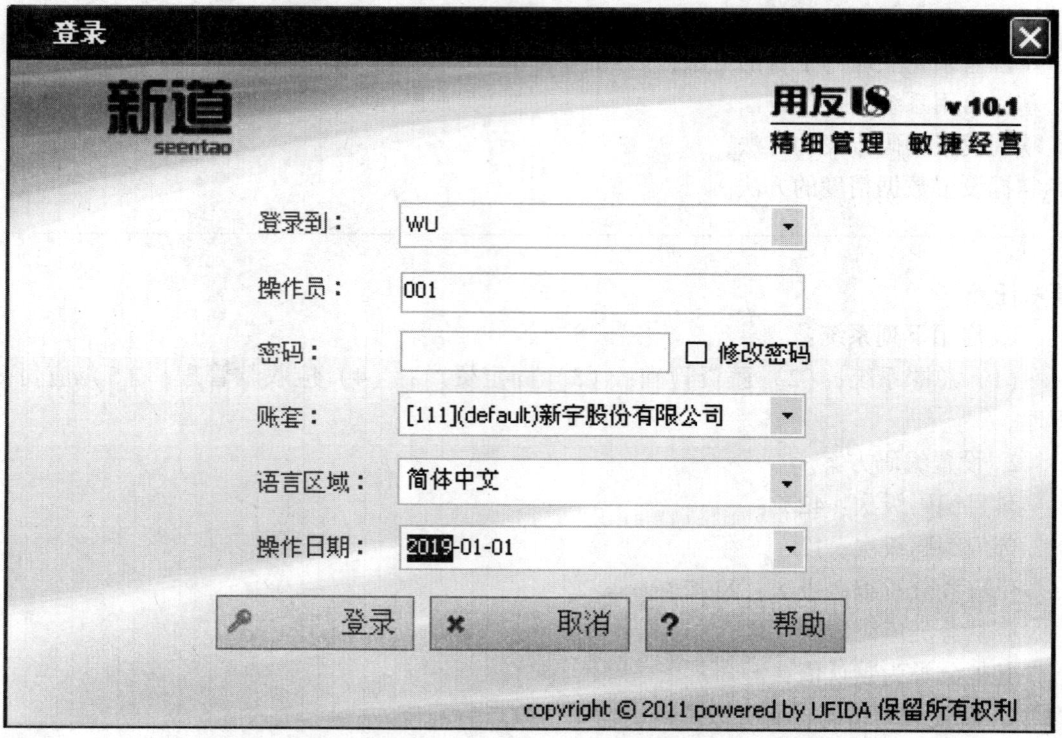

图 3－1 登录企业应用平台对话框

（3）打开“企业应用平台”窗口。单击“登录”，打开企业应用平台窗口，窗口显示登录信息及三个常用业务导航按钮，即“业务工作”“基础设置”“系统服务”，如图3－2所示。

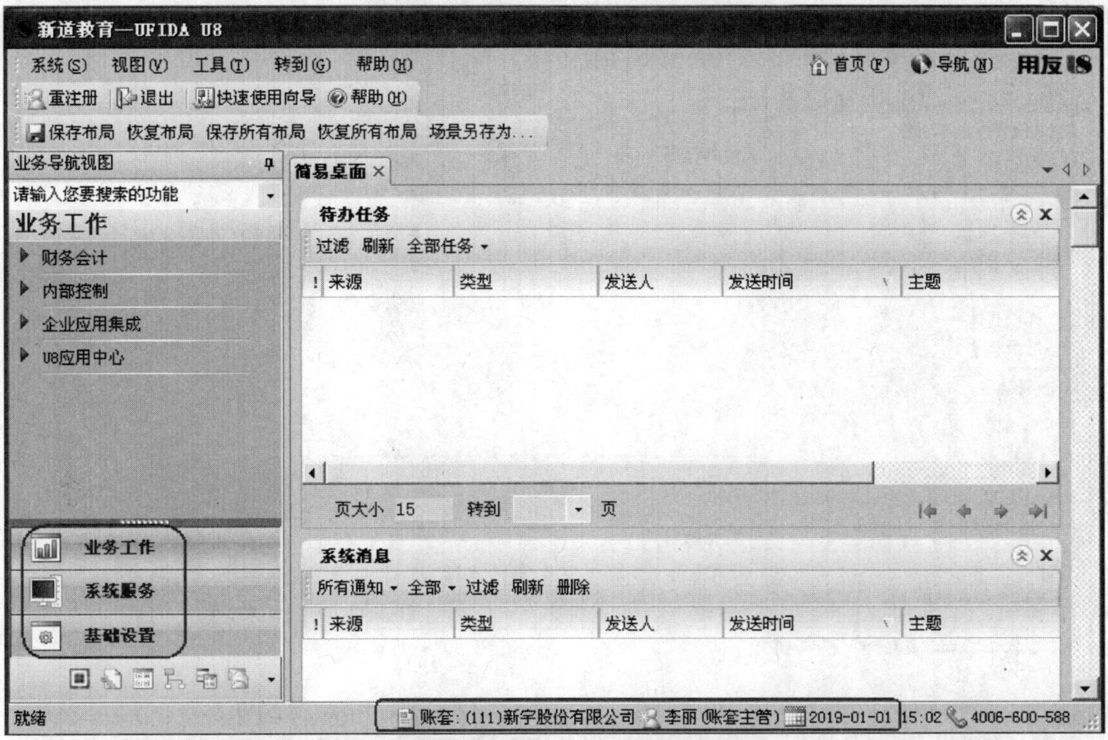

图3－2　企业应用平台窗口

提　示

- 只有账套主管及账套操作员才能够登录企业应用平台。
- 登录企业应用平台的时间必须大于等于建账日期。

3.1.2　启用系统

☞ 岗位说明

账套主管001李丽执行操作。

☞ 操作步骤

（1）打开基本信息功能区。单击“基础设置”导航按钮，其上方出现与之相对应的所有功能。展开“基本信息”功能区，包含“会计期间”“系统启用”“编码方案”“数据精度”四个子项，如图3－3所示。

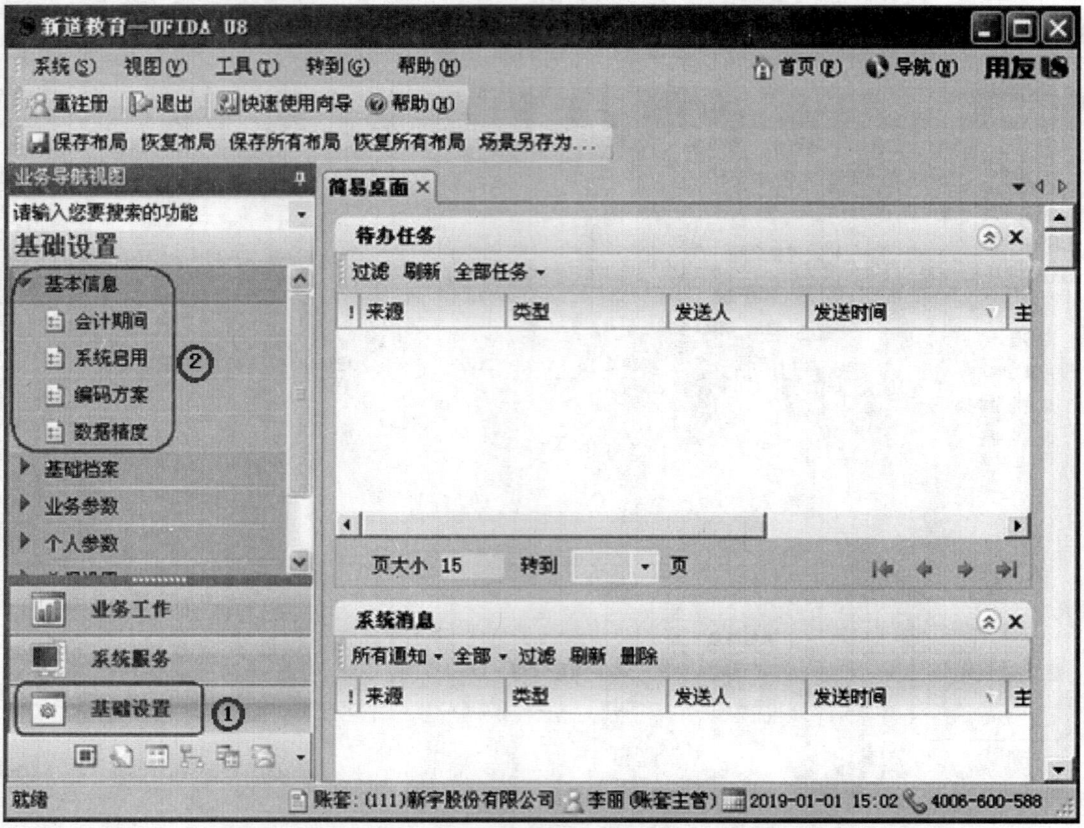

图 3-3 基本信息录入窗口

（2）启用系统。双击“系统启用”，打开“系统启用”对话框，勾选总账（GL）系统并确定启用日期为 2019 年 1 月 1 日，系统提示“确实要启用当前系统吗?”，单击“是”，完成总账系统启用。

（3）重复步骤（2）启用应收款管理（AR）、应付款管理（AP）、薪资管理（WA）及固定资产（FA）系统，如图 3-4 所示。完成后退出。

提 示

- 只有系统管理员和账套主管才有权启用系统。
- 各系统的启用会计期间必须大于等于建账日期。
- 系统启用后，如果执行了系统内的操作，则该系统将无法取消启用，若想取消启用，必须要删除已执行过的操作内容。

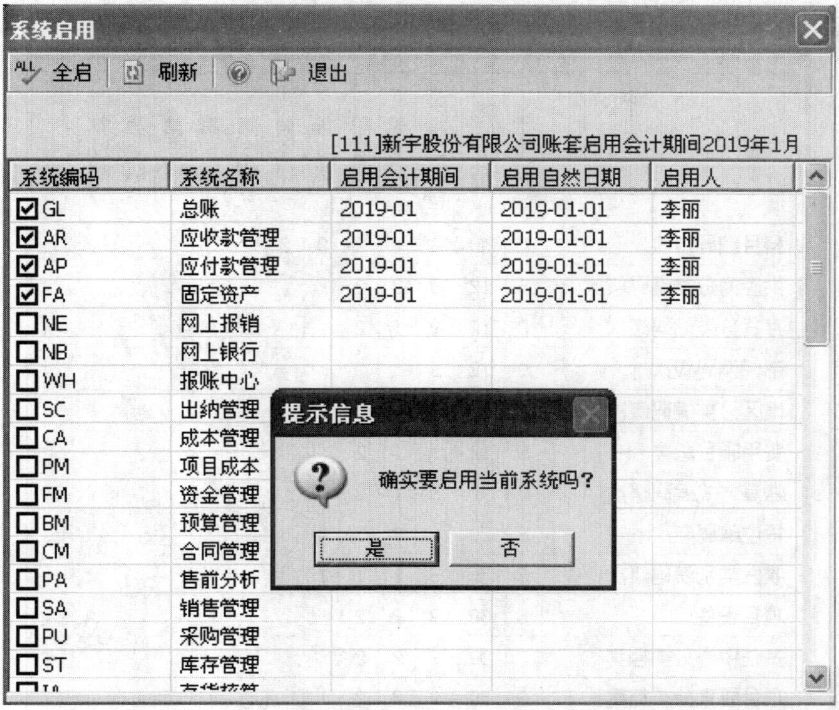

图 3－4　系统启用对话框

3.1.3　设置编码方案

知识链接

编码方案是为了便于对经济业务数据进行核算与管理而设定的，它规定各种编码的级次和各级的长度，是用户进行分级核算、统计与管理的基础。如果将会计科目编码方案设置为4222，那么账套中会计科目最多可设四级，即一级科目用4位数表示，二、三、四级科目用两位数，如“银行存款”科目编码为1002，它的二级科目的编码就应是一个两位数，即“银行存款——人民币户”用编码100201表示。为了便于企业业务扩展需要，科目编码在设定时要留有余地。录入完成编码后，在录入各级档案时会有编码规则标注，表示设置好的编码方案，如“编码规则： * ** **”表示编码规则为122。

☞ **岗位说明**

账套主管001李丽执行操作。

☞ **操作步骤**

（1）双击打开“编码方案”录入对话框，根据任务资料设置编码方案，单击“确定”，如图3－5所示。

（2）单击“取消”按钮，退出编码方案设置对话框。

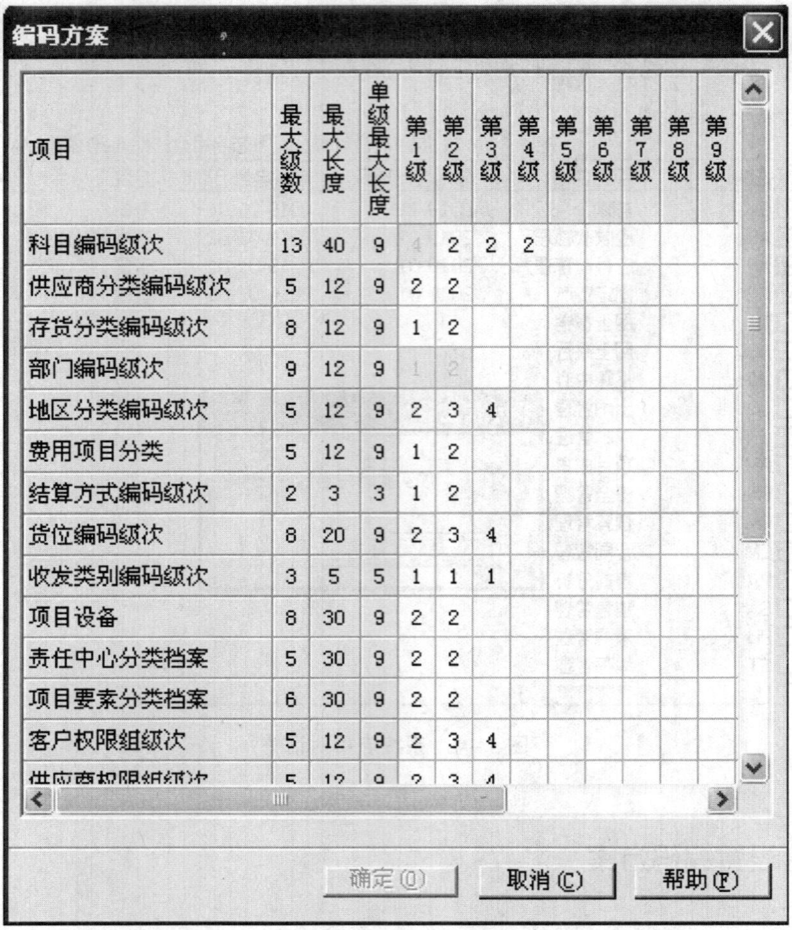

项目	最大级数	最大长度	单级最大长度	第1级	第2级	第3级	第4级	第5级	第6级	第7级	第8级	第9级
科目编码级次	13	40	9	4	2	2	2					
供应商分类编码级次	5	12	9	2	2							
存货分类编码级次	8	12	9	1	2							
部门编码级次	9	12	9	1	2							
地区分类编码级次	5	12	9	2	3	4						
费用项目分类	5	12	9	1	2							
结算方式编码级次	2	3	3	1	2							
货位编码级次	8	20	9	2	3	4						
收发类别编码级次	3	5	5	1	1	1						
项目设备	8	30	9	2	2							
责任中心分类档案	5	30	9	2	2							
项目要素分类档案	6	30	9	2	2							
客户权限组级次	5	12	9	2	3	4						
供应商权限组级次	5	12	9	2	3	4						

图3－5　编码方案对话框

说明

- 编码尚未使用前可以在“编码方案”对话框进行修改，编码方案一旦使用，就不得修改。科目编码第1级为灰色，说明系统已经按行业预置了一级会计科目。因而科目编码第1级是不可修改的。
- 若在建立账套时存货、客户、供应商没有要求分类，则在此不需要设置存货、客户、供应商的编码方案。
- 设置的编码方案级次只能小于等于最大级数，如科目编码最多可以设13级。
- 设置的编码方案长度只能小于等于最大长度，如科目编码各级长度之和只能≤40。
- 若要删除级长，必须从最末开始逐级向上删除。

3.1.4　设置数据精度

☞ **岗位说明**

账套主管001李丽执行操作。

☞ **操作步骤**

（1）双击打开“数据精度”设置对话框，按任务资料要求完成设置。

（2）单击“确定”，如图 3－6 所示。

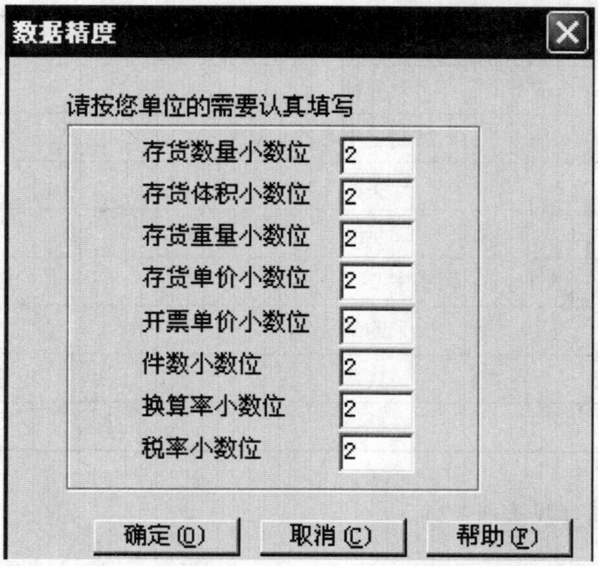

图 3－6　数据精度对话框

任务 2　设置基础档案

任务单 3－2

<table>
<tr><td>项目</td><td>项目 3　设置企业应用平台</td><td>任务</td><td>任务 2　设置基础档案</td></tr>
<tr><td colspan="2">学习目标
1. 了解基础档案设置顺序；
2. 掌握设置机构人员信息的方法；
3. 掌握设置客商信息的方法；
4. 掌握设置存货信息的方法；
5. 掌握设置财务信息的方法；
6. 掌握设置收付结算信息的方法。</td><td colspan="2">学习方法
1. 观看视频，记录操作要点；
2. 讨论、交流；
3. 实践操作。</td></tr>
<tr><td colspan="4">学习任务
1. 设置部门档案（见表 3－1）。</td></tr>
</table>

表3－1 部门档案

编号	名称	成立日期
1	行政事务中心	2019－01－01
101	办公室	2019－01－01
102	人事部	2019－01－01
103	财务部	2019－01－01
2	产品制造中心	2019－01－01
201	一车间	2019－01－01
202	二车间	2019－01－01
3	营销中心	2019－01－01
301	采购部	2019－01－01
302	销售部	2019－01－01
303	仓储部	2019－01－01

2. 设置人员类别（见表3－2）。

表3－2 人员类别

类别编号	类别名称
101	正式工
10101	管理人员
10102	采购人员
10103	销售人员
10104	车间管理人员
10105	工人
10106	仓储人员

3. 设置人员档案（见表3－3）。

表3－3 人员档案

人员编码	人员姓名	性别	行政部门	雇用状态	人员类别	是否业务员	业务或费用部门
101001	姜成	男	办公室	在职	管理人员	是	办公室
102001	肖剑	男	人事部	在职	管理人员	是	人事部
103001	李丽	女	财务部	在职	管理人员	是	财务部
103002	张新	男	财务部	在职	管理人员	是	财务部

续表

人员编码	人员姓名	性别	行政部门	雇用状态	人员类别	是否业务员	业务或费用部门
103003	刘萍	女	财务部	在职	管理人员	是	财务部
201001	赵斌	男	一车间	在职	车间管理人员	是	一车间
201002	王志	男	一车间	在职	工人	是	一车间
202001	孙浩	男	二车间	在职	车间管理人员	是	二车间
202002	沈海	男	二车间	在职	工人	是	二车间
202003	陈明	男	二车间	在职	工人	是	二车间
301001	吴萍	女	采购部	在职	采购人员	是	采购部
302001	周爽	女	销售部	在职	销售人员	是	销售部
303001	郑忠	男	仓储部	在职	仓储人员	是	仓储部

4. 设置供应商分类（见表3－4）。

表3－4　　供应商分类

供应商分类编码	供应商分类名称
01	长期伙伴
0101	本地
0102	外地
02	短期伙伴

5. 设置供应商档案（见表3－5）。

表3－5　　供应商档案

供应商编号	供应商名称	供应商简称	所属分类	税号	地址	开户银行	账号	是否默认值	分管部门	专管员
001	大发厂	大发厂	0101	123949458	利民区时代大街1号	中国工商银行利民开发区支行	98654321146688 76666	是	采购部	吴萍
002	大庆电缆厂	大庆电缆	0102	849383939	松浦区江路5号	中国银行松浦支行	68847899997654 35544	是	采购部	吴萍

续表

供应商编号	供应商名称	供应商简称	所属分类	税号	地址	开户银行	账号	是否默认值	分管部门	专管员
003	宝峰有限公司	宝峰	02	948240348	丰台区长寿路10号	中国建设银行丰台支行	8775443789486433221	是	采购部	吴萍
004	黎明有限公司	黎明	02	849303854	金洲区光芒街8号	招商银行金州支行	5688278909753146789	是	采购部	吴萍

6. 设置客户档案（见表3－6）。

表3－6　　客户档案

客户编号	客户名称	客户简称	所属分类	税号	地址	开户银行	账号	是否默认值	分管部门	专管员
001	利康有限公司	利康	00	152552368	凌江路5号	中国农业银行凌江支行	4699869068965667777	是	销售部	周爽
002	兴隆有限公司	兴隆	00	682695381	北新西路10号	中国建设银行北新支行	8476463734773428478	是	销售部	周爽
003	天达公司	天达	00	716266574	工程大街874号	中国银行工程支行	6543789904779900054	是	销售部	周爽
004	红星公司	红星	00	746786548	达道街45号	中国工商银行达道支行	8894328903789004225	是	销售部	周爽

7. 设置计量单位（见表3－7）。

表3－7　　计量单位

计量单位组编码	计量单位组名称	计量单位组类别	计量单位编码	计量单位名称
01	重量单位组	固定换算	0101	斤
		固定换算	0102	公斤

续表

计量单位组编码	计量单位组名称	计量单位组类别	计量单位编码	计量单位名称
02	数量单位组	无换算	0201	台
		无换算	0202	个
		无换算	0203	公里

8. 设置存货分类（见表 3－8）。

表 3－8　　存货分类

存货分类编码	存货分类名称
1	原材料
2	周转材料
3	库存商品
9	其他

9. 设置存货档案（见表 3－9）。

表 3－9　　存货档案

存货编号	所属分类	存货名称	主计量单位	存货属性	税率/%
001	1	氧化锌	斤	外购、生产耗用	16
002	1	电机	台	外购、生产耗用	16
003	1	电磁线	斤	外购、生产耗用	16
004	1	电缆线	斤	外购、生产耗用	16
005	2	包装箱	个	外购、生产耗用	16
006	3	A 产品	台	自制、内销、外销	16
007	3	B 产品	台	自制、内销、外销	16
008	9	运输费	公里	应税劳务	10

10. 设置外币信息。

（1）币种："美元"；（2）币符："＄"；（3）汇率："1∶6.2800"。

11. 设置会计科目（见表 3－10）。

表 3－10　　会计科目

科目名称	方向	辅助账类型	账页格式
库存现金（1001）	借	日记账	金额式
银行存款（1002）	借		金额式

续表

科目名称	方向	辅助账类型	账页格式
人民币户（100201）	借	银行账、日记账	金额式
美元户（100202）	借	银行账、日记账、外币核算（美元）	外币金额式
应收票据（1121）	借	客户往来	金额式
银行承兑汇票（112101）	借	客户往来	金额式
商业承兑汇票（112102）	借	客户往来	金额式
应收账款（1122）	借	客户往来	金额式
人民币（112201）	借	客户往来	金额式
美元（112202）	借	客户往来 外币核算（美元）	外币金额式
预付账款（1123）	借	供应商往来	金额式
人民币（112301）	借	供应商往来	金额式
美元（112302）	借	供应商往来 外币核算（美元）	外币金额式
其他应收款（1221）	借	个人往来	金额式
原材料（1403）	借		金额式
氧化锌（140301）	借	数量核算（斤）	数量金额式
电机（140302）	借	数量核算（台）	数量金额式
电磁线（140303）	借	数量核算（斤）	数量金额式
电缆线（140304）	借	数量核算（斤）	数量金额式
库存商品（1405）	借	项目、数量核算（台）	数量金额式
周转材料（1411）	借		数量金额式
包装箱（141101）	借	数量核算（个）	数量金额式
应付票据（2201）	贷	供应商往来	金额式
银行承兑汇票（220101）	贷	供应商往来	金额式
商业承兑汇票（220102）	贷	供应商往来	金额式
应付账款（2202）	贷	供应商往来	金额式
一般应付款（220201）	贷	供应商往来	金额式
暂估应付款（220202）	贷	供应商往来 （无受控系统）	金额式
预收账款（2203）	贷	客户往来	金额式
人民币（220301）	贷	客户往来	金额式

续表

科目名称	方向	辅助账类型	账页格式
美元（220302）	贷	客户往来 外币核算（美元）	外币金额式
应付职工薪酬（2211）	贷		金额式
应付工资（221101）	贷		金额式
应付福利费（221102）	贷		金额式
设定提存计划（221103）	贷		金额式
社会保险费（221104）	贷		金额式
住房公积金（221105）	贷		金额式
工会经费（221106）	贷		金额式
职工教育经费（221107）	贷		金额式
应交税费（2221）	贷		金额式
应交增值税（222101）	贷		金额式
进项税额（22210101）	借		金额式
销项税额（22210102）	贷		金额式
进项税额转出（22210103）	贷		金额式
转出未交增值税（22210104）	贷		金额式
未交增值税（222102）	贷		金额式
应交所得税（222103）	贷		金额式
应交个人所得（222104）	贷		金额式
应交城市维护建设税（222105）	贷		金额式
应交教育费附加（222106）	贷		金额式
应交地方教育费附加（222107）	贷		金额式
利润分配（4104）	贷		金额式
未分配利润（410401）	贷		金额式
生产成本（5001）	借		金额式
直接材料（500101）	借	项目、部门核算	金额式
直接人工（500102）	借	项目、部门核算	金额式
其他（500103）	借	项目、部门核算	金额式
制造费用（5101）	借		金额式
材料费（510101）	借	项目、部门核算	金额式
人工费（510102）	借	项目、部门核算	金额式

续表

科目名称	方向	辅助账类型	账页格式
折旧费（510103）	借	项目、部门核算	金额式
主营业务收入（6001）	贷	项目、数量核算（台）	数量金额式
主营业务成本（6401）	贷	项目、数量核算（台）	数量金额式
销售费用（6601）	借		金额式
折旧费（660101）	借		金额式
办公费（660102）	借		金额式
工资（660103）	借		金额式
差旅费（660104）	借		金额式
社会保险费（660105）	借		金额式
招待费（660106）	借		金额式
维修费（660107）	借		金额式
其他（660108）	借		金额式
管理费用（6602）	借		金额式
折旧费（660201）	借	部门核算	金额式
办公费（660202）	借	部门核算	金额式
工资（660203）	借	部门核算	金额式
差旅费（660204）	借	部门核算	金额式
社会保险费（660205）	借	部门核算	金额式
招待费（660206）	借	部门核算	金额式
维修费（660207）	借	部门核算	金额式
其他（660208）	借	部门核算	金额式

指定会计科目：（1）现金科目为库存现金；（2）银行科目为银行存款。

12. 设置凭证类别（见表3－11）。

表3－11　凭证类别

类型	限制类型	限制科目
收款凭证	借方必有	1001，1002
付款凭证	贷方必有	1001，1002
转账凭证	凭证必无	1001，1002

13. 设置项目目录（见表 3－12）。

表 3－12　项目目录

项目大类	指定核算科目	项目分类	项目目录
产品	库存商品	1 自制产品	101——A 产品
	生成成本——直接材料		102——B 产品
	生成成本——直接人工	2 委托加工产品	
	生成成本——其他		
	制造费用——材料费		
	制造费用——人工费		
	制造费用——折旧费		
	主营业务收入		
	主营业务成本		

14. 设置结算方式（见表 3－13）。

表 3－13　结算方式

编码	结算方式	票据管理标志
1	现金结算	
2	支票结算	√
201	现金支票	√
202	转账支票	√
3	商业汇票	
301	商业承兑汇票	
302	银行承兑汇票	
4	汇兑	
401	信汇	
402	电汇	
5	其他	

15. 设置付款条件（见表 3－14）。

表 3－14　付款条件

付款条件编码	信用天数	优惠天数	优惠率	优惠天数	优惠率
01	30	10	2	20	1

16. 设置银行信息（见表 3 – 15）。

表 3 – 15　　银行信息

项目	人民币户	美元户
开户银行编码	01	02
开户银行名称	中国工商银行乐园支行	中国工商银行乐园支行
账号	6222223445555421959	6222223445555642780
账户名称	新宇股份有限公司	新宇股份有限公司
币种	人民币	美元
所属银行	中国工商银行	中国工商银行

知识链接

企业应用平台可以为各子系统提供共享的基础信息，主要包括企业部门及人员信息、客商信息、存货信息、财务信息、收付结算信息、业务信息等。这些基础信息是系统运行的基石，因而企业应根据实际情况，在“基础设置”业务导航区的“基础档案”中设置好基础信息。

企业基础数据存在着前后的承接关系，如必须在设置存货分类后才能设置存货档案，因此在设置基础档案时要遵循一定的顺序，如图 3 – 7 所示。

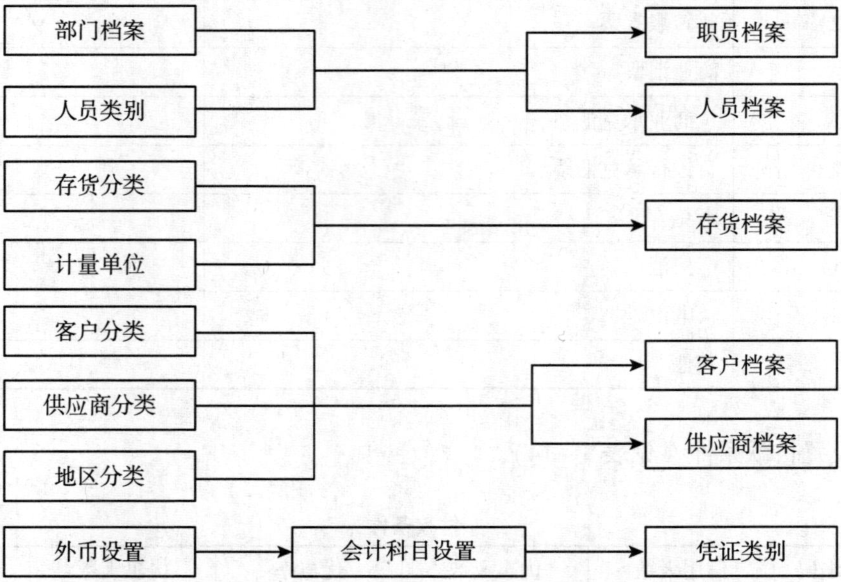

图 3 – 7　设置基础档案的顺序

3.2.1 设置部门档案

☞ **岗位说明**

账套主管 001 李丽执行操作。

☞ **操作步骤**

(1) 打开部门档案录入窗口。执行“企业应用平台”|“基础设置”|“基础档案”|“机构人员”|“部门档案”，双击打开部门档案录入窗口。

(2) 增加部门档案。单击“增加”按钮，根据任务资料录入“部门编码”为“1”，“部门名称”为“行政事务中心”，“成立日期”为“2019－01－01”。单击“💾”按钮完成操作，如图 3－8 所示。

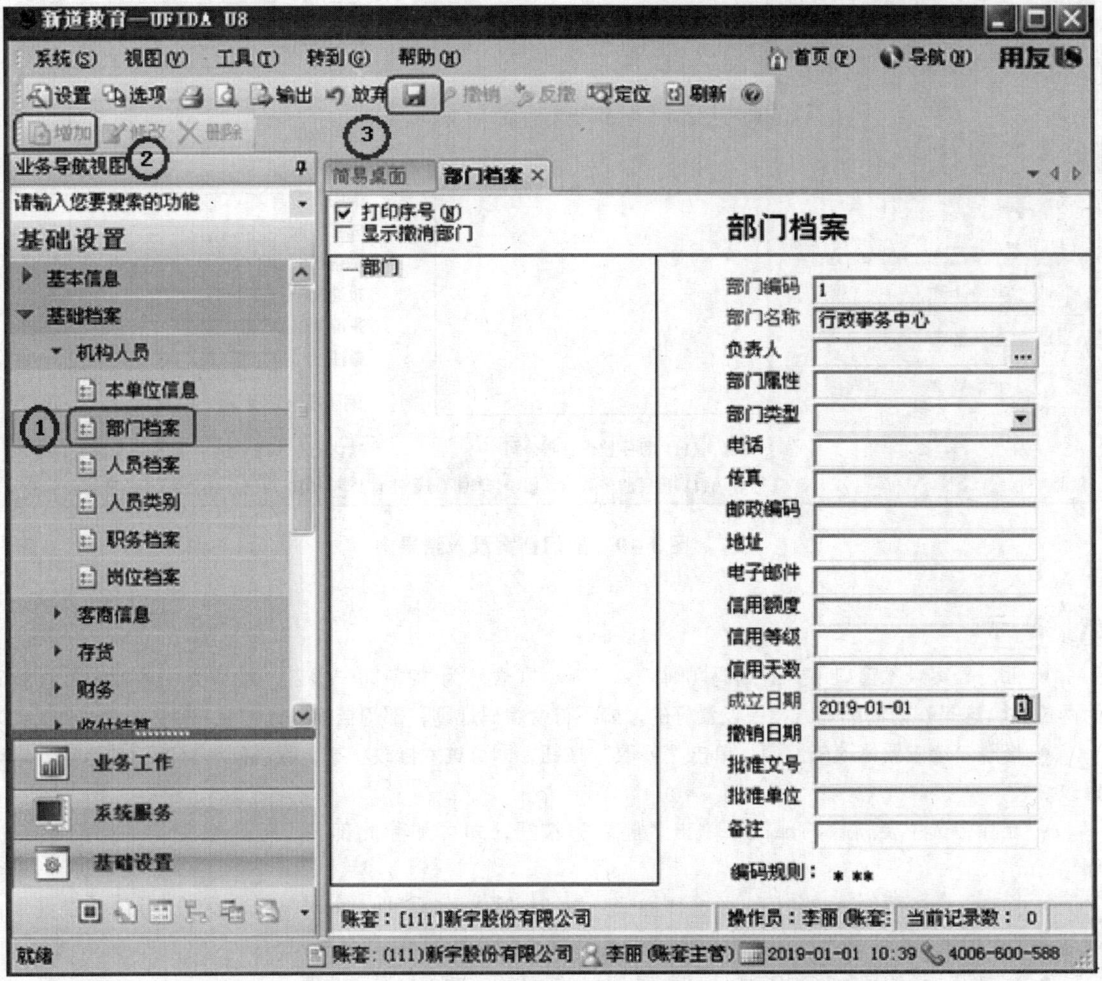

图 3－8 部门档案录入窗口

（3）重复步骤（2），依次录入所有部门档案，结果如图 3 – 9 所示。

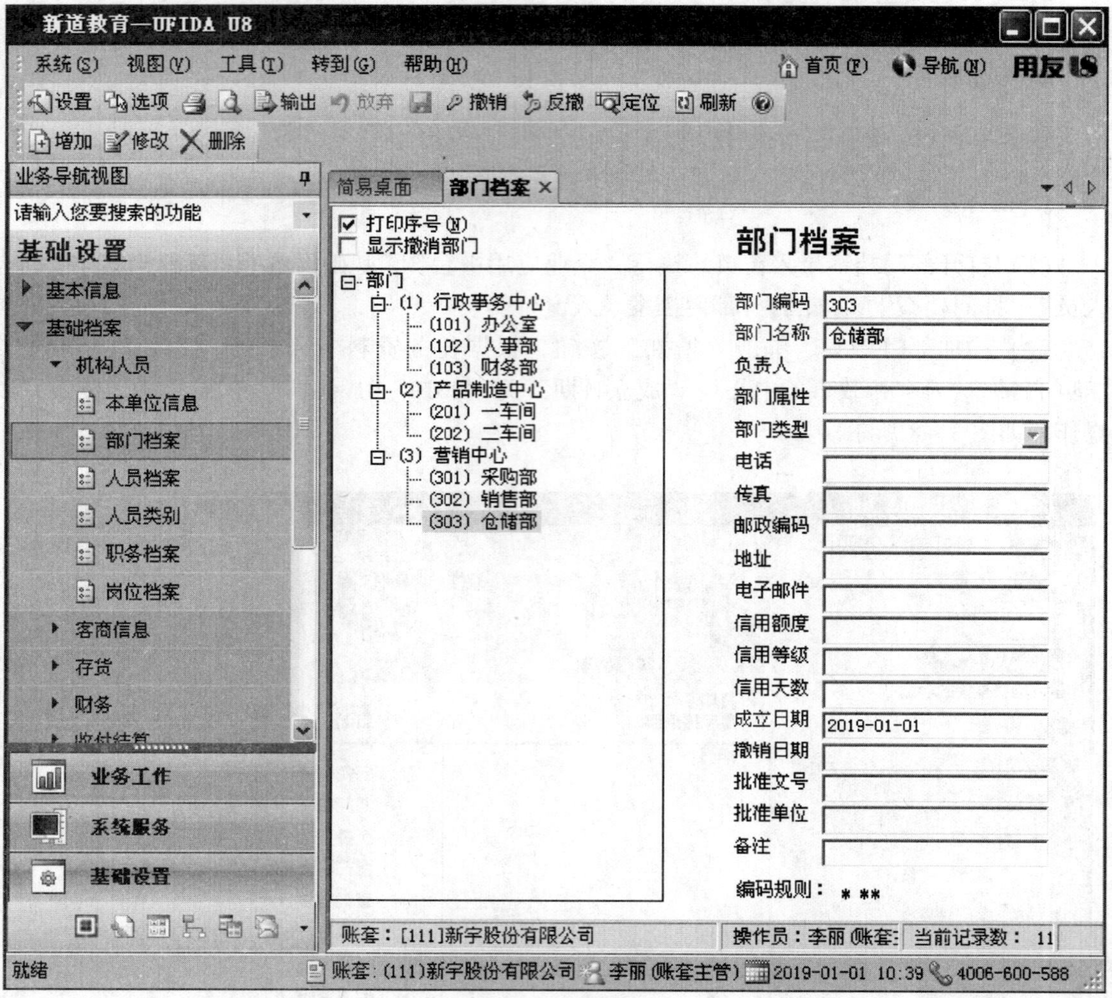

图 3 – 9　部门档案录入结果

提　示

• 部门档案录入窗口下方的编码规则“*　**”表示为 12，即一级部门编码为一位数、二级编码为两位数，这是在前面编码方案中设置好的，如不符合编码规则，部门档案则无法保存。

• 修改：选中要修改的部门，单击“修改”按钮，即可进入修改状态，除部门编码外，其他信息均可修改。

• 删除：选中要删除的部门，单击“删除”按钮，即可删除此部门，但已被使用的部门不能被删除。

• 撤销：选中要撤销的部门，单击“撤销”按钮，输入撤销日期，即可撤销此部门。执行撤销操作必须从末级部门依次向上进行。另外，已安排人员的部门不可撤销，只能替换部门。

• 反撤销：选中要反撤销的部门，单击“反撤”按钮，即可反撤销此部门。

3.2.2 设置人员类别

☞ **岗位说明**

账套主管 001 李丽执行操作。

☞ **操作步骤**

（1）打开“人员类别”窗口。执行“企业应用平台”|“基础设置”|“基础档案”|“机构人员”|“人员类别”，双击打开“人员类别”窗口。

（2）增加人员类别。选中“人员类别”下“正式工”，单击“增加”按钮，根据任务资料在“增加档案项”对话窗口录入“档案编码”为“10101”，“档案名称”为“管理人员”，单击“确定”按钮，如图 3－10 所示。

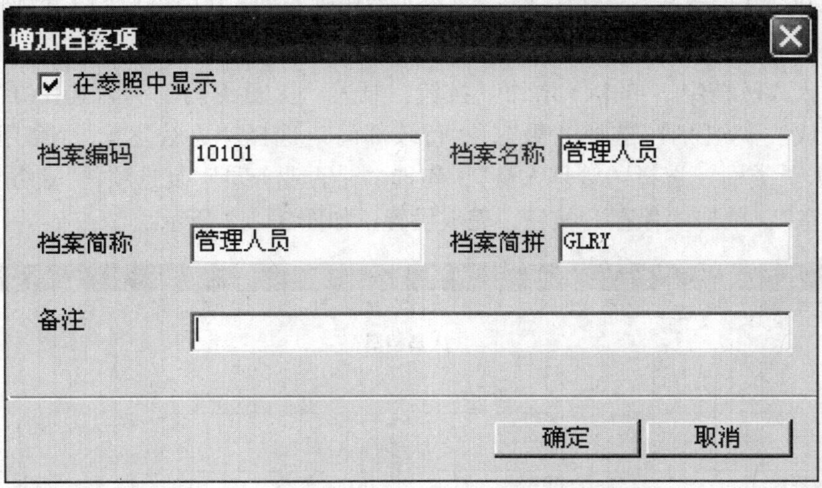

图 3－10　增加人员类别对话框

（3）重复步骤（2），依次录入所有人员类别，结果如图 3－11 所示。

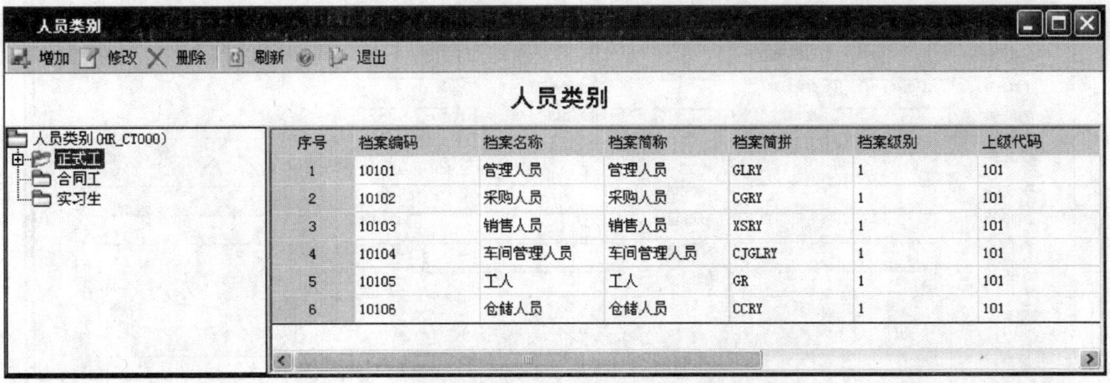

序号	档案编码	档案名称	档案简称	档案简拼	档案级别	上级代码
1	10101	管理人员	管理人员	GLRY	1	101
2	10102	采购人员	采购人员	CGRY	1	101
3	10103	销售人员	销售人员	XSRY	1	101
4	10104	车间管理人员	车间管理人员	CJGLRY	1	101
5	10105	工人	工人	GR	1	101
6	10106	仓储人员	仓储人员	CCRY	1	101

图 3－11　人员类别设置结果

提 示

- 已增加的人员类别其档案编码不可修改。
- 已使用的人员类别不可删除。
- 执行新增二级档案操作时，一定要选中“正式工”或其他顶级人员类别，才能增加二级档案，如果选中的是“人员类别”，则无法完成二级档案新增操作。

3.2.3 设置人员档案

☞ **岗位说明**

账套主管 001 李丽执行操作。

☞ **操作步骤**

(1) 打开“人员档案”窗口。执行“企业应用平台”|“基础设置”|“基础档案”|“机构人员”|“人员档案”，双击打开“人员档案”窗口。

(2) 录入人员档案。单击“增加”按钮，录入“人员编码”为“101001”，“人员姓名”为“姜成”，“性别”选择“男”，“行政部门”选择“办公室”，“雇用状态”选择“在职”，“人员类别”选择“管理人员”，勾选“是否业务员”复选项，“业务或费用部门”选择“办公室”，单击“保存”按钮，完成设置，如图 3 – 12 所示。

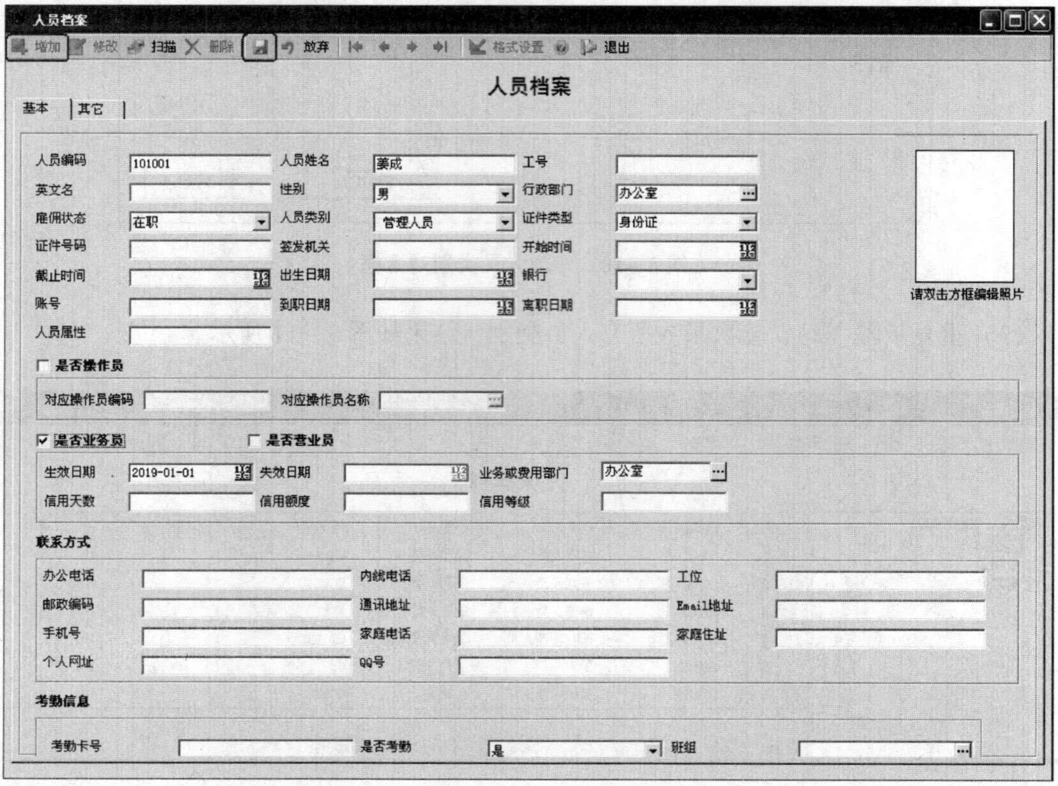

图 3 – 12 人员档案窗口

（3）重复步骤（2），录入所有职员档案，结果如图 3－13 所示。

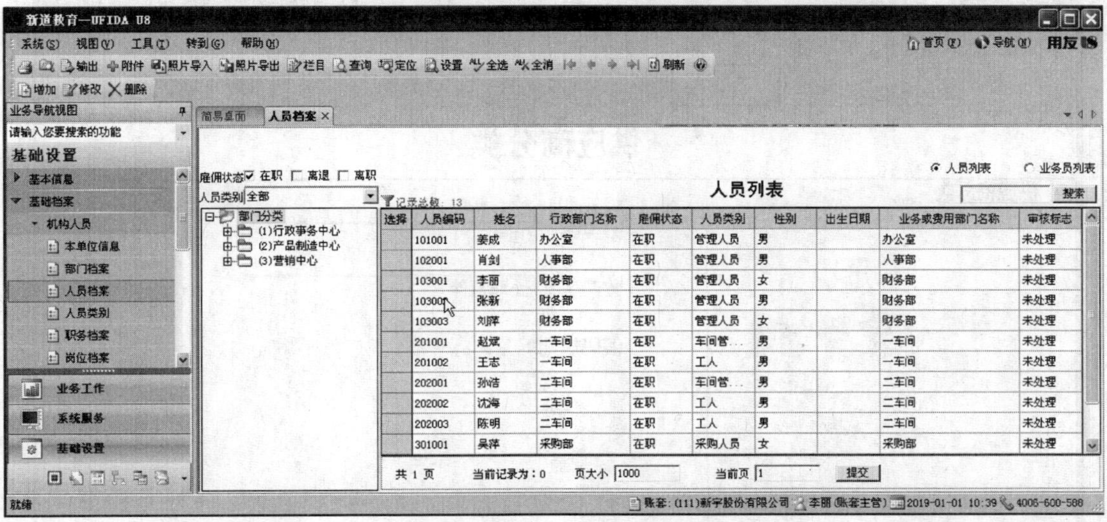

图 3－13　人员档案录入结果

提 示

● 在录入人员信息时要提示根据需要选择“是否操作员”“是否业务员”“是否营业员”选项，如果不选择，将来在录入期初余额等业务时找不到可参照的人员。

● 修改：选中要修改的人员，单击“修改”按钮，或双击要修改的人员，即可进行修改状态，除人员编码外，其他信息均可修改。

● 删除：要删除未启用的人员档案必须在人员列表中双击“选择”单元格，出现“Y”后再单击“删除”按钮，方可删除人员档案。

● 查询人员档案时，可根据所在部门、人员类别、雇用状态设定查询范围进行查询。

3.2.4 设置供应商分类

☞ 岗位说明

账套主管 001 李丽执行操作。

☞ 操作步骤

（1）打开“供应商分类”窗口。执行“企业应用平台”|“基础设置”|“基础档案”|“客商信息”|“供应商分类”，双击打开“供应商分类”窗口。

（2）录入供应商分类信息。单击“增加”按钮，录入“分类编码”为“01”，“分类名称”为“长期伙伴”。单击“保存”，如图 3－14 所示。

（3）重复步骤（2），依次录入其他供应商分类信息，结果如图 3－15 所示。

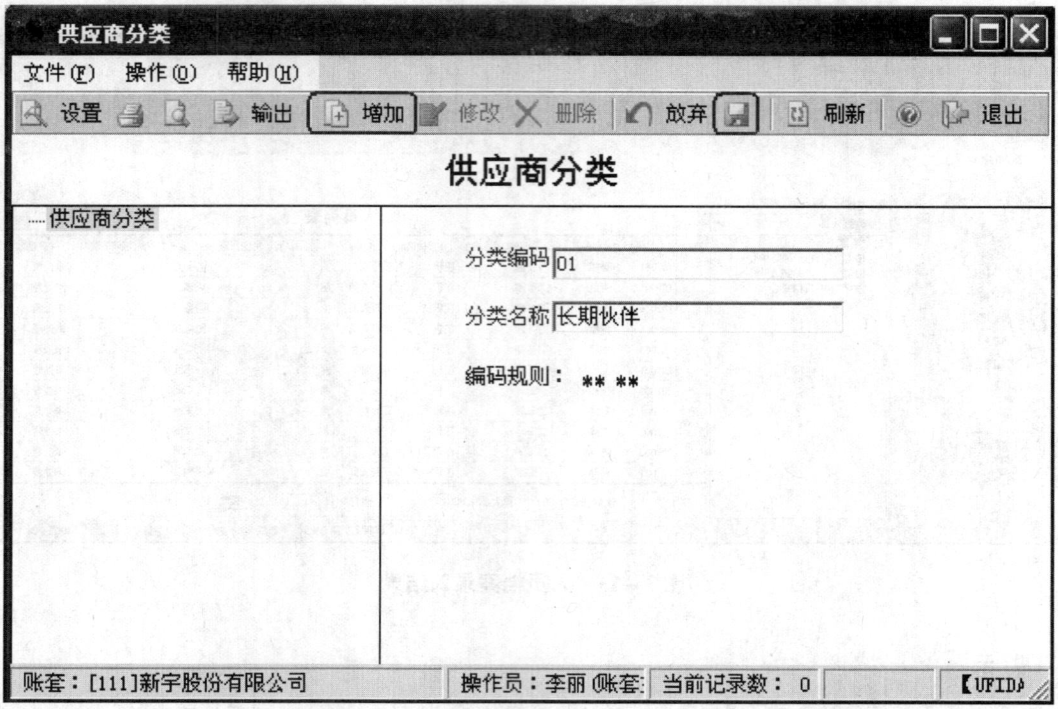

图 3－14　供应商分类窗口

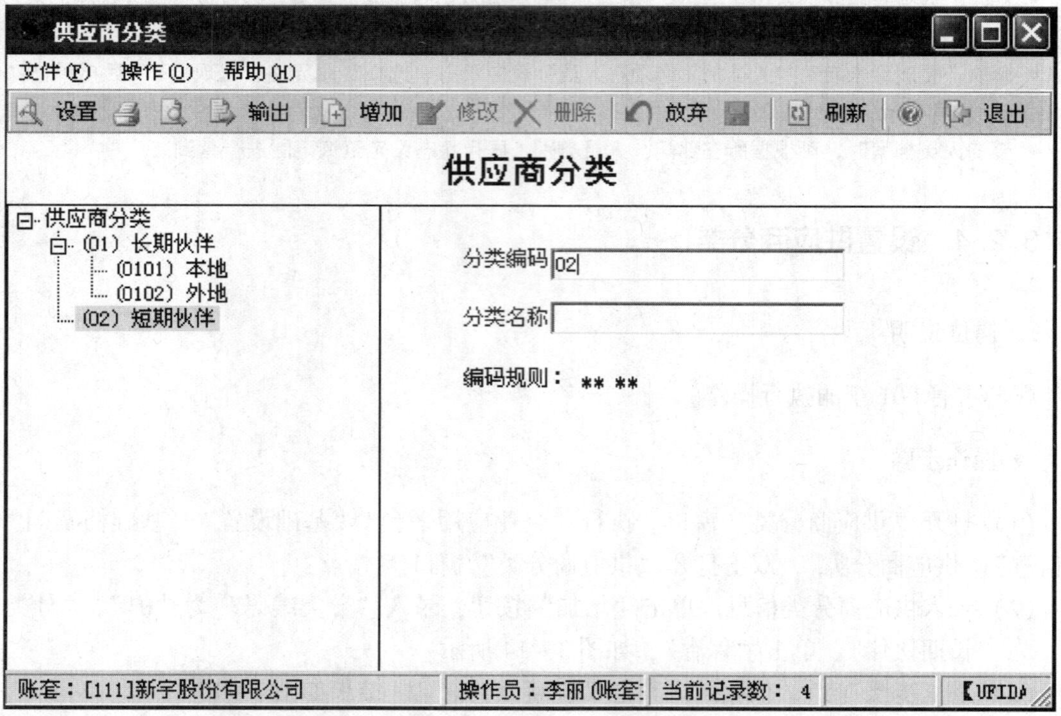

图 3－15　供应商分类录入结果

提 示

- 供应商分类必须逐级增加。
- 新增的供应商分类编码必须与编码规则中设定的编码级次相符。
- 已使用或非末级供应商分类不能删除。
- 已增加的供应商分类编码不可修改。
- 已设置供应商档案信息的供应商分类要想删除必须先删除供应商档案。

3.2.5 设置供应商档案

☞ 岗位说明

账套主管 001 李丽执行操作。

☞ 操作步骤

（1）打开"供应商档案"窗口。执行"企业应用平台"|"基础设置"|"基础档案"|"客商信息"|"供应商档案"，双击打开"供应商档案"窗口。

（2）录入供应商档案。单击"增加"按钮，打开"增加供应商档案"窗口，依次录入【基本】【联系】【信用】【其他】四个选项卡信息及供应商银行档案信息，结果如图 3－16～图 3－18 所示。

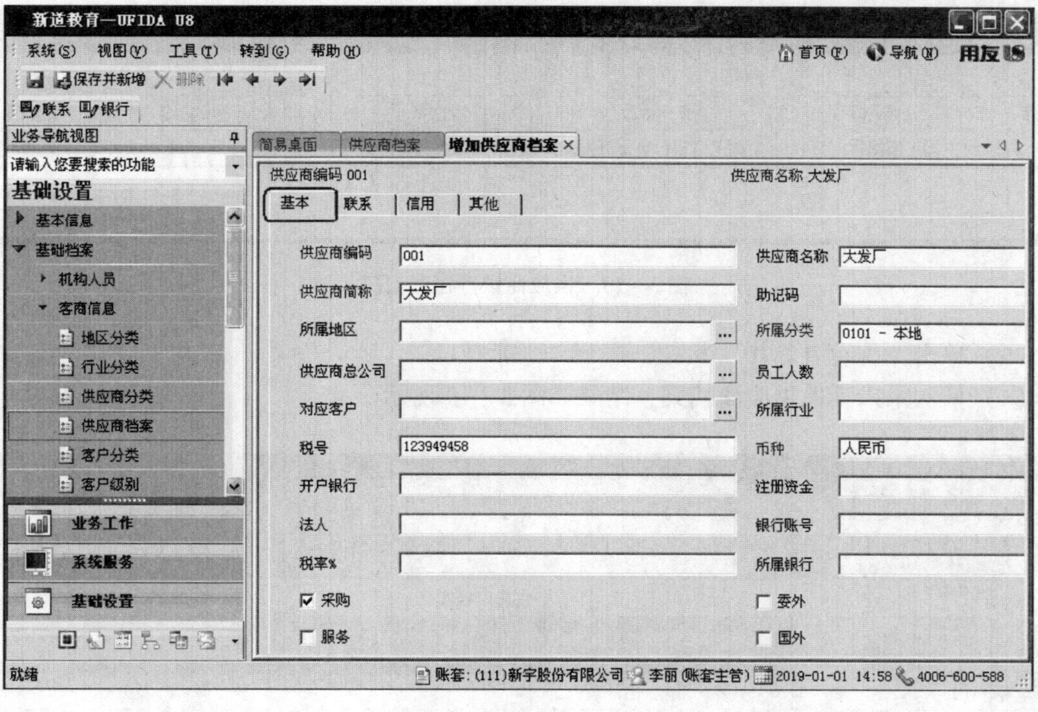

图 3－16 供应商档案——基本

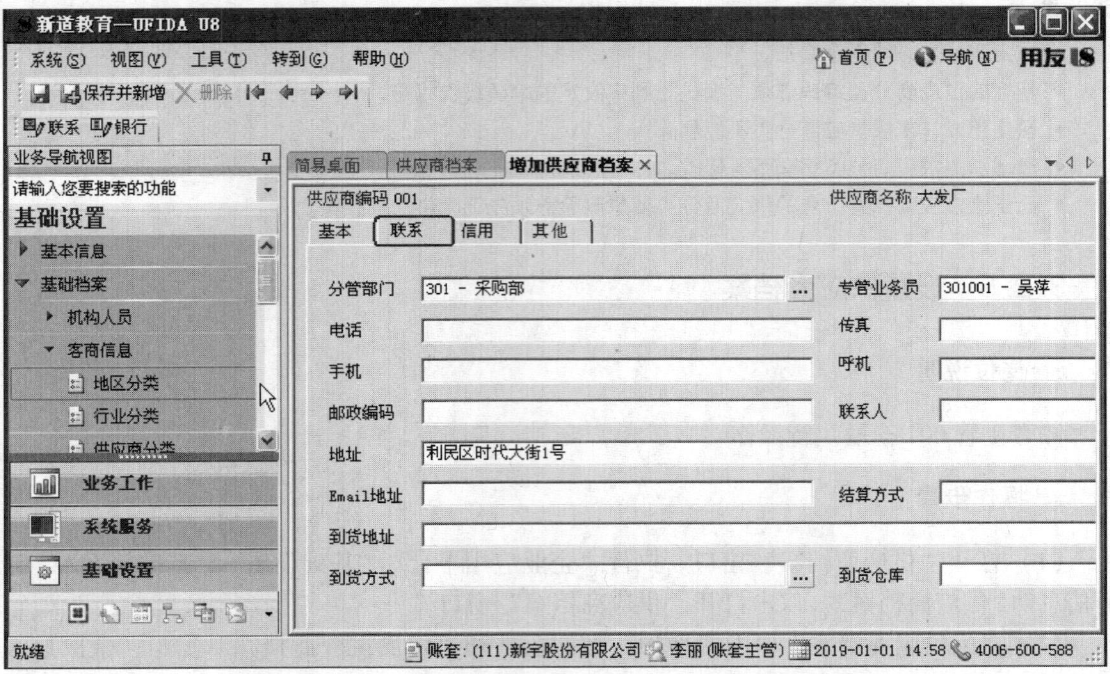

图 3－17　供应商档案——联系

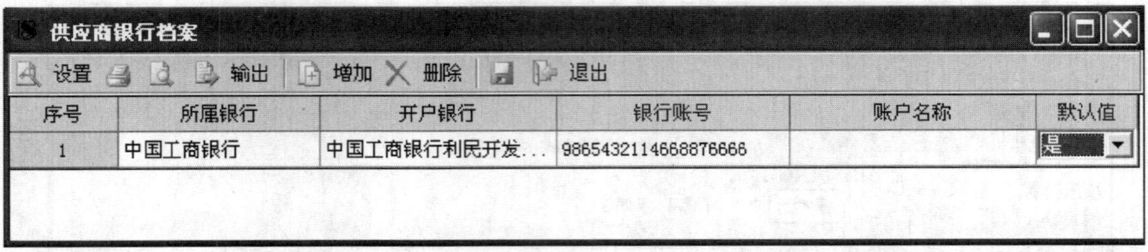

图 3－18　供应商银行档案窗口

(3) 单击“保存并新增”按钮。

(4) 依次录入其他供应商档案，结果如图 3－19 所示。

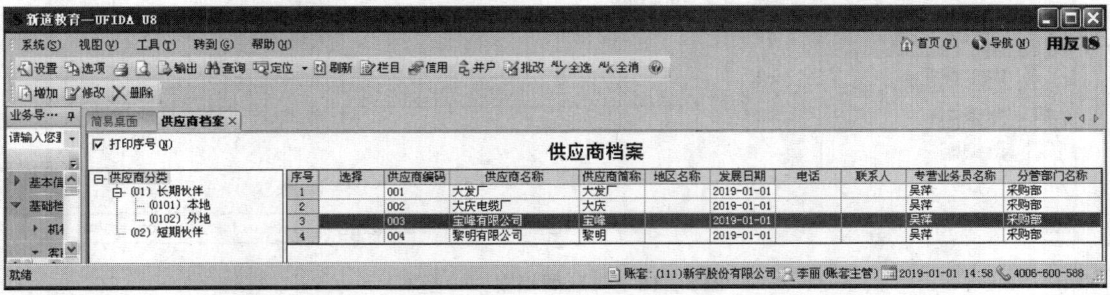

图 3－19　供应商档案录入结果

提 示

- 已使用供应商不能删除修改，但可增加其他选项。
- 如果要连续录入供应商档案可单击“保存并新增”按钮。
- 如果建账时要求供应商分类，那么不设置供应商分类，就无法录入供应商档案。

3.2.6 设置客户档案

☞ 岗位说明

账套主管 001 李丽执行操作。

☞ 操作步骤

（1）打开“客户档案”窗口。执行“企业应用平台”|“基础设置”|“基础档案”|“客商信息”|“客户档案”，双击打开“客户档案”窗口。

（2）录入“客户档案”。单击“增加”按钮，进入“增加客户档案”窗口，按客户档案资料，依次录入【基本】【联系】【信用】【其他】四个选项卡信息及客户银行档案信息，结果如图 3 – 20 ~ 图 3 – 22 所示。

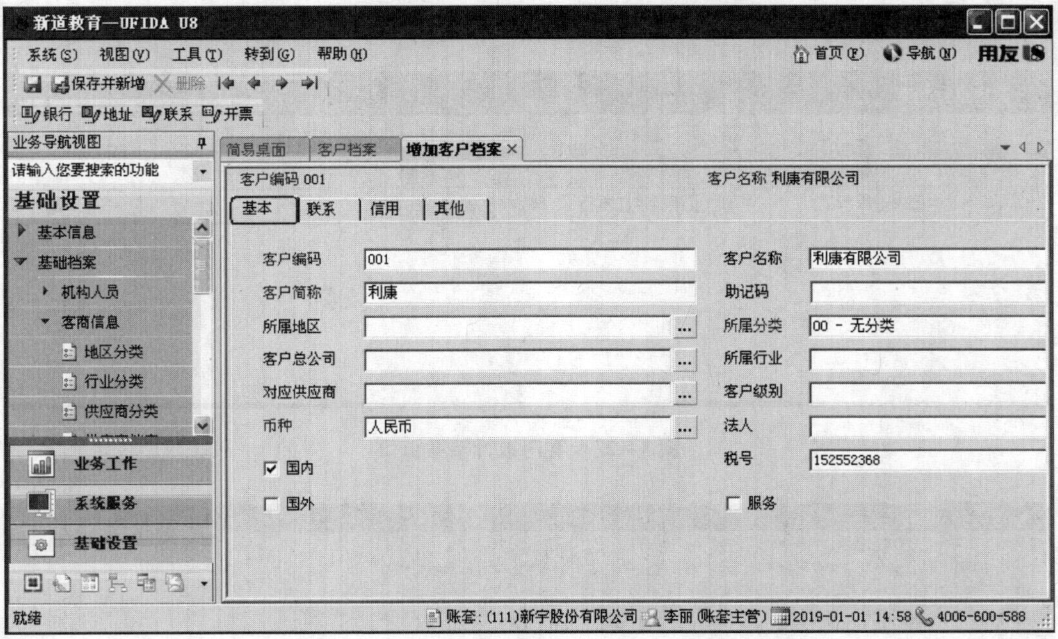

图 3 – 20 客户档案——基本

（3）单击“保存并新增”按钮。

（4）依次录入其他客户档案，结果如图 3 – 23 所示。

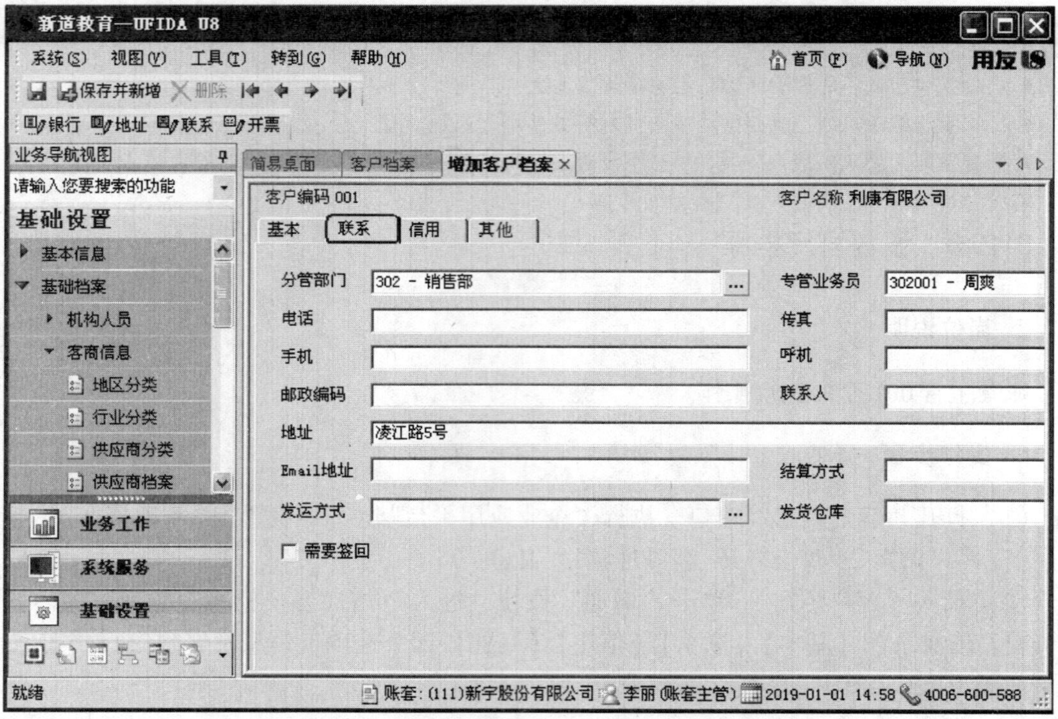

图 3－21　客户档案——联系

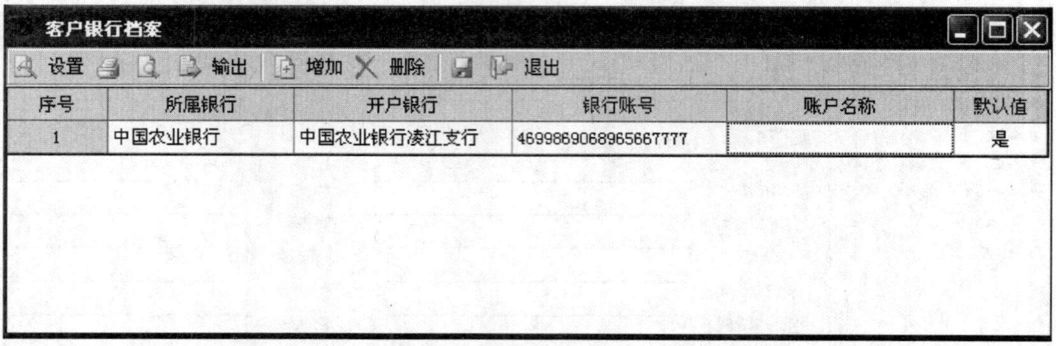

图 3－22　客户银行档案窗口

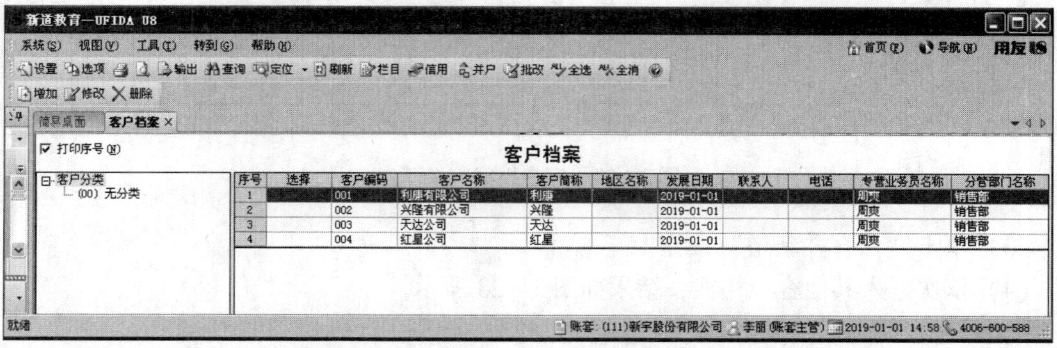

图 3－23　客户档案录入结果

3.2.7 设置计量单位

☞ **岗位说明**

账套主管001李丽执行操作。

☞ **操作步骤**

（1）录入计量单位组。

①打开“计量单位”窗口。执行“企业应用平台”|“基础设置”|“基础档案”|“存货”|“计量单位”，双击打开“计量单位”窗口，如图3－24所示。

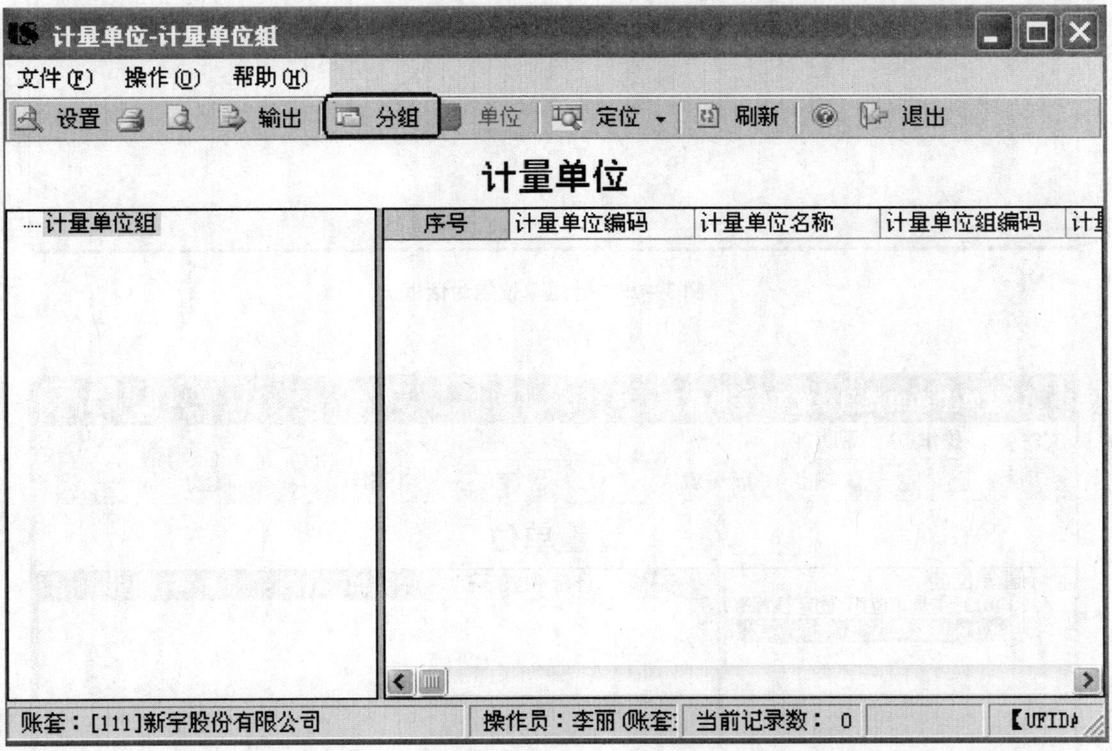

图3－24　计量单位——计量单位组

②打开“计量单位组”对话框。单击“分组”按钮，打开计量单位组对话框。

③录入计量单位组信息。单击“增加”按钮，录入“计量单位组编码”为“01”，“计量单位组名称”为“重量单位组”，选择“计量单位组类别”为“固定换算率”，并保存。如图3－25所示。

④重复步骤③，录入数量单位组信息，完成后单击“退出”按钮，结果如图3－26所示。

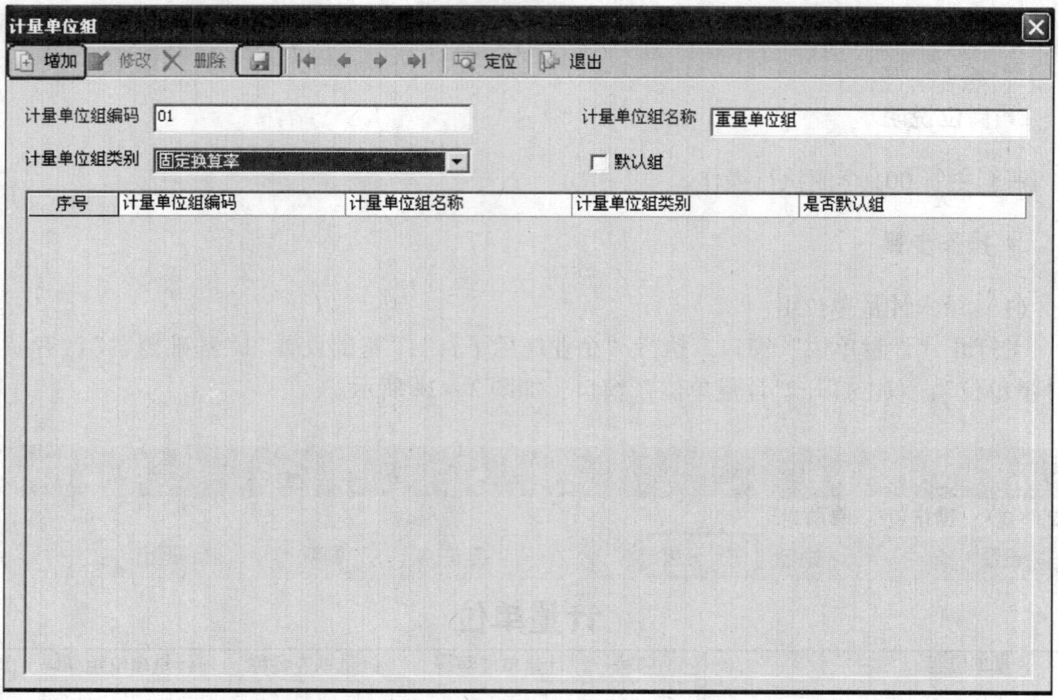

图 3－25　计量单位组对话框

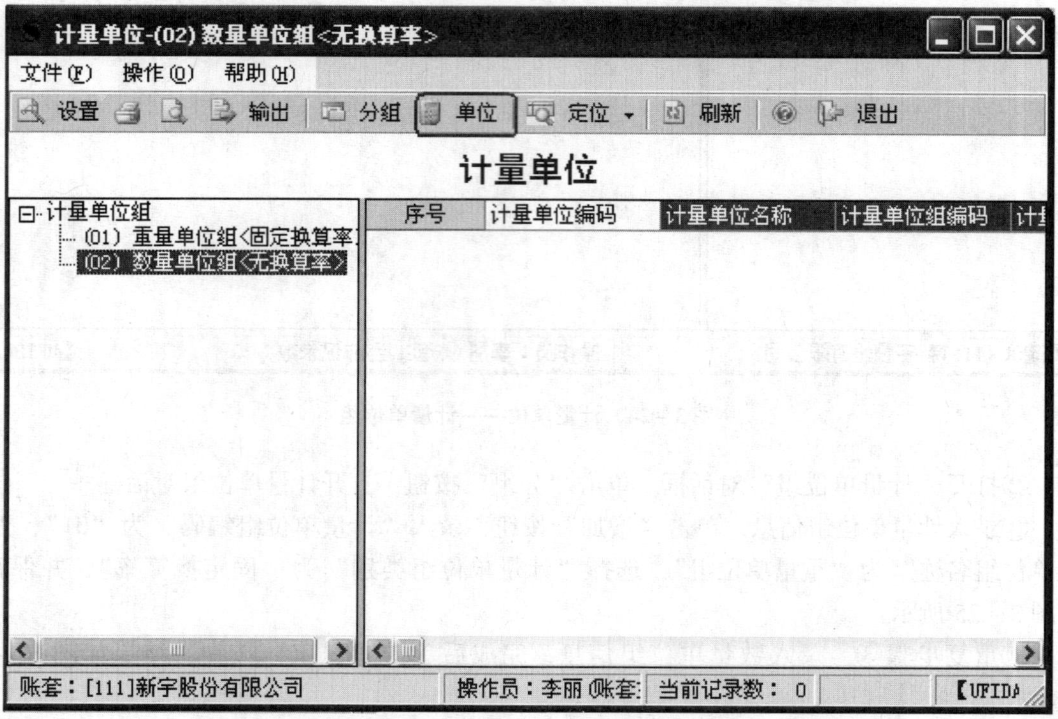

图 3－26　录入计量单位组结果

（2）录入计量单位。

①打开“计量单位”对话框。选择“计量单位组”下的“重量单位组”，单击“单位”按钮，打开“计量单位”对话框。

②录入“计量单位信息”。单击“增加”按钮，录入“计量单位编码”“0101”，“计量单位名称”为“斤”，将此计量单位设置为“主计量单位标志”，“换算率”为“1”。

③单击“保存”按钮，如图3－27所示。

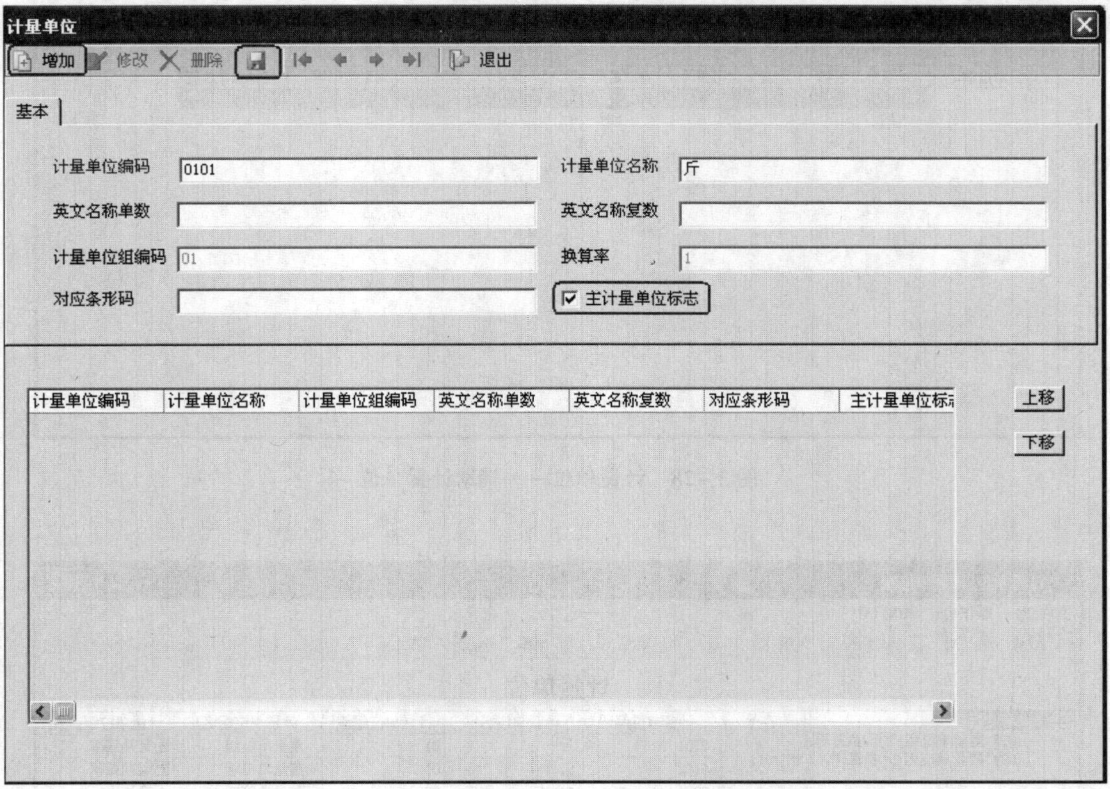

图3－27　计量单位——主计量单位

④录入辅助计量单位。编码为“0102”，名称为“公斤”，“换算率”为“2”，如图3－28所示。

⑤单击“保存”按钮，并退出。

⑥选择“计量单位组”下的“数量单位组”，单击“单位”按钮，打开计量单位录入窗口。

⑦单击“增加”按钮，录入“数量单位组”下的“计量单位编码”为“0201”，“计量单位名称”为“台”，单击“保存”按钮。

⑧依次录入数量单位组下其他计量单位后，单击“退出”，结果如图3－29所示。

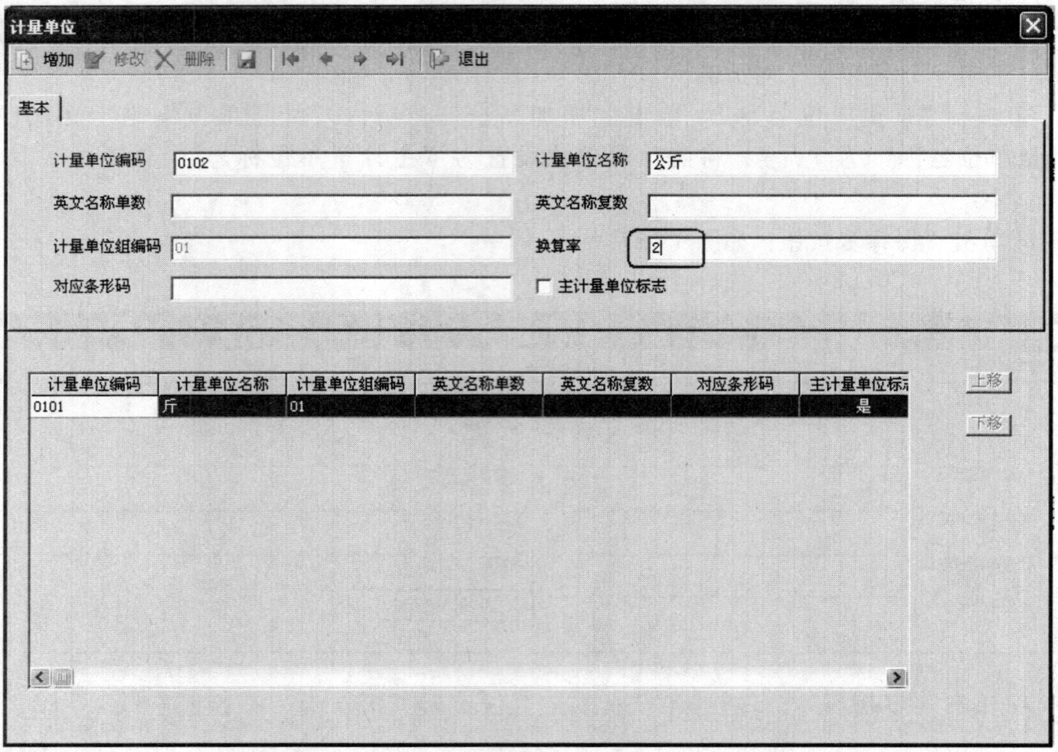

图 3-28　计量单位——辅助计量单位

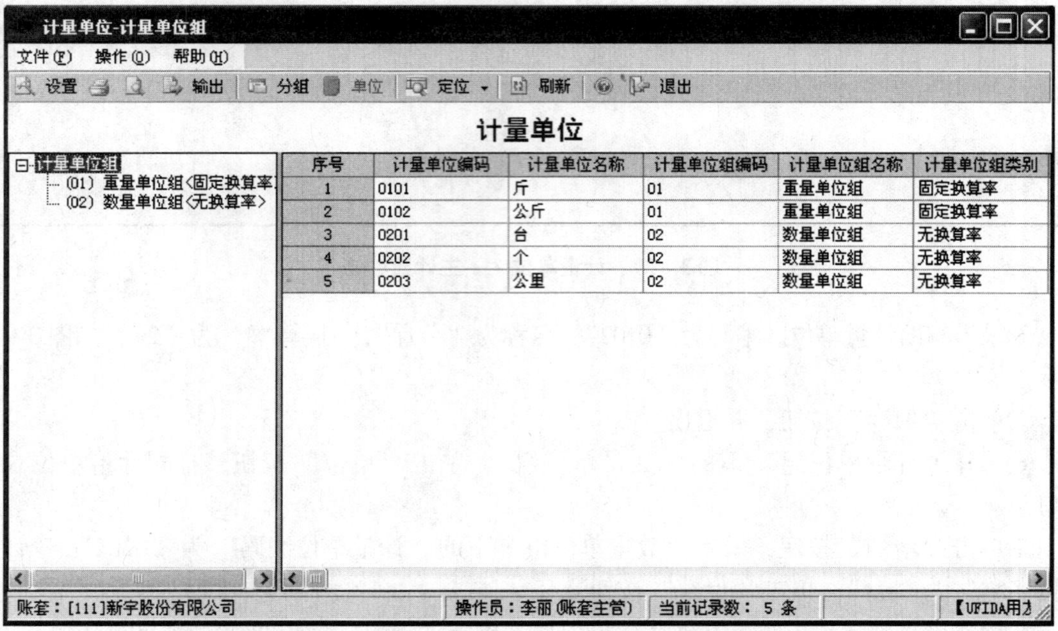

图 3-29　计量单位录入结果

提 示

- 计量单位组类别在无换算、固定换算和浮动换算三个类别中选择其一。

第一，无换算计量单位组：该组下的计量单位都以单独形式存在，即相互之间不需要输入换算率，而且全部缺省为主计量单位。

第二，固定换算计量单位组：该组包括多个计量单位，一个主计量单位、多个辅计量单位。通常情况下要选择较小的计量单位为主计量单位。如“斤”和“公斤”两个固定换算的计量单位，就要将“斤”作为主计量单位。

第三，浮动换算计量单位组：该组只包括两个计量单位，一个主计量单位、一个辅计量单位。

- 删除计量单位组则默认为删除该计量单位组下的全部计量单位。

3.2.8 设置存货分类

☞ **岗位说明**

账套主管 001 李丽执行操作。

☞ **操作步骤**

(1) 打开“存货分类”录入窗口。执行“企业应用平台”|“基础设置”|“基础档案”|“存货”|“存货分类”，双击打开“存货分类”窗口。

(2) 录入存货分类信息。单击“增加”按钮后，依次录入各存货分类，并“保存”，结果如图 3－30 所示。

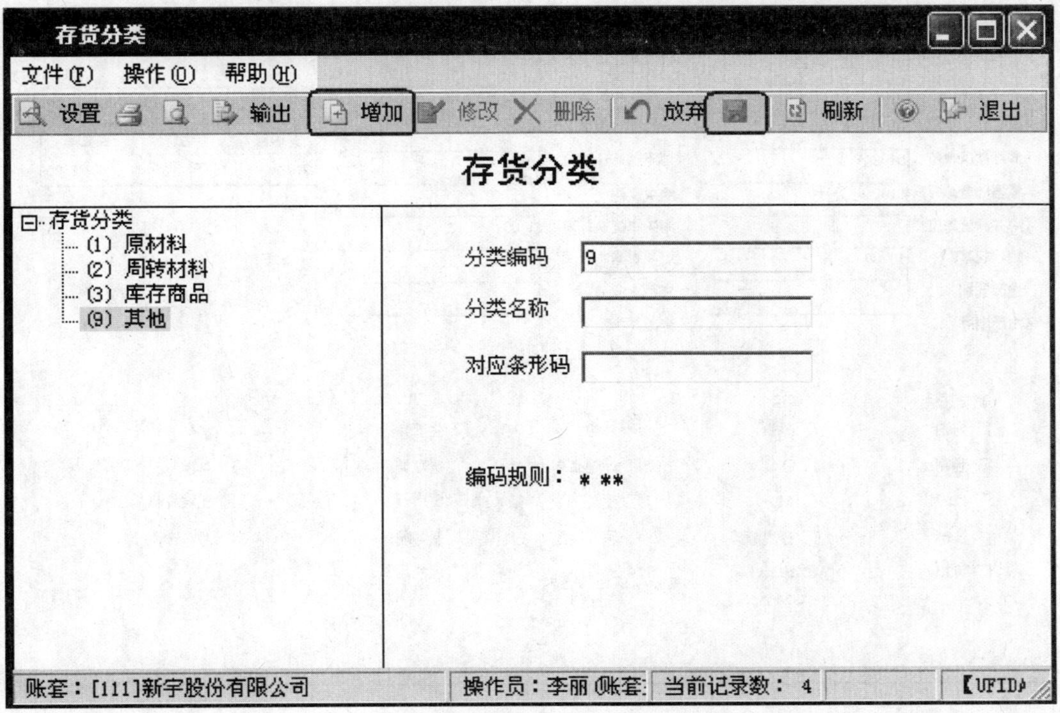

图 3－30 存货分类录入结果

提 示

- 修改：选中要修改的存货分类，单击“修改”按钮，可对存货分类信息进行修改，但分类编码不可修改。
- 删除：删除存货分类必须从末级分类开始依次向上删除，且已使用存货分类不能删除。

3.2.9 设置存货档案

☞ 岗位说明

账套主管001李丽执行操作。

☞ 操作步骤

（1）打开“存货档案”窗口。执行“企业应用平台”|“基础设置”|“基础档案”|“存货”|“存货档案”，双击打开存货档案窗口。

（2）录入“存货档案”。单击“增加”按钮，打开增加存货档案对话框，在“基本”选项卡下，录入“存货编码”为“001”，“存货名称”为“氧化锌”，选择“存货分类”为“原材料”，“计量单位组”为“01－重量单位组”，税率均为“16%”，勾选“存货属性”中的“外购”和“生产耗用”两个复选项。如图3－31所示。

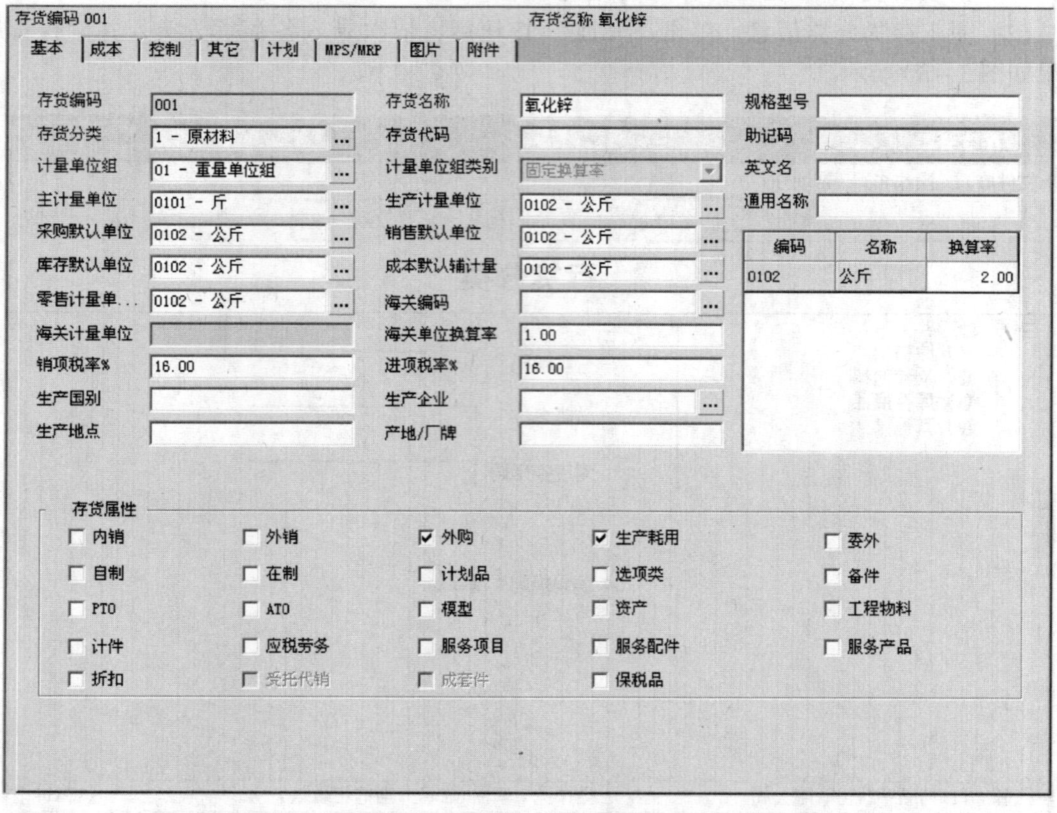

图3－31 存货档案对话框

（3）单击“保存并新增”，依次录入其他存货信息，完成后关闭退出，结果如图 3 – 32 所示。

图 3 – 32 存货档案录入结果

3.2.10 设置外币

☞ 岗位说明

账套主管 001 李丽执行操作。

☞ 操作步骤

（1）设置币种。

①打开“外币设置”对话框。执行“企业应用平台”|“基础设置”|“基础档案”|“财务”|“外币设置”，双击打开“外币设置”对话框。

②设置币种。单击“增加”按钮，选择“固定汇率”，在“币符”处输入“ $ ”，“币名”处输入“美元”，其他采用系统默认项。

③单击“确认”按钮，如图 3 – 33 所示。

（2）设置汇率。

①选中“美元”，在“2019. 01 记账汇率”处输入“6. 28000”。

②回车确认，退出汇率设置，如图 3 – 34 所示。

3.2.11 设置会计科目

☞ 岗位说明

账套主管 001 李丽执行操作。

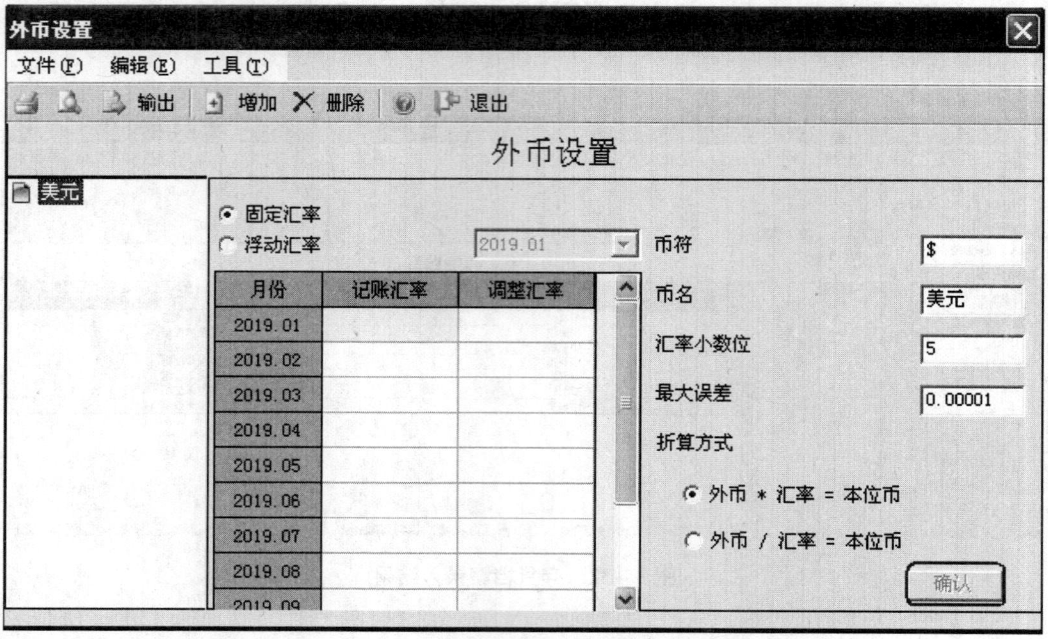

图 3-33　外币设置——设置币种

图 3-34　外币设置——设置汇率

☞ **操作步骤**

(1) 修改会计科目。

①打开“会计科目”对话框。执行“企业应用平台”|“基础设置”|“基础档案”|“财务”|“会计科目”，双击打开“会计科目”对话框。

②修改会计科目。选中“库存现金”科目，单击“修改”按钮（或双击要修改的会计科目），打开会计科目修改对话框。

③单击“修改”按钮，勾选“日记账”复选项，如图 3－35 所示。

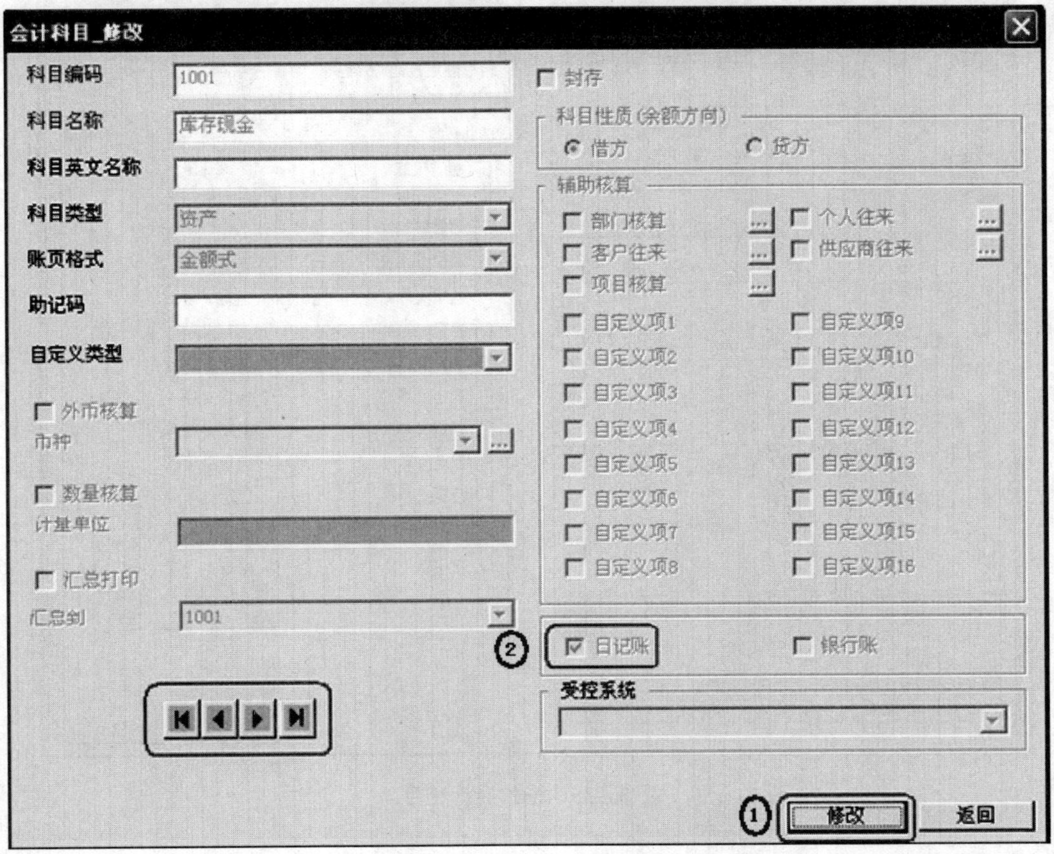

图 3－35　修改会计科目

④单击“确定”。

⑤参照任务资料，依次修改其他会计科目。

说　明

- 科目编码一旦使用将不能修改，科目名称可以随时修改。
- 可以在修改界面下设置辅助核算、外币核算、数量核算等。
- 连续修改时可点击，查找要修改的科目。

（2）增加会计科目。

①打开“会计科目”对话框。执行“企业应用平台”|“基础设置”|“基础档案”|“财务”|“会计科目”，双击打开“会计科目”对话框。

②增加会计科目。单击“增加”按钮，在新增会计科目对话框“科目编码”处录入“100201”，“科目名称”处录入“人民币户”，勾选“日记账”和“银行账”复选项。

③单击“确定”按钮，如图3－36所示。

④依次增加其他明细科目。

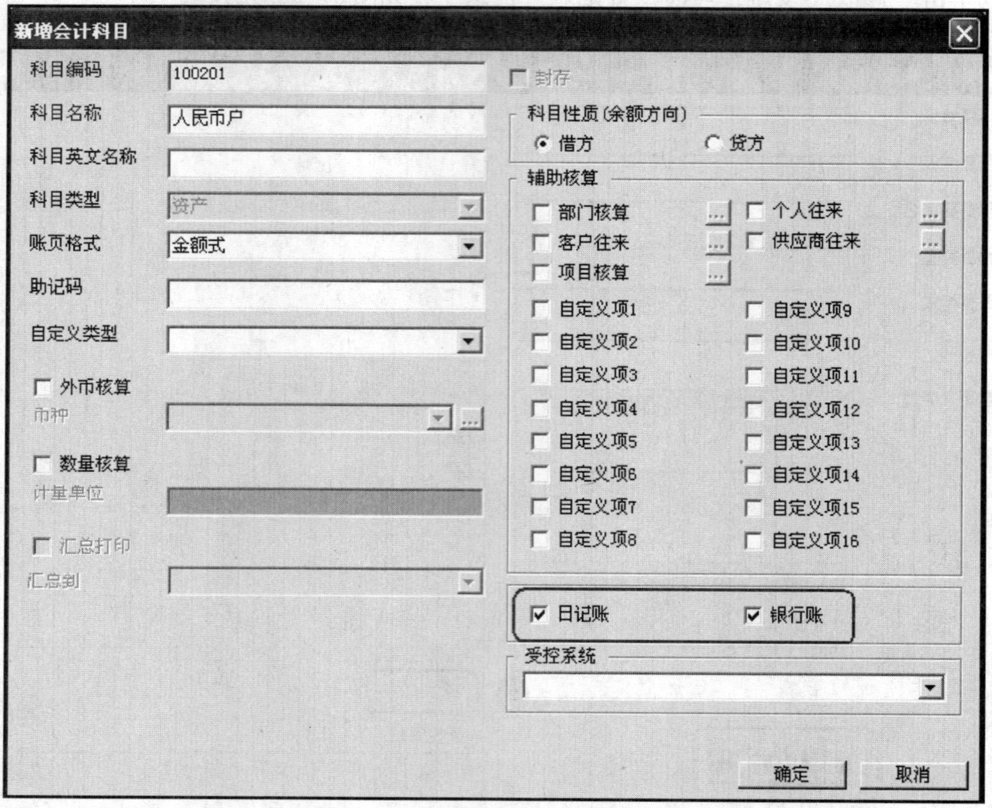

图3－36　增加会计科目

提　示

- 会计科目编码必须逐级增加，且编码必须唯一。
- 建账过程中选择“按行业性质预置会计科目”，打开“基础设置”中的“会计科目”就可以看到预置好的一级会计科目，否则需要操作者逐一增加。
- 若两个账户的明细科目一致可以采用成批复制的方式增加明细科目，单击“编辑”菜单下的“成批复制”命令，打开“成批复制”对话框后，执行成批复制。
- 如要删除多余的会计科目，可在“会计科目”窗口中选中要删除的会计科目，单击工具栏的“删除”按钮，即可完成操作。
- 删除会计科目必须从末级开始。
- 已使用的科目不能删除。
- 已使用的科目如以后不再使用，可通过“封存”实现停用。

（3）指定会计科目。

知识链接

指定会计科目是指定出纳的专管科目，指定科目后才能执行出纳签字、查询现金日记账、银行日记账，执行银行对账，以及在制单中进行支票控制和资金赤字控制，从而实现现金、银行存款管理的保密性。指定现金科目后，相应科目即具有“日记账”的属性；指定银行科目后，相应科目即具有“银行账”和“日记账”的属性。指定的现金流量科目供UFO编制现金流量表时取数使用，所以在输入凭证时，对指定的现金流量科目系统自动弹出窗口要求指定当前输入分录的现金流量项目。

（1）打开“指定科目”对话框。在会计科目窗口，执行“编辑”|“指定科目”，如图3－37所示。

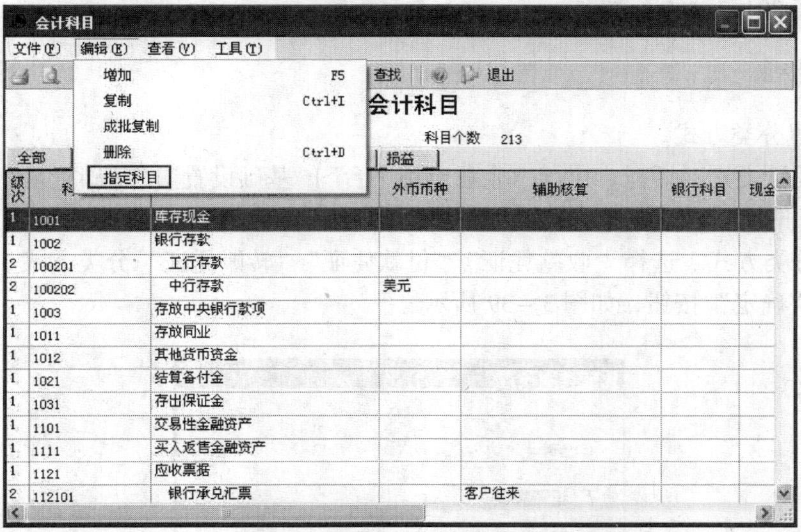

图3－37 指定科目

（2）指定现金科目。打开指定科目对话框，选择左侧的“现金科目”，单击“>”按钮将“1001 库存现金”科目从“待选科目”区移至“已选科目”区，如图3－38所示。

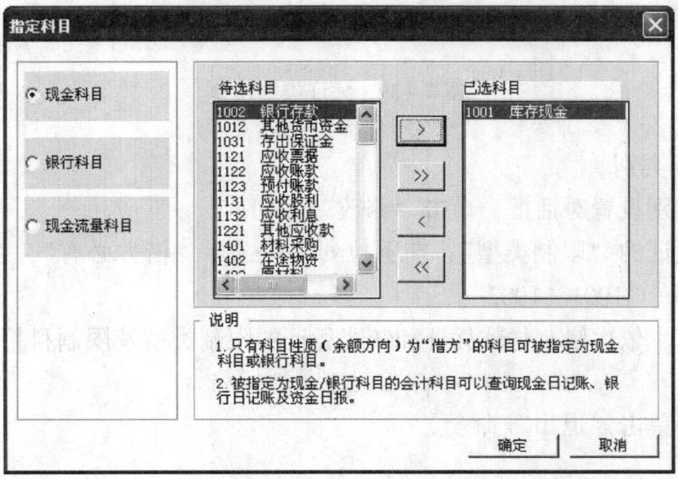

图3－38 指定现金科目

（3）指定银行科目。选择左侧的“银行科目”，单击“>”按钮将“1002 银行存款”科目从“待选科目”区移至“已选科目”区。

（4）单击“确定”按钮。

3.2.12 设置凭证类别

☞ **岗位说明**

账套主管 001 李丽执行操作。

☞ **操作步骤**

（1）设置分类方式。

①打开凭证类别对话框。执行“企业应用平台”|“基础设置”|“基础档案”|“财务”|“凭证类别”，双击打开凭证类别预置对话框。

②选择分类方式。选择“收款凭证”“付款凭证”“转账凭证”分类方式。

③单击“确定”按钮，如图 3－39 所示。

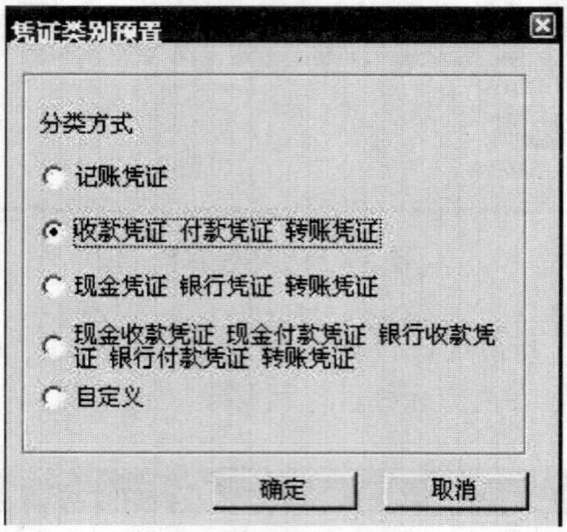

图 3－39　凭证类别预置

（2）设置凭证类别。

①打开凭证类别设置对话框，单击“修改”按钮。

②双击收款凭证的“限制类型”，在下拉列表中选择“借方必有”，在“限制科目”中输入（或参照选择）“1001、1002”。

③重复步骤②，依次修改付款凭证和转账凭证的限制类型及限制科目，结果如图 3－40 所示。

④完成操作，单击“退出”命令。

提 示

- 若选择科目限制，则至少要输入一个限制科目，若限制类型选“无限制”，则不能输入限制科目。

- 若限制科目为非末级科目，则在制单时，其所有下级科目都将受到同样的限制。
- 已使用的凭证类别不能删除，也不能修改类别字。
- 输入多个限制科目时，科目之间必须用半角逗号隔开，否则会出现错误信息。

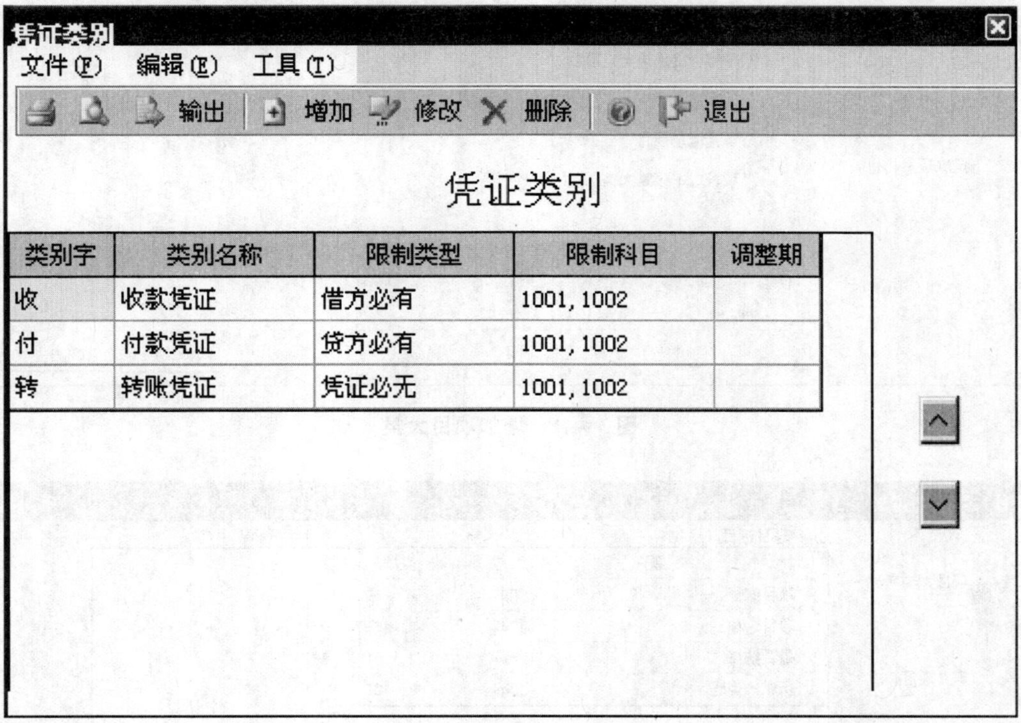

图3-40 设置凭证类别

3.2.13 设置项目目录

☞ 岗位说明

账套主管001李丽执行操作。

☞ 操作步骤

(1) 定义项目大类。

①打开“项目档案”窗口。执行“企业应用平台”|“基础设置”|“基础档案”|“财务”|“项目目录”，双击打开“项目档案”窗口。

②增加“项目大类”。单击“增加”按钮，打开“项目大类定义——增加”对话框。在“新项目大类名称”处录入“产品”，并选择新增项目大类的属性为普通项目，如图3-41所示。

③定义项目级次。单击“下一步”按钮，打开“定义项目级次”对话框，选择系统默认设置。

④定义项目栏目。单击“下一步”按钮，打开“定义项目栏目”对话框，取系统默认值。

⑤单击“完成”按钮保存设置，如图3-42所示。

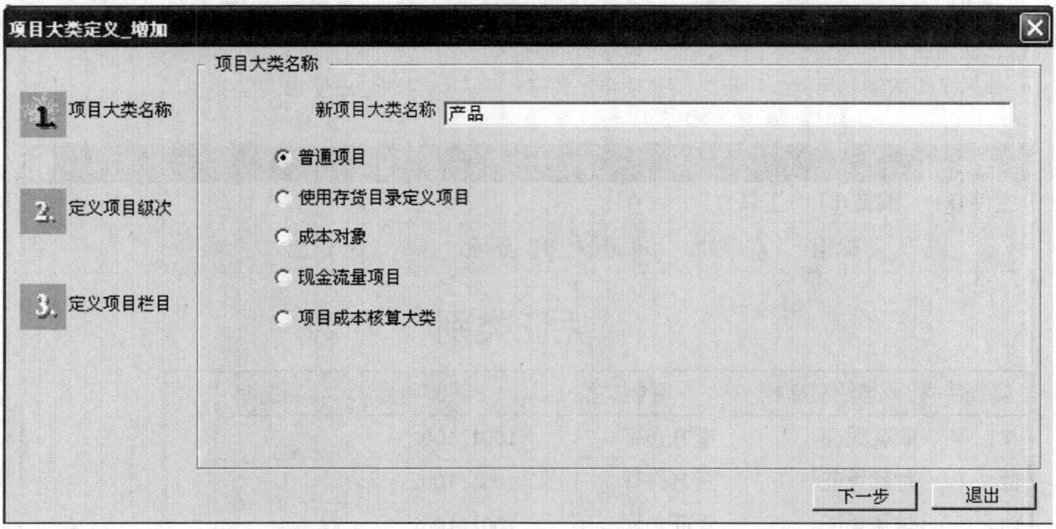

图 3－41　增加项目大类

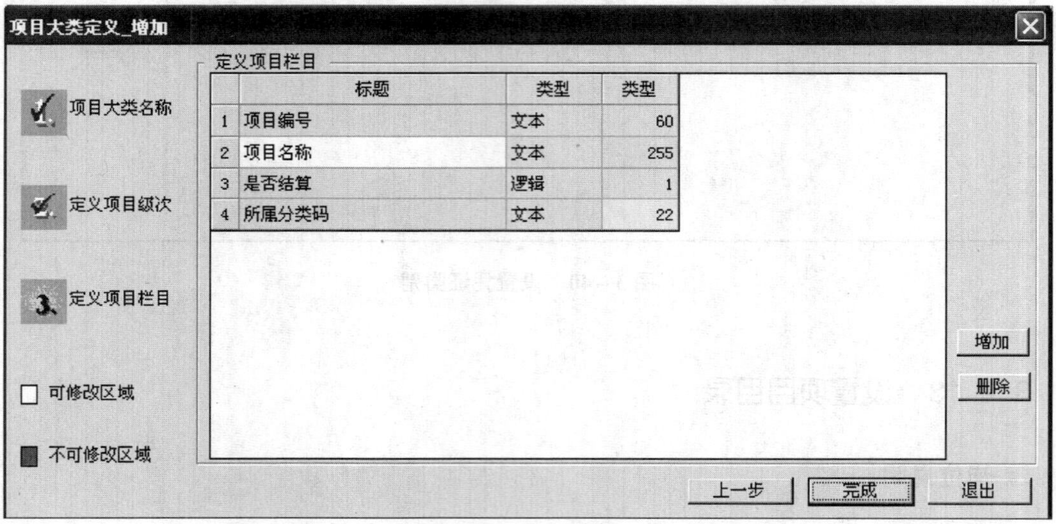

图 3－42　定义项目栏目

提　示

如果要修改项目大类名称、分类级次等信息，可选择要修改的项目大类，再单击“修改”按钮，进入项目大类修改向导，进行修改。

（2）指定核算科目。

①选定项目大类。单击“项目大类”下拉按钮选择“产品”大类，如图 3－43 所示。

②指定核算科目。选择“核算科目”选项卡，单击“》”按钮，将“库存商品”“直接材料”“直接人工”“其他”“主营业务收入”“主营业务成本”等科目从待选科目移动到“已选科目”中，如图 3－44 所示。

③单击“确定”按钮保存设置。

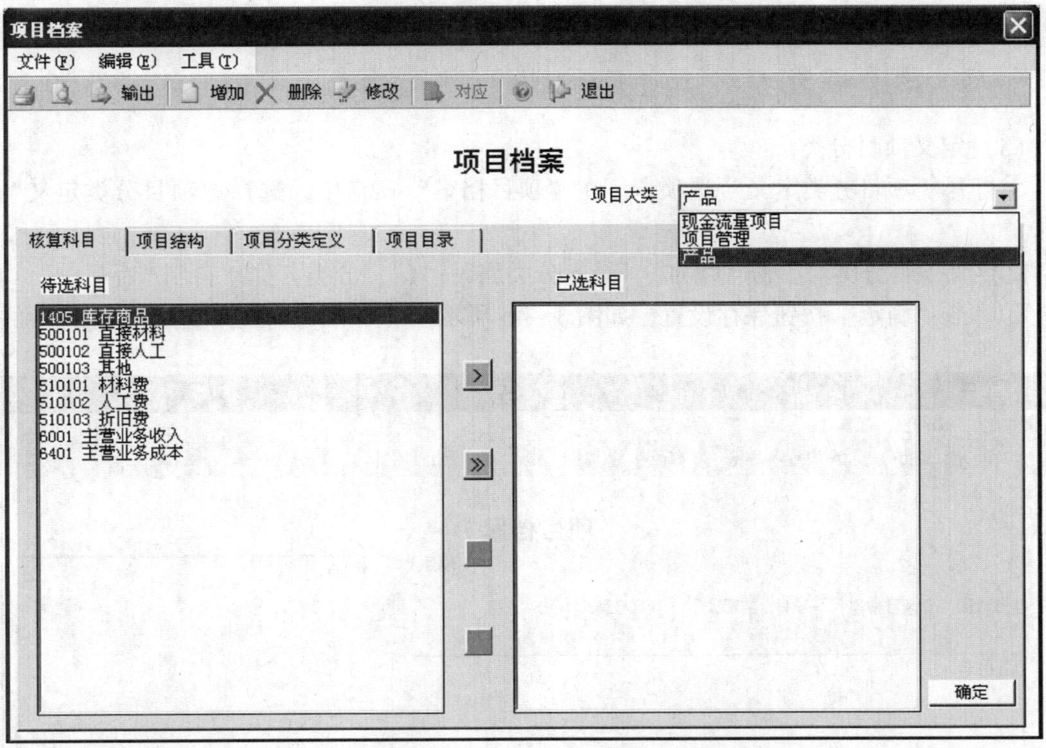

图 3-43 选择项目大类

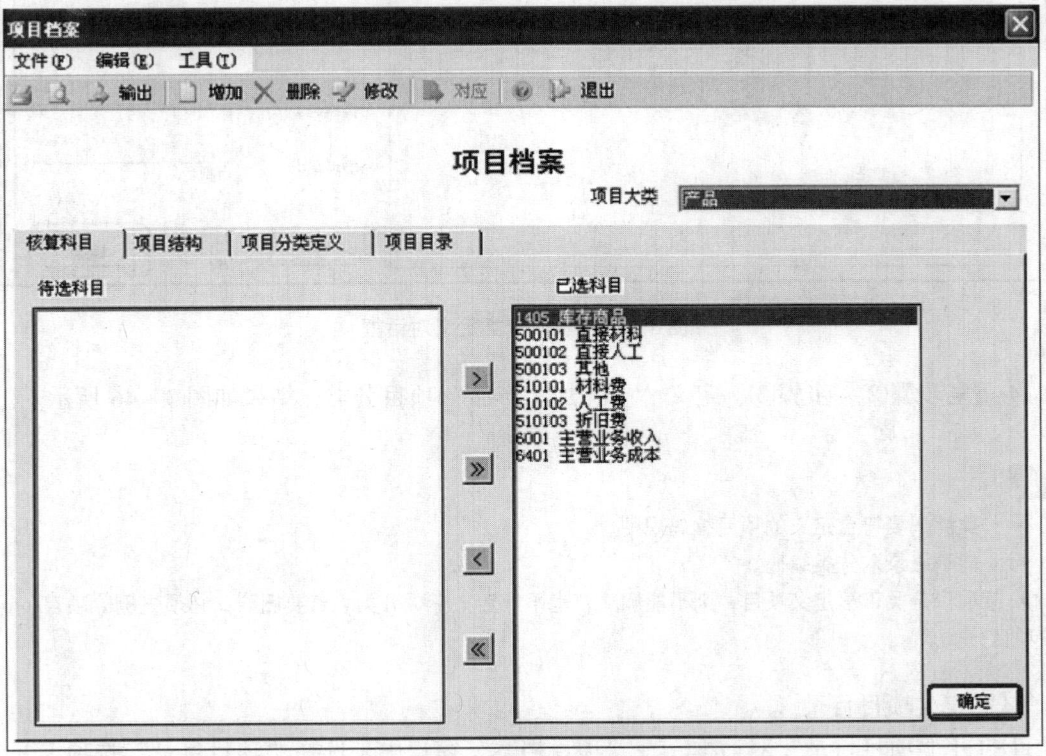

图 3-44 指定核算科目对话框

提 示

一个项目大类可指定多个科目，一个科目只能从属于一个项目大类。

（3）定义项目分类。

①打开“项目分类定义”选项卡。在“项目档案”窗口中，选择“项目分类定义”选项卡。

②定义项目分类。单击“增加”，录入分类编码“1”，分类名称“自制产品”。

③单击“确定”按钮保存设置，如图3－45所示。

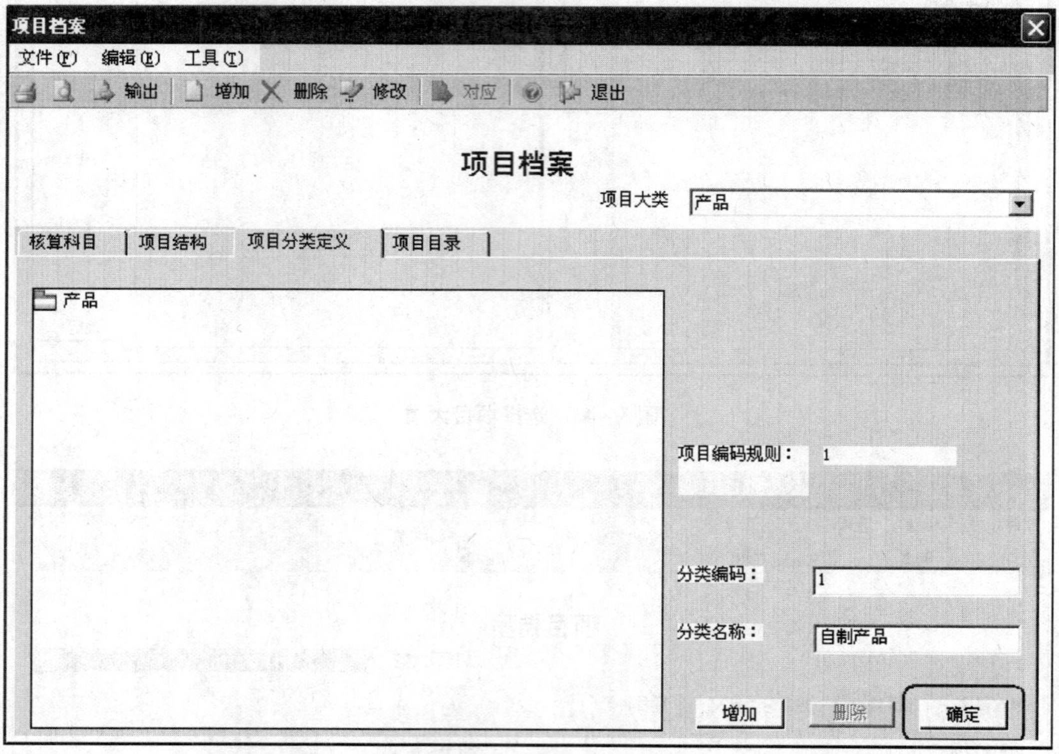

图3－45　项目分类定义对话框

④重复步骤②～步骤③，定义“委托加工产品”项目分类，结果如图3－46所示。

提 示

- 分类编码要符合定义的项目编码规则。
- 不能隔级录入分类编码。
- 某项目分类下已定义项目，则不能删除，也不能定义下级分类。若要删除，必须先删除项目，再删除该项目分类。

（4）定义项目目录。

①打开“项目目录”对话框。在“项目档案”窗口中，选择“项目目录”选项卡。

②打开“项目目录维护”窗口。单击“维护”按钮，打开“项目目录维护”窗口。

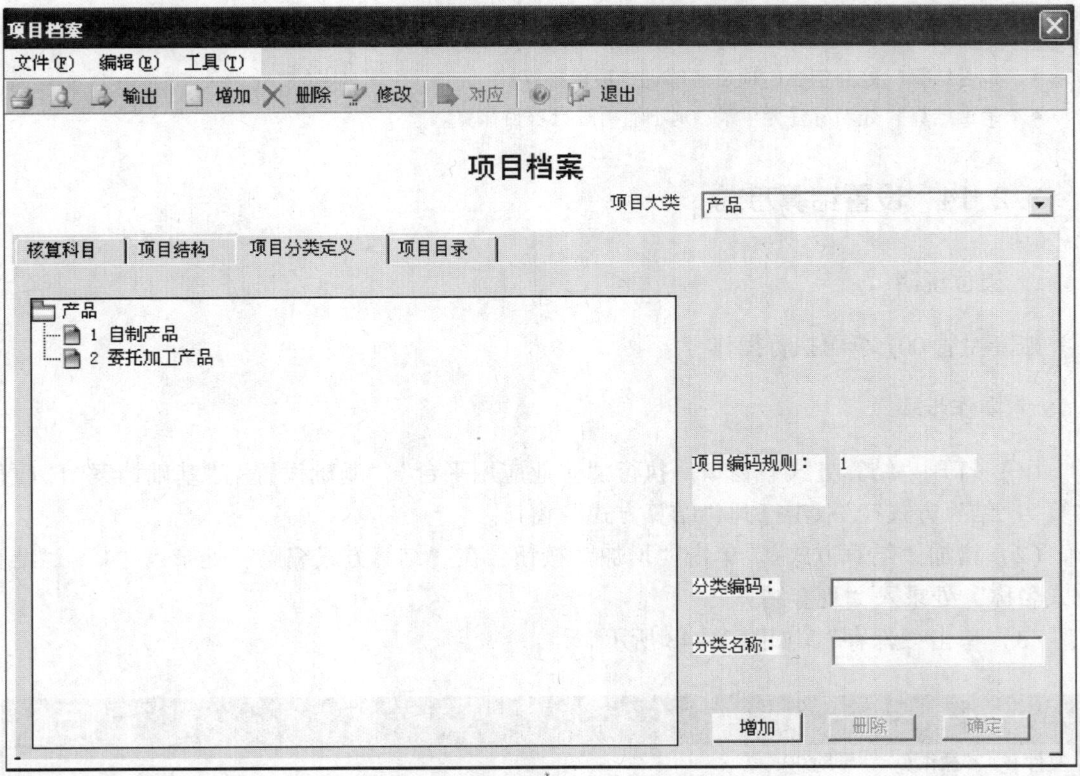

图 3－46 项目分类定义结果

③增加“项目目录”。单击“增加”按钮，输入项目编号“101”，项目名称“A 产品”，输入或参照选择所属分类码“1”，回车确认。

④录入“B 产品”项目目录，结果如图 3－47 所示。

⑤单击“退出”按钮完成设置。

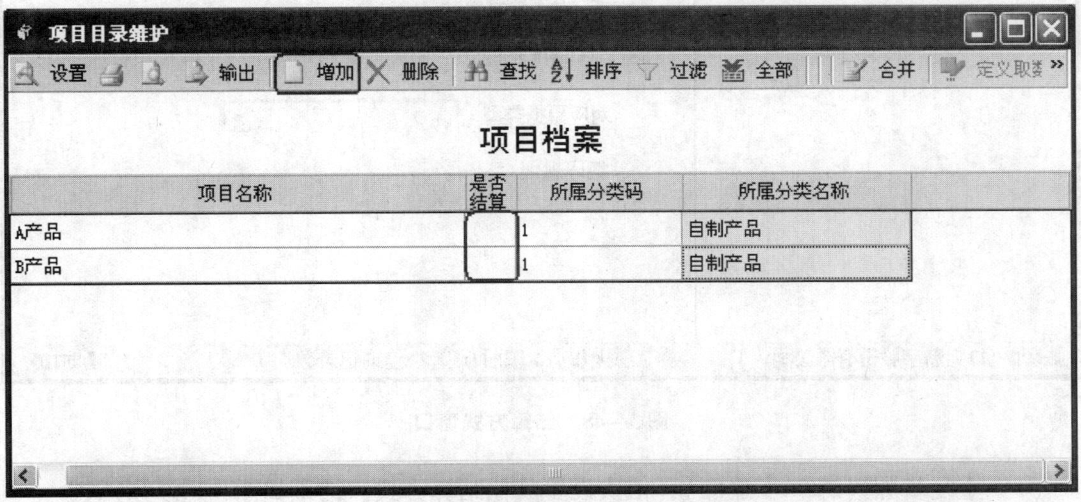

图 3－47 项目目录维护窗口

提 示

- “是否结算”处为空白的项目能够进行项目核算。
- “是否结算”处若标注为“Y”则不能再进行项目核算。

3.2.14 设置结算方式

☞ 岗位说明

账套主管 001 李丽执行操作。

☞ 操作步骤

(1) 打开“结算方式”窗口。执行“企业应用平台”|“基础设置”|“基础档案”|“收付结算”|“结算方式”，双击打开“结算方式”窗口。

(2) 增加“结算方式”。单击“增加”按钮，在“结算方式编码”处录入“1”，“结算方式名称”处录入“现金结算”。

(3) 单击“保存”，如图 3－48 所示。

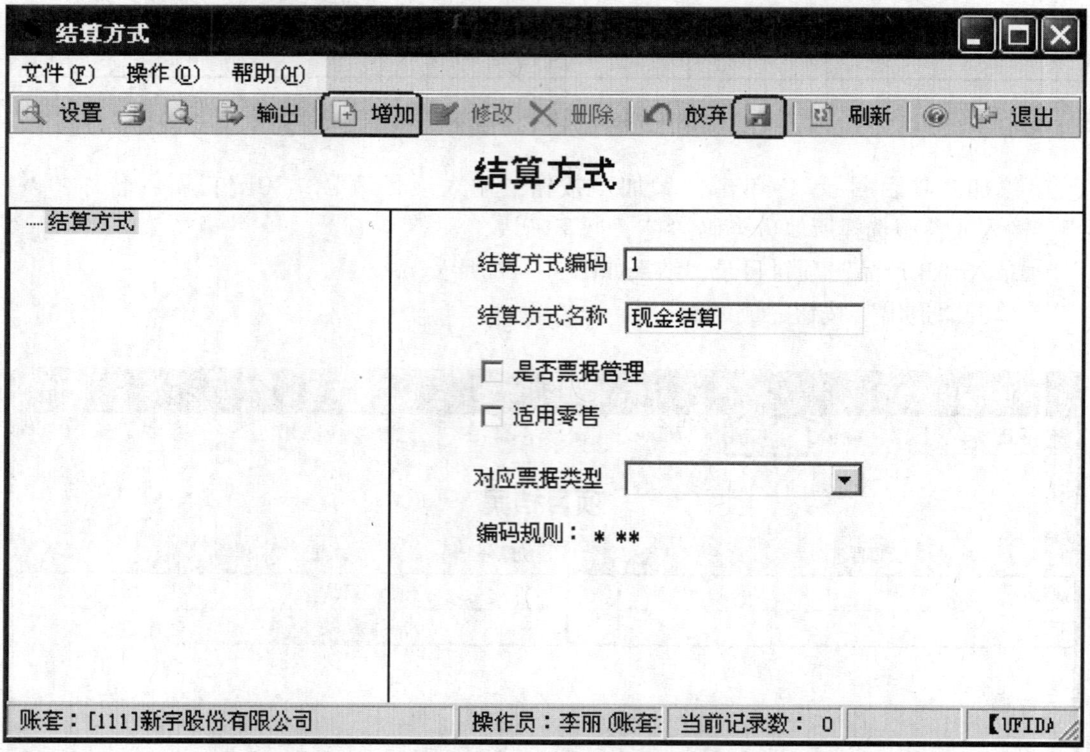

图 3－48 结算方式窗口

(4) 重复步骤 (2)～步骤(3)，依次设置其他结算方式，结果如图 3－49 所示。

(5) 单击“退出”，完成设置。

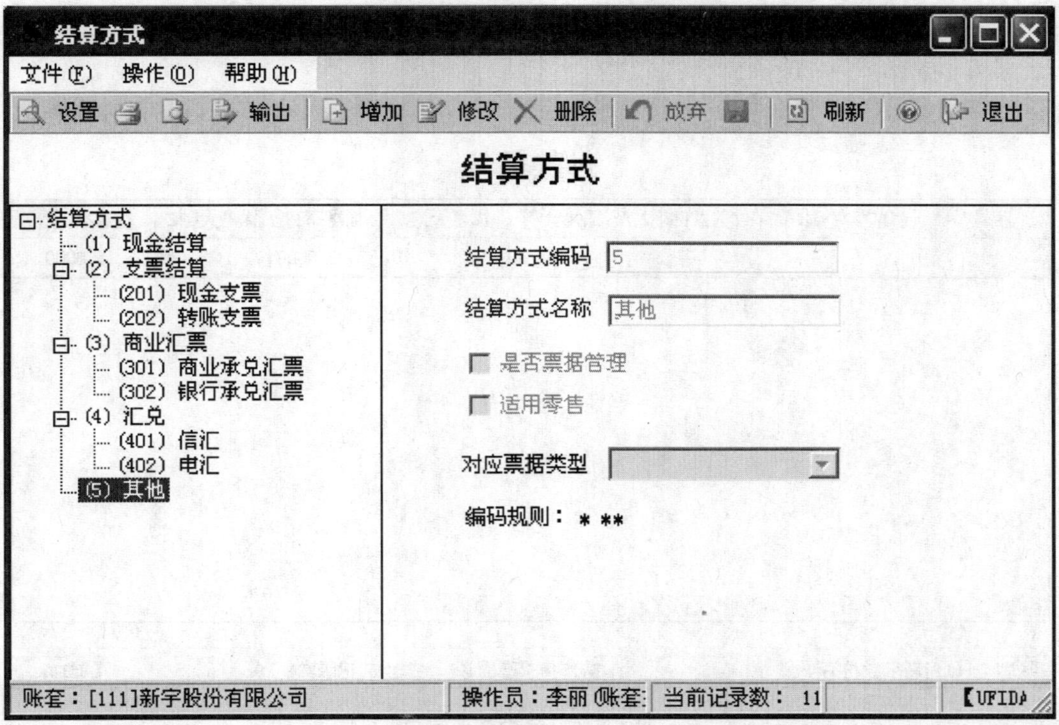

图 3-49 结算方式设置结果

提 示

- 结算方式是为了便于管理和提高银行对账效率而提供的一项功能，因而与财务结算方式要一致。
- “银行账”类科目在填制凭证时会被要求填写结算方式。
- 票据管理要与总账选项中的支票控制配合使用，启用票据管理的结算方式将参与支票控制。

3.2.15 设置付款条件

☞ 岗位说明

账套主管 001 李丽执行操作。

☞ 操作步骤

（1）打开“付款条件”窗口。执行“企业应用平台”|“基础设置”|“基础档案”|“收付结算”|“付款条件”，双击打开“付款条件”窗口。

（2）增加付款条件。单击“增加”按钮，在“付款条件编码”处录入“01”，“信用天数”处录入“30”，“优惠天数 1”处录入“10”，“优惠率 1”处录入“2”，“优惠天数 2”处录入“20”，“优惠率 2”处录入“1”。

（3）单击“保存”，如图 3-50 所示。

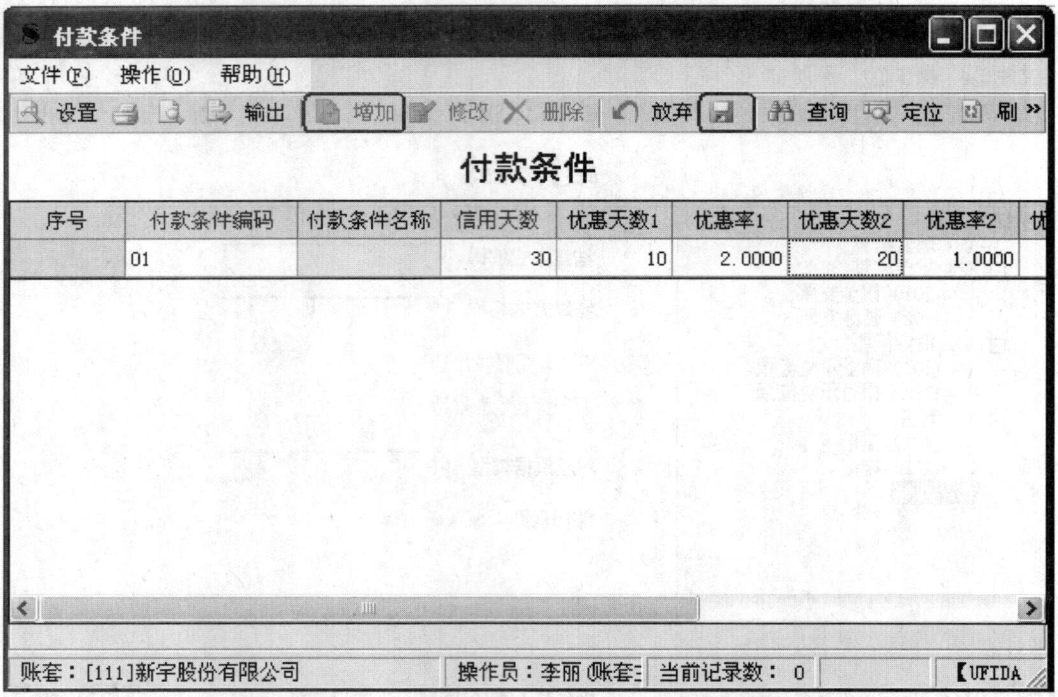

图 3-50 付款条件窗口

3.2.16 设置银行信息

☞ **岗位说明**

账套主管 001 李丽执行操作。

☞ **操作步骤**

(1) 修改银行档案。

①打开"银行档案"窗口。执行"企业应用平台"|"基础设置"|"基础档案"|"收付结算"|"银行档案"，双击打开"银行档案"窗口。

②修改"银行档案"。选择"01 中国工商银行"，单击"修改"按钮，在"修改银行档案"对话框中取消"企业账户规则"下"定长"复选项。

③单击"保存"，如图 3-51 所示。

④单击"退出"完成操作。

(2) 设置本单位开户银行信息。

①打开"本单位开户银行"窗口。执行"企业应用平台"|"基础设置"|"基础档案"|"收付结算"|"本单位开户银行"，双击打开"本单位开户银行"窗口。

②增加本单位开户银行信息。单击"增加"按钮，打开"增加本单位开户银行"对话框，在"编码"处录入"01"，"银行账号"处录入"6222223445555421959"，"账户名称"处录入"新宇股份有限公司"，"币种"处参照选择"人民币"，"开户银行"处录入"中国

工商银行乐园支行”，“所属银行编码”处参照选择“01－中国工商银行”。如图 3－52 所示。

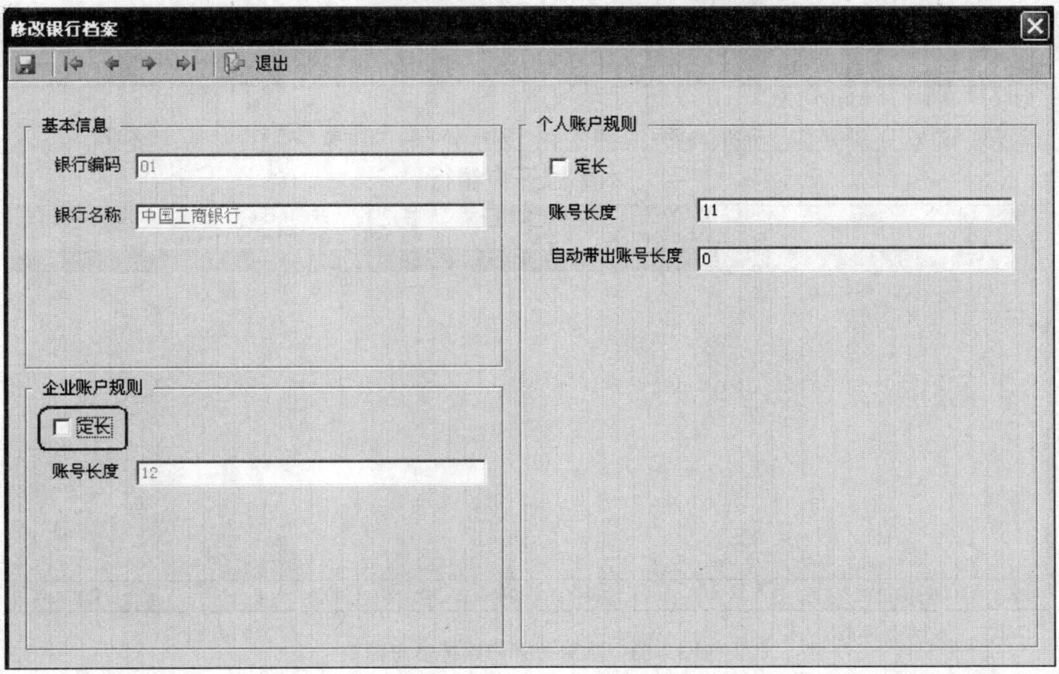

图 3－51　修改银行档案对话框

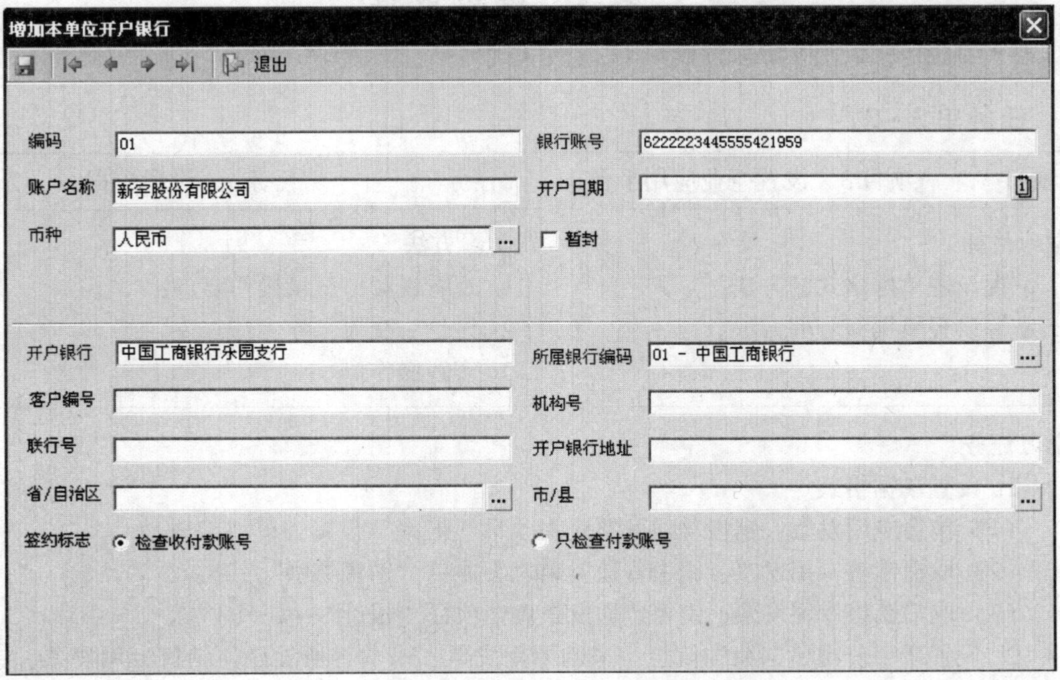

图 3－52　增加本单位开户银行对话框

③单击“保存”。

④重复步骤②~步骤③，继续增加其他开户银行信息。

⑤退出“增加本单位开户银行”对话框，结果如图3-53所示。

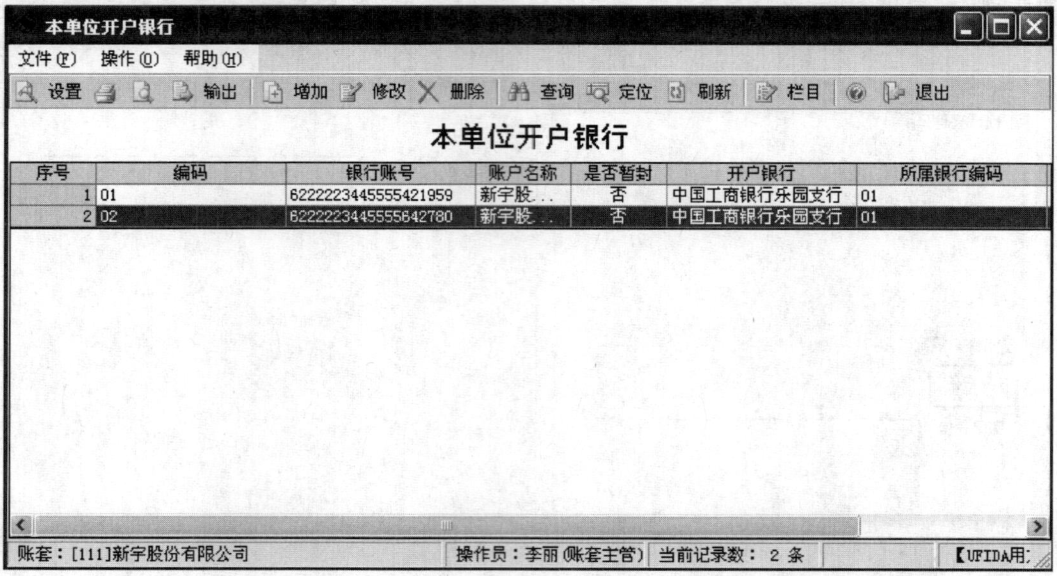

图3-53　本单位开户银行信息窗口

任务3　设置单据

任务单3-3

<table>
<tr><td>项目</td><td>项目3　设置企业应用平台</td><td>任务</td><td>任务3　设置单据</td></tr>
<tr><td colspan="2">学习目标
1. 掌握设置单据格式的方法；
2. 掌握设置单据编号的方法。</td><td colspan="2">学习方法
1. 观看视频，记录操作要点；
2. 讨论、交流；
3. 实践操作。</td></tr>
<tr><td colspan="4">学习任务
1. 设置单据格式。
（1）销售专用发票、销售普通发票表头项目“汇率”设置为可“编辑”。
（2）取消销售专用发票、销售普通发票表头项目“销售类型”。
（3）取消销售专用发票、销售普通发票表体项目“报价”。
2. 设置新宇公司单据编号信息：采购专用发票、采购普通发票、销售专用发票、销售普通发票编号为手工改动，重号时自动重取。</td></tr>
</table>

3.3.1 设置单据格式

☞ **岗位说明**

账套主管 001 李丽执行操作。

☞ **操作步骤**

(1) 设置表头项目。

①打开“单据格式设置”窗口。执行“企业应用平台”|“基础设置”|“单据设置”|“单据格式设置”，双击打开“单据格式设置”窗口。

②选择表头项目。展开“销售管理”，单击打开“销售专用发票显示模板”，点击“表头项目”。

③打开“表头”对话框，选中“汇率”，取消“禁止编辑”复选项，如图 3－54 所示。

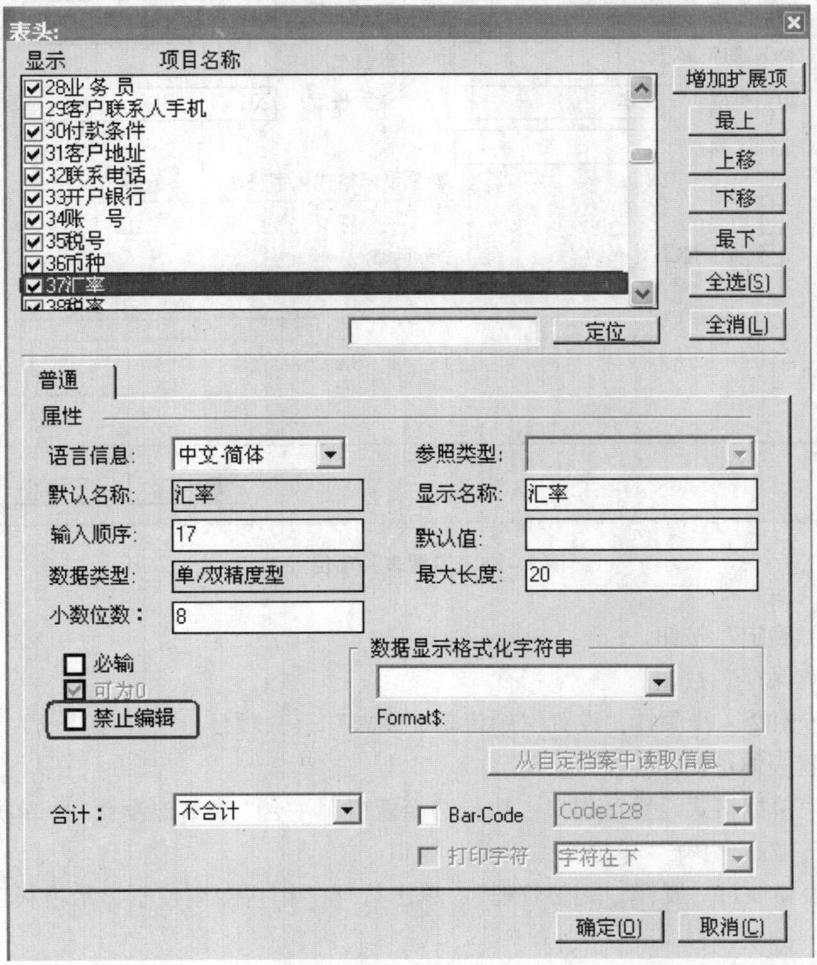

图 3－54 设置表头项目（一）

④取消“销售类型”复选项，如图 3－55 所示。

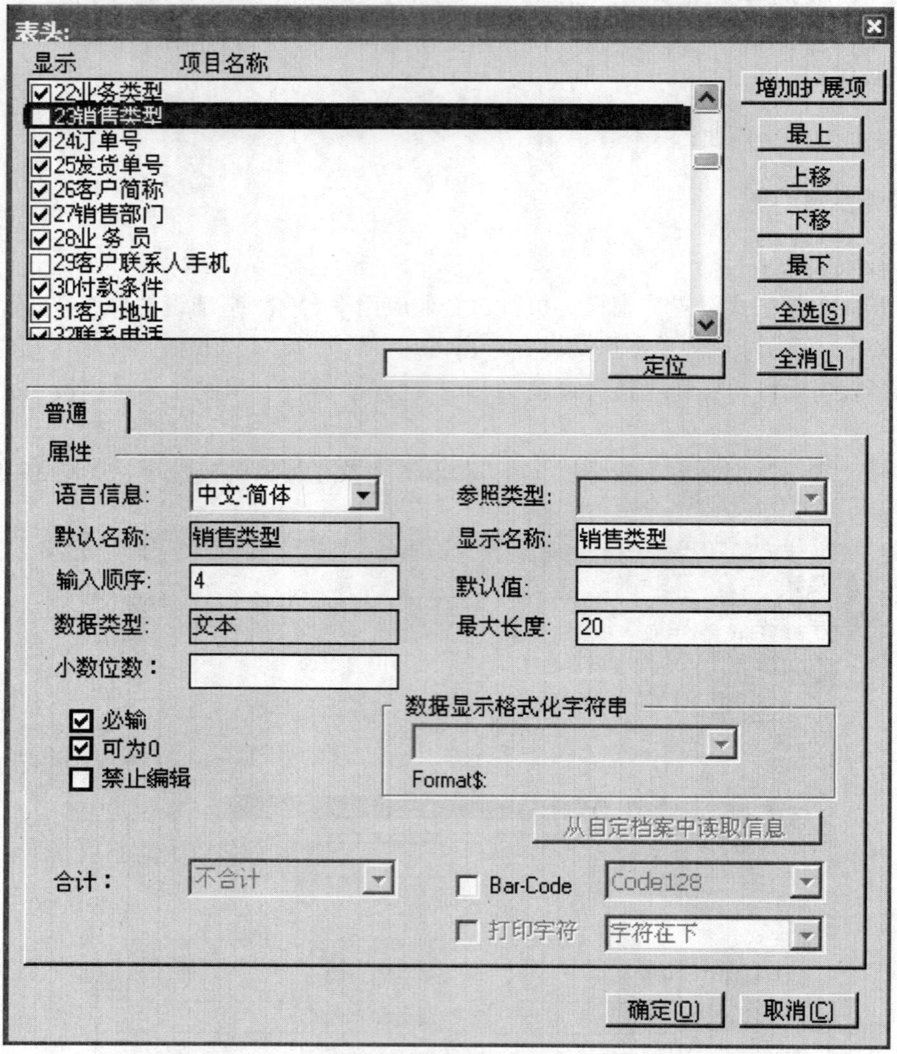

图 3－55 设置表头项目（二）

⑤单击“确定”按钮。

⑥单击“保存”按钮。

⑦重复步骤②～步骤⑥，设置“销售普通发票”表头项目。

（2）设置表体项目。

①打开“单据格式设置”窗口。执行“企业应用平台”|“基础设置”|“单据设置”|“单据格式设置”，双击打开“单据格式设置”窗口。

②选择表体项目。展开“销售管理”，单击打开“销售专用发票显示模板”，点击“表体项目”。

③打开“表体”对话框，取消“报价”复选项，如图 3－56 所示。

④单击“确定”按钮。

⑤单击“保存”按钮。

⑥重复步骤②～步骤⑤，设置“销售普通发票”表体项目。

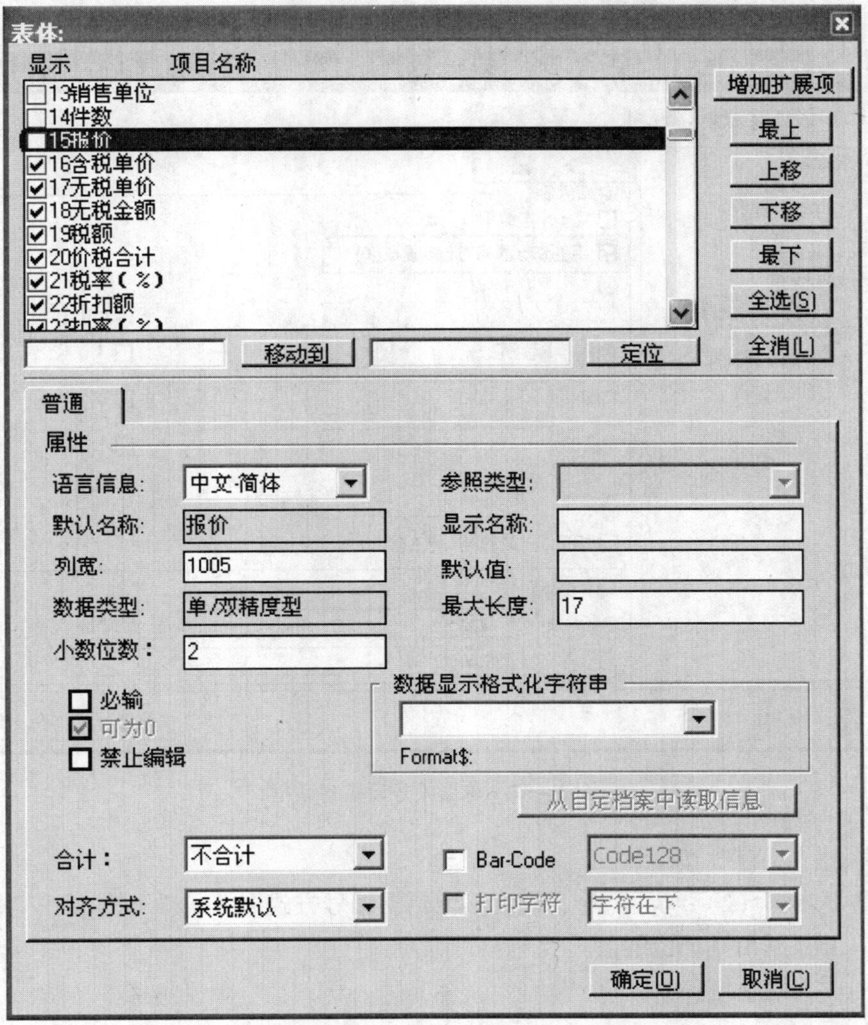

图 3－56 设置表体项目

3.3.2 设置单据编号

☞ **岗位说明**

账套主管 001 李丽执行操作。

☞ **操作步骤**

(1) 打开“单据编号设置”对话框。执行“企业应用平台”|“基础设置”|“单据设置”|“单据编号设置”，双击打开“单据编号设置”对话框。

（2）选择单据。展开“采购管理”，选中“采购专用发票”。

（3）修改编号方式。单击“修改”按钮，勾选“手工改动，重号时自动重取”复选项，如图 3－57 所示。

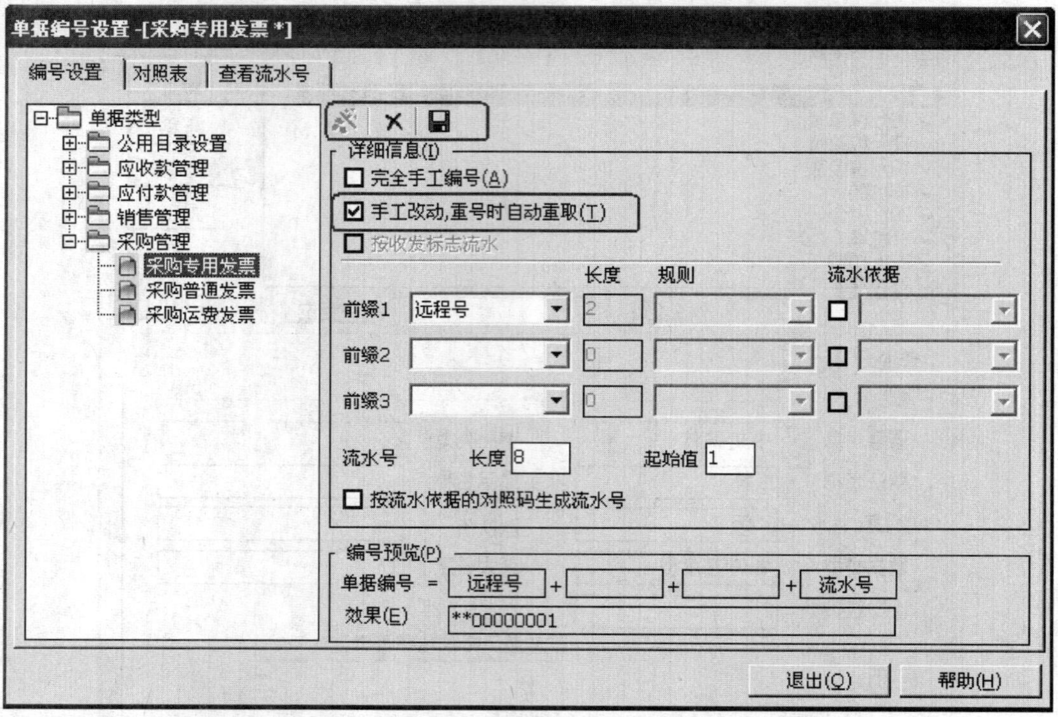

图 3－57　单据编号设置对话框

（4）单击“保存”按钮。

（5）重复步骤（2）~步骤(4)，设置其他票据编号方式。

（6）单击“退出”，完成操作。

任务 4　设置权限

任务单 3－4

项目	项目 3　设置企业应用平台	任务	任务 4　设置权限
学习目标 1. 掌握设置数据权限的方法； 2. 掌握设置金额权限的方法。		学习方法 1. 观看视频，记录操作要点； 2. 讨论、交流； 3. 实践操作。	

学习任务

1. 设置数据权限。

（1）数据权限控制设置对象为科目和部门。

（2）操作员刘萍拥有“1001 库存现金”“1002 银行存款”“100201 人民币户”和“100202 美元户”的制单权和查账权。

（3）操作员张新拥有所有科目的制单权和查账权。

（4）操作员张新拥有所有部门的查询权与录入权。

2. 设置金额权限。

（1）操作员刘萍拥有库存现金和银行存款二级金额权限。

（2）操作员张新拥有库存现金和银行存款六级金额权限。

3.4.1 设置数据权限

☞ **岗位说明**

账套主管 001 李丽执行操作。

☞ **操作步骤**

知识链接

用友软件中的权限分为功能权限、数据权限和金额权限三种。其中功能权限在系统管理中已经设置完成，而数据权限和金额权限需要在企业应用平台上进行设置。数据权限分记录级数据权限和字段级数据权限。记录级数据权限是对某一业务对象的查询与录入进行控制；而字段级数据权限是对某一业务对象的具体内容进行控制。

金额权限功能用于设置用户可使用的金额级别，主要是对采购订单的金额审核额度、科目的制单金额额度进行权限控制，是为满足企业内部控制需求而进行的设置，通常由账套主管来为用户进行授权控制设置。在设置金额权限时先要定义某一级别所对应的金额，然后再定义某一用户所对应的级别。

（1）数据权限控制设置。

①打开“数据权限控制设置”窗口。执行“企业应用平台”|“系统服务”|“权限”|“数据权限控制设置”，双击打开“数据权限控制设置”窗口。

②取消预置控制项。单击“全消”按钮，取消系统预置的数据权限控制项。

③设置控制项。勾选记录级选项卡下“部门”和“科目”两个业务对象的复选框，如图 3－58 所示。

提 示

设置数据权限控制后，没有“部门”和“科目”权限的操作员将不能进行相应的使用与管理，这样更有利于内部控制。

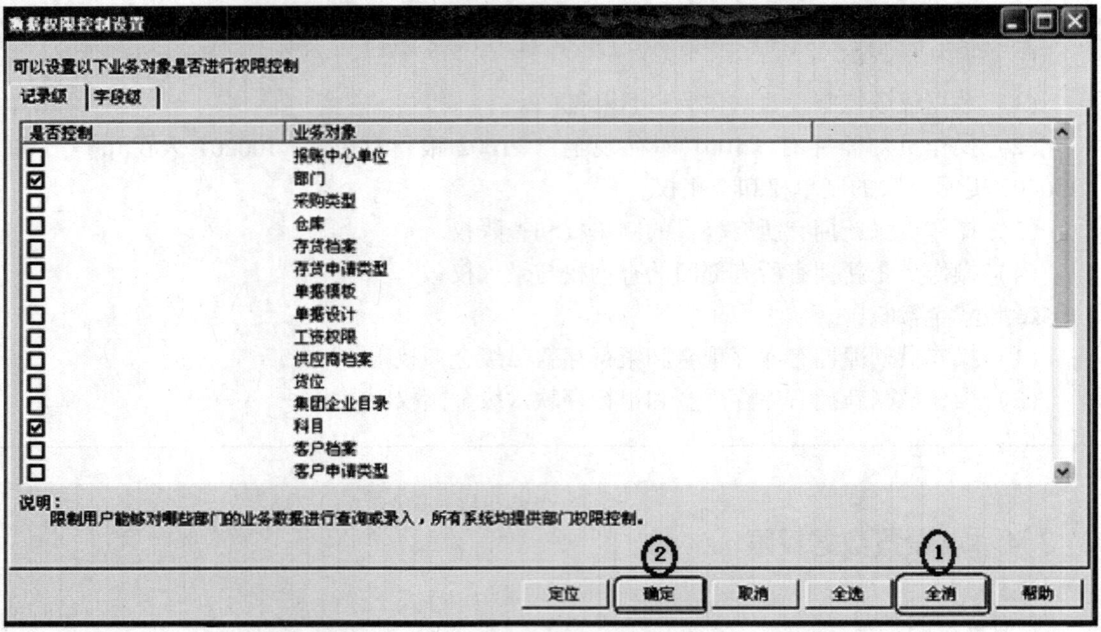

图 3－58　数据权限控制设置

（2）分配数据权限。

①打开“数据权限分配”窗口。执行“企业应用平台”|“系统服务”|“权限”|“数据权限分配”，双击打开“数据权限分配”窗口。

②选择用户“003 刘萍”，业务对象选择“科目”，如图 3－59 所示。

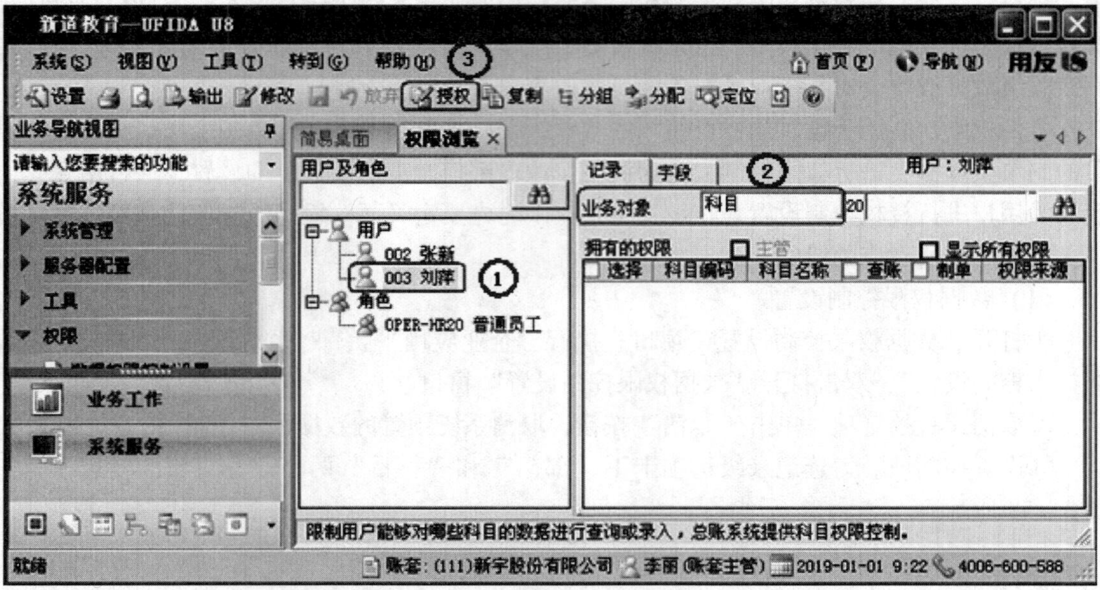

图 3－59　数据权限分配

③单击“授权”按钮，打开记录权限设置对话框。

④勾选“制单”和“查账”复选项，双击“1001 库存现金”“1002 银行存款”“100201 人民币户”和“100202 美元户”科目，将四个科目依次从禁用区移至可用区（或使用“>”按钮移动），如图 3－60 所示。

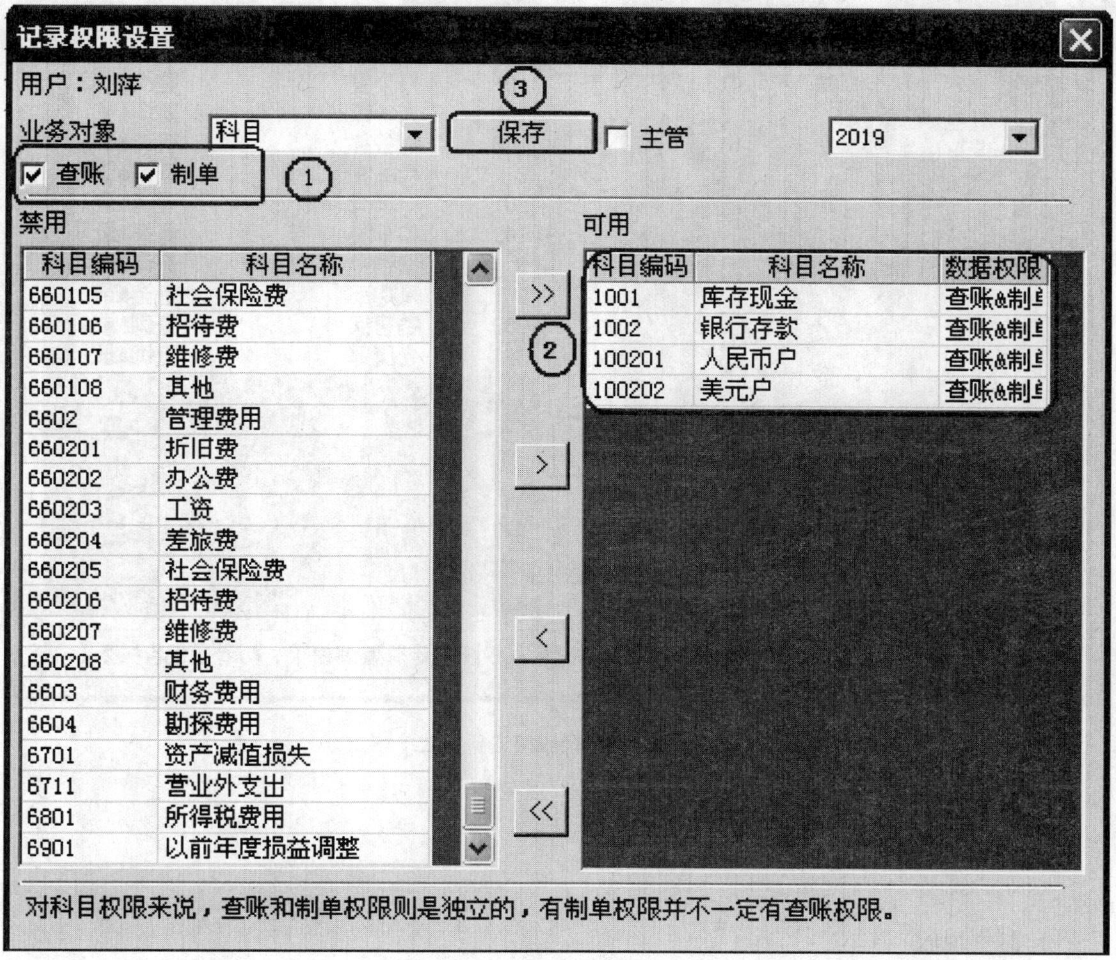

图 3－60 记录权限设置（一）

⑤单击“保存”按钮，系统提示“保存成功，重新登录门户，此配置才能生效”。

⑥单击“确定”按钮，退出对话框。

⑦重复步骤②～步骤⑥，设置“002 张新”对所有科目的查账权与制单权。

⑧重复步骤②～步骤⑥，设置“002 张新”对所有部门的查询权与录入权，如图 3－61 所示。

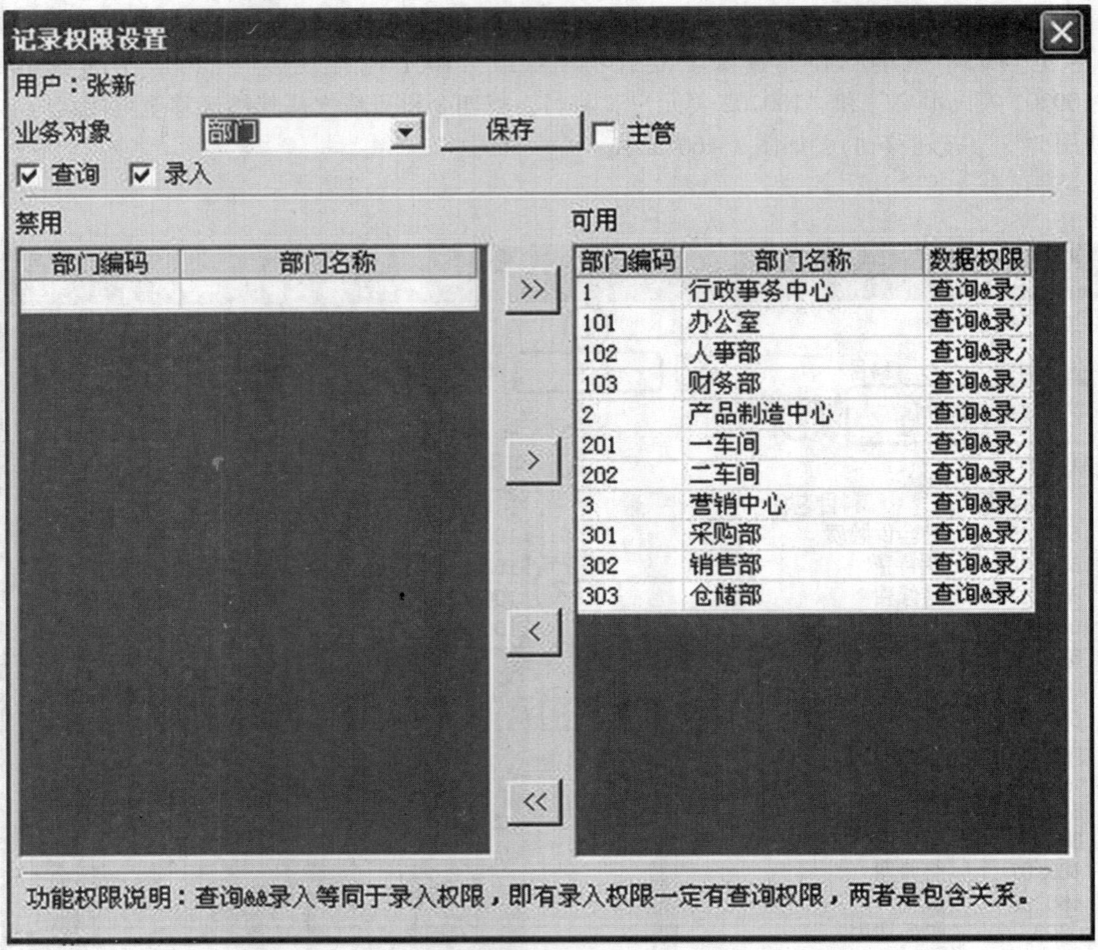

图 3－61　记录权限设置（二）

3.4.2　设置金额权限

☞ 岗位说明

账套主管 001 李丽执行操作。

☞ 操作步骤

（1）设置金额级别。

①打开“金额权限设置”窗口。执行“企业应用平台”|“系统服务”|“权限”|“金额权限分配”，双击打开“金额权限设置”窗口，如图 3－62 所示。

②打开“金额级别设置”窗口。单击“级别”按钮，打开“金额级别设置”窗口。

③增加金额级别。单击“增加”按钮，“科目编码”处录入“1001”，依次录入“级别一”到“级别六”的金额。

④同样方法录入“1002 银行存款”的金额级别，结果如图 3－63 所示。

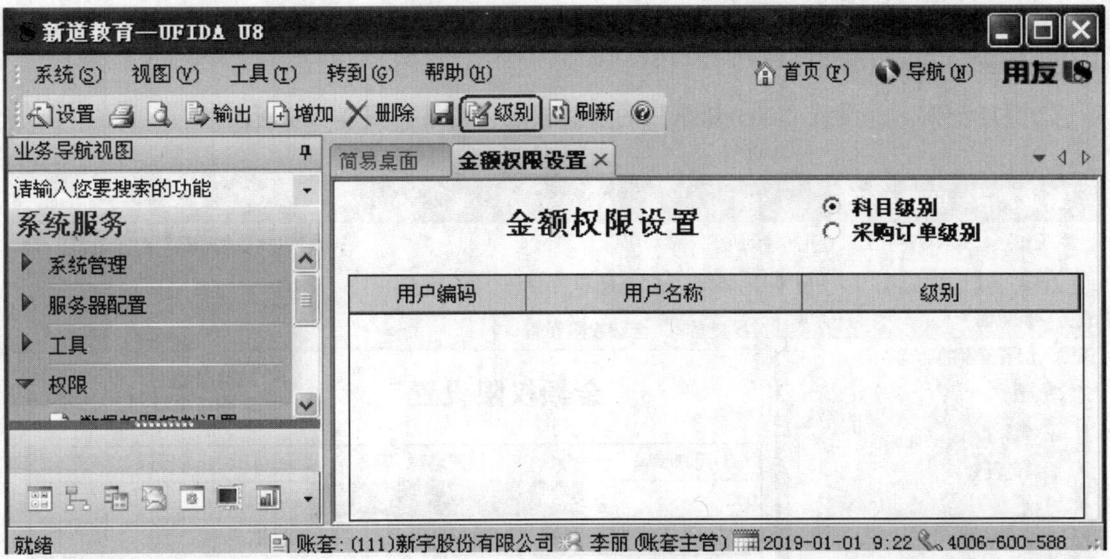

图 3－62　金额权限设置窗口（一）

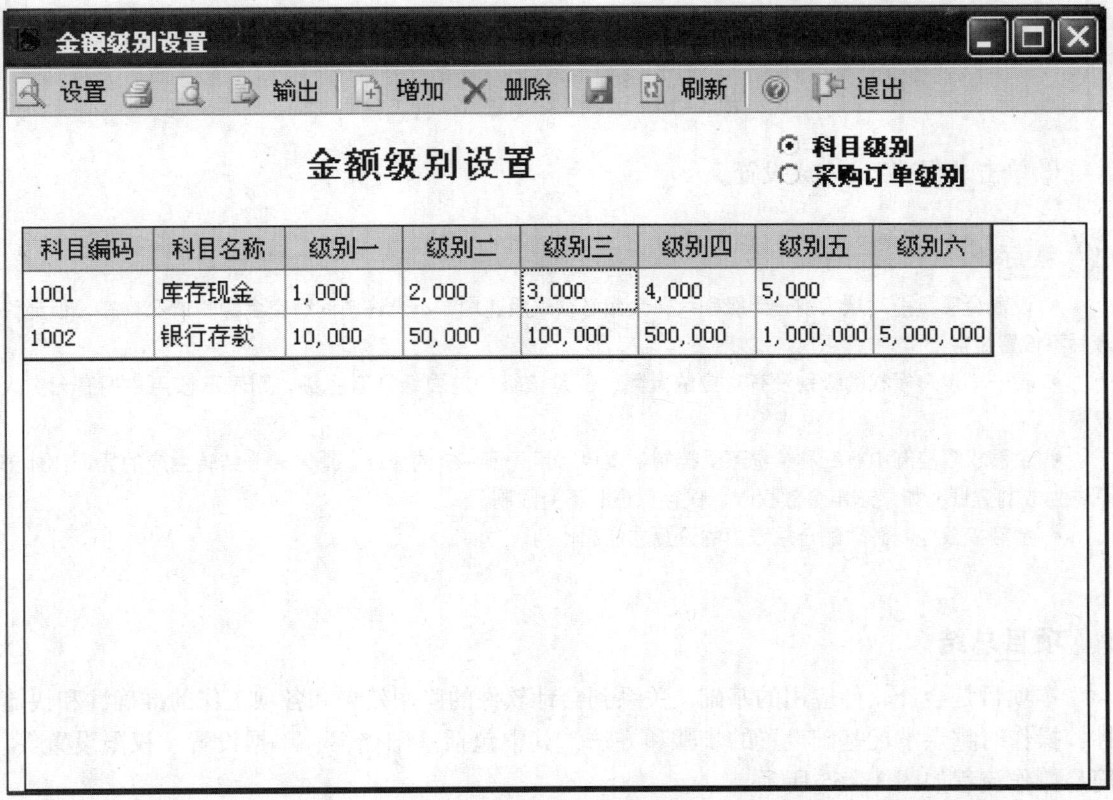

图 3－63　金额级别设置窗口

⑤单击“保存”，退出金额级别设置窗口。

（2）设置金额权限。

①设置金额权限。单击“增加”按钮，“用户编码”处参照选择用户“002”，“级别”处参照选择“级别六”。

②重复步骤①，设置“003 刘萍”的金额权限，结果如图 3 – 64 所示。

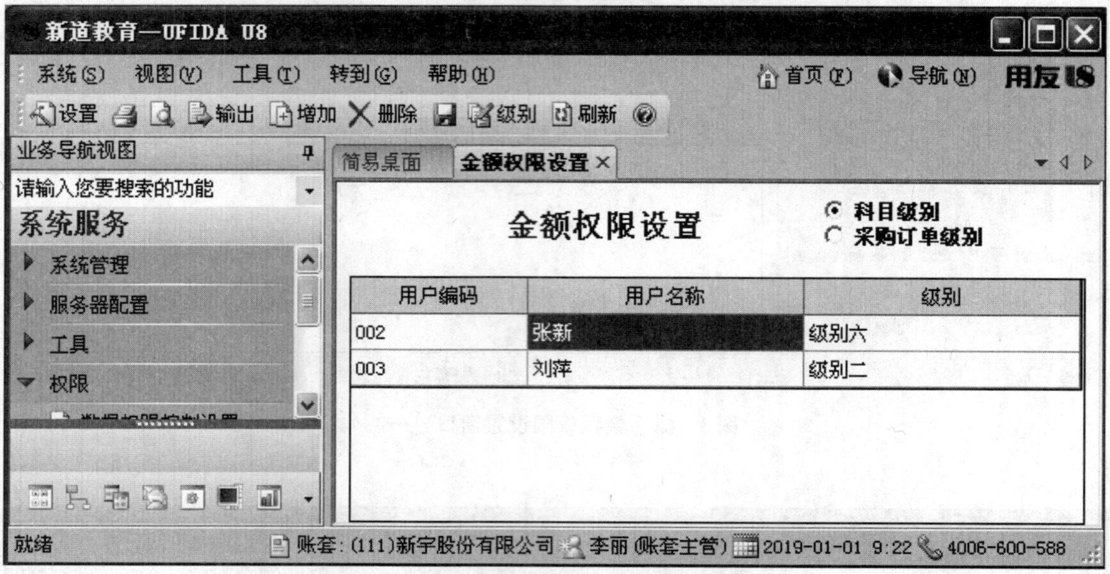

图 3 – 64　金额权限设置窗口（二）

③单击“保存”，完成设置。

提　示

• 设置金额级别时从级别一到级别六，金额必须逐级递增，不允许中间有空金额的情况存在，但允许最后不设置金额。

• 若一个用户授权的级别没有对应的金额，但是该级的前面级别有金额，则表示该用户拥有无穷大权限。

• 金额权限控制中有三种情况不受控制：调用常用凭证生成的凭证；期末转账结转生成的凭证；外部系统生成的凭证，如果超出金额权限，保存凭证时不受限制。

• 金额权限控制必须配合总账中的设置才能起作用。

项目总结

本项目是会计软件应用的基础，关系到会计软件的应用效果和各项工作的准确性和快捷性，操作时重点掌握基础设置的步骤和方法，其中包括基础档案、单据设置、权限设置等。简易操作流程如图 3 – 65 所示。

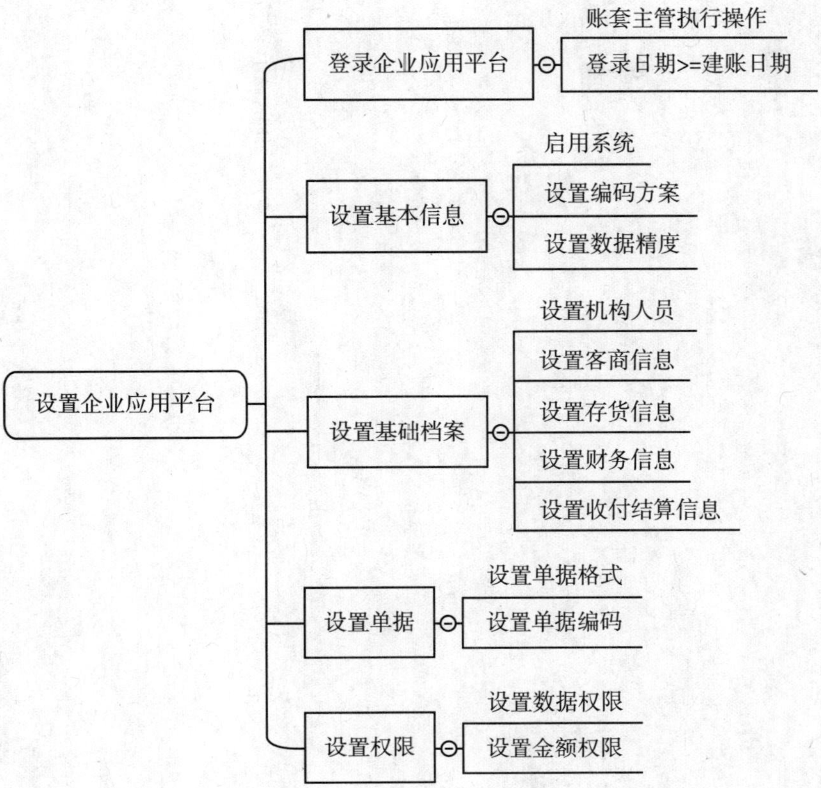

图 3－65　企业应用平台操作流程

项目4

总账系统日常业务处理

项目分析

前面的操作中为新宇公司增加了用户、建立了账套、分配了权限；同时还在企业应用平台上设置了新宇公司的基础信息资料。接下来，我们要研究的是如何运用总账系统来处理日常的经济业务，也就是要解决如下几个问题：

问题 1：总账系统使用前要进行哪些初始设置。

问题 2：在总账系统中如何填制和审核凭证。

问题 3：在总账系统中如何进行错账更正。

问题 4：在总账系统中如何执行出纳业务管理。

请在下列任务的执行过程中探索解决问题的方法。

任务 1　认识总账系统

任务单 4－1

项目	项目 4　总账系统日常业务处理	任务	任务 1　认识总账系统
学习目标 1. 了解总账系统的功能； 2. 了解总账系统与其他系统的关系； 3. 熟悉总账系统操作流程。		学习方法 1. 预习，查找资料； 2. 认真听课。	

知识链接

4.1.1　总账系统的主要功能

总账系统的主要功能包括了总账系统初始化、凭证管理、出纳管理、账表管理、辅助核算管理以及月末处理。

（1）总账系统初始设置。总账初始化是应用总账系统的第一步，其实质是用户根据行业特性和企业管理需求，将通用的总账管理系统设置为适合企业自身特点的专用系统。总账系统初始设置主要包括系统选项设置和期初数据录入两项内容。

（2）凭证管理。手工核算中凭证是记录经济业务、明确经济责任的书面证明，在用友 U8 管理软件中凭证已成为管理总账系统的一项核心功能，主要包括填制凭证、出纳签字、主管签字、审核凭证、记账、查询打印凭证等。

(3) 出纳管理。资金收付的核算与管理是企业的重要日常工作，也是出纳的一项重要工作内容。总账系统为出纳人员提供了一个集成办公环境——出纳管理，主要可以完成现金日记账、银行存款日记账的查询和打印，资金日报表的填报，以及银行对账等工作。

(4) 账簿管理。总账系统提供的账表查询功能，可以查询打印总账、明细账、日记账、发生额余额表、辅助账、往来账等。不仅可以查询已记账凭证的数据，还可以查询包含未记账凭证的数据，同时还提供了凭证联查功能。

(5) 辅助核算管理。辅助类型主要包括以下几种：客户往来核算、供应商往来核算、项目核算、部门核算和个人往来核算。利用辅助核算功能，可以简化会计科目体系，使查询专项信息更为便捷。

(6) 月末处理。总账系统月末处理主要包括期末结转、对账和结账等内容。

4.1.2 总账系统与其他系统的关系

总账系统是 ERP 财务管理系统的核心子系统，它既可以独立运行，也可以同其他系统协同使用。总账系统与其他系统之间的数据关系如图 4－1 所示。

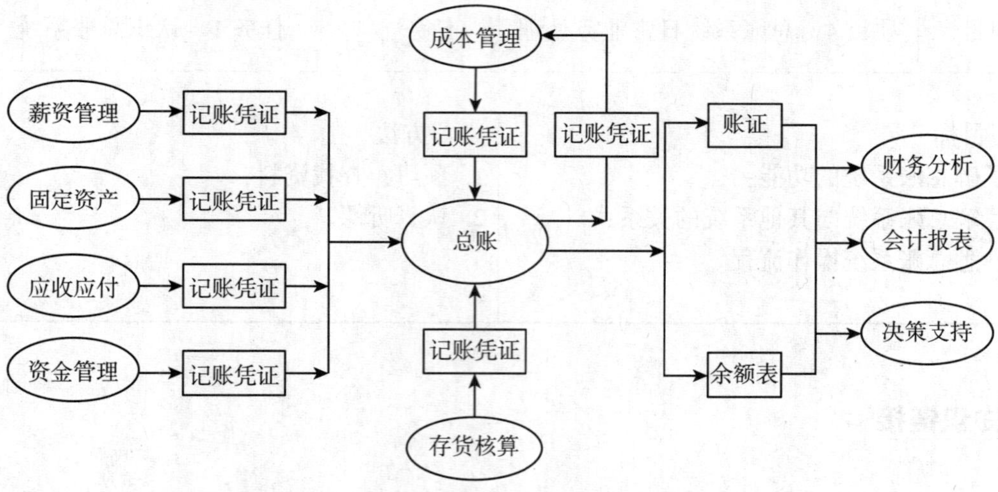

图 4－1　总账系统与其他子系统之间的数据关系

4.1.3 总账系统操作流程

总账系统的操作可以分为三个部分，即系统初始化、日常业务处理及期末处理，操作流程如图 4－2 所示。

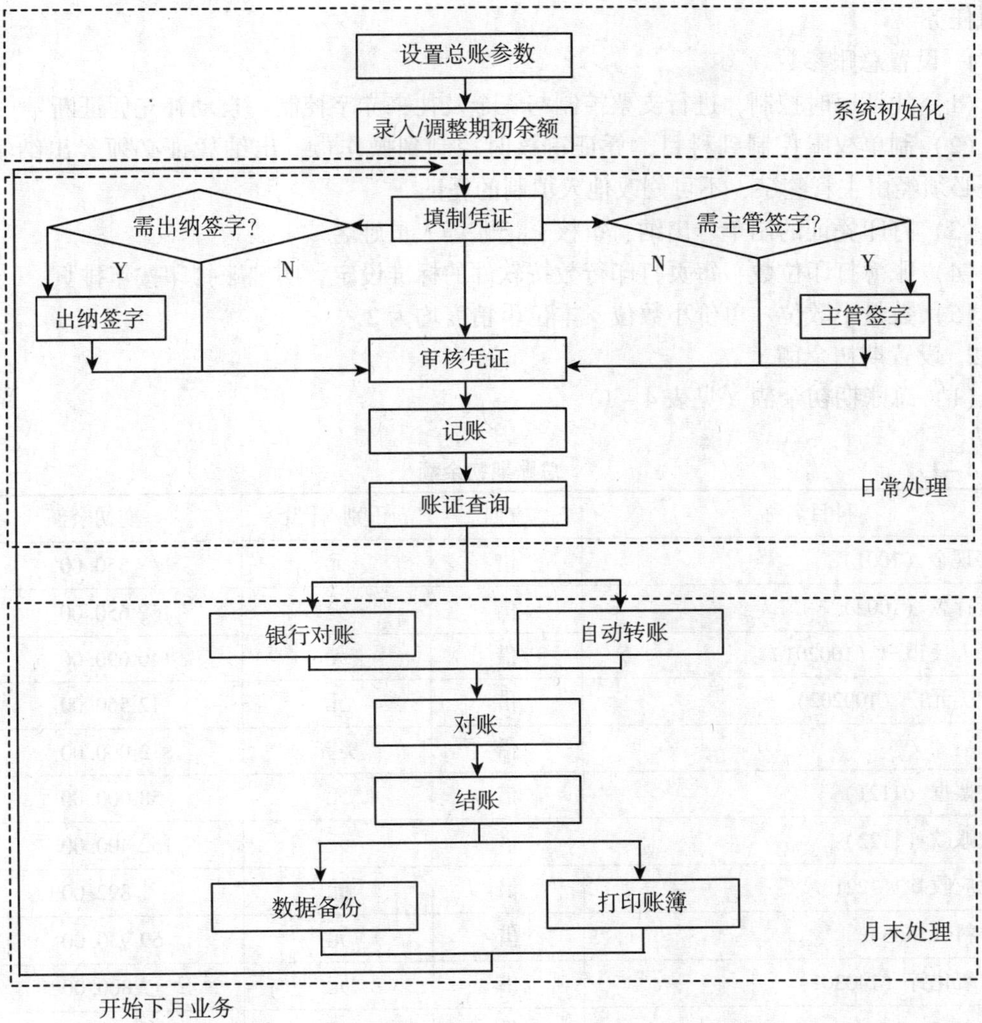

图 4-2 总账系统操作流程

任务 2 总账系统初始设置

任务单 4-2

项目	项目 4 总账系统日常业务处理	任务	任务 2 总账系统初始设置
学习目标 1. 掌握总账系统选项的设置方法； 2. 掌握总账系统期初数据的设置方法。		学习方法 1. 观看操作视频，记录操作要点； 2. 讨论、交流； 3. 实践操作。	

学习任务

1. 设置总账参数。

（1）凭证序时控制，进行支票控制与资金及往来赤字控制；自动补充凭证断号。

（2）制单权限控制到科目，凭证审核时控制到操作员，出纳凭证必须经出纳签字，凭证必须经由主管签字，不可修改他人填制的凭证。

（3）打印凭证的制单、出纳、审核、记账等人员姓名。

（4）账簿打印位数、每页打印行数按软件的标准设定，明细账打印按年排页。

（5）数量小数位、单价小数位、本位币精度均为2。

2. 设置期初余额。

（1）总账期初余额（见表4-1）。

表4-1　总账期初余额

科目名称	方向	币别/计量	期初余额
库存现金（1001）	借	元	850.00
银行存款（1002）	借	元	152 650.00
人民币户（100201）	借	元	140 090.00
美元户（100202）	借	元	12 560.00
	借	美元	$ 2 000.00
应收票据（1121）	借	元	58 000.00
应收账款（1122）	借	元	162 400.00
其他应收款（1221）	借	元	1 892.00
原材料（1403）	借	元	69 930.00
氧化锌（140301）	借	元	7 800.00
	借	斤	260.00
电机（140302）	借	元	36 750.00
	借	台	15.00
电磁线（140303）	借	元	2 380.00
	借	斤	340.00
电缆线（140304）	借	元	23 000.00
	借	斤	230.00
库存商品（1405）	借	元	253 000.00
固定资产（1601）	借	元	361 749.00
累计折旧（1601）	贷	元	38 060.00
短期借款（2001）	贷	元	100 000.00
应付账款（2202）	贷	元	30 392.00

续表

科目名称	方向	币别/计量	期初余额
实收资本（4001）	贷	元	650 000.00
盈余公积（4101）	贷	元	174 000.00
利润分配（4104）	贷	元	68 019.00
未分配利润（410401）	贷	元	68 019.00

（2）应收票据——银行承兑汇票（112101）期初余额（见表4－2）。

表4－2　应收票据——银行承兑汇票（112101）期初余额

日期	客户	摘要	业务员	方向	金额/元
2018.11.21	利康公司	销售B产品10台，不含税单价5 000.00元	周爽	借	58 000.00

（3）应收账款——人民币（112201）期初余额（见表4－3）。

表4－3　应收账款——人民币（112201）期初余额

日期	客户	摘要	业务员	方向	金额/元
2018.12.31	利康	向利康公司售出A产品20台，不含税单价4 500.00元，票号785492	周爽	借	104 400.00
2018.12.31	兴隆	向兴隆公司售出B产品10台，不含税单价5 000.00元，票号385458	周爽	借	58 000.00

（4）其他应收款（1221）期初余额（见表4－4）。

表4－4　其他应收款（1221）期初余额

日期	部门	人员	摘要	方向	金额/元
2018.12.31	采购部	吴萍	出差借款	借	1 892.00

（5）库存商品期初余额（见表4－5）。

表4－5　库存商品期初余额

产品名称	单价	数量	金额/元
A产品	3 500.00	30	105 000.00
B产品	3 700.00	40	148 000.00
合计			253 000.00

（6）应付账款——一般应付款（220201）期初余额（见表4－6）。

表4－6　　应付账款——一般应付款（220201）期初余额

日期	供应商	业务员	摘要	方向	金额/元
2018.12.31	大发厂	吴萍	从大发厂购入电磁线200斤，不含税单价7.00元，票号685820	贷	1 624.00
2018.12.31	宝峰	吴萍	从宝峰公司购入电机4台，不含税单价2 450.00元，票号757992	贷	11 368.00
2018.12.31	黎明	吴萍	从黎明公司购入电缆线150斤，不含税单价100.00元，票号448876	贷	17 400.00

4.2.1　设置总账参数

☞ **岗位说明**

账套主管001李丽执行操作。

☞ **操作步骤**

（1）设置凭证参数。

①打开选项对话框。选择“业务工作”|“财务会计”|“总账”|“设置”|“选项”，双击打开“选项”对话框。

②单击“编辑”按钮，进入参数修改状态。

③选择“凭证”选项卡，根据“任务资料”修改参数，结果如图4－3所示。

（2）设置权限参数。选择“权限”选项卡，根据“任务资料”修改参数，结果如图4－4所示。

（3）设置凭证打印参数。选择“凭证打印”选项卡，根据“任务资料”修改参数，结果如图4－5所示。

（4）设置账簿参数。选择“账簿”选项卡，根据“任务资料”修改参数，结果如图4－6所示。

（5）设置会计日历参数。选择“会计日历”选项卡，根据“任务资料”修改参数，结果如图4－7所示。

（6）单击“确定”按钮，保存设置。

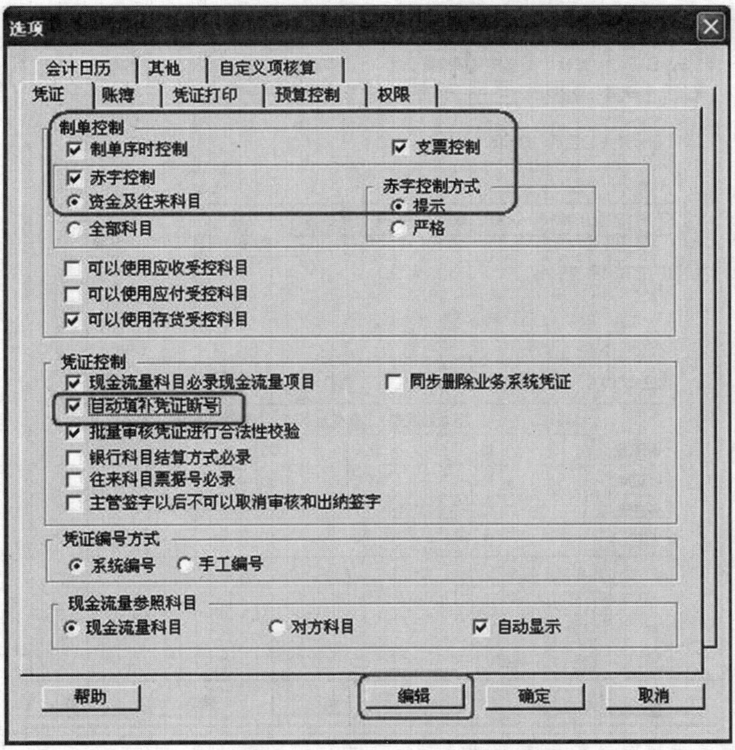

图 4－3　选项——凭证参数设置

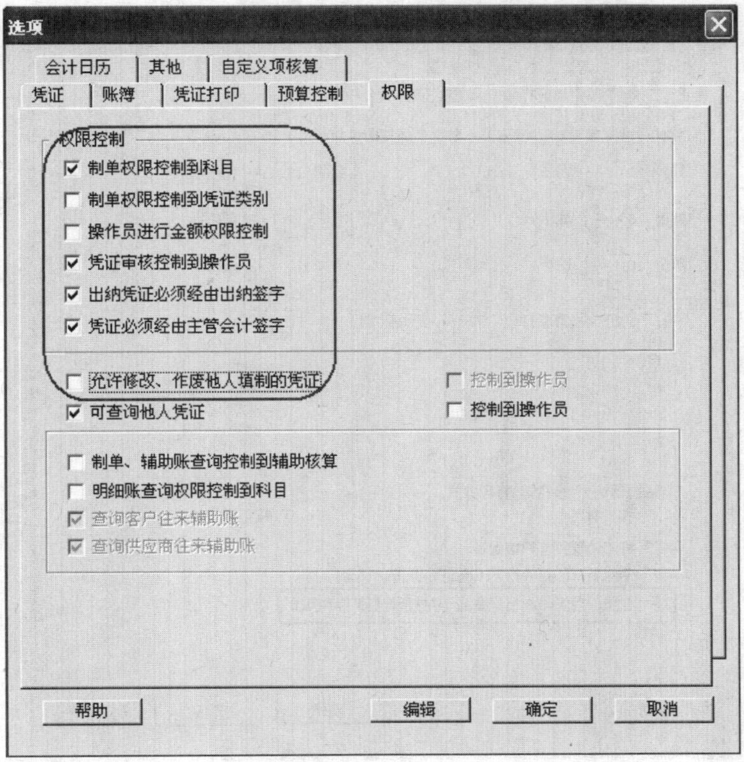

图 4－4　选项——权限参数设置

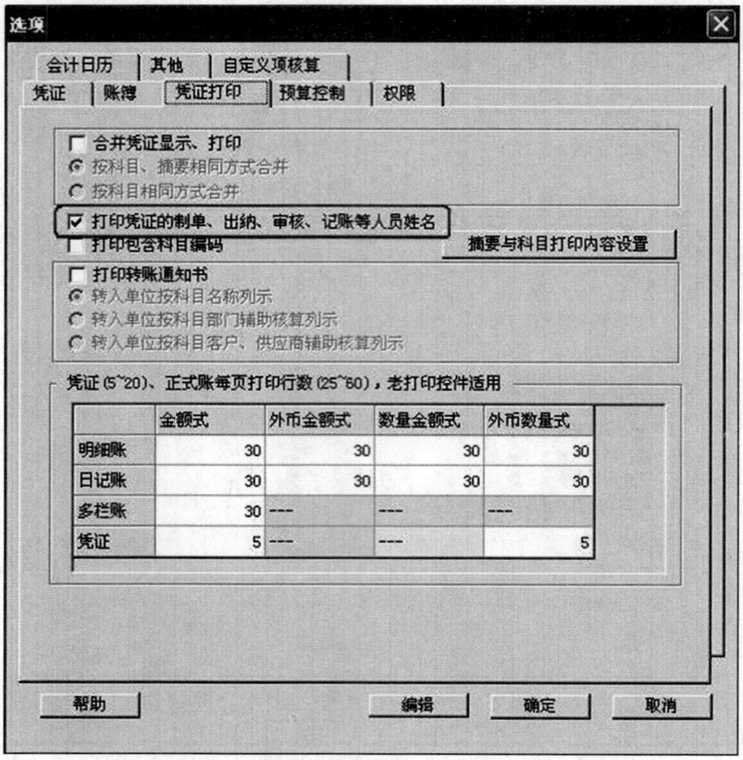

图 4-5　选项——凭证打印参数设置

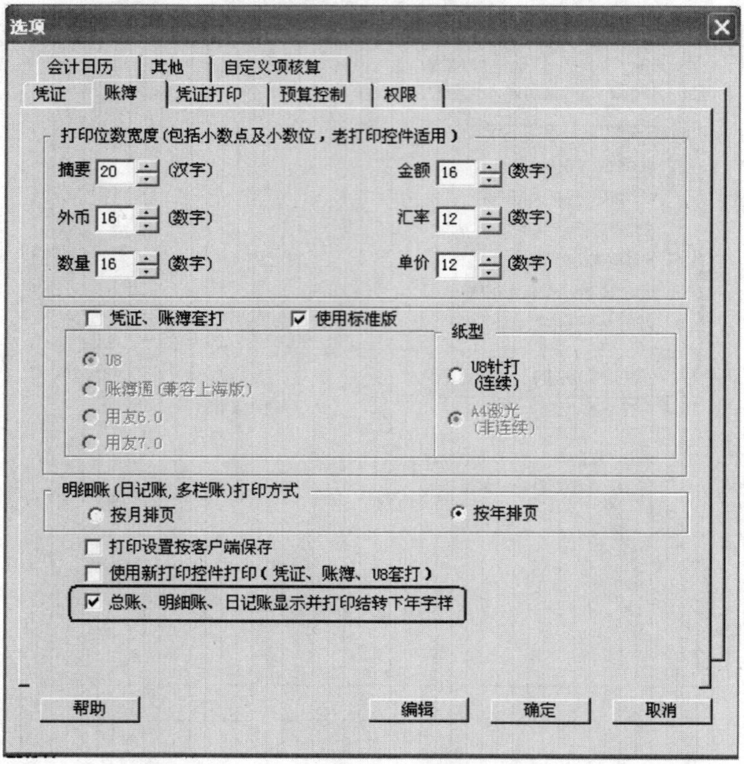

图 4-6　选项——账簿参数设置

图 4－7　选项——会计日历参数设置

知识链接

总账参数选项说明，见表 4－7。

表 4－7　　　　总账参数选项说明

参　数	说　明
制单序时控制	下一张凭证的制单日期必须大于或等于上一张凭证的制单日期
支票控制	银行科目编制凭证时，系统针对已设置了票据管理的结算方式进行登记，如果录入的支票号在支票登记簿中已存在，系统提供登记支票报销的功能；否则，系统提供登记支票登记簿的功能
赤字控制	当“资金及往来科目”或“全部科目”余额出现负数时，系统将予以提示
受控科目	如果选择“可以使用应收受控科目”“可以使用应付受控科目”“可以使用存货受控科目”，则这些科目既可以在总账系统中使用也可以在其受控的系统中使用；否则，只能在其受控的系统中使用（总账使用受控科目要提示避免引起受控系统与总账对账不平的情况）
自动填补凭证断号	凭证删除后该凭证号则为断号，启用这一选项后整理凭证时，系统将自动补号，即将后面的凭证号全部往前移动，自动填补凭证断号

续表

参 数	说 明
同步删除业务系统凭证	选中此选项，其他业务系统删除凭证，传到总账系统的凭证也将同步删除；否则，其他业务系统删除凭证后，传到总账系统的凭证只显示作废，还需要通过整理凭证才能删除
制单权限控制到科目	如果需要明确操作员只能使用具有相应制单权限的科目制单，则首先在数据权限控制设置中选择对“科目”进行控制；再选中该项；最后在数据权限中为操作员指定制单可以使用的科目。设置完成后，该操作员只能使用有权限的科目进行制单(同样意义的选项还有“制单、辅助账查询控制到辅助核算”“明细账查询控制到科目”)
制单权限控制到凭证类别	如果需要明确操作员只能填制特定类别的凭证，则首先在数据权限控制设置中选择对“凭证类别”进行控制；再选中该项；最后在数据权限中为操作员指定制单时可以使用哪些凭证类别。设置完成后，操作员制单时，凭证类别参照中只显示操作员有权限的凭证类别
操作员进行金额权限控制	系统可以对不同级别的人员进行制单金额大小的控制。例如，财务主管可以对10万元以上的经济业务制单，一般财务人员只能对5万元以下的经济业务制单，这样可以减少由于不必要的责任事故带来的经济损失。但外部凭证或常用凭证调用生成，则不做金额权限控制；自定义结转凭证不受金额权限控制
凭证审核控制到操作员	只能审核有对应关系的操作员填写的凭证，这一选项要与数据权限设置配合使用
出纳凭证必须经由出纳签字	含有库存现金、银行科目的凭证必须由出纳人员通过“出纳签字”功能对其核对后，运用系统提供的签字功能进行签字后才能记账
凭证必须经由主管会计签字	如果规定所有凭证都必须由主管会计签字才能作为记账依据，则应选中该项
允许修改、作废他人填制的凭证	如果制单人填制的凭证有误，该选项决定其他人员发现凭证有误时是否可以修改或作废

4.2.2 录入期初余额

☞ **岗位说明**

账套主管001李丽执行操作。

☞ 操作步骤

(1) 录入末级科目期初余额。

①打开“期初余额”录入窗口。选择“业务工作”|“财务会计”|“总账”|“设置”|“期初余额”，双击打开“期初余额”录入窗口。

②录入金额。将光标定位在“1001 库存现金”科目的期初余额栏，输入期初余额“850”，回车确认，如图 4－8 所示。

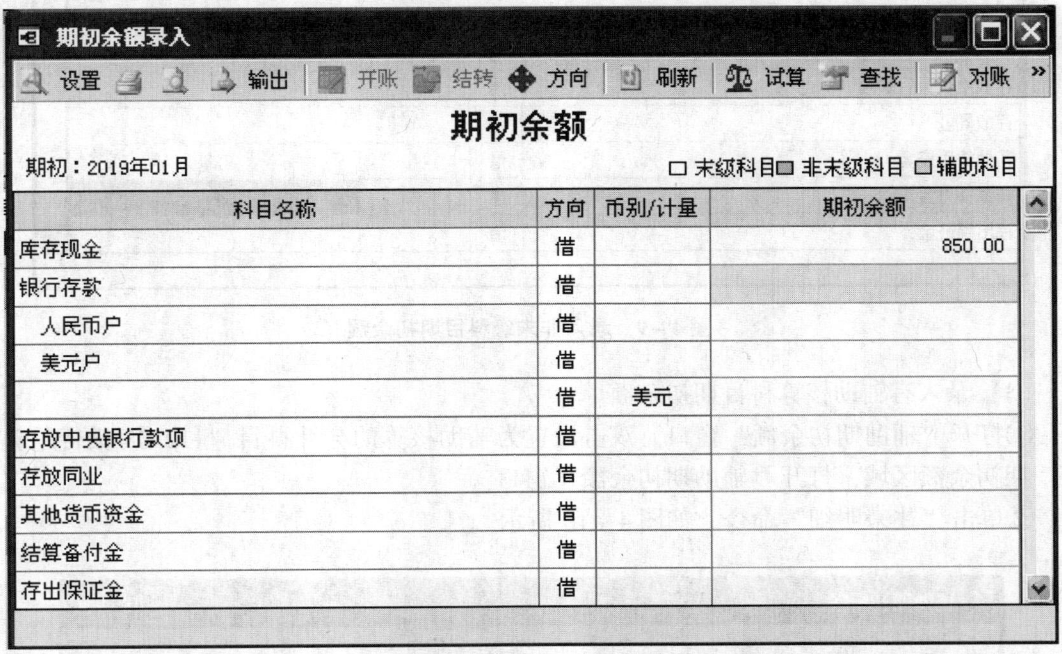

图 4－8　录入末级科目期初余额

提 示

- 期初余额界面中白色区域表示末级科目，该区域科目余额均可直接录入。
- 企业建账有年初建账和年中建账两种情况，如果是年初建账，可以直接录入年初余额；如果是年中建账，则需要录入所建账月份的期初余额和从该年年初到建账月份的借、贷方累计的发生额，系统会自动计算年初余额。

(2) 录入非末级科目期初余额。

①选择科目。将光标定位在明细科目“100201 人民币户”的期初余额栏。

②录入金额。输入期初余额“140 090”，回车确认。

③总账科目“1002 银行存款”处也将同时自动填入金额“140 090”，如图 4－9 所示。

提 示

期初余额界面中灰色区域表示非末级科目，该区域科目余额需要先录入其下级的末级明细科目期初余额，非末级科目的期初余额是由计算机根据明细科目的金额自动计算填入的。

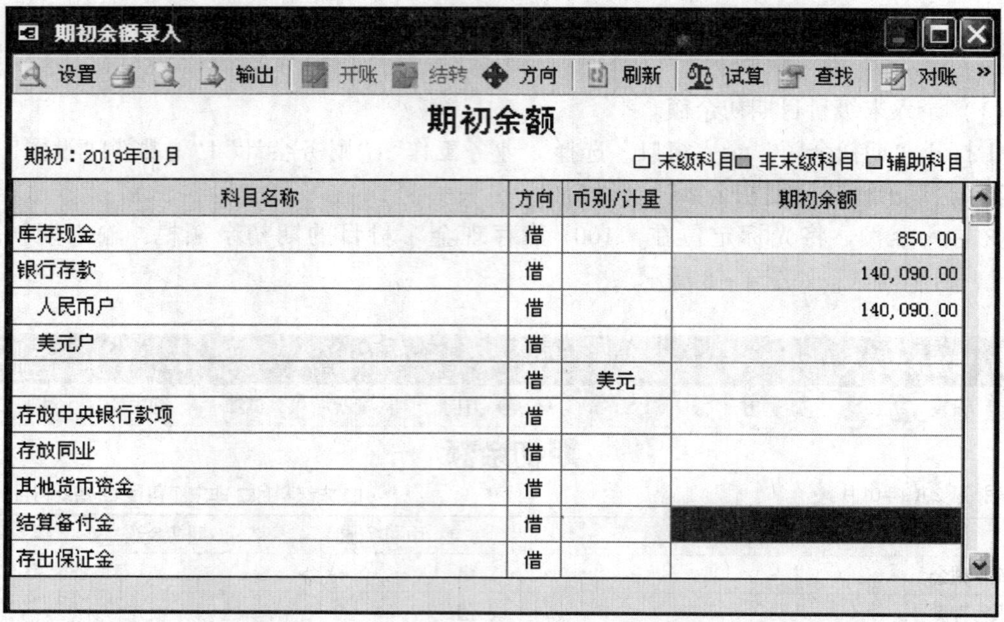

图4-9 录入非末级科目期初余额

（3）录入有辅助核算科目期初余额。

①打开“辅助期初余额”窗口。双击设置为辅助核算的会计科目“112101 银行承兑汇票”期初余额区域，打开“辅助期初余额”窗口。

②单击“往来明细”命令，如图4-10所示。

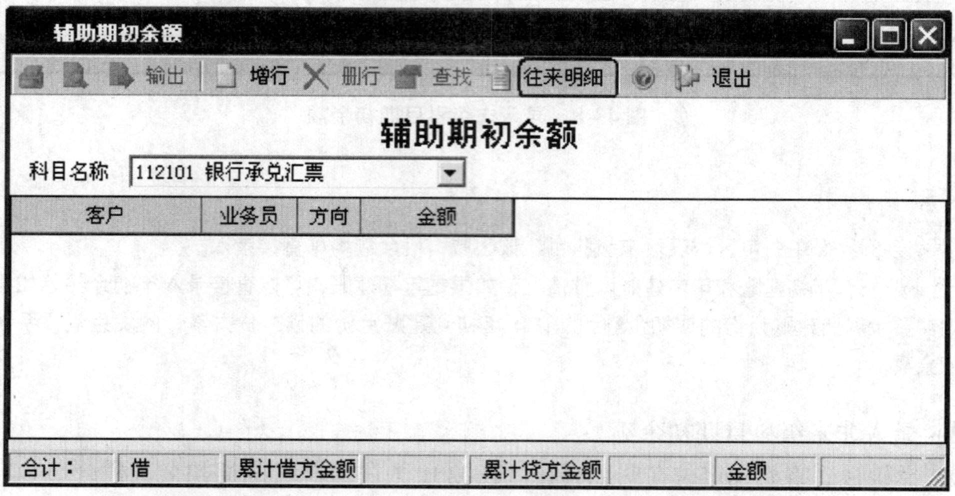

图4-10 辅助期初余额窗口

③打开“期初往来明细”窗口，单击“增行”命令。

④录入明细数据。根据任务资料，设置“日期”为“2018-11-21”，参照选择“客户”为“利康”，“业务员”为“周爽”，录入摘要“销售B产品”，“方向”为“借”；录入“金额”为“58 000”。

⑤汇总数据。单击工具栏中“汇总”命令，系统提示“完成了往来明细到辅助期初表的汇总”，如图 4－11 所示。

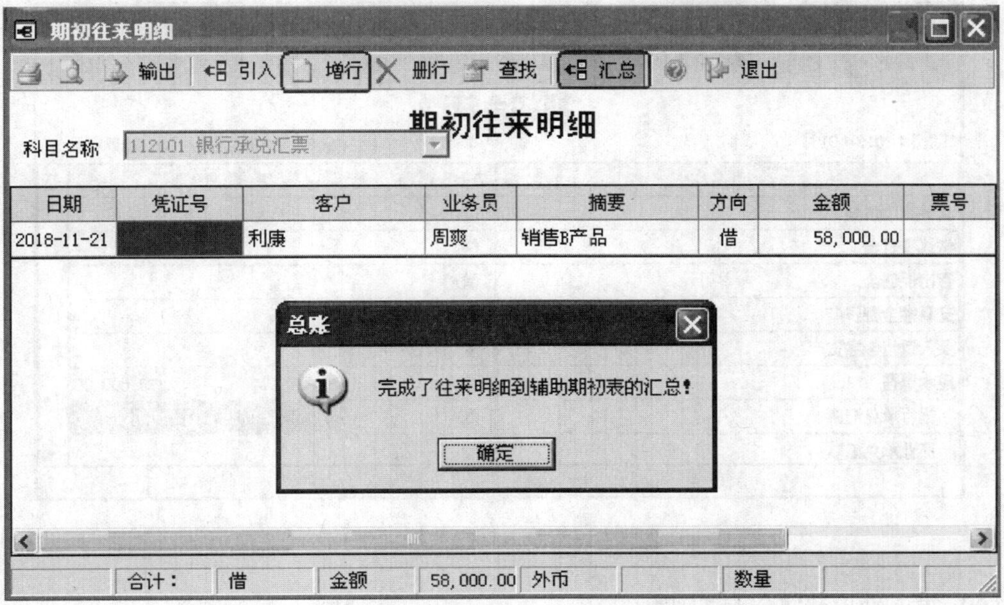

图 4－11　期初往来明细录入窗口

⑥单击“确定”按钮，并“退出”，回到“辅助期初余额”窗口，如图 4－12 所示。

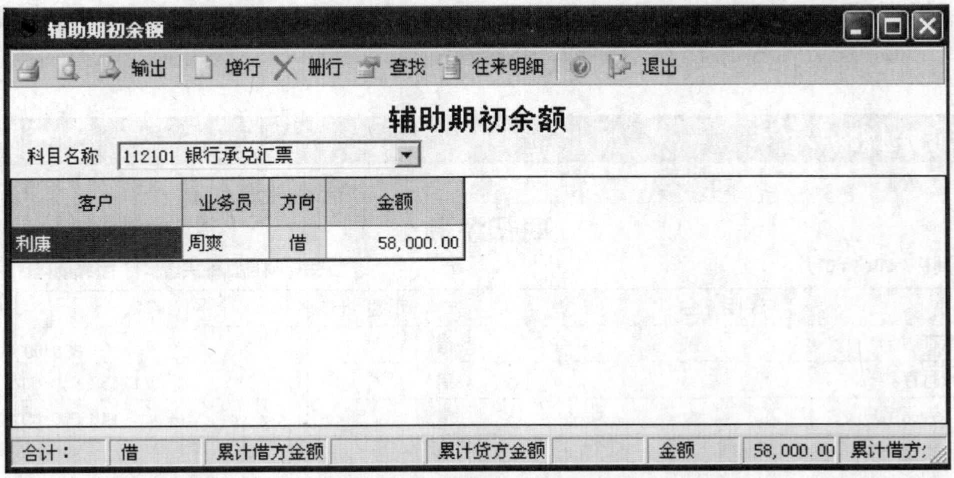

图 4－12　辅助期初余额录入结果

⑦单击“退出”按钮，返回“期初余额”窗口中，“应收票据——银行承兑汇票”期初余额处已自动填入数据，如图 4－13 所示。

提　示

- 期初余额界面中黄色区域为设置了“客户往来”“个人往来”“供应商往来”辅助核算的科目，期初余额需要录入明细数据，辅助科目的期初余额会根据录入的明细数据自动汇总。

- 如果要从“应收”“应付”系统中取数，可在期初往来明细中单击“引入”按钮直接导入。

图4－13　录入期初余额（一）

（4）录入外币核算科目期初余额。

①选择科目。将光标定位在明细科目“100202 美元户”的期初余额栏。

②录入人民币金额。输入期初余额人民币“12 560”，“回车”确认。

③录入外币金额。在美元期初余额栏，输入“2 000”，“回车”确认。

④总账科目“1002 银行存款”处也将同时自动计算并填入金额“152 650”，如图4－14所示。

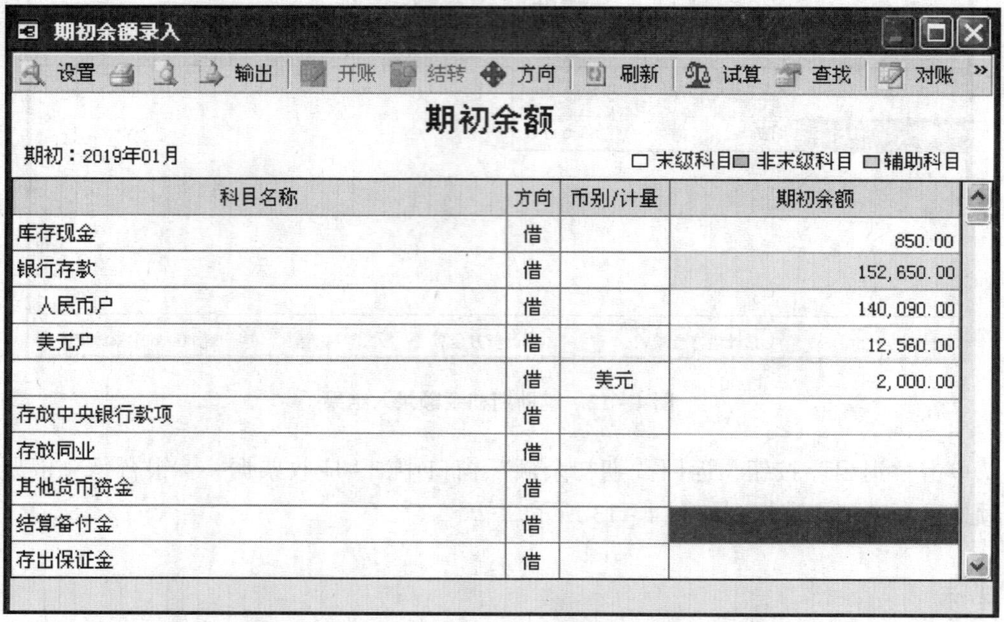

图4－14　录入期初余额（二）

提 示

- 录入涉及外币核算科目的期初余额要先录入人民币金额，再录入外币金额。
- 录入涉及数量核算科目的期初余额要先录入金额，再录入数量。

(5) 录入有项目核算科目期初余额。

①打开“辅助期初余额”窗口。双击设置为项目核算的会计科目“1405 库存商品”期初余额区域，打开“辅助期初余额”窗口。

②录入金额。单击“增行”命令，参照录入“项目”为“A 产品”，录入“金额”为“105 000”，录入“数量”为“30”，如图 4－15 所示。

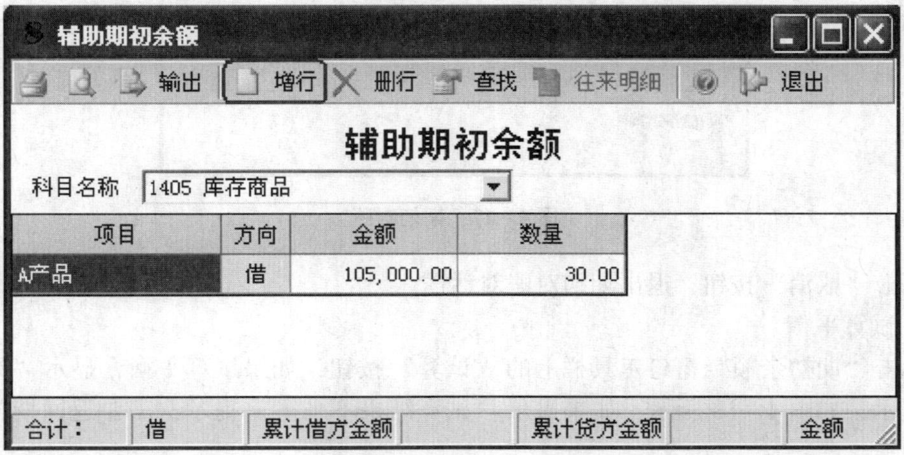

图 4－15 录入辅助期初余额

③单击“增行”命令，录入“B 产品”数据。

④单击“退出”，返回“期初余额”窗口，结果如图 4－16 所示。

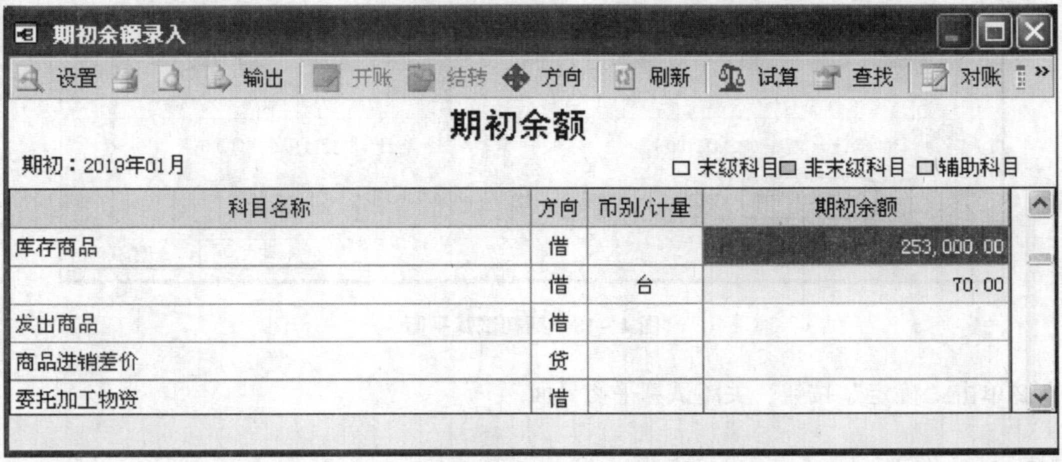

图 4－16 录入期初余额（三）

（6）期初对账。

①打开“期初对账”对话框。在“期初余额”窗口单击工具栏上的“对账”按钮，系统打开“期初对账”对话框。

②执行对账。单击“开始”按钮，系统自动开始对账，并在界面上显示对账结果，如图4－17所示。

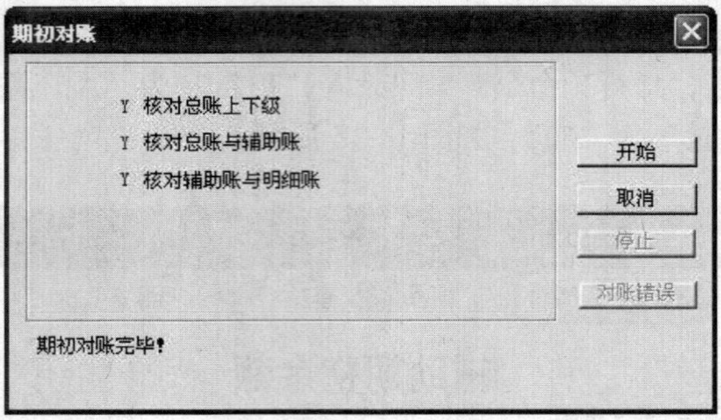

图4－17　期初对账

③单击“取消”按钮，退出期初对账对话框。

（7）试算平衡。

①单击“期初余额”窗口工具栏上的“试算”按钮，如果试算平衡，显示“试算结果平衡”提示，如图4－18所示；如果显示“试算结果不平衡”提示，需要返回期初余额窗口检查。

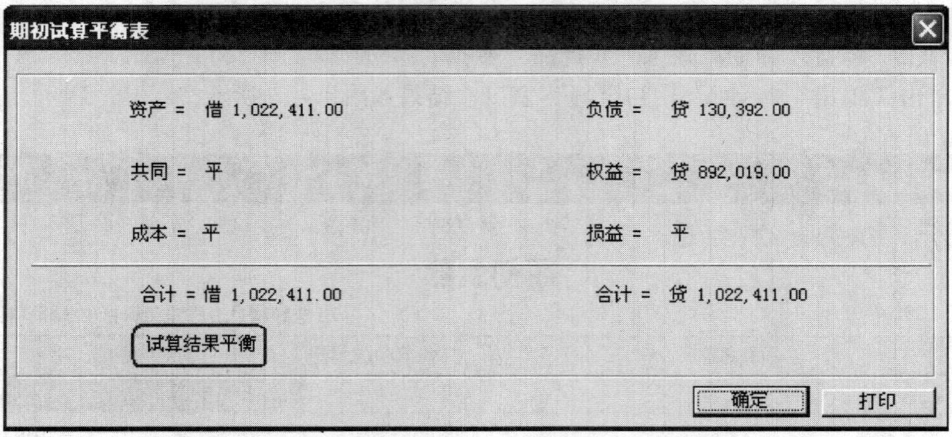

图4－18　期初试算平衡

②单击“确定”按钮，关闭试算平衡界面。

提 示

- 期初余额试算不平衡，不能记账，但可以填制凭证。
- 记账后期初余额不能修改。

任务3　凭证处理

任务单 4－3

项目	项目4　总账系统日常业务处理	任务	任务3　凭证处理

学习目标

1. 掌握填制会计凭证的操作方法；
2. 掌握修改会计凭证的操作方法；
3. 掌握删除会计凭证的操作方法；
4. 掌握冲销会计凭证的操作方法；
5. 掌握出纳签字的操作方法；
6. 掌握审核凭证的操作方法；
7. 掌握主管签字的操作方法；
8. 掌握记账及取消记账的操作方法。

学习方法

1. 观看操作视频，记录操作要点；
2. 讨论、交流；
3. 实践操作。

学习任务

1. 填制凭证，新宇公司 2019 年 1 月份发生的经济业务：

（1）1 日，以现金支付捐款 300 元，原始单据如图 4－19 所示。

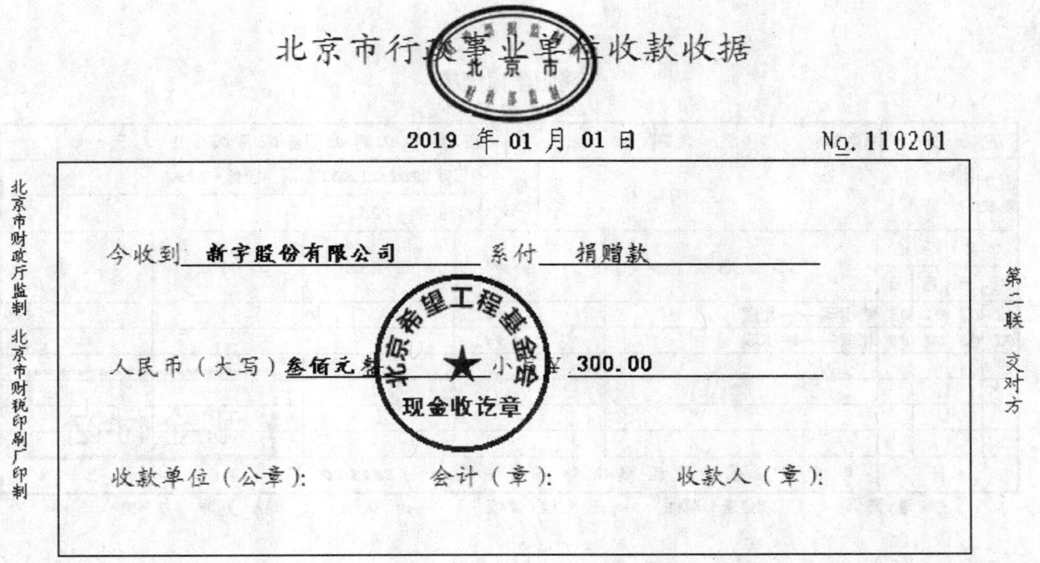

北京市行政事业单位收款收据

2019 年 01 月 01 日　　No. 110201

今收到 新宇股份有限公司　系付 捐赠款

人民币（大写）叁佰元整　小写 ¥ 300.00

收款单位（公章）:　会计（章）:　收款人（章）:

北京市财政厅监制　北京市财税印刷厂印制

第二联 交对方

北京希望工程基金会 现金收讫章

图 4－19　业务一捐款收据

（2）5 日，开出现金支票提现备用，原始单据如图 4－20 所示。

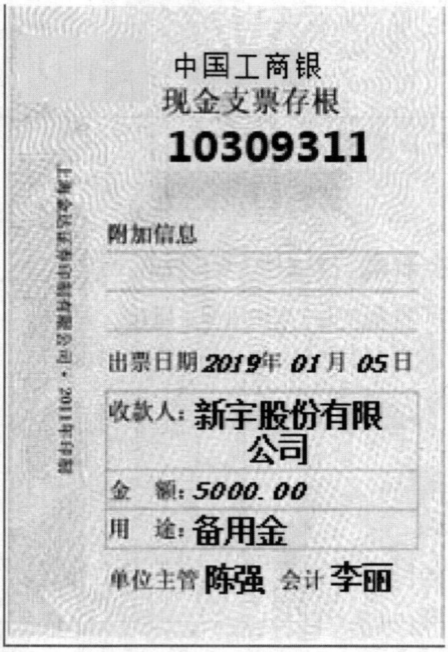
中国工商银
现金支票存根
10309311

附加信息

出票日期 2019年 01月 05日

收款人:	新宇股份有限公司
金　额:	5000.00
用　途:	备用金

单位主管 陈强　会计 李丽

图 4－20　业务二现金支票存根

（3）7 日，采购部吴萍出差归来报销差旅费，原始单据如图 4－21 所示。

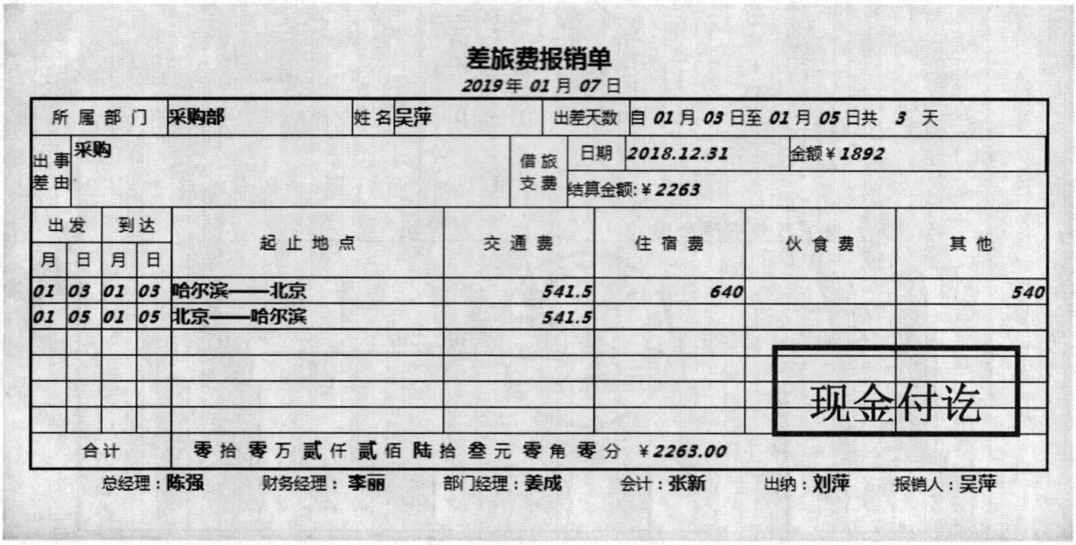
差旅费报销单
2019年 01月 07日

所属部门：采购部　姓名：吴萍　出差天数：自 01月 03日至 01月 05日共 3 天

出差事由：采购

借旅支费：日期 2018.12.31　金额¥1892　结算金额:¥2263

出发 月	出发 日	到达 月	到达 日	起止地点	交通费	住宿费	伙食费	其他
01	03	01	03	哈尔滨——北京	541.5	640		540
01	05	01	05	北京——哈尔滨	541.5			
合计				零拾零万贰仟贰佰陆拾叁元零角零分 ¥2263.00				

现金付讫

总经理：陈强　财务经理：李丽　部门经理：姜成　会计：张新　出纳：刘萍　报销人：吴萍

图 4－21　业务三差旅费报销单

（4）9 日，办公室购买办公用品，原始单据如图 4－22 和图 4－23 所示。

报 销 单

填报日期：2019 年 01 月 09 日　　　　单据及附件共 1 张

姓名	姜成	所属部门	办公室	报销形式	现金
				支票号码	

报销项目	摘要	金额	备注：
水性笔、打印纸	报销办公费	500.00	
合计		¥500.00	

现金付讫

金额大写：零 拾零 万零 仟伍 佰零 拾零 元零 角零 分	原借款：0.00元	应退款：0.00元 应补款：¥500.00元

总经理：陈强　财务经理：李丽　部门经理：姜成　会计：张新　出纳：刘萍　领款人：姜成

图 4－22　业务四报销单

1100082140　　**黑龙江增值税专用发票**　　№ 60972952　　1100082140　60972952

全国统一发票监制章　黑龙江　国家税务总局监制

开票日期：2019年01月09

购买方	名　　称：新宇股份有限公司 纳税人识别号：865432118999 地址、电话：哈尔滨市香坊区和平路2号0451-84660005 开户行及账号：中国工商银行乐园支行6222223455555421959	密码区	03*3187<4/+8490<+95-59+7<243 4987<0-->>-6>525<693719->7*7 87*3187<4/+8490<+95708681380 9<712/<1+9016>6906++>84>93/-

货物或应税劳务、服务名称	规格型号	单位	数量	单价	金额	税率	税额
水性笔		盒	5	16.00	80.00	16%	12.8
打印纸		箱	4	87.76	351.04	16%	56.16
合计					¥431.04		¥68.96
价税合计（大写）	⊗人民币伍佰元整				（小写）¥500.00		

销售方	名　　称：新华办公用品有限公司 纳税人识别号：911109080544367291 地址、电话：哈尔滨新区小营西路228号01088222209 开户行及账号：中国农业银行北京海淀支行320147000400557	备注	

收款人：　　复核：　　开票人：林浩　　销售方：（章）

新华办公用品有限公司　911109080544367291　发票专用章

第三联：发票联　购买方记账凭证

税总函【XXXX】XXX号　XXXXXXX公司

图 4－23　业务四增值税专用发票

（5）12 日，一车间为生成 A 产品领用材料，领料单如图 4－24 所示。

领　料　单

领料部门：一车间

用　途：生成A产品　　　　2019 年 01 月 12 日　　　　第 56 号

材料			单位	数量		成本									
编号	名称	规格		请领	实发	单价	总价								
							百	十	万	千	百	十	元	角	分
01	氧化锌		斤	100	100	30.00				3	0	0	0	0	0
合计									¥	3	0	0	0	0	0

会计联

部门经理：赵斌　　会计：张新　　仓库：郑忠　　经办人：王志

图 4－24　业务五领料单

（6）25 日，售出美元户存款 1 000 美元，原始单据如图 4－25 所示。

结售汇水单（甲种）

日期：2019年01月25日　　流水号：7654477894328

申请客户名称	新宇股份有限公司		业务编号	JSCB35198664332256787 8
付款账号	6222223445555642780		收款账号	6222223445555421959
付款账户名称	中国工商银行乐园支行		收款账户名称	新宇股份有限公司
交易日期	2019/01/25		交割日期	2019/01/25
摘要	外汇金额		汇率	人民币金额
	USD1000.00		6.2800	RMB6280.00

备注：
结汇
实时牌价：6.280

中国工商银行乐园支行
2019年01月25日
转讫
银行盖章

第三联 客户回单

会计主管：　　授权：　　复核：5765876879　　录入:36698709098

图 4－25　业务六结售汇水单

2. 修改凭证。修改第四笔经济业务（付字 0004 号凭证），将管理费用发生部门改为人事部，金额改为 1 000 元。

3. 删除凭证。删除第六笔经济业务（付字 0005 号凭证）。

4. 出纳签字。对 2019 年 1 月份填制凭证执行出纳签字处理。

5. 审核凭证。对 2019 年 1 月份填制凭证执行审核处理。

6. 主管签字。对 2019 年 1 月份填制凭证执行主管签字处理。

7. 记账。对 2019 年 1 月份填制凭证执行记账处理。

8. 冲销凭证。冲销第四笔经济业务（付字 0004 号凭证），改为以现金报销办公室办公费 500 元。

4.3.1 填制凭证

☞ 岗位说明

总账会计 002 张新执行操作。

☞ 操作步骤

（1）填制第一笔业务记账凭证。

①启动企业应用平台。以总账会计 002 张新身份注册登录企业应用平台，登录时间 2019 年 1 月 31 日。

②打开填制凭证窗口。在“业务工作”导航区，单击“财务会计”|“总账”|“凭证”|“填制凭证”，打开“填制凭证”窗口。

③增加新凭证。单击“ ”按钮，增加一张新凭证。

④输入凭证类别。在凭证类别框中单击“ ”按钮，选择所需要增加的凭证类别为“付款凭证”，如图 4－26 所示。

⑤输入制单日期。在制单日期处输入 2019.01.01，也可单击“日历”按钮，打开日历对话框，修改制单日期，如图 4－26 所示。

⑥输入附单据数。“1”，按回车确认。

⑦输入摘要。在摘要栏录入“支付捐款”，按回车确认。

⑧输入会计科目。在借方科目名称处直接输入“营业外支出”科目，或单击“ ”打开科目参照对话框（或按“F2”键），选择“损益类”科目“6711 营业外支出”，如图 4－27 所示。

⑨输入借方金额。“300”，按回车确认。

⑩录入贷方科目。“1001 库存现金”，按回车确认。

⑪录入贷方金额。“300”，或按“＝”键。

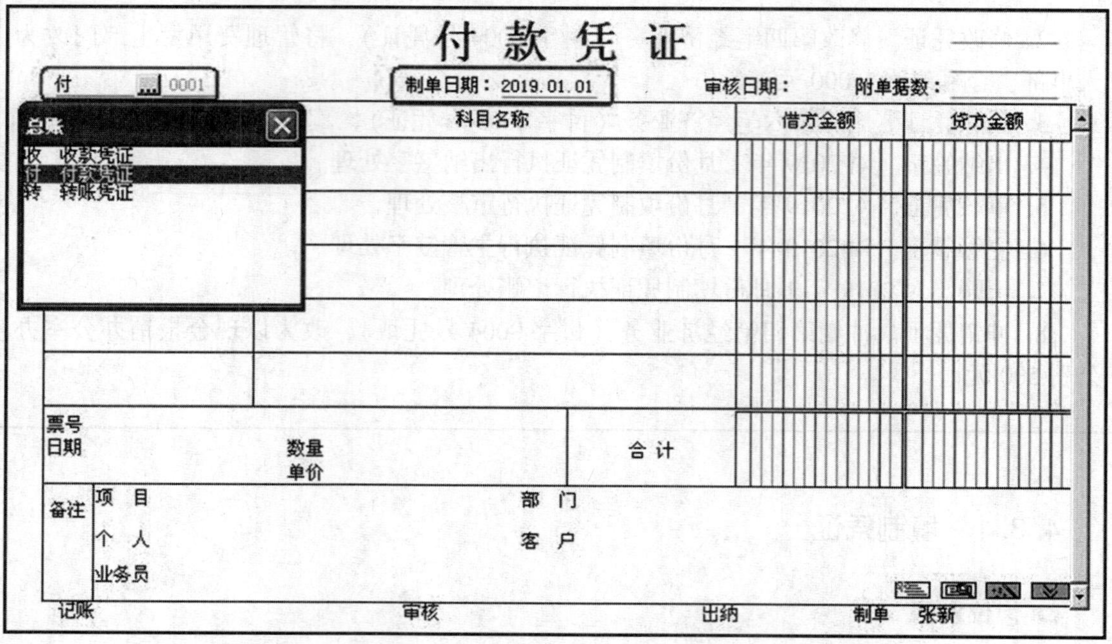

图 4－26　输入凭证类别

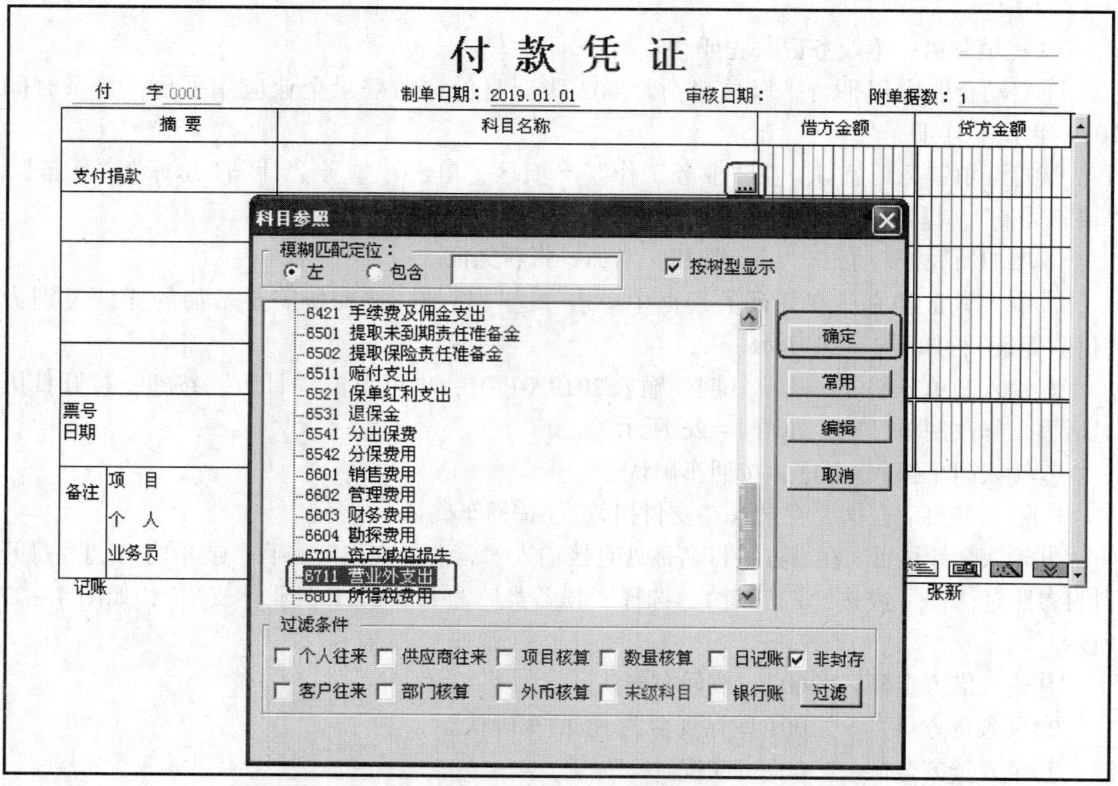

图 4－27　输入会计科目

⑫保存凭证。单击“”，系统弹出“凭证已成功保存”对话框，单击“确定”按钮保存设置，如图4－28所示。

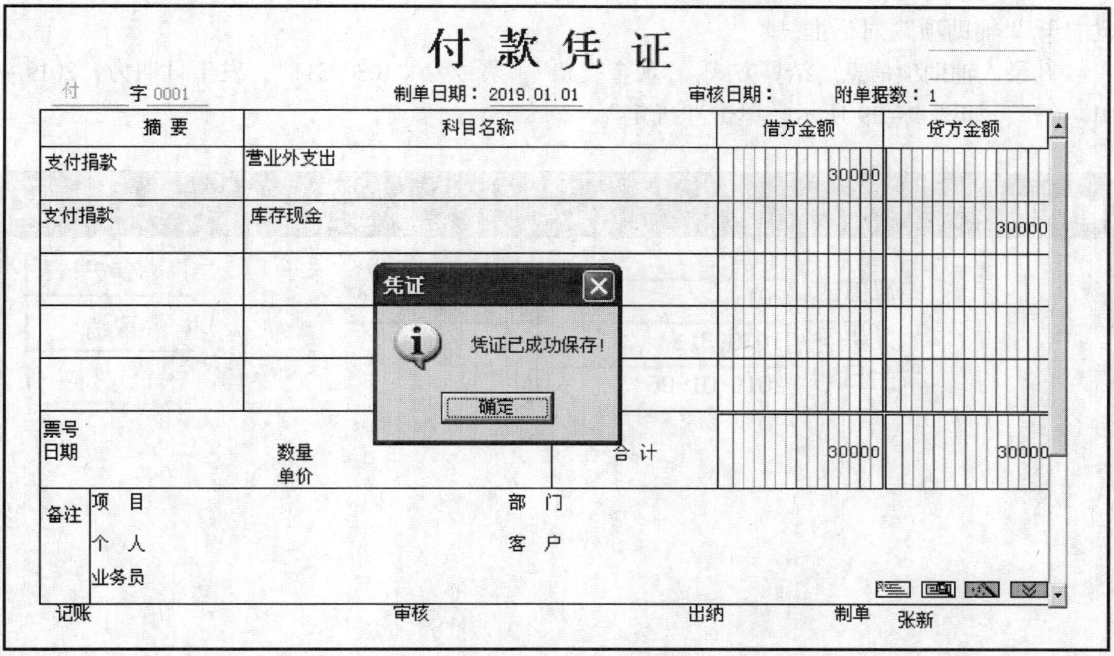

图4－28　业务一凭证

提　示

• 输入的金额不能为“0”，红字金额以负号“－”表示，调整金额方向可以单击键盘上的空格键进行调整。

• 凭证填制过程中可根据需要“联查明细账”“联查原始单据”。

• 借贷不平的凭证，凭证不予保存。

• 在“科目参照”窗口中，如需要的科目原先并没有设置，具有科目操作权限的操作员可以直接在该窗口单击“编辑”按钮新增科目，而不用退回到“会计科目”页签中进行科目设置。

• 记账凭证的填写日期可以是财会人员填制记账凭证当天的日期，也可以根据管理需要，填写经济业务发生的日期。

• 如果在总账选项中设置了“制单序时控制”，则不允许凭证日期逆序。

• 如果在设置凭证类别时已经设置了不同种类凭证的限制类型及限制科目，则在填制凭证时，如果凭证类别选择错误，系统会提示不满足条件，无法保存。

（2）填制第二笔业务记账凭证。

①增加新凭证。单击“”按钮，增加一张新凭证。

②填写凭证类别及日期。选择凭证类别为付款凭证，更改制单日期为“2019.01.05”。

③录入附件张数。“1”，按回车确认。

④录入摘要。在摘要栏录入“提现备用”，回车确认。

⑤录入借方科目。在借方科目名称处直接输入“1001 库存现金”科目，或单击“”

打开科目参照窗口（或按“F2 键”），选择“资产类”科目“1001”，回车确认。

⑥录入借方金额。在借方金额栏录入“5 000”，回车确认。

⑦录入贷方科目。贷方科目录入“100201 银行存款——人民币户”，回车确认，系统自动打开“辅助项”对话框。

⑧录入辅助项信息。结算方式：“现金支票”，票号为“10309311”，发生日期为“2019 - 01 - 05”，如图 4 - 29 所示，单击“确定”。

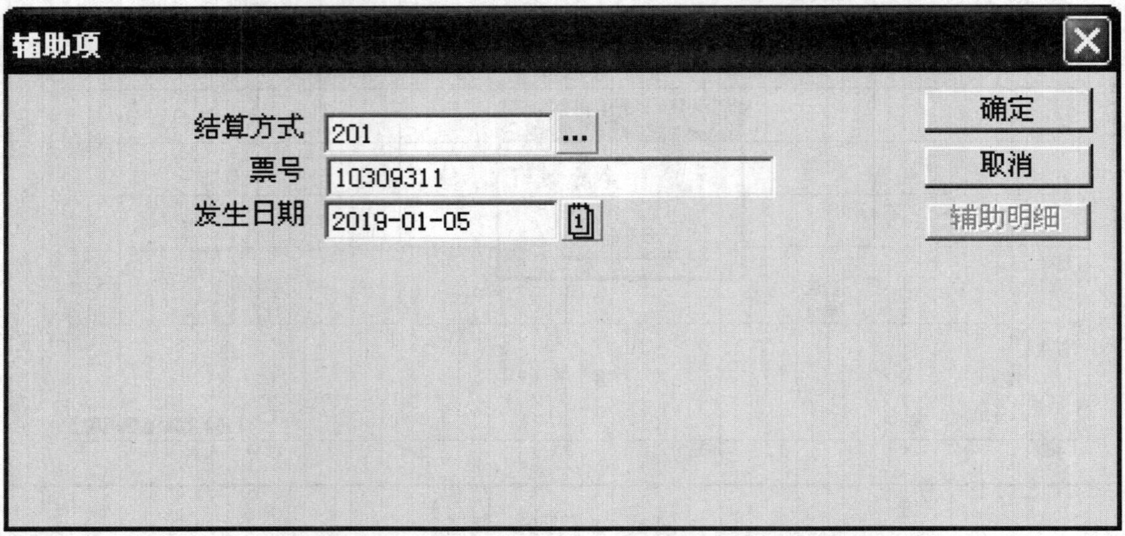

图 4 - 29　辅助项对话框

⑨录入贷方金额。在贷方金额处录入“5 000”，回车确认，系统弹出“此支票尚未登记，是否登记”提示框，如图 4 - 30 所示，单击“是”。

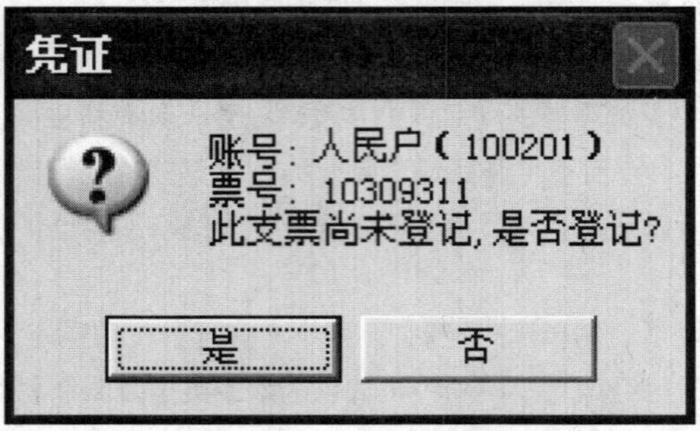

图 4 - 30　支票登记提示

⑩进行支票登记。打开支票登记对话框，录入领用日期“2019 - 01 - 05”，领用部门“财务部”，姓名“刘萍”，收款人“新宇股份有限公司”，限额为 5 000，用途为“备用”，如图 4 - 31 所示。单击“确定”。

⑪保存凭证。单击“”，系统弹出“凭证已成功保存”提示框，单击“确定”，完成凭证填制，如图 4 - 32 所示。

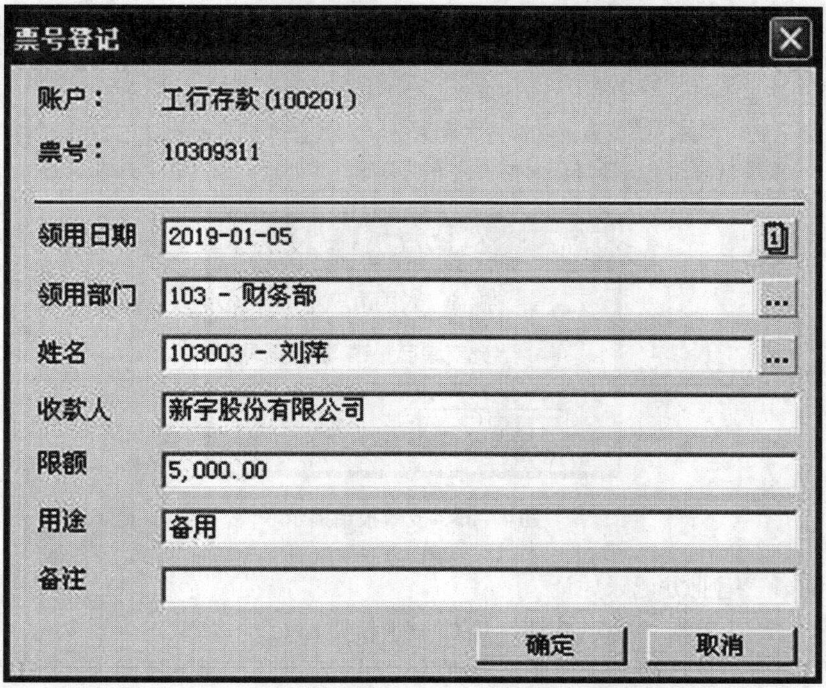

图 4－31　支票登记对话框

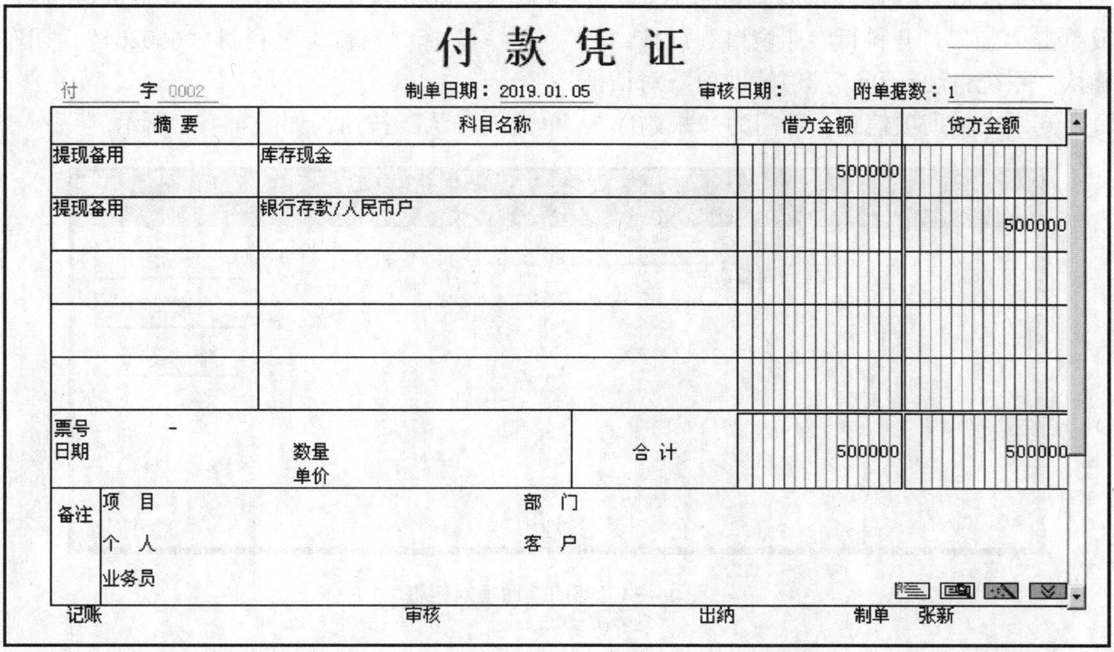
付款凭证

付 字 0002　　制单日期：2019.01.05　　审核日期：　　附单据数：1

摘要	科目名称	借方金额	贷方金额
提现备用	库存现金	500000	
提现备用	银行存款/人民币户		500000
票号 - 日期	数量 单价 合计	500000	500000

备注　项目　部门　个人　客户　业务员

记账　审核　出纳　制单 张新

图 4－32　业务二凭证

提 示

• 只有在总账系统的选项设置中选择“支票控制”，并在结算方式设置中设置“票据管理”标志，在“会计科目”中已指定银行账的科目，才能使用支票登记簿。

• 当支票登记后，再输入该支票的结算方式和票号，系统会弹出“此支票已报销，是否正确?”提示框，单击“是”，系统会自动在支票登记簿中将该号支票作报销处理，如图4－33所示。

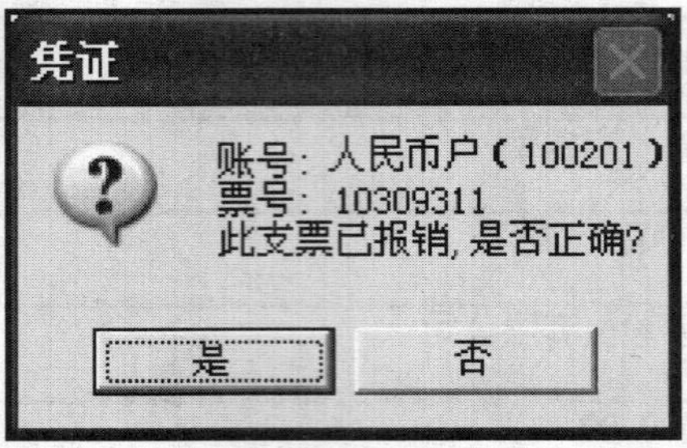

图4－33 支票报销提示

(3) 填制第三笔业务记账凭证。

①增加新凭证。单击“ ”按钮，增加一张新凭证。

②填写凭证类别及日期。选择凭证类别为“付款凭证”，制单日期为“2019.01.07”。

③录入附件张数。“1张”，回车确认。

④录入摘要。在摘要栏录入“报销差旅费”，按回车确认。

⑤录入借方科目。在借方科目名称处直接输入“660204 管理费用——差旅费”科目，或单击“...”打开科目参照窗口（或按“F2”键），选择“损益类”科目“660204”，回车确认。系统自动打开“部门辅助项”对话框。

⑥录入辅助项信息。部门为“采购部”，单击“确认”按钮，如图4－34所示。

图4－34 部门辅助项对话框

⑦录入借方金额。在借方金额处录入“2263”，回车确认。

⑧录入第一个贷方科目。在贷方科目处录入“1221 其他应收款”，回车确认，系统自动打开“个人往来”辅助项对话框，录入部门“采购部”，个人“吴萍”，单击确定，如图4－35所示。

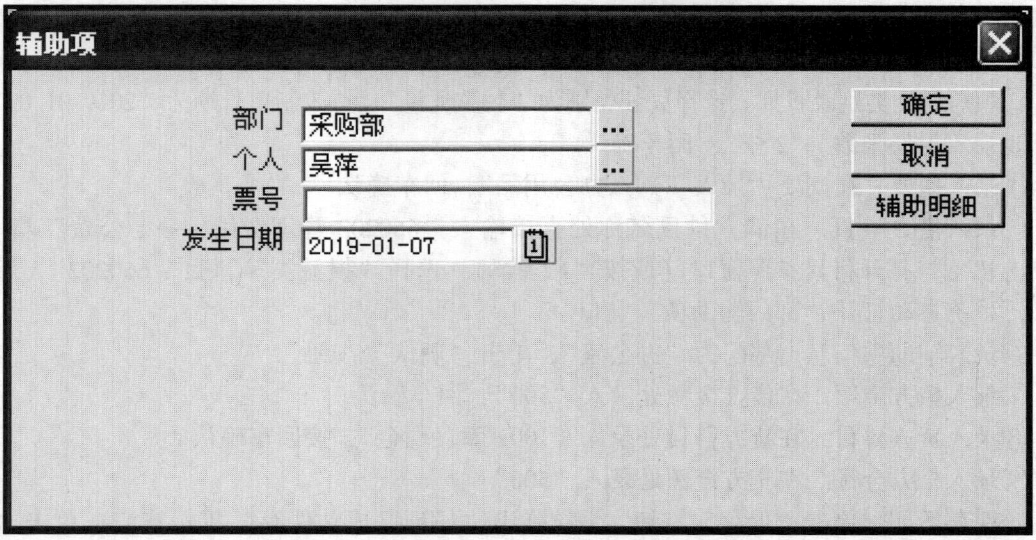

图 4-35　个人往来辅助项对话框

⑨录入第一个贷方金额。在贷方金额处录入“1 892”。

⑩录入第二个贷方科目。贷方科目录入“1001 库存现金”，回车确认。

⑪录入第二个贷方金额。贷方科目录入“371”。

⑫保存凭证。单击“💾”，系统弹出“凭证已成功保存”提示窗口，单击“确定”完成凭证填制，如图 4-36 所示。

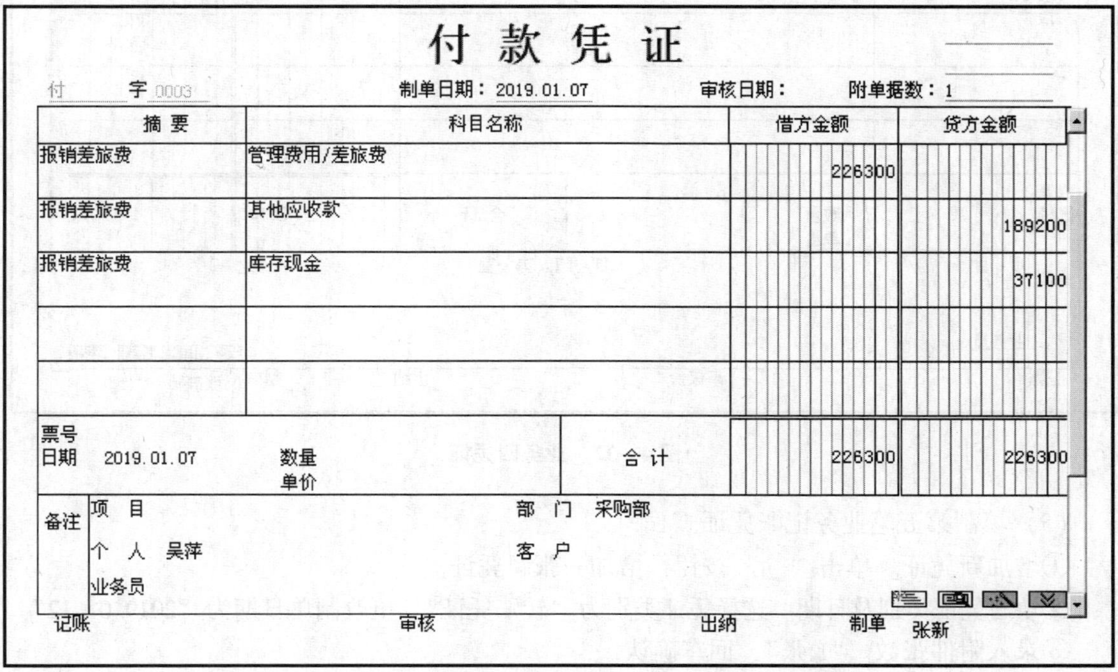

图 4-36　业务三凭证

（4）填制第四笔业务记账凭证。

①增加新凭证。单击“ ”按钮，增加一张新凭证。

②填写凭证类别及日期。选择凭证类别为“付款凭证”，更改制单日期为“2019.01.09”。

③录入附件张数。“2 张”，回车确认。

④录入摘要。在摘要栏录入“购入办公用品”，回车确认。

⑤录入借方科目。在借方科目名称处直接输入“660202 管理费用——办公费”科目，或单击“ ”打开科目参照窗口（或按“F2 键”），选择“损益类”科目“660202”，回车确认。系统自动打开“部门辅助项”窗口。

⑥录入辅助项信息。部门为“办公室”，单击“确认”按钮。

⑦录入借方金额。在借方金额处录入“500”，回车确认。

⑧录入贷方科目。在贷方科目处录入“1001 库存现金”，按回车确认。

⑨录入贷方金额。在贷方金额处录入“500”。

⑩保存凭证。单击“保存”按钮，系统弹出“凭证已成功保存”提示窗口，单击“确定”完成凭证填制，如图 4-37 所示。

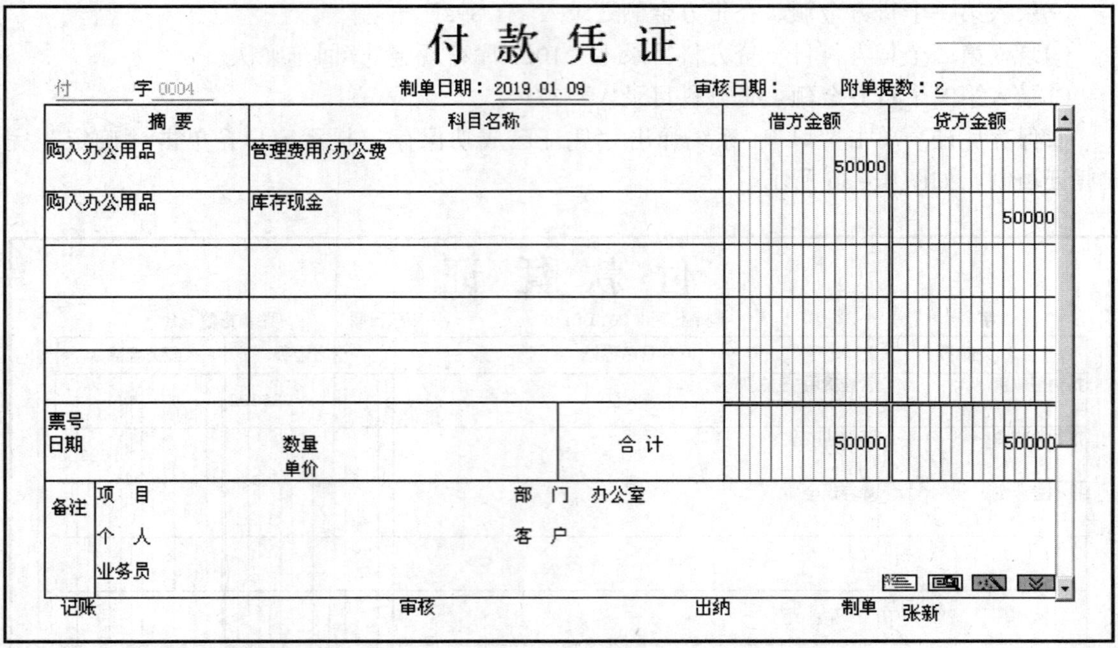

图 4-37 业务四凭证

（5）填制第五笔业务记账凭证。

①增加新凭证。单击“ ”按钮，增加一张新凭证。

②填写凭证类别及日期。选择凭证类别为“转账凭证”，更改制单日期为“2019.01.12”。

③录入附件张数。“1 张”，回车确认。

④录入摘要。在摘要栏录入“生产领料”，回车确认。

⑤录入借方科目。在借方科目名称处直接输入“500101 生产成本——直接材料”科目，

或单击“⋯”按钮打开科目参照窗口（或按F2键），选择“成本类”科目“500101”，回车确认。系统自动打开“项目辅助项”对话框。

⑥录入辅助项信息。部门“一车间”，项目名称“A产品”，单击“确认”，如图4－38所示。

图4－38 项目辅助项对话框

⑦录入借方金额。在借方金额处录入“3 000”，回车确认。

⑧录入贷方科目。在贷方科目处录入“140301”，回车确认，系统自动打开“数量核算辅助项”对话框。

⑨录入辅助项信息。输入数量“100”，单价“30”，单击“确定”，如图4－39所示。

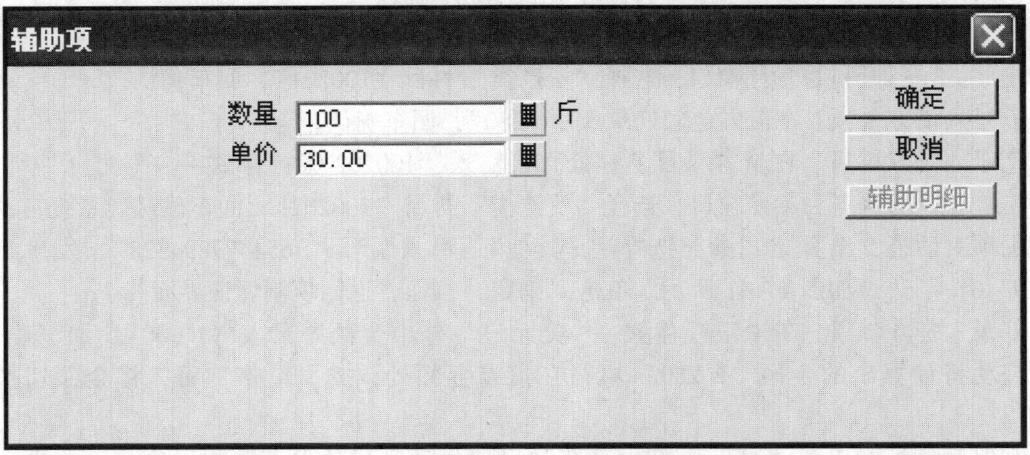

图4－39 数量核算辅助项对话框

⑩录入贷方金额。系统自动将计算出的金额“3 000”填写在借方金额处，按“空格”键，将金额切换到贷方。

⑪保存凭证。单击“保存”按钮，系统弹出“凭证已成功保存”提示窗口，单击“确定”完成凭证填制，如图4－40所示。

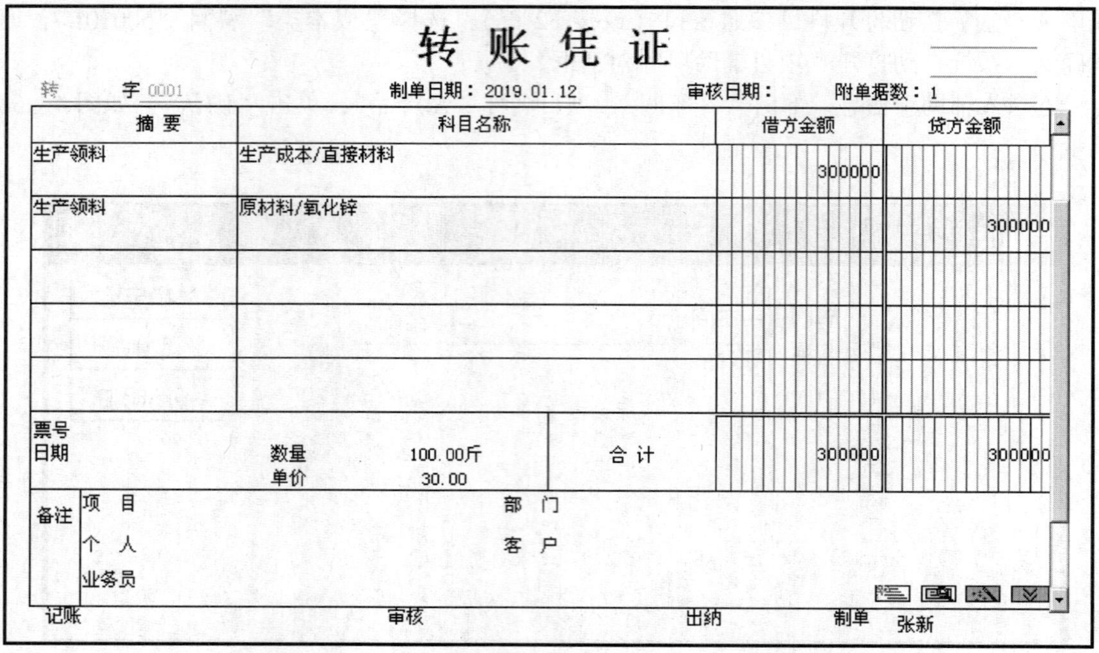

转 账 凭 证

转 字 0001　　制单日期：2019.01.12　　审核日期：　　附单据数：1

摘 要	科目名称	借方金额	贷方金额
生产领料	生产成本/直接材料	300000	
生产领料	原材料/氧化锌		300000
票号 日期	数量 100.00斤 单价 30.00 合 计	300000	300000

备注　项 目　　部 门
　　　个 人　　客 户
　　　业务员

记账　　审核　　出纳　　制单 张新

图 4－40　业务五凭证

（6）填制第六笔业务记账凭证。

①增加新凭证。单击“”按钮，增加一张新凭证。

②填写凭证类别及日期。选择凭证类别为付款凭证，更改制单日期为“2019. 01. 25”。

③录入附件张数。“1 张”。

④录入摘要。在摘要栏录入“售出外币”，回车确认。

⑤录入借方科目。在借方科目名称处直接输入“100201 银行存款——人民币户”科目，或单击“”打开科目参照窗口，选择“资产类”科目“100201”，回车确认。

⑥录入借方金额。在借方金额处录入“6 280”，回车确认。

⑦录入贷方科目。在贷方科目名称处直接输入“100202 银行存款——美元户”科目，或单击“”打开科目参照窗口，选择“资产类”科目“100202”，回车确认。系统自动打开辅助项对话框，结算方式参照选择“5 其他”，输入票号“7654477894328”，发生日期“2019－01－25”，如图 4－41 所示。单击“确定”按钮，返回填制凭证界面。

⑧录入贷方金额。在“银行存款——美元户”外币金额处录入“1 000”，回车确认，系统自动将计算出的金额“6 280”填写在借方金额处，按“空格”键，将金额切换到贷方。

⑨保存凭证。单击“”按钮，系统弹出“凭证已成功保存”提示窗口，单击“确定”按钮完成凭证填制，结果如图 4－42 所示。

提 示

- 系统如果没有弹出辅助项信息窗口或信息窗口错误，则表明辅助项设置错误，需要到设置会计科目窗口设置或修改。

图 4-41　辅助项对话框

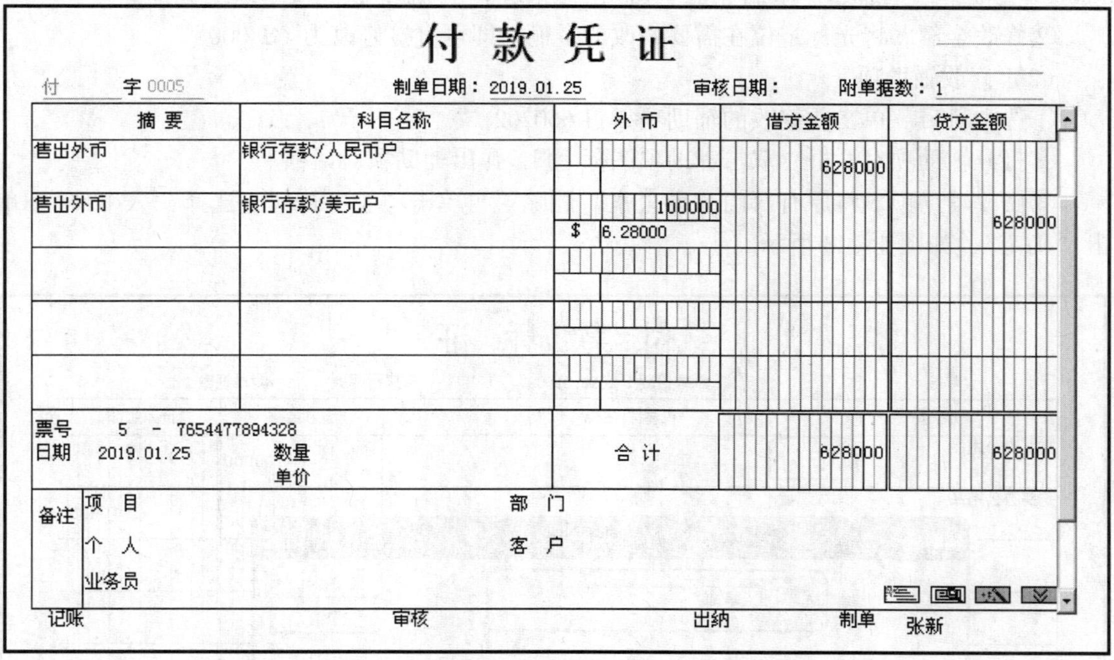

图 4-42　业务六凭证

4.3.2　修改凭证

知识链接

凭证的修改方式可分为有痕迹修改和无痕迹修改两种。

（1）无痕迹修改。无痕迹修改是系统内没有任何修改痕迹的修改方式。对于尚未审核和签字的凭证可以直接进行修改；对于已经审核或签字的凭证应该先取消审核或签字，再进行修改。

（2）有痕迹修改。有痕迹修改是通过保存错误凭证和更正凭证来保留修改痕迹的修改方式。对于已经记账的错误凭证，一般应采用有痕迹修改，如采用红字冲销法或补充更正法进行修改。

其他系统生成的凭证，只能在生成该凭证的系统中进行修改和删除，在总账系统中只能查询、审核、记账。

☞ **岗位说明**

总账会计002张新执行操作。

☞ **操作步骤**

（1）修改凭证。

①选择凭证。打开“填制凭证”的窗口，选择“上张”或“下张”按钮，找到付字0004号凭证，或是通过“填制凭证”窗口中“查询”功能，找到要修改的凭证。

②修改金额。将光标定位在需要修改的金额处即可直接修改为“1 000”。

（2）修改辅助项。

①选中科目。单击要修改的辅助项科目660202。

②打开辅助项对话框。双击辅助项图标 ，弹出辅助项对话框。

③修改辅助项。将原有部门“办公室”删除，再单击“...”按钮，选择“人事部”，单击“确定”，如图4－43所示。

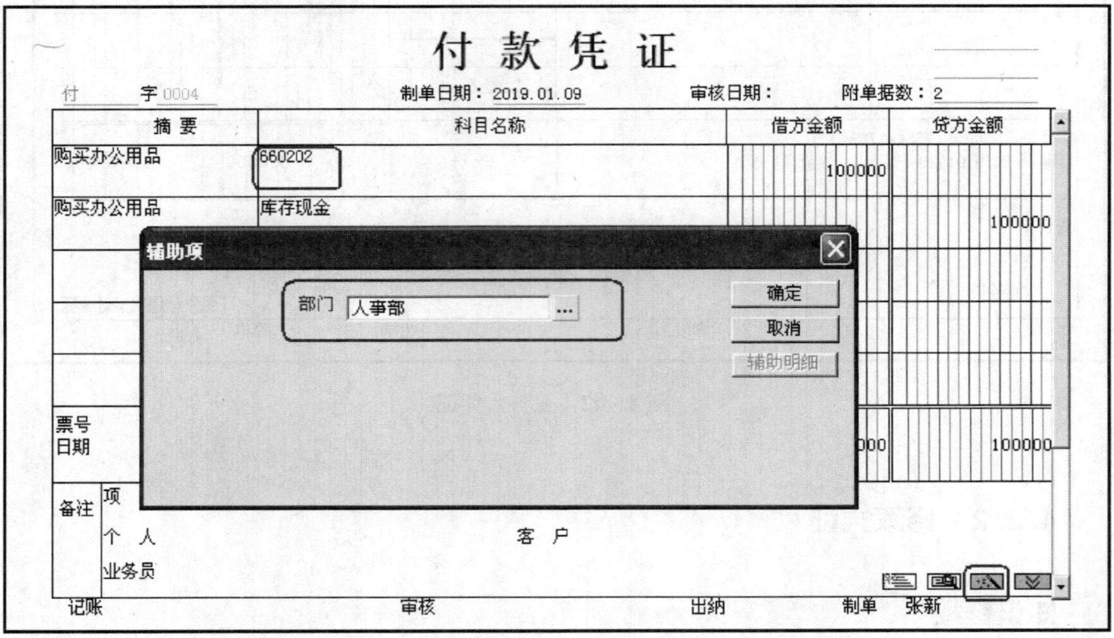

图4－43 修改辅助项

④保存凭证。单击“保存”按钮，系统弹出“凭证已成功保存”提示窗口，单击“确定”按钮完成凭证修改。

提 示

- 参照功能默认按已录入的值过滤显示，当参照对象已填写时，单击“参照”按钮只显示过滤后的参照值，如果要重新参照，应先清除已填写的值，再重新参照选择。
- 外部系统传递到总账系统的凭证不能在总账系统中修改。
- 已审核未记账的凭证不能直接修改，要想修改必须先取消审核，再进行修改。
- 如果设置了“制单序时控制”，则修改制单日期必须大于等于上一张凭证的制单日期，或小于等于下一张凭证的制单日期。
- 如果总账参数中设置“不能修改他人填制的凭证”，那么只能由制单人本人执行修改凭证的操作。

4.3.3 删除凭证

知识链接

对于尚未审核和签字的凭证，如果不需要，可以直接将其作废，作废凭证仍保留凭证内容及编号，仅在凭证上显示“作废”字样。作废凭证不能修改、不能审核，但要参与记账，否则月末无法结账。记账时不对作废凭证进行数据处理，相当于一张空凭证。账簿查询时，查不到作废凭证的数据。

系统还提供了对作废凭证恢复的功能，可将已标识为作废的凭证恢复为正常凭证；如果作废凭证没有保留的必要时，可以通过“整理凭证”彻底将其删除。

☞ **岗位说明**

总账会计 002 张新执行操作。

☞ **操作步骤**

(1) 作废凭证。

①查找凭证。在“填制凭证”窗口，打开凭证查询功能，找到需要删除的凭证，或单击“上张”“下张”按钮，找到需要删除的凭证。

②作废凭证。单击工具栏上的“作废/恢复”按钮，该凭证被标上“作废”字样，如图 4－44 所示。

(2) 整理凭证。

①删除凭证。单击工具栏上的“整理凭证”按钮，按系统提示选择整理凭证的区间，单击“确定”按钮，系统会打开作废凭证列表，在列表中双击“删除”栏选择要删除的凭证，出现“Y”，如图 4－45 所示，单击“确定”按钮。

②整理断号。系统会提示“是否还需整理凭证断号”，如图 4－46 所示。如果需要整理断号则单击“是”，系统会自动整理凭证编号。

提 示

- 若要恢复已作废的凭证，可单击“制单”菜单下面的“作废/恢复”命令，取消作废标志，即可将凭证恢复为有效凭证。
- 凭证作废后数据内容不能修改，不能审核。

● 只能对未记账凭证作凭证整理，如要对已记账凭证作凭证整理，应先恢复本月初的记账前状态，再作凭证整理。

● 已作废的凭证应参与记账，否则月末无法结账。

● 账簿查询时，查不到作废凭证的数据。

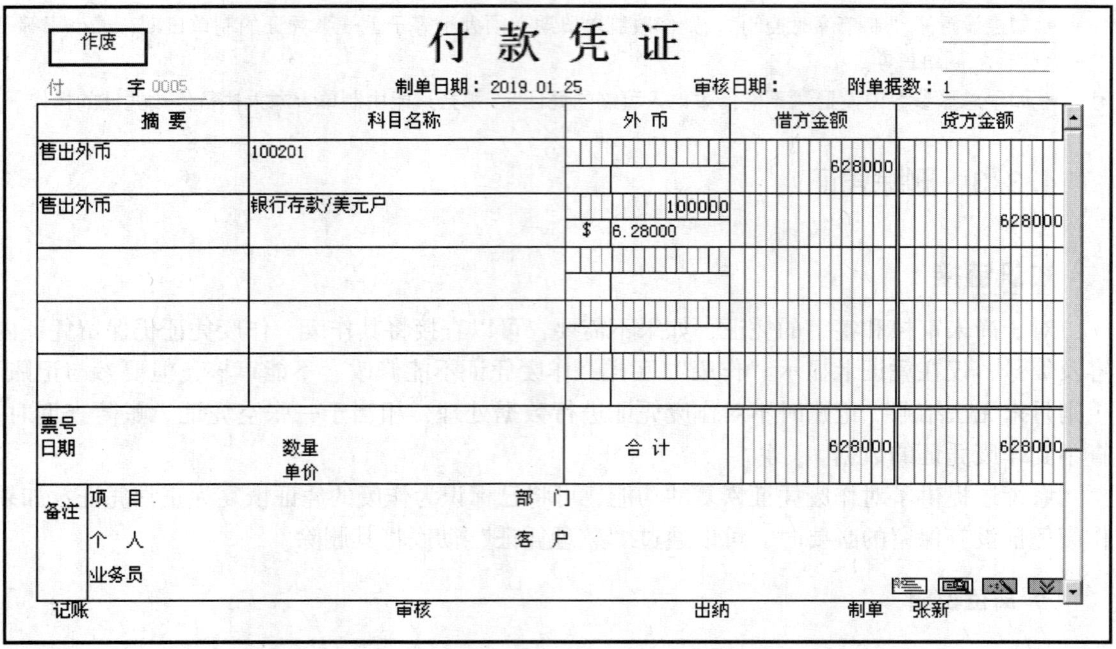

图4－44　作废凭证

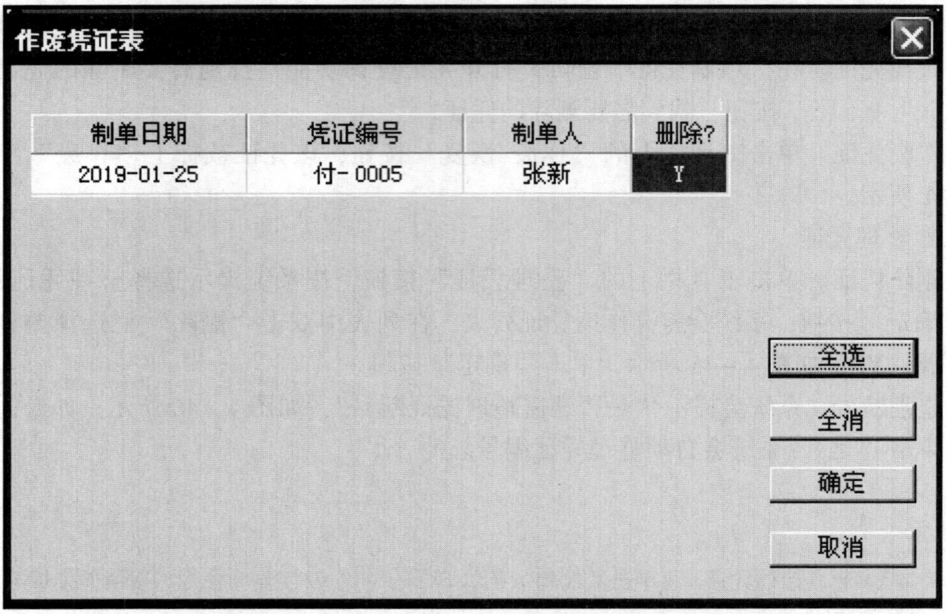

图4－45　作废凭证列表

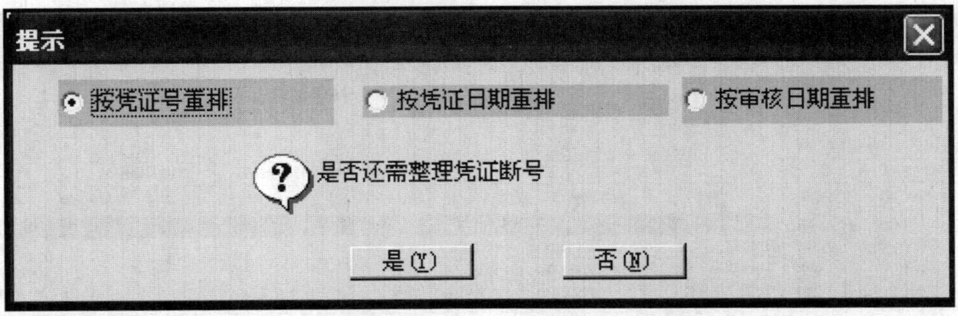

图 4-46　整理凭证断号

4.3.4　出纳签字

☞ **岗位说明**

出纳 003 刘萍执行操作。

☞ **操作步骤**

(1) 重注册。以出纳员“003 刘萍”的身份登录“企业应用平台”。

(2) 出纳签字。

①启动“出纳签字”功能。在“业务工作”导航区，选择“财务会计”|“总账”|“凭证”|“出纳签字”，打开“出纳签字”对话框，如图 4-47 所示。

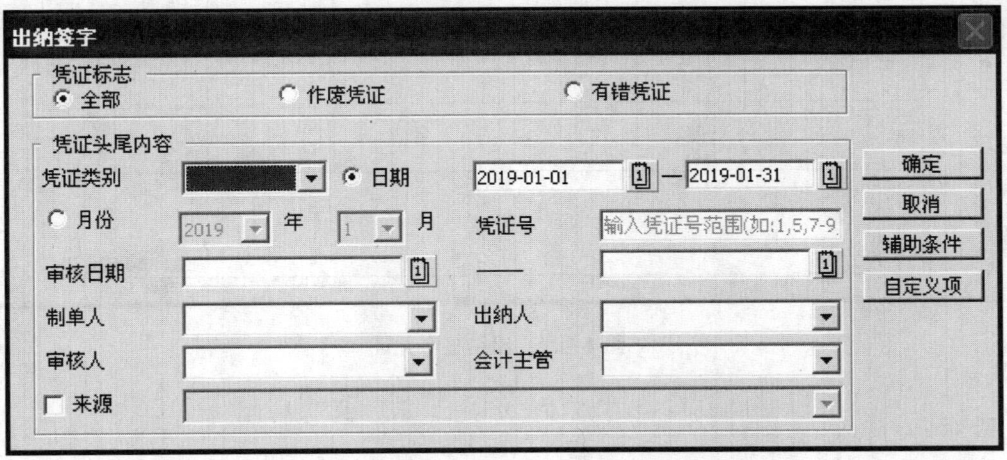

图 4-47　出纳签字

②打开出纳签字列表。输入凭证过滤条件（也可以采用默认的条件），单击“确认”按钮，系统列出符合条件的凭证记录，如图 4-48 所示。

③打开待签字凭证。在列出的记录中，双击需签字的凭证，系统打开凭证。

④出纳签字。出纳人员确认凭证准确无误，单击“签字”按钮（或点击“批处理”命令下的“成批出纳签字”），凭证的出纳签字栏中将出现出纳员的名字，如图 4-49 所示。

图 4－48　出纳签字列表

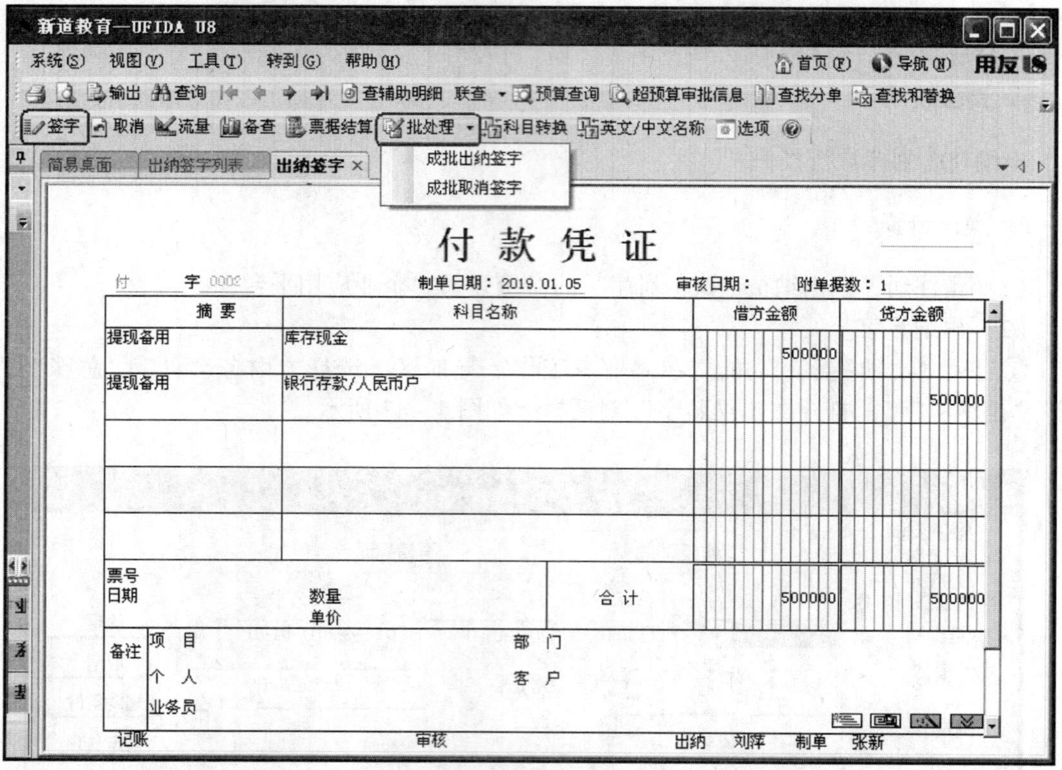

图 4－49　出纳签字凭证

提　示

- 如果出纳对所有出纳凭证都确认无误，可以采用批量签字的方式来提高工作效率，即在出纳签字窗口单击“批处理”按钮中“成批出纳签字”命令。
- 凭证一经签字，就不能被修改、删除，只有取消签字后才可以进行修改或删除，取消签字只能由出纳本人进行。
- 已签字的凭证要取消签字，可单击“取消”命令，也可用“成批取消签字”来成批取消。
- 执行出纳签字的操作员必须是在系统管理中被赋予了出纳签字权限的用户。
- 要执行出纳签字必须在会计科目中指定“现金科目”和“银行科目”。

4.3.5 审核凭证

☞ **岗位说明**

账套主管 001 李丽执行操作。

☞ **操作步骤**

（1）重注册。以账套主管“001 李丽”的身份登录“企业应用平台”。

（2）执行审核。

①启动审核凭证功能。在“业务工作”导航区，选择“财务会计”|“总账”|“凭证”|“审核凭证”，打开“凭证审核”对话框，如图 4－50 所示。

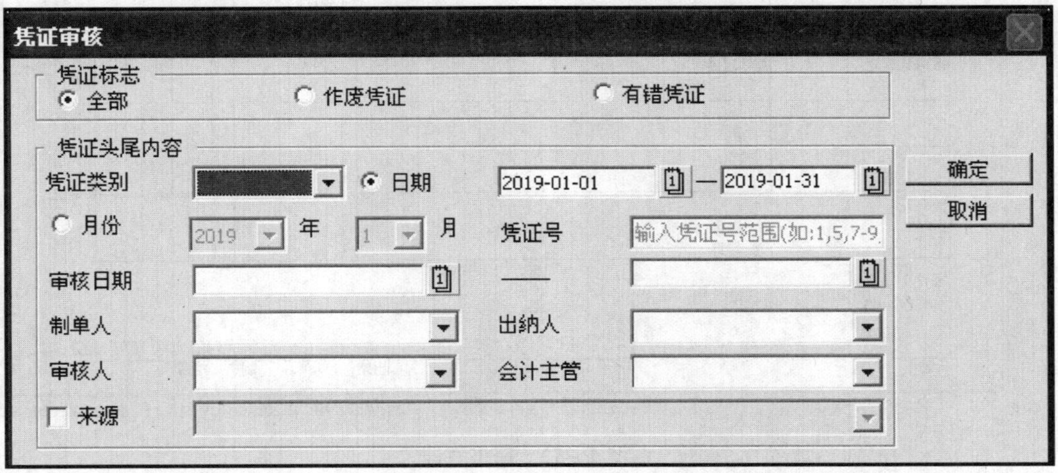

图 4－50　凭证审核对话框

②打开审核凭证列表。输入凭证过滤条件（也可以采用默认的条件），单击“确认”按钮，系统列出符合条件的凭证列表，如图 4－51 所示。

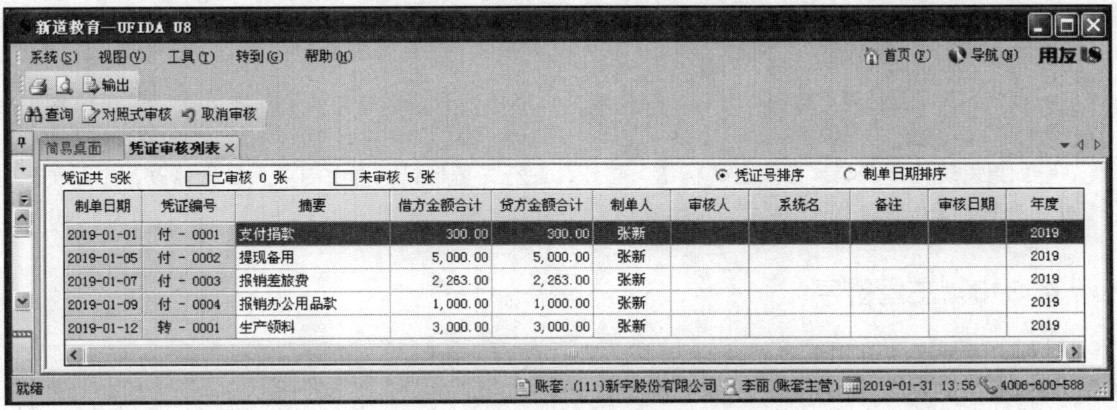

图 4－51　凭证审核列表

③审核凭证。双击需签字的凭证，打开凭证，确认凭证准确无误，单击“审核”按钮，在凭证的审核栏中出现主管“李丽”的名字（如对所有凭证都确认无误，也可以采用成批审核凭证的方式来完成），如图4－52所示。

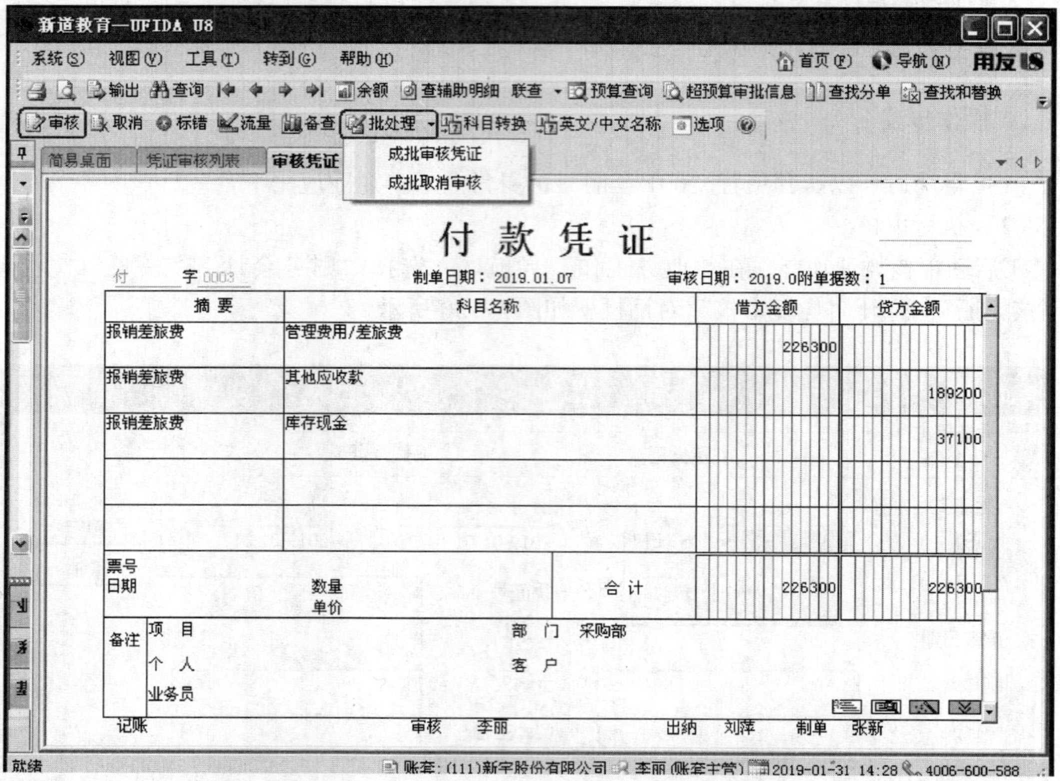

图4－52 审核凭证

提 示

● 凭证一经审核，就不能修改、删除，只有取消审核后才可以进行修改或删除，取消审核只能由审核人进行。

● 已审核的凭证要取消审核，可单击“取消”命令，也可用“成批取消审核”进行批处理。

● 审核人与制单人不能为同一人。

● 作废凭证不能被审核，也不能被标错。

● 审核人除了要具有审核权以外，还需要对凭证制单人有审核权，这个权限可在“基础设置”的“数据权限”中设置。

● 如果发现凭证有错，可单击“标错”按钮，进行先行标错，再由制单人自行修改，如再次单击“标错”按钮则取消该张凭证的标错。

4.3.6 主管签字

☞ **岗位说明**

账套主管001李丽执行操作。

☞ 操作步骤

（1）登录企业应用平台。以账套主管“001 李丽”的身份登录“企业应用平台”。

（2）启动主管签字功能。在“业务工作”导航区，选择“财务会计”|“总账”|“凭证”|“主管签字”，打开“主管签字”对话框，如图4－53所示。

图4－53 主管签字对话框

（3）打开主管签字列表。输入凭证过滤条件，（也可以采用默认的条件）单击“确认”按钮，系统列出符合条件的凭证记录，如图4－54所示。

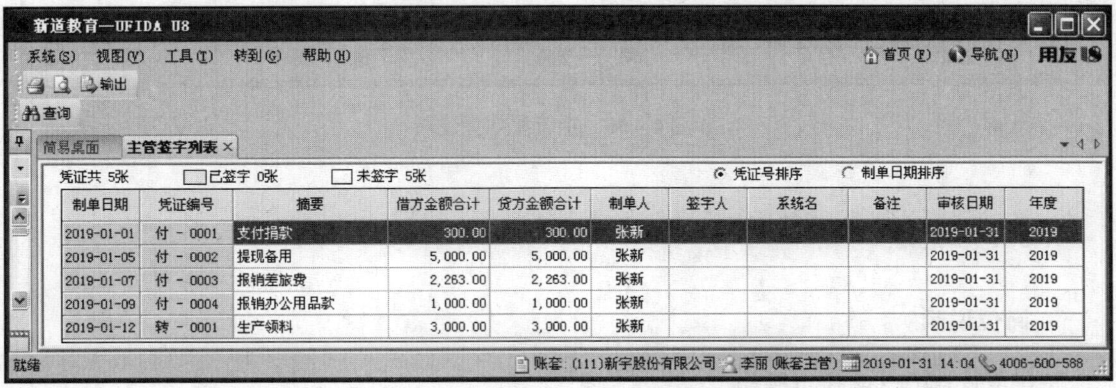

图4－54 主管签字列表

（4）主管签字。双击需要签字的凭证，打开待签字的凭证，确认准确无误，单击“签字”按钮，在凭证的右上角出现主管“李丽”的名字（如对所有凭证都确认无误，也可以采用批量签字的方式来完成），如图4－55所示。

提 示

- 凭证一经主管签字，就不能修改、删除，只有取消签字后才可以进行修改或删除，取消签字只能由签字人进行。

- 主管签字的凭证要取消签字，可单击“取消”命令，也可用“成批取消签字”进行批处理。
- 出纳签字、主管签字、审核凭证操作没有先后顺序。

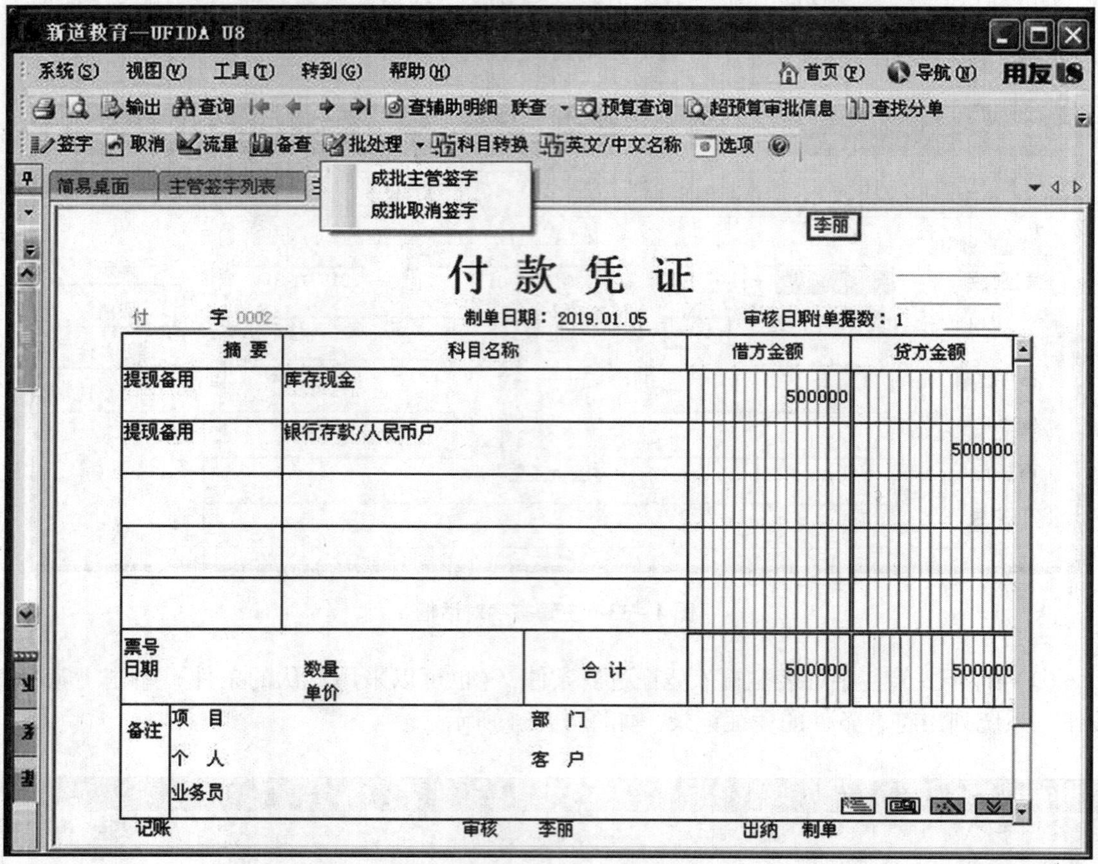

图4－55 主管签字凭证

4.3.7 记账

☞ 岗位说明

账套主管001李丽执行操作。

☞ 操作步骤

（1）登录企业应用平台。以账套主管“001李丽”的身份登录“企业应用平台”。

（2）打开记账对话框。在“业务工作”导航区，选择“财务会计”|“总账”|“凭证”|“记账”，打开“记账”对话框。

（3）选择记账范围。单击“全选”按钮（或输入所需记账的凭证范围），如图4－56所示。

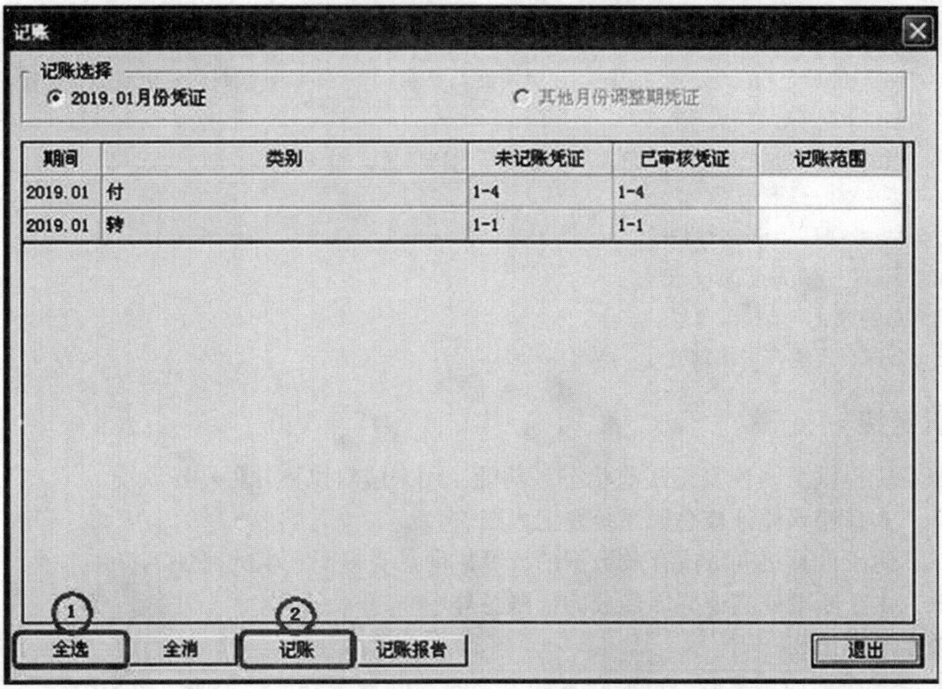

图 4－56　记账选择

（4）期初试算平衡。单击“记账”按钮，打开“期初试算平衡表”，单击“确定”按钮。

（5）记账。系统自动开始记账，完成后，弹出“记账完毕”提示框，单击“确定”按钮，退出界面，如图 4－57 所示。

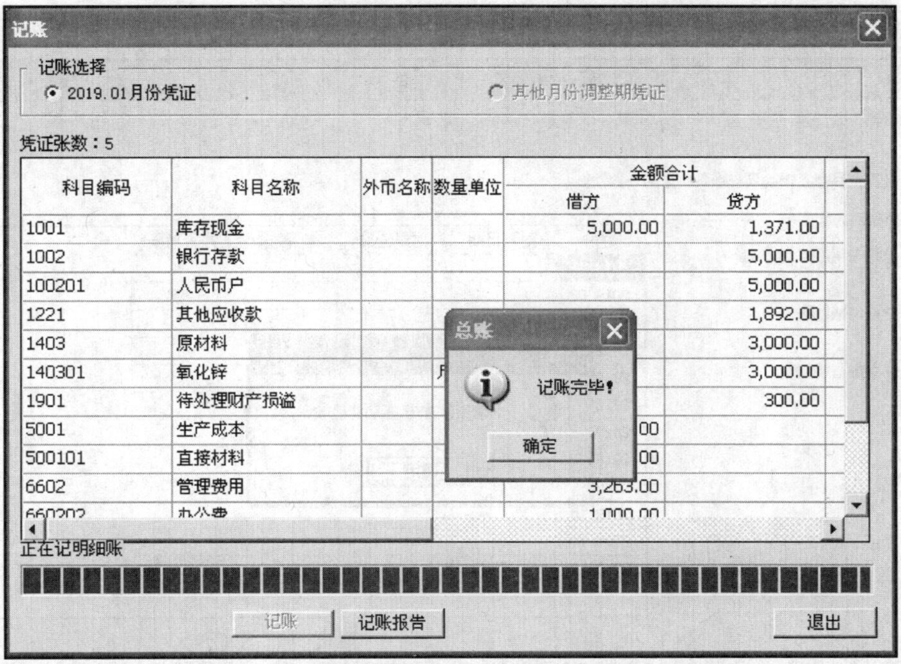

图 4－57　记账

提 示

- 只有经过审核的凭证才能进行记账，如果不输入记账范围，系统默认对所有审核的凭证执行记账。
- 若期初试算不平，不能记账。
- 未审核的凭证不能记账，记账范围应小于等于已审核凭证的范围。
- 上月未记账时，本月不能记账。
- 上月未结账时，本月不能记账。
- 作废凭证不需审核可直接记账。
- 记账后的凭证不能整理断号。
- 已记账凭证不能在“填制凭证”界面中查询。

知识链接

总账系统提供了“恢复记账前状态”功能，用来应对以下几种特殊状况。

第一，大量错误凭证被总账系统登记入账。

第二，由于计算机病毒或存放数据的计算机硬盘受损而产生的账证不符。

第三，由于断电或其他原因造成的记账意外中断。

如果要取消记账，则：

（1）登录企业应用平台。以账套主管“李丽”的身份登录“企业应用平台”。

（2）启动对账功能。在“业务工作”导航区，选择“财务会计”|“总账”|“期末”|“对账”，打开“对账”对话框。

（3）激活恢复记账前状态功能。按“Ctrl + H”键，系统弹出“恢复记账前状态功能已被激活”提示框，此时在“凭证”菜单下同时出现了一个新的功能“恢复记账前状态”（在对账状态下，如果再按“Ctrl + H”键，或者退出企业应用平台，都将使该功能隐藏），如图 4－58 所示。单击“确定”按钮，退出对账窗口。

图 4－58 激活恢复记账前状态

(4) 恢复记账前状态。执行“财务会计”|“总账”|“凭证”|“恢复记账前状态”，打开“恢复记账前状态”对话框。选择恢复方式，单击“确定”按钮，按系统要求输入主管口令，如图4-59所示。出现“恢复记账完毕!”提示，单击“确定”按钮完成操作。

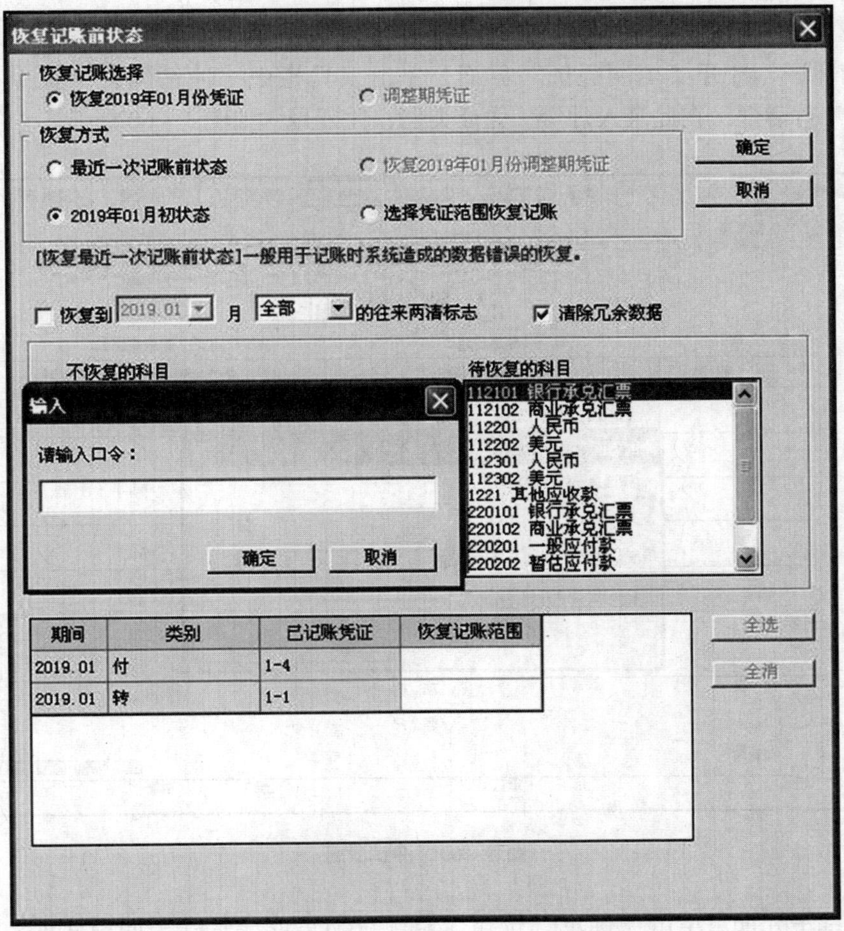

图4-59 恢复记账前状态

提 示

- 已结账月份的数据不能取消记账。
- 已经进行了往来两清的数据凭证，可选择是否恢复“往来两清标志”，和“恢复两清标志的月份”，系统可根据需要，进行恢复。

4.3.8 冲销凭证

☞ **岗位说明**

(1) 总账会计002张新执行冲销凭证、填制正确凭证操作。

（2）出纳003刘萍执行出纳签字操作。

（3）账套主管001李丽执行审核、主管签字及记账的操作。

☞ **操作步骤**

（1）冲销凭证。

①登录企业应用平台。以总账会计“张新”的身份登录“企业应用平台”。

②冲销凭证。打开“填制凭证”界面，单击工具栏中“冲销凭证”命令，系统弹出“冲销凭证”对话框，在此录入月份、凭证类别、凭证号，如图4－60所示。

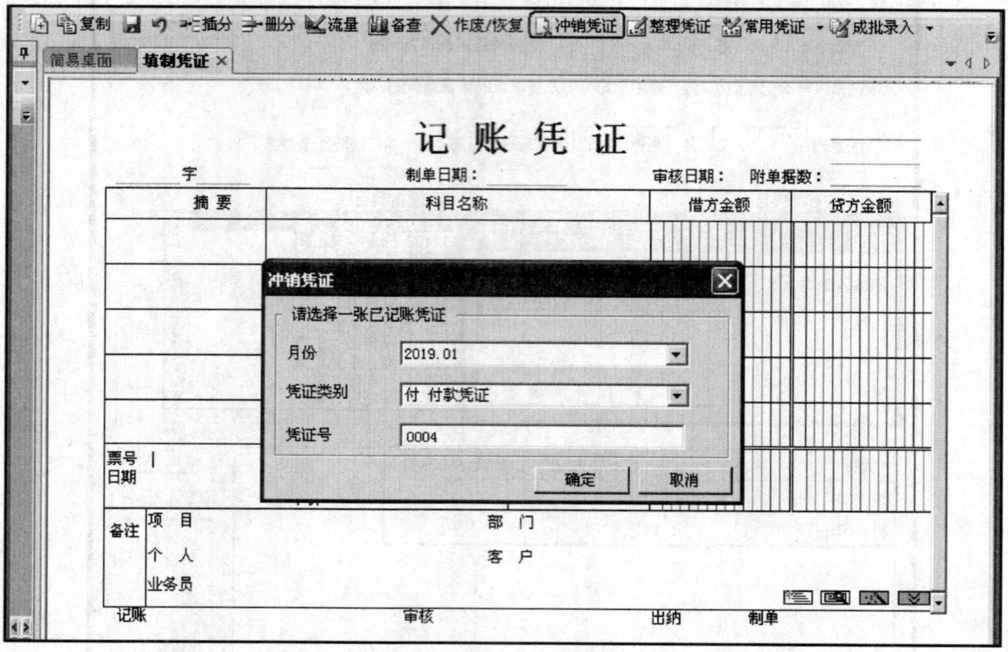

图4－60　冲销凭证

③生成红字凭证。单击“确定”按钮，系统自动生成一张红字冲销凭证，如图4－61所示。

④保存凭证。单击“保存”按钮，系统弹出“凭证已成功保存”提示窗口，单击“确定”按钮完成凭证保存。

提 示

- 冲销的凭证必须是已记账的凭证。
- 红字冲销错误凭证后，需要再编制正确的蓝字凭证进行更正。
- 红字冲销的凭证，应视为正常凭证进行签字、审核及记账。

（2）填制凭证。

①登录企业应用平台。以总账会计“002张新”的身份登录“企业应用平台”。

②增加新凭证。单击“”按钮，增加一张新凭证。

付款凭证

付 字 0005　　制单日期：2019.01.09　　审核日期：2019.01.31　　附单据数：2

摘要	科目名称	借方金额	贷方金额
[冲销2019.01.09 付-0004号凭证]报销办公用品款	管理费用/办公费	100000	
[冲销2019.01.09 付-0004号凭证]报销办公用品款	库存现金		100000
票号 日期	数量 单价	合计 100000	100000

备注　项目　　部门　人事部
　　　个人　　客户
　　　业务员

记账　　审核　　出纳　　制单　张新

图 4－61　红字冲销凭证

③填制并保存蓝字正确凭证，如图 4－62 所示。

付款凭证

付 字 0006　　制单日期：2019.01.09　　审核日期：2019.01.31　　附单据数：2

摘要	科目名称	借方金额	贷方金额
报销办公费	管理费用/办公费	50000	
报销办公费	库存现金		50000
票号 日期	数量 单价	合计 50000	50000

备注　项目　　部门　办公室
　　　个人　　客户
　　　业务员

记账　　审核　　出纳　　制单　张新

图 4－62　蓝字凭证

（3）出纳签字。

①重注册。以出纳“003 刘萍”的身份登录“企业应用平台”。

②出纳签字。执行“业务工作”|“财务会计”|“总账”|“凭证”|“出纳签字”，出纳签字结果如图 4－63 所示。

图 4 – 63　出纳签字列表

（4）审核凭证。

①重注册。以账套主管“001 李丽”的身份登录“企业应用平台”。

②审核凭证。执行“业务工作”|“财务会计”|“总账”|“凭证”|“审核凭证”，审核凭证结果如图 4 – 64 所示。

图 4 – 64　凭证审核列表

（5）主管签字。以账套主管“001 李丽”的身份执行“业务工作”|“财务会计”|“总账”|“凭证”|“主管签字”。

（6）记账。以账套主管“001 李丽”的身份执行“业务工作”|“财务会计”|“总账”|“凭证”|“记账”，结果如图 4 – 65 所示。

图 4 – 65　记账

任务4 管理出纳业务

任务单4-4

<table>
<tr><td>项目</td><td>项目4 总账系统日常业务处理</td><td>任务</td><td>任务4 管理出纳业务</td></tr>
<tr><td colspan="2">学习目标
1. 掌握查询现金日记账的操作方法；
2. 掌握查询银行存款日记账的操作方法；
3. 掌握编制资金日报表的操作方法；
4. 掌握支票登记的操作方法；
5. 掌握银行对账的操作方法。</td><td colspan="2">学习方法
1. 观看操作视频，记录操作要点；
2. 讨论、交流；
3. 实践操作。</td></tr>
</table>

学习任务

1. 查询日记账。

（1）查询2019年1月1日~1月15日新宇公司现金日记账。

（2）查询2019年1月1日~1月15日新宇公司银行存款——人民币户日记账。

（3）编制2019年1月15日新宇公司资金日报表。

2. 执行支票登记。

（1）2019年1月31日，办公室姜成领用人民币户转账支票87655446号，用于购买办公用品，预计金额2 000元。

（2）2019年1月31日，报销2019年1月31日办公室姜成领用人民币户转账支票87655446号支票。

3. 执行银行对账。

（1）新宇公司2019年1月银行存款——人民币户（100201）期初数据为：企业银行存款日记账期初余额为140 090元，银行对账单期初余额为149 650元，有一笔银行已收而企业未收的未达（2018年12月28日）电汇款9 560元，票号DH68900。

（2）2019年1月银行对账单如表4-8所示。

表4-8 银行对账单 单位：元

日期	结算方式	票号	借方金额	贷方金额	余额
2019.01.05	201	10309311	5 000		144 650
2019.01.31	402	DH778990		104 400	249 050

4.4.1 查询日记账

☞ **岗位说明**

出纳员003刘萍执行操作。

☞ **操作步骤**

（1）查询现金日记账。

①以出纳员003刘萍的身份注册登录启动企业应用平台，登录时间“2019.01.15”。

②打开“现金日记账查询”对话框。在“业务工作”导航区中，选择“财务会计”|“总账”|“出纳”|“现金日记账”，打开“现金日记账查询条件”对话框。

③设置查询条件。在“现金日记账查询条件”对话框中选择“按日查”，日期为“2019-01-01—2019-01-15”，如图4-66所示。

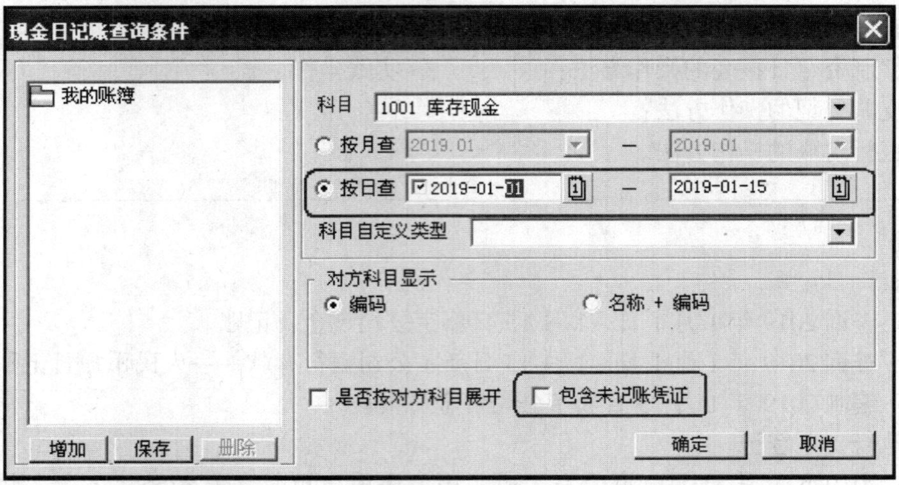

图4-66　现金日记账查询条件

④显示查询结果。单击“确定”按钮，系统会列出所有符合条件的记录，如图4-67所示。

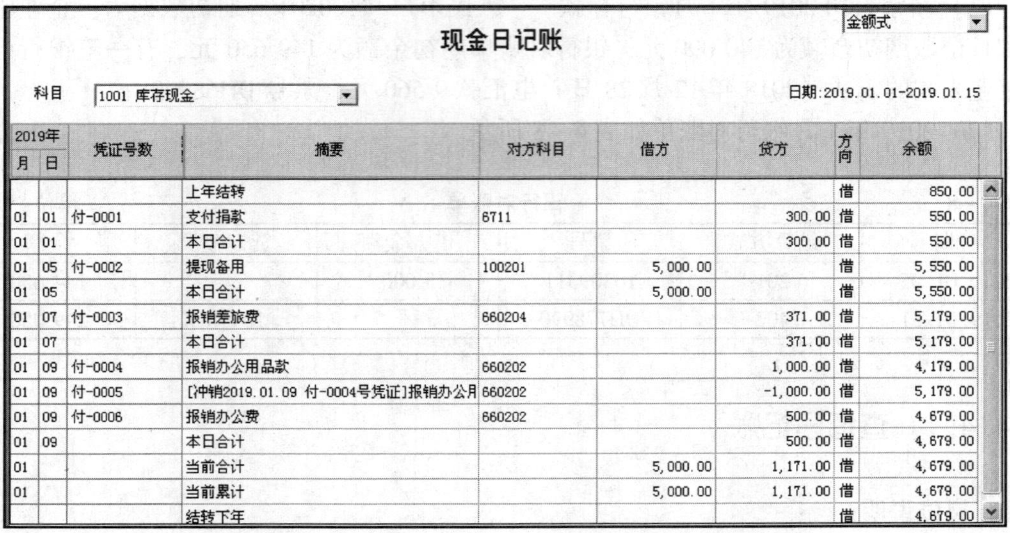

现金日记账

金额式

科目 1001 库存现金　　日期:2019.01.01-2019.01.15

2019年 月	日	凭证号数	摘要	对方科目	借方	贷方	方向	余额
			上年结转				借	850.00
01	01	付-0001	支付捐款	6711		300.00	借	550.00
01	01		本日合计			300.00	借	550.00
01	05	付-0002	提现备用	100201	5,000.00		借	5,550.00
01	05		本日合计		5,000.00		借	5,550.00
01	07	付-0003	报销差旅费	660204		371.00	借	5,179.00
01	07		本日合计			371.00	借	5,179.00
01	09	付-0004	报销办公用品款	660202		1,000.00	借	4,179.00
01	09	付-0005	[冲销2019.01.09 付-0004号凭证]报销办公用	660202		-1,000.00	借	5,179.00
01	09	付-0006	报销办公费	660202		500.00	借	4,679.00
01	09		本日合计			500.00	借	4,679.00
01			当前合计		5,000.00	1,171.00	借	4,679.00
01			当前累计		5,000.00	1,171.00	借	4,679.00
			结转下年				借	4,679.00

图4-67　现金日记账查询结果

提 示

- 如果本月尚未结账，查看时显示“当前合计”“当前累计”。如果本月已结账，则显示“本月合计”“本年累计”。
- 如果要查看包括未记账的内容，可选中“包括未记账凭证”选项。
- 只有在“会计科目”指定“现金总账科目”及“银行总账科目”，才能查询“现金日记账”和“银行存款日记账”。

（2）查询银行存款日记账。

①打开“银行存款日记账查询”对话框。在“业务工作”导航区中，选择“财务会计”|“总账”|“出纳”|“银行存款日记账”，打开“银行存款日记账查询条件”对话框。

②设置查询条件。在“银行存款日记账查询条件”对话框中，科目选择“100201 人民币户”，选择“按日查，日期为“2019－01－01—2019－01－15”，如图4－68所示。

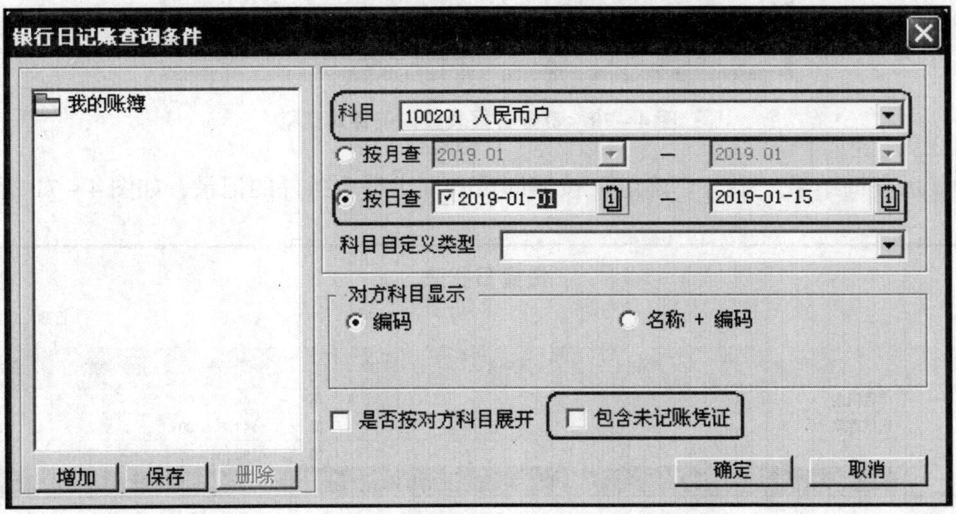

图4－68　银行存款日记账查询条件

③显示查询结果。单击“确定”按钮，系统会列出所有符合条件的记录，如图4－69所示。

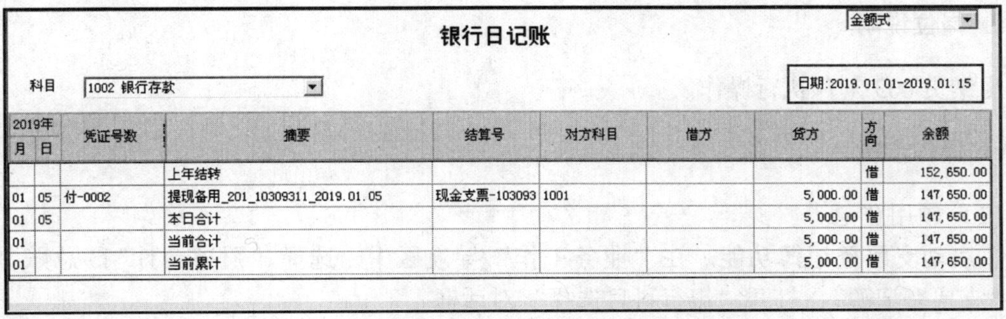
银行日记账

金额式

科目 1002 银行存款

日期:2019.01.01-2019.01.15

2019年 月	日	凭证号数	摘要	结算号	对方科目	借方	贷方	方向	余额
			上年结转					借	152,650.00
01	05	付-0002	提现备用_201_10309311_2019.01.05	现金支票-103093	1001		5,000.00	借	147,650.00
01	05		本日合计				5,000.00	借	147,650.00
01			当前合计				5,000.00	借	147,650.00
01			当前累计				5,000.00	借	147,650.00

图4－69　银行存款日记账查询结果

(3) 编制资金日报表。

①启动资金日报功能。在“业务工作”导航区，选择“财务会计”|“总账”|“出纳”|“资金日报”，打开“资金日报表查询条件”对话框。

②设置查询条件。日期设置为“2019－01－15”，勾选“有余额无发生也显示”，如图4－70所示。

图4－70　资金日报表查询条件对话框

③显示查询结果。单击“确定”按钮即可查询出符合条件的记录，如图4－71所示。

资金日报表

日期:2019.01.15

科目编码	科目名称	币种	今日共借	今日共贷	方向	今日余额	借方笔数	贷方笔数
1001	库存现金				借	4,679.00		
1002	银行存款				借	147,650.00		
合计					借	152,329.00		
		美元			借	2,000.00		

图4－71　资金日报表窗口

4.4.2　支票登记

☞ 岗位说明

出纳员003刘萍执行操作。

☞ 操作步骤

(1) 领用登记。

①启动支票登记簿功能。在“业务工作”导航区中，选择“财务会计”|“总账”|“出纳”|“支票登记簿”，打开“银行科目选择”对话框。

②选择银行科目。单击下拉按钮，选择科目“人民币户100201”，如图4－72所示。

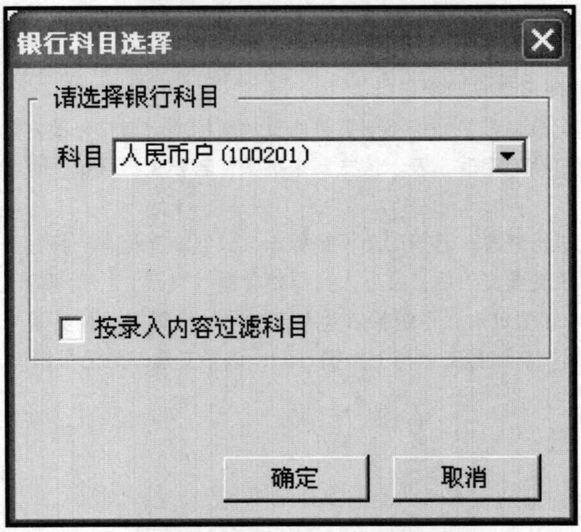

图 4－72　银行科目选择对话框

③增加记录。单击“确定”按钮，打开支票登记簿对话框。单击“增加”按钮，录入领用日期“2019－01－31”，领用部门“办公室”，领用人“姜成”，支票号“87655446”，预计金额“2 000”，用途“购买办公用品”，单击“保存”，如图 4－73 所示。

支票登记簿

科目：人民币户 (100201)　　支票张数：2 (其中：已报1 未报1)

领用日期	领用部门	领用人	支票号	预计金额	用途	收款人	报销日期	实际金额	领用部门编码
2019.01.05	财务部	刘萍	10309311	5,000.00	备用	新宇股份有限公司	2019.01.05	5,000.00	103
2019.01.31	办公室	姜成	87655446	2,000.00	购买办公用品				101

图 4－73　支票登记簿窗口

（2）报销支票。

①启动支票登记簿功能。在“业务工作”导航区中，选择“财务会计”|“总账”|“出纳”|“支票登记簿”，打开“银行科目选择”对话框。

②选择银行科目。单击下拉按钮，选择科目“人民币户 100201”。

③录入报销日期。单击“确定”按钮，打开支票登记簿对话框，在 87655446 号支票领用记录行，录入报销日期“2019－01－31”，单击“保存”按钮，如图 4－74 所示。

支票登记簿

科目：人民币户 (100201)　　支票张数：3 (其中：已报2 未报1)

领用日期	领用部门	领用人	支票号	预计金额	用途	收款人	报销日期	实际金额	领用部门编码
2019.01.05	财务部	刘萍	10309311	5,000.00	备用	新宇股份有限公司	2019.01.05	5,000.00	103
2019.01.31	办公室	姜成	87655446	2,000.00	购买办公用品		2019.01.31		101

图 4－74　报销支票窗口

提 示

• 只有在“会计科目”中指定为“银行账”的科目，在结算方式中设置了“票据管理”，在总账选项中设置“支票控制”，才能使用“支票登记”。

• 新增记录为未报销记录，可将光标移到需要修改的数据项上直接修改支票登记簿内容。

• 支票登记簿中报销日期为空时，表示该支票未报销，若要执行报销，直接在报销日期处录入报销日期即可。

• 已报销的支票不能进行修改。若想取消报销标志，只要将光标移到报销日期处删掉报销日期即可。

• 实际业务处理过程中支票支出后，经办人持原始单据（发票）到财务部门报销，会计人员据此填制记账凭证，当在系统中录入该凭证时，系统要求录入该支票的结算方式和支票号，在系统填制完成该凭证后，系统自动在支票登记簿中将该号支票写上报销日期，该号支票即为已报销。

4.4.3 银行对账

☞ **岗位说明**

出纳员 003 刘萍执行操作。

☞ **操作步骤**

(1) 录入银行对账期初数据。

①注册登录。以出纳员 003 刘萍的身份注册登录到企业应用平台。

②启动银行对账功能。在“业务工作”导航区，选择“财务会计”|“总账”|“出纳”|“银行对账”|“银行对账期初录入”，打开“银行科目选择”对话框。

③选择“银行科目”。在“银行科目选择”对话框，选择“人民币户 100201”，如图 4－75 所示。

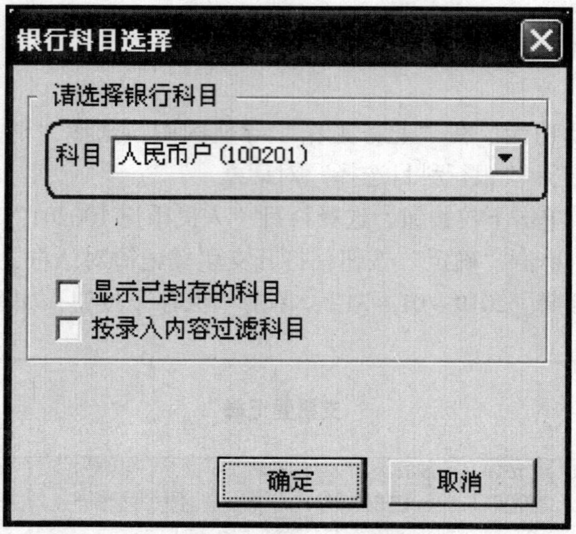

图 4－75 银行科目选择对话框

④调整对账单余额方向。单击“确定”按钮，打开银行对账期初窗口，单击“方向”按钮，将对账单余额方向调整为“贷方”，如图 4－76 所示。

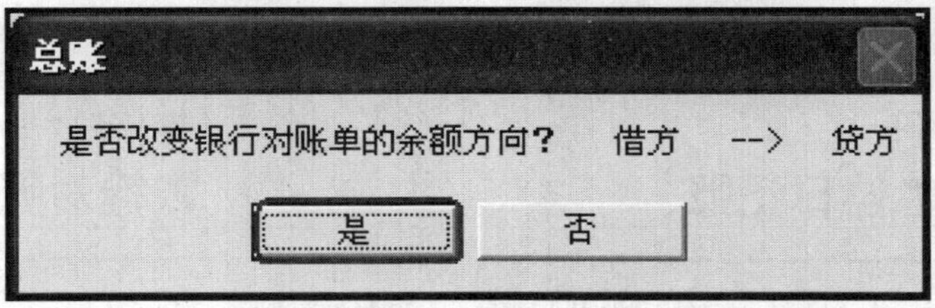

图 4－76　调整银行对账单余额方向对话框

⑤录入期初数据。在单位日记账调整前余额处输入“140 090”，在银行对账单调整前余额处输入“149 650”。

⑥录入期初未达账项。单击“对账单期初未达项”按钮，打开“银行方期初”录入窗口。单击“增加”按钮，录入日期“2018－12－28”，结算方式“电汇”，票号“DH68900”，贷方金额 9 560，单击“保存”，如图 4－77 所示。单击“退出”按钮，检查调整后余额是否一致，结果如图 4－78 所示。

图 4－77　银行方期初对话框

提 示

- 第一次使用银行对账功能时系统要求录入日记账和对账单的调整前余额和未达账项。
- 银行对账单是银行客观记录企业资金流转情况的记录单，记账方向与企业记账方向是相反的，因此对账单余额方向要调整为“贷方”。

（2）录入银行对账单。

①启动银行对账功能。在“业务工作”导航区，选择“财务会计”|“总账”|“出纳”|“银行对账”|“银行对账单”，打开“银行科目选择”对话框。

②选择银行科目。选择银行科目为“100201 人民币户”，单击“确定”按钮。

③录入银行对账单。打开“银行对账单”窗口，单击“增加”按钮，增加新记录，录入完毕，单击“保存”按钮。单击“退出”按钮，如图 4－79 所示。

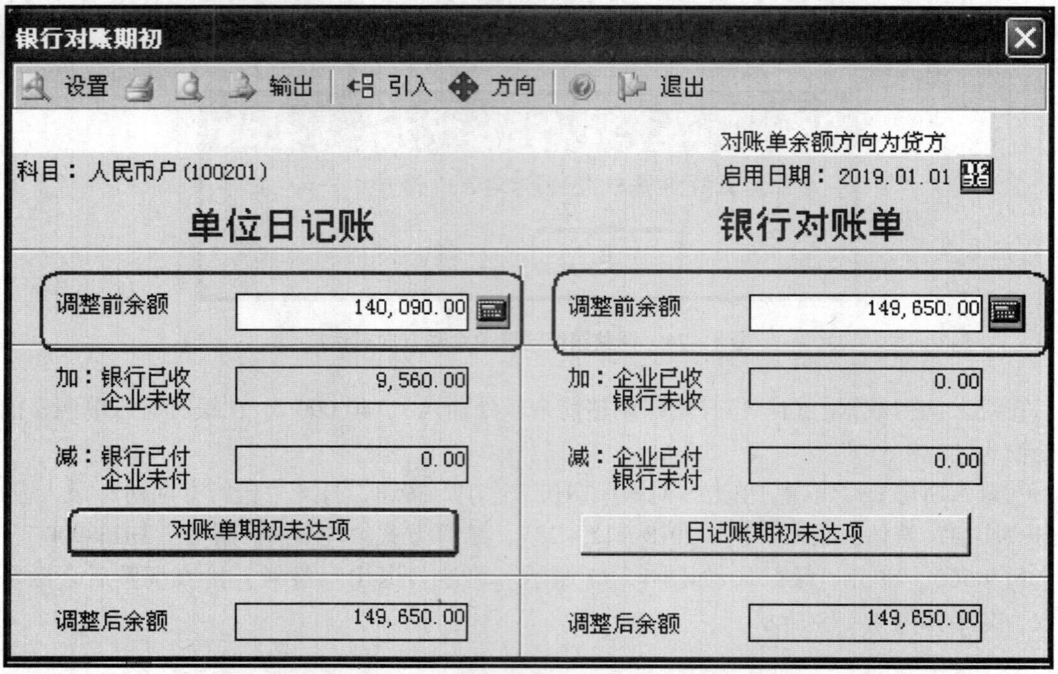

图 4－78　银行对账期初对话框

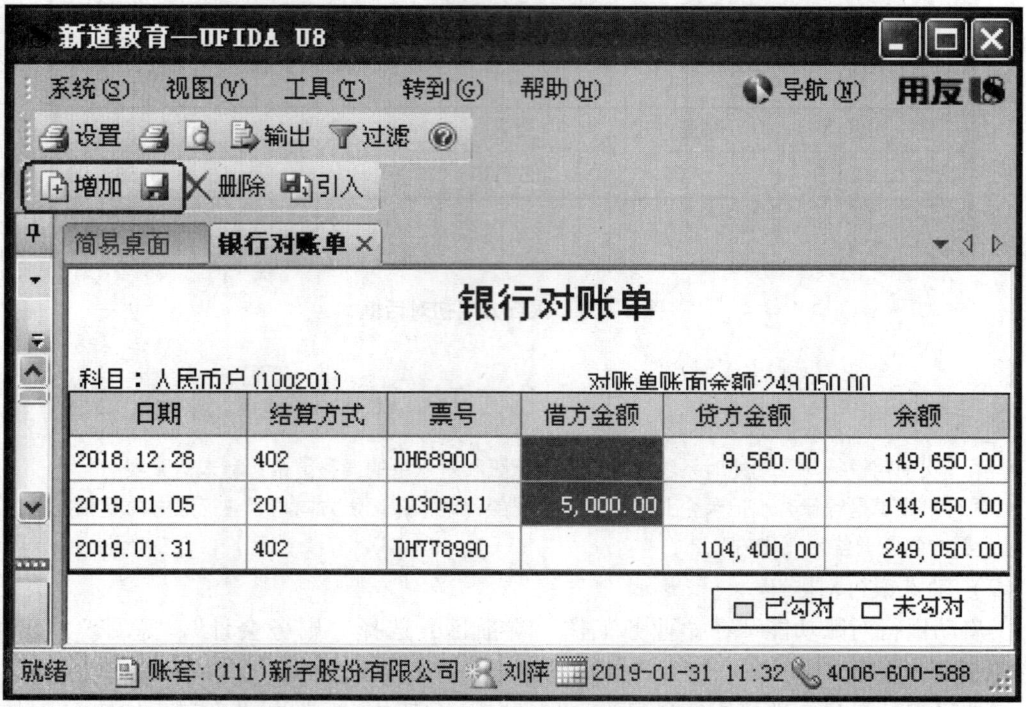

图 4－79　银行对账单窗口

（3）银行对账。

①启动银行对账功能。在“业务工作”导航区，选择“财务会计”|“总账”|“出纳”|“银行对账”|“银行对账”，打开“银行科目选择”窗口。

②选择银行科目。选择银行科目为“100201 人民币户”，勾选“显示已达账”，单击“确定”按钮。

③执行银行对账。在“银行对账”窗口中，单击“对账”按钮，打开“自动对账”对话框，勾选对账条件，如图 4－80 所示。

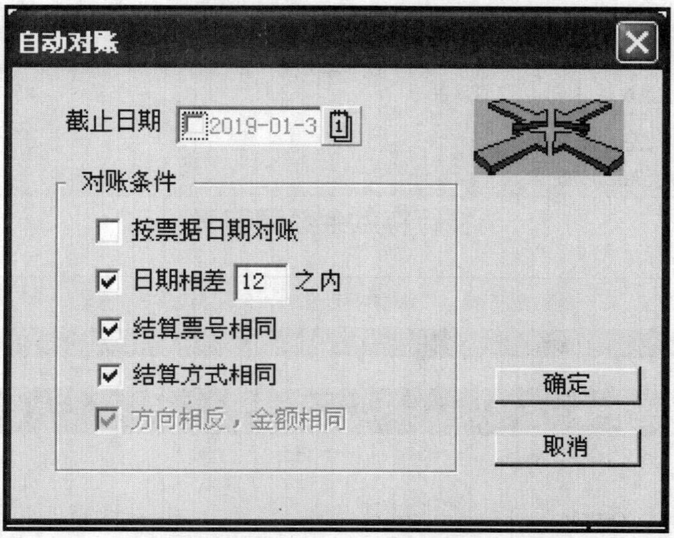

图 4－80　自动对账对话框

④保存对账结果。单击“确定”按钮，对账结果如图 4－81 所示；单击“保存”按钮，退出银行对账界面。

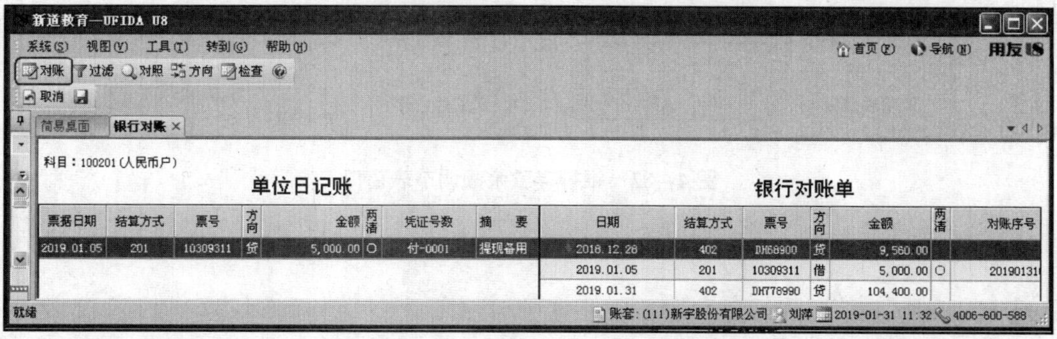

图 4－81　银行对账

提　示

- 自动对账后，已达账项系统会在银行存款日记账和银行对账单双方的“两清”栏上标上红色“O”标志。

• 对于自动对账无法勾销的账项，可采用手工对账功能，手工对账时，分别在“两清”栏，双击鼠标，会出现红色的“✔”标志。

（4）查看余额调节表。

①启动余额调节表功能。在“业务工作”导航区，选择“财务会计”|“总账”|“出纳”|“银行对账”|“余额调节表查询”，打开“银行存款余额调节表”窗口。

②查看银行存款余额调节表。将光标定在“100201”人民币户科目上，单击“查看”按钮或双击该行，即显示该银行账户的银行存款余额调节表，如图4－82所示。

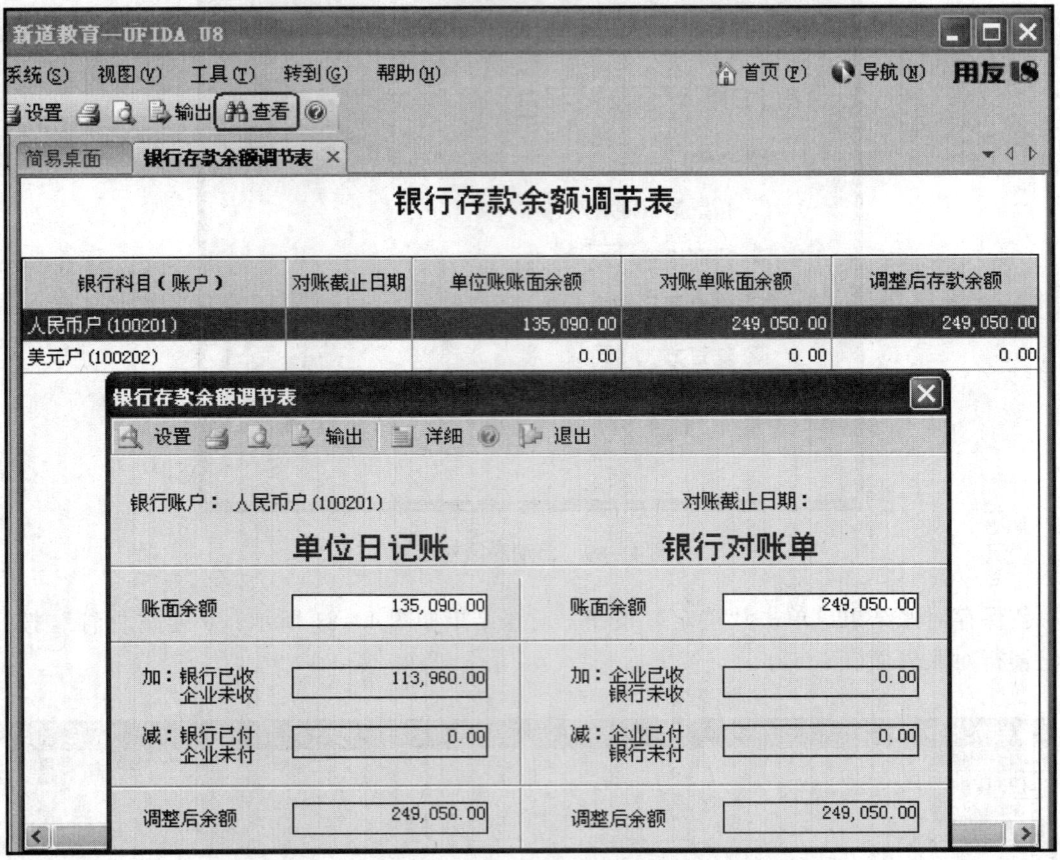

图4－82 银行存款余额调节表窗口

项目总结

本项目介绍的是用友软件中财务链的核心模块，总账系统的工作流程大体可以划分为三个阶段：系统初始化、日常业务处理和月末处理。其工作流程如图4－83所示。本项目讲解了系统初始化和日常业务处理的操作方法，月末处理将在项目9介绍。

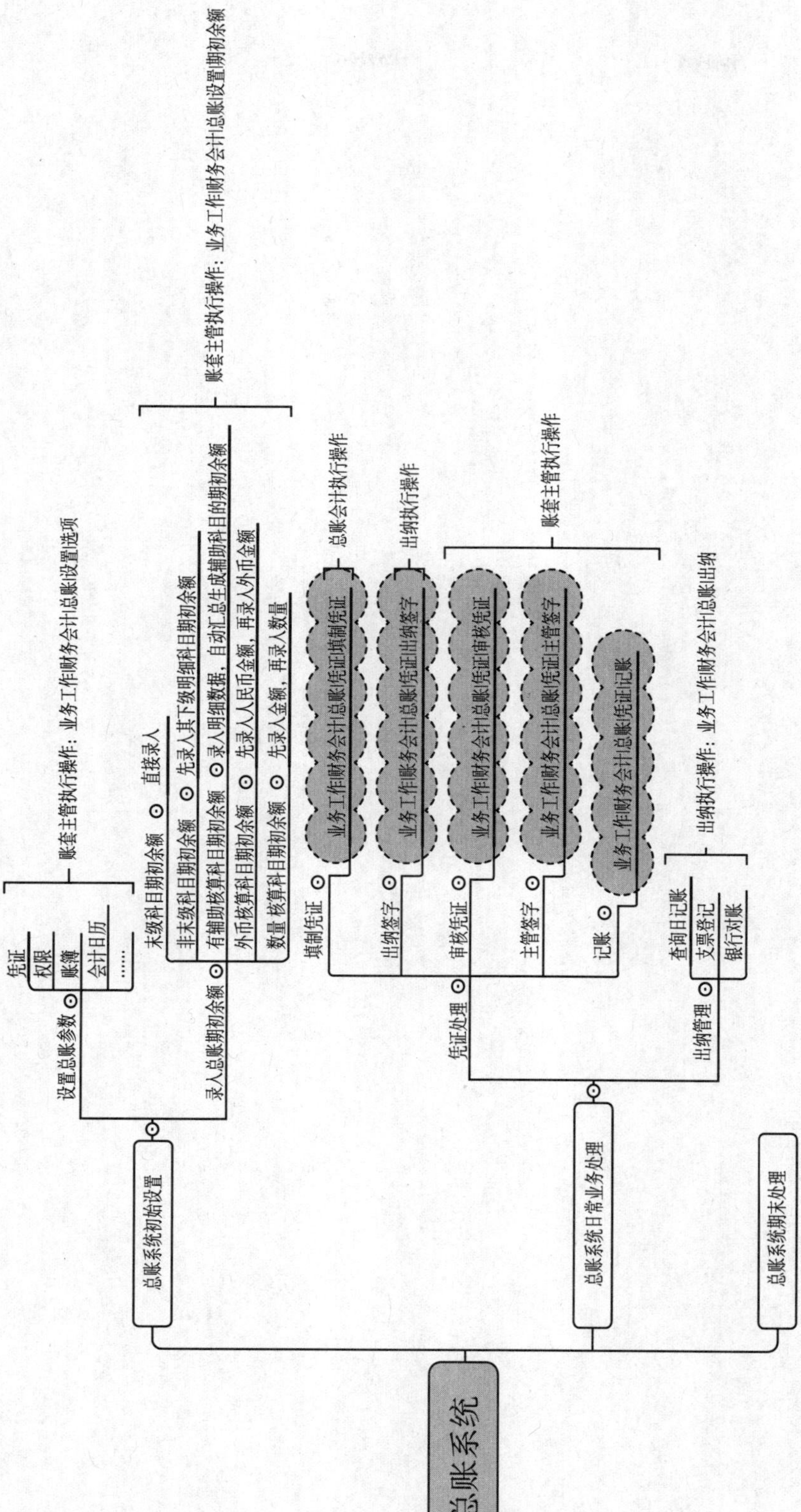

图4－83 总账系统工作流程

项目5

应用薪资管理系统

项目分析

月末，新宇公司需要计算并发放员工的薪酬，并进行相应的账务处理。要想运用软件处理新宇公司的薪资业务，就需要解决如下几个问题。

问题1：如何进行薪资管理系统的初始设置。

问题2：怎样录入员工的工资变动表。

问题3：怎样进行工资分摊设置。

问题4：怎样进行相关的账务处理。

问题5：怎样对薪资管理系统进行期末结账。

请在下列任务的执行过程中探索解决问题的方法。

任务1 设置薪资管理系统初始参数

任务单 5 -1

<table>
<tr><td>项目</td><td>项目5 应用薪资管理系统</td><td>任务</td><td>任务1 设置薪资管理系统初始参数</td></tr>
<tr><td colspan="2">学习目标
1. 掌握薪资管理参数设置的操作方法；
2. 掌握人员附加信息设置的操作方法；
3. 掌握工资项目设置的操作方法；
4. 掌握人员档案设置的操作方法；
5. 掌握工资计算公式设置的操作方法；
6. 掌握薪资管理系统个人所得税的扣税依据设置的操作方法。</td><td colspan="2">学习方法
1. 观看操作视频，记录操作要点；
2. 讨论、交流；
3. 实践操作。</td></tr>
<tr><td colspan="4">学习任务
1. 新宇公司薪资管理系统参数如表 5 - 1 所示。</td></tr>
</table>

表 5 -1 薪资管理参数设置

控制参数	参数设置
参数设置	单个工资类别
扣税设置	从工资中代扣个人所得税
扣零设置	不扣零
人员编码	与公共平台的人员编码一致

2. 人员附加信息设置：性别、学历、职称、年龄。

3. 工资项目设置如表5－2所示。

表5－2　**工资项目**

工资项目名称	类型	长度	小数	增减项
基本工资	数字	8	2	增项
奖金	数字	8	2	增项
交通补贴	数字	8	2	增项
岗位工资	数字	8	2	增项
物价补贴	数字	8	2	增项
医疗保险	数字	8	2	减项
养老保险	数字	8	2	减项
工伤保险	数字	8	2	减项
失业保险	数字	8	2	减项
生育保险	数字	8	2	减项
住房公积金	数字	8	2	减项
缺勤扣款	数字	8	2	减项
缺勤天数	数字	8	2	其他
计税工资	数字	8	2	其他
五险一金计提基数	数字	8	2	其他
工资分配基数	数字	8	2	其他

4. 人员档案如表5－3所示。

表5－3　**人员档案**

人员编码	人员姓名	性别	行政部门	人员类别	银行名称	银行账号
101001	姜成	男	办公室	管理人员	中国工商银行	160701800001
102001	肖剑	男	人事部	管理人员	中国工商银行	160701800002
103001	李丽	女	财务部	管理人员	中国工商银行	160701800003
103002	张新	男	财务部	管理人员	中国工商银行	160701800004
103003	刘萍	女	财务部	管理人员	中国工商银行	160701800005
201001	赵斌	男	一车间	车间管理人员	中国工商银行	160701800006
201002	王志	男	一车间	工人	中国工商银行	160701800007
202001	孙浩	男	二车间	车间管理人员	中国工商银行	160701800008
202002	沈海	男	二车间	工人	中国工商银行	160701800009

续表

人员编码	人员姓名	性别	行政部门	人员类别	银行名称	银行账号
202003	陈明	男	二车间	工人	中国工商银行	160701800010
301001	吴萍	女	采购部	采购人员	中国工商银行	160701800011
302001	周爽	女	销售部	销售人员	中国工商银行	160701800012
303001	郑忠	男	仓储部	仓储人员	中国工商银行	160701800013

5. 工资计算公式设置如表5－4所示。

表5－4　　工资项目计算公式

工资项目	计算公式
奖金	管理人员2 000元，车间管理人员1 500元，采购人员、销售人员、仓储人员1 000元，工人600元
缺勤扣款	如果缺勤天数≤3天，缺勤扣款＝(基本工资/22)×缺勤天数×50% 如果缺勤天数＞3天，缺勤扣款＝(基本工资/22)×缺勤天数
五险一金计提基数	基本工资＋岗位工资
工资分配基数	基本工资＋奖金＋交通补贴＋岗位工资＋物价补贴－缺勤扣款
计税工资	基本工资＋奖金＋交通补贴＋岗位工资＋物价补贴－医疗保险－养老保险－失业保险－住房公积金
养老保险（个人）	五险一金计提基数×8%
医疗保险（个人）	五险一金计提基数×2%
失业保险（个人）	五险一金计提基数×0.2%
住房公积金	五险一金计提基数×12%

6. 薪资管理系统个人所得税的扣税依据为“计税工资”，基数为“5 000”

知识链接

薪资管理系统适用于各类企业、行政事业单位进行工资核算、工资发放、工资费用分摊、工资统计分析和个人所得税核算等。与总账系统联合使用，可以将工资凭证传输到总账系统中；与成本管理系统联合使用，可以为成本管理系统提供人员的人工费用。

薪资管理系统具有以下功能：初始设置、设置薪资标准体系、设置调资业务、设置代发工资的银行名称、自定义工资项目及计算公式，可设置人员附加信息、人员类别、部门选择、人员档案等，提供多工资类别核算、工资核算币种、扣零处理，个人所得税扣税处理、是否核算计件工资、是否启用工资变动审核等账套参数设置、业务处理、调资处理，记录工资变动的项目、金额、批准时间、起薪日期、截止日期，查看工资档案、工资变动档案、进行工资数据的变动、汇总处理，提供部门分钱清单、人员分钱清单、工资发放取款单、工资分摊、银行代发、扣缴所得税，提供按月查询凭证的功能、提供工资表、提供工资分析表。

薪资系统应用如下：

（1）单类别工资核算管理的企业。如果企业中所有人员的工资统一管理，而人员的工资项目、工资计算公式全部相同，则可按下列方法建立薪资管理系统。

①安装薪资管理系统。

②设置工资账的参数（选择单个工资类别）。

③设置部门。

④设置工资项目。

⑤设置薪资标准体系：薪资目录、薪资标准表、薪资公式。

⑥设置调资类别、调资业务。

⑦录入/同步人员档案。

⑧设置工资计算公式。

⑨录入工资数据。

⑩进行其他业务处理。

（2）多类别工资核算管理的企业。如果单位按周或者1个月多次发放工资，或者是有多种不同类别的人员，工资发放项目不尽相同，计算公式亦不相同，但需进行统一工资核算管理，则可按下列方法建立薪资管理系统。

①安装薪资管理系统。

②设置工资账参数（选择多个工资类别）。

③设置涉及的所有部门、所有工资项目。

④建立第一个工资类别，选择所管理的部门。

⑤设置薪资标准体系：薪资目录、薪资标准表、薪资公式。

⑥设置调资类别、调资业务。

⑦录入/同步人员档案。

⑧选择第一个工资类别所涉及的工资项目并设置工资计算公式。

⑨录入工资数据。

⑩建立第二个工资类别并选择所管理的部门。

⑪录入/同步人员档案或从第一个工资类别中复制人员档案。

⑫选择第二个工资类别所涉及的工资项目并设置工资计算公式。

月末处理前将所要核算的工资类别进行汇总，生成汇总工资类别，然后对汇总工资类别进行工资核算的业务处理。

5.1.1 薪资管理系统参数设置

☞ **岗位说明**

001李丽执行操作。

☞ **操作步骤**

(1) 在企业应用平台，执行“业务工作”|“人力资源”|“薪资管理”命令，打开“建立工资账套”对话框。

(2) 选择本账套所需处理的工资类别个数为“单个”，选择币别名称为“人民币 RMB”，如图 5-1 所示。

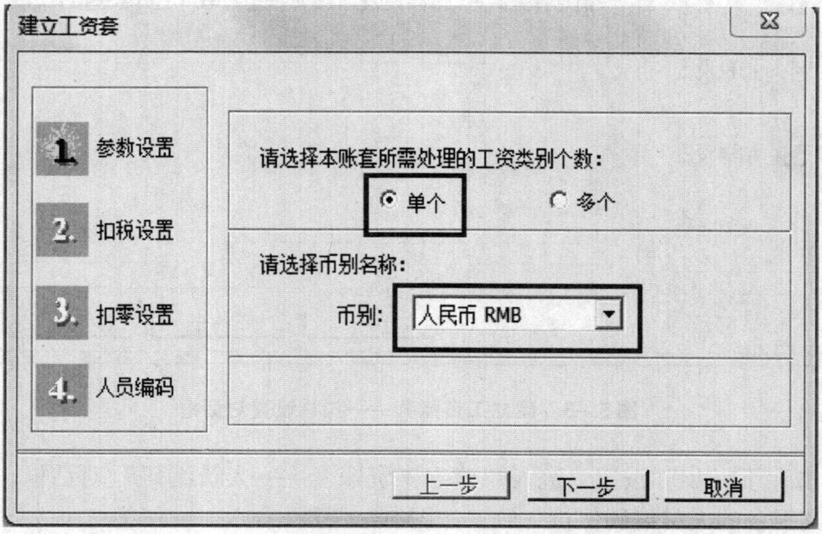

图 5-1　建立工资账套——参数设置对话框

(3) 单击“下一步”按钮，进入“建立工资账套——扣税设置”对话框，选中“是否从工资中代扣个人所得税”复选框，如图 5-2 所示。

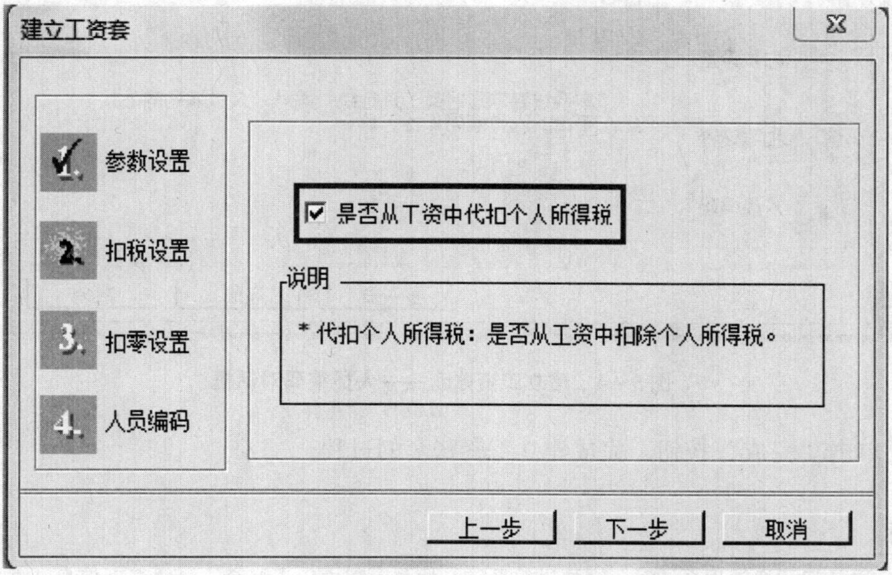

图 5-2　建立工资账套——扣税设置对话框

(4) 单击“下一步”按钮，进入“建立工资账套——扣零设置”对话框，取消“扣零”复选框，如图5-3所示。

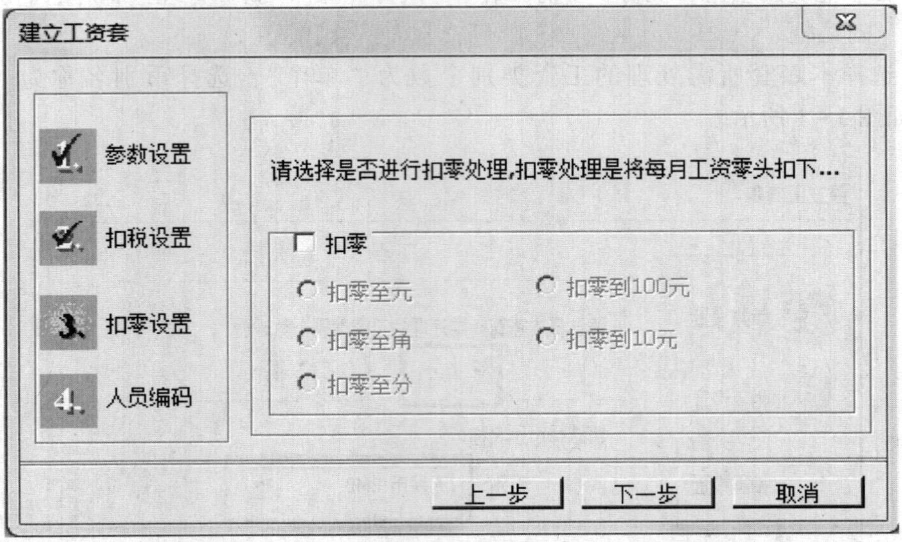

图5-3　建立工资账套——扣零设置对话框

(5) 单击“下一步”按钮，进入“建立工资账套——人员编码”对话框，系统要求人员编码同公共平台的人员编码保持一致，如图5-4所示。

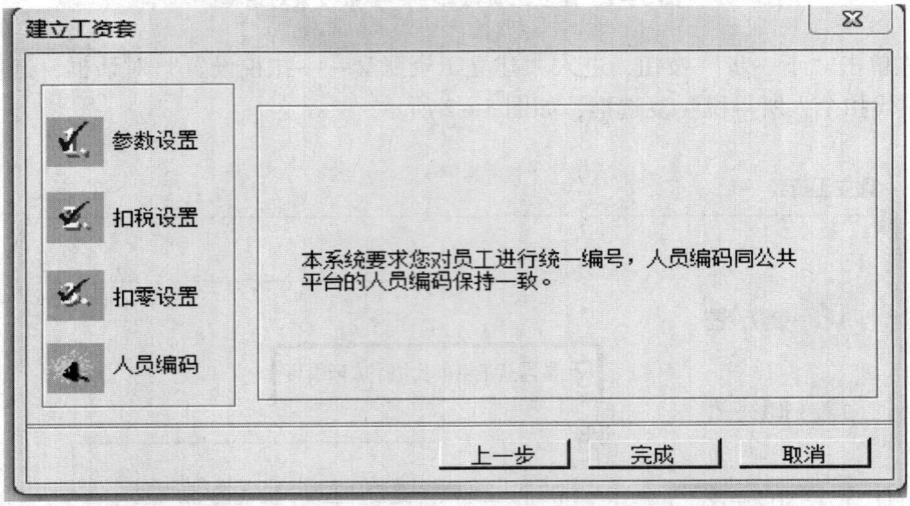

图5-4　建立工资账套——人员编码对话框

(6) 单击“完成”按钮，完成建立工资账套的过程。

提 示

● 第一次使用薪资管理系统时，需要进行系统初始化，建立工资账套，设置基础信息，建立工资类别及初始设置等。

● 薪资账套与企业核算账套是不同的概念，企业核算账套在系统管理中建立，是针对整个用友 ERP 系统而言的，而薪资账套只针对用友 ERP 系统中的薪资管理子系统。可以说薪资账套是企业核算账套的一个组成部分。

● 如果单位按周或月多次发放薪资，或者是单位有多种不同类别（部门）人员，工资发放项目不尽相同，计算公式也不相同，但需要进行统一核算管理，应选择“多个”工资类别。反之，如果单位中所有人员工资按统一标准进行管理，而且人员的工资项目、工资计算公式全部相同，则选择“单个”工资类别。

● 选择代扣个人所得税后，系统将自动生成工资项目“代扣税”，并自动进行代扣税金的计算。

● 扣零处理是指每次发放工资时将零头扣下，积累取整，在下次发放工资时补上，系统在计算工资时将依据扣零类型（扣零至元、扣零至角、扣零至分）进行扣零计算。一旦选择了“扣零处理”，系统会自动计算在固定工资项目中增加“本月扣零”和“上月扣零”两个项目，扣零的计算公式将由系统自动定义，不用设置。建账完成后，部分建账参数可以在“设置”|“选项”中进行修改。

5.1.2 人员附加信息设置

☞ **岗位说明**

001 李丽执行操作。

☞ **操作步骤**

（1）在薪资管理系统，执行“薪资管理”|“设置”|“人员附加信息设置”命令，打开“人员附加信息设置”对话框。

（2）单击“增加”按钮，在“信息名称”处录入“性别”，如图 5－5 所示；再单击“增加”按钮，依次录入学历、职称、年龄等信息，完成后单击“确定”按钮退出，如图 5－6 所示。

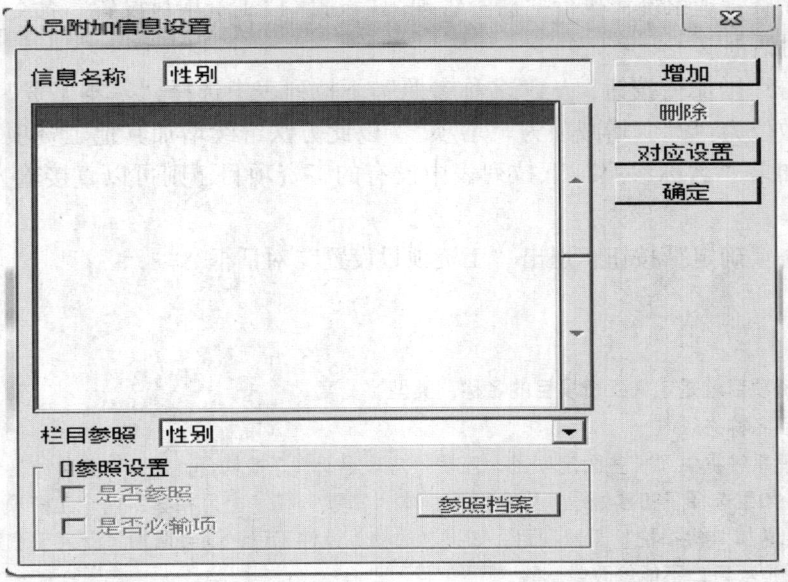

图 5－5 人员附加信息设置对话框 1

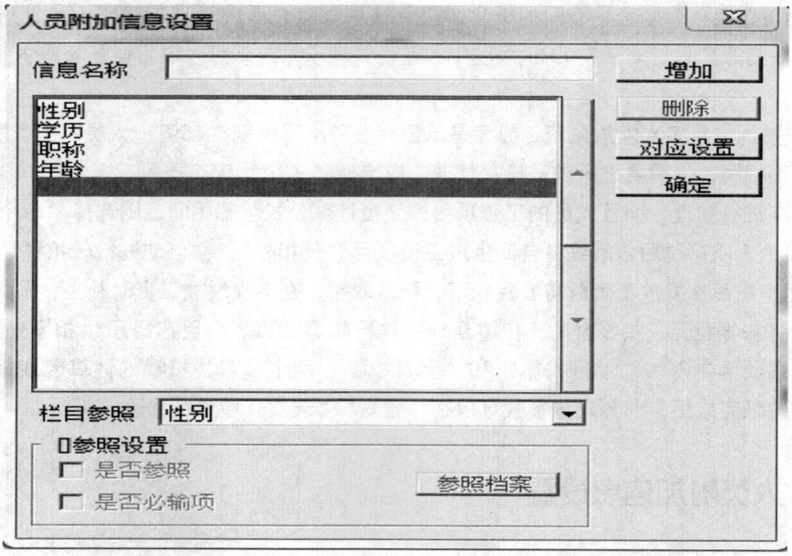

图 5－6　人员附加信息设置对话框 2

5.1.3　工资项目设置

☞ **岗位说明**

001 李丽执行操作。

☞ **操作步骤**

（1）在薪资管理系统，执行“薪资管理”|“设置”|“工资项目设置”命令，打开“工资项目设置”对话框。

（2）单击“增加”按钮，从“名称参照”下拉列表中选择“基本工资”，默认类型为“数字”，小数位为“2”，增减项为“增项”。以此方法继续增加其他工资项目。注意修改“增减项”，如果“名称参照”下拉列表中没有的工资项目，则可以直接输入，如图 5－7 所示。

（3）单击“确定”按钮，退出“工资项目设置”对话框。

提　示

- 设置工资项目就是定义工资项目的名称、类型、宽度。
- 工资项目名称必须唯一。
- 薪资管理系统提供了一些固定项目，包括“应发合计”“扣款合计”“实发合计”工资项目。在建立薪资账套时，如果选择了扣零处理，则会增加“本月扣零”和“上月扣零”两个工资项目；如果选择了扣税处理，则会增加“代扣税”工资项目；如果选择核算计件工资，则会增加“计件工资”工资项目，这些也都是属于固定项目，不能修改或删除。
- 对于“名称参照”下拉列表中没有的项目可以直接输入，或者从“名称参照”中选择一个类似的项目后再进行修改。其他项目可以根据需要修改。

- 此处所设置的工资项目是针对所有工资类别所需要使用的全部工资项目。
- 系统提供的固定工资项目不能修改、删除。

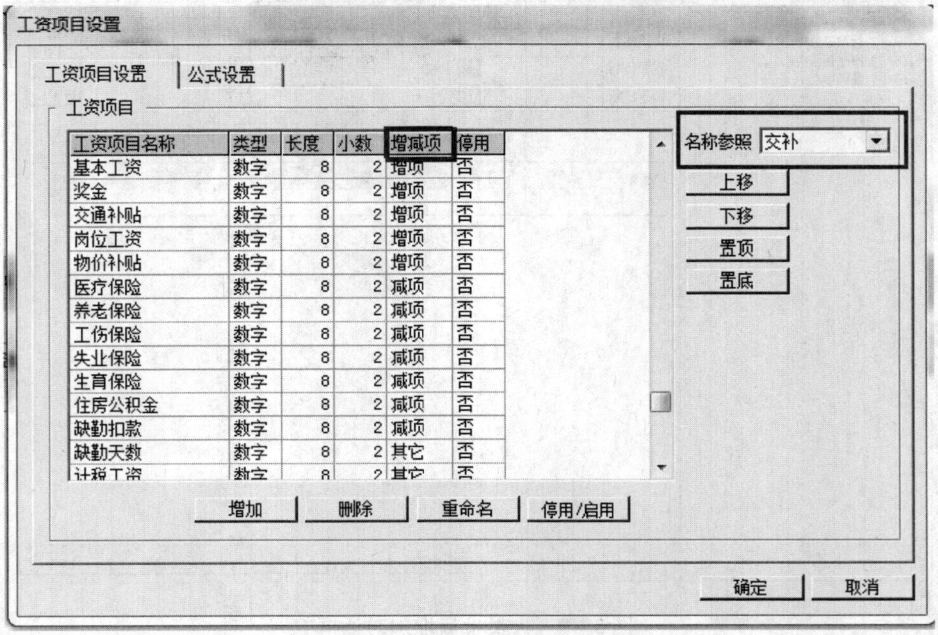

图 5 – 7　工资项目设置对话框

5. 1. 4　人员档案设置

☞ 岗位说明

001 李丽执行操作。

☞ 操作步骤

(1) 在薪资管理系统，执行“薪资管理”|“设置”|“人员档案”命令，打开“人员档案”对话框，如图 5 – 8 所示。

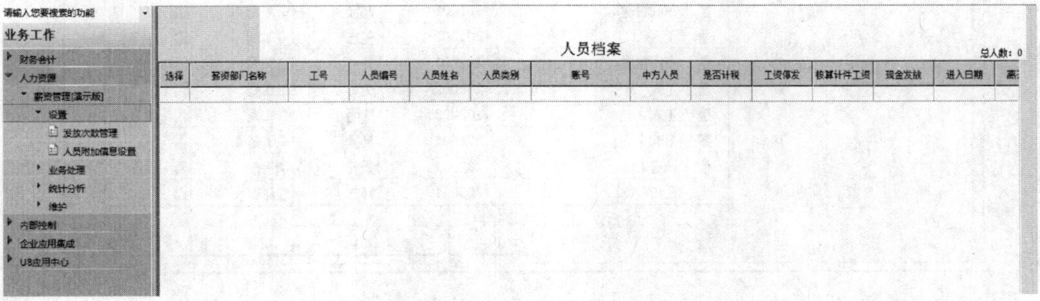

图 5 – 8　人员档案对话框 1

（2）单击“批增”按钮，打开“人员批量增加”对话框，如图5－9所示。

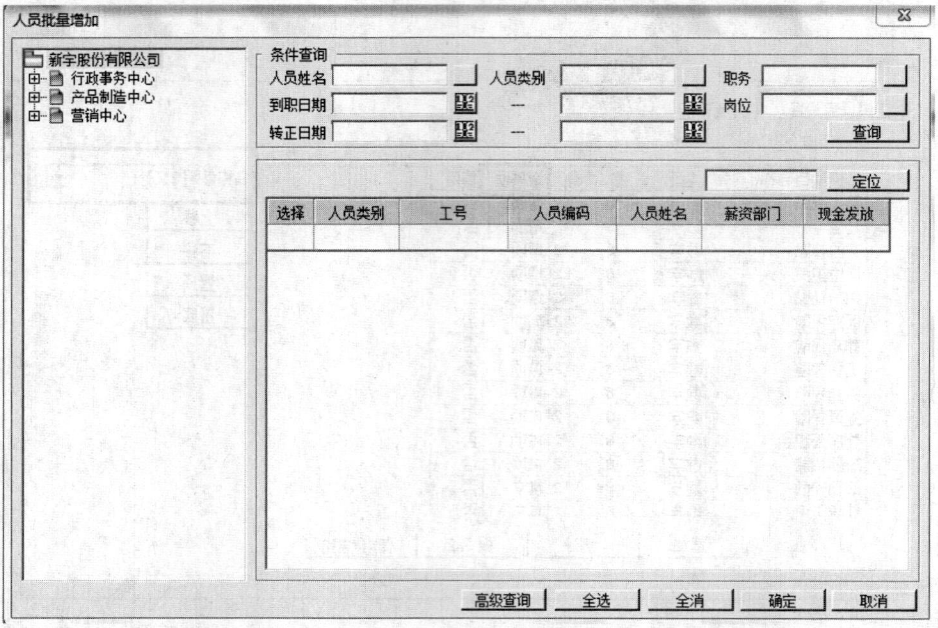

图5－9　人员批量增加对话框1

（3）在窗口左侧分别单击选中所有部门，单击右上角的“查询”按钮，弹出人员列表，如图5－10所示。

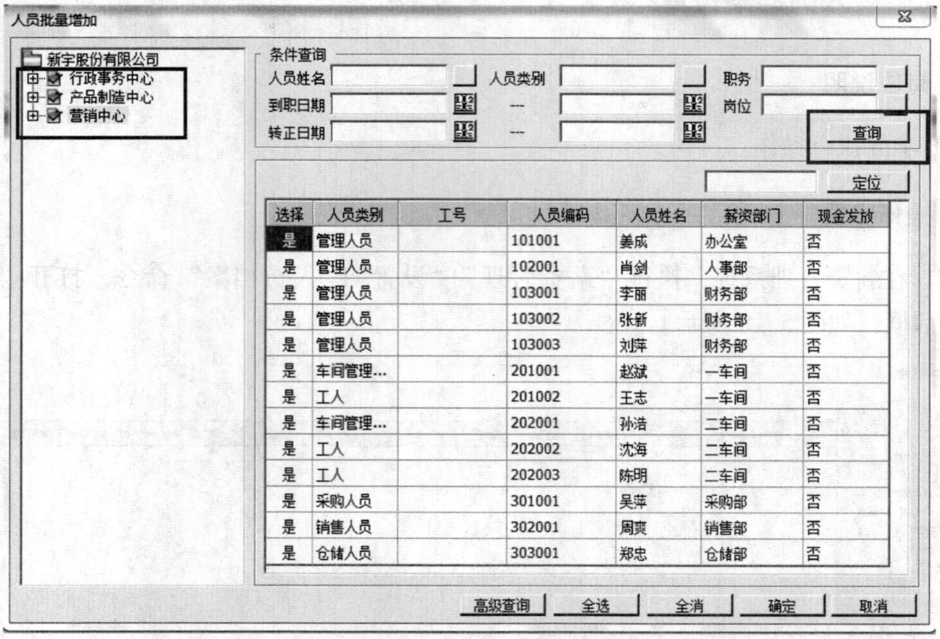

图5－10　人员批量增加对话框2

（4）单击“确定”按钮，返回“人员档案”窗口，如图 5－11 所示。

选择	薪资部门名称	工号	人员编号	人员姓名	人员类别	账号	中方人员	是否计税	工资停发	核算计件工资	现金发放	进入日期
	办公室		101001	姜成	管理人员		是	是	否	否	否	
	人事部		102001	肖剑	管理人员		是	是	否	否	否	
	财务部		103001	李丽	管理人员		是	是	否	否	否	
	财务部		103002	张新	管理人员		是	是	否	否	否	
	财务部		103003	刘萍	管理人员		是	是	否	否	否	
	一车间		201001	赵斌	车间管理人员		是	是	否	否	否	
	一车间		201002	王志	工人		是	是	否	否	否	
	二车间		202001	孙浩	车间管理人员		是	是	否	否	否	
	二车间		202002	沈海	工人		是	是	否	否	否	
	二车间		202003	陈明	工人		是	是	否	否	否	
	采购部		301001	吴萍	采购人员		是	是	否	否	否	
	销售部		302001	周爽	销售人员		是	是	否	否	否	
	仓储部		303001	郑忠	仓储人员		是	是	否	否	否	

图 5－11　人员档案对话框 2

（5）选中“101001　姜成”信息，双击打开“人员档案明细”对话框，在“基本信息”页签中补充录入“银行名称”和“银行账号”信息，如图 5－12 所示；在“附加信息”页签中录入“性别”信息，如图 5－13 所示。

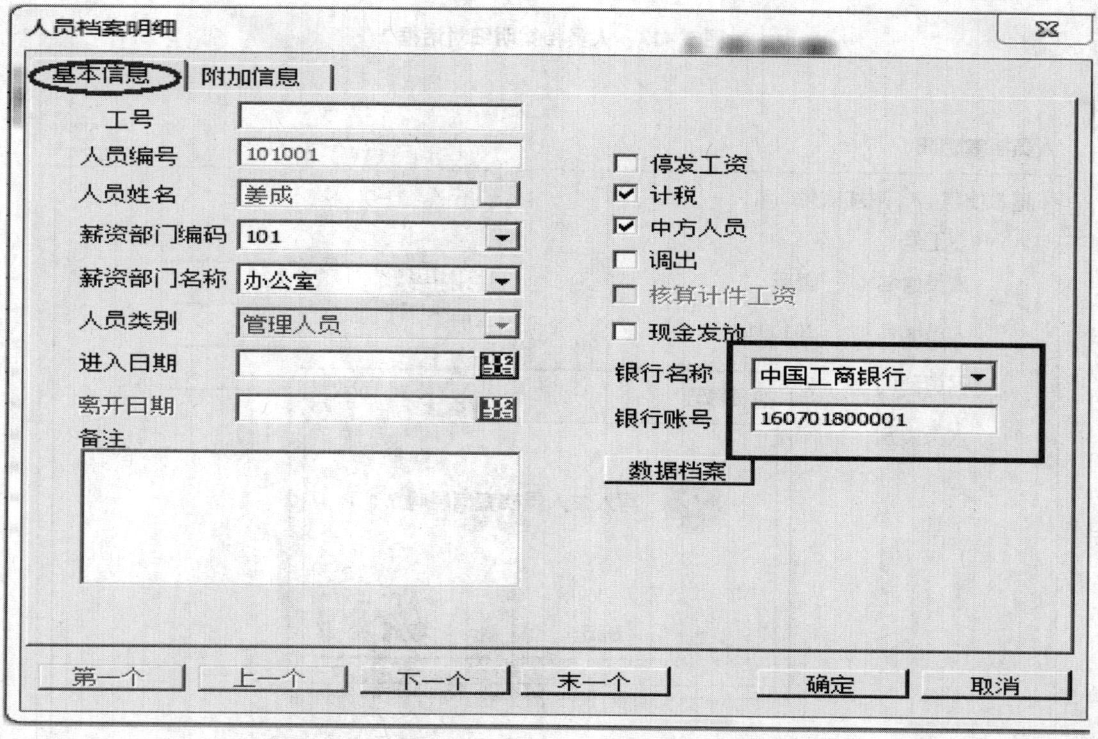

图 5－12　人员档案明细对话框 1

（6）单击“确定”按钮，系统弹出“写入该人员档案信息吗？”提示信息，如图 5－14 所示。

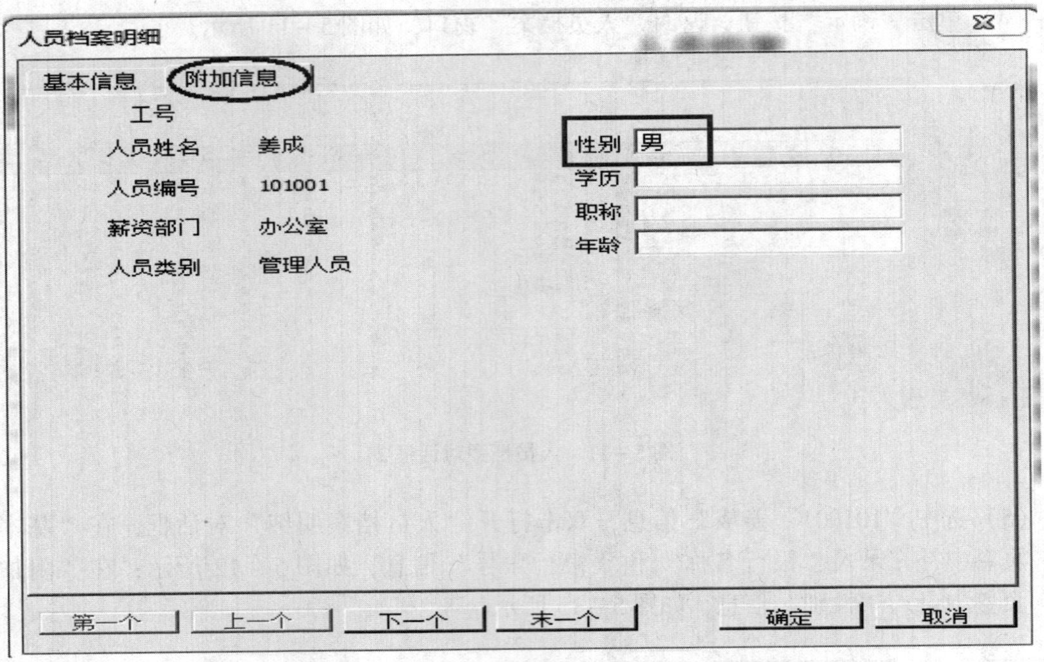

图 5－13　人员档案明细对话框 2

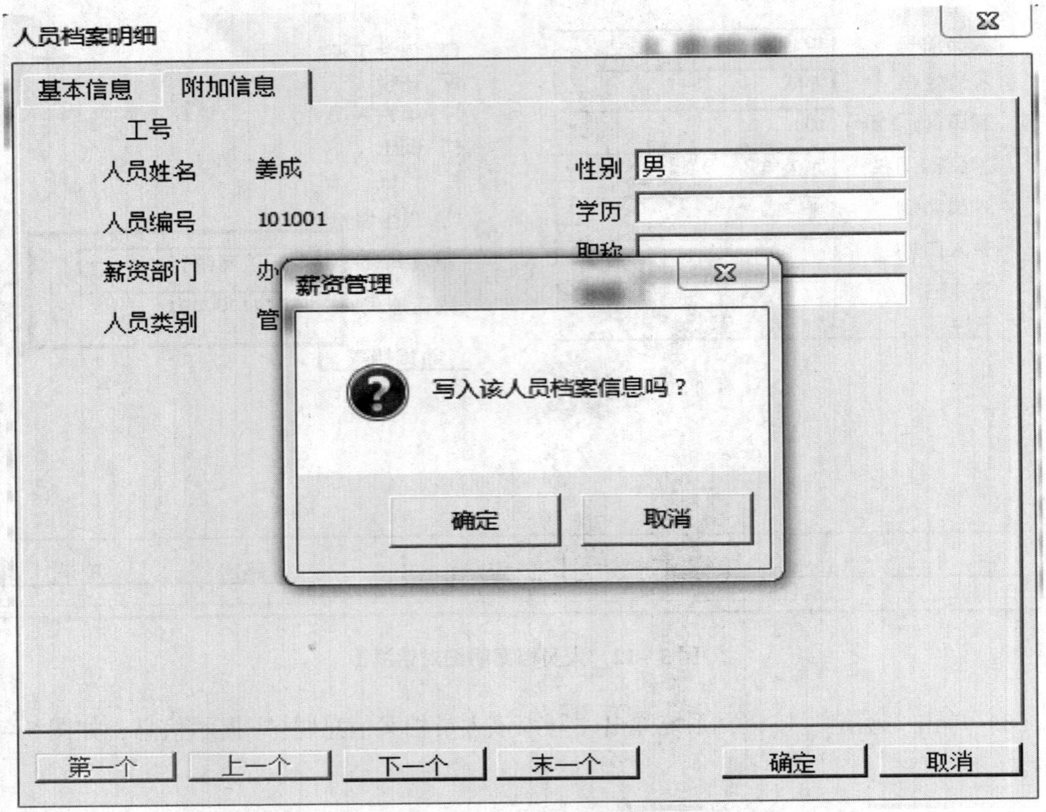

图 5－14　薪资管理档案信息录入提示框

（7）单击“确定”按钮，重复第（5）和第（6），继续录入其他人员信息，如图5－15所示。

人员档案

总人数：13

选择	薪资部门名称	工号	人员编号	人员姓名	人员类别	账号	中方人员	是否计税	工资停发	核算计件工资	现金发放	进入日期	离
	办公室		101001	姜成	管理人员	160701800001	是	是	否	否	否		
	人事部		102001	肖剑	管理人员	160701800002	是	是	否	否	否		
	财务部		103001	李丽	管理人员	160701800003	是	是	否	否	否		
	财务部		103002	张新	管理人员	160701800004	是	是	否	否	否		
	财务部		103003	刘萍	管理人员	160701800005	是	是	否	否	否		
	一车间		201001	赵斌	车间管理人员	160701800006	是	是	否	否	否		
	一车间		201002	王志	工人	160701800007	是	是	否	否	否		
	二车间		202001	孙浩	车间管理人员	160701800008	是	是	否	否	否		
	二车间		202002	沈海	工人	160701800009	是	是	否	否	否		
	二车间		202003	陈明	工人	160701800010	是	是	否	否	否		
	采购部		301001	吴萍	采购人员	160701800011	是	是	否	否	否		
	销售部		302001	周爽	销售人员	160701800012	是	是	否	否	否		
	仓储部		303001	郑忠	仓储人员	160701800013	是	是	否	否	否		

图5－15 人员档案对话框3

提 示

• 如果在银行名称设置中设置了“银行账号定长”，则当输入了一个人员档案的银行账号后，在输入第二个人的银行账号时，系统会自动带出已设置的银行账号定长的账号，只需要输入剩余的号码数字即可。

• 如果账号长度不符合要求则不能保存。在增加人员档案时，“停发”“调出”和“数据档案”不可选，在修改状态下才能编辑。

• 在人员档案对话框中，可以单击“数据档案”按钮，录入薪资数据。如果个别人员档案需要修改，在人员档案对话框中可以直接修改。如果一批人员的某个薪资项目同时需要修改，可以利用数据替换功能，将符合条件人员的某个薪资项目的内容统一替换某个数据。若进行替换的薪资项目已设置了计算公式，则在重新计算时以计算公式为准。

5.1.5 工资计算公式设置

☞ 岗位说明

001 李丽执行操作。

☞ 操作步骤

（1）“奖金”公式设置。

①在薪资管理系统，执行“薪资管理”|“设置”|“工资项目设置”命令，打开“工资项目设置”对话框，点击“公式设置”页签，如图5－16所示。

②单击“增加”按钮，从下拉列表框中选择“奖金”，单击“函数公式向导输入…”按钮，打开“函数向导——步骤之1”对话框。

③单击选中“函数名”列表中的“iff”函数，如图5－17所示。

④单击“下一步”按钮，打开“函数向导——步骤之2”对话框，如图5－18所示。

⑤单击“逻辑表达式”栏右侧的“参照”按钮，打开“参照”对话框。

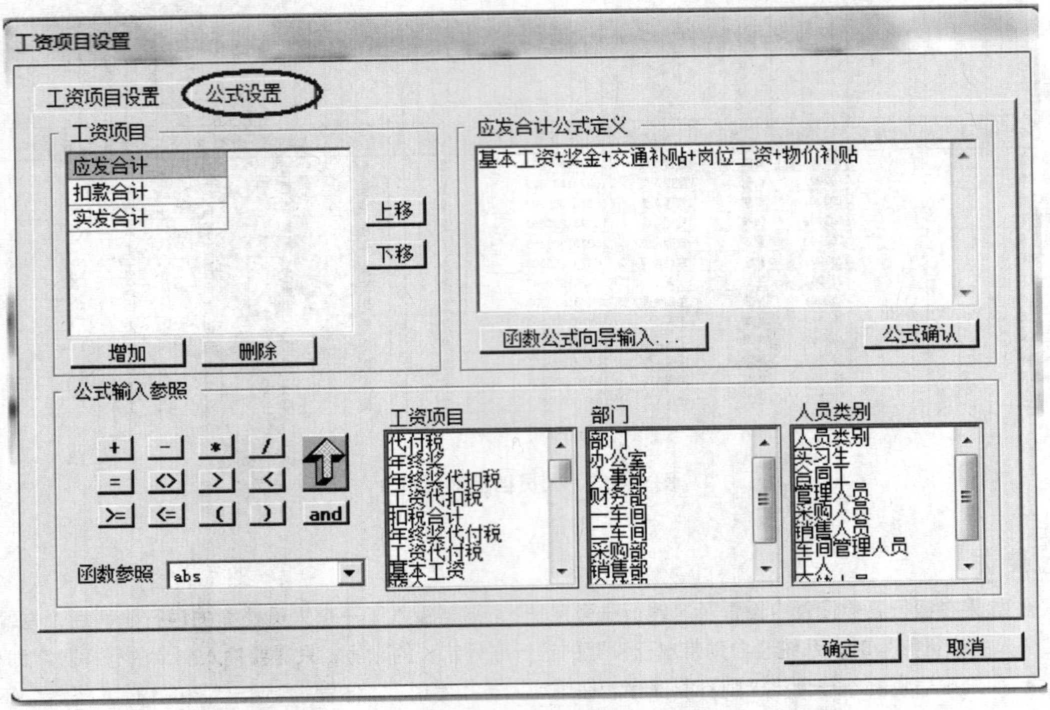

图 5－16　工资项目设置对话框 1

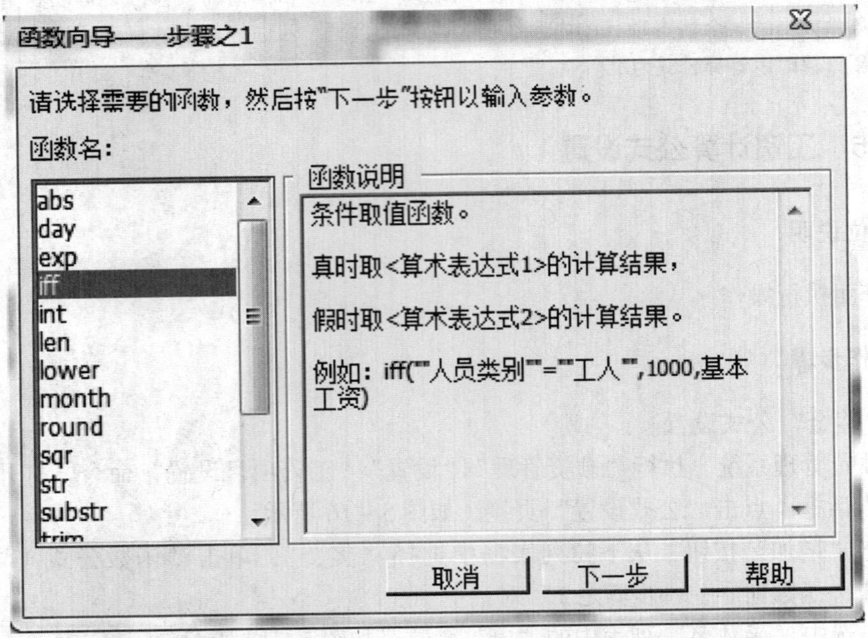

图 5－17　函数向导——步骤之 1 对话框

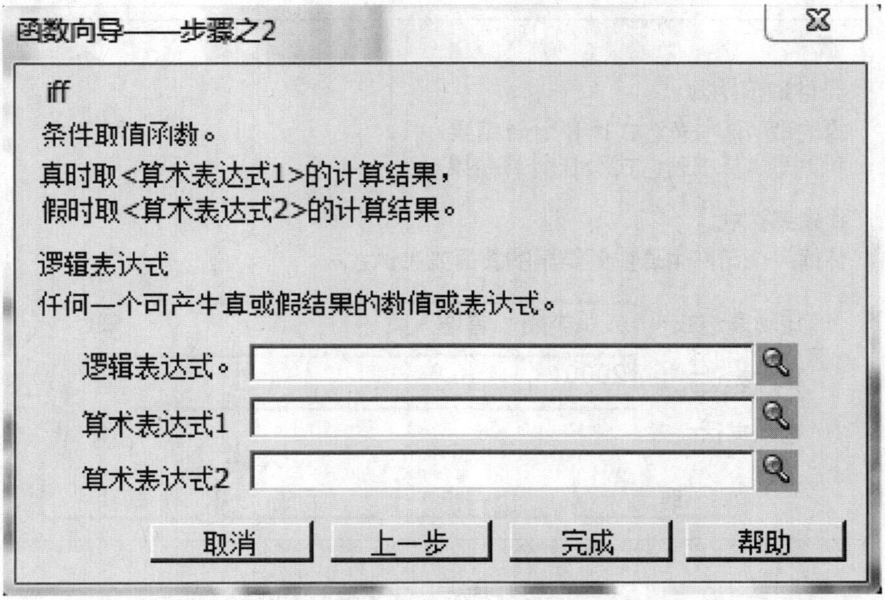

图 5-18　函数向导——步骤之 2 对话框 1

⑥单击“参照列表”栏的下拉三角按钮，选择“人员类别”，再单击选中“管理人员”，如图 5-19 所示。

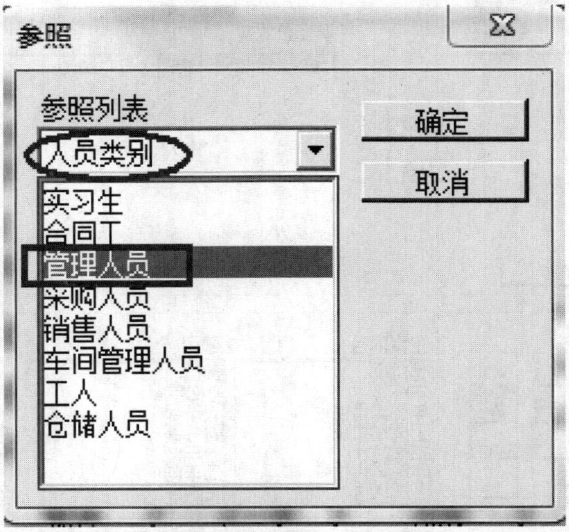

图 5-19　薪资公式函数参照对话框

⑦单击“确定”按钮，返回“函数向导——步骤之 2”对话框。在“算术表达式 1”文本框中录入“2 000”，如图 5-20 所示。

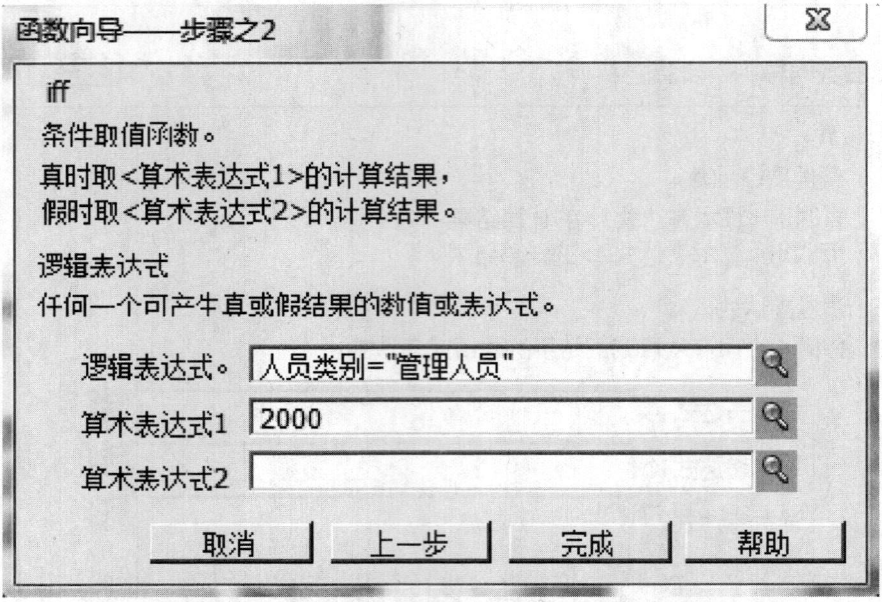

图 5－20　函数向导——步骤之 2 对话框 2

⑧单击“完成”按钮，返回“工资项目设置——公式设置”对话框，如图 5－21 所示。

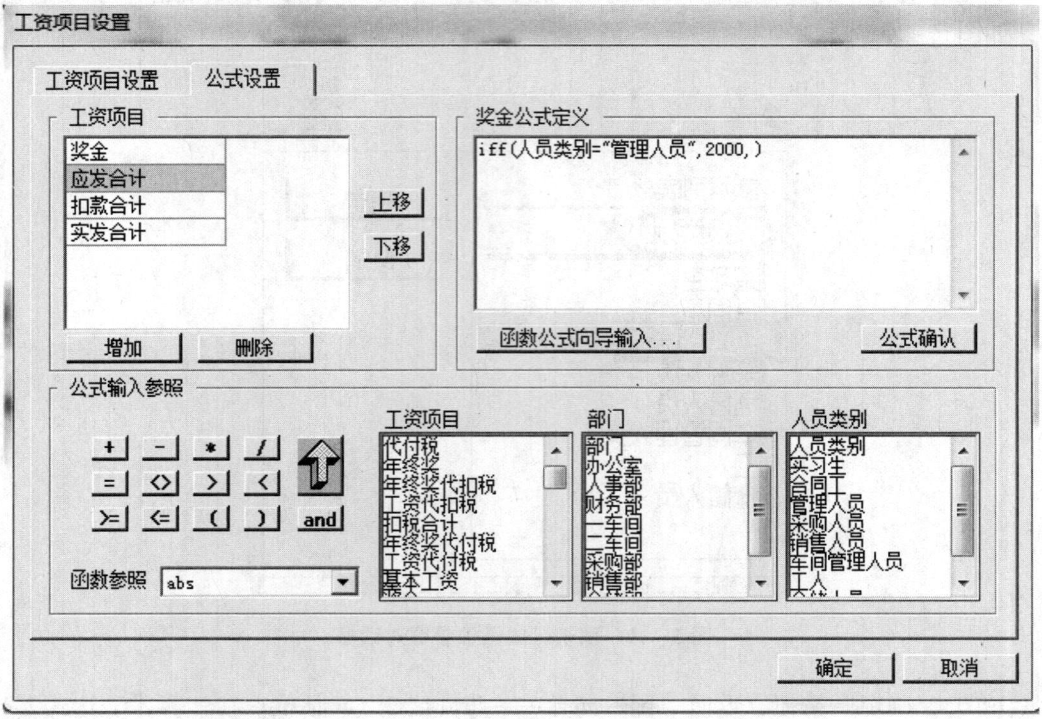

图 5－21　工资项目设置对话框 2

⑨将光标移至“iff”函数的第三个参数位置，继续单击“函数公式向导输入…”。

⑩单击选中“函数名”列表中的“iff”函数，单击“下一步”按钮，打开“函数向导——步骤之2”对话框。单击“逻辑表达式”栏右侧的“参照”按钮，打开“参照”对话框。

⑪单击“参照列表”栏的下拉三角按钮，选择“人员类别”，再单击选中“车间管理人员”，单击“确定”按钮，返回“函数向导——步骤之2”对话框。在“算术表达式1”文本框中录入“1 500”，单击“完成”按钮，返回“工资项目设置——公式设置”对话框，如图5－22所示。

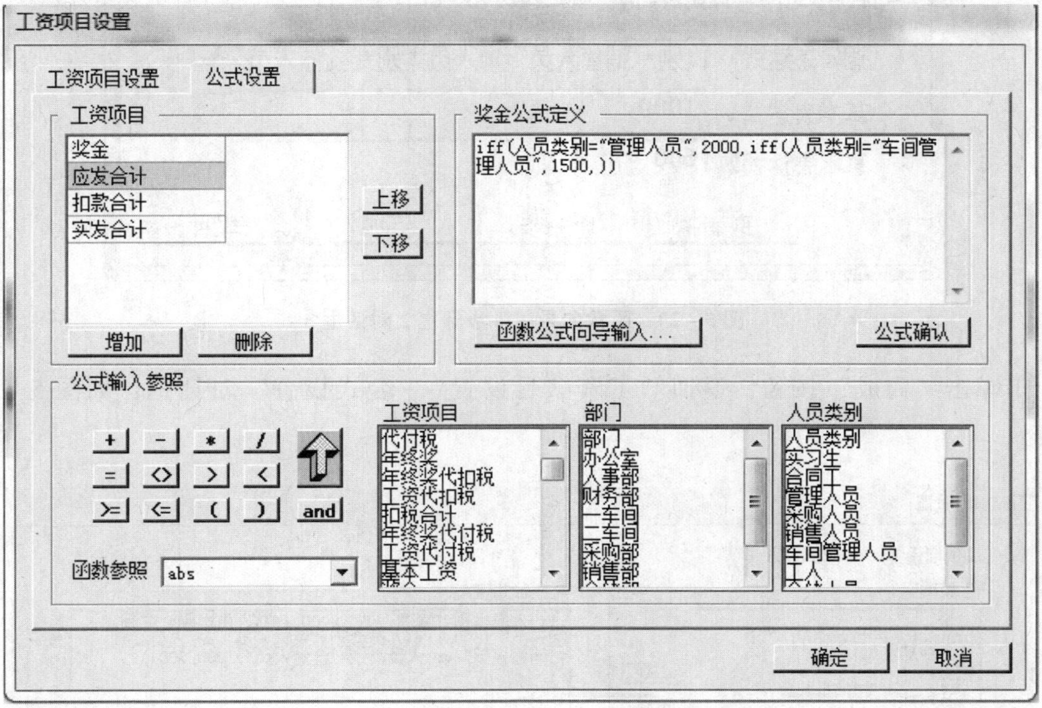

图5－22 工资项目设置对话框3

⑫将光标移至第二个“iff”函数的第三个参数位置，继续单击“函数公式向导输入…”。

⑬单击选中“函数名”列表中的“iff”函数，单击“下一步”按钮，打开“函数向导——步骤之2”对话框。单击“逻辑表达式”栏右侧的“参照”按钮，打开“参照”对话框。

⑭单击“参照列表”栏的下拉三角按钮，选择“人员类别”，再单击选中“采购人员”，单击“确定”按钮，在生成的逻辑表达式后面输入“or”，注意前后必须空格。

⑮继续单击“参照”按钮，选择“人员类别”为“销售人员”，单击“确定”按钮，在生成的逻辑表达式后面输入“or”，注意前后必须空格。

⑯继续单击“参照”按钮，选择“人员类别”为“仓储人员”，单击“确定”按钮，返回“函数向导——步骤之2”对话框。在“算术表达式1”文本框中录入“1 000”，在

“算术表达式 2” 文本框中录入 “600”，如图 5 - 23 所示。

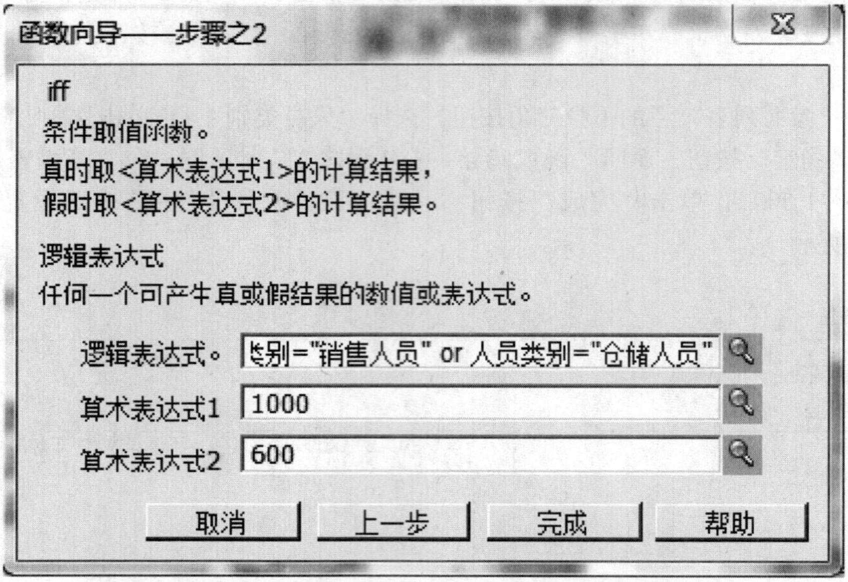

图 5 - 23　函数向导——步骤之 2 对话框 3

⑰单击 “完成” 按钮，返回 “工资项目设置——公式设置” 对话框，如图 5 - 24 所示。

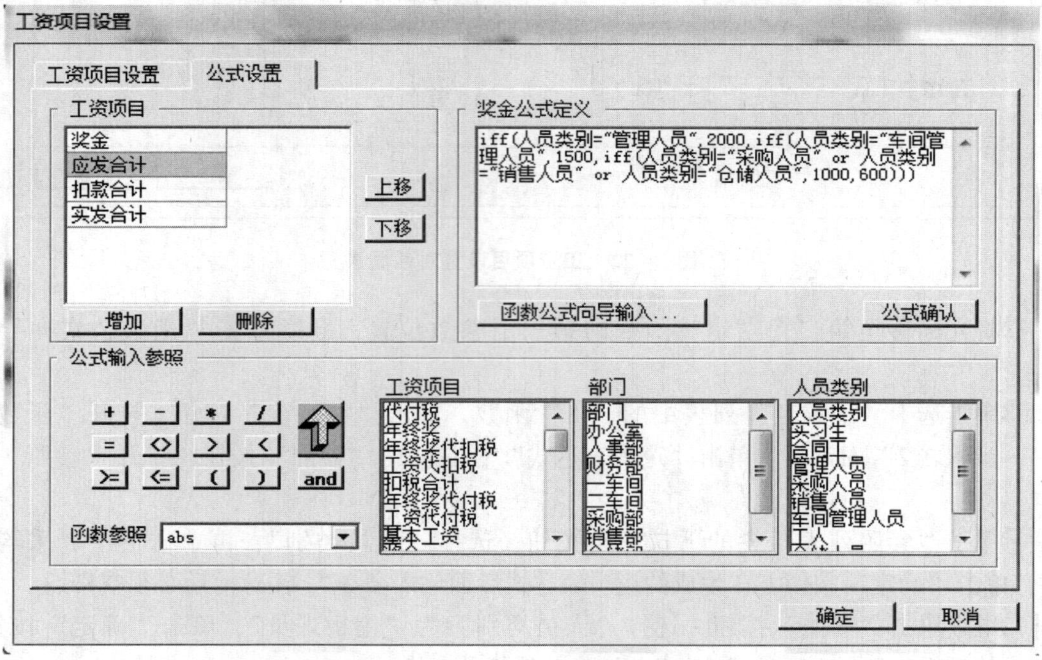

图 5 - 24　工资项目设置对话框 4

⑱单击“公式确认”按钮。

(2)“缺勤扣款”公式设置。

①单击“增加”按钮，从下拉列表框中选择“缺勤扣款”。

②在左下方“函数参照”栏选中“iff”函数，将“iff”函数的第一个参数设置为“缺勤天数≤3”，第二个参数设置为“(基本工资/22) * 缺勤天数 * 0.5”，第三个参数设置为“(基本工资/22) * 缺勤天数”，如图 5-25 所示。

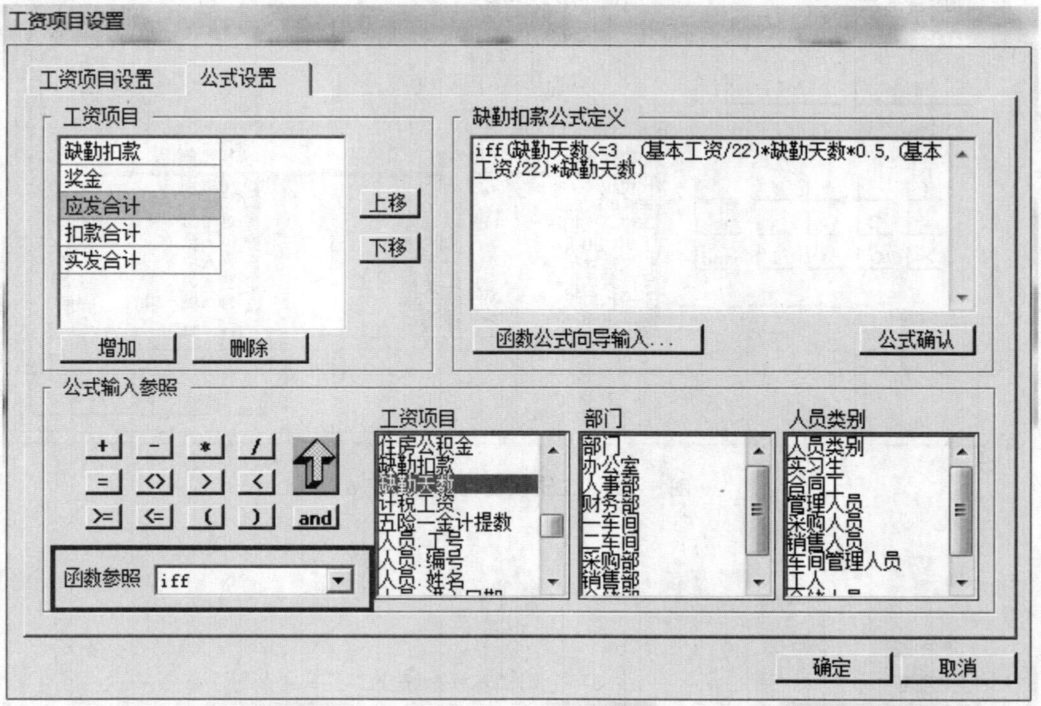

图 5-25　工资项目设置对话框 5

提 示

此处公式中的项目可以手工直接录入，也可以在“工资项目”|“公式输入参照”处直接选择。

③单击“公式确认”按钮。

(3)“五险一金计提基数”公式设置。

①单击“增加”按钮，从下拉列表框中选择“五险一金计提基数”。

②在“公式定义”处直接输入“基本工资 + 岗位工资”，如图 5-26 所示。

③单击“公式确认”按钮。

(4)“工资分配基数”公式设置。

①单击“增加”按钮，从下拉列表框中选择“工资分配基数”。

②在“公式定义”处直接输入“基本工资 + 奖金 + 交通补贴 + 岗位工资 + 物价补贴 - 缺勤扣款”，如图 5-27 所示。

③单击“公式确认”按钮。

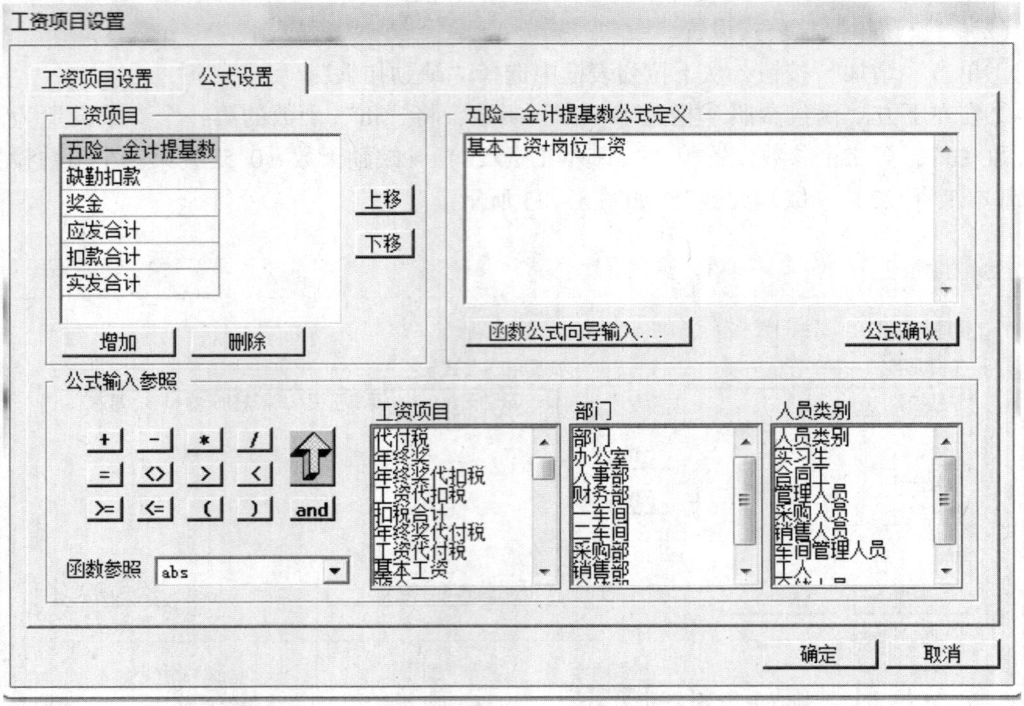

图 5－26　工资项目设置对话框 6

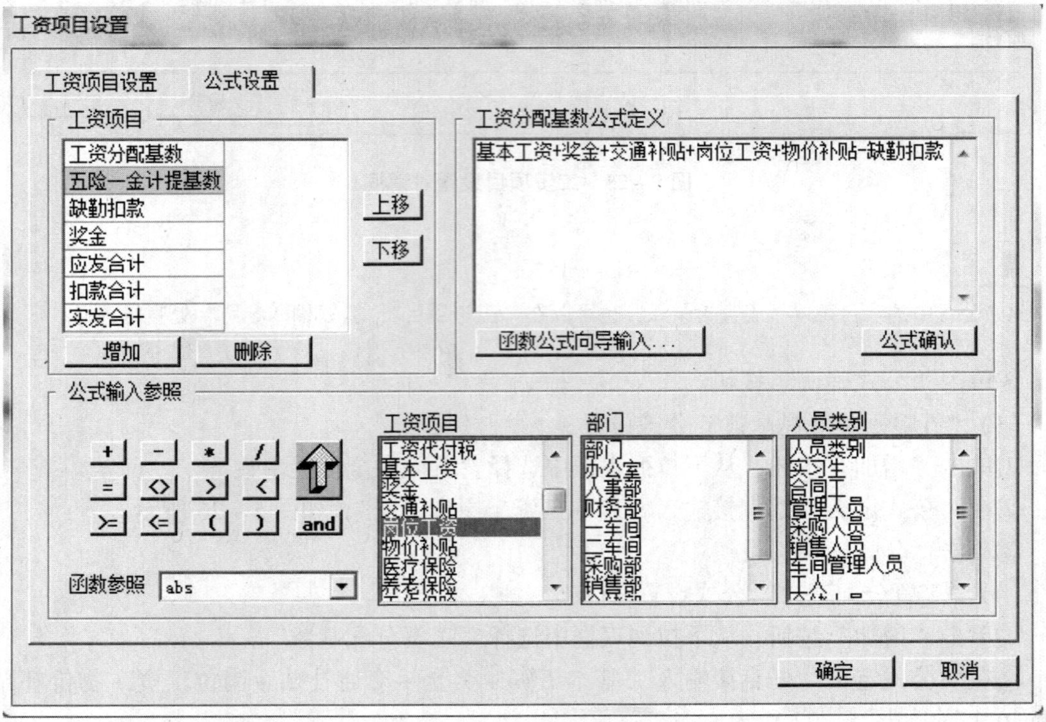

图 5－27　工资项目设置对话框 7

(5)“计税工资”公式设置。

①单击“增加”按钮，从下拉列表框中选择“计税工资”。

②在“公式定义”处直接输入“基本工资+奖金+交通补贴+岗位工资+物价补贴-医疗保险-养老保险-失业保险-住房公积金”，如图5-28所示。

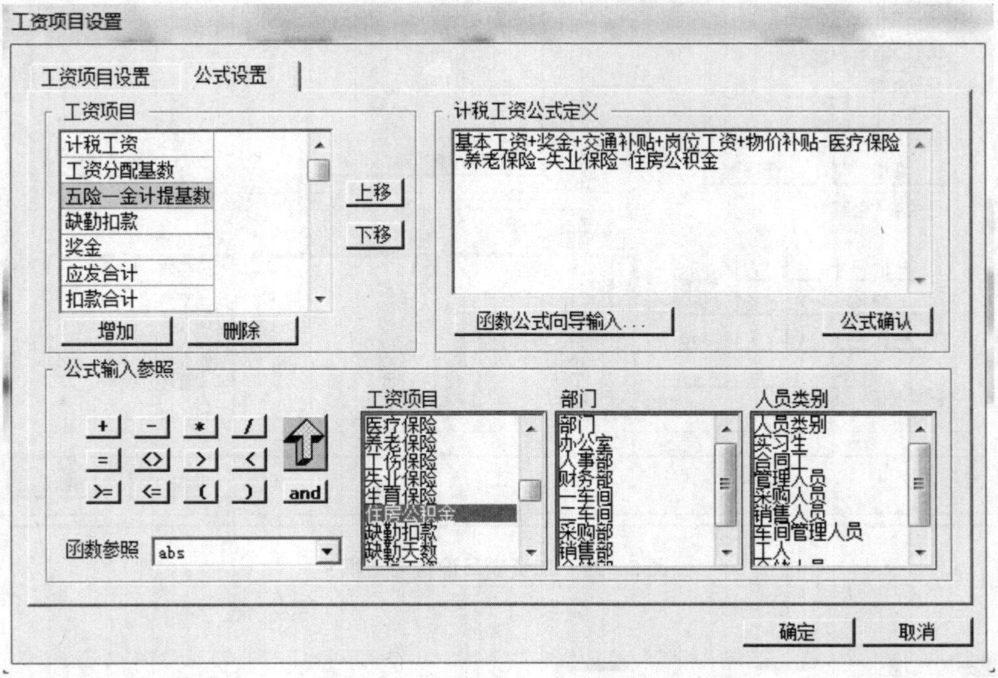

图5-28 工资项目设置对话框8

③单击“公式确认”按钮。

(6)“养老保险”公式设置。

①单击“增加”按钮，从下拉列表框中选择“养老保险”。

②在“公式定义”处直接输入“五险一金计提基数*0.08”，如图5-29所示。

③单击“公式确认”按钮。

(7)“医疗保险”公式设置。

①单击“增加”按钮，从下拉列表框中选择“医疗保险”。

②在“公式定义”处直接输入“五险一金计提基数*0.02”，如图5-30所示。

③单击“公式确认”按钮。

(8)“失业保险”公式设置。

①单击“增加”按钮，从下拉列表框中选择“失业保险”。

②在“公式定义”处直接输入“五险一金计提基数*0.002”，如图5-31所示。

③单击“公式确认”按钮。

(9)“住房公积金”公式设置。

①单击“增加”按钮，从下拉列表框中选择“住房公积金”。

②在“公式定义”处直接输入“五险一金计提基数*0.12”，如图5-32所示。

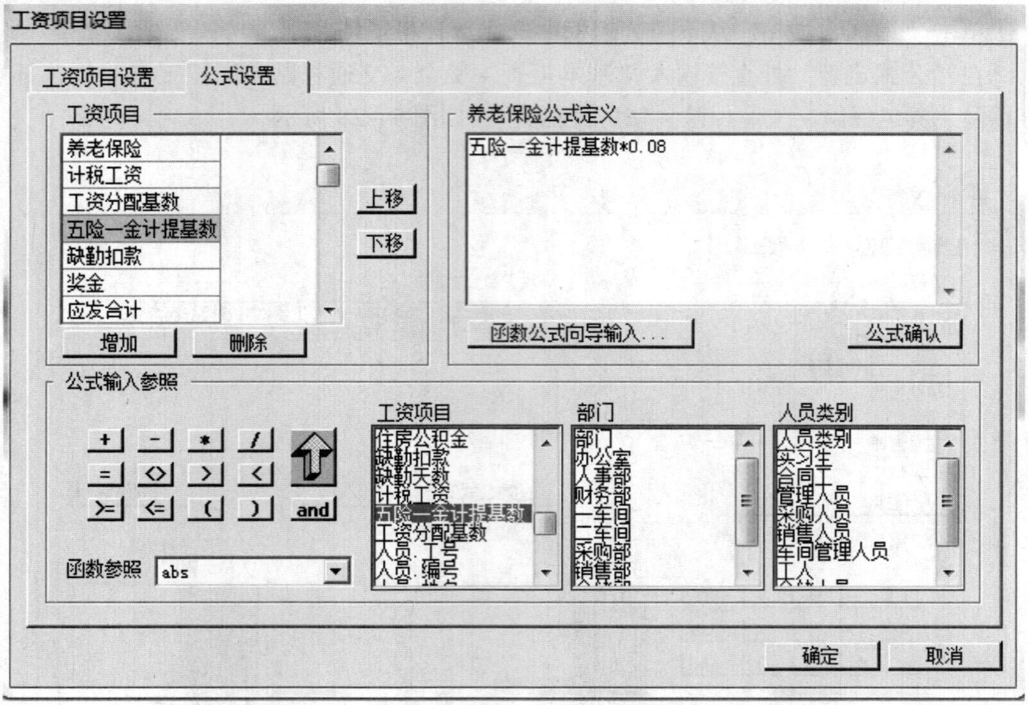

图 5－29　工资项目设置对话框 9

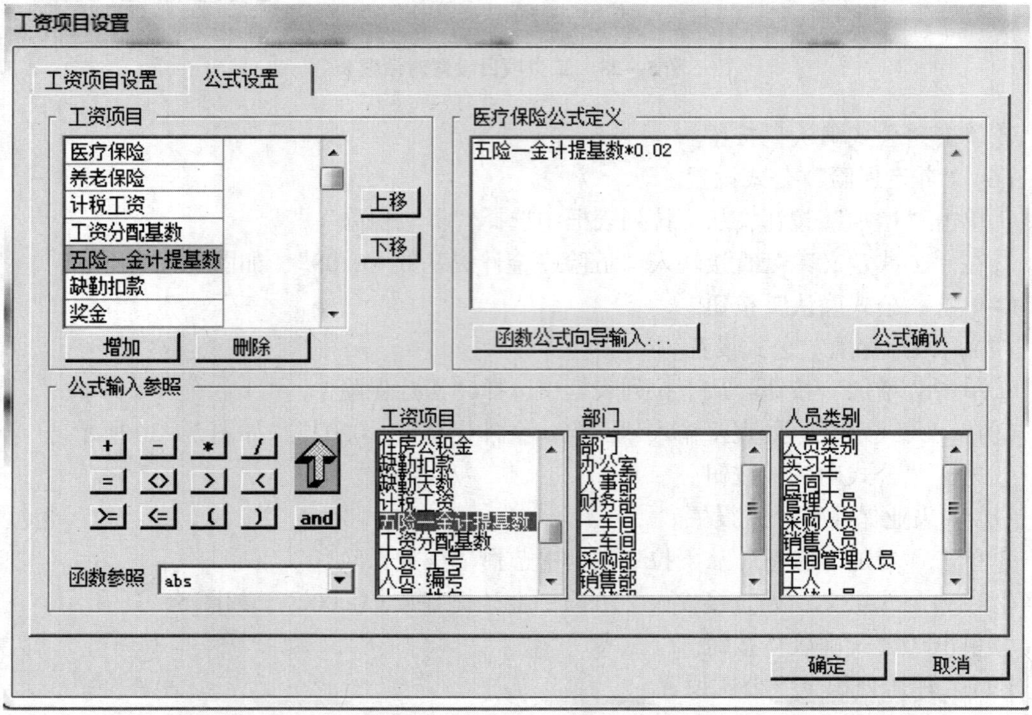

图 5－30　工资项目设置对话框 10

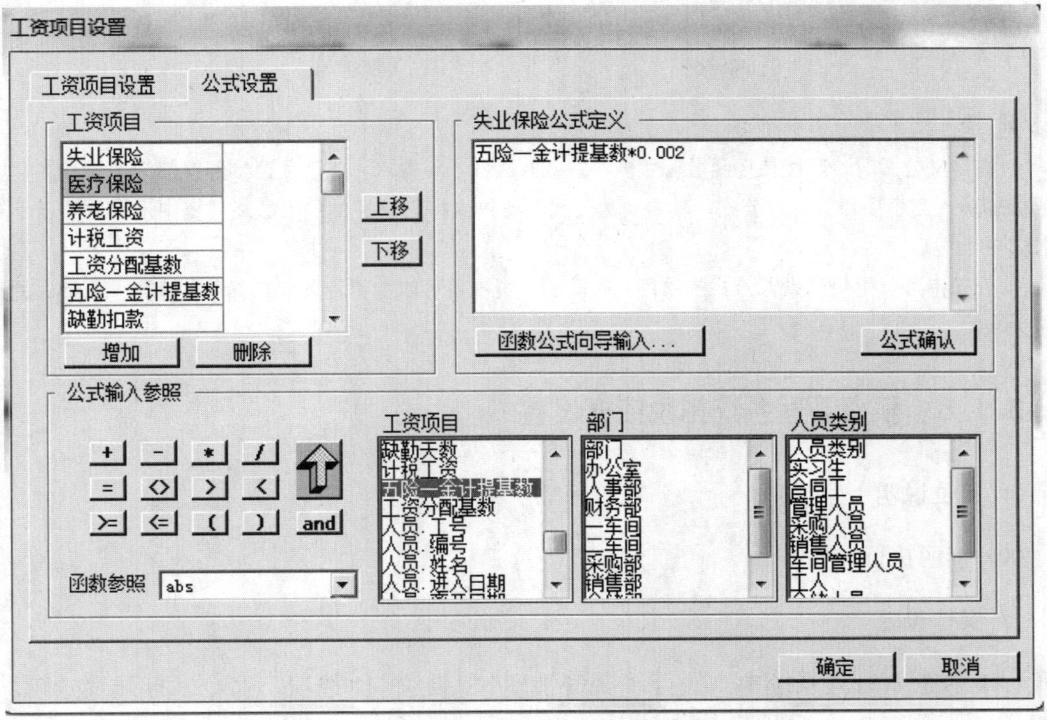

图 5－31　工资项目设置对话框 11

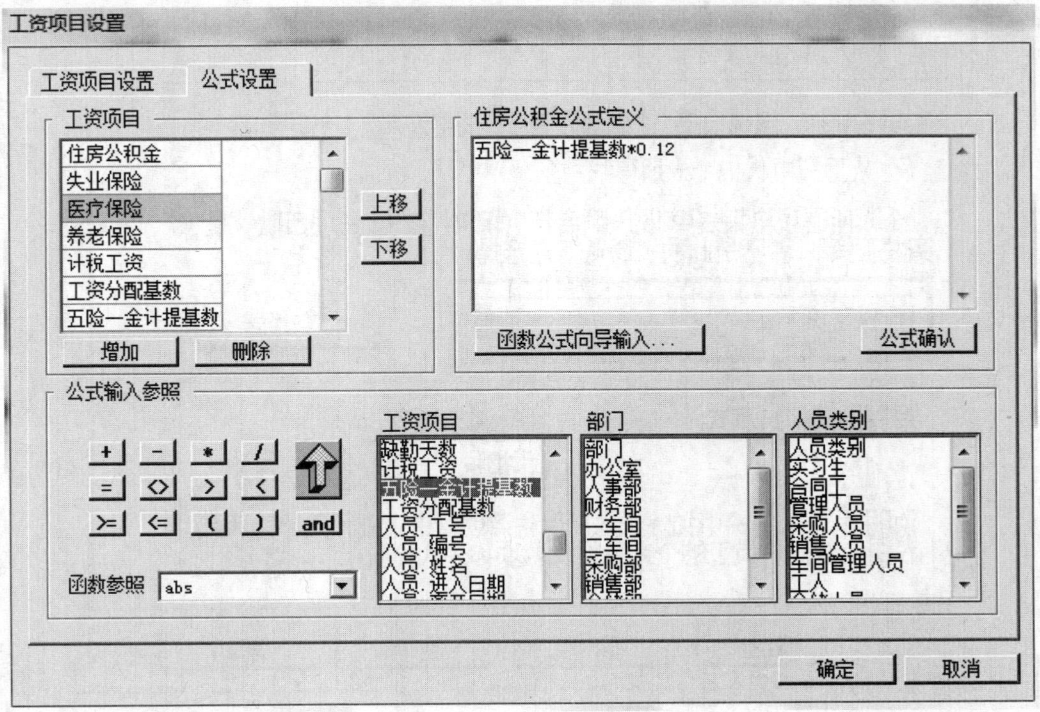

图 5－32　工资项目设置对话框 12

③单击“公式确认”按钮。

④公式定义完毕，按“确定”按钮，退出“工资项目设置”界面。

提 示

• 在定义公式时，可以使用函数公式向导输入、函数参照输入、工资项目参照、部门参照和人员类别参照编辑输入工资项目的计算公式。其中函数公式向导只支持系统提供的函数。工资中没有的项目不允许在公式中出现。

• 公式中可以引用已设置公式的项目，相同的工资项目可以重复定义公式、多次计算，以最后的运行结果为准。

5.1.6 薪资管理系统扣税依据设置

☞ **岗位说明**

001 李丽执行操作。

☞ **操作步骤**

（1）在薪资管理系统中，执行“薪资管理”|“设置”|“选项”命令，打开“选项”对话框。

（2）选择“扣税设置”页签，单击“编辑”按钮，把“个人所得税申报表中‘收入额合计’项所对应的工资项目默认是‘实发工资’”修改为“计税工资”，如图 5－33 所示。

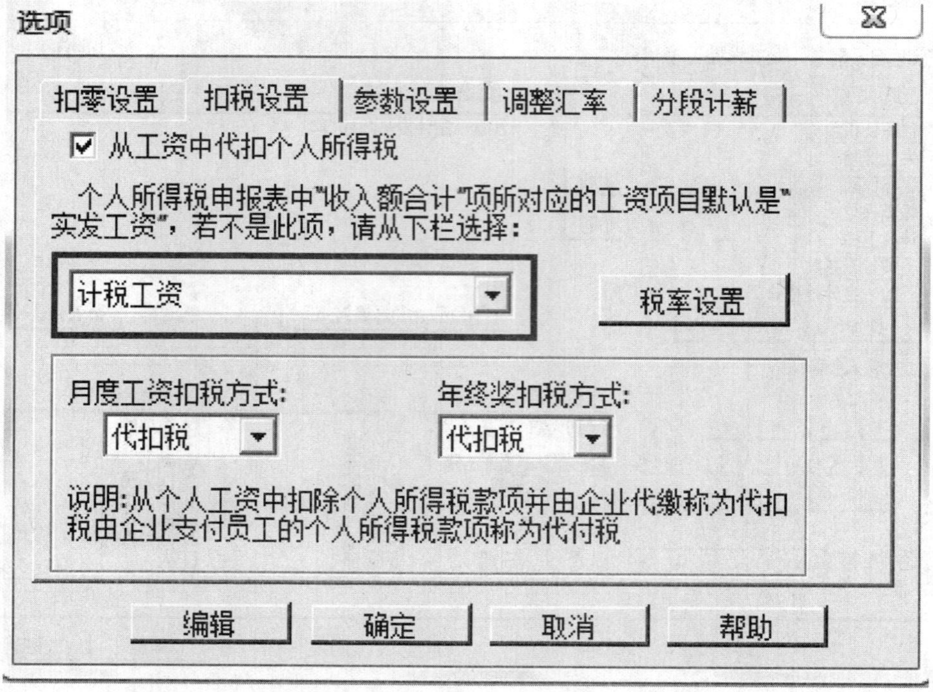

图 5－33 薪资管理——选项对话框

(3) 单击右侧的“税率设置”按钮，进入“个人所得税申报表——税率表”界面，将“基数”修改为“5 000”，如图 5 - 34 所示。

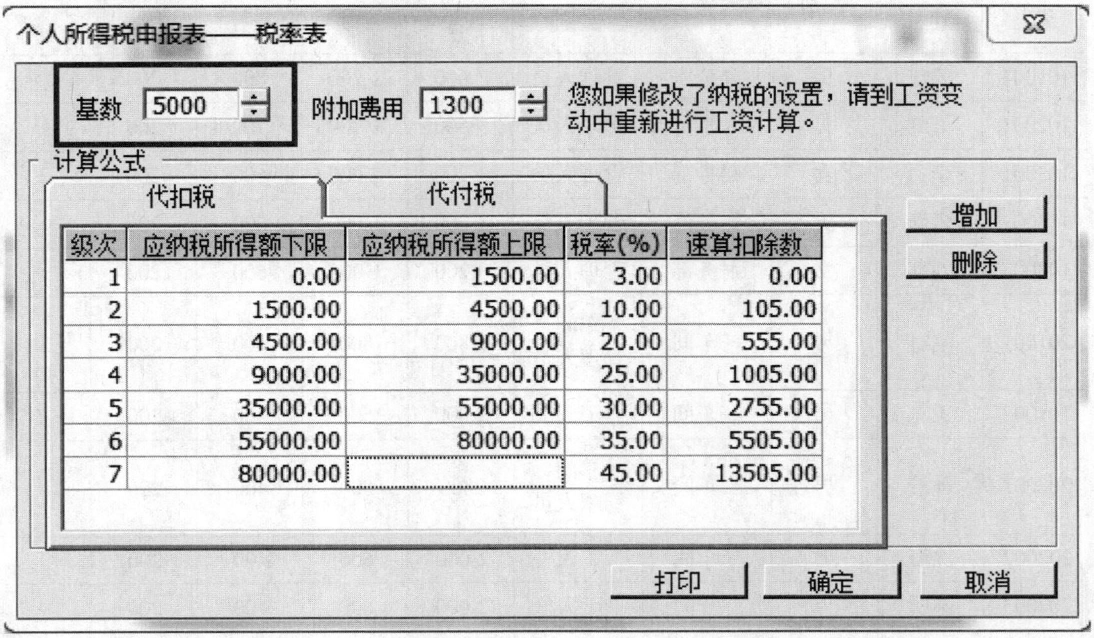

图 5 - 34 个人所得税申报表——税率表对话框

(4) 单击“确定”按钮，返回“选项”界面，再单击“确定”按钮，退出选项设置。

任务 2 薪资变动处理

任务单 5 - 2

项目	项目 5 应用薪资管理系统	任务	任务 2 薪资变动处理
学习目标 掌握录入工资数据表的操作方法。		学习方法 1. 观看操作视频，记录操作要点； 2. 讨论、交流； 3. 实践操作。	
学习任务 新宇公司 2019 年 1 月份工资数据（见表 5 - 5）。			

表 5－5　　人员工资数据　　单位：元

人员编码	人员姓名	性别	行政部门	人员类别	基本工资	岗位工资	交通补贴	物价补贴	缺勤天数
101001	姜成	男	办公室	管理人员	3 600	1 200	800	200	
102001	肖剑	男	人事部	管理人员	3 500	1 100	700	200	
103001	李丽	女	财务部	管理人员	3 200	1 000	600	200	2
103002	张新	男	财务部	管理人员	3 200	1 000	600	200	
103003	刘萍	女	财务部	管理人员	3 200	1 000	600	200	
201001	赵斌	男	一车间	车间管理人员	2 800	800	400	200	3
201002	王志	男	一车间	工人	2 000	600	400	200	
202001	孙浩	男	二车间	车间管理人员	2800	800	400	200	
202002	沈海	男	二车间	工人	2 000	600	400	200	
202003	陈明	男	二车间	工人	2 000	600	400	200	
301001	吴萍	女	采购部	采购人员	2 600	700	500	200	5
302001	周爽	女	销售部	销售人员	2 600	700	500	200	
303001	郑忠	男	仓储部	仓储人员	2 500	700	500	200	1

☞ **岗位说明**

002 张新执行操作。

☞ **操作步骤**

（1）在薪资管理系统中，执行“薪资管理”|“业务处理”|“工资变动”命令，打开“工资变动”窗口。

（2）根据表 5－5 分别录入基本工资、岗位工资、交通补贴、缺勤天数等工资项目内容。

（3）单击“全选”按钮，在人员记录的选择栏选中标记“Y”。

（4）单击“替换”按钮，打开“工资项数据替换”对话框，选择将工资项目“物价补贴”替换成“200”，如图 5－35 所示。

（5）单击“确定”按钮，系统弹出“数据替换后将不可恢复，是否继续?”，单击“是”按钮，系统继续提示“13 条记录被替换，是否重新计算?”单击“是”按钮返回。

（6）单击“计算”按钮，再单击“汇总”按钮，计算全部工资项目内容。计算结果如图 5－36 所示。

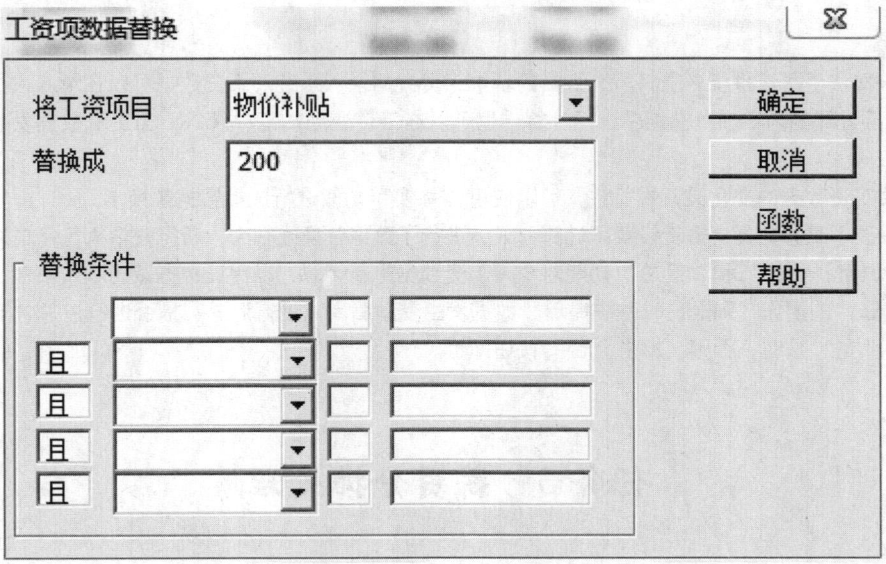

图 5－35　工资项数据替换对话框

选择	人员编号	姓名	部门	人员类别	应发合计	扣款合计	实发合计	代扣税
	101001	姜成	办公室	管理人员	7,800.00	1,134.04	6,665.96	68.44
	102001	肖剑	人事部	管理人员	7,500.00	1,065.56	6,434.44	44.36
	103001	李丽	财务部	管理人员	7,000.00	1,109.88	5,890.12	32.03
	103002	张新	财务部	管理人员	7,000.00	964.43	6,035.57	32.03
	103003	刘萍	财务部	管理人员	7,000.00	964.43	6,035.57	32.03
	201001	赵斌	一车间	车间管理人员	5,700.00	990.11	4,709.89	
	201002	王志	一车间	工人	3,800.00	577.20	3,222.80	
	202001	孙浩	二车间	车间管理人员	5,700.00	799.20	4,900.80	
	202002	沈海	二车间	工人	3,800.00	577.20	3,222.80	
	202003	陈明	二车间	工人	3,800.00	577.20	3,222.80	
	301001	吴萍	采购部	采购人员	5,000.00	1,323.51	3,676.49	
	302001	周爽	销售部	销售人员	5,000.00	732.60	4,267.40	
	303001	郑忠	仓储部	仓储人员	4,900.00	767.22	4,132.78	
合计					74,000.00	11,582.58	62,417.42	208.89

基本工资	奖金	交通补贴	岗位工资	物价补贴	医疗保险	养老保险	失业保险	住房公积金	缺勤扣款	缺勤天数	计税工资	五险一金计提数	工资分配基数
3,600.00	2,000.00	800.00	1,200.00	200.00	96.00	384.00	9.60	576.00			6,734.40	4,800.00	7,800.00
3,500.00	2,000.00	700.00	1,100.00	200.00	92.00	368.00	9.20	552.00			6,478.80	4,600.00	7,500.00
3,200.00	2,000.00	600.00	1,000.00	200.00	84.00	336.00	8.40	504.00	145.45	2.00	6,067.60	4,200.00	6,854.55
3,200.00	2,000.00	600.00	1,000.00	200.00	84.00	336.00	8.40	504.00			6,067.60	4,200.00	7,000.00
3,200.00	2,000.00	600.00	1,000.00	200.00	84.00	336.00	8.40	504.00			6,067.60	4,200.00	7,000.00
2,800.00	1,500.00	400.00	800.00	200.00	72.00	288.00	7.20	432.00	190.91	3.00	4,900.80	3,600.00	5,509.09
2,000.00	600.00	400.00	600.00	200.00	52.00	208.00	5.20	312.00			3,222.80	2,600.00	3,800.00
2,800.00	1,500.00	400.00	800.00	200.00	72.00	288.00	7.20	432.00			4,900.80	3,600.00	5,700.00
2,000.00	600.00	400.00	600.00	200.00	52.00	208.00	5.20	312.00			3,222.80	2,600.00	3,800.00
2,000.00	600.00	400.00	600.00	200.00	52.00	208.00	5.20	312.00			3,222.80	2,600.00	3,800.00
2,600.00	1,000.00	500.00	700.00	200.00	66.00	264.00	6.60	396.00	590.91	5.00	4,267.40	3,300.00	4,409.09
2,600.00	1,000.00	500.00	700.00	200.00	66.00	264.00	6.60	396.00			4,267.40	3,300.00	5,000.00
2,500.00	1,000.00	500.00	700.00	200.00	64.00	256.00	6.40	384.00	56.82	1.00	4,189.60	3,200.00	4,843.18
36,000.00	7,800.00	6,800.00	10,800.00	2,600.00	936.00	3,744.00	93.60	5,616.00	984.09	11.00	63,610.40	46,800.00	73,015.91

图 5－36　工资变动对话框

（7）单击“退出”按钮。

提 示

- 第一次使用薪资系统必须将所有人员的基本工资数据录入系统。工资数据可以在录入人员档案时直接录入，需要计算的内容在此功能中进行计算；也可以在工资变动功能中录入，当工资数据发生变动时应在此录入。
- 如果工资数据的变化具有规律性，可以使用“替换”功能进行成批数据替换。
- 在修改了某些数据、重新设置了计算公式、进行了数据替换或在个人所得税中执行了自动扣税等操作后，必须调用“计算”和“汇总”功能对个人工资数据重新计算，以保证数据正确。如果对工资数据只进行了“计算”的操作，则退出时系统提示“数据发生变动后尚未进行汇总，是否进行汇总?”，如果需要汇总则单击“是”按钮，否则，单击“否”按钮即可。

任务3 薪资分摊处理

任务单5-3

项目	项目5 应用薪资管理系统	任务	任务3 薪资分摊处理
学习目标 掌握工资分摊设置的操作方法。		学习方法 1. 观看操作视频，记录操作要点； 2. 讨论、交流； 3. 实践操作。	

学习任务

1. 工资分摊设置（见表5-6～表5-12）。

表5-6　计提工资（计提比例100%）

部门名称	人员类别	项目	借方科目	贷方科目
办公室、人事部、财务部	管理人员	工资分配基数	660203	221101
一车间	车间管理人员	工资分配基数	510102（A产品）	221101
二车间	车间管理人员	工资分配基数	510102（B产品）	221101
一车间	工人	工资分配基数	500102（A产品）	221101
二车间	工人	工资分配基数	500102（B产品）	221101
采购部	采购人员	工资分配基数	660203	221101
销售部	销售人员	工资分配基数	660103	221101
仓储部	仓储人员	工资分配基数	660203	221101

表 5－7　计提工会经费（计提比例 2%）

部门名称	人员类别	项目	借方科目	贷方科目
办公室、人事部、财务部	管理人员	应发合计	660203	221106
一车间	车间管理人员	应发合计	510102（A 产品）	221106
二车间	车间管理人员	应发合计	510102（B 产品）	221106
一车间	工人	应发合计	500102（A 产品）	221106
二车间	工人	应发合计	500102（B 产品）	221106
采购部	采购人员	应发合计	660203	221106
销售部	销售人员	应发合计	660103	221106
仓储部	仓储人员	应发合计	660203	221106

表 5－8　计提职工教育经费（计提比例 2.5%）

部门名称	人员类别	项目	借方科目	贷方科目
办公室、人事部、财务部	管理人员	应发合计	660203	221107
一车间	车间管理人员	应发合计	510102（A 产品）	221107
二车间	车间管理人员	应发合计	510102（B 产品）	221107
一车间	工人	应发合计	500102（A 产品）	221107
二车间	工人	应发合计	500102（B 产品）	221107
采购部	采购人员	应发合计	660203	221107
销售部	销售人员	应发合计	660103	221107
仓储部	仓储人员	应发合计	660203	221107

表 5－9　计提公司——设定提存计划（计提比例 21%）

部门名称	人员类别	项目	借方科目	贷方科目
办公室、人事部、财务部	管理人员	五险一金计提基数	660205	221103
一车间	车间管理人员	五险一金计提基数	510102（A 产品）	221103
二车间	车间管理人员	五险一金计提基数	510102（B 产品）	221103
一车间	工人	五险一金计提基数	500102（A 产品）	221103
二车间	工人	五险一金计提基数	500102（B 产品）	221103
采购部	采购人员	五险一金计提基数	660205	221103
销售部	销售人员	五险一金计提基数	660105	221103
仓储部	仓储人员	五险一金计提基数	660205	221103

表 5-10　计提公司——社会保险费（计提比例 11.8%）

部门名称	人员类别	项目	借方科目	贷方科目
办公室、人事部、财务部	管理人员	五险一金计提基数	660205	221104
一车间	车间管理人员	五险一金计提基数	510102（A 产品）	221104
二车间	车间管理人员	五险一金计提基数	510102（B 产品）	221104
一车间	工人	五险一金计提基数	500102（A 产品）	221104
二车间	工人	五险一金计提基数	500102（B 产品）	221104
采购部	采购人员	五险一金计提基数	660205	221104
销售部	销售人员	五险一金计提基数	660105	221104
仓储部	仓储人员	五险一金计提基数	660205	221104

表 5-11　计提公司——住房公积金（计提比例 12%）

部门名称	人员类别	项目	借方科目	贷方科目
办公室、人事部、财务部	管理人员	五险一金计提基数	660203	221105
一车间	车间管理人员	五险一金计提基数	510102（A 产品）	221105
二车间	车间管理人员	五险一金计提基数	510102（B 产品）	221105
一车间	工人	五险一金计提基数	500102（A 产品）	221105
二车间	工人	五险一金计提基数	500102（B 产品）	221105
采购部	采购人员	五险一金计提基数	660203	221105
销售部	销售人员	五险一金计提基数	660103	221105
仓储部	仓储人员	五险一金计提基数	660203	221105

表 5-12　计提代扣个人所得税（计提比例 100%）

部门名称	人员类别	项目	借方科目	贷方科目
办公室、人事部、财务部	管理人员	扣税合计	221101	222104
一车间、二车间	车间管理人员	扣税合计	221101	222104
一车间、二车间	工人	扣税合计	221101	222104
采购部	采购人员	扣税合计	221101	222104
销售部	销售人员	扣税合计	221101	222104
仓储部	仓储人员	扣税合计	221101	222104

2019年1月1日，根据表5－6～表5－12设置工资分摊。新宇公司五险一金、工会经费和职工教育经费都按“五险一金计提基数”计提。公司承担的养老保险、医疗保险、失业保险、工伤保险、生育保险、住房公积金、工会经费和职工教育经费计提比例分别为20%、10%、1%、1%、0.8%、12%、2%和2.5%；职工个人承担的养老保险、医疗保险、失业保险、住房公积金计提比例分别为8%、2%、0.2%、12%；职工福利费按实际发生数列支。

提示：公司承担的养老保险和失业保险通过“设定提存计划”工资项目核算；公司承担的医疗保险、工伤保险和生育保险通过“社会保险费”工资项目核算；费用项目统一记入二级科目“社会保险费”。

2. 2019年1月31日，完成工资变动，根据工资分摊设置完成计提工资、公司——设定提存计划、公司——社会保险费、公司——住房公积金、计提工会经费、计提职工教育经费、计提个人所得税的转账分录。(勾选“合并科目相同、辅助项相同的分录”)

3. 2019年1月31日，发放本月职工工资，取得与该业务有关的原始凭证如图5－37所示。

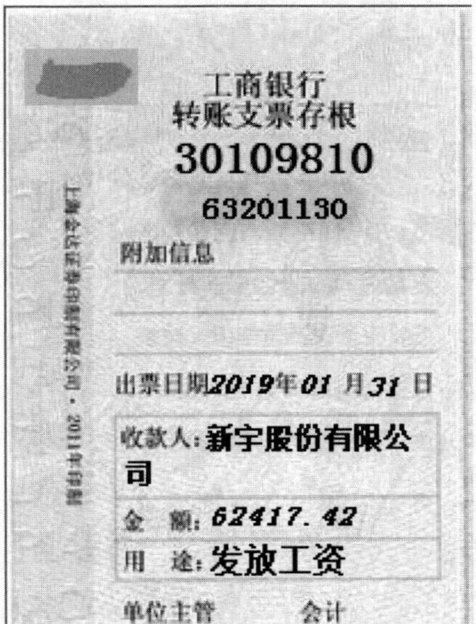

工商银行
转账支票存根
30109810
63201130
附加信息
出票日期2019年01月31日
收款人：新宇股份有限公司
金　额：62417.42
用　途：发放工资
单位主管　　会计

图5－37　转账支票存根

4. 2019年1月31日，上缴本月企业和个人负担的社会保险和住房公积金，取得与该业务有关的原始凭证如图5－38～图5－41所示。

社会保险费专用收款票据

流水号：19877690　　　　No.366748

付款单位：新宇股份有限公司　　　　单位：元

收费项目	起始年月	终止年月	人数	单位缴纳额	个人缴纳额	滞纳金	利息	合计金额
养老保险	2019.01.01	2019.01.31	13	9360.00	3744.00			13104.00
医疗保险	2019.01.01	2019.01.31	13	4680.00	936.00			5616.00
失业保险	2019.01.01	2019.01.31	13	468.00	93.60			561.60
工伤保险	2019.01.01	2019.01.31	13	468.00				468.00
生育保险	2019.01.01	2019.01.31	13	374.40				374.40
人民币合计（大写）：贰万零壹佰贰拾肆元整								￥20124.00

收款单位（章）　财务复核人：略　业务复核人：略　操作员：略　开具时间：2019.01.31

第二联：发票联

图 5－38　社会保险缴费收据

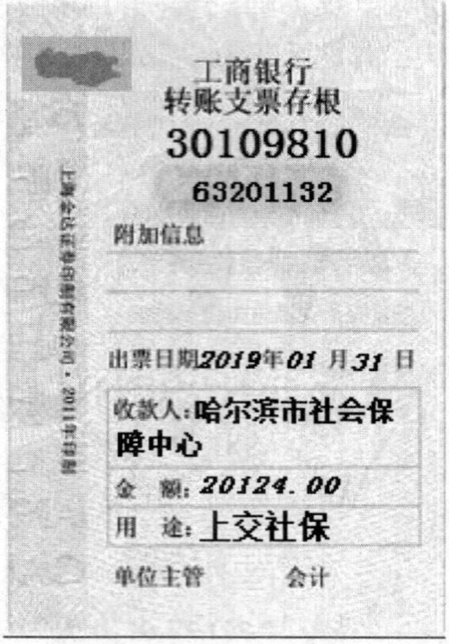
工商银行

转账支票存根

30109810

63201132

附加信息

出票日期 2019年01月31日

收款人：哈尔滨市社会保障中心

金　额：20124.00

用　途：上交社保

单位主管　　会计

图 5－39　转账支票存根

住房公积金收款收据

黑龙江哈尔滨市

2019年1月31日　　　　No.6659806

缴款单位	新宇股份有限公司	公积金账号	16588766	单位性质	民营企业
单位人数	13	汇缴	2019.01.01—2019.01.31	缴款方式	转账支票
人民币（大写）壹万壹仟贰佰叁拾贰元整				￥11232.00	
住房公积金管理机构盖章					

第二联：发票联

图 5－40　住房公积金收款收据

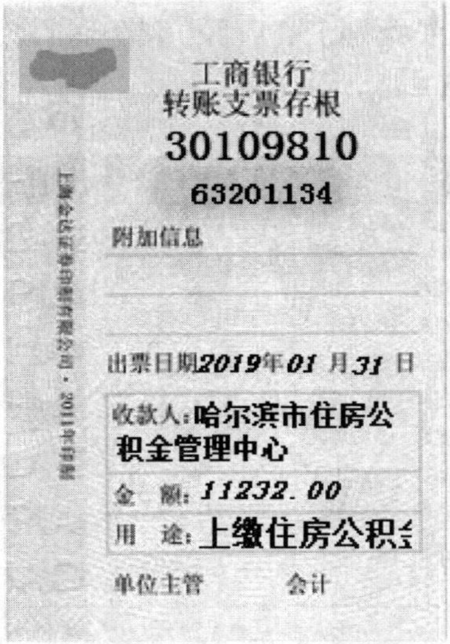
工商银行
转账支票存根
30109810
63201134
附加信息
出票日期2019年01月31日
收款人：哈尔滨市住房公积金管理中心
金 额：11232.00
用 途：上缴住房公积
单位主管 会计

图 5－41 转账支票存根

5.3.1 设置工资分摊

☞ 岗位说明

002 张新执行操作。

☞ 操作步骤

（1）在薪资管理系统中，执行“薪资管理”|“业务处理”|“工资分摊”命令，打开“工资分摊”对话框。

（2）单击“工资分摊设置…”按钮，打开“分摊类型设置”对话框。

（3）单击“增加”按钮，打开“分摊计提比例设置”对话框。

（4）在“计提类型名称”栏录入“计提工资”，“分摊计提比例”默认“100%”，如图 5－42 所示。

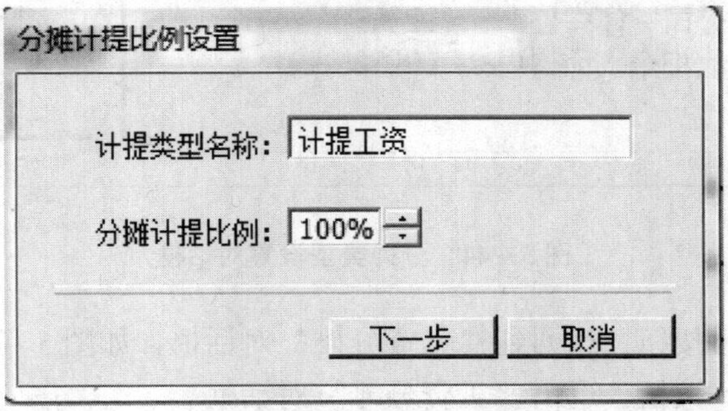

图 5－42 分摊计提比例设置对话框

（5）单击“下一步”按钮，打开“分摊构成设置”对话框。分别选择“人员类别”“部门名称”输入或选择不同人员类别工资项目、借方科目代码、贷方科目代码以及借方项目大类和借方项目名称，如图 5－43 所示。

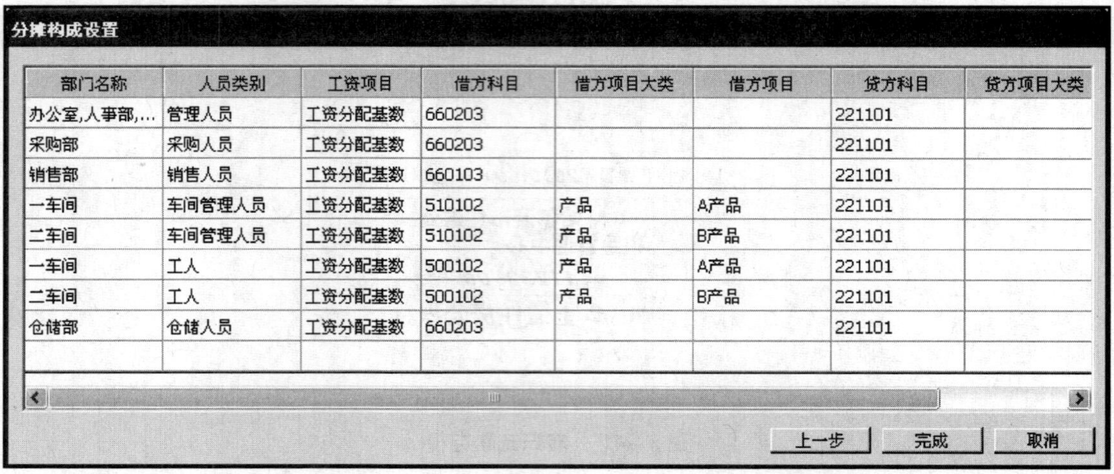

图 5－43　分摊构成设置对话框 1

（6）单击“完成”按钮，返回到“分摊类型设置”对话框。

（7）继续重复步骤（3）～步骤（6）增加工会经费、职工教育经费、公司——设定提存计划、公司——社会保险费、公司——住房公积金以及代扣个人所得税分摊比例设置。增加结果如图 5－44 所示。

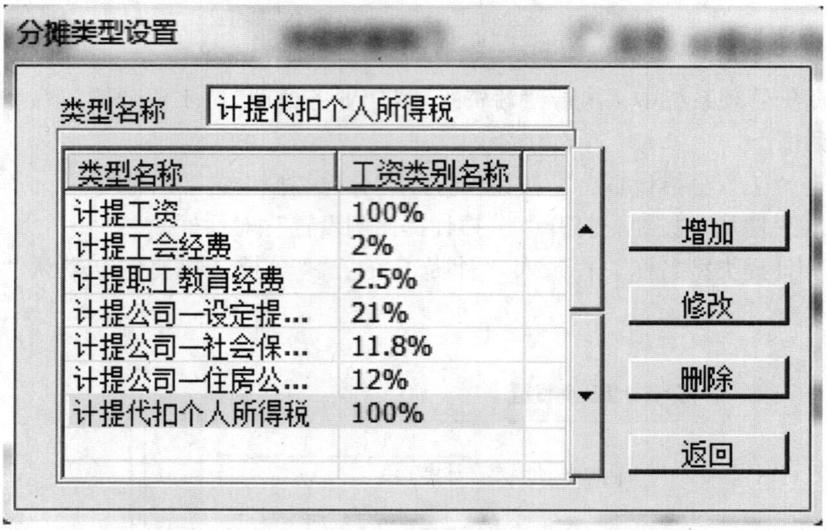

图 5－44　分摊类型设置对话框

（8）单击“返回”按钮，返回到“工资分摊”对话框，如图 5－45 所示。

（9）单击“取消”按钮，退出“工资分摊”对话框。

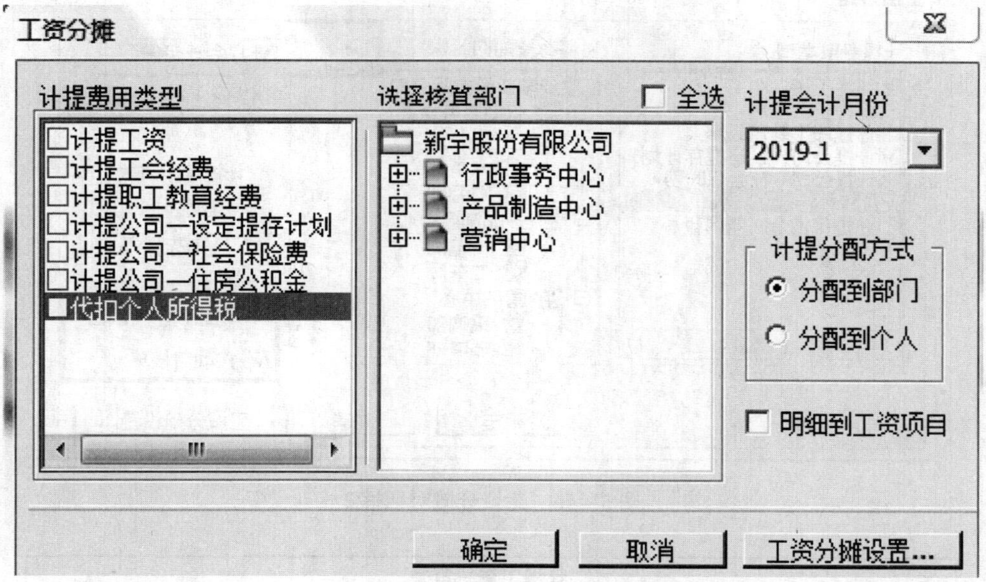

图 5－45 工资分摊对话框 1

5.3.2 工资分摊账务处理

☞ **岗位说明**

002 张新执行操作。

☞ **操作步骤**

(1) 计提工资费用。

①在薪资管理系统中，执行“薪资管理”|“业务处理”|“工资变动”命令，打开“工资变动”对话框，单击“计算”按钮，完成计算，单击“汇总”按钮，关闭“工资变动”对话框。

②执行“薪资管理”|“业务处理”|“工资分摊”命令，打开“工资分摊”对话框。在计提费用类型处选中“计提工资”“计提公司——设定提存计划”“计提公司——社会保险”“计提公司——住房公积金”复选框。

③在选择核算部门处选中所有的一级部门及其下设的所有二级部门，或直接点击“全选”按钮；选中“明细到工资项目”“按项目核算”复选框，如图 5－46 所示。

④单击“确定”按钮。打开“工资分摊明细”对话框，在“类型”栏中选中“计提工资”，选中“合并科目相同、辅助项相同的分录”复选框，如图 5－47 所示。

⑤单击“制单”按钮，生成工资费用分摊凭证，选择凭证字为“转账凭证”。

⑥单击“保存”按钮，凭证保存成功，如图 5－48 所示。

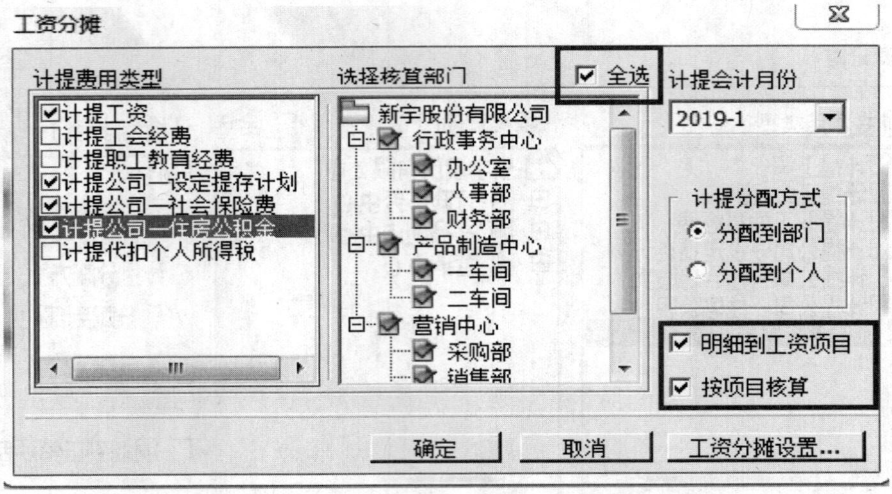

图 5-46　工资分摊对话框 2

计提工资一览表

☑ 合并科目相同、辅助项相同的分录

类型 计提工资　　　　计提会计月份　1月

部门名称	人员类别	工资分配基数						
		分配金额	借方科目	借方项目大类	借方项目	贷方科目	贷方项目大类	贷方项目
办公室	管理人员	7800.00	660203			221101		
人事部		7500.00	660203			221101		
财务部		20854.55	660203			221101		
一车间	车间管理人员	5509.09	510102	产品	A产品	221101		
	工人	3800.00	500102	产品	A产品	221101		
二车间	车间管理人员	5700.00	510102	产品	B产品	221101		
	工人	7600.00	500102	产品	B产品	221101		
采购部	采购人员	4409.09	660203			221101		
销售部	销售人员	5000.00	660103			221101		
仓储部	仓储人员	4843.18	660203			221101		

图 5-47　计提工资一览表对话框

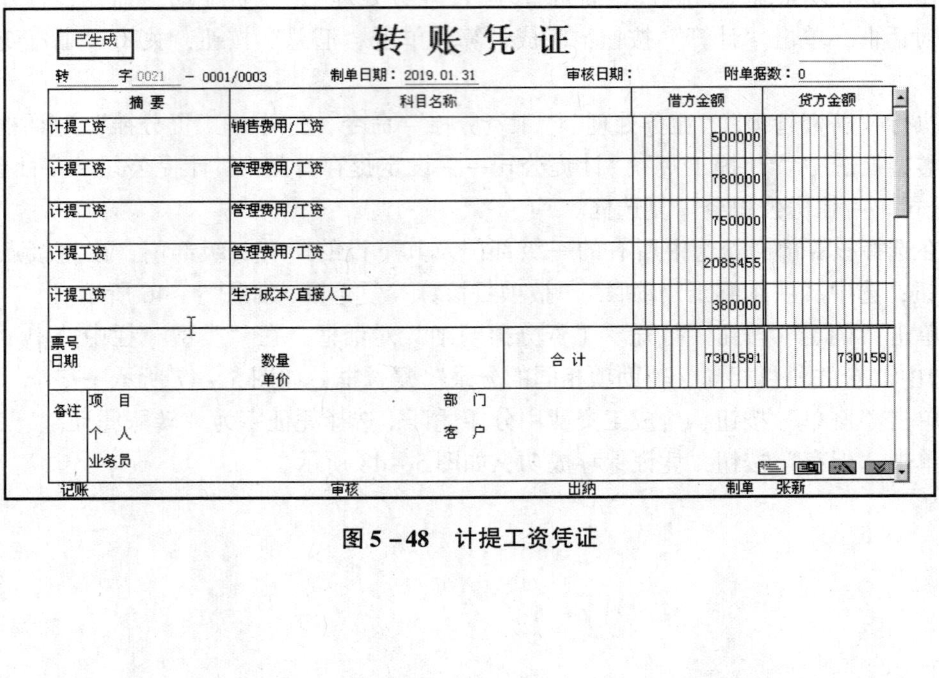

图 5-48　计提工资凭证

⑦退出凭证，在“类型”栏中选中“计提公司——设定提存计划”，选中“合并科目相同、辅助项相同的分录”复选框，单击“制单”按钮，生成工资费用分摊凭证，选择凭证字为“转账凭证”。

⑧单击“保存”按钮，凭证保存成功，如图 5－49 所示。

已生成

转 账 凭 证

转 字 0024 － 0001/0003　　制单日期：2019.01.31　　审核日期：　　附单据数：0

摘要	科目名称	借方金额	贷方金额
计提公司——设定提存计划	销售费用/社会保险费	69300	
计提公司——设定提存计划	管理费用/社会保险费	100800	
计提公司——设定提存计划	管理费用/社会保险费	96600	
计提公司——设定提存计划	管理费用/社会保险费	264600	
计提公司——设定提存计划	生产成本/直接人工	54600	
票号 日期	数量 单价 合计	982800	982800

备注　项目　部门　个人　客户　业务员

记账　审核　出纳　制单 张新

图 5－49　计提公司——设定提存计划凭证

⑨以此方法生成“计提公司——社会保险费”“计提公司——住房公积金”会计凭证，如图 5－50、图 5－51 所示。

已生成

转 账 凭 证

转 字 0025 － 0001/0003　　制单日期：2019.01.31　　审核日期：　　附单据数：0

摘要	科目名称	借方金额	贷方金额
计提公司——社会保险	销售费用/社会保险费	38940	
计提公司——社会保险	管理费用/社会保险费	56640	
计提公司——社会保险	管理费用/社会保险费	54280	
计提公司——社会保险	管理费用/社会保险费	148680	
计提公司——社会保险	生产成本/直接人工	30680	
票号 日期	数量 单价 合计	552240	552240

备注　项目　部门　个人　客户　业务员

记账　审核　出纳　制单 张新

图 5－50　计提公司——社会保险费凭证

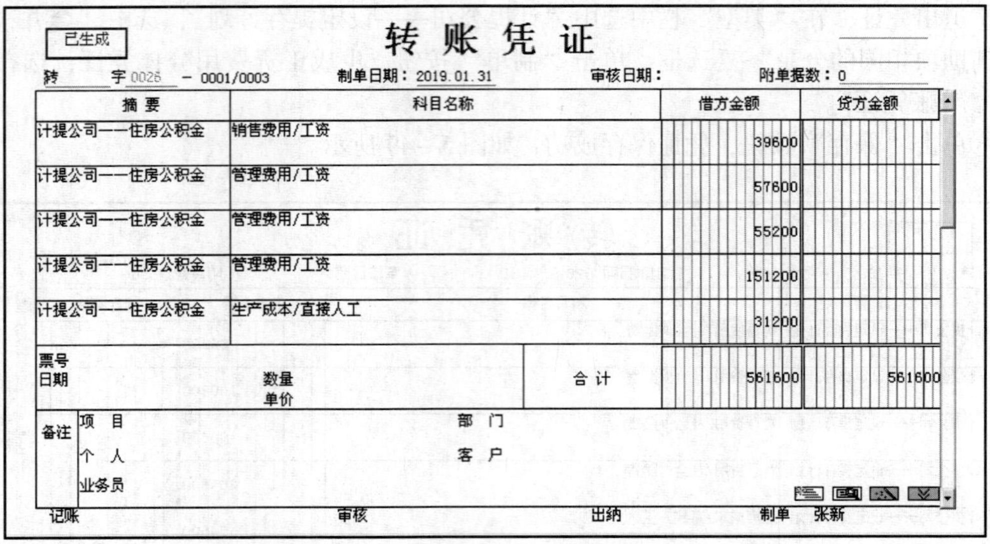

已生成

转账凭证

转 字 0026 - 0001/0003　制单日期：2019.01.31　审核日期：　附单据数：0

摘要	科目名称	借方金额	贷方金额
计提公司——住房公积金	销售费用/工资	39600	
计提公司——住房公积金	管理费用/工资	57600	
计提公司——住房公积金	管理费用/工资	55200	
计提公司——住房公积金	管理费用/工资	151200	
计提公司——住房公积金	生产成本/直接人工	31200	
票号 日期	数量 单价 合计	561600	561600

备注　项目　部门　个人　客户　业务员

记账　审核　出纳　制单 张新

图 5-51　计提公司——住房公积金凭证

（2）计提职工经费。

①在薪资管理系统中执行“薪资管理”|“业务处理”|“工资分摊”命令，打开“工资分摊”对话框。在计提费用类型处选中“计提工会经费”“计提职工教育经费”复选框。

②在选择核算部门处选中所有的一级部门及其下设的所有二级部门，或直接点击“全选”按钮；选中“明细到工资项目”“按项目核算”复选框。

③单击“确定”按钮。打开“工资分摊明细”对话框，在“类型”栏中选中“计提工会经费”，选中“合并科目相同、辅助项相同的分录”复选框。

④单击“制单”按钮，生成工资费用分摊凭证，选择凭证字为“转账凭证”。

⑤单击“保存”按钮，凭证保存成功，如图 5-52 所示。

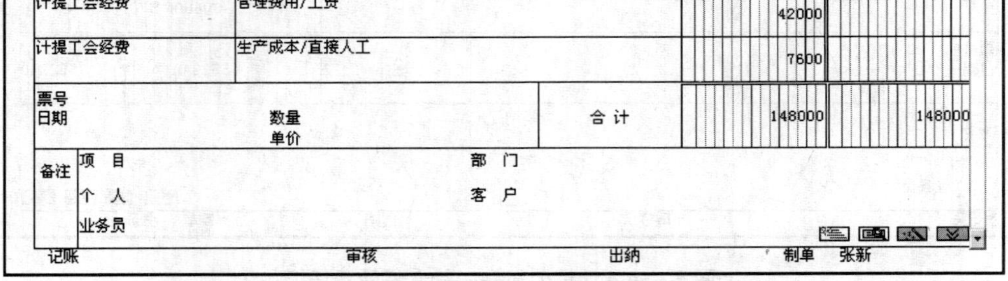

已生成

转账凭证

转 字 0022 - 0001/0003　制单日期：2019.01.31　审核日期：　附单据数：0

摘要	科目名称	借方金额	贷方金额
计提工会经费	销售费用/工资	10000	
计提工会经费	管理费用/工资	15600	
计提工会经费	管理费用/工资	15000	
计提工会经费	管理费用/工资	42000	
计提工会经费	生产成本/直接人工	7600	
票号 日期	数量 单价 合计	148000	148000

备注　项目　部门　个人　客户　业务员

记账　审核　出纳　制单 张新

图 5-52　计提工会经费凭证

⑥以此方法生成“计提职工教育经费”会计凭证，如图 5－53 所示。

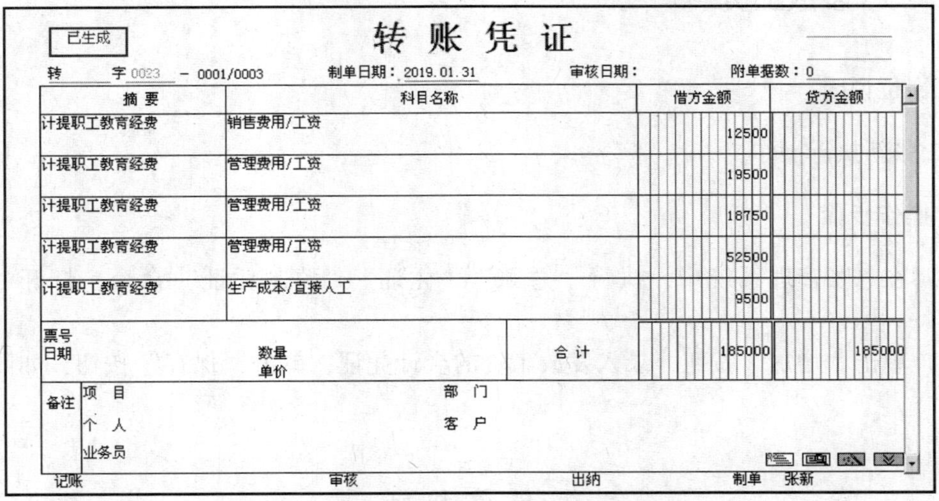

已生成

转账凭证

转 字 0023 － 0001/0003 制单日期：2019.01.31 审核日期： 附单据数：0

摘要	科目名称	借方金额	贷方金额
计提职工教育经费	销售费用/工资	12500	
计提职工教育经费	管理费用/工资	19500	
计提职工教育经费	管理费用/工资	18750	
计提职工教育经费	管理费用/工资	52500	
计提职工教育经费	生产成本/直接人工	9500	
票号 日期	数量 单价 合计	185000	185000

备注 项目 部门

个人 客户

业务员

记账 审核 出纳 制单 张新

图 5－53 计提职工教育经费凭证

（3）计提个人所得税。

①在薪资管理系统中执行“薪资管理”|“业务处理”|“工资分摊”命令，打开“工资分摊”对话框。在计提费用类型处选中“代扣个人所得税”复选框。

②在选择核算部门处选中所有的一级部门及其下设的所有二级部门，或直接点击“全选”按钮；选中“明细到工资项目”“按项目核算”复选框。

③单击“确定”按钮。打开“工资分摊明细”对话框，在“类型”栏中选中“代扣个人所得税”，选中“合并科目相同、辅助项相同的分录”复选框。

④单击“制单”按钮，生成工资费用分摊凭证，选择凭证字为“转账凭证”。

⑤单击“保存”按钮，凭证保存成功，如图 5－54 所示。

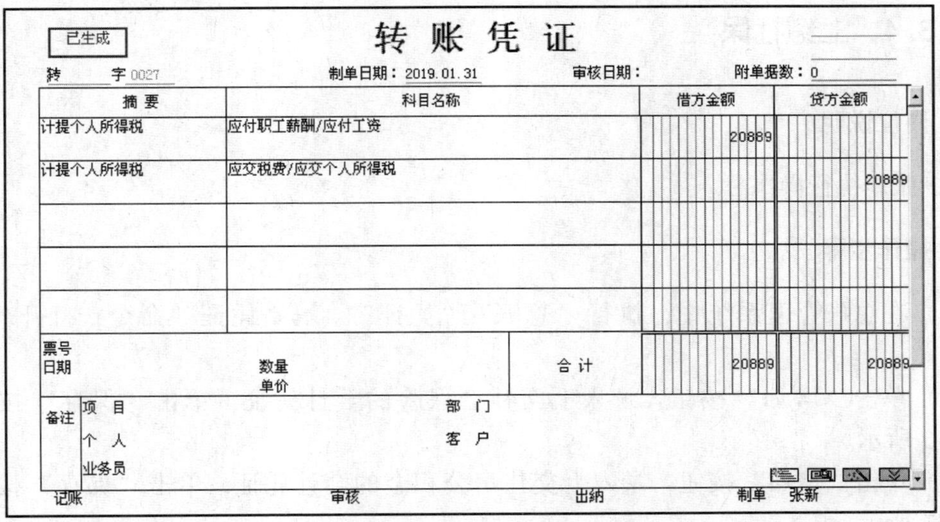

已生成

转账凭证

转 字 0027 制单日期：2019.01.31 审核日期： 附单据数：0

摘要	科目名称	借方金额	贷方金额
计提个人所得税	应付职工薪酬/应付工资	20889	
计提个人所得税	应交税费/应交个人所得税		20889
票号 日期	数量 单价 合计	20889	20889

备注 项目 部门

个人 客户

业务员

记账 审核 出纳 制单 张新

图 5－54 代扣个人所得税凭证

5.3.3 发放工资

☞ **岗位说明**

002 张新执行操作。

☞ **操作步骤**

（1）在总账管理系统中，执行“总账”|“凭证”|“填制凭证”命令，打开“凭证”窗口。

（2）单击“增加”按钮，录入发放工资的会计凭证，单击“保存”按钮，如图5-55所示。

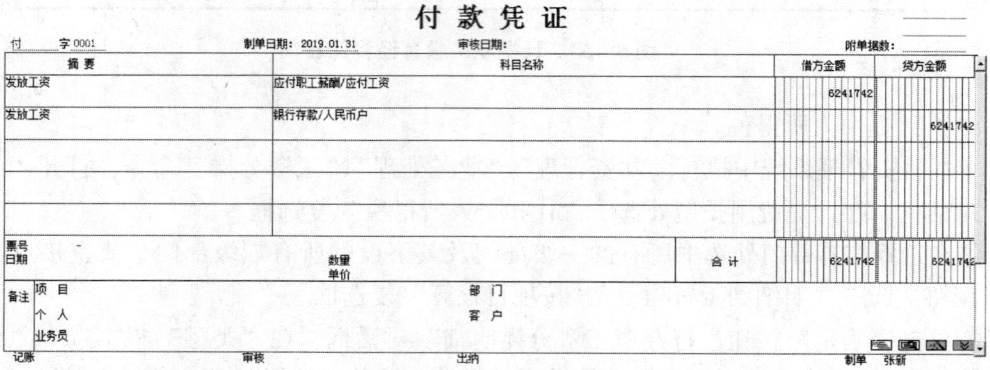

图5-55 发放工资凭证

5.3.4 上缴社保

☞ **岗位说明**

002 张新执行操作。

☞ **操作步骤**

（1）在总账管理系统中，执行“总账”|“凭证”|“填制凭证”命令，打开“凭证”窗口。

（2）单击“增加”按钮，录入上交社会保险的会计凭证，单击“保存”按钮，如图5-56所示。

（3）单击“增加”按钮，录入上交住房公积金的会计凭证，单击“保存”按钮，如图5-57所示。

付款凭证

付 字 0002　　制单日期：2019.01.31　　审核日期：　　附单据数：

摘要	科目名称	借方金额	贷方金额
上交社会保险	应付职工薪酬/应付工资	477360	
上交社会保险	应付职工薪酬/设定提存计划	982800	
上交社会保险	应付职工薪酬/社会保险费	552240	
上交社会保险	银行存款/人民币户		2012400
票号 - 日期	数量 单价　　合计	2012400	2012400
备注 项目 个人 业务员	部门 客户		

记账　　审核　　出纳　　制单 张颖

图 5－56　上交社会保险凭证

付款凭证

付 字 0003　　制单日期：2019.01.31　　审核日期：　　附单据数：

摘要	科目名称	借方金额	贷方金额
上交住房公积金	应付职工薪酬/应付工资	561600	
上交住房公积金	应付职工薪酬/住房公积金	561600	
上交住房公积金	银行存款/人民币户		1123200
票号 - 日期	数量 单价　　合计	1123200	1123200
备注 项目 个人 业务员	部门 客户		

记账　　审核　　出纳　　制单 张颖

图 5－57　上交住房公积金凭证

任务 4　期末结账

任务单 5－4

项目	项目 5　应用薪资管理系统	任务	任务 4　期末结账
学习目标 1. 掌握薪资系统期末结账的操作方法； 2. 掌握查询个人所得税年度申报表、查询工资发放条的操作方法。		学习方法 1. 观看操作视频，记录操作要点； 2. 讨论、交流； 3. 实践操作。	

学习任务

1. 2019 年 1 月 31 日，对薪资管理系统进行月末结账，将“缺勤天数”“缺勤扣款”“代扣税”工资项目清零。

2. 2019 年 1 月 31 日，查询个人所得税年度申报表。

3. 2019 年 1 月 31 日，查询工资发放条。

5.4.1 期末结账

☞ 岗位说明

002 张新执行操作。

☞ 操作步骤

（1）在薪资管理系统中，执行“薪资管理”|“业务处理”|“月末处理”命令，打开“月末处理”对话框，如图 5－58 所示。

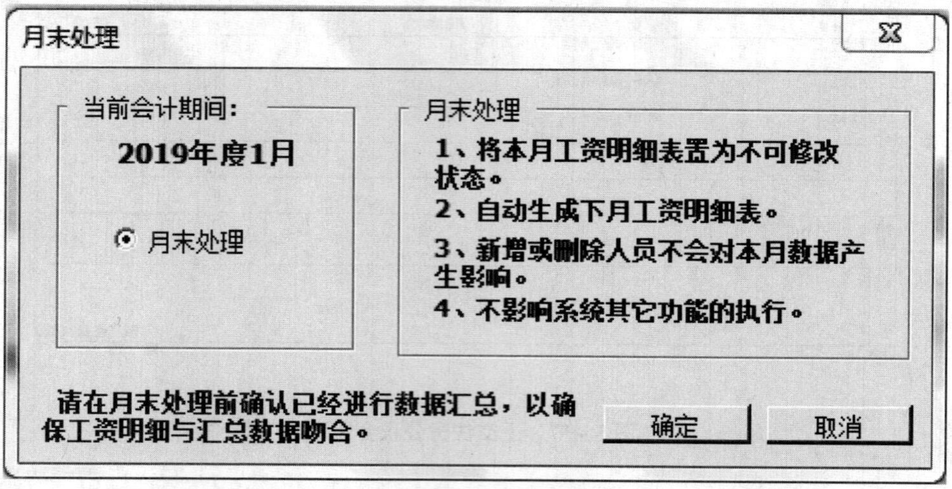

图 5－58　月末处理对话框

（2）单击“确定”按钮，系统提示“月末处理之后，本月工资将不许变动！继续月末处理吗?”，单击“是”按钮，系统继续提示“是否选择清零?”，单击“是”按钮，打开“选择清零项目”对话框，选择需要清零的项目“缺勤扣款”“缺勤天数”“代扣税”，如图 5－59 所示。

（3）单击“确定”按钮，系统提示“月末处理完毕！”，如图 5－60 所示。

提示

薪资系统月末结账时，若为处理多个工资类别，则应打开工资类别，分别进行月末结算。本账套在初始设置中选择了单个工资类别，因此对薪资系统办理一次月末结账即可。

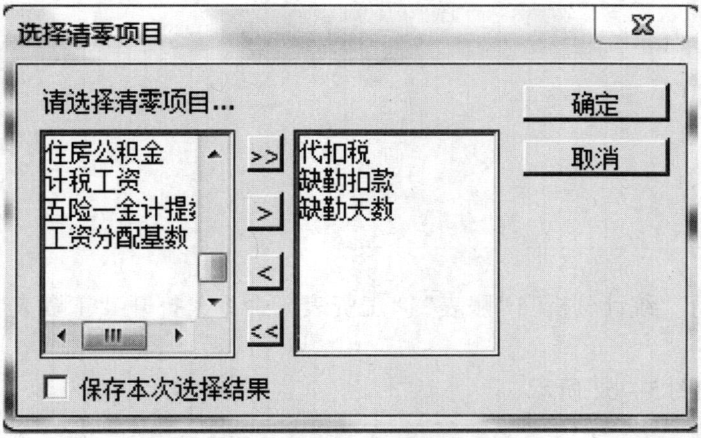

图 5-59 选择清零项对话框

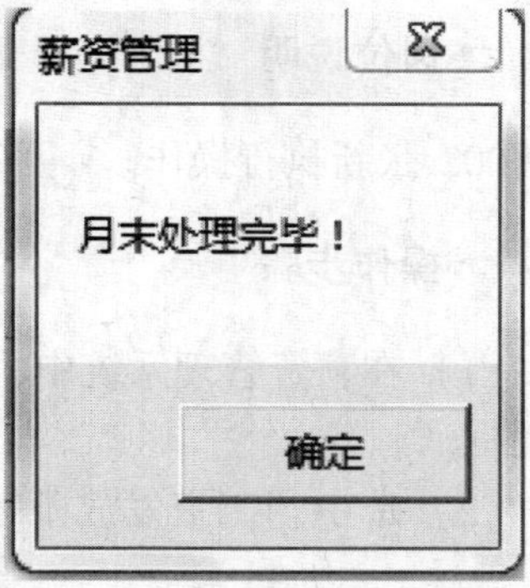

图 5-60 薪资管理月末处理完毕提示框

5.4.2 查询个人所得税申报表

☞ **岗位说明**

002 张新执行操作。

☞ **操作步骤**

（1）在薪资管理系统中，执行“薪资管理”|“业务处理”|“扣缴所得税”命令，打开“个人所得税申报模板”对话框。

（2）选择“个人所得税年度申报表”，打开“所得税申报”对话框，所有条件默认。

（3）单击“确定”按钮，进入“系统扣缴个人所得税年度申报表”窗口，如图 5-61 所示。

系统扣缴个人所得税年度申报表

2019年1月 -- 2019年1月

总人数：13

姓名	证件号码	所得项目	所属期间...	所属期间...	收入额	减费用额	应纳税所...	税率	速算扣除数	应纳税额	已扣缴税款
姜成		工资	20190101	20191231			1734.40	10	105.00	68.44	68.44
肖剑		工资	20190101	20191231			1478.80	3	0.00	44.36	44.36
李丽		工资	20190101	20191231			1067.60	3	0.00	32.03	32.03
张新		工资	20190101	20191231			1067.60	3	0.00	32.03	32.03
刘萍		工资	20190101	20191231			1067.60	3	0.00	32.03	32.03
赵斌		工资	20190101	20191231			0.00	0	0.00	0.00	0.00
王志		工资	20190101	20191231			0.00	0	0.00	0.00	0.00
孙浩		工资	20190101	20191231			0.00	0	-0.00	0.00	0.00
沈海		工资	20190101	20191231			0.00	0	0.00	0.00	0.00
陈明		工资	20190101	20191231			0.00	0	0.00	0.00	0.00
吴萍		工资	20190101	20191231			0.00	0	0.00	0.00	0.00
周爽		工资	20190101	20191231			0.00	0	0.00	0.00	0.00
郑忠		工资	20190101	20191231			0.00	0	0.00	0.00	0.00
合计							6416.00		105.00	208.89	208.89

图 5-61 系统扣缴个人所得税年度申报表窗口

5.4.3 查询工资发放条

☞ **岗位说明**

002 张新执行操作。

☞ **操作步骤**

（1）在薪资管理系统中，执行“统计分析”|“账表”|“工资表”命令，打开“工资表”对话框。

（2）选中“工资发放条”，如图 5－62 所示。

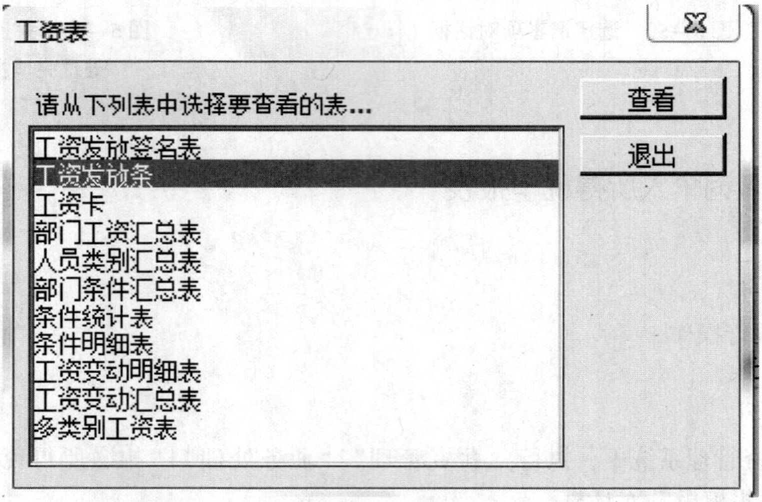

图 5－62　工资表对话框

（3）单击“查看”按钮，打开“工资发放条”对话框。

（4）单击选中所有部门，并单击“选定下级部门”前的复选框。

（5）单击“确定”按钮，进入“工资发放条”窗口，如图 5－63 所示。

工资发放条
2019 年 01 月

部门 全部　　会计月份 一月　　人数：1

人员编号	姓名	应发合计	扣款合计	实发合计	代扣税	工资代扣税	扣税合计	基本工资	奖金	交通补贴	岗位工资	物价补贴	医疗保险	养老保险	失业保险	住房公积金	缺勤扣款	缺勤天数	计税工资	五险一金计提数	工资分配基数
101001	姜成	7,800.00	1,134.04	6,665.96	68.44	68.44	68.44	3,600.00	2,000.00	800.00	1,200.00	200.00	96.00	384.00	9.60	576.00			6,734.40	4,800.00	7,800.00
102001	肖剑	7,500.00	1,065.56	6,434.44	44.36	44.36	44.36	3,500.00	2,000.00	700.00	1,100.00	200.00	92.00	368.00	9.20	552.00			6,478.80	4,600.00	7,500.00
103001	李丽	7,000.00	1,109.88	5,890.12	32.03	32.03	32.03	3,200.00	2,000.00	600.00	1,000.00	200.00	84.00	336.00	8.40	504.00	145.45	2.00	6,067.60	4,200.00	6,854.55
103002	张新	7,000.00	964.43	6,035.57	32.03	32.03	32.03	3,200.00	2,000.00	600.00	1,000.00	200.00	84.00	336.00	8.40	504.00			6,067.60	4,200.00	7,000.00
103003	刘萍	7,000.00	964.43	6,035.57	32.03	32.03	32.03	3,200.00	2,000.00	600.00	1,000.00	200.00	84.00	336.00	8.40	504.00			6,067.60	4,200.00	7,000.00
201001	赵斌	5,700.00	990.11	4,709.89				2,800.00	1,500.00	400.00	800.00	200.00	72.00	288.00	7.20	432.00	190.91	3.00	4,900.80	3,600.00	5,509.09
201002	王志	3,800.00	577.20	3,222.80				2,000.00	600.00	400.00	600.00	200.00	52.00	208.00	5.20	312.00			3,222.80	2,600.00	3,800.00
202001	孙浩	5,700.00	799.20	4,900.80				2,800.00	1,500.00	400.00	800.00	200.00	72.00	288.00	7.20	432.00			4,900.80	3,600.00	5,700.00
202002	沈海	3,800.00	577.20	3,222.80				2,000.00	600.00	400.00	600.00	200.00	52.00	208.00	5.20	312.00			3,222.80	2,600.00	3,800.00
202003	陈明	3,800.00	577.20	3,222.80				2,000.00	600.00	400.00	600.00	200.00	52.00	208.00	5.20	312.00			3,222.80	2,600.00	3,800.00
301001	吴萍	5,000.00	1,323.51	3,676.49				2,600.00	1,000.00	500.00	700.00	200.00	66.00	264.00	6.60	396.00	590.91	5.00	4,267.40	3,300.00	4,409.09
302001	周爽	5,000.00	732.60	4,267.40				2,600.00	1,000.00	500.00	700.00	200.00	66.00	264.00	6.60	396.00			4,267.40	3,300.00	5,000.00
303001	郑忠	4,900.00	767.22	4,132.78				2,500.00	1,000.00	500.00	700.00	200.00	64.00	256.00	6.40	384.00	56.82	1.00	4,189.60	3,200.00	4,843.18
合计		74,000.00	11,582.58	62,417.42	208.89	208.89	208.89	36,000.00	17,800.00	6,800.00	10,800.00	2,600.00	936.00	3,744.00	93.60	5,616.00	984.09	11.00	63,610.40	46,800.00	73,015.91

图 5－63　工资发放条窗口

(6) 单击“退出”按钮，退出“工资发放条”。

提 示

- 工资业务处理完成后，相关工资报表数据同时生成，系统提供了多种形式的报表反映工资核算的结果。如果对报表的格式不满意，还可以进行修改。
- 系统提供的工资报表主要包括“工资发放签名表”“工资发放条”“部门工资汇总表”“人员类别汇总表”“部门条件汇总表”“条件统计表”“条件明细表”及“工资变动明细表”等。
- 工资发放条是发放工资时交给职工的工资项目清单。系统提供了自定义工资发放打印信息和工资项目打印位置格式的功能，提供固化表头和打印区域范围的“工资套打”格式。

项目总结

应用薪资管理系统如图5－64所示。

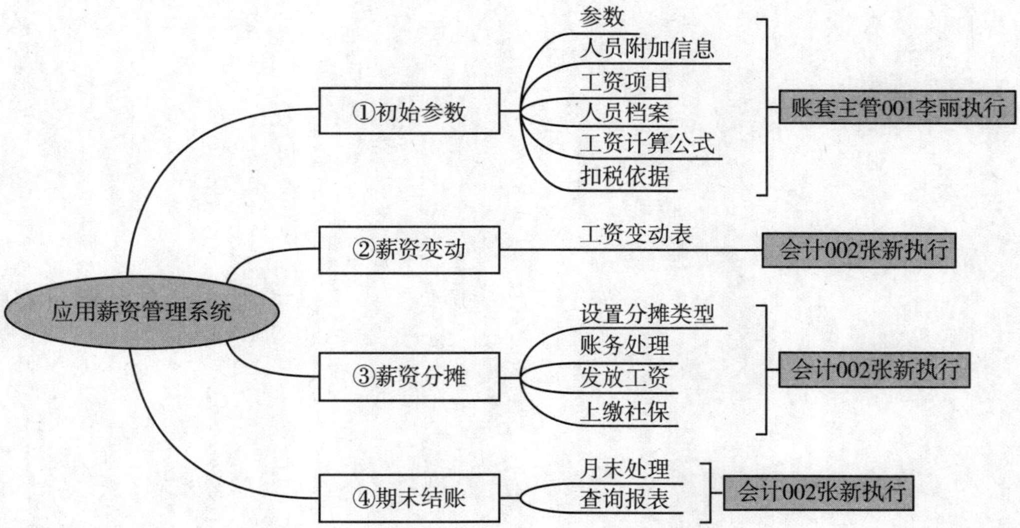

图5－64 应用薪资管理系统流程

项目6

应用固定资产管理

项目分析

新宇公司需要对原始固定资产和本月增加、减少的固定资产进行管理，并进行相应的账务处理。要想运用软件处理新宇公司的固定资产业务，就需要解决如下几个问题。

问题1：如何进行固定资产系统的初始设置。

问题2：怎样录入固定资产原始卡片。

问题3：怎样进行固定资产增加、减少、折旧的业务处理。

问题4：怎样进行相关的账务处理。

问题5：怎样对固定资产管理系统进行期末结账。

请在下列任务的执行过程中探索解决问题的方法。

任务1　设置固定资产管理系统初始参数

任务单6－1

<table>
<tr><td>项目</td><td>项目6　应用固定资产管理</td><td>任务</td><td>任务1　设置固定资产管理系统初始参数</td></tr>
<tr><td colspan="2">学习目标
1. 掌握固定资产参数设置的操作方法；
2. 掌握固定资产部门对应折旧科目的操作方法；
3. 掌握固定资产类别的操作方法；
4. 掌握固定资产增减方式对应入账科目的操作方法；
5. 掌握增加固定资产原始卡片的操作方法。</td><td colspan="2">学习方法
1. 观看操作视频，记录操作要点；
2. 讨论、交流；
3. 实践操作。</td></tr>
<tr><td colspan="4">学习任务
1. 新宇公司固定资产管理系统参数如表6－1所示。</td></tr>
</table>

表6－1　固定资产管理系统参数设置

控制参数	参数设置
约定与说明	我同意
启用月份	2019年1月
折旧信息	本账套计提折旧 折旧方法：平均年限法（二） 折旧汇总分配周期：1个月 当（月初已计提月份＝可使用月份－1）时将剩余折旧全部提足

续表

控制参数	参数设置
编码方式	资产类别编码方式：2－1－1－2 固定资产编码方式：按“类别编号＋序号”自动编码 卡片序号长度为3
财务接口	固定资产对账科目：1601 固定资产 累计折旧对账科目：1602 累计折旧 在对账不平情况下允许固定资产月末结账
与财务系统接口	固定资产缺省入账科目：1601 固定资产 累计折旧缺省入账科目：1602 累计折旧 减值准备缺省入账科目：1603 固定资产减值准备 增值税进项税额缺省入账科目：22210101 应交税费——应交增值税（进项税额） 固定资产清理缺省入账科目：1606 固定资产清理 业务发生后立即制单

2. 固定资产部门对应折旧科目如表6－2所示。

表6－2　　固定资产部门对应折旧科目

部　　门	对应折旧科目
办公室、人事部、财务部、采购部、仓储部	660201 管理费用——折旧费
一车间、二车间	510103 制造费用——折旧费
销售部	660101 销售费用——折旧费

3. 固定资产类别如表6－3所示。

表6－3　　固定资产类别

编码	类别名称	折旧年限	净残值率	计提属性	折旧方法	卡片样式
01	房屋及建筑物	30年	5%	正常计提	平均年限法（二）	含税卡片样式
02	生产设备	5年	4%	正常计提	平均年限法（二）	含税卡片样式
03	办公设备	3年	2%	正常计提	平均年限法（二）	含税卡片样式

4. 固定资产增减方式对应入账科目如表6－4所示。

表 6-4　　固定资产增减方式对应入账科目

项目	增减方式	对应入账科目
增加方式	直接购入	100201
	投资者投入	4001
	捐赠	6301
	盘盈	1901
	在建工程转入	1604
减少方式	出售	1606
	盘亏	1901
	投资转出	1511
	捐赠转出	6711
	报废	1606
	毁损	1606

5. 固定资产原始卡片如表 6-5 所示。

表 6-5　　固定资产原始卡片

固定资产编号	固定资产名称	类别编号	所在部门	增加方式	可使用年限/年	开始使用日期	原值	累计折旧	使用状况	净残值率/%
01001	厂房	01	一车间 二车间 （各占 50%）	在建工程转入	30	2014. 6. 6	100 000	10 521	在用	5
01002	办公楼	01	办公室（30%） 人事部（30%） 财务部（40%）	在建工程转入	30	2016. 12. 1	180 000	18 937	在用	5
02001	A 生产线	02	一车间	直接购入	5	2017. 5. 9	23 000	2 419	在用	4
02002	B 生产线	02	二车间	直接购入	5	2018. 3. 12	36 000	3 787	在用	4
03001	联想电脑	03	办公室	直接购入	3	2016. 4. 15	5 000	526	在用	2
03002	联想电脑	03	人事部	直接购入	3	2017. 6. 1	5 200	547	在用	2
03003	联想电脑	03	财务部	直接购入	3	2016. 8. 1	4 800	505	在用	2
03004	惠普打印机	03	财务部	直接购入	3	2018. 11. 6	7 749	818	在用	2

知识链接

固定资产系统是一套用于各类企业和行政事业单位进行固定资产核算和管理的软件，能够帮助企业进行固定资产净值、累计折旧数据的动态管理，协助企业进行部分成本核算，协助设备管理部门做好固定资产管理工作。

该系统的主要作用是完成企业固定资产日常业务的核算和管理，生成固定资产卡片，按月反映固定资产的增加、减少、原值变化及其他变动，并输出相应的增减变动明细账，按月自动计提折旧，生成折旧分配凭证，同时输出相关的报表和账簿。

（1）系统初始化。打开新建账套，第一步要做的工作是系统初始化。

（2）基础设置。初始化工作完成后，进行基础设置操作。基础设置操作包括部门设置、卡片项目定义、卡片样式定义、折旧方法定义、类别设置、使用状况定义、增减方式定义等部分。

（3）原始卡片录入。原始卡片录入是把使用系统前的原始资料录入系统，以保持固定资产管理和核算的连续性和完整性。鉴于原始资料可能较多，在1个月内不一定能录入完毕，所以本系统原始卡片录入不限于第一个月。也就是说如果第一个月到月底原始资料没有录入完毕，可以有两种选择：一是一直以该月日期登录，直到录入完毕，再进行以下各部分操作；另一种做法是，月底前在没有完成全部原始卡片的情况下，继续以下各部分操作，以后各月陆续进行录入。由于固定资产系统和其他系统的制约关系，本系统不结账，总账系统不能结账，所以在特定情况下，必须执行第二种做法。

（4）日常操作。

①卡片操作，包括卡片录入（原始卡片资料和新增资产卡片）、卡片修改、卡片删除、资产减少、卡片查询、卡片打印等操作。

②资产变动操作。因为资产发生原值变动、部门转移、使用状况调整、折旧方法调整、累计折旧调整、净残值（率）调整、工作总量调整、使用年限调整、类别调整、计提减值准备、转回减值准备，所以，资产评估需制作变动单或评估单。该部分主要是制作变动单和评估单的操作。

（5）月末处理。月末处理包括与相关系统的数据传送、对账、计提折旧、结账、查看及打印报表等操作。

6.1.1 固定资产管理系统参数设置

☞ **岗位说明**

001李丽执行操作。

☞ **操作步骤**

（1）在企业应用平台中，执行“业务工作”|“财务会计”|“固定资产”命令，系统提示“这是第一次打开此账套，还未进行过初始化，是否进行初始化?”，如图6－1所示。

（2）单击“是”按钮，打开固定资产“初始化账套向导——约定及说明”对话框，如图6－2所示。

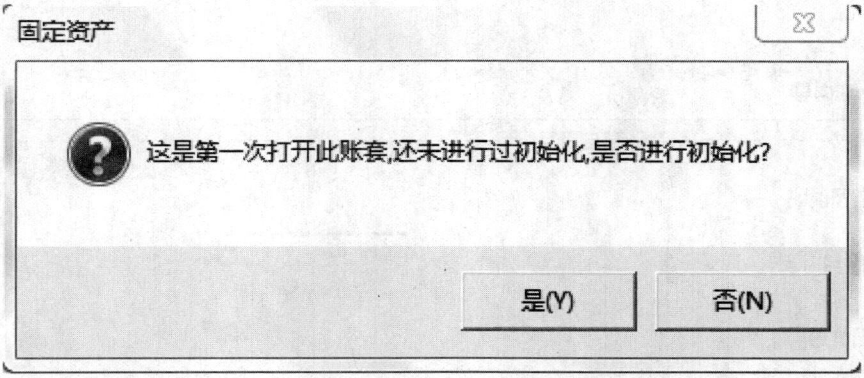

图 6－1　固定资产初始化对话框

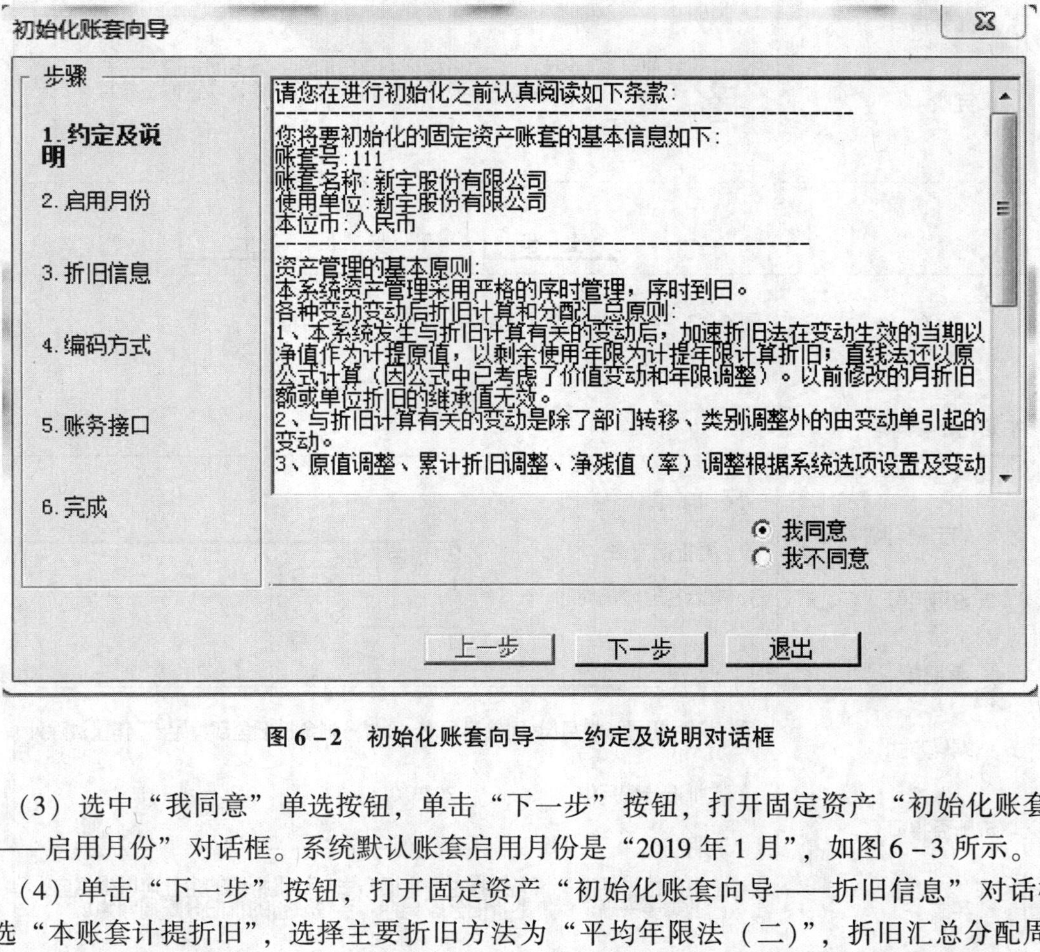

图 6－2　初始化账套向导——约定及说明对话框

(3) 选中“我同意”单选按钮，单击“下一步”按钮，打开固定资产“初始化账套向导——启用月份”对话框。系统默认账套启用月份是“2019 年 1 月”，如图 6－3 所示。

(4) 单击“下一步”按钮，打开固定资产“初始化账套向导——折旧信息”对话框，勾选“本账套计提折旧”，选择主要折旧方法为“平均年限法（二）”，折旧汇总分配周期为“1 个月”，选中“当（月初已计提月份＝可使用月份－1）时将剩余折旧全部提足（工作量法除外）”，如图 6－4 所示。

(5) 单击“下一步”按钮，打开固定资产“初始化账套向导——编码方式”对话框。编码长度默认为“2－1－1－2”，选择固定资产编码方式为“自动编码”及“类别编号＋序号”，序号长度为“3”，如图 6－5 所示。

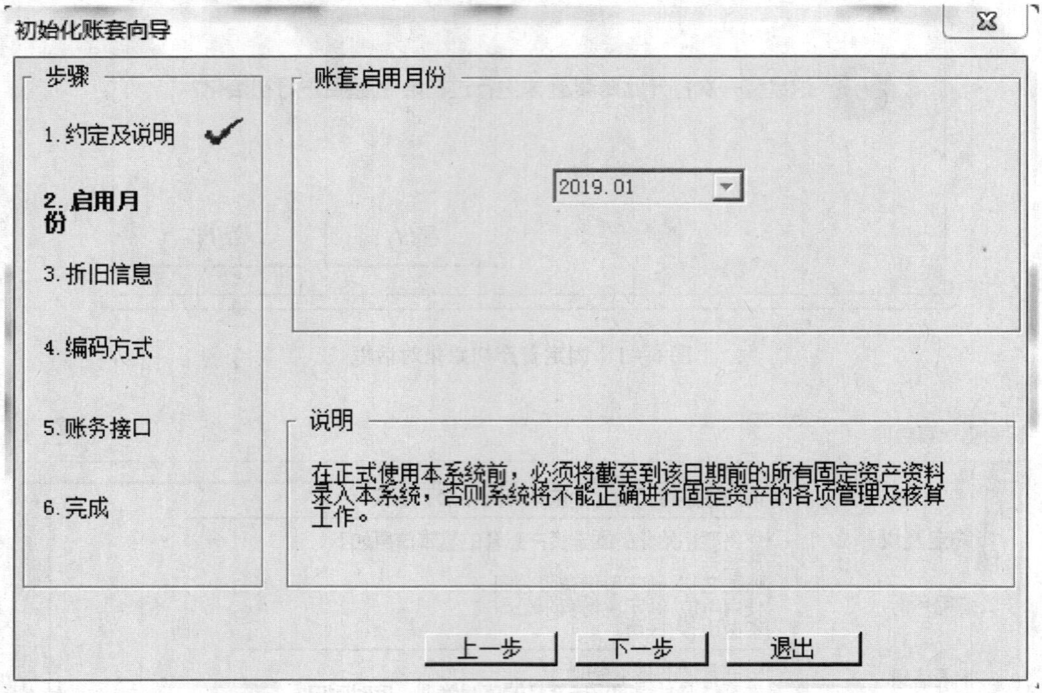

图 6－3　初始化账套向导——启用月份对话框

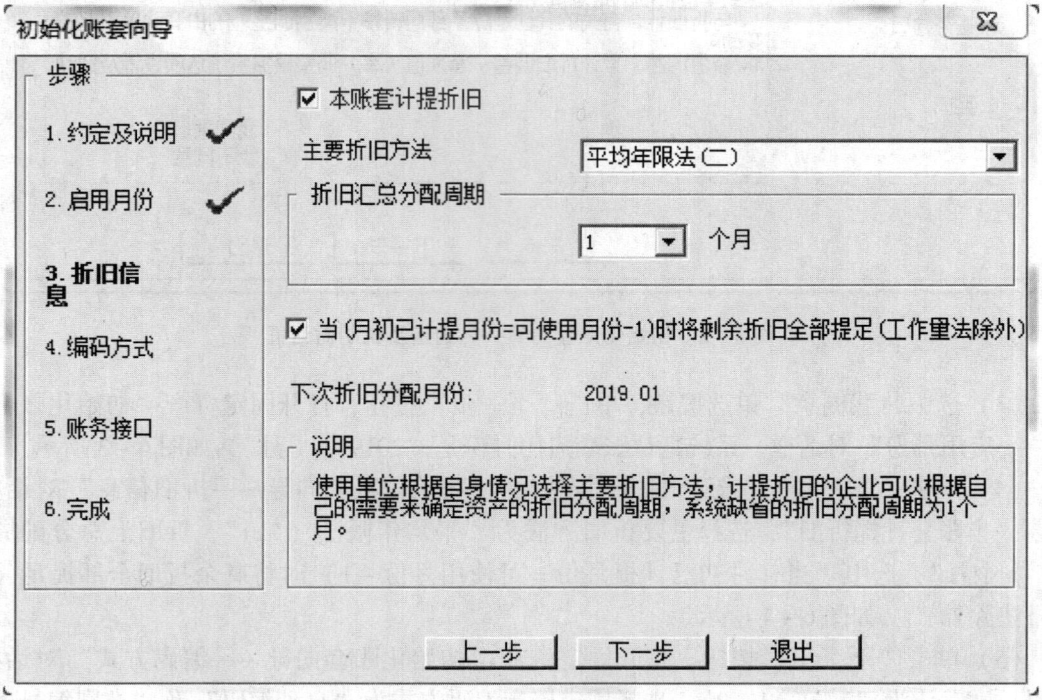

图 6－4　初始化账套向导——折旧信息对话框

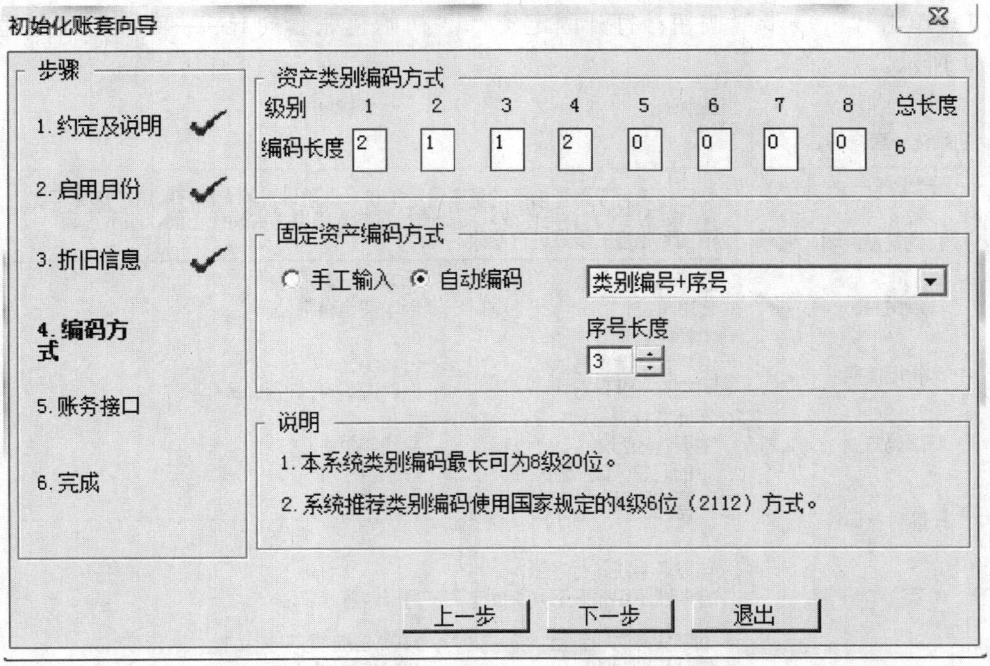

图6－5　初始化账套向导——编码方式对话框

（6）单击“下一步”按钮，打开固定资产“初始化账套向导——账务接口”对话框。在“固定资产对账科目”栏录入“1601，固定资产”，在“累计折旧对账科目”栏录入“1602，累计折旧”，选中“在对账不平情况下允许固定资产月末结账”复选框，如图6－6所示。

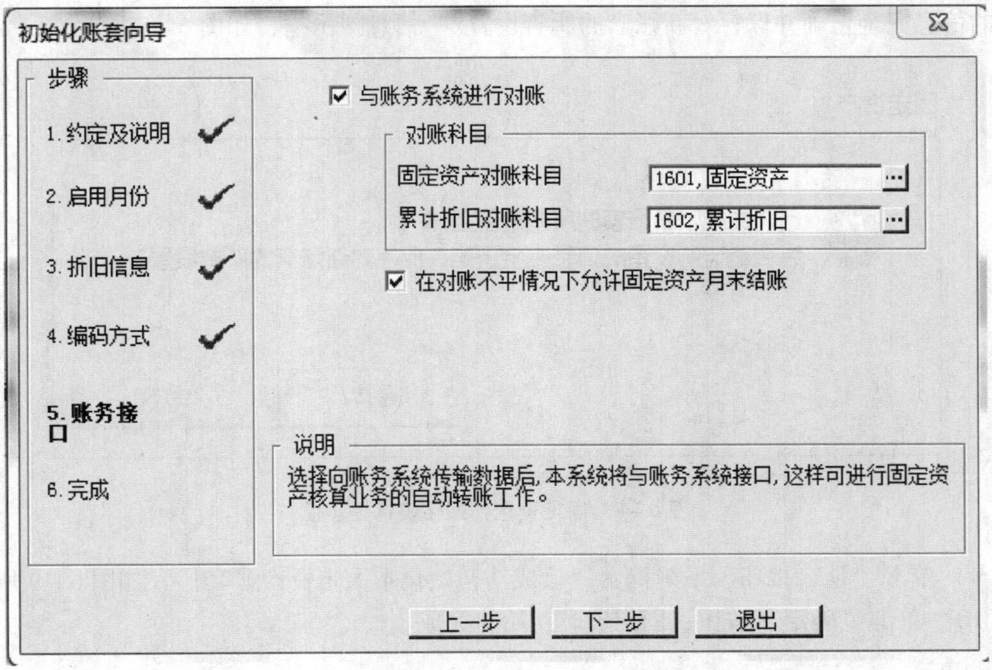

图6－6　初始化账套向导——账务接口对话框

（7）单击“下一步”按钮，打开固定资产“初始化账套向导——完成”对话框，如图6－7所示。

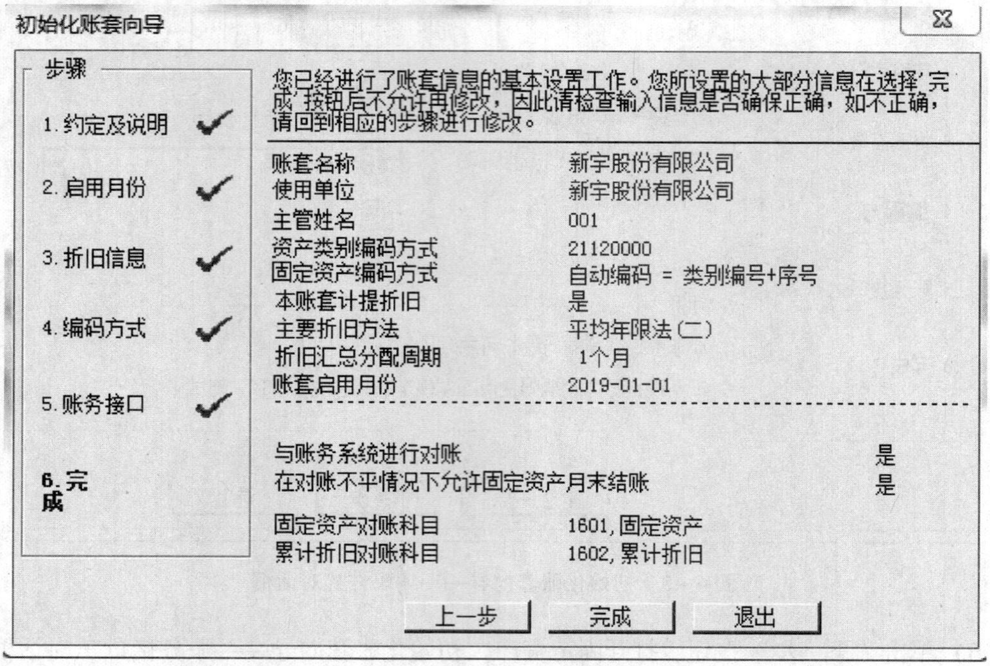

图6－7　初始化账套向导——完成对话框

（8）单击“完成”按钮，系统弹出“已经完成了新账套的所有设置工作，是否确定所设置的信息完全正确并保存对新账套的所有设置？”信息提示框，如图6－8所示。

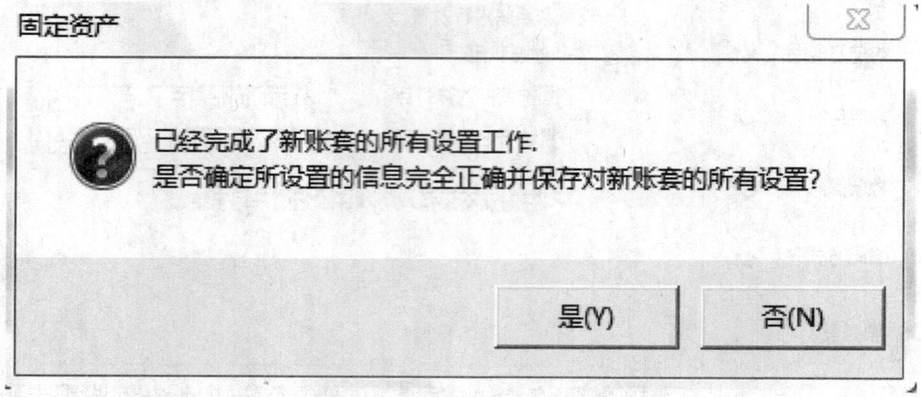

图6－8　固定资产初始化确认提示框

（9）单击“是”按钮，系统提示“已成功初始化本固定资产账套！”，如图6－9所示。

（10）单击“确定”按钮，固定资产初始化完成。

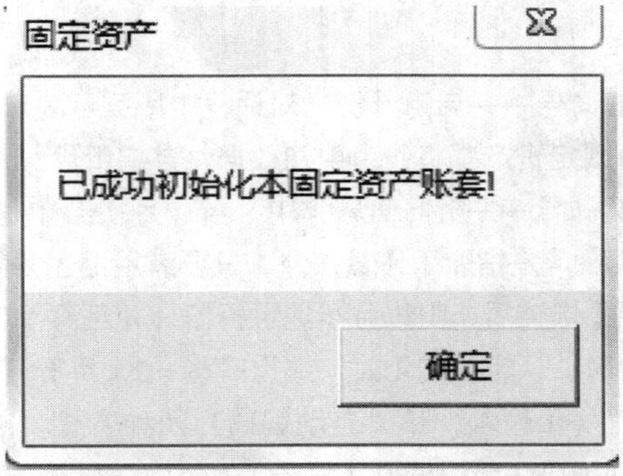

图 6-9 固定资产初始化完成提示框

(11) 执行"固定资产"|"设置"|"选项"|"与账务系统接口"页签，单击"编辑"按钮，激活"选项"对话框。在"[固定资产]缺省入账科目"栏录入"1601，固定资产"；"[累计折旧]缺省入账科目"栏录入"1602，累计折旧"；"[减值准备]缺省入账科目"栏录入"1603，固定资产减值准备"；"[增值税进项税额]缺省入账科目"栏录入"22210101，应交税费——应交增值税（进项税额）"；"[固定资产清理]缺省入账科目"栏录入"1606，固定资产清理"；选中"业务发生后立即制单"，如图 6-10 所示。

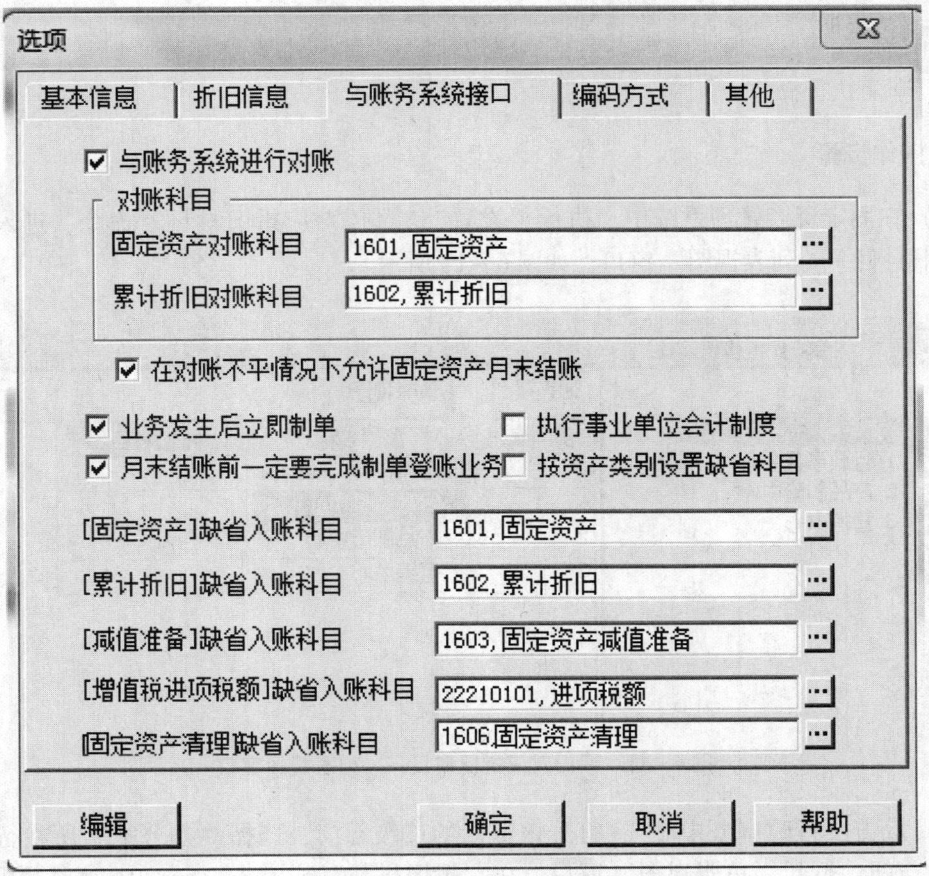

图 6-10 固定资产——选项对话框

提 示

• 在固定资产“初始化账套向导——启用月份”对话框中所列示的启用月份只能查看不能修改。启用日期确定后，在该日期前的所有固定资产都将作为期初数据，自启用月份开始计提折旧。

• 在固定资产“初始化账套向导——折旧信息”中，当（月初已计提月份 = 可使用月份 - 1）时，将剩余折旧全部提足（工作量法除外）是指除工作量法外，只要满足上述条件，则该月折旧净额 = 净值 - 净残值，并且不能手工修改；如果不选该项，则该月不提足折旧，并且可手工修改。但如以后各月按照公式计算的月折旧率或折旧额是负数时，认定公式无效，令折旧率 =0，月折旧额 = 净值 - 净残值。

• 固定资产编码方式包括“手工输入”和“自动编码”两种方式。自动编码方式包括“类别编号 + 序号”“部门编号 + 序号”“类别编码 + 部门编码 + 序号”“部门编码 + 类别编码 + 序号”，类别编号中的序号长度可自由设定为 1 ~15 位。

• 资产类别编码方式设定以后，一旦设定某一级类别，则该级的长度不能修改，未使用过的各级长度可以修改。每个账套的自动编码方式只能选择一种，一经设定，该自动编码方式不得修改。

• 固定资产对账科目和累计折旧对账科目应与账务系统内的对应科目一致。

• 对账不平不允许结账是指存在对应的账务账套的情况下，本系统在月末结账前自动执行一次对账，给出对账结果。如果不平，说明两系统出现偏差，应予以调整。

6.1.2 设置固定资产部门对应折旧科目

☞ 岗位说明

001 李丽执行操作。

☞ 操作步骤

（1）在固定资产管理系统中，执行“设置”|“部门对应折旧科目”命令，进入“部门对应折旧科目——列表视图”窗口，如图 6 - 11 所示。

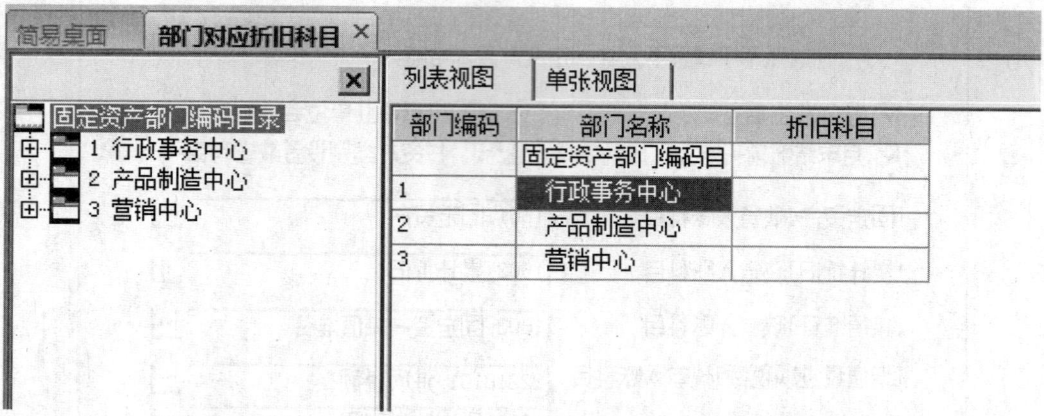

图 6 - 11　部门对应折旧科目——列表视图窗口

（2）双击“行政事务中心”，打开该部门的二级部门，选择“办公室”所在行，单击“修改”按钮，打开“单张视图”窗口，在“折旧科目”栏录入“660201 管理费用——折旧费”，如图 6 - 12 所示。

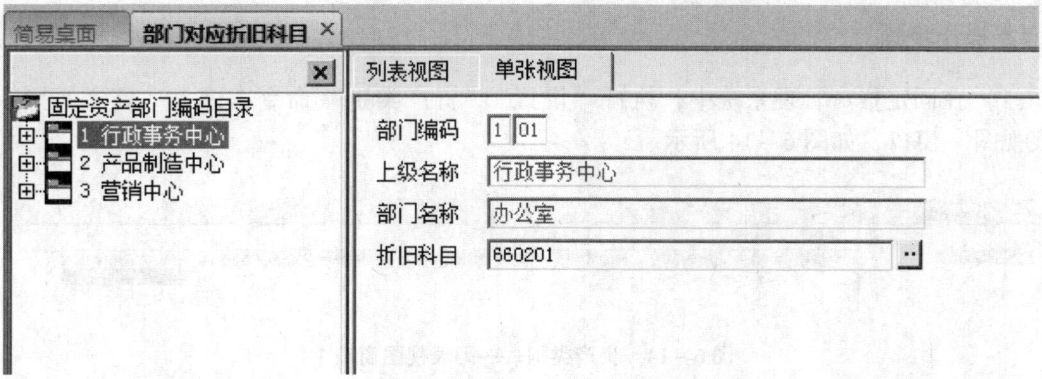

图 6－12　部门对应折旧科目——单张视图窗口

（3）单击“保存”按钮。以此方法继续录入其他部门对应的折旧科目，结果如图 6－13 所示。

图 6－13　部门对应折旧科目——列表视图窗口（录入完成）

提 示

• 本系统录入卡片时，只能选择明细部门，所以设置折旧科目也只有设置明细部门才有意义。如果某一上级部门设置了对应的折旧科目，则下级部门继承上级部门的设置。

• 设置部门对应折旧科目时，必须选择末级会计科目。设置上级部门的折旧科目，则下级部门也可自动继承，也可以选择不同的科目，即上下级部门的折旧科目可以相同，也可以不同。

6.1.3　设置固定资产类别

☞ 岗位说明

001 李丽执行操作。

☞ 操作步骤

(1) 在固定资产管理系统中，执行“设置”|“资产类别”命令，进入“资产类别——列表视图”窗口，如图6－14所示。

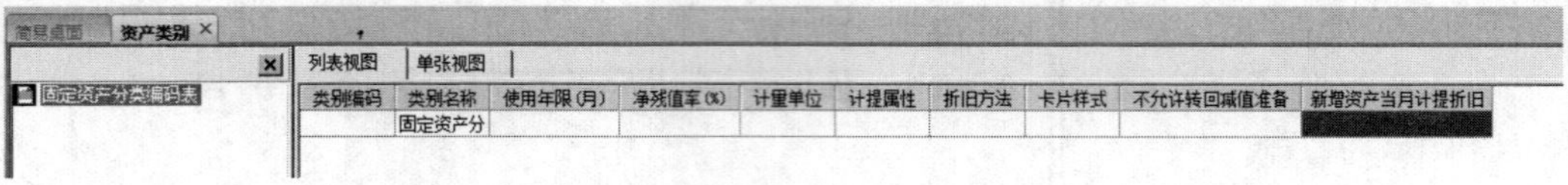

图6－14　资产类别——列表视图窗口1

(2) 单击“增加”按钮，打开“资产类别——单张视图”窗口，如图6－15所示。

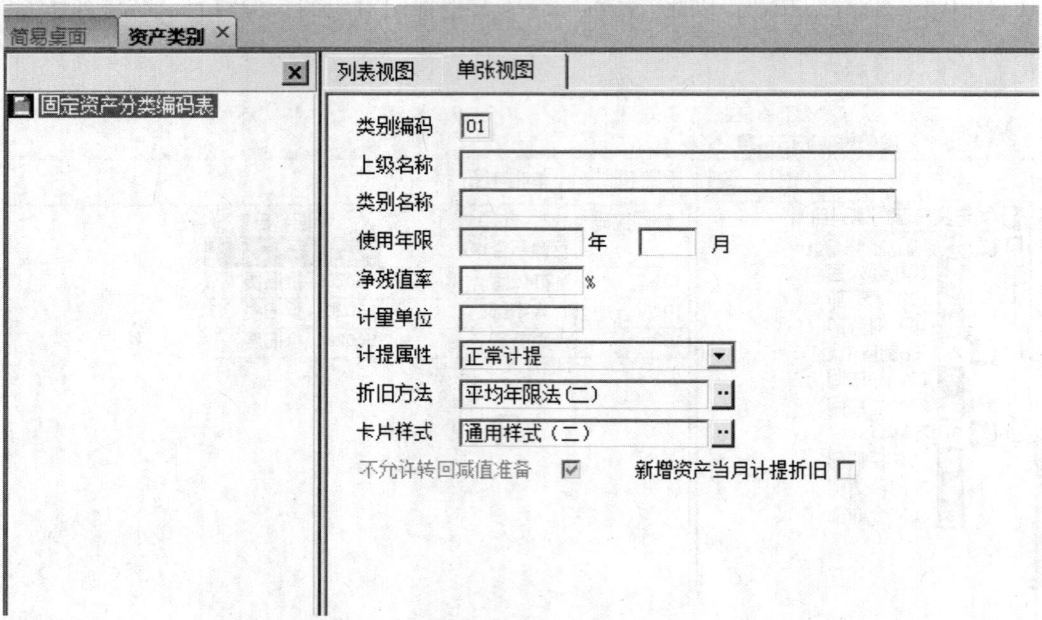

图6－15　资产类别——单张视图窗口1

(3) 在“类别名称”栏录入“房屋及建筑物”，在“使用年限”栏录入“30”，在“净残值率”栏录入“5”，“计提属性”栏默认“正常计提”，“折旧方法”栏默认“平均年限法（二）”，在“卡片样式”栏选择“含税卡片样式”，如图6－16所示。

(4) 单击“保存”按钮。以此方法继续录入其他固定资产类别。

(5) 录入完成后，单击“放弃”按钮，系统提示“是否取消本次操作”，单击“是”按钮，返回“资产类别——列表视图”窗口，如图6－17所示。

提　示

● 要建立多级固定资产类别，应先建立上级固定资产类别后再建立下级类别。由于在建立上级固定资产类别时就设置了使用年限、净残值率，其下级类别如果与上级类别设置相同，可自动继承不用修改；如果下级类别与上级类别设置不同，可以修改。

- 类别编码、名称、计提属性及卡片样式不能为空。
- 非明细级别类别编码不能修改和删除，明细级别类别编码修改时只能修改本级的编码。
- 使用过的类别计提属性不能修改。
- 系统已经使用的类别不允许增加下级和删除。

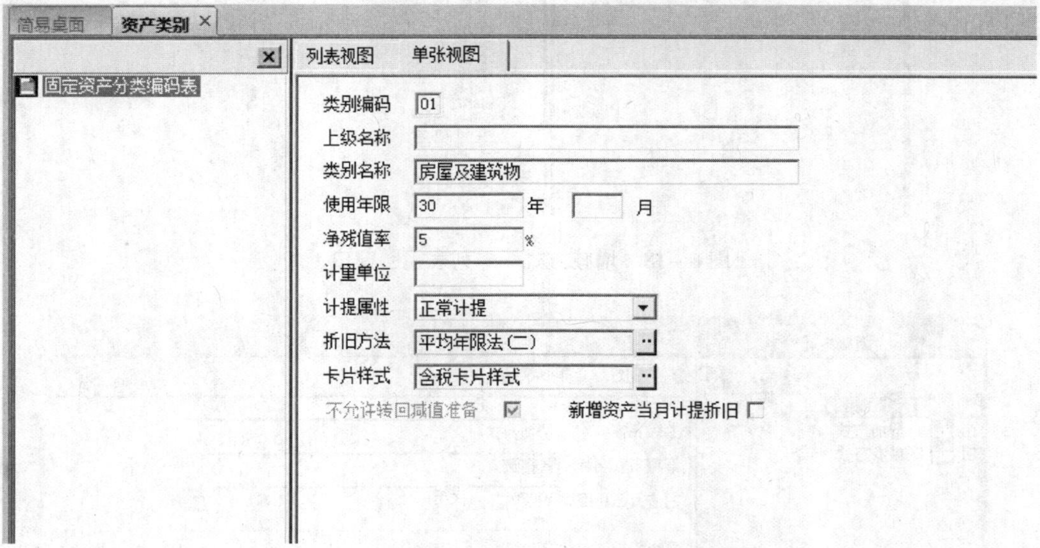

图 6－16　资产类别——单张视图窗口 2

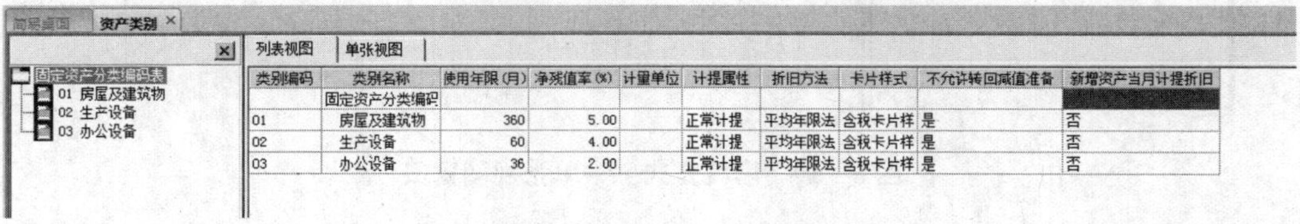

类别编码	类别名称	使用年限（月）	净残值率(%)	计量单位	计提属性	折旧方法	卡片样式	不允许转回减值准备	新增资产当月计提折旧
	固定资产分类编码								
01	房屋及建筑物	360	5.00		正常计提	平均年限法	含税卡片样	是	否
02	生产设备	60	4.00		正常计提	平均年限法	含税卡片样	是	否
03	办公设备	36	2.00		正常计提	平均年限法	含税卡片样	是	否

图 6－17　资产类别——列表视图窗口 2

6.1.4　设置固定资产增减方式对应入账科目

☞ **岗位说明**

001 李丽执行操作。

☞ **操作步骤**

（1）在固定资产管理系统中，执行“设置”|“增减方式”命令，打开“增减方式”窗口，如图 6－18 所示。

（2）选中“直接购入”所在行，单击“修改”按钮，打开“增减方式——单张视图”窗口，在“对应入账科目”栏录入“100201，银行存款——人民币”，如图 6－19 所示。

（3）单击“保存”按钮。以此方法继续设置其他增减方式对应入账科目，录入结果如图 6－20 所示。

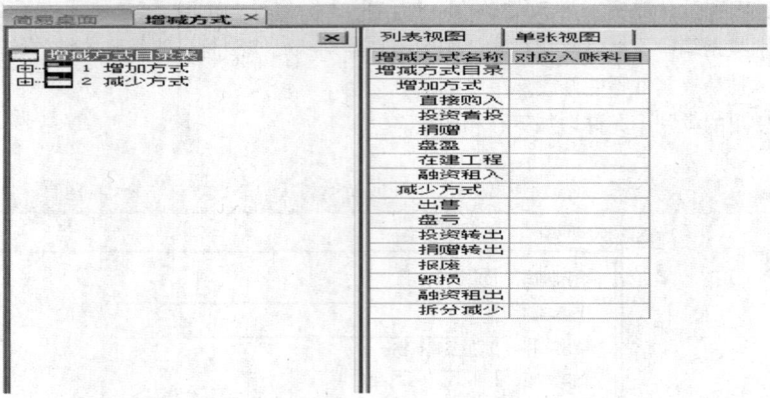

图 6－18　增减方式——列表视图窗口 1

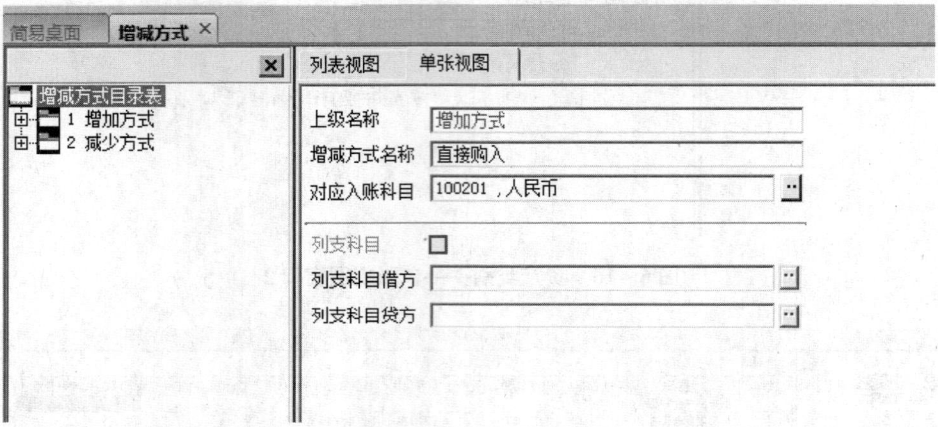

图 6－19　增减方式——单张视图窗口

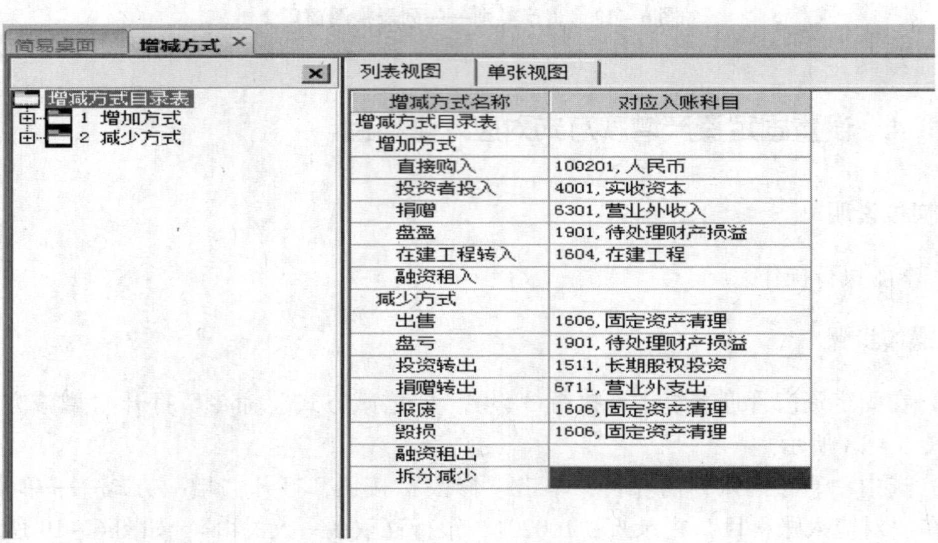

图 6－20　增减方式——列表视图窗口 2

提 示

- 在资产增减方式中所设置的对应入账科目是为了生成凭证时自动带出会计科目。
- 因为本系统提供的报表中有固定资产盘盈盘亏报表，所以增减方式中“盘盈、盘亏、毁损”不能修改和删除。
- 非明细增减方式不能删除，已使用的增减方式不能删除。
- 生成凭证时，如果入账科目发生了变化，可以及时修改。

6.1.5 录入原始卡片

☞ **岗位说明**

001 李丽执行操作。

☞ **操作步骤**

（1）在固定资产管理系统中，执行“固定资产”|“卡片”|“录入原始卡片”命令，打开“固定资产类别档案”窗口，如图 6－21 所示。

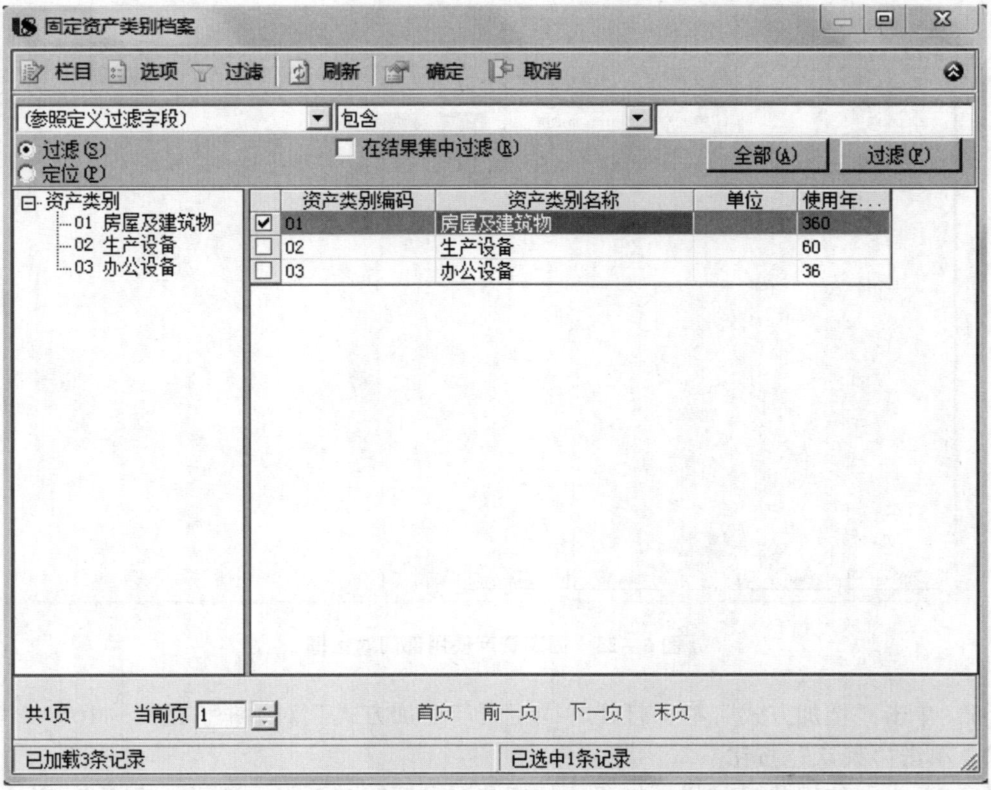

图 6－21 固定资产类别档案窗口

（2）选择“01 房屋及建筑物”的复选框，单击“确定”按钮，进入“固定资产卡片［录入原始卡片：00001 号卡片］”窗口，如图 6－22 所示。

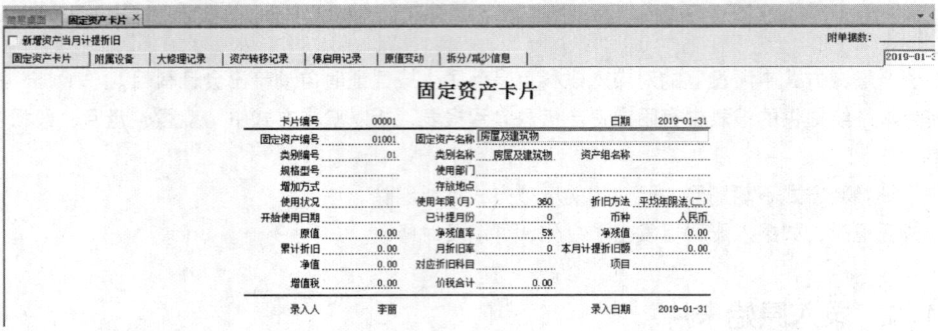

图 6-22　固定资产卡片页面 1

(3) 在“固定资产名称”栏录入“厂房”，单击“使用部门”，打开“固定资产”对话框，选择“多部门使用”单选框，单击“确定”按钮，打开“使用部门”对话框。

(4) 单击“增加”按钮，在第一行“使用部门”栏选择“一车间”，在“使用比例%”栏录入“50”。继续单击“增加”按钮，在第二行“使用部门”栏选择“二车间”，在“使用比例%”栏录入“50”，如图 6-23 所示。单击“确定”按钮”，退出“使用部门”对话框。

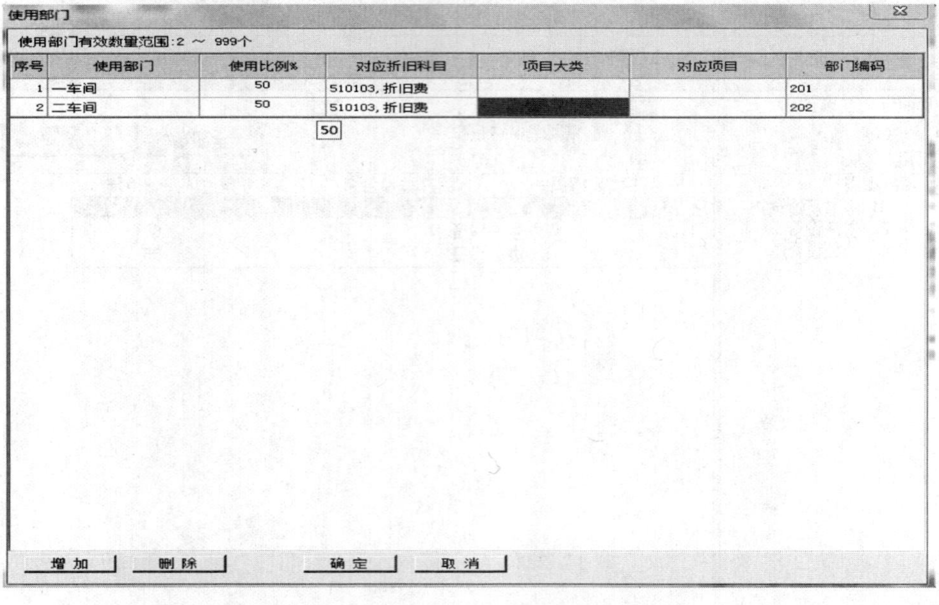

图 6-23　固定资产使用部门对话框

(5) 单击“增加方式”栏，打开“固定资产增加方式”对话框，选择“105 在建工程转入”，单击“确认”按钮。

(6) 单击“使用状况”栏，打开“使用状况参照”对话框，选择“在用”，单击“确认”按钮。

(7) 在“开始使用日期”栏录入“2014-06-06”，在“原值”栏录入“100 000.00”，在“累计折旧”栏录入“10 521.00”，其他选项选择默认，如图 6-24 所示。

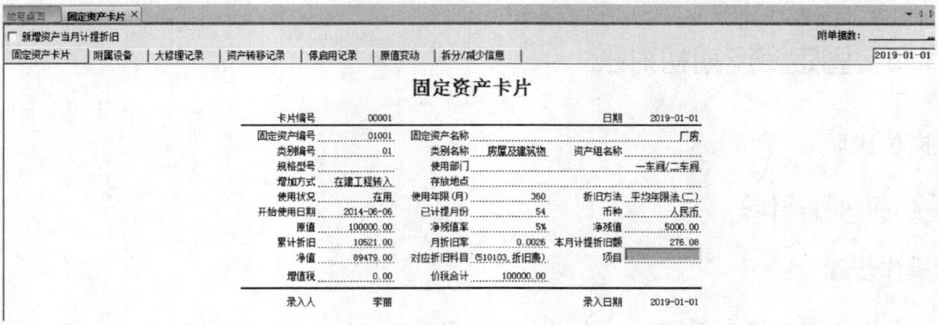

图 6-24　固定资产卡片页面

(8) 单击“保存”按钮，系统提示“数据成功保存！”。

(9) 单击“确认”按钮。以此方法继续录入其他固定资产卡片。

(10) 执行“固定资产”|“卡片”|“卡片管理”命令，打开“查询条件选择——卡片管理”窗口，在“开始使用日期”栏中选择“2014-06-06”，单击“确定”按钮，即可查询所有原始卡片信息，如图 6-25 所示。

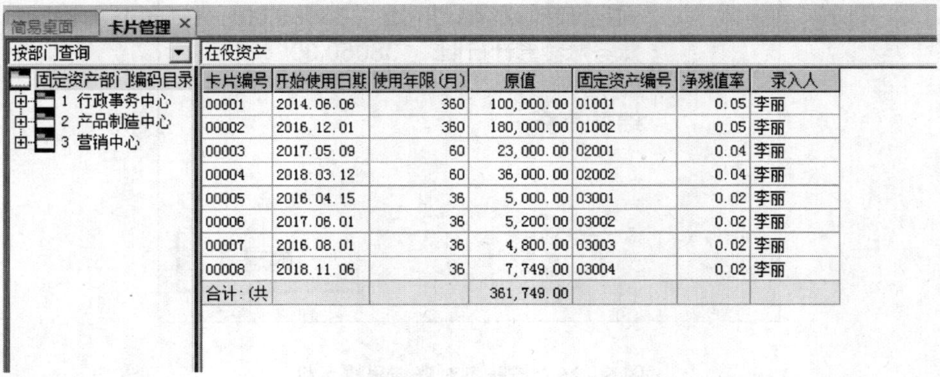

卡片编号	开始使用日期	使用年限(月)	原值	固定资产编号	净残值率	录入人
00001	2014.06.06	360	100,000.00	01001	0.05	李丽
00002	2016.12.01	360	180,000.00	01002	0.05	李丽
00003	2017.05.09	60	23,000.00	02001	0.04	李丽
00004	2018.03.12	60	36,000.00	02002	0.04	李丽
00005	2016.04.15	36	5,000.00	03001	0.02	李丽
00006	2017.06.01	36	5,200.00	03002	0.02	李丽
00007	2016.08.01	36	4,800.00	03003	0.02	李丽
00008	2018.11.06	36	7,749.00	03004	0.02	李丽
合计:(共			361,749.00			

图 6-25　固定资产卡片管理窗口

提　示

- 在第一行“使用部门”栏选择“一车间”，在“使用比例%”栏录入“50.00”，在“固定资产卡片”界面中，除“固定资产卡片”选项卡外，还有若干附属选项卡，附属选项卡上的信息只供参考，不参与计算也不回溯。
- 在执行原始卡片录入或资产增加功能时，可以为一个资产选择多个使用部门。当资产为多部门使用时，原值、累计折旧等数据可以在多部门之间按预先设置的比例进行分摊。
- 单个资产对应多个使用部门时，卡片上的“对应折旧科目”处不能输入，默认为选择使用部门时设置的对应折旧科目。
- 录入完成后，要查询已录入“固定资产原始卡片”的信息，执行“固定资产”“卡片”“卡片管理”命令，打开“查询条件选择——卡片管理”窗口，在“开始使用日期”栏中输入该资产的“开始使用日期”，否则查询记录为空。

6.1.6　固定资产期初对账

☞ **岗位说明**

001 李丽执行操作。

☞ **操作步骤**

（1）在固定资产管理系统中，执行“固定资产”|“处理”|“对账”命令，打开“与账务对账结果”对话框，提示“结果：平衡”，如图6－26所示。

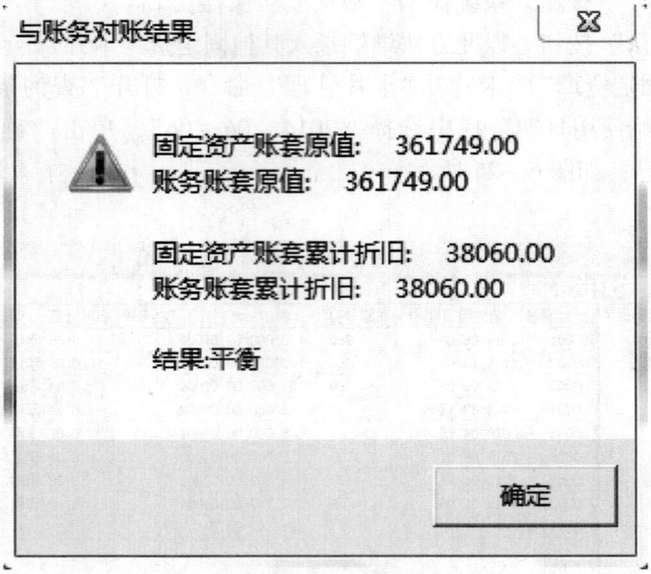

图6－26　与账务对账结果提示框

（2）单击“确定”按钮，退出“与账务对账结果”提示框。

任务2　固定资产增加处理

任务单6－2

项目	项目6　应用固定资产管理	任务	任务2　固定资产增加处理
学习目标 1. 掌握新增固定资产卡片的操作方法； 2. 掌握固定资产增加账务处理的操作方法。		学习方法 1. 观看操作视频，记录操作要点； 2. 讨论、交流； 3. 实践操作。	

学习任务

1. 2019 年 1 月 6 日，新宇公司采购部购入联想电脑 1 台，取得与该业务相关的原始凭证如图 6－27～图 6－29 所示。

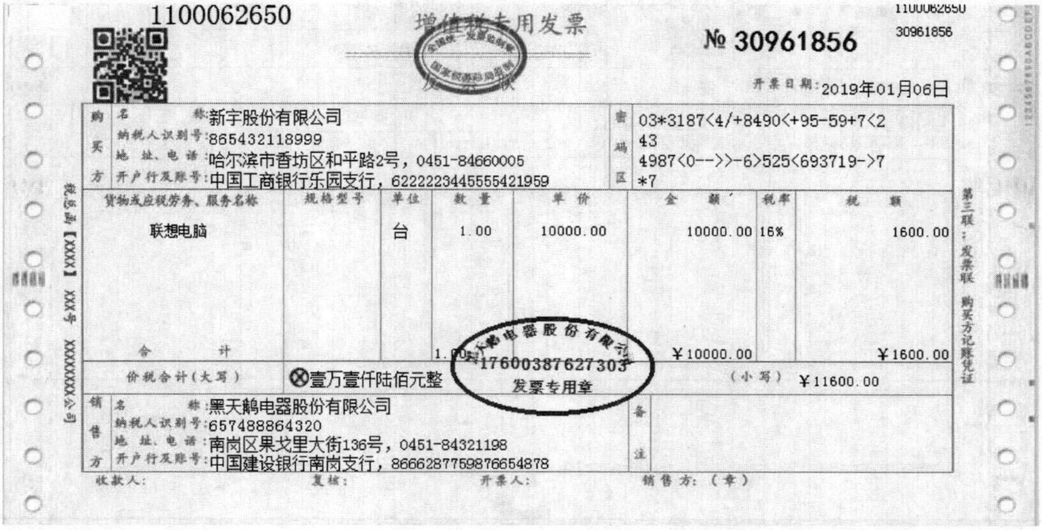

1100062650

增值税专用发票

№ 30961856

1100062650
30961856

开票日期：2019年01月06日

购买方	名称：新宇股份有限公司 纳税人识别号：865432118999 地址、电话：哈尔滨市香坊区和平路2号，0451-84660005 开户行及账号：中国工商银行乐园支行，6222223445555421959	密码区	03*3187<4/+8490<+95-59+7<2 43 4987<0-->>-6>525<693719->7 *7

货物或应税劳务、服务名称	规格型号	单位	数量	单价	金额	税率	税额
联想电脑		台	1.00	10000.00	10000.00	16%	1600.00
合计					￥10000.00		￥1600.00
价税合计（大写）	⊗壹万壹仟陆佰元整				（小写）	￥11600.00	

销售方	名称：黑天鹅电器股份有限公司 纳税人识别号：657488864320 地址、电话：南岗区果戈里大街136号，0451-84321198 开户行及账号：中国建设银行南岗支行，8666287759876654878	备注	

收款人：　　复核：　　开票人：　　销售方：（章）

第三联：发票联　购买方记账凭证

黑天鹅电器股份有限公司 176003876273O3 发票专用章

图 6－27　增值税专用发票

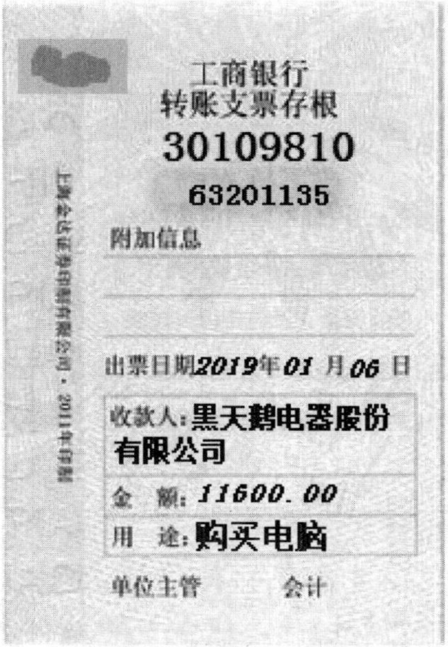

工商银行
转账支票存根
30109810
63201135

附加信息

出票日期 2019 年 01 月 06 日

收款人：黑天鹅电器股份有限公司

金　额：11600.00

用　途：购买电脑

单位主管　　会计

图 6－28　转账支票存根

固定资产卡片

使用单位：采购部　　　　填表日期：2019 年 01 月 06 日

类别	办公设备	出厂或交接验收日期	2018年10月20日	预计使用年限	3年
编号	03005	购入或使用日期	2019年01月06日	预计残值	200.00
名称	联想电脑	放置或使用地址	采购部	预计清理费用	
型号规格		负责人	吴萍	月折旧率	
建造单位	联想集团有限公司	总造价	10000.00	月大修理费用提存率	

设备主要技术参数或建筑物占地面积、建筑面积及结构	设备主要配件名称数量或建筑物附设设备	大修理记录		固定资产改变记录
		时间	项目	

图 6－29　固定资产卡片

☞ **岗位说明**

002 张新执行操作。

☞ **操作步骤**

（1）在固定资产管理系统中，执行“固定资产”|“卡片”|“资产增加”命令，打开“固定资产类别档案”对话框。

（2）双击“03 办公设备”，进入“固定资产卡片”窗口。

（3）根据固定资产卡片录入相应的信息，如图 6－30 所示。

简易桌面 | 固定资产卡片 ×

☐ 新增资产当月计提折旧　　附单据数：

固定资产卡片 | 附属设备 | 大修理记录 | 资产转移记录 | 停启用记录 | 原值变动 | 拆分/减少信息

固定资产卡片

卡片编号	00009			日期	2019-01-06
固定资产编号	03005	固定资产名称	联想电脑		
类别编号	03	类别名称	办公设备	资产组名称	
规格型号		使用部门	采购部		
增加方式	直接购入	存放地点			
使用状况	在用	使用年限(月)	36	折旧方法	平均年限法(二)
开始使用日期	2019-01-06	已计提月份	0	币种	人民币
原值	10000.00	净残值率	2%	净残值	200.00
累计折旧	0.00	月折旧率	0	本月计提折旧额	0.00
净值	10000.00	对应折旧科目	660201, 折旧费	项目	
增值税	1600.00	价税合计	11600.00		
录入人	张新			录入日期	2019-01-06

图 6－30　固定资产卡片页面

（4）单击“保存”按钮，系统提示“数据成功保存！”，如图 6-31 所示。

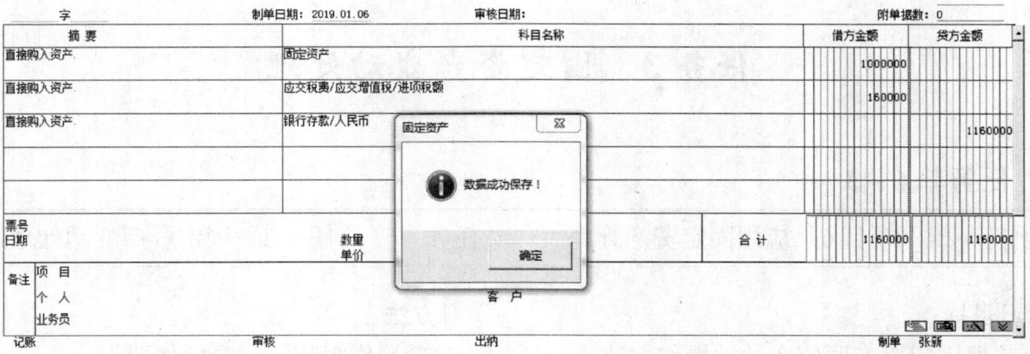

图 6-31 保存固定资产卡片提示框

（5）单击“确定”按钮，系统弹出一张会计凭证，修改凭证字为“付款凭证”，单击“保存”按钮，凭证保存成功，如图 6-32 所示。

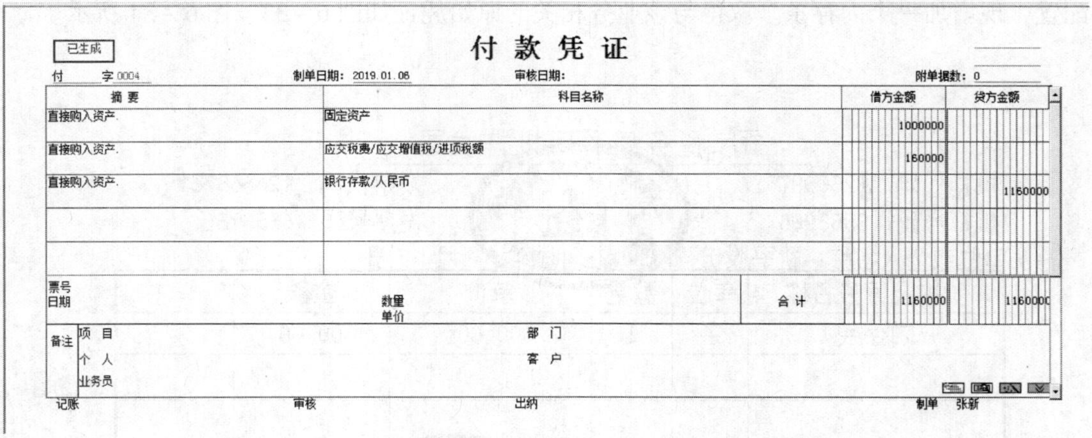

图 6-32 固定资产增加凭证

提 示

- 新卡片录入的第一个月不提折旧，折旧额为空或零。
- 原值录入的必须是卡片录入月初的价值，否则将会出现计算错误。
- 如果录入的累计折旧、累计工作量大于零，说明是旧资产，该累计折旧或累计工作量是进入本单位前的值。
- “资产增加”操作与“原始卡片录入”操作相对应。资产通过哪种方式录入，取决于固定资产的开始使用日期，只有当开始使用日期的期间等于录入的期间时，才能通过“资产增加”录入。
- 只有在固定资产系统的“选项”中勾选了“业务发生后立即制单”复选框，系统才能在新增固定资产卡片后，自动弹出“填制凭证”窗口，否则必须在“批量制单”窗口进行凭证处理。

• 如果发现凭证有错误，可以在固定资产系统凭证查询窗口，找到错误凭证，单击“编辑”按钮进行修改。

• 如果是因为卡片的错误而导致凭证错误，则需要删除凭证，修改卡片后，再次生成正确的凭证。

任务3　固定资产变动处理

任务单6－3

项目	项目6　应用固定资产管理	任务	任务3　固定资产变动处理
学习目标 1. 掌握固定资产原值变动的操作方法； 2. 掌握固定资产计提减值准备的操作方法。		学习方法 1. 观看操作视频，记录操作要点； 2. 讨论、交流； 3. 实践操作。	

学习任务

1. 2019年1月25日，新宇公司办公室使用的联想电脑（卡片编号00005）需要提高配置，现增加一个内存条。取得与该业务相关的原始凭证如图6－33、图6－34所示。

国家税务局通用机打发票

机打代码：126668761　　发票代码 126668761

机打号码：6555966　　发票号码 6555966

单位或个人名称：新宇股份有限公司　2019年1月25日

货物及劳务名称	单位	数量	单价	金额	备注
内存条	条	1	600.00	600.00	
合计（大写）　陆佰元整				合计：￥600.00	

收款单位（章）　　开票人：　　收款人：

②发票联

（印章：全国统一发票监制章 黑龙江；哈尔滨市教化数码公司 331101198765435127 发票专用章）

图6－33　通用发票

2. 2019年1月31日，对一车间使用的A生产线（卡片编号00003）进行测试，测试其可收回金额为17 581元，取得与该业务相关的原始凭证如图6－35所示。

付款申请书

2019 年 01 月 25 日

用途及情况	金额											收款单位(人):哈尔滨市教化数码公司
购买内存条	亿	千	百	十	万	千	百	十	元	角	分	账 号:
						￥	6	0	0	0	0	开户行:
金额（大写）合计:	陆佰元整											现金付讫 电汇: □ 汇票: □ 转账: □ 其他: □

总经理	略	财务部门	经理	略	业务部门	经理	略
			会计	略		经办人	刘萍

图 6－34　付款申请书

固定资产减值准备批准报告

固定资产名称：A生产线	购入时间：2017年05月09日
原值：23000.00	折旧年限（月）：19
净残值率：4%	累计折旧：2419.00
净值：20581.00	可收回金额：17581.00
已提减值准备：0	减值准备：3000.00

月末，对本企业固定资产进行测试，测试结果表明一车间使用的A生产线其可收回金额低于账面价值，经公司董事会研究决定，对其计提￥3000.00（人民币叁仟元整）减值准备。

新宇股份有限公司

2019年01月31日

图 6－35　固定资产减值准备批准报告

6.3.1　固定资产原值变动

☞ **岗位说明**

002 张新执行操作。

☞ 操作步骤

（1）在固定资产管理系统中，执行“固定资产”|“卡片”|“变动单”|“原值增加”命令，打开“固定资产变动单”对话框，如图 6－36 所示。

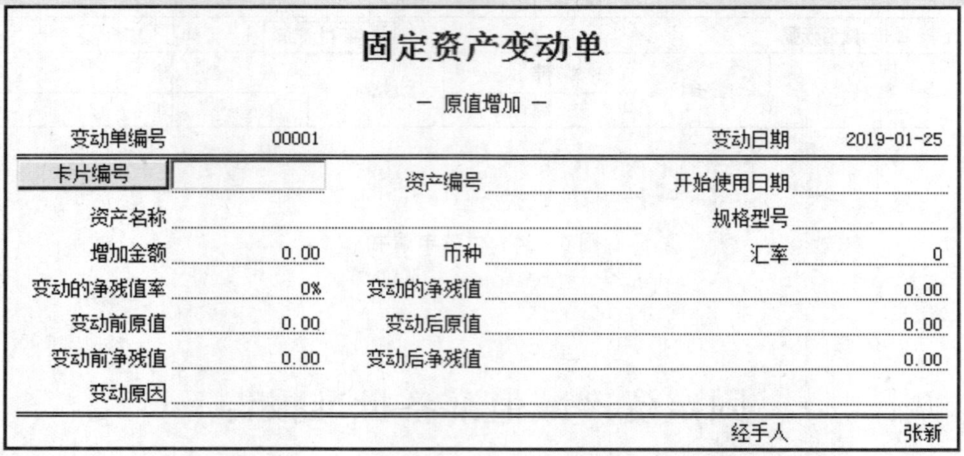
固定资产变动单
－ 原值增加 －

变动单编号	00001			变动日期	2019-01-25
卡片编号		资产编号		开始使用日期	
资产名称				规格型号	
增加金额	0.00	币种		汇率	0
变动的净残值率	0%	变动的净残值	0.00		
变动前原值	0.00	变动后原值	0.00		
变动前净残值	0.00	变动后净残值	0.00		
变动原因					
				经手人	张新

图 6－36　固定资产变动单（原值增加）对话框 1

（2）在“卡片编号”栏选择“00005”，在“增加金额”栏录入“600”，在“变动原因”栏录入“提高电脑配置”，如图 6－37 所示。

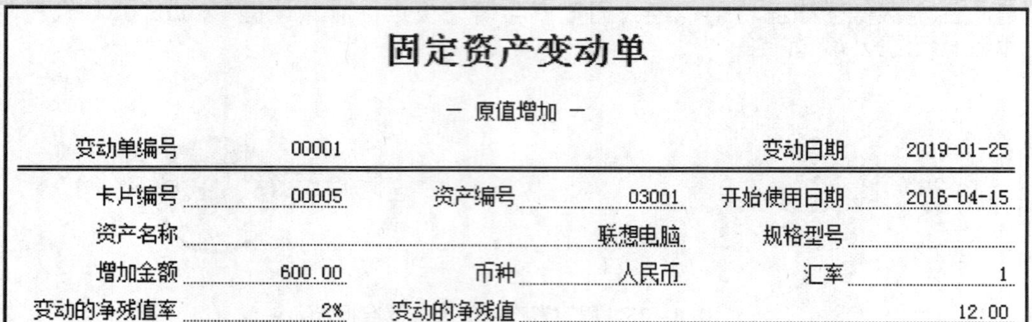
固定资产变动单
－ 原值增加 －

变动单编号	00001			变动日期	2019-01-25
卡片编号	00005	资产编号	03001	开始使用日期	2016-04-15
资产名称	联想电脑			规格型号	
增加金额	600.00	币种	人民币	汇率	1
变动的净残值率	2%	变动的净残值	12.00		
变动前原值	5000.00	变动后原值	5600.00		
变动前净残值	100.00	变动后净残值	112.00		
变动原因	提高电脑配置				
				经手人	张新

图 6－37　固定资产变动单（原值增加）对话框 2

（3）单击“保存”按钮，系统提示“数据成功保存!”，如图 6－38 所示。

（4）单击“确定”按钮，系统弹出一张会计凭证，贷方科目选择或录入“1001 库存现金”，修改凭证字为“付款凭证”。

图 6－38　固定资产变动单保存成功提示框

（5）单击“保存”按钮，凭证保存成功，如图 6－39 所示。

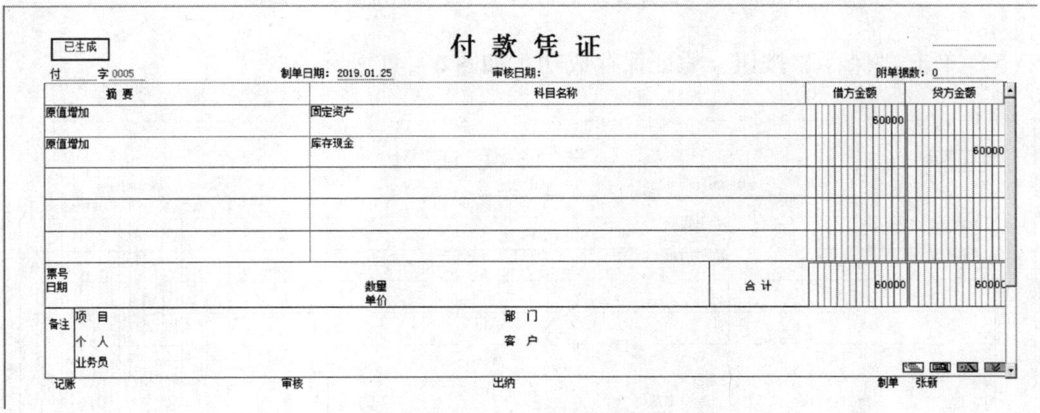

图 6－39　固定资产原值增加凭证

6.3.2　计提减值准备

☞ 岗位说明

002 张新执行操作。

☞ 操作步骤

（1）在固定资产管理系统中，执行“固定资产”|“卡片”|“变动单”|“计提减值准备”命令，打开“固定资产变动单”对话框。

（2）在“卡片编号”栏选择“00003”，在“减值准备金额”栏录入“3 000.00”，在“变动原因”栏录入“资产减值”，如图 6－40 所示。

（3）单击“保存”按钮，系统提示“数据成功保存！”。

（4）单击“确定”按钮，系统弹出一张会计凭证，录入或选择借方科目“6701 资产减值损失”，修改凭证字为“转账凭证”。

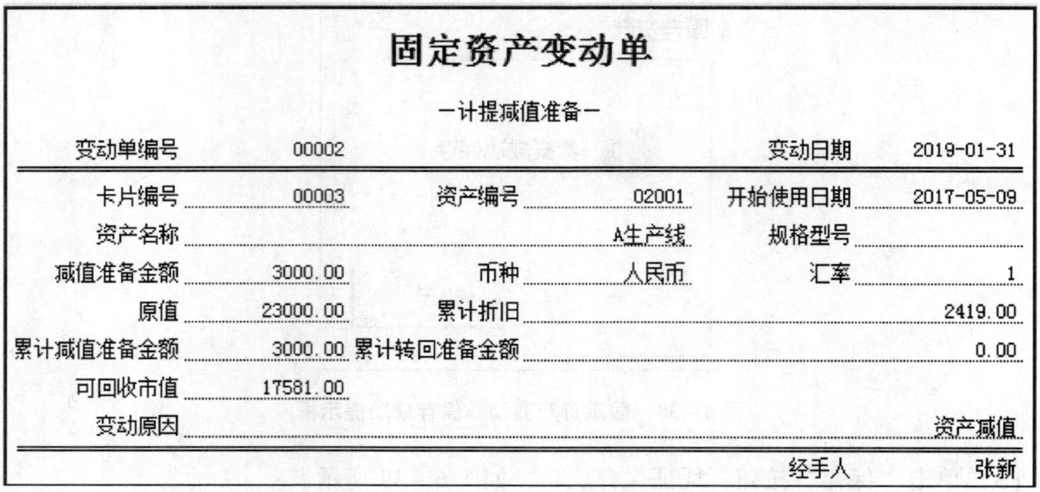

固定资产变动单

—计提减值准备—

变动单编号 00002 变动日期 2019-01-31

卡片编号	00003	资产编号	02001	开始使用日期	2017-05-09
资产名称			A生产线	规格型号	
减值准备金额	3000.00	币种	人民币	汇率	1
原值	23000.00	累计折旧			2419.00
累计减值准备金额	3000.00	累计转回准备金额			0.00
可回收市值	17581.00				
变动原因					资产减值

经手人 张新

图 6-40 固定资产变动单（计提减值准备）对话框

（5）单击“保存”按钮，凭证保存成功，如图 6-41 所示。

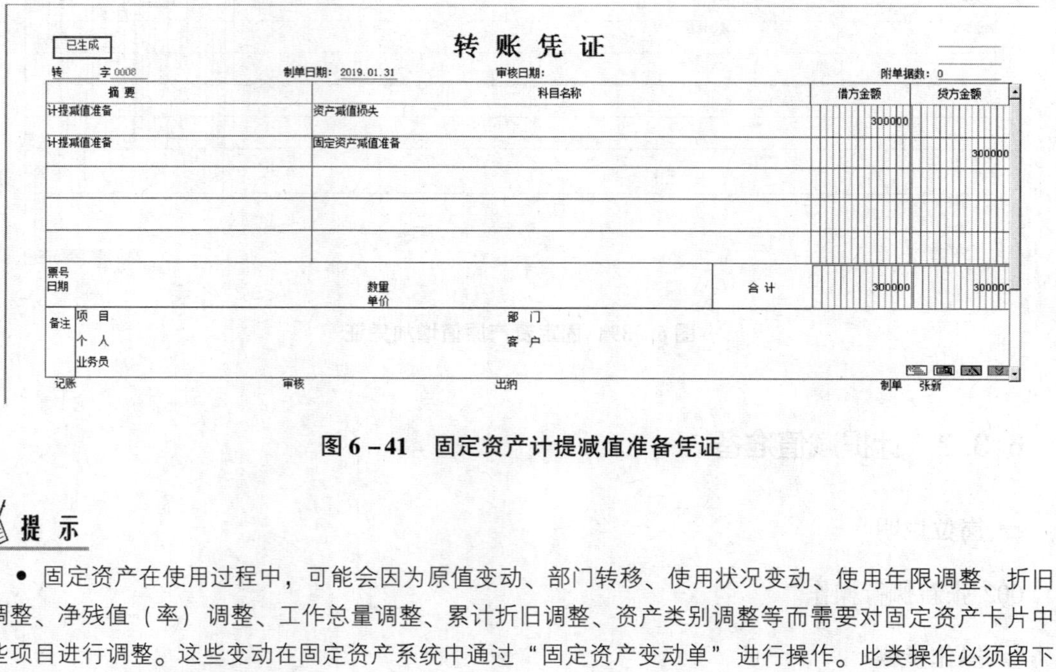

已生成

转 账 凭 证

转 字 0008 制单日期：2019.01.31 审核日期： 附单据数：0

摘要	科目名称	借方金额	贷方金额
计提减值准备	资产减值损失	300000	
计提减值准备	固定资产减值准备		300000
票号 日期	数量 单价 合计	300000	300000

备注 项目 部门

个人 客户

业务员

记账 审核 出纳 制单 张新

图 6-41 固定资产计提减值准备凭证

提 示

● 固定资产在使用过程中，可能会因为原值变动、部门转移、使用状况变动、使用年限调整、折旧方法调整、净残值（率）调整、工作总量调整、累计折旧调整、资产类别调整等而需要对固定资产卡片中的一些项目进行调整。这些变动在固定资产系统中通过“固定资产变动单”进行操作。此类操作必须留下原始凭证，制作的原始凭证称为变动单。

● 变动单不能修改，只有当月可以删除重做。

● 当月录入的原始卡片或新增卡片在执行变动单操作时部分功能受限，如不能进行原值增加、原值减少、部门转移等操作。

任务 4 固定资产期末处理

任务单 6－4

<table>
<tr><td>项目</td><td>项目 6　应用固定资产管理</td><td>任务</td><td>任务 4　固定资产期末处理</td></tr>
<tr><td colspan="2">学习目标
1. 掌握固定资产计提折旧的操作方法；
2. 掌握固定资产报废的操作方法。</td><td colspan="2">学习方法
1. 观看操作视频，记录操作要点；
2. 讨论、交流；
3. 实践操作。</td></tr>
<tr><td colspan="4">学习任务
1. 2019 年 1 月 31 日，新宇公司对所有固定资产计提折旧。
2. 2019 年 1 月 31 日，财务部使用的惠普打印机报废。取得与该业务相关的原始凭证如图 6－42、图 6－43 所示。</td></tr>
</table>

固定资产报废单

2019 年 01 月 31 日　　凭证编号：0018

<table>
<tr><td>固定资产名称及编号</td><td>规格型号</td><td>单位</td><td>数量</td><td>购买日期</td><td>已计提折旧月数</td><td>原始价值</td><td>已提折旧</td><td>备注</td></tr>
<tr><td>惠普打印机（03004）</td><td></td><td>台</td><td>1.00</td><td>2018年11月06日</td><td>2</td><td>7749.00</td><td>1011.60</td><td></td></tr>
<tr><td>固定资产状况及报废原因</td><td colspan="8">惠普打印机由于使用频率较高，性能已不能满足工作需要，将其报废。</td></tr>
<tr><td rowspan="2">处理意见</td><td colspan="2">使用部门</td><td colspan="2">技术鉴定小组</td><td colspan="2">固定资产管理部门</td><td colspan="2">主管部门审批</td></tr>
<tr><td colspan="2">同意</td><td colspan="2">同意</td><td colspan="2">同意</td><td colspan="2">同意</td></tr>
</table>

审核：略　　制单：略

图 6－42　固定资产报废单

收　款　收　据　　NO.00490021

2019 年 01 月 31 日

今　收　到李伟强

交　来：收购打印机货款　　现金收讫

金额（大写）　零拾　零万　零仟　叁佰　零拾　零元　零角　零分

¥ 300.00　☑ 现金　☐ 支票　☐ 信用卡　☐ 其他　　收款单位（盖章）

第三联交财务

核准略　会计略　记帐略　出纳略　经手人略

图 6－43　收款收据

6.4.1 计提折旧

☞ **岗位说明**

002 张新执行操作。

☞ **操作步骤**

（1）在固定资产管理系统中，执行“固定资产”|“处理”|“计提本月折旧”命令，打开“固定资产”对话框，提示“是否要查看折旧清单？”如图 6－44 所示。

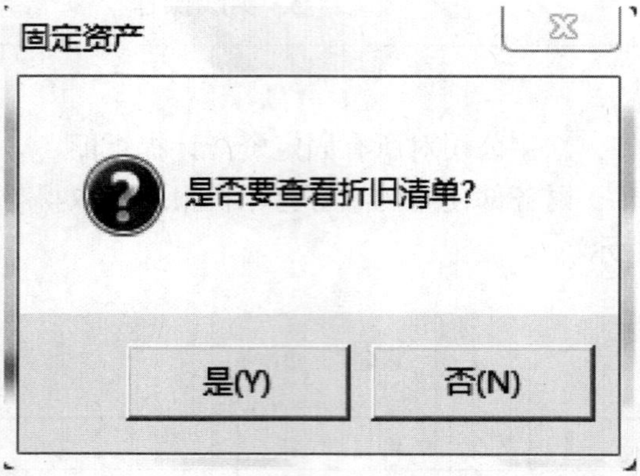

图 6－44　固定资产折旧提示框 1

（2）单击“是”按钮，系统提示“本操作将计提本月折旧，并花费一定时间，是否要继续？”，如图 6－45 所示。

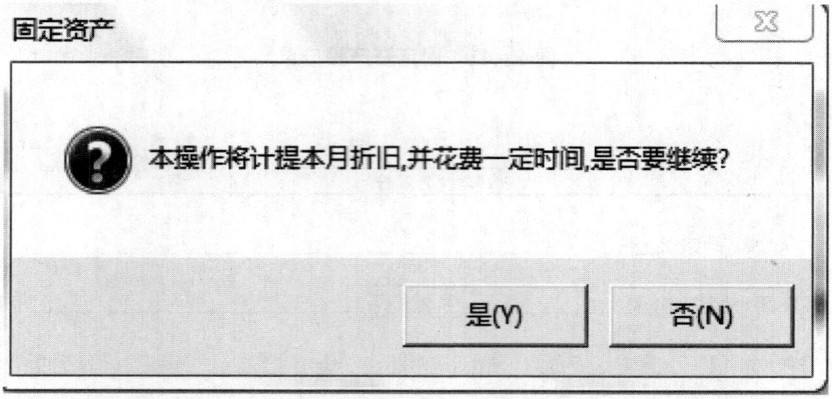

图 6－45　固定资产折旧提示框 2

（3）单击“是”按钮，打开“折旧清单”窗口，如图 6－46 所示。

（4）单击“退出”按钮，系统提示“计提折旧完成！”，如图 6－47 所示。

（5）单击“确定”按钮，打开“折旧分配表”窗口，如图 6－48 所示。

卡片编号	资产编号	资产名称	原值	计提原值	本月计提折旧额	累计折旧	本年计提折旧	减值准备	净值	净残值	折旧率	单位折旧	本月工作量	累计工作量	规格型号
00001	01001	厂房	100,000.00	100,000.00	276.08	10,797.08	276.08	0.00	89,202.92	5,000.00	0.0026		0.000	0.000	
00002	01002	办公楼	180,000.00	180,000.00	452.57	19,389.57	452.57	0.00	160,610.43	9,000.00	0.0026		0.000	0.000	
00003	02001	A生产线	23,000.00	23,000.00	479.54	2,898.54	479.54	3,000.00	17,101.46	920.00	0.0160		0.000	0.000	
00004	02002	B生产线	36,000.00	36,000.00	603.39	4,390.39	603.39	0.00	31,609.61	1,440.00	0.0160		0.000	0.000	
00005	03001	联想电脑	5,600.00	5,000.00	1,093.50	1,619.50	1,093.50	0.00	3,980.50	112.00	0.0272		0.000	0.000	
00006	03002	联想电脑	5,200.00	5,200.00	252.72	799.72	252.72	0.00	4,400.28	104.00	0.0272		0.000	0.000	
00007	03003	联想电脑	4,800.00	4,800.00	524.88	1,029.88	524.88	0.00	3,770.12	96.00	0.0272		0.000	0.000	
00008	03004	惠普打印机	7,749.00	7,749.00	193.60	1,011.60	193.60	0.00	6,737.40	154.98	0.0272		0.000	0.000	
合计			362,349.00	361,749.00	3,876.28	41,936.28	3,876.28	3,000.00	317,412.72	16,826.98			0.000	0.000	

图 6－46　折旧清单窗口

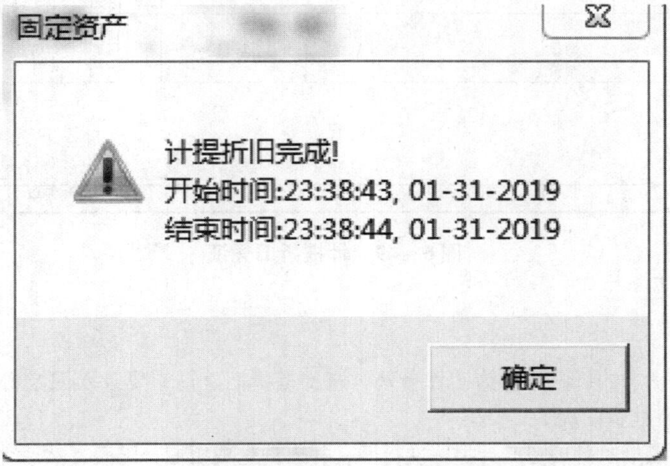

图 6－47　固定资产折旧完成提示框

简易桌面　折旧分配表

◉ 按部门分配　○ 按类别分配　部门分配条件...

01 (2019.01-->2019.01)

部门编号	部门名称	项目编号	项目名称	科目编号	科目名称	折　旧　额
101	办公室			660201	折旧费	1,229.27
102	人事部			660201	折旧费	388.49
103	财务部			660201	折旧费	899.51
201	一车间			510103	折旧费	617.58
202	二车间			510103	折旧费	741.43
合计						3,876.28

图 6－48　折旧分配表窗口

（6）单击“凭证”按钮，生成一张会计凭证。修改凭证字为“转账凭证”，单击“保存”按钮，凭证保存成功，如图 6－49 所示。

已生成

转 账 凭 证

转 字 0028 - 0001/0002 制单日期：2019.01.31 审核日期： 附单据数：0

摘 要	科目名称	借方金额	贷方金额
计提第[1]期间折旧	制造费用/折旧费	61758	
计提第[1]期间折旧	制造费用/折旧费	74143	
计提第[1]期间折旧	管理费用/折旧费	122927	
计提第[1]期间折旧	管理费用/折旧费	38849	
计提第[1]期间折旧	管理费用/折旧费	89951	
票号 日期	数量 单价 合 计	387628	387628

备注 项 目 A产品 部 门 一车间
个 人 客 户
业务员

记账 审核 出纳 制单 张新

图 6－49 计提折旧凭证

提 示

- 如果计提固定资产的折旧方法为工作量法，在计提折旧之前，要录入固定资产本月的工作量，这样，才能正确计提本月的折旧。
- 计提折旧功能每期对各项资产计提一次折旧，并自动生成折旧分配表，然后生成会计凭证，将本期的折旧费用自动登账；计提折旧的会计凭证可以不立即生成并保存，而在“批量制单”中生成，在“批量制单”中勾选“方向相反时合并分录”，生成的凭证会合并会计科目相同的会计分录。
- 部门转移和类别调整的资产当月计提的折旧会自动分配到变动后的部门和类别。
- 在一个期间内可以多次计提折旧，每次计提折旧后，只是将计提的折旧累加到月初的累计折旧上，不会重复累计。
- 若上次计提折旧已制单并已传递到总账系统，则必须删除该凭证才能重新计提折旧。
- 如果计提折旧后又对账套进行了影响折旧计算或分配的操作，必须重新计提折旧，否则系统不允许结账。
- 资产的使用部门和资产折旧要汇总的部门可能不同。为了加强资产管理，使用部门必须是明细部门，而折旧分配部门不一定分配到明细部门，不同的单位处理可能不同，因此要在计提折旧后，分配折旧费用时作出选择。

6.4.2 资产报废

☞ 岗位说明

002 张新执行操作。

☞ 操作步骤

（1）在固定资产管理系统中，执行“固定资产”|“卡片”|“资产减少”命令，打开“资产减少”对话框。

(2) 在“卡片编号”栏选择“00008”，“资产编号”栏自动弹出“03004”，单击“增加”按钮，在“减少方式”栏选择“报废”，在“清理原因”栏录入“资产报废”，如图 6－50 所示。

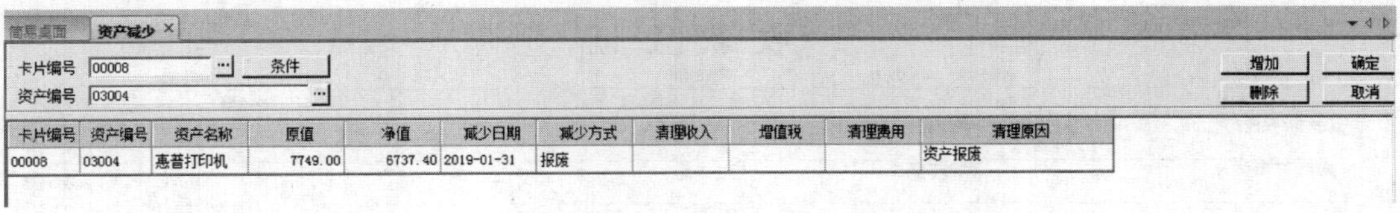

图 6－50 固定资产减少窗口

(3) 单击“确定”按钮，系统提示“所选卡片已经减少成功!”，如图 6－51 所示。

图 6－51 固定资产减少提示框

(4) 单击“确定”按钮，系统弹出一张凭证。修改凭证字为“转账凭证”，单击“保存”按钮，凭证保存成功，如图 6－52 所示。

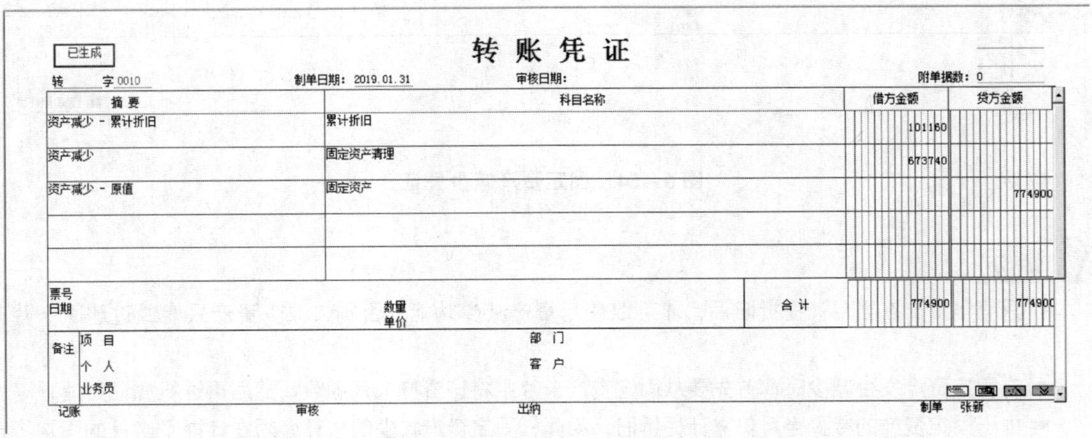

图 6－52 固定资产减少凭证 1

(5) 在总账管理系统中，执行“总账”|“凭证”|“填制凭证”命令，打开“凭证”对话

框，单击“增加”按钮，修改凭证字为“收款凭证”，录入固定资产清理收入的会计凭证，单击“保存”按钮，如图6－53所示。

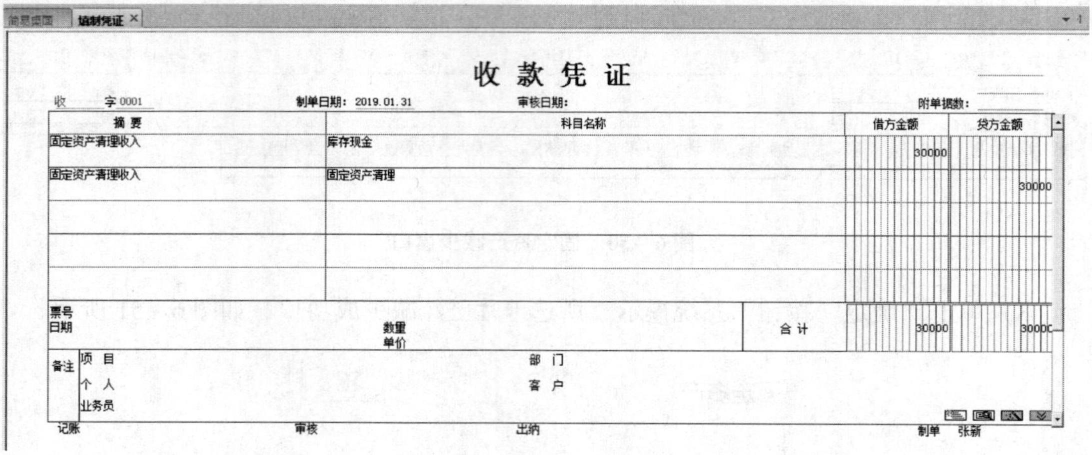

图6－53 固定资产减少凭证2

（6）继续单击“增加”按钮，录入结转固定资产清理的会计凭证，单击“保存”按钮，凭证保存成功，如图6－54所示。

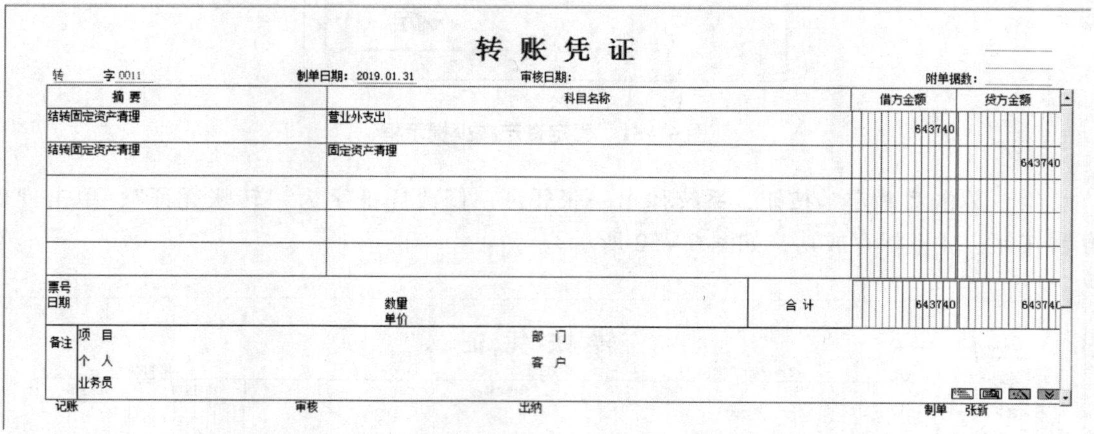

图6－54 固定资产减少凭证3

提示

- 只有当资产在当月计提折旧后，才可以使用资产减少功能，否则，减少资产只能通过删除卡片来完成。
- 在固定资产发生减少时，首先要从固定资产卡片中将该资产卡片删除，然后再进行凭证处理。
- 由于固定资产的减少当月仍需计提折旧，因此，固定资产减少的核算必须在计提了当月的固定资产折旧后才能进行。
- 与资产减少相关的支付清理费用等业务凭证，需要在总账系统中填制。

任务5 期末结账

任务单6－5

项目	项目6 应用固定资产管理	任务	任务5 期末结账
学习目标 1. 掌握固定资产系统对账、结账的操作方法； 2. 掌握查询固定资产账表的操作方法。		学习方法 1. 观看操作视频，记录操作要点； 2. 讨论、交流； 3. 实践操作。	
学习任务 1. 2019年1月31日，新宇公司财务部对固定资产系统对账、结账。 2. 查询办公设备类固定资产明细账。			

6.5.1 固定资产结账

☞ **岗位说明**

003 刘萍出纳签字。

001 李丽审核凭证。

002 张新对账、结账。

☞ **操作步骤**

（1）在总账管理系统中，“003 刘萍”执行“总账”|“凭证”|“出纳签字”命令，对所有的凭证进行出纳签字。

（2）在总账管理系统中，“001 李丽”执行“总账”|“凭证”|“审核凭证”命令，对所有的凭证进行审核。

（3）在总账管理系统中，“001 李丽”执行“总账”|“凭证”|“主管签字”命令，对所有的凭证进行主管签字。

（4）在总账管理系统中，“001 李丽”执行“总账”|“凭证”|“记账”命令，对所有的凭证进行记账。

（5）“002 张新”执行“固定资产”|“处理”|“对账”命令，打开“与账务对账结果”对话框，系统提示“结果：平衡”，如图6－55所示。

（6）单击“确定”按钮，执行“固定资产”|“处理”|“对月末结账”命令，打开“月末结账”对话框。

（7）单击“开始结账”命令，打开“与账务对账结果”对话框，单击“确定”命令，系统提示“月末结账成功完成！”，如图6－56所示。

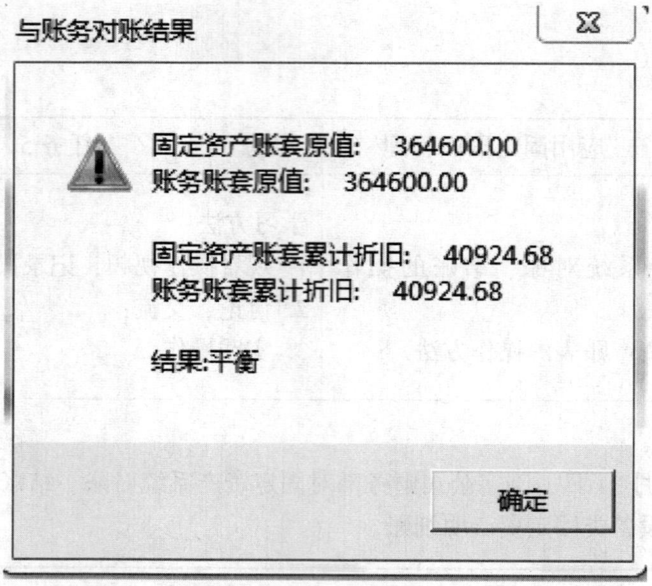

图6－55　与账务对账结果提示框

图6－56　月末结账成功完成提示框

（8）单击“确定”按钮，系统提示“本账套最新可修改日期已经更改为2019－02－01……”，如图6－57所示。

提　示

- 固定资产系统与总账对账之前，要保证固定资产系统传递到总账系统中凭证已经审核、记账；否则对账不成功。
- 如果对账不平，需要根据初始化是否选中“在对账不平的情况下允许固定资产月末结账”来判断是否可以进行结账处理。

- 月末结账工作每月进行一次，如果结账后发现结账前的操作有误，则可以使用系统提供的一个纠错功能，即“恢复月末结账前状态”进行“反结账”。
- 如果总账系统已经结账，则固定资产系统不可以再执行取消结账功能。

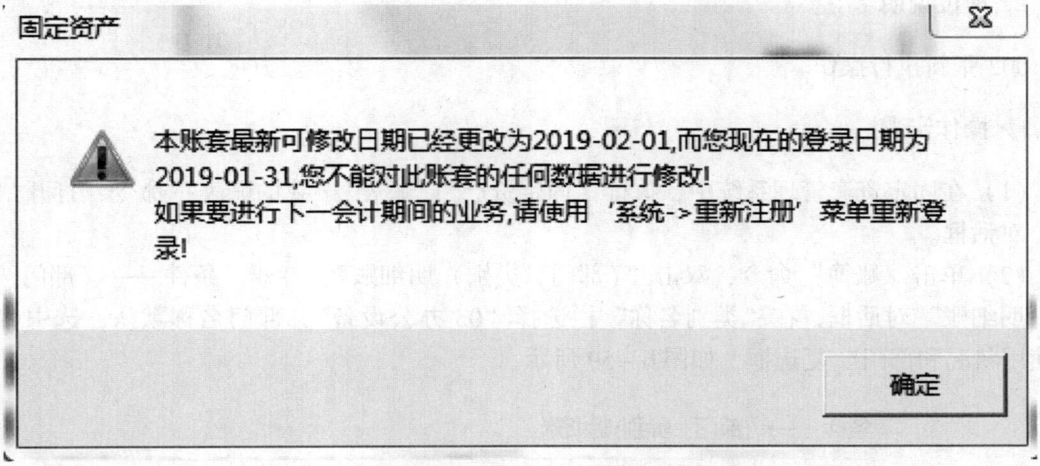

图 6-57　固定资产结账提示框

6.5.2　查询固定资产原值表

☞ 岗位说明

002 张新执行操作。

☞ 操作步骤

(1) 在固定资产管理系统中，执行“固定资产”|“账表”|“我的账表”命令，打开“报表”对话框。

(2) 单击“统计表”命令，双击“（固定资产原值）一览表”，打开“（固定资产原值）一览表”窗口，条件默认。

(3) 单击“确定”按钮，打开“（固定资产原值）一览表”，如图 6-58 所示。

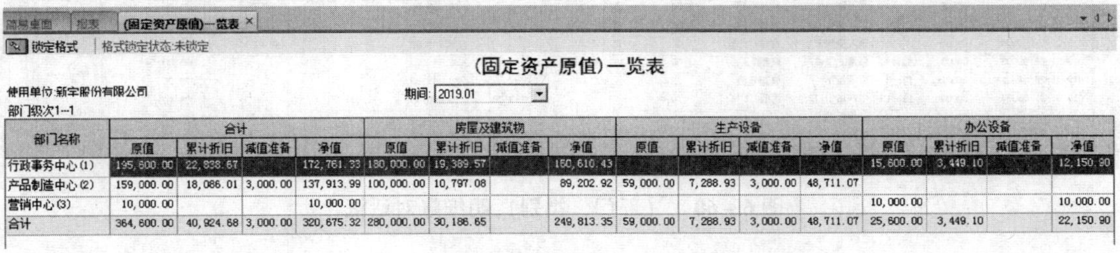

(固定资产原值)一览表

使用单位:新宇股份有限公司　　期间: 2019.01

部门级次1--1

部门名称	合计				房屋及建筑物				生产设备				办公设备			
	原值	累计折旧	减值准备	净值	原值	累计折旧	减值准备	净值	原值	累计折旧	减值准备	净值	原值	累计折旧	减值准备	净值
行政事务中心(1)	195,600.00	22,838.67		172,761.33	180,000.00	19,389.57		160,610.43					15,600.00	3,449.10		12,150.90
产品制造中心(2)	159,000.00	18,086.01	3,000.00	137,913.99	100,000.00	10,797.08		89,202.92	59,000.00	7,288.93	3,000.00	48,711.07				
营销中心(3)	10,000.00			10,000.00									10,000.00			10,000.00
合计	364,600.00	40,924.68	3,000.00	320,675.32	280,000.00	30,186.65		249,813.35	59,000.00	7,288.93	3,000.00	48,711.07	25,600.00	3,449.10		22,150.90

图 6-58　固定资产原值一览表窗口

6.5.3 查询固定资产明细账

☞ **岗位说明**

002 张新执行操作。

☞ **操作步骤**

（1）在固定资产管理系统中，执行“固定资产”|“账表”|“我的账表”命令，打开“报表”对话框。

（2）单击“账簿”命令，双击“（部门、类别）明细账”，打开“条件——（部门、类别）明细账”对话框，在“类别名称”栏选择“03 办公设备”，部门名称默认，选中“显示使用状况和部门”复选框，如图 6－59 所示。

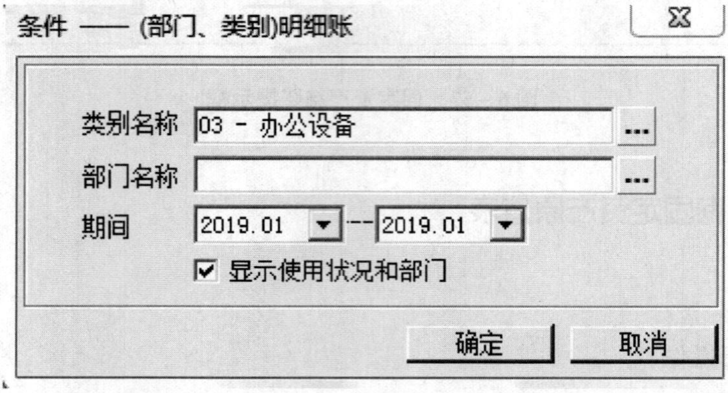

图 6－59　条件——（部门、类别）明细账对话框

（3）单击“确定”按钮，打开“（部门、类别）明细账”，如图 6－60 所示。

(部门、类别)明细账

使用单位:新宇股份有限公司　　期间:2019.01--2019.01

资产类别:办公设备(03)...　　使用部门:

日期	资产编号	业务单号	凭证号	摘要	资产名称	数量	原值			累计折旧			减值准备	
							借方	贷方	余额	借方	贷方	余额	借方	贷方
2019-01-01	03001	00005		录入原始卡片	联想电脑	1.00	5,000.00		5,000.00		526.00	526.00		
2019-01-01	03002	00006		录入原始卡片	联想电脑	1.00	5,200.00		10,200.00		547.00	1,073.00		
2019-01-01	03003	00007		录入原始卡片	联想电脑	1.00	4,800.00		15,000.00		505.00	1,578.00		
2019-01-01	03004	00008		录入原始卡片	惠普打印机	1.00	7,749.00		22,749.00		818.00	2,396.00		
2019-01-06	03005	00009	付--4	新增固定资产	联想电脑	1.00	10,000.00		32,749.00			2,396.00		
2019-01-25	03001	00001	付--5	原值增加	联想电脑		600.00		33,349.00			2,396.00		
2019-01-31	03004	00008	转--10	资产减少	惠普打印机	-1.00		7,749.00	25,600.00	1,011.60		1,384.40		
2019-01-31		01	转--9	计提折旧					25,600.00		2,064.70	3,449.10		
				本期合计		4.00	33,349.00	7,749.00	25,600.00	1,011.60	4,460.70	3,449.10		

图 6－60　（部门、类别）明细账对话框

项目总结

应用固定资产管理流程如图 6－61 所示。

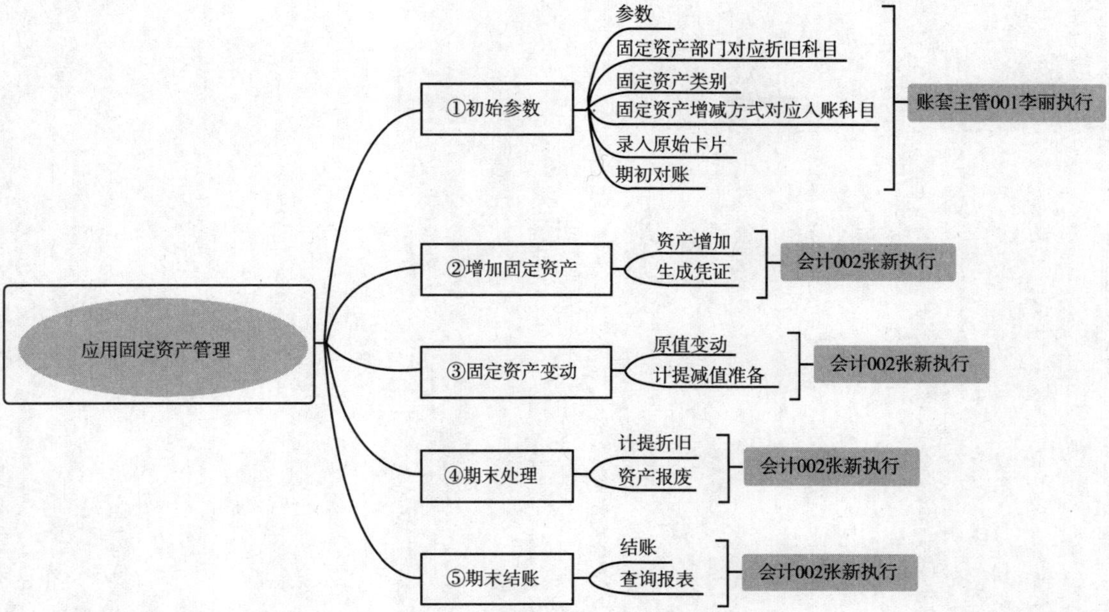

图6－61　应用固定资产管理流程

项目7

应用应收款管理系统

项目分析

新宇公司日常生产经营活动中需要管理和核算应收账款、应收票据，并进行相应的账务处理。要想运用软件处理新宇公司的应收款业务，就需要解决如下几个问题。

问题1：如何进行应收款管理系统的初始设置。

问题2：怎样录入销售发票、应收单、收款单。

问题3：怎样录入商业汇票，并对票据进行计息及结算。

问题4：怎样计提坏账准备。

问题5：怎样进行相关的账务处理。

问题6：怎样对应收款管理系统进行期末结账。

请在下列任务的执行过程中探索解决问题的方法。

任务1　设置应收款管理系统初始参数

任务单7-1

项目	项目7　应用应收款管理系统	任务	任务1　设置应收款管理系统初始参数
学习目标 1. 掌握应收款管理参数设置的操作方法； 2. 掌握应收款管理初始设置的操作方法； 3. 掌握应收款管理系统期初余额的录入方法。		学习方法 1. 观看操作视频，记录操作要点； 2. 讨论、交流； 3. 实践操作。	

学习任务

1. 新宇公司应收款管理系统参数为：

单据审核日期依据：单据日期；

坏账处理方式：应收余额百分比法；

受控科目制单方式为：明细到单据；

自动计算现金折扣；

其他按系统默认。

2. 应收款管理系统初始设置。

（1）基本科目设置如表7-1所示。

表7-1　基本科目设置

项　目	会计科目
应收科目	112201 应收账款——人民币
预收科目	220301 预收账款——人民币

续表

项　目	会计科目
税金科目	22210102 应交税费——应交增值税（销项税额）
现金折扣科目	6603 财务费用
票据利息科目	6603 财务费用
票据费用科目	6603 财务费用
商业承兑科目	112102 应收票据——商业承兑汇票
银行承兑科目	112101 应收票据——银行承兑汇票
坏账入账科目	1231 坏账准备

（2）控制科目设置如表 7－2 所示。

表 7－2　控制科目设置

项　目	会计科目
应收科目	112201 应收账款——人民币
预收科目	220301 预收账款——人民币

（3）产品科目设置如表 7－3 所示。

表 7－3　产品科目设置

项　目	会计科目
库存商品销售收入科目	6001 主营业务收入
应交增值税科目	22210102 应交税费——应交增值税（销项税额）
销售退回科目	6001 主营业务收入
税率	16%

（4）结算方式科目设置如表 7－4 所示。

表 7－4　结算方式科目设置

项　目	会计科目
现金结算	1001 库存现金
现金支票	100201 银行存款——人民币
转账支票	100201 银行存款——人民币
电汇	100201 银行存款——人民币
其他	100201 银行存款——人民币

（5）坏账准备设置如表7－5所示。

表7－5　　坏账准备设置

项　目	会计科目
提取比例	1%
坏账准备期初余额	0
坏账准备科目	1231 坏账准备
对方科目	6701 资产减值损失

3. 新宇公司应收款管理系统期初余额如表7－6、表7－7所示。

表7－6　　应收账款——人民币（112201）期初余额

日期	客户	摘　要	业务员	方向	金额
2018.12.31	利康	向利康公司售出A产品20台，不含税单价4 500元，发票号785492	周爽	借	104 400
2018.12.31	兴隆	向兴隆公司售出B产品10台，不含税单价5 000元，发票号385458	周爽	借	58 000

表7－7　　应收票据——银行承兑汇票（112101）期初余额

日期	客户	摘要	业务员	方向	金额
2018.11.21	利康公司	销售B产品10台，不含税单价5 000元，银行承兑票号6856999，票面利率6%，到期日2019年1月21日，承兑银行：中国工商银行	周爽	借	58 000

知识链接

应收款管理系统，通过发票、其他应收单、收款单等单据的录入，对企业的往来账款进行综合管理，及时、准确地提供客户的往来账款余额资料，提供各种分析报表，如账龄分析表，周转分析、欠款分析、坏账分析、回款分析情况等，通过各种分析报表，帮助您合理地进行资金的调配，提高资金的利用效率。

应收款管理系统与销售管理系统、总账系统集成使用，可接收在销售系统中所填制的销售发票，进行审核，同时可生成相应凭证，并传递至总账系统。

应收款的系统应用包括：

（1）系统提供了各种预警，可以及时进行到期账款的催收，以防止发生坏账，信用额度的控制有助于随时了解客户的信用情况。

（2）系统提供功能权限的控制、数据权限的控制来提高系统应用的准确性和安全性。

(3) 提供票据的跟踪管理，可以随时对票据的计息、背书、贴现、转出等操作进行监控。

(4) 提供收付款单的批量审核、自动核销功能，并能与网上银行进行数据的交互。

(5) 系统提供总公司和分销处之间数据的导入、导出及其服务功能，为企业提供完整的远程数据通信方案。

(6) 提供全面的账龄分析功能，支持多种分析模式，帮助企业强化对应收款的管理和控制。

(7) 该系统既可独立运行，又可与销售系统、总账系统等其他系统结合运用，提供完整的业务处理和财务管理信息。

7.1.1 应收款管理系统参数设置

☞ **岗位说明**

001 李丽执行操作。

☞ **操作步骤**

(1) 在企业应用平台，执行“业务工作”|“财务会计”|“应收款管理”|“设置”|“选项”命令，打开“账套参数设置”对话框，如图 7-1 所示。

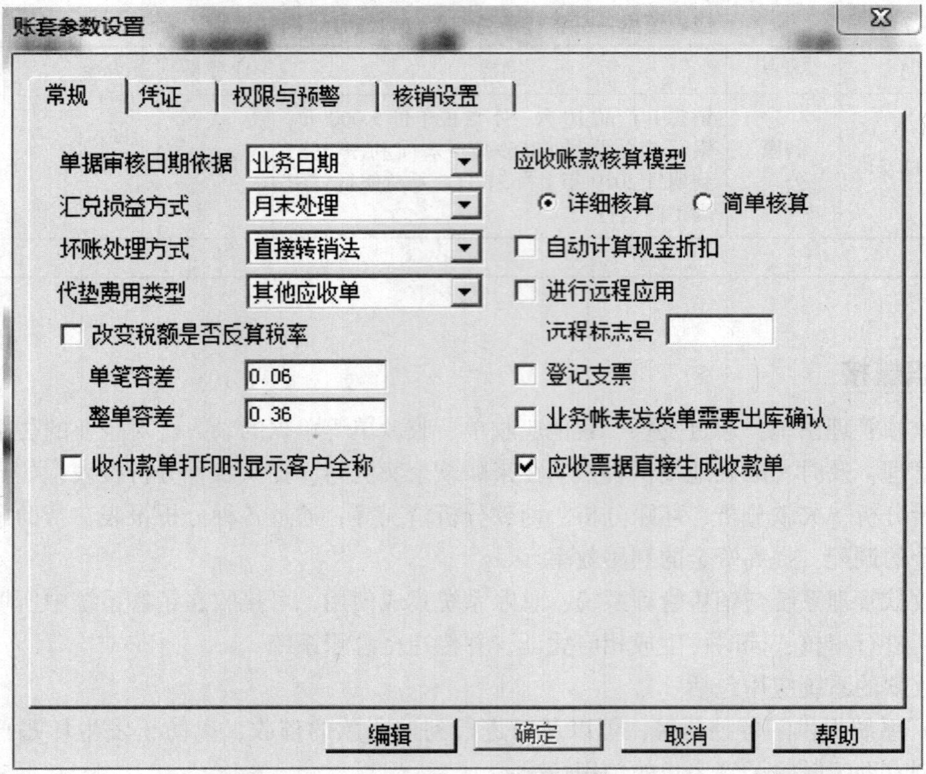

图 7-1 账套参数设置对话框

（2）单击“编辑”按钮，系统弹出“选项修改需要重新登录才能生效”提示信息，如图 7－2 所示。

图 7－2　选项修改需要重新登录才能生效提示框

（3）单击“确定”按钮，返回“账套参数设置”对话框，打开“常规”页签，单击“单据审核日期依据”栏的下三角按钮，选择“单据日期”；单击“坏账处理方式”栏的下三角按钮，选择“应收余额百分比法”；单击选中“自动计算现金折扣”前的复选框，如图 7－3所示。

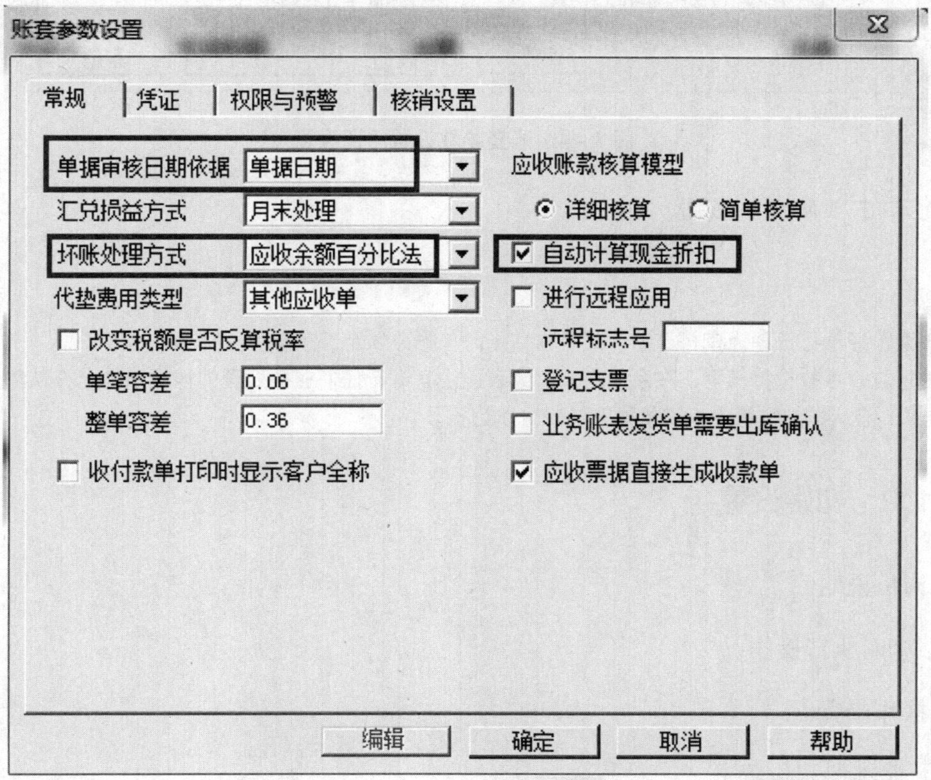

图 7－3　账套参数设置常规页签

(4) 打开"凭证"页签，单击"受控科目制单方式"栏的下三角按钮，选择"明细到单据"，如图7－4所示。

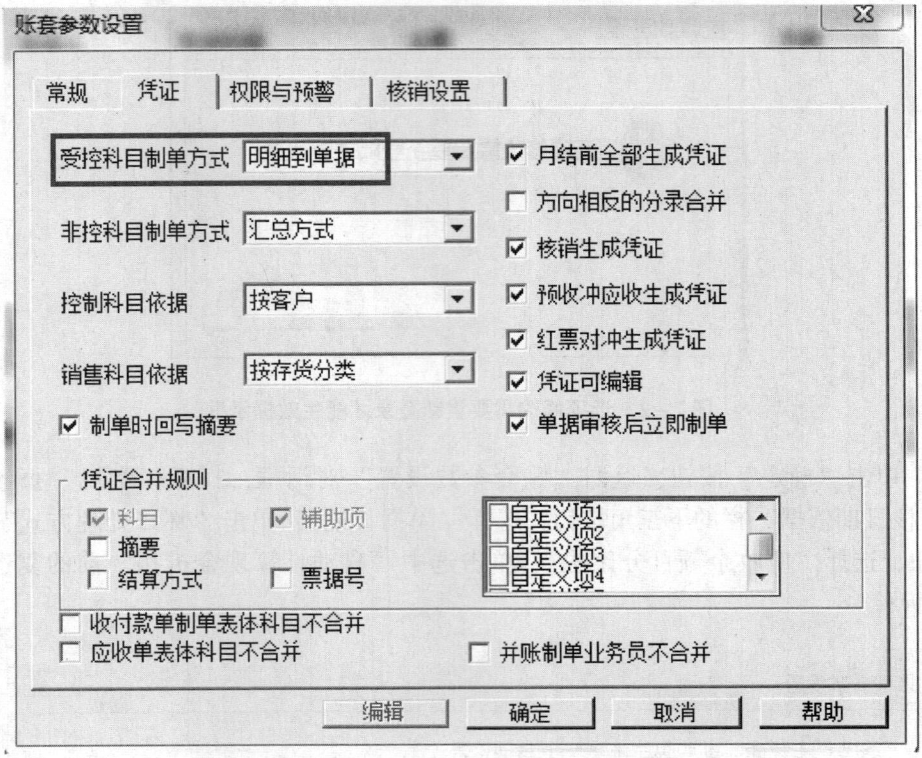

图7－4　账套参数设置凭证页签

(5) 单击"确定"按钮。

提　示

- 如果选择单据日期为审核日期，则月末结账时单据必须全部审核。
- 关于应收账款核算模型，在系统启用时或者还没有进行任何业务处理的情况下才允许从简单核算改为详细核算，而从详细核算改为简单核算随时可以进行。

7.1.2　初始设置

☞ **岗位说明**

001 李丽执行操作。

☞ **操作步骤**

(1) 基本科目设置。

①在应收款管理系统，执行"设置"|"初始设置"命令，打开"初始设置"对话框，如图7－5所示。

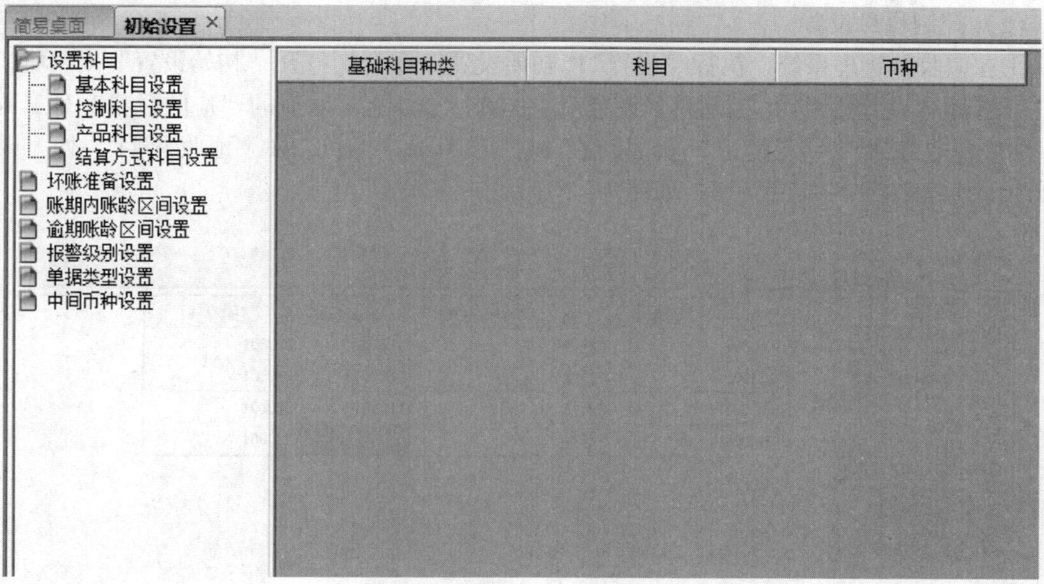

图 7－5　初始设置窗口

②选择“设置科目”|“基本科目设置”，单击“增加”按钮，从“基础科目种类”列表中选择“应收科目”，科目选择“112201 应收账款——人民币”。继续用此方法增加其他基本科目，如图 7－6 所示。

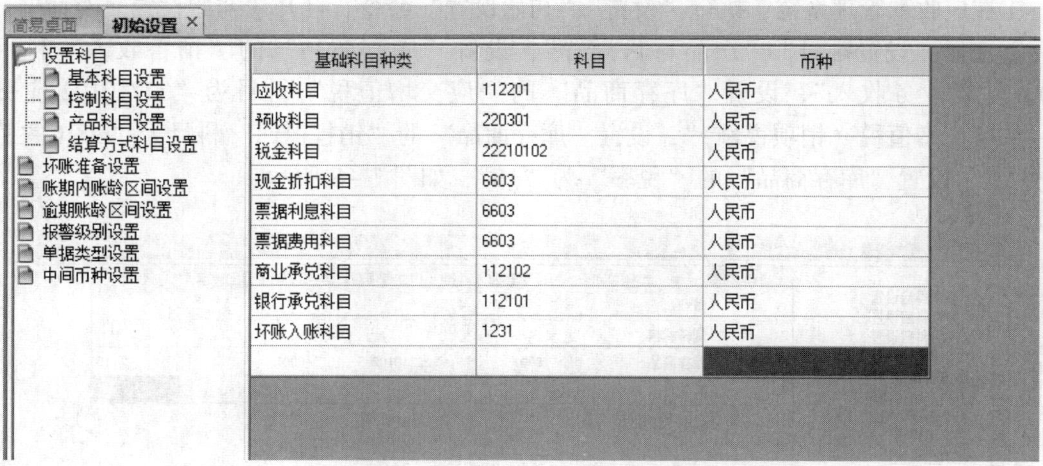

图 7－6　初始设置——基本科目设置窗口

提　示

- 在基本科目设置中所设置的应收科目“1122 应收账款”、预收科目“2203 预收账款”及“1121 应收票据”，应在总账系统中设置其辅助核算内容为“客户往来”，并且其受控系统为“应收系统”，否则在这里不能被选中。
- 只有在这里设置了基本科目，在生成凭证时才能直接生成凭证中的会计科目，否则凭证中将没有会计科目，相应的会计科目只能手工录入。

（2）控制科目设置。

①在应收款管理系统，执行“设置”|“初始设置”命令，打开“初始设置”对话框。

②选择“设置科目”|“控制科目设置”，在001－004客户对应的“应收科目”处，录入“112201应收账款——人民币”科目，在001－004客户对应的“预收科目”处，录入“220301预收账款——人民币”，如图7－7所示。

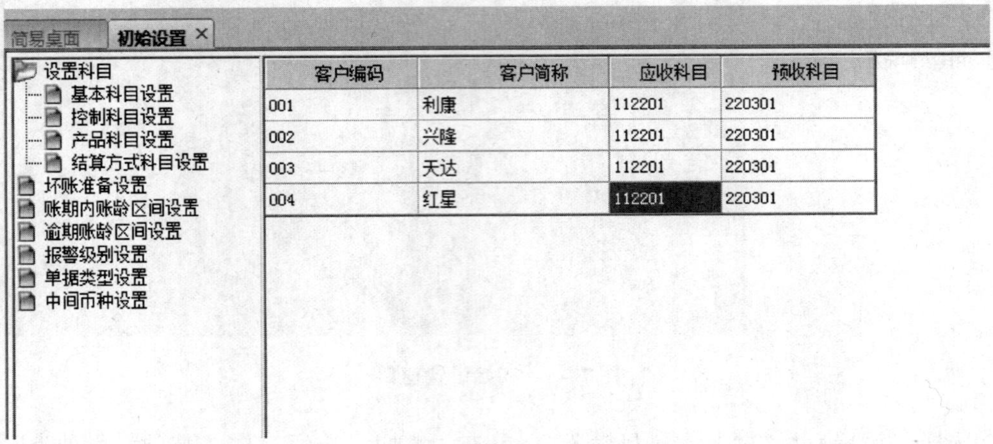

图7－7　初始设置——控制科目设置窗口

（3）产品科目设置。

①在应收款管理系统，执行“设置”|“初始设置”命令，打开“初始设置”对话框。

②选择“设置科目”|“产品科目设置”，设置“库存商品”的“销售收入”科目为“6001主营业务收入”，设置“库存商品”的“应交增值税”科目为“22210102应交税费——应交增值税（销项税额）”，设置“库存商品”的“销售退回”科目为“6001主营业务收入”，设置“库存商品”的“税率”为“16”，如图7－8所示。

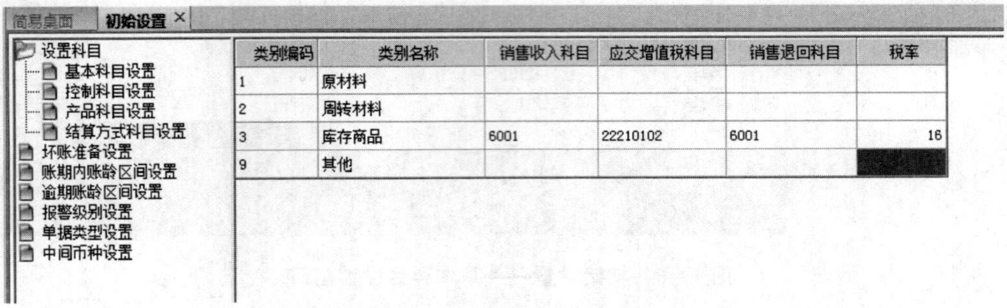

图7－8　初始设置——产品科目设置窗口

（4）结算方式科目设置。

①在应收款管理系统，执行“设置”|“初始设置”命令，打开“初始设置”对话框。

②选择“设置科目”|“结算方式科目设置”，单击“增加”按钮，从“结算方式”列表中选择“现金结算”，币种选择“人民币”，科目选择“1001库存现金”，继续用此方法增加其他结算方式科目，如图7－9所示。

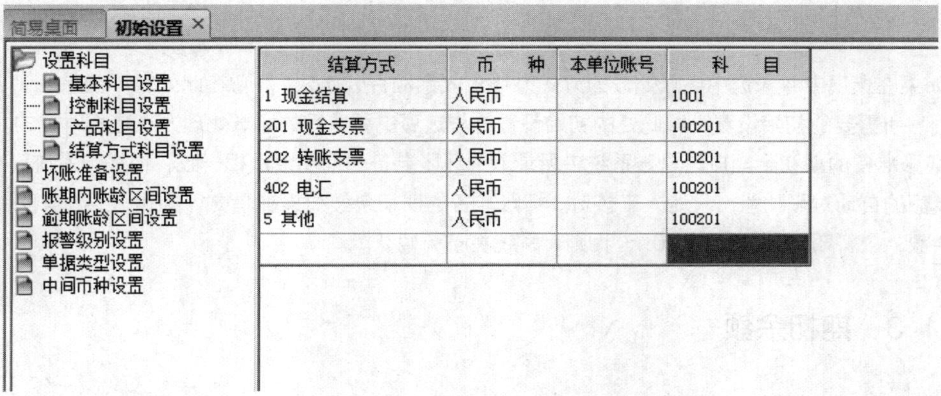

图 7－9　初始设置——结算方式科目设置窗口

（5）坏账准备设置。

①在应收款管理系统，执行“设置”|“初始设置”命令，打开“初始设置”对话框。

②选择“坏账准备设置”，录入提取比例“1”，坏账准备期初余额为“0.00”，坏账准备科目为“1231 坏账准备”，对方科目为“6701 资产减值损失”，如图 7－10 所示。

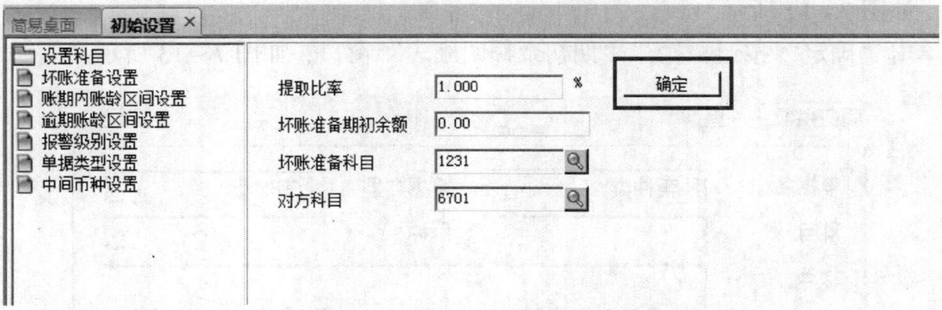

图 7－10　初始设置——坏账准备设置窗口

③单击“确定”按钮，系统弹出提示框“储存完毕”，如图 7－11 所示。

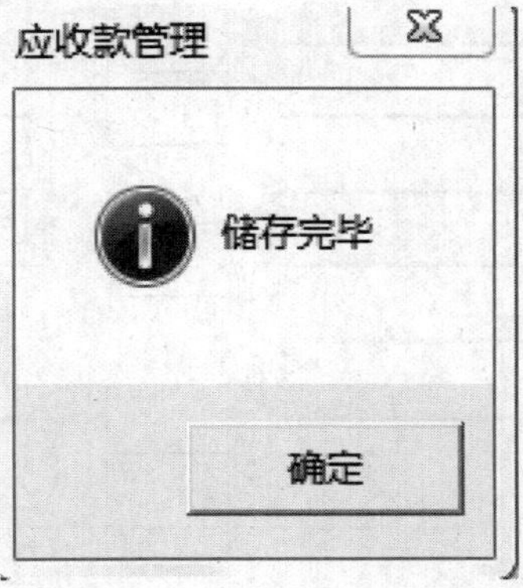

图 7－11　储存完毕提示框

④单击“确定”按钮。

提 示

- 如果在选项中并未选中坏账处理的方式为“应收余额百分比法”，则在此处就不能录入“应收余额百分比法”所需要的初始设置，即此处的初始设置是与选项中所选择的坏账处理方式是相对应的。
- 坏账准备的期初余额应与总账系统中所录入的坏账准备的期初余额相一致，但是，系统没有坏账准备期初余额的自动对账功能，只能人工核对。坏账准备的期初余额如果在借方，则用“-”表示，如果没有期初余额，应将期初余额录入“0”，否则，系统将不予确认。

7.1.3 期初余额

☞ **岗位说明**

001 李丽执行操作。

☞ **操作步骤**

（1）录入期初销售发票。

①在应收款管理系统，执行“设置”|“期初余额”命令，打开“期初余额——查询”对话框，如图 7－12 所示。

②单击“确定”按钮，打开“期初余额明细表”窗口，如图 7－13 所示。

图 7－12 期初余额——查询对话框

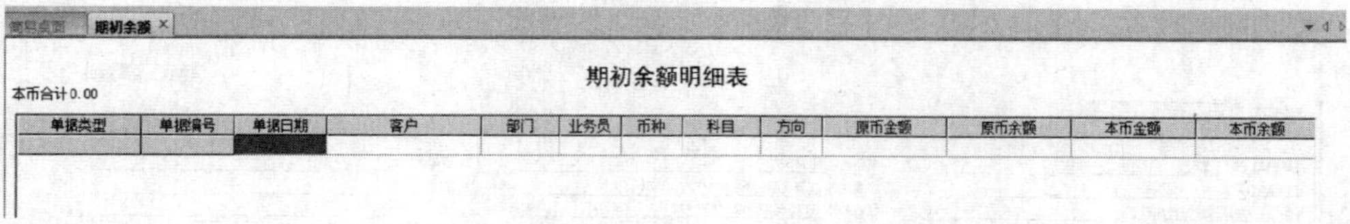

图 7－13　期初余额明细表对话框

③单击“增加”按钮，打开“单据类别”对话框，如图 7－14 所示。

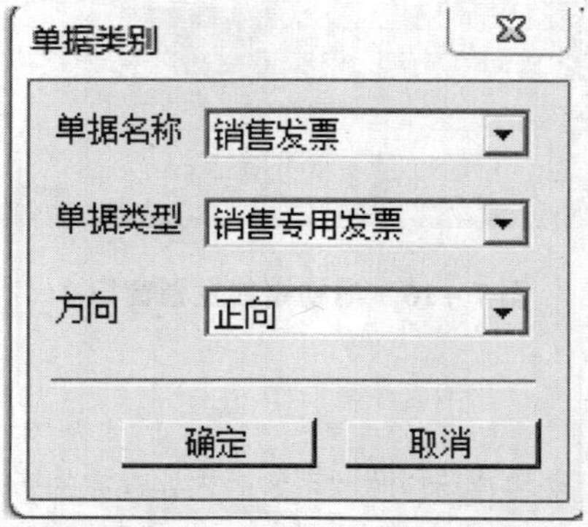

图 7－14　单据类别对话框 1

④选择单据名称为“销售发票”，单据类型为“销售专用发票”，方向为“正向”，单击“确定”按钮，打开“销售专用发票”窗口。

⑤单击“增加”按钮，修改开票日期为“2018－12－31”，录入发票号为“785492”，单击“客户名称”栏的参照按钮，选择“利康”，系统自动带出客户相关信息，在“税率”栏录入“16.00”，在“货物编号”栏选择“006”，在数量栏录入“20”，在“无税单价”栏录入“4 500.00”，如图 7－15 所示。

⑥单击“保存”按钮，以此方法继续录入第二张销售专用发票，如图 7－16 所示。

图 7－15　期初销售发票窗口 1

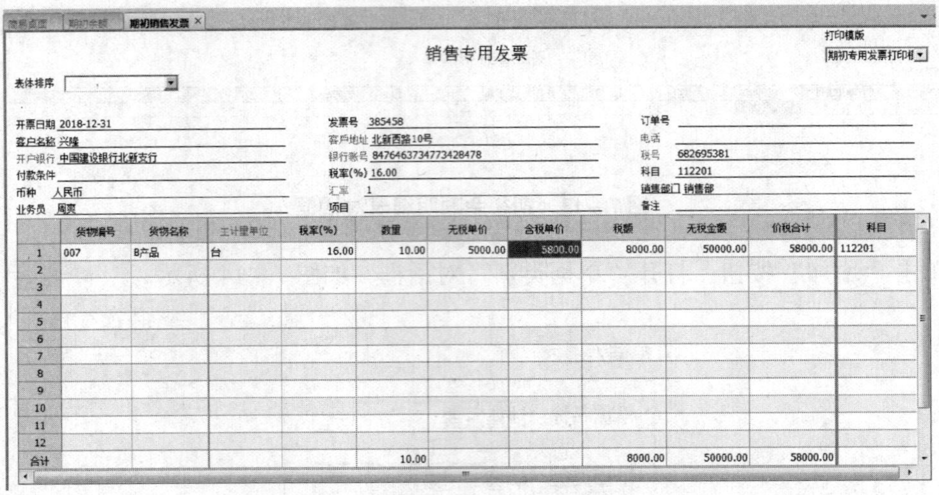

图 7－16　期初销售发票窗口 2

提　示

● 在初次使用应收款系统时，应将启用应收款系统时未处理完的所有科目的应收账款、预收账款、应收票据等数据录入本系统。当进入第二年度时，系统自动将上年度未处理完的单据转为下一年度的期初余额。在下一年度的第一会计期间里，可以进行期初余额的调整。

● 如果退出了录入期初余额的单据，在“期初余额明细表”窗口中并没有看到新录入的期初余额，应单击“刷新”按钮，就可以列示出所有的期初余额的内容。

● 在录入期初余额时一定要注意期初余额的会计科目。应收款系统的期初余额应与总账进行对账，如果科目错误将会导致对账错误。

（2）录入期初票据。

①在应收款管理系统，执行“设置”|“期初余额”命令，打开“期初余额—查询”对话框，单击“确定”按钮，打开“期初余额明细表”窗口，单击“增加”按钮，打开“单据类别”对话框。

②选择单据名称为“应收票据”，单据类型为“银行承兑汇票”，方向默认为“正向”，如图 7－17 所示。

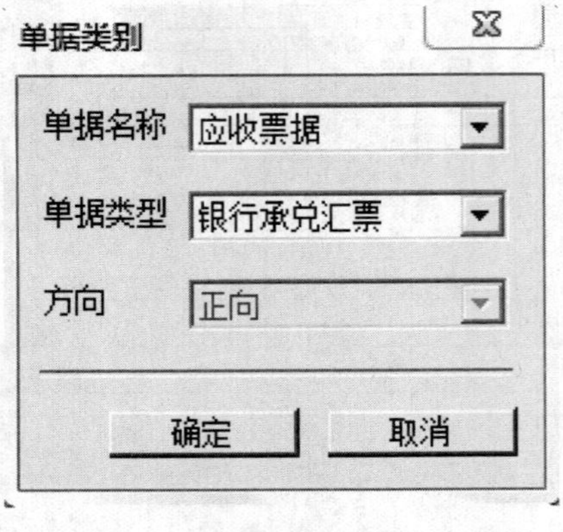

图 7－17　单据类别对话框 2

③单击“确定”按钮，打开“期初票据”窗口。

④单击“增加”按钮，录入票据编号“6856999”，选择承兑银行“中国工商银行”，单击“开票单位”栏的参照按钮，选择“利康公司”，系统自动带出客户相关信息；在“票据面值”栏录入“58 000.00”，在“面值利率”栏录入“6”，单击“科目”栏参照按钮，选择“112101 应收票据——银行承兑汇票”，在“签发日期”栏选择“2018－11－21”，在“收到日期”栏选择“2018－11－21”，在“到期日”栏选择“2019－01－21”，在“摘要”栏录入“销售 B 产品”，如图 7－18 所示。

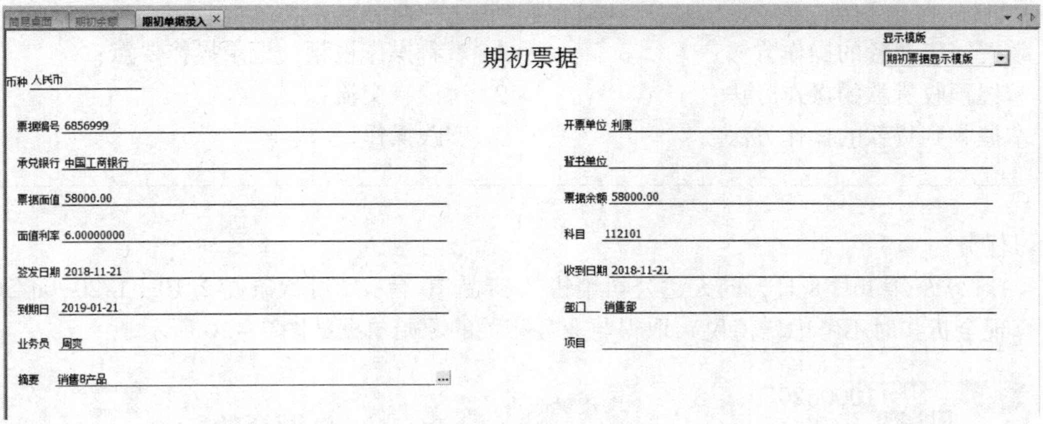

图 7－18　期初票据窗口

⑤单击“保存”按钮，返回“期初余额明细表”窗口。

（3）应收款系统与总账系统对账。

①在“期初余额明细表”窗口中，单击“对账”按钮，打开“期初对账”窗口，如图 7－19 所示。

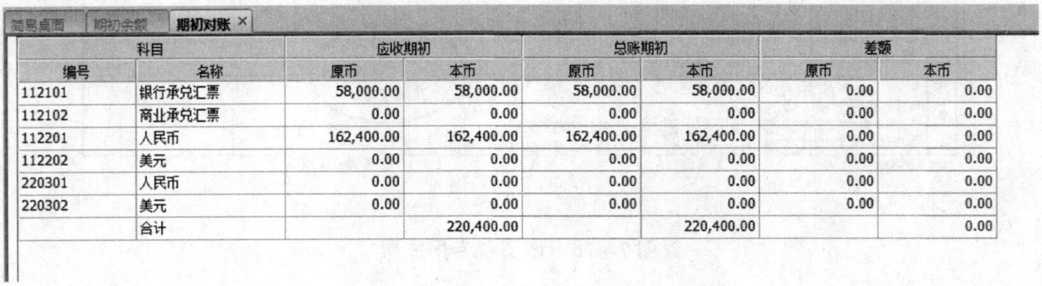

科目		应收期初		总账期初		差额	
编号	名称	原币	本币	原币	本币	原币	本币
112101	银行承兑汇票	58,000.00	58,000.00	58,000.00	58,000.00	0.00	0.00
112102	商业承兑汇票	0.00	0.00	0.00	0.00	0.00	0.00
112201	人民币	162,400.00	162,400.00	162,400.00	162,400.00	0.00	0.00
112202	美元	0.00	0.00	0.00	0.00	0.00	0.00
220301	人民币	0.00	0.00	0.00	0.00	0.00	0.00
220302	美元	0.00	0.00	0.00	0.00	0.00	0.00
	合计		220,400.00		220,400.00		0.00

图 7－19　期初对账窗口

②单击“退出”按钮退出。

提　示

- 当完成全部应收期初余额录入后，应通过“对账”功能将应收系统期初余额与总账系统期初余额进行核对。
- 应收款系统与总账系统对账，必须在总账与应收系统同时启用后才可以进行。

任务2 单据处理

任务单7－2

项目	项目7　应用应收款管理系统	任务	任务2　单据处理
学习目标 1. 掌握销售业务的操作方法； 2. 掌握预收货款的操作方法； 3. 掌握收到货款的操作方法。		学习方法 1. 观看操作视频，记录操作要点； 2. 讨论、交流； 3. 实践操作。	

学习任务

1. 2019年1月8日，向天达公司销售A产品10台，（付款条件2/10，1/20，n/30，计算现金折扣时不考虑增值税）取得与业务相关的原始单据如图7－20所示。

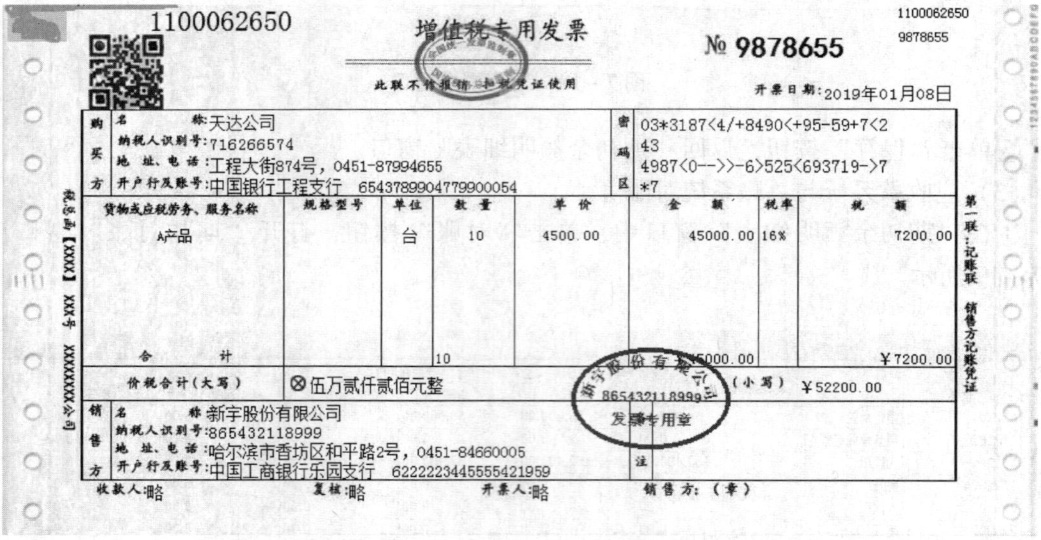

1100062650　增值税专用发票　№ 9878655

1100062650
9878655

此联不作报销、扣税凭证使用　　开票日期：2019年01月08日

购买方	名　　称：天达公司 纳税人识别号：716266574 地 址、电 话：工程大街874号，0451-87994655 开户行及账号：中国银行工程支行　6543789904779900054	密码区	03*3187<4/+8490<+95-59+7<2 43 4987<0-->>-6>525<693719->7 *7

货物或应税劳务、服务名称	规格型号	单位	数量	单价	金额	税率	税额
A产品		台	10	4500.00	45000.00	16%	7200.00
合　　计			10		45000.00		￥7200.00
价税合计（大写）	⊗伍万贰仟贰佰元整				（小写）	￥52200.00	

销售方	名　　称：新宇股份有限公司 纳税人识别号：865432118999 地 址、电 话：哈尔滨市香坊区和平路2号，0451-84660005 开户行及账号：中国工商银行乐园支行　6222223445555421959	备注	

收款人：略　　复核：略　　开票人：略　　销售方：（章）

第一联：记账联　销售方记账凭证

图7－20　增值税专用发票

2. 2019年1月15日，向红星公司销售B产品5台，并开出转账支票（票号63201136）代垫运费300元，取得与业务相关的原始单据如图7－21、图7－22所示。

3. 2019年1月20日，以转账支票（票号39769017）方式预收兴隆有限公司的货款20 000元，取得与业务相关的原始单据如图7－23所示。

4. 2019年1月26日，收到天达公司的转账支票一张，是销售5台A产品的价税款，取得与业务相关的原始单据如图7－24所示。

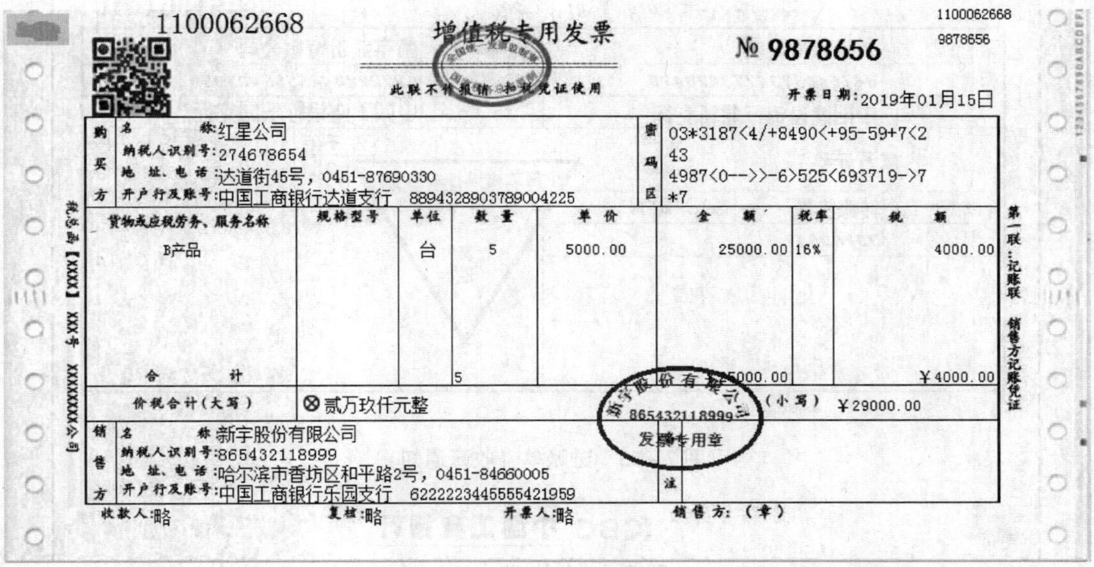

1100062668　　增值税专用发票　　№ 9878656　　1100062668 9878656

此联不作报销、扣税凭证使用　　开票日期：2019年01月15日

购买方	名　　称：红星公司 纳税人识别号：274678654 地 址、电 话：达道街45号，0451-87690330 开户行及账号：中国工商银行达道支行　8894328903789004225	密码区：03*3187<4/+8490<+95-59+7<2 43 4987<0-->>-6>525<693719->7 *7

货物或应税劳务、服务名称	规格型号	单位	数量	单价	金额	税率	税额
B产品		台	5	5000.00	25000.00	16%	4000.00
合　计			5		25000.00		￥4000.00
价税合计（大写）	⊗贰万玖仟元整				（小写）	￥29000.00	

销售方	名　　称：新宇股份有限公司 纳税人识别号：865432118999 地 址、电 话：哈尔滨市香坊区和平路2号，0451-84660005 开户行及账号：中国工商银行乐园支行　6222223445555421959	备注

收款人：略　　复核：略　　开票人：略　　销售方：（章）

第一联：记账联　销售方记账凭证

税总函【XXXX】XXX号　XXXXXXXX公司

新宇股份有限公司 865432118999 发票专用章

图 7－21　增值税专用发票

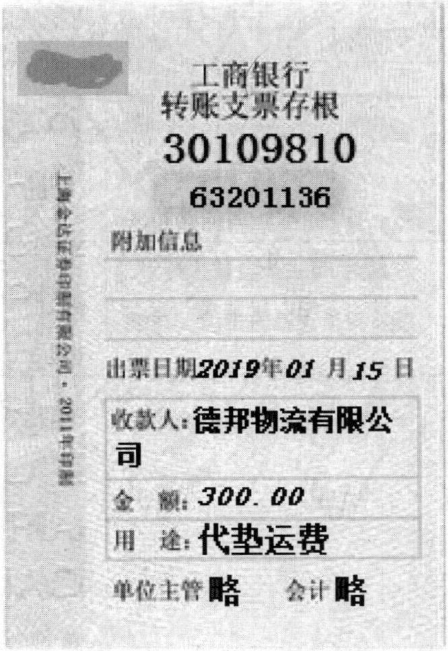

工商银行
转账支票存根
30109810
63201136

附加信息

出票日期 2019 年 01 月 15 日

收款人：德邦物流有限公司

金　额：300.00

用　途：代垫运费

单位主管 略　　会计 略

图 7－22　转账支票存根

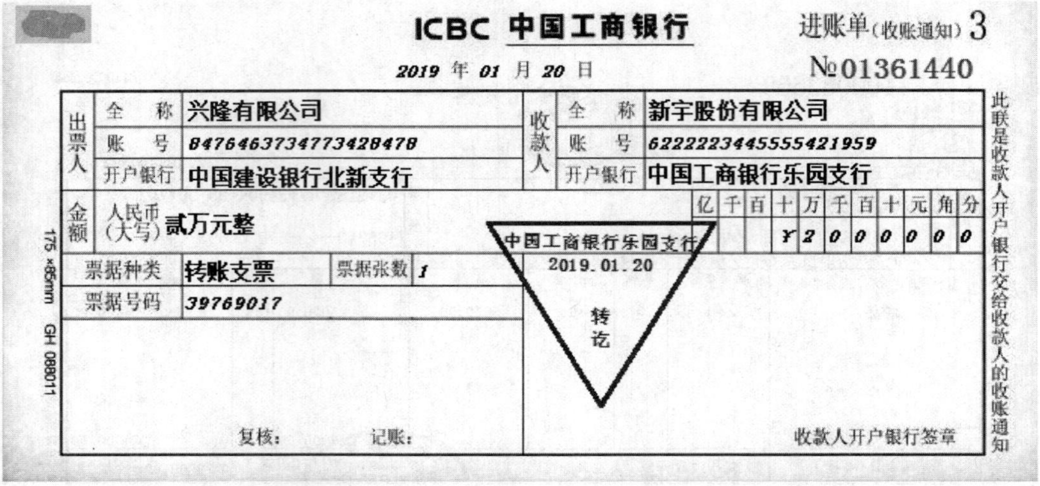

ICBC 中国工商银行　　进账单(收账通知) 3

2019 年 01 月 20 日　　№01361440

出票人	全　称	兴隆有限公司	收款人	全　称	新宇股份有限公司
	账　号	8476463734773428478		账　号	6222223445555421959
	开户银行	中国建设银行北新支行		开户银行	中国工商银行乐园支行
金额	人民币（大写）	贰万元整		亿千百十万千百十元角分	￥2000000
票据种类	转账支票	票据张数	1		
票据号码	39769017				
	复核：	记账：			收款人开户银行签章

中国工商银行乐园支行 2019.01.20 转讫

175×85mm　GH 088011

此联是收款人开户银行交给收款人的收账通知

图 7－23　进账单（收账通知）

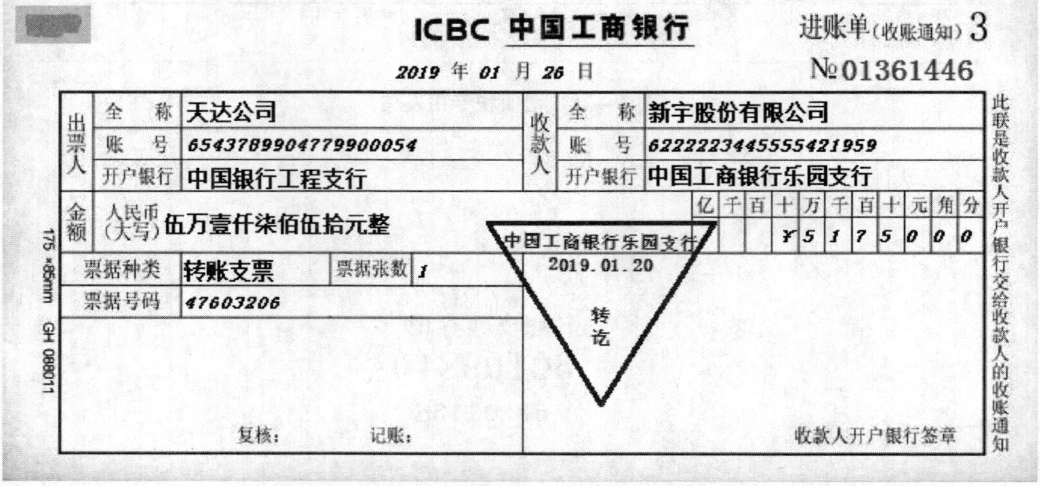

ICBC 中国工商银行　　进账单(收账通知) 3

2019 年 01 月 26 日　　№01361446

出票人	全　称	天达公司	收款人	全　称	新宇股份有限公司
	账　号	6543789904779900054		账　号	6222223445555421959
	开户银行	中国银行工程支行		开户银行	中国工商银行乐园支行
金额	人民币（大写）	伍万壹仟柒佰伍拾元整		亿千百十万千百十元角分	￥5175000
票据种类	转账支票	票据张数	1		
票据号码	47603206				
	复核：	记账：			收款人开户银行签章

中国工商银行乐园支行 2019.01.20 转讫

175×85mm　GH 088011

此联是收款人开户银行交给收款人的收账通知

图 7－24　进账单（收账通知）

7.2.1　销售业务（一）

☞ **岗位说明**

002 张新执行操作。

☞ **操作步骤**

（1）在应收款管理系统中，执行“应收单据处理”|“应收单据录入”命令，打开“单据类别”对话框，如图 7－25 所示。

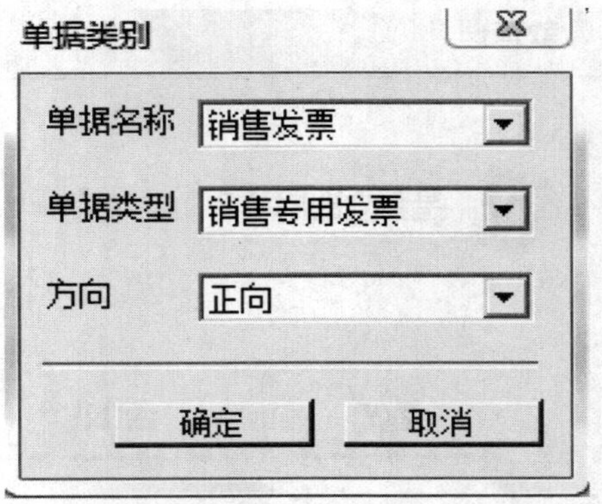

图 7－25　单据类别对话框 3

（2）在“单据名称”栏选择“销售发票”，在“单据类型”栏选择“销售专用发票”，在“方向”栏选择“正向”，单击“确定”按钮，打开“销售专用发票”窗口。

（3）单击“增加”按钮，录入发票号“9878655”，修改开票日期为“2019－01－08”，单击“客户简称”栏的参照按钮，选择“天达公司”，在“付款条件”栏选择“01”，在“税率”栏录入“16.00”。

（4）在“存货编码”栏录入或选择“006”，在“数量”栏录入“10.00”，在“无税单价”栏录入“4 500.00”，如图 7－26 所示。

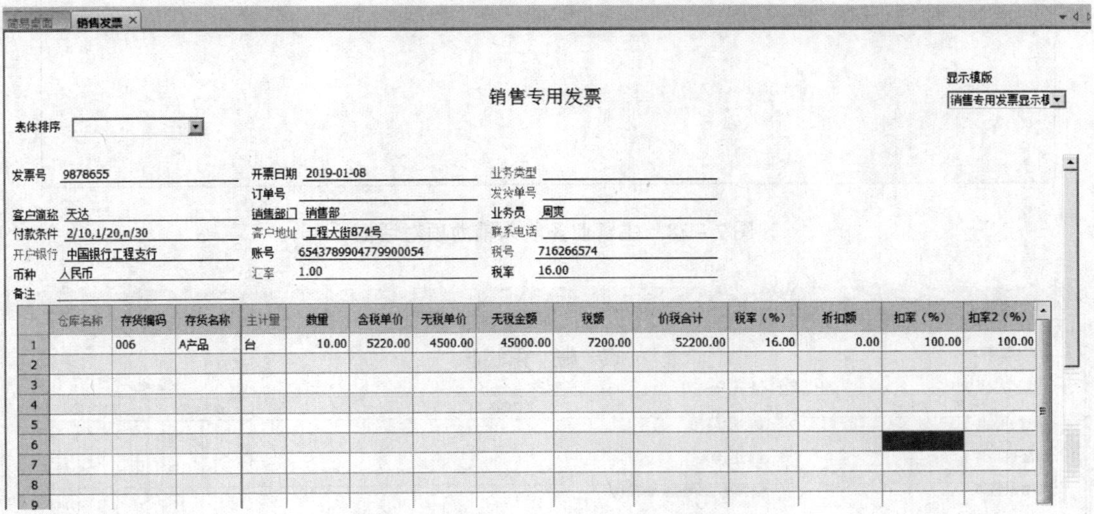

图 7－26　销售专用发票窗口 1

（5）单击“保存”按钮。

（6）单击“审核”按钮，系统弹出提示“是否立即制单?”，如图 7－27 所示。

（7）单击“是”，系统弹出“生成凭证”窗口，修改科目“6001 主营业务收入”的项目辅助项为“A 产品”，如图 7－28 所示。

（8）单击“确定”按钮，修改凭证字为“转账凭证”，单击“保存”按钮，系统提示“已生成”，如图 7－29 所示。

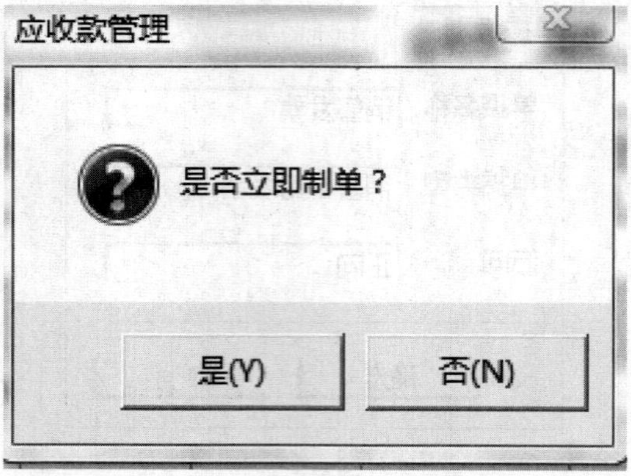

图 7－27　应收款管理提示框

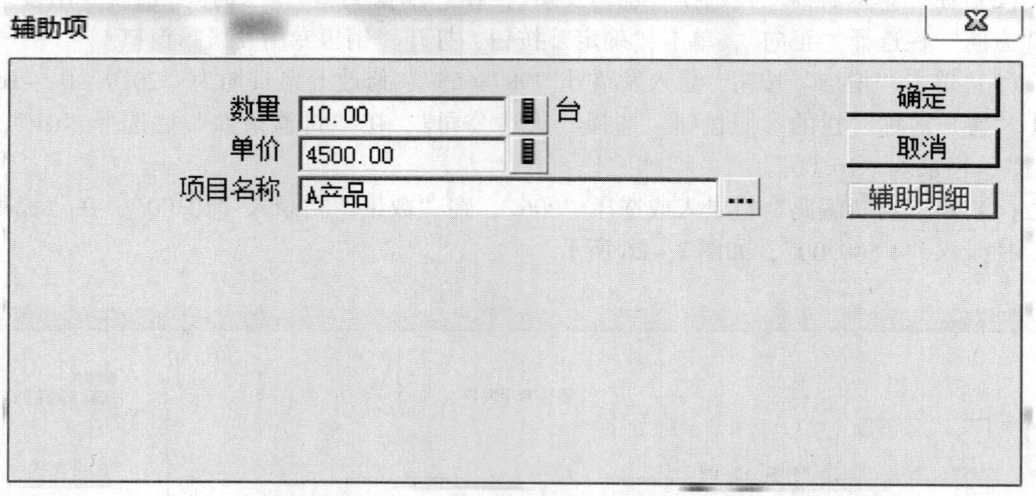

图 7－28　主营业务收入辅助项对话框 1

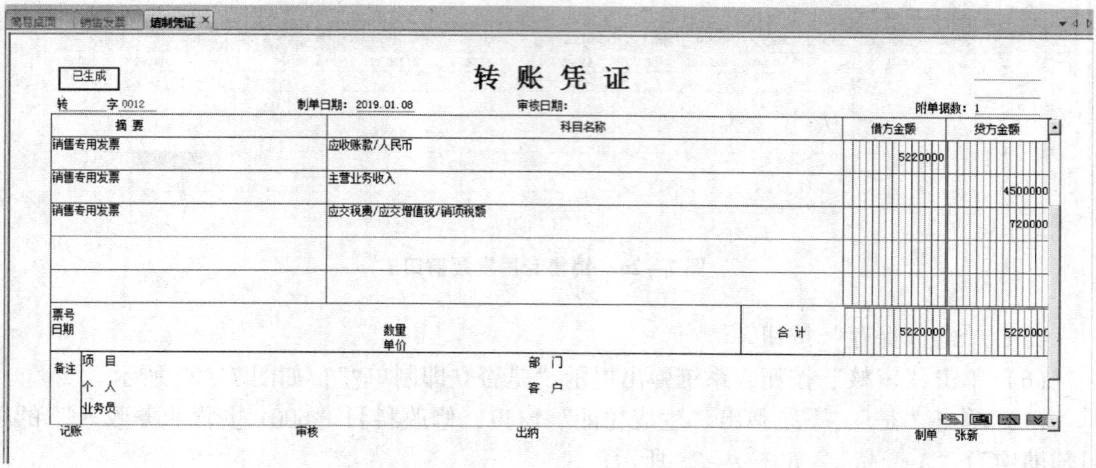

图 7－29　销售凭证

提 示

- 已审核的单据不能修改和删除，已生成凭证或进行过核销的单据在单据界面中不再显示。
- 在录入销售发票后可以直接进行审核，在直接审核后系统会提示“是否立即制单”，此时可以直接制单。如果录入销售发票后不直接审核，可以在审核功能中审核，再到制单功能中制单。
- 已审核的单据在未进行其他处理之前，应取消审核后再修改。

7.2.2 销售业务（二）

☞ 岗位说明

002 张新执行操作。

☞ 操作步骤

（1）录入销售专用发票。

①在应收款管理系统中，执行“应收单据处理”|“应收单据录入”命令，打开“单据类别”对话框，在“单据名称”栏选择“销售发票”，在“单据类型”栏选择“销售专用发票”，在“方向”栏选择“正向”，单击“确定”按钮，打开“销售专用发票”窗口。

②单击“增加”按钮，录入发票号“9878656”，修改开票日期为“2019－01－15”，单击“客户简称”栏的参照按钮，选择“红星公司”，在“税率”栏录入“16.00”。

③在“存货编码”栏录入或选择“007”，在“数量”栏录入“5.00”，在“无税单价”栏录入“5 000.00”，如图 7－30 所示。

图 7－30 销售专用发票窗口 2

④单击“保存”按钮。

⑤单击“审核”按钮，系统弹出提示“是否立即制单?”，单击“是”，系统弹出“生成凭证”窗口，修改科目“6001 主营业务收入”的项目辅助项为“B 产品”，如图 7－31 所示。

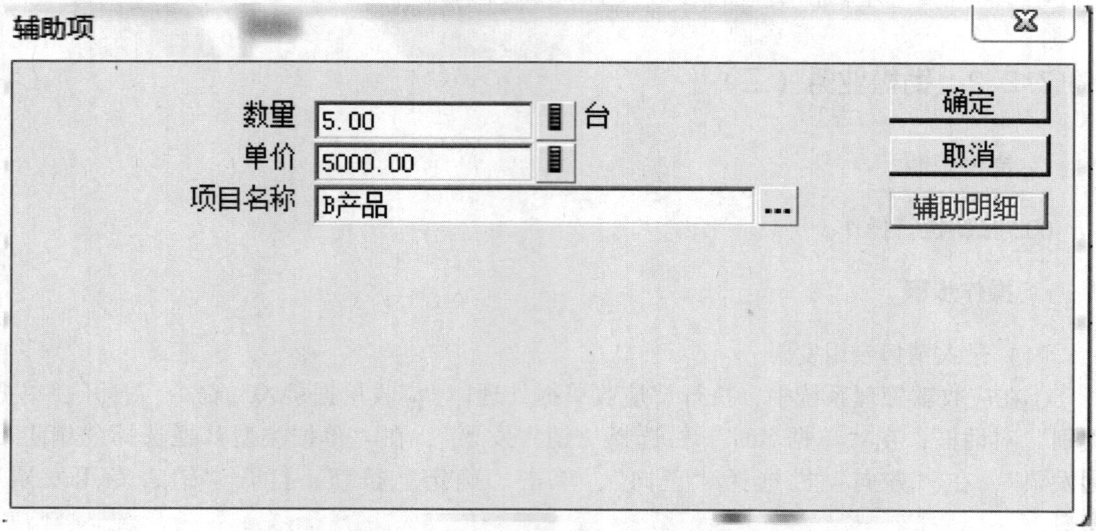

图 7－31　主营业务收入辅助项对话框 2

⑥单击“确定”按钮，再单击“保存”按钮，系统提示“已生成”，如图 7－32 所示。

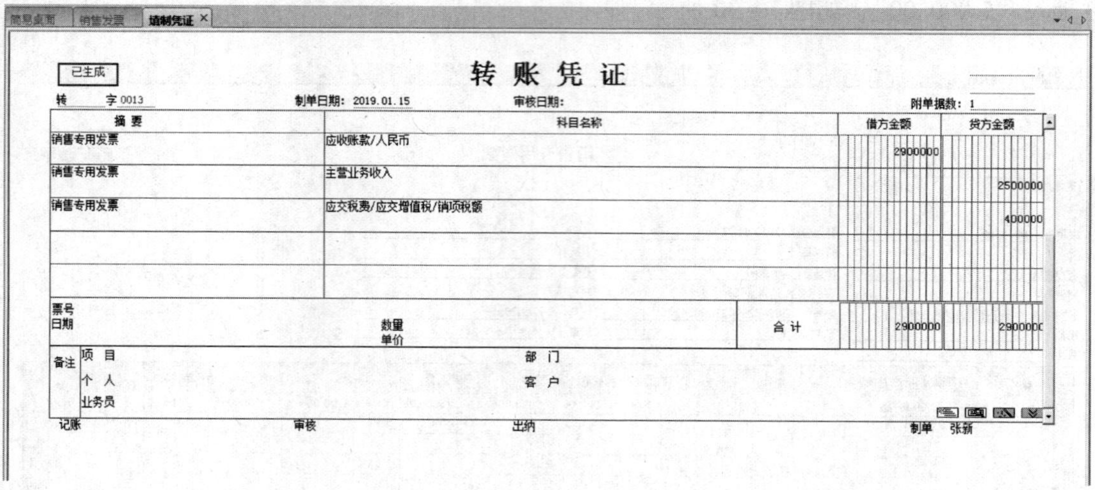

图 7－32　销售凭证

（2）录入其他应收单。

①在应收款管理系统中，执行“应收单据处理”|“应收单据录入”命令，打开“单据类别”对话框，在“单据名称”栏选择“应收单”，在“单据类型”栏选择“其他应收单”，在“方向”栏选择“正向”，如图 7－33 所示。

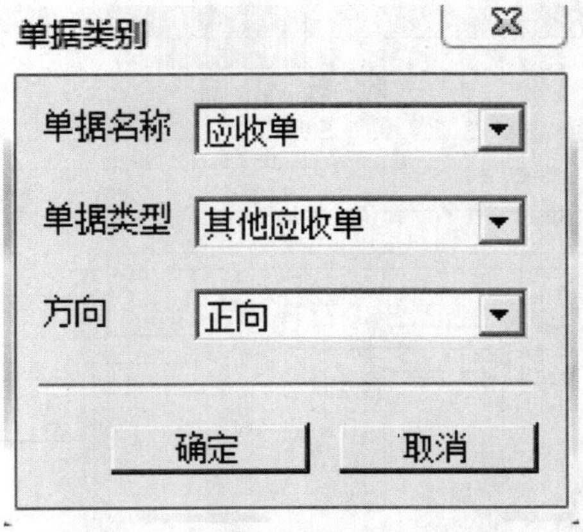

图 7－33　单据类别对话框 4

②单击“确定”按钮，打开“应收单”窗口，单击“增加”按钮，修改单据日期为“2019－01－15”，单击“客户”栏的参照按钮，选择“红星公司”，在“金额”栏录入“300.00”，在“摘要”栏录入“代垫运费”。

③单击表体中的“科目”栏，录入“100201”，如图 7－34 所示。

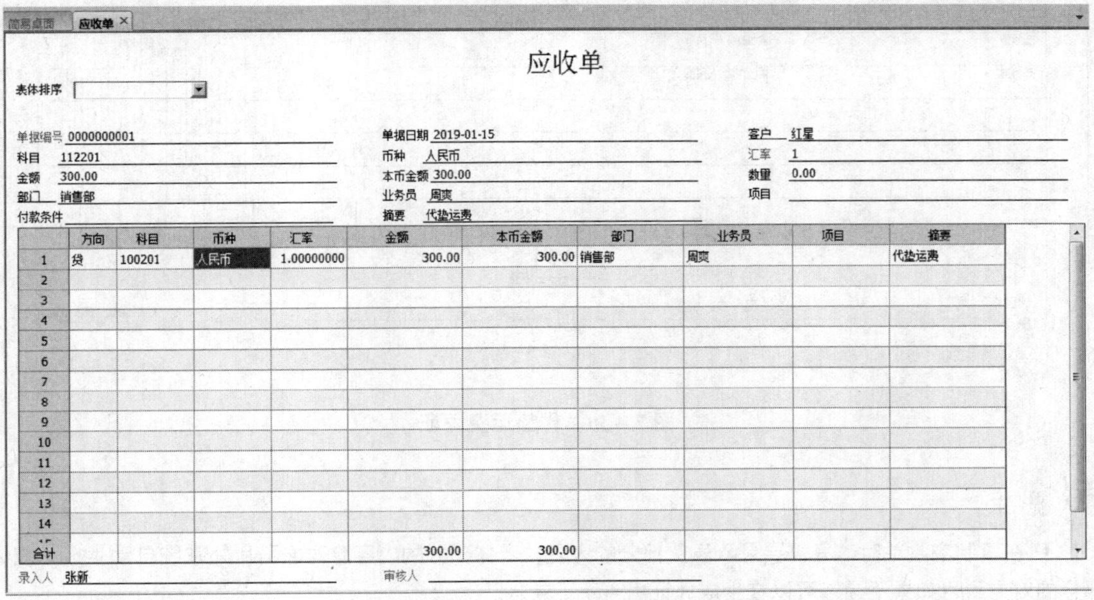

图 7－34　应收单窗口

④单击“保存”按钮。

⑤单击“审核”按钮，系统弹出提示“是否立即制单?”，单击“是”，系统弹出“生成凭证”窗口，修改科目“100201 银行存款——人民币”的结算方式辅助项为“202”，票号为“63201136”，发生日期为“2019－01－15”，如图 7－35 所示。

⑥单击“确定”按钮，修改凭证字为“付款凭证”，再单击“保存”按钮，系统提示“已生成”，如图 7－36 所示。

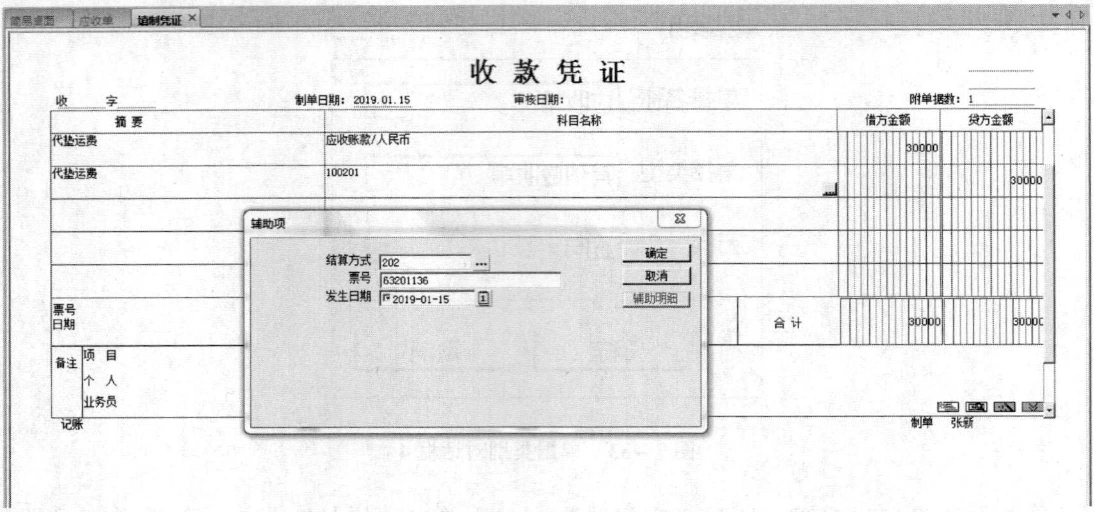

图 7－35　辅助项修改对话框

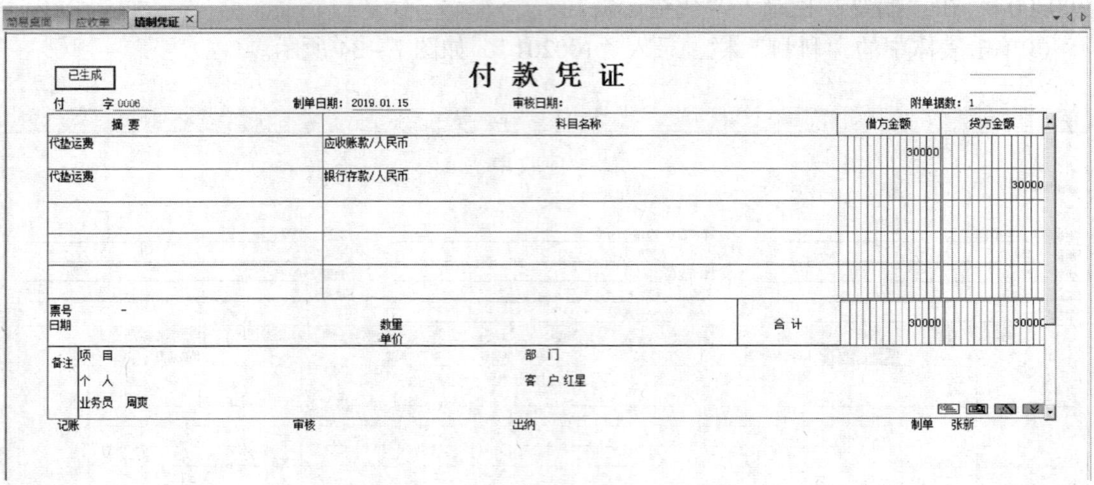

图 7－36　代垫运费凭证

提 示

- 在填制应收单时，只需要录入表头部分的内容，表体部分的内容除对方科目外系统自动生成。表体部分的对方科目如果不录入可以在生成凭证后再手工录入。
- 应收单和销售发票一样可以在保存后直接审核，如果在审核功能中审核则只能到制单功能中制单。
- 如果同时使用销售系统，在应收系统中只能录入应收单而不能录入销售发票。

7.2.3　预收货款

☞ 岗位说明

003 刘萍录入收款单。

002 张新执行操作。

☞ **操作步骤**

（1）录入收款单。

①003 刘萍在应收款管理系统中，执行“收款单据处理”|“收款单据录入”命令，打开“收付款单录入——收款单”对话框。

②单击“增加”按钮，修改日期为“2019－01－20”，单击“客户”栏的参照按钮，选择“兴隆公司”，单击“结算方式”栏的参照按钮，选择“转账支票”，在“金额”栏录入“20 000.00”，在“票据号”栏录入“39769017”，在“摘要”栏录入“预收兴隆公司货款”。

③单击表体中的“款项类型”栏的参照按钮，选择“预收款”，如图 7－37 所示。

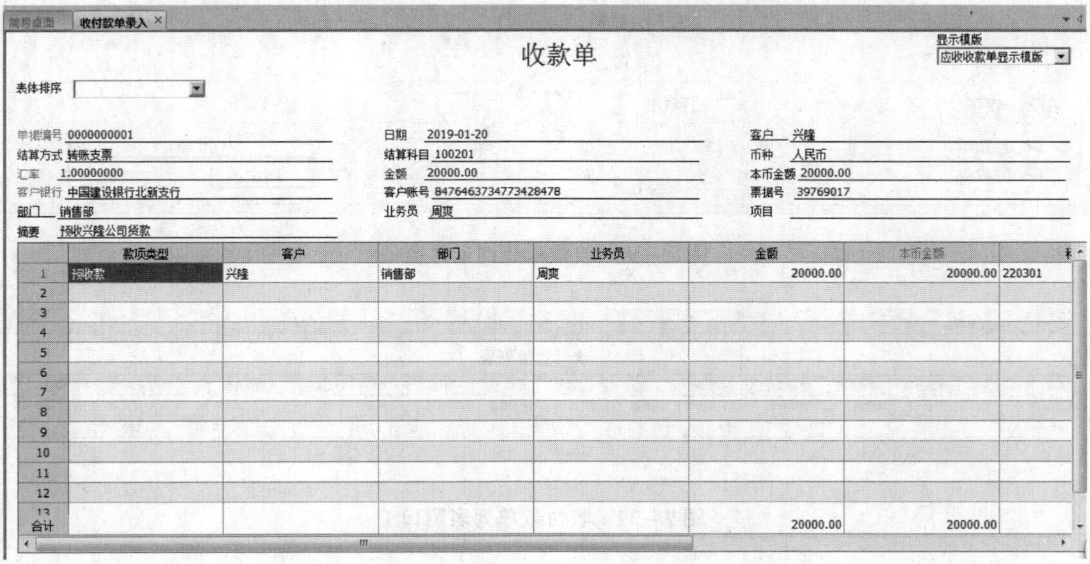

图 7－37 收款单窗口 1

④单击“保存”按钮。

（2）审核收款单。

①002 张新在应收款管理系统中，执行“收款单据处理”|“收款单据审核”命令，打开“收款单查询条件”对话框，如图 7－38 所示。

②单击“确定”按钮，打开“收付款单列表”窗口。

③单击“全选”按钮，如图 7－39 所示。

④单击“审核”按钮，系统提示“本次审核成功单据［1］张”，如图 7－40 所示。

⑤单击“确定”按钮。

（3）制单。

①002 张新在应收款管理系统中，执行“制单处理”命令，打开“制单查询”对话框。

②在“制单查询”对话框中，选择“收付款单制单”复选框，如图 7－41 所示。

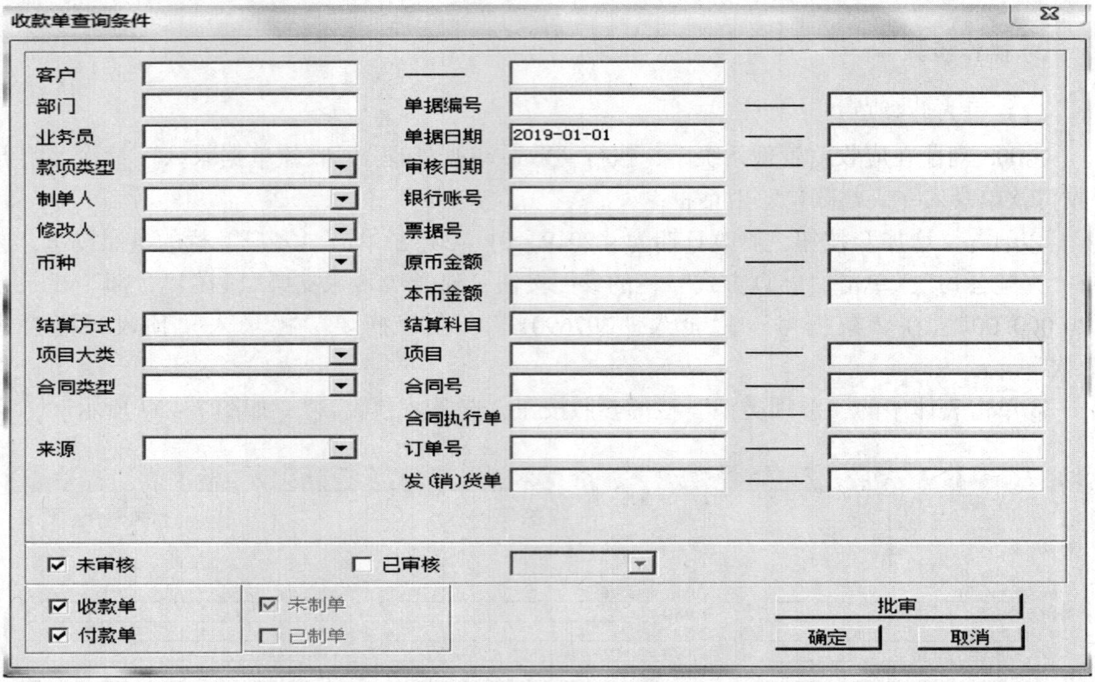

图 7－38　收款单查询条件窗口

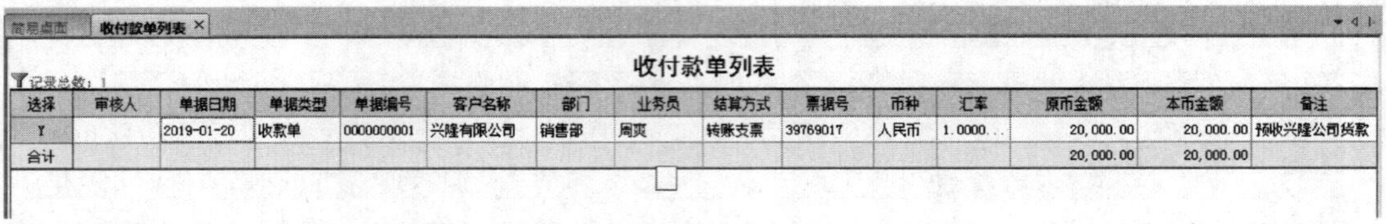

图 7－39　收付款单列表窗口 1

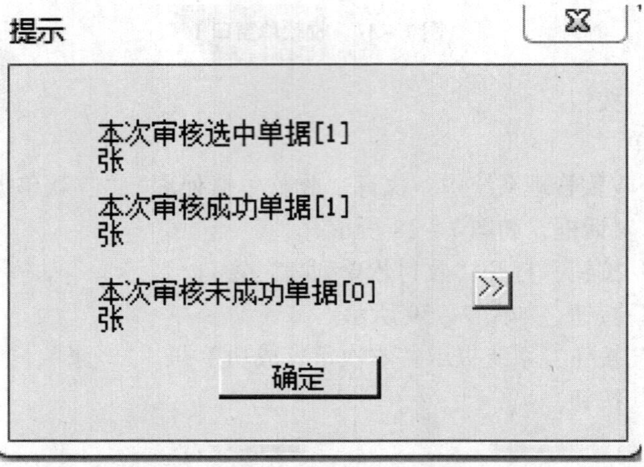

图 7－40　审核成功提示框 1

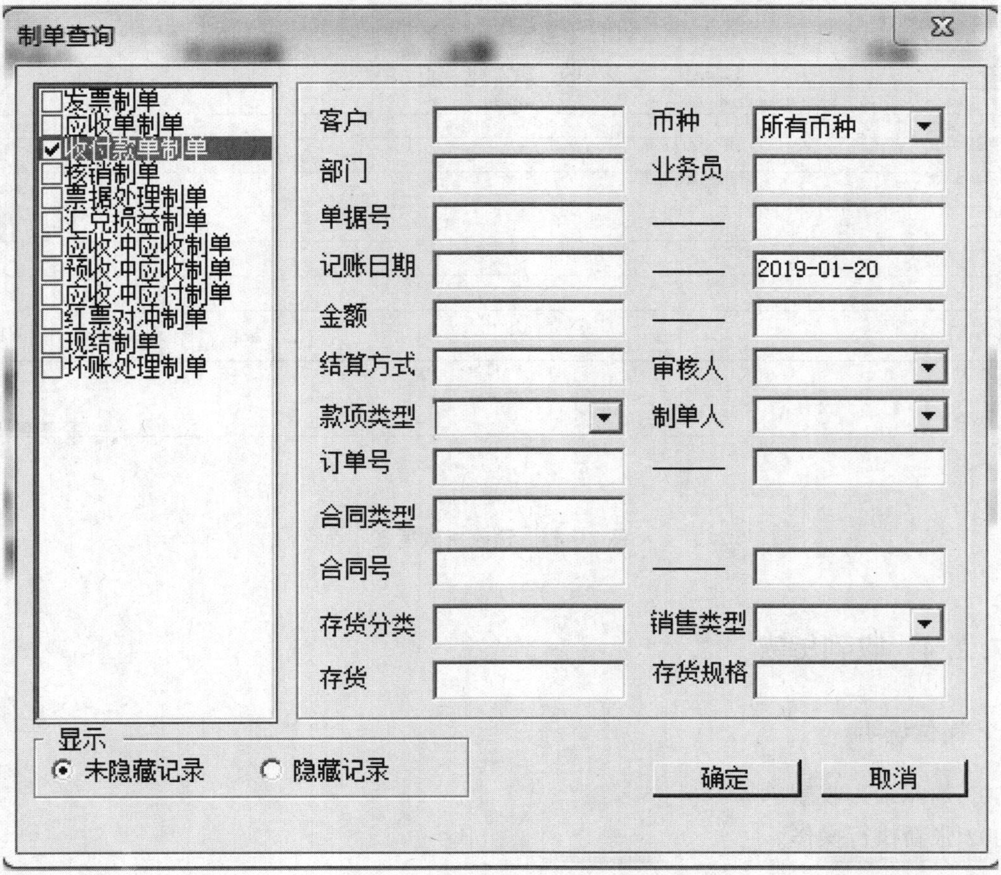

图 7－41　制单查询对话框

③单击“确定”按钮，打开“收付款单制单”窗口。

④单击“全选”按钮，如图 7－42 所示。

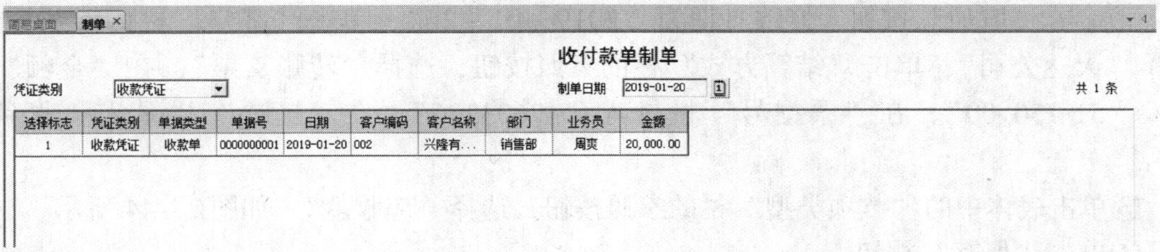

图 7－42　收付款单制单窗口

⑤单击“制单”按钮，单击“保存”按钮，如图 7－43 所示。

提　示

- 表体中的款项类型系统默认为“应收款”，可以修改。款项类型还包括“预收款”和“其他费用”。
- 在填制收款单后，可以直接单击“核销”按钮进行单据核销的操作。
- 如果是退款给客户，则可以单击“切换”按钮，填制红字收款单。

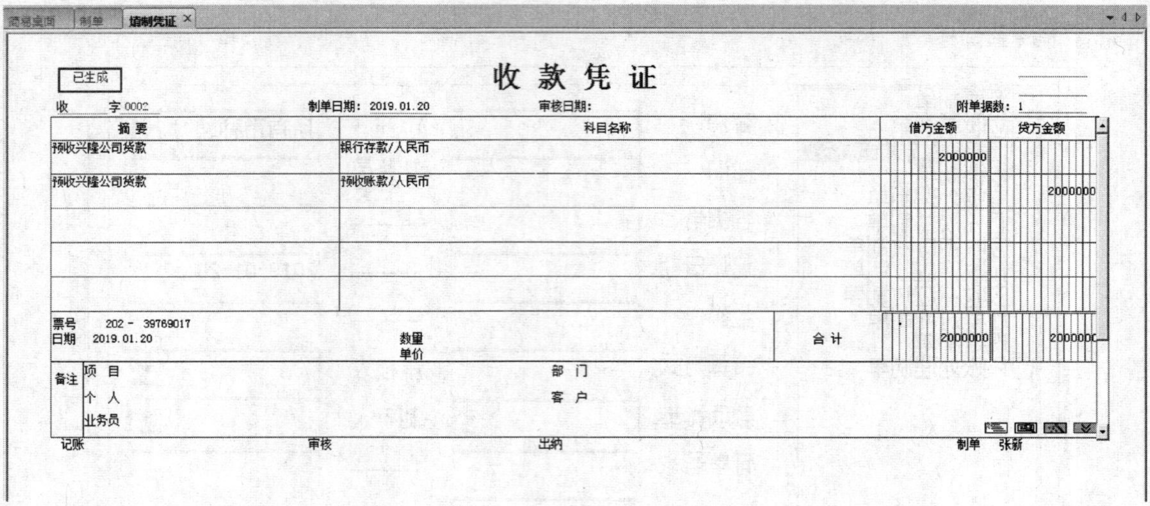

图 7－43 预收货款凭证

7.2.4 收到货款

☞ 岗位说明

003 刘萍录入收款单。

002 张新执行操作。

☞ 操作步骤

（1）录入收款单。

①003 刘萍在应收款管理系统中，执行“收款单据处理”|“收款单据录入”命令，打开“收付款单录入——收款单”对话框。

②单击“增加”按钮，修改日期为“2019－01－26”，单击“客户”栏的参照按钮，选择“天达公司”，单击“结算方式”栏的参照按钮，选择“转账支票”，在“金额”栏录入“51 750.00”，在“票据号”栏录入“47603206”，在“摘要”栏录入“收到货款”。

③单击表体中的“款项类型”栏的参照按钮，选择“应收款”，如图 7－44 所示。

④单击“保存”按钮。

（2）审核收款单。

①002 张新在应收款管理系统中，执行“收款单据处理”|“收款单据审核”命令，打开“收款单查询条件”对话框。

②单击“确定”按钮，打开“收付款单列表”窗口。

③单击“全选”按钮，如图 7－45 所示。

④单击“审核”按钮，系统提示“本次审核成功单据［1］张”，如图 7－46 所示。

⑤单击“确定”按钮。

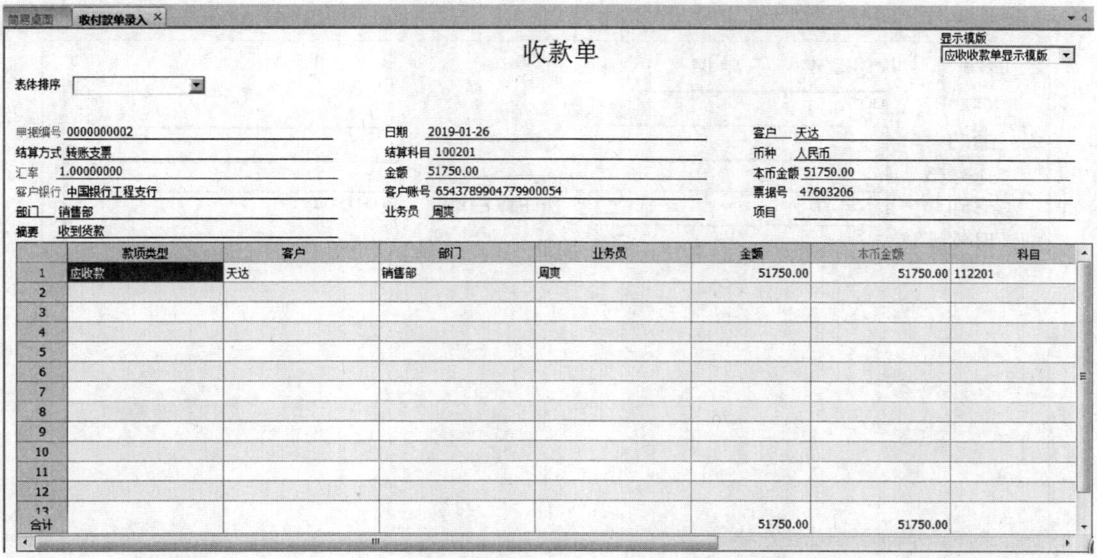

图 7 – 44　收款单窗口 2

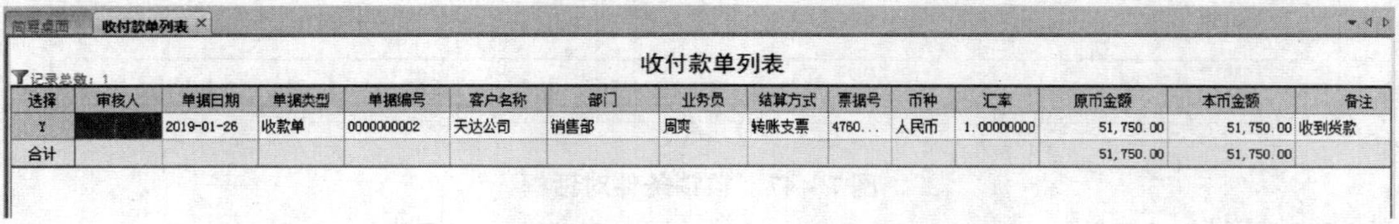

图 7 – 45　收付款单列表窗口 2

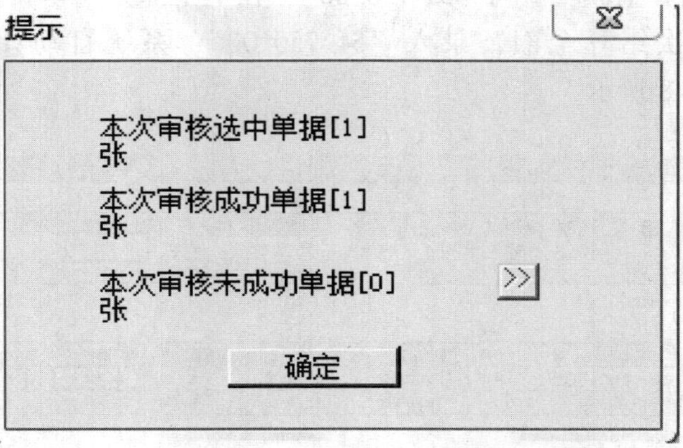

图 7 – 46　审核成功提示框 2

（3）核销。

①002 张新在应收款管理系统中，执行“核销处理”|“手工核销”命令，打开“核销条件”对话框。

②单击“客户”栏的参照按钮，选择“003”，如图 7 – 47 所示。

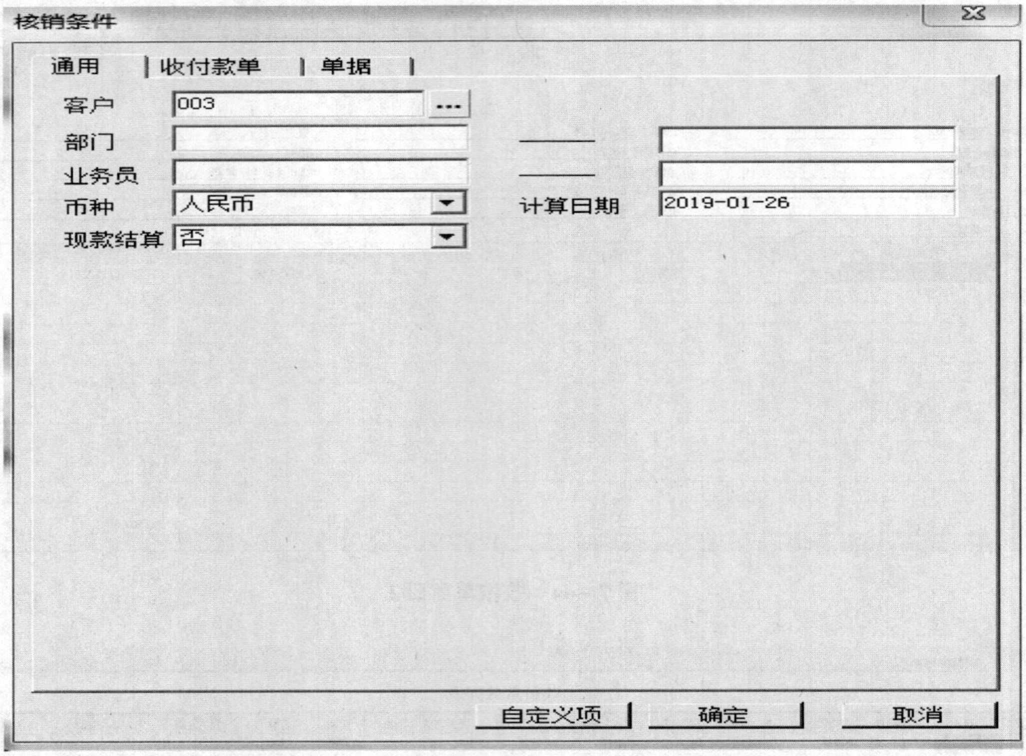

图 7－47　核销条件对话框

③单击“确定”按钮，打开“单据核销”窗口，核对上半部分“单据类型”为“收款单”对应的“本次结算金额”应为“51 750.00”，在下半部分“单据类型”为“销售专用发票”对应的“本次结算金额”录入“51 750.00”，系统自动计算“本次折扣”为“450.00”，如图 7－48 所示。

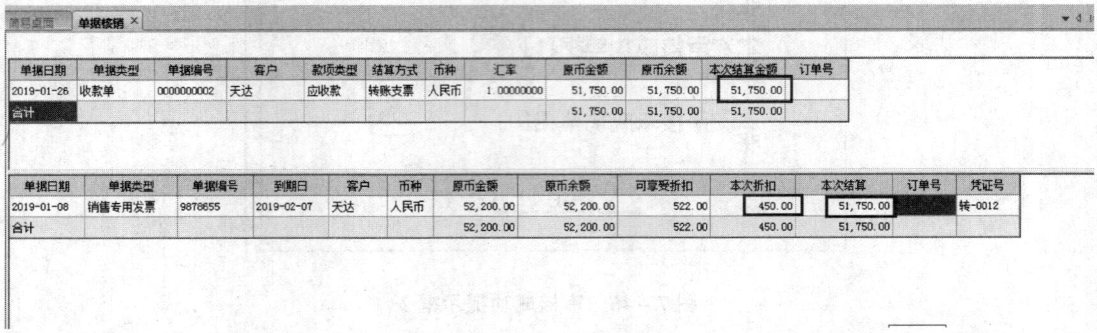

图 7－48　单据核销对话框

④单击“保存”按钮。

提 示

- 在保存核销内容后，“单据核销”窗口中将不再显示已被核销的内容。

- 核销时，结算单列表中款项类型为应收款的记录默认本次结算金额为该记录上的原币金额；款项类型为预收款的记录默认的本次结算金额为空。核销时可以修改本次结算金额，但是不能大于该记录的原币金额。
- 一次只能对一种结算单类型进行核销，即手工核销的情况下需要对收款单和付款单分开核销。
- 手工核销保存时，若结算单列表的本次结算金额大于或小于被核销单据列表的本次结算金额合计，系统将提示结算金额不相等，不能保存。
- 若发票中同时存在红蓝记录，则核销时先进行单据内容对冲。
- 如果核销后未进行其他处理，可以在期末处理中的“取消操作”功能中取消核销操作。

（4）制单。

①002 张新在应收款管理系统中，执行“制单处理”命令，打开“制单查询”对话框。

②在“制单查询”对话框中，选择“收付款单制单”和“核销制单”复选框，如图 7－49 所示。

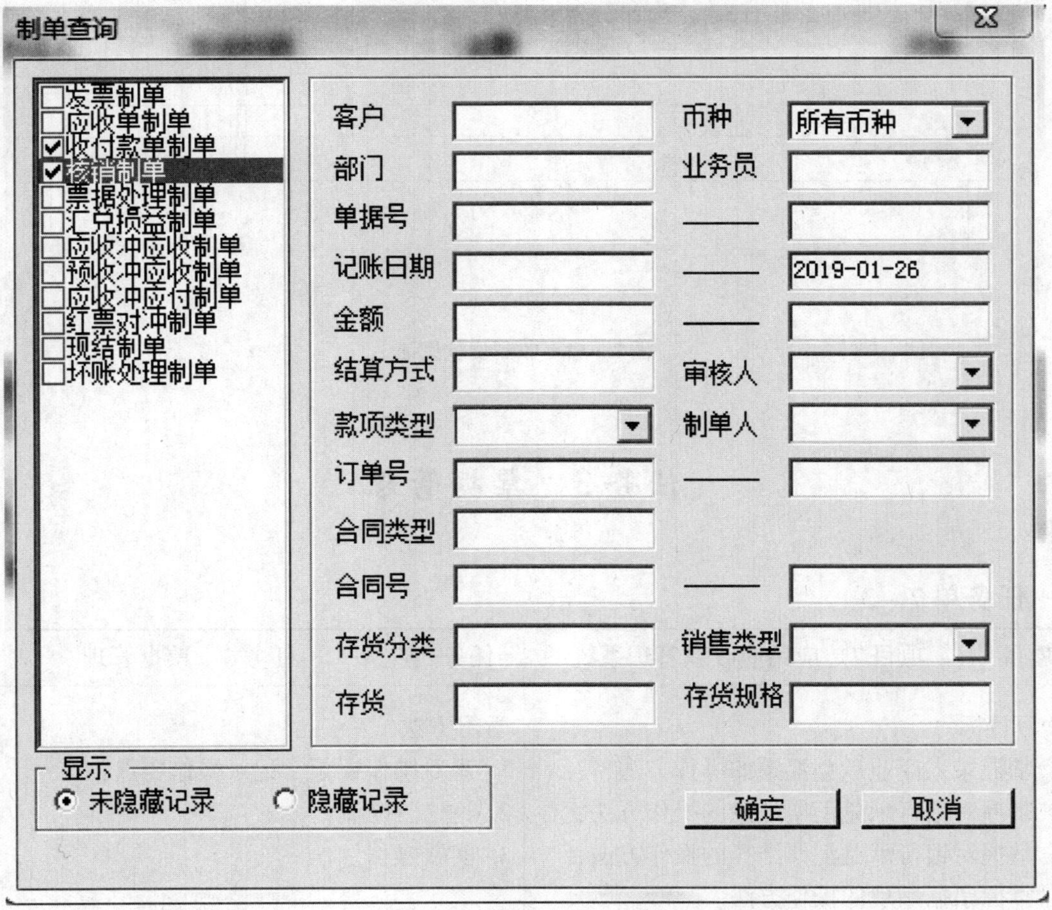

图 7－49　制单查询对话框

③单击“确定”按钮，打开“应收制单”窗口。

④单击“全选”按钮，再单击“合并”按钮，如图 7－50 所示。

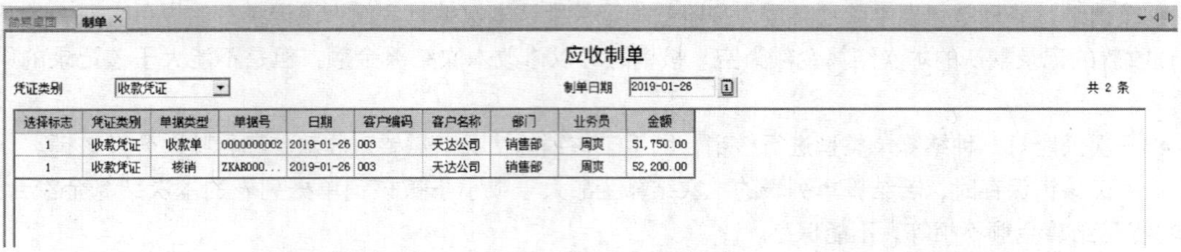
简易桌面 制单

应收制单

凭证类别 收款凭证 制单日期 2019-01-26 共 2 条

选择标志	凭证类别	单据类型	单据号	日期	客户编码	客户名称	部门	业务员	金额
1	收款凭证	收款单	0000000002	2019-01-26	003	天达公司	销售部	周爽	51,750.00
1	收款凭证	核销	ZKAR000...	2019-01-26	003	天达公司	销售部	周爽	52,200.00

图7-50　应收制单窗口

⑤单击“制单”按钮，再单击“保存”按钮，系统提示“已生成”，如图7-51所示。

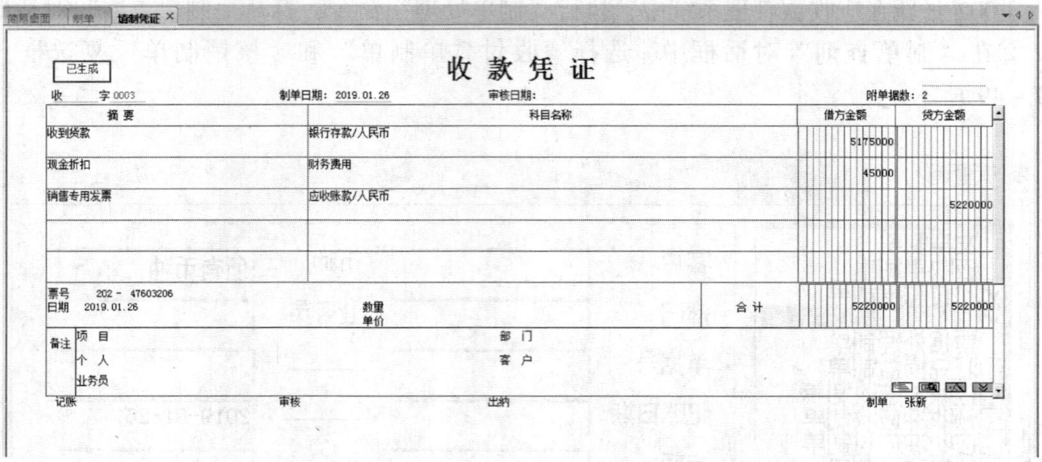
简易桌面 制单 填制凭证

已生成

收款凭证

收 字 0003　制单日期：2019.01.26　审核日期：　附单据数：2

摘要	科目名称	借方金额	贷方金额
收到货款	银行存款/人民币	5175000	
现金折扣	财务费用	45000	
销售专用发票	应收账款/人民币		5220000
票号 202 - 47603206 日期 2019.01.26	数量 单价 合计	5220000	5220000

备注 项目 部门 个人 客户 业务员

记账 审核 出纳 制单 张新

图7-51　收到货款凭证

任务3　票据管理

任务单7-3

项目	项目7　应用应收款管理系统	任务	任务3　票据管理
学习目标 1. 掌握录入商业承兑汇票的操作方法； 2. 掌握对银行承兑汇票计息的操作方法； 3. 掌握对银行承兑汇票结算的操作方法； 4. 掌握票据贴现的操作方法。		学习方法 1. 观看操作视频，记录操作要点； 2. 讨论、交流； 3. 实践操作。	
学习任务 1. 2019年1月12日，向利康有限公司销售A产品20台，收到利康公司签发并承兑的商业承兑汇票，取得与业务相关的原始单据如图7-52、图7-53所示。			

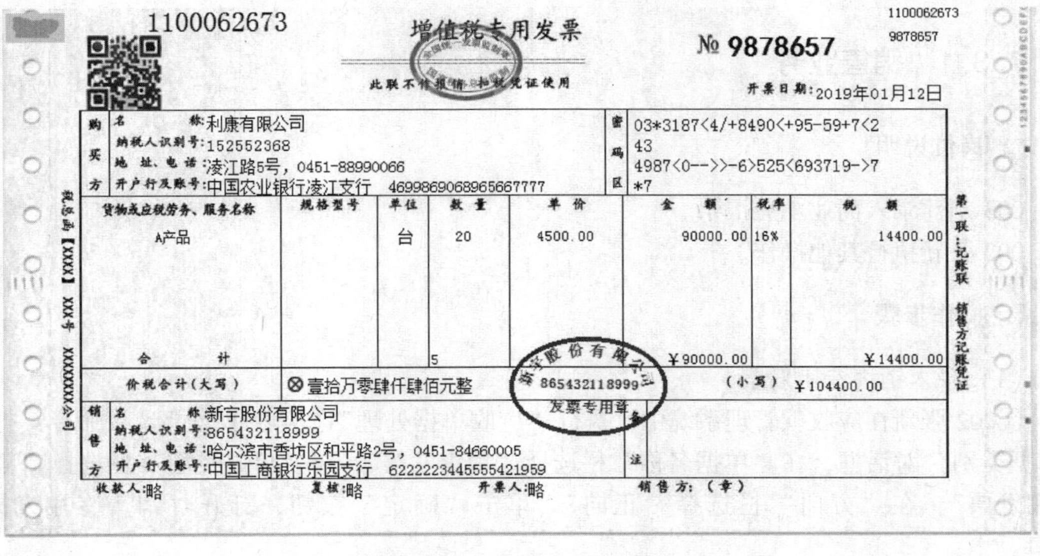

1100062673

增值税专用发票

№ 9878657

1100062673
9878657

此联不作报销、扣税凭证使用

开票日期：2019年01月12日

购买方	名称：利康有限公司 纳税人识别号：152552368 地址、电话：凌江路5号，0451-88990066 开户行及账号：中国农业银行凌江支行 4699869068965667777			密码区	03*3187<4/+8490<+95-59+7<2 43 4987<0-->>-6>525<693719->7 *7		
货物或应税劳务、服务名称	规格型号	单位	数量	单价	金额	税率	税额
A产品		台	20	4500.00	90000.00	16%	14400.00
合计					¥90000.00		¥14400.00
价税合计（大写）	⊗壹拾万零肆仟肆佰元整				（小写）¥104400.00		
销售方	名称：新宇股份有限公司 纳税人识别号：865432118999 地址、电话：哈尔滨市香坊区和平路2号，0451-84660005 开户行及账号：中国工商银行乐园支行 6222223445555421959			备注			

收款人：略 复核：略 开票人：略 销售方：（章）

新宇股份有限公司 865432118999 发票专用章

第一联：记账联 销售方记账凭证

税总函【XXXX】XXX号 XXXXXXXX公司

图7－52 销售专用发票

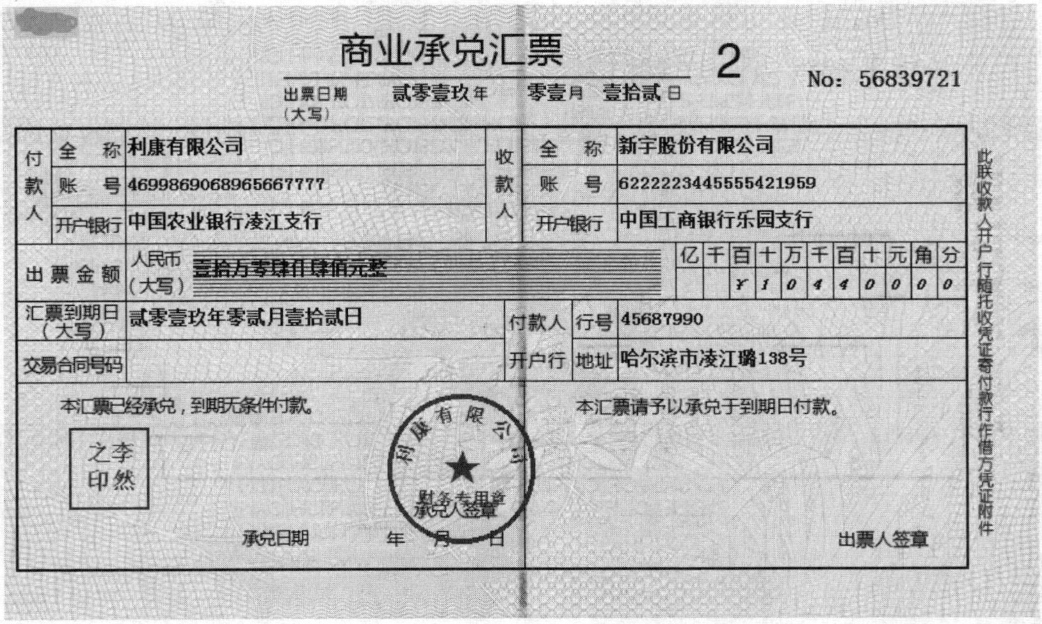

商业承兑汇票 2

No：56839721

出票日期（大写） 贰零壹玖年 零壹月 壹拾贰日

付款人	全称	利康有限公司	收款人	全称	新宇股份有限公司
	账号	4699869068965667777		账号	6222223445555421959
	开户银行	中国农业银行凌江支行		开户银行	中国工商银行乐园支行
出票金额	人民币（大写）	壹拾万零肆仟肆佰元整	亿千百十万千百十元角分	¥ 1 0 4 4 0 0 0 0	
汇票到期日（大写）	贰零壹玖年零贰月壹拾贰日		付款人开户行	行号	45687990
交易合同号码				地址	哈尔滨市凌江路138号
本汇票已经承兑，到期无条件付款。 之李印然 利康有限公司 财务专用章 承兑人签章 承兑日期 年 月 日			本汇票请予以承兑于到期日付款。 出票人签章		

此联收款人开户行随托收凭证寄付款行作借方凭证附件

图7－53 商业承兑汇票

2. 2019年1月21日，对银行承兑汇票（票号6856999，面值58 000元，票面利率6%）计息、结算。

3. 2019年1月28日，将2019年1月12日收到的利康公司签发并承兑的商业承兑汇票（票号56839721，面值104 400元）到银行贴现，贴现率为5%。

7.3.1 销售业务

☞ 岗位说明

003 刘萍录入商业承兑汇票。

002 张新执行其他操作。

☞ 操作步骤

（1）录入销售专用发票

①002 张新在应收款管理系统中，执行“应收单据处理”|“应收单据录入”命令，打开“单据类别”对话框，在“单据名称”栏选择“销售发票”，在“单据类型”栏选择“销售专用发票”，在“方向”栏选择“正向”，单击“确定”按钮，打开“销售专用发票”窗口。

②单击“增加”按钮，录入发票号“9878657”，修改开票日期为“2019－01－12”，单击“客户简称”栏的参照按钮，选择“利康公司”，在“税率”栏录入“16.00”。

③在“存货编码”栏录入或选择“006”，在“数量”栏录入“20.00”，在“无税单价”栏录入“4 500.00”，如图 7－54 所示。

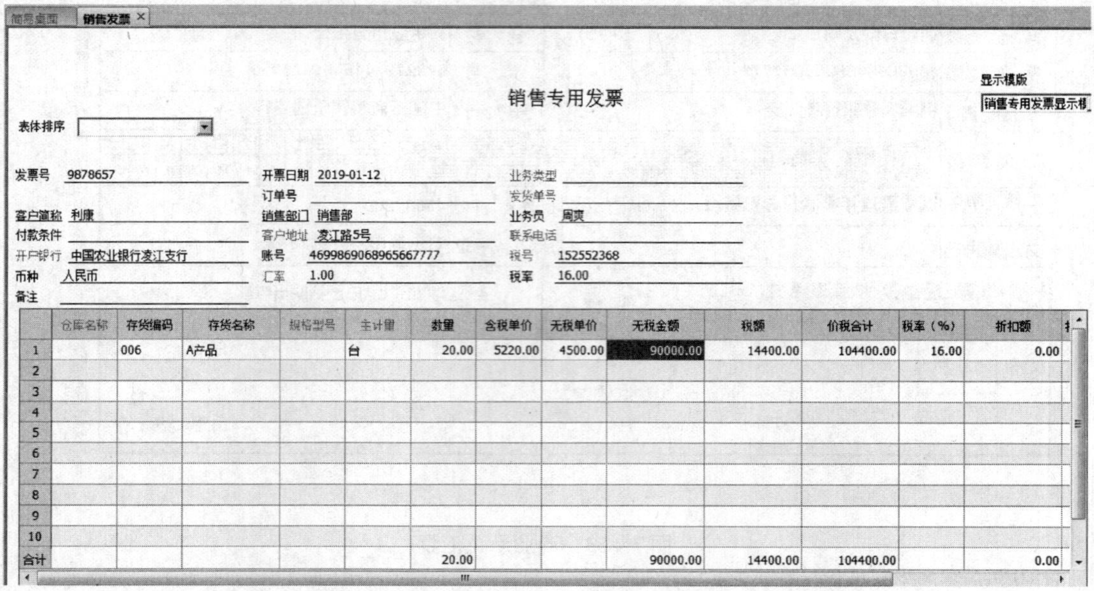

简易桌面 销售发票

销售专用发票

显示模版 销售专用发票显示模

表体排序

发票号 9878657　开票日期 2019-01-12　业务类型

订单号　发货单号

客户简称 利康　销售部门 销售部　业务员 周爽

付款条件　客户地址 凌江路5号　联系电话

开户银行 中国农业银行凌江支行　账号 4699869068965667777　税号 152552368

币种 人民币　汇率 1.00　税率 16.00

备注

	仓库名称	存货编码	存货名称	规格型号	主计量	数量	含税单价	无税单价	无税金额	税额	价税合计	税率（%）	折扣额
1		006	A产品		台	20.00	5220.00	4500.00	90000.00	14400.00	104400.00	16.00	0.00
2													
3													
4													
5													
6													
7													
8													
9													
10													
合计						20.00			90000.00	14400.00	104400.00		0.00

图 7－54　销售专用发票窗口 3

④单击“保存”按钮。

⑤单击“审核”按钮，系统弹出提示“是否立即制单?”，单击“是”，系统弹出“生成凭证”窗口，修改科目“6001 主营业务收入”的项目辅助项为“A 产品”，单击“确定”按钮，单击“保存”按钮，系统提示“已生成”，如图 7－55 所示。

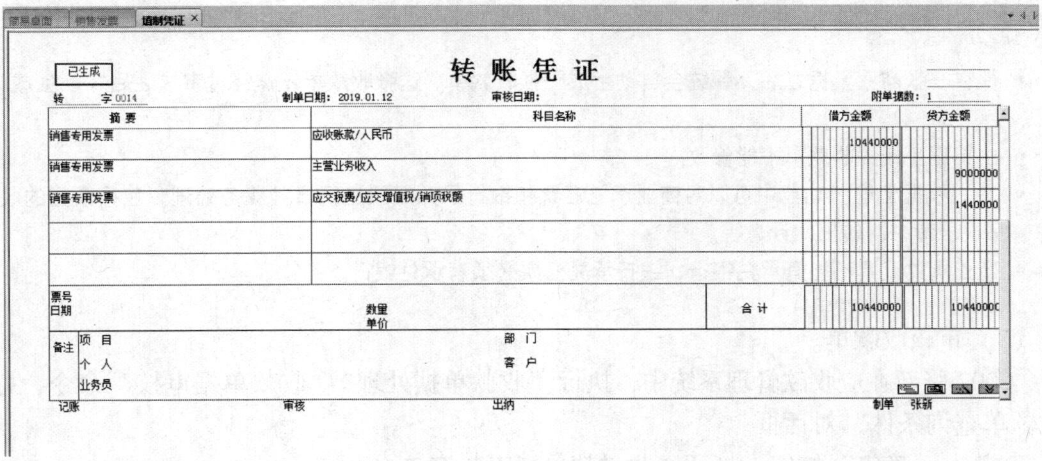

图 7－55　销售凭证

（2）录入商业承兑汇票。

①003 刘萍在应收款管理系统中，执行“票据管理”命令，打开“查询条件选择”对话框。

②单击“确定”按钮，打开“票据管理”窗口。

③单击“增加”按钮，打开“商业汇票”窗口。

④在“票据类型”栏选择“商业承兑汇票”，在“票据编号”栏输入“56839721”，单击“结算方式”栏，选择“商业承兑汇票”，在“收到日期”栏选择“2019－01－12”，在“出票日期”栏选择“2019－01－12”，在“到期日”栏选择“2019－02－12”，单击“出票人”栏的参照按钮，选择“利康公司”，在“金额”栏录入“104 400. 00”，如图 7－56 所示。

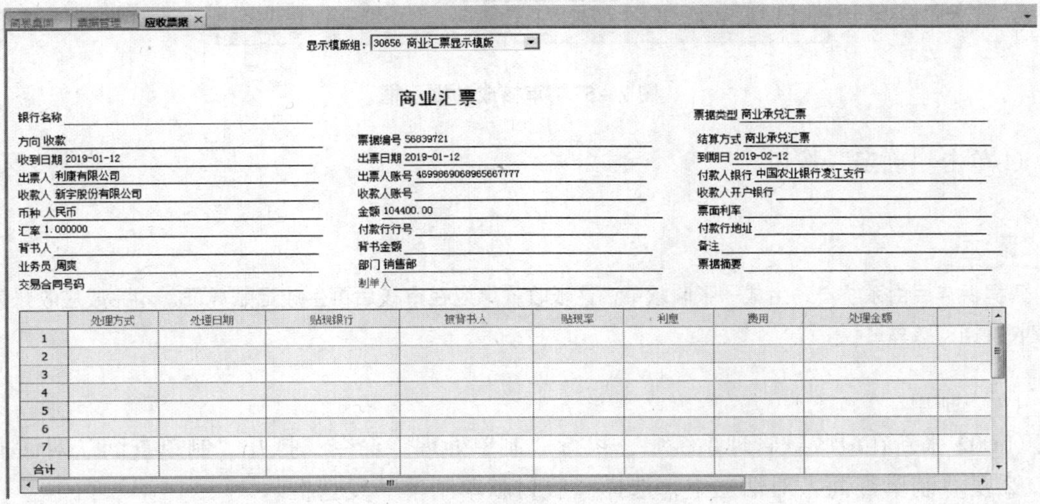

图 7－56　商业汇票窗口

⑤单击“保存”按钮。

提 示

- 保存一张商业票据之后，系统会自动生成一张收款单。这张收款单还需经过审核之后才能生成记账凭证。
- 由票据生成的收款单不能修改。
- 在“票据管理”功能中可以对商业承兑汇票和银行承兑汇票进行日常业务处理，包括票据的收入、结算、贴现、背书、转出、计息等。
- 商业承兑汇票不能有承兑银行，银行承兑汇票必须有承兑银行。

（3）审核收款单。

①002 张新在应收款管理系统中，执行“收款单据处理”|“收款单据审核”命令，打开“收款单查询条件”对话框。

②单击“确定”按钮，打开“收付款单列表”窗口。

③单击“全选”按钮，再单击“审核”按钮，系统弹出“本次审核成功单据［1］张”信息提示框，如图 7－57 所示。

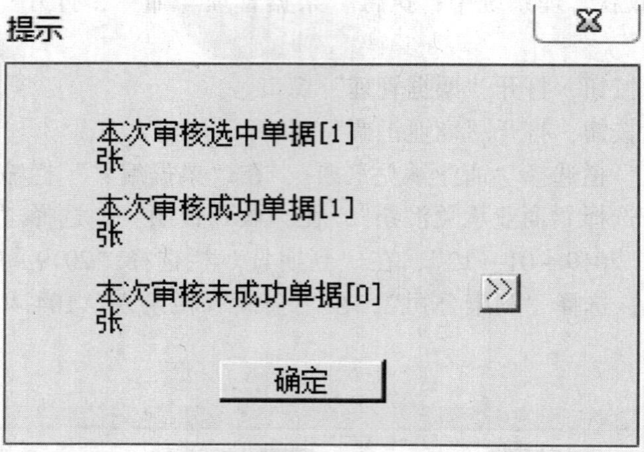

图 7－57　审核成功提示框

④单击“确定”按钮。

提 示

票据保存后由系统自动生成一张收款单，这张收款单应在审核后再生成记账凭证，才完成应收账款转为应收票据的核算过程。

（4）制单。

①002 张新在应收款管理系统中，执行“制单处理”命令，打开“制单查询”对话框。

②在“制单查询”对话框中，选择“收付款单制单”复选框。

③单击“确定”按钮，打开“收付款单制单”窗口，单击“全选”按钮。

④单击“制单”按钮，修改凭证字为“转账凭证”，再单击“保存”按钮，系统提示“已生成”，如图 7－58 所示。

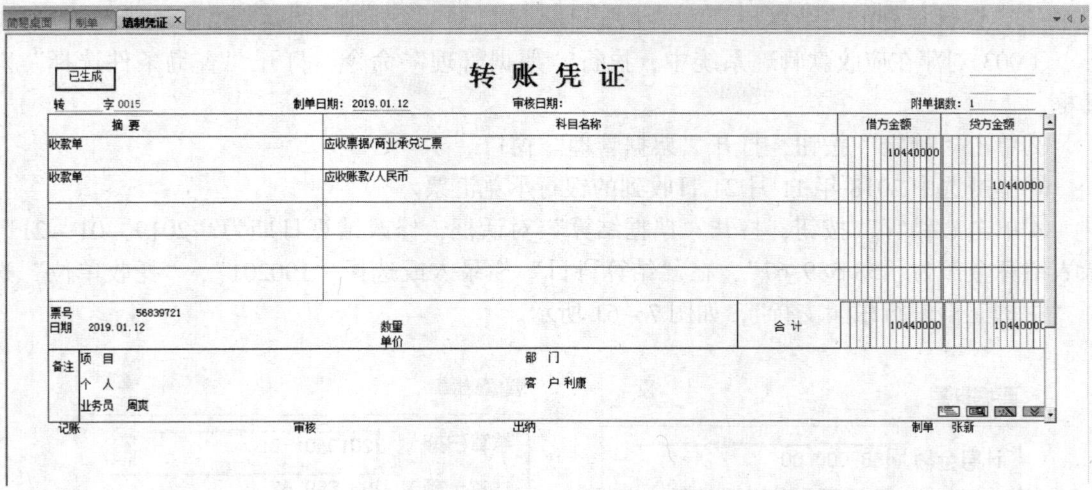

图 7－58 收到商业承兑汇票凭证

7.3.2 票据计息及结算

☞ **岗位说明**

003 刘萍对银行承兑汇票计息、结算。

002 张新执行其他操作。

☞ **操作步骤**

（1）银行承兑汇票计息。

①003 刘萍在应收款管理系统中，执行“票据管理”命令，打开“查询条件选择”对话框。

②单击“确定”按钮，打开“票据管理”窗口。

③单击选中 2018 年 11 月 21 日收到的银行承兑汇票，如图 7－59 所示。

选择	序号	方向	票据类型	收到日期	票据编号	票据摘要	币种	出票日期	结算方式	背书金额	金额	汇率	票面利率	票面余额	出票人	出票人账号	承兑
Y	1	收款	银行承兑…	2018-11-21	6856999	销售B产品	人民币	2018-11-21		0.00	58,000.00		6	58,000.00	利康有限公司		中国工商
	2	收款	商业承兑…	2019-01-12	56839721		人民币	2019-01-12	商业承…		104,400.00	1.00000000	0	104,400.00	利康有限公司	4699869…	中国农业
合计										0.00	162,400.00			162,400.00			

图 7－59 票据管理窗口

④单击“计息”按钮，打开“票据计息”对话框，如图 7－60 所示。

⑤单击“确定”按钮，系统提示“是否立即制单?”。

⑥单击“否”按钮。

（2）银行承兑汇票结算。

①003 刘萍在应收款管理系统中，执行“票据管理”命令，打开“查询条件选择”对话框。

②单击“确定”按钮，打开“票据管理”窗口。

③单击选中 2018 年 11 月 21 日收到的银行承兑汇票。

④单击“结算”按钮，打开“票据结算”对话框，修改结算日期为“2019－01－21”，录入结算金额为“58 589. 67”，在“结算科目”栏录入或选择“100201”，“托收单位”选择“中国工商银行乐园支行”，如图 7－61 所示。

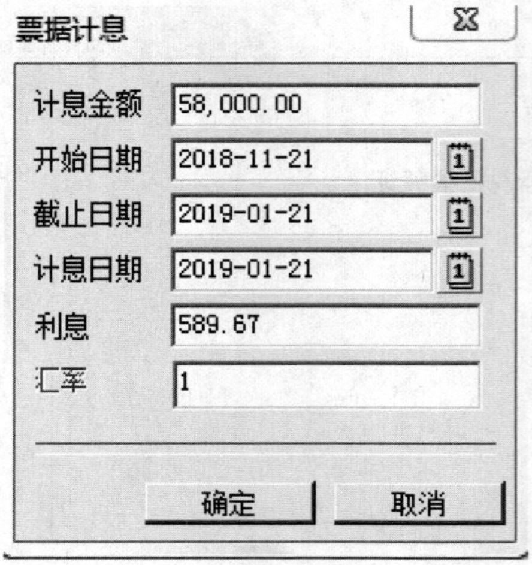

图 7－60　票据计息对话框

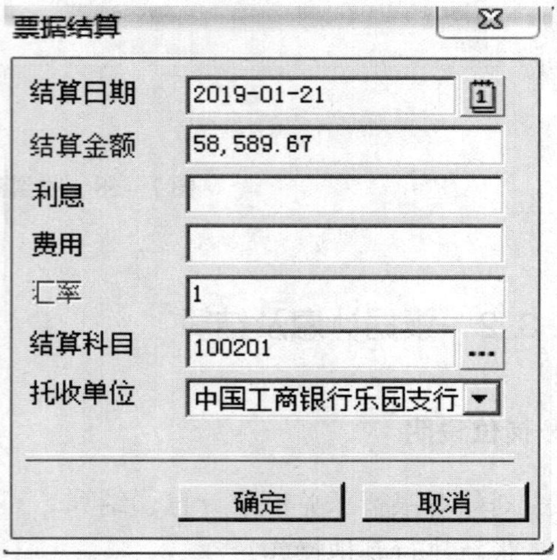

图 7－61　票据结算对话框

⑤单击“确定”按钮，系统提示“是否立即制单?”。

⑥单击“否”按钮。

（3）制单。

①002 张新在应收款管理系统中，执行“制单处理”命令，打开“制单查询”对话框。

②选中“票据处理制单”复选框，如图 7－62 所示。

③单击“确定”按钮，打开“票据处理制单”对话框，单击“全选”按钮，如图 7－63 所示。

④单击“制单”按钮，生成第一张凭证，调整“6603 财务费用”科目的方向为“借方红字”，选择凭证字为“转账凭证”，单击“保存”按钮，系统提示“已生成”第一张凭证。单击“下张凭证”按钮，单击“保存”按钮，系统提示“已生成”第二张凭证，如图 7－64、图 7－65 所示。

提 示

- 当票据到期持票收款时，执行票据结算处理。
- 进行票据结算时，结算金额应是通过结算实际收到的金额。
- 结算金额加上利息减去费用的金额要大于等于票据金额。
- 票据结算后，不能再进行其他与票据相关的处理。

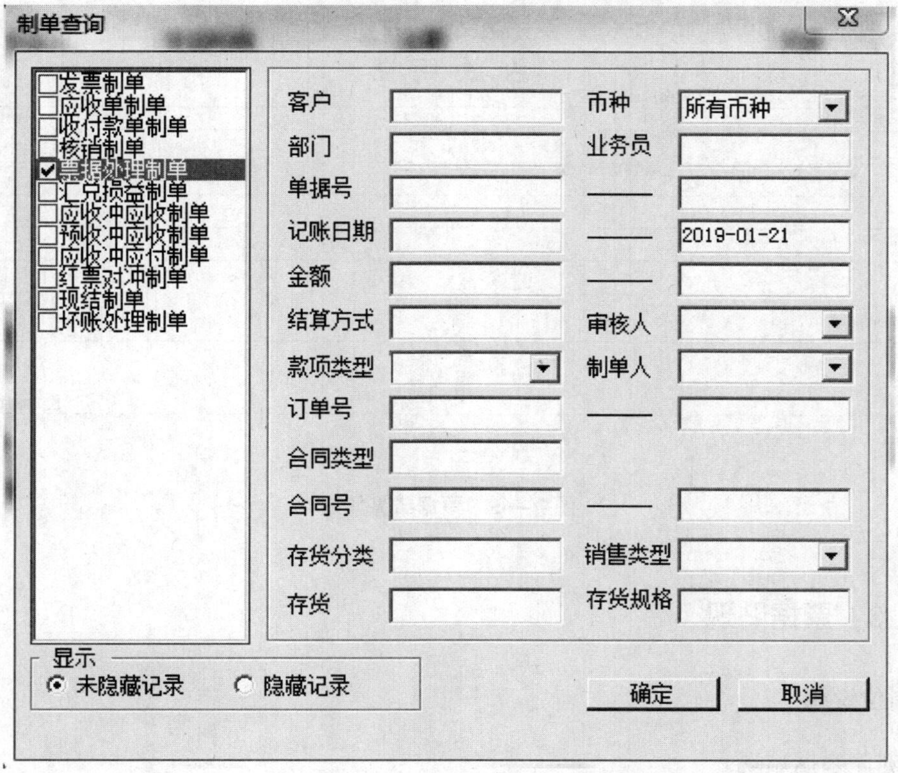

图 7－62　制单查询对话框

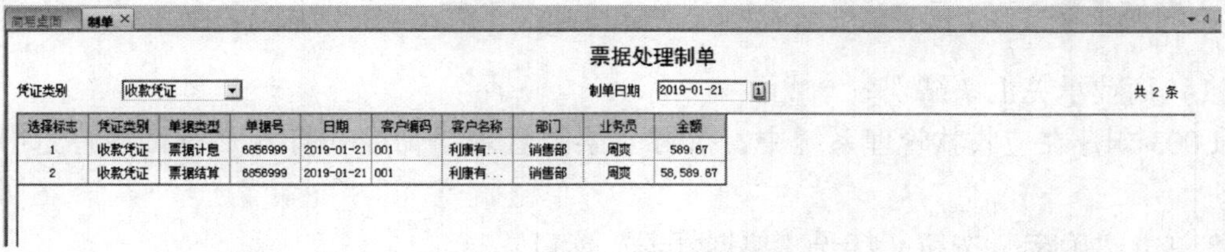

选择标志	凭证类别	单据类型	单据号	日期	客户编码	客户名称	部门	业务员	金额
1	收款凭证	票据计息	6856999	2019-01-21	001	利康有...	销售部	周爽	589.67
2	收款凭证	票据结算	6856999	2019-01-21	001	利康有...	销售部	周爽	58,589.67

图 7－63　票据处理制单对话框

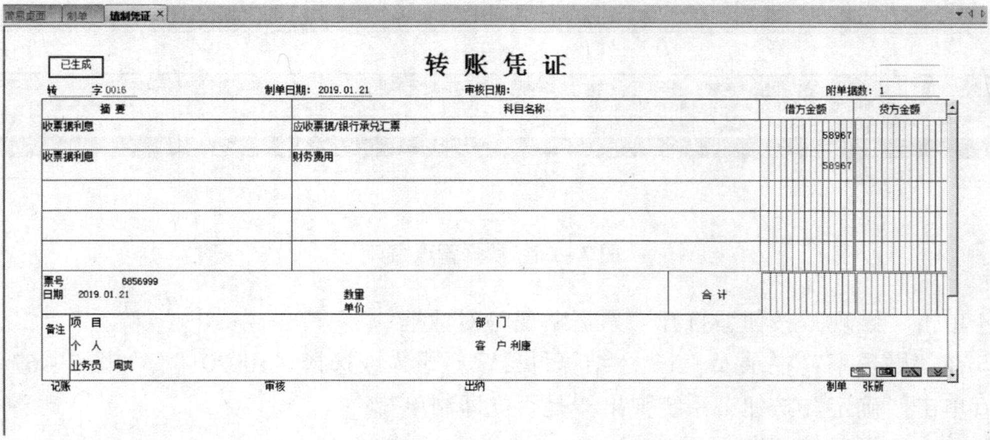

图 7－64　收票据利息凭证

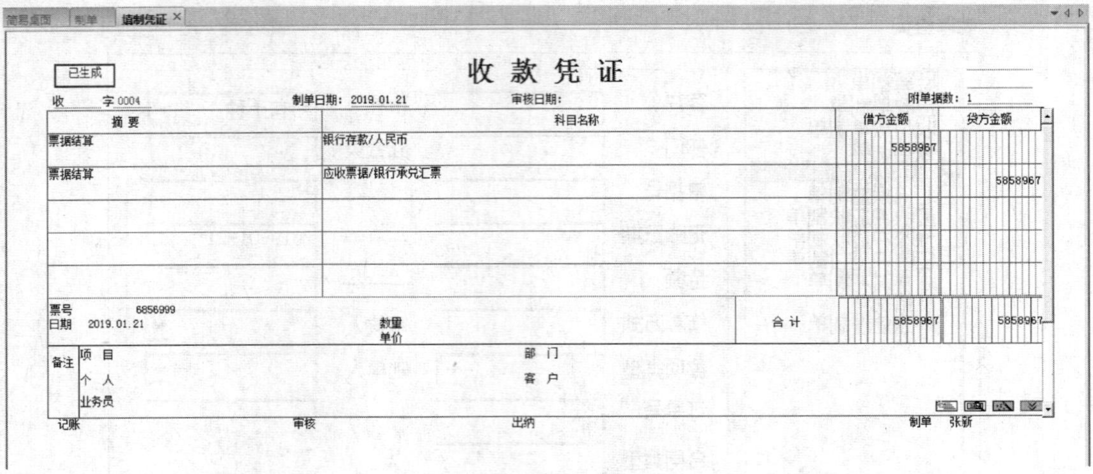

图 7－65　票据结算凭证

7.3.3　票据贴现

☞ 岗位说明

003 刘萍票据贴现。

002 张新执行其他操作。

☞ 操作步骤

（1）商业承兑汇票贴现。

①003 刘萍在应收款管理系统中，执行“票据管理”命令，打开“查询条件选择”对话框。

②单击“确定”按钮，打开“票据管理”窗口。

③单击选中 2019 年 1 月 12 日收到的商业承兑汇票，如图 7－66 所示。

图 7－66　票据管理窗口

④单击“贴现”按钮，打开“票据贴现”对话框。

⑤在“贴现率”栏录入“5”，“结算科目”栏录入或选择“100201”，如图 7－67 所示。

⑥单击“确定”按钮，系统弹出“是否立即制单”。

⑦单击“否”按钮。

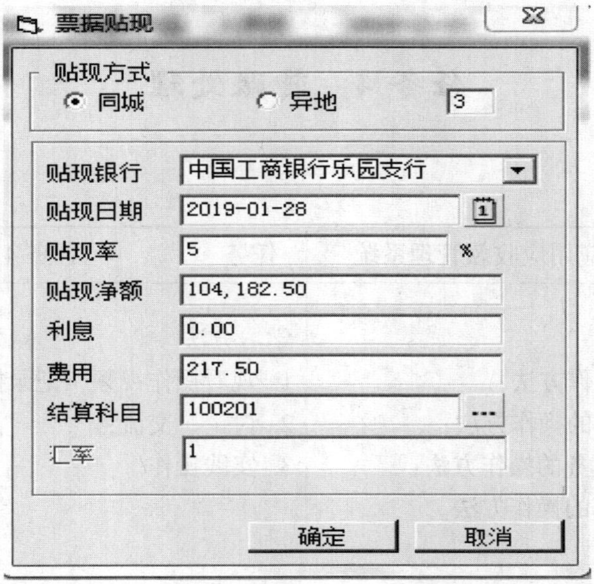

图 7－67　票据贴现对话框

（2）制单。

①002 张新在应收款管理系统中，执行“制单处理”命令，打开“制单查询”对话框。

②选中“票据处理制单”复选框。

③单击“确定”按钮，打开“票据处理制单”对话框，单击“全选”按钮。

④单击“制单”按钮，单击“保存”按钮，系统提示“已生成”，如图 7－68 所示。

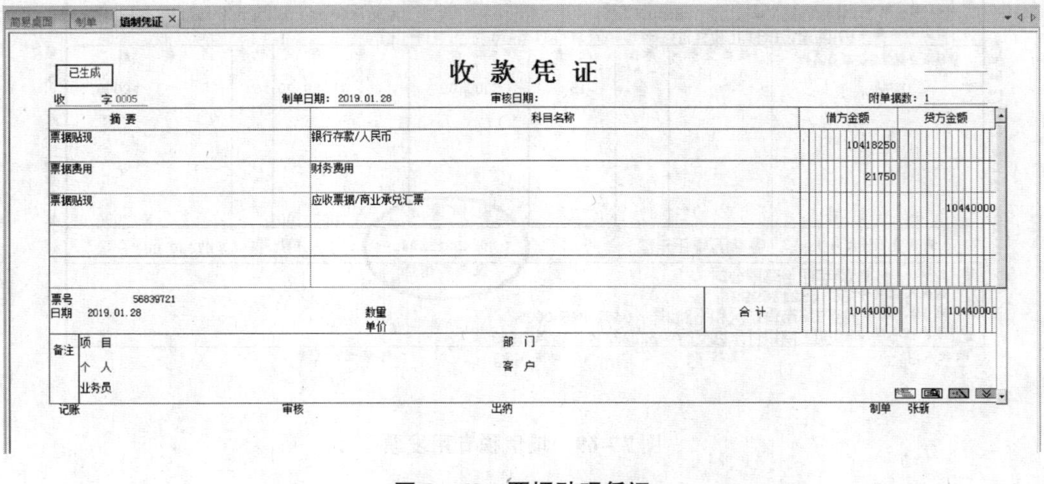

图 7－68　票据贴现凭证

提　示

- 如果贴现净额大于余额，系统自动将其差额作为利息，不能修改；如果贴现净额小于票据余额，系统自动将其差额作为费用，不能修改。
- 票据贴现后，将不能对其作其他处理。

任务4　转账处理

任务单7－4

项目	项目7　应用应收款管理系统	任务	任务4　转账处理
学习目标 1. 掌握销售业务的操作方法； 2. 掌握销售退回业务的操作方法； 3. 掌握预收冲应收业务的操作方法； 4. 掌握红票对冲业务的操作方法。		学习方法 1. 观看操作视频，记录操作要点； 2. 讨论、交流； 3. 实践操作。	

学习任务

1. 2019年1月7日，向兴隆有限公司销售B产品15台，取得与业务相关的原始单据如图7－69所示。

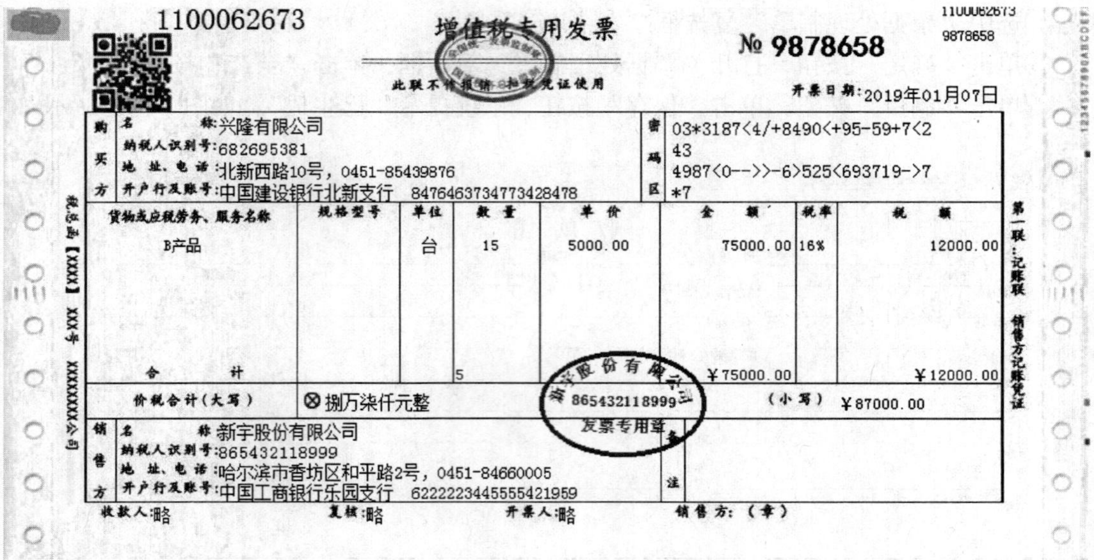

1100062673　增值税专用发票　№ 9878658

1100062673
9878658

此联不作报销、扣税凭证使用

开票日期：2019年01月07日

购买方	名　　称：兴隆有限公司 纳税人识别号：682695381 地 址、电 话：北新西路10号，0451-85439876 开户行及账号：中国建设银行北新支行　8476463734773428478				密码区	03*3187<4/+8490<+95-59+7<2 43 4987<0-->>-6>525<693719->7 *7	
货物或应税劳务、服务名称	规格型号	单位	数量	单价	金额	税率	税额
B产品		台	15	5000.00	75000.00	16%	12000.00
合　　计			5		¥75000.00		¥12000.00
价税合计（大写）	⊗捌万柒仟元整				（小写）¥87000.00		
销售方	名　　称：新宇股份有限公司 纳税人识别号：865432118999 地 址、电 话：哈尔滨市香坊区和平路2号，0451-84660005 开户行及账号：中国工商银行乐园支行　6222223445555421959				备注		

收款人：略　复核：略　开票人：略　销售方：（章）

第一联：记账联　销售方记账凭证

新宇股份有限公司 865432118999 发票专用章

图7－69　增值税专用发票

2. 2019年1月17日，销售给兴隆有限公司的5台B产品存在质量问题，双方协商退货，已开具红字发票，取得与业务相关的原始单据如图7－70所示。

3. 2019年1月30日，兴隆有限公司的预收款20 000元冲2019年1月7日的应收款。

4. 2019年1月31日，对兴隆有限公司进行红票对冲。

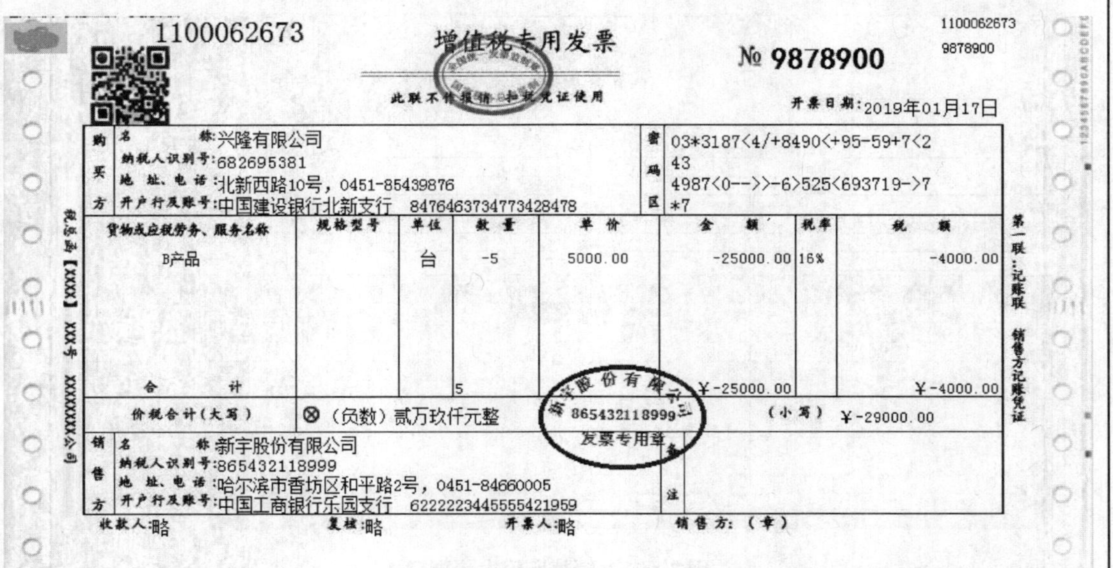

1100062673 增值税专用发票 № 9878900 1100062673 9878900

此联不作报销、扣税凭证使用 开票日期：2019年01月17日

购买方 名称：兴隆有限公司
纳税人识别号：682695381
地址、电话：北新西路10号，0451-85439876
开户行及账号：中国建设银行北新支行 8476463734773428478

密码区 03*3187<4/+8490<+95-59+7<2 43 4987<0-->>-6>525<693719->7 *7

货物或应税劳务、服务名称	规格型号	单位	数量	单价	金额	税率	税额
B产品		台	-5	5000.00	-25000.00	16%	-4000.00
合计			5		¥-25000.00		¥-4000.00

价税合计（大写） ⊗（负数）贰万玖仟元整 （小写）¥-29000.00

销售方 名称：新宇股份有限公司
纳税人识别号：865432118999
地址、电话：哈尔滨市香坊区和平路2号，0451-84660005
开户行及账号：中国工商银行乐园支行 6222223445555421959

备注

新宇股份有限公司 865432118999 发票专用章

收款人：略 复核：略 开票人：略 销售方：（章）

第一联：记账联 销售方记账凭证

税总函【XXXX】XXX号 XXXXXXX公司

图 7－70 增值税专用发票

7.4.1 销售业务

☞ **岗位说明**

002 张新执行操作。

☞ **操作步骤**

（1）在应收款管理系统中，执行“应收单据处理”|“应收单据录入”命令，打开“单据类别”对话框，在“单据名称”栏选择“销售发票”，在“单据类型”栏选择“销售专用发票”，在“方向”栏选择“正向”，单击“确定”按钮，打开“销售专用发票”窗口。

（2）单击“增加”按钮，录入发票号“9878658”，修改开票日期为“2019－01－07”，单击“客户简称”栏的参照按钮，选择“兴隆公司”，在“税率”栏录入“16.00”。

（3）在“存货编码”栏录入或选择“007”，在“数量”栏录入“15.00”，在“无税单价”栏录入“5 000.00”，如图 7－71 所示。

（4）单击“保存”按钮。

（5）单击“审核”按钮，系统弹出提示“是否立即制单?”。

（6）单击“是”，系统弹出“生成凭证”窗口，修改科目“6001 主营业务收入”的项目辅助项为“B 产品”。

（7）单击“确定”按钮，单击“保存”按钮，系统提示“已生成”，如图 7－72 所示。

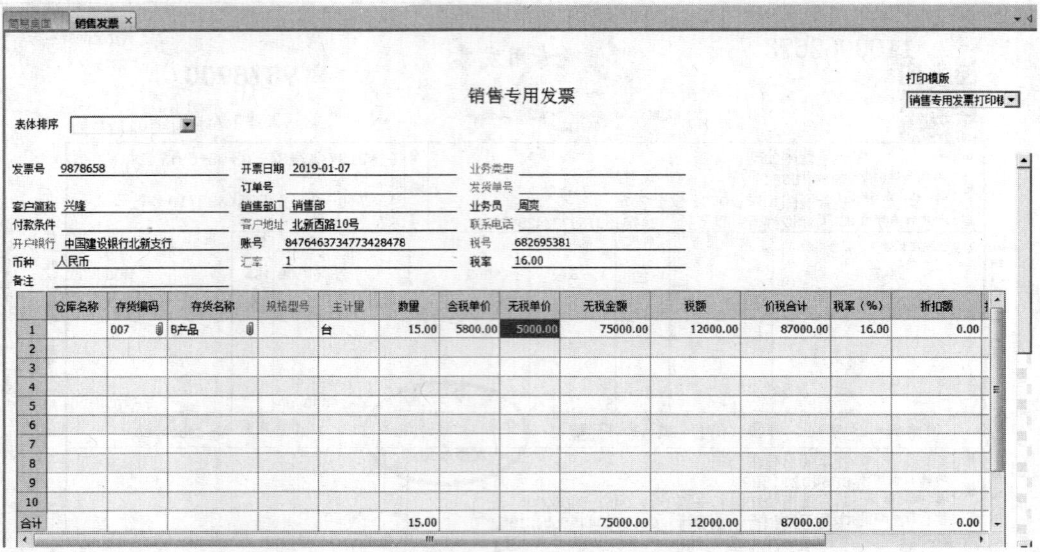

图 7－71　销售专用发票窗口 4

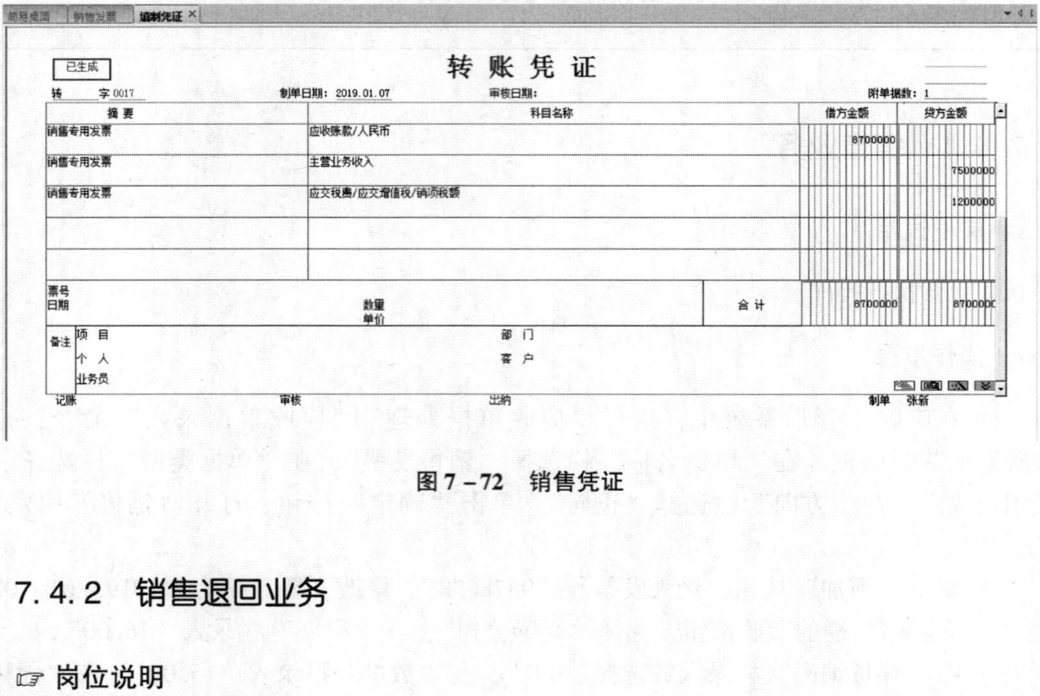

图 7－72　销售凭证

7.4.2 销售退回业务

☞ 岗位说明

002 张新执行操作。

☞ 操作步骤

（1）在应收款管理系统中，执行“应收单据处理”|“应收单据录入”命令，打开“单据类别”对话框。

（2）在“单据名称”栏选择“销售发票”，在“单据类型”栏选择“销售专用发票”，在“方向”栏选择“负向”，如图 7－73 所示。

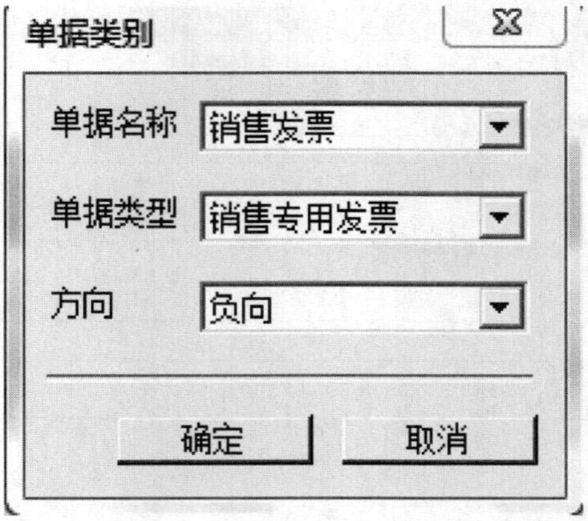

图 7－73　单据类别对话框

（3）单击“确定”按钮，打开“销售专用发票”窗口。

（4）单击“增加”按钮，录入发票号“9878900”，修改开票日期为“2019－01－17”，单击“客户简称”栏的参照按钮，选择“兴隆公司”，在“税率”栏录入“16.00”。

（5）在“存货编码”栏录入或选择“007”，在“数量”栏录入“－5.00”，在“无税单价”栏录入“5 000.00”，如图 7－74 所示。

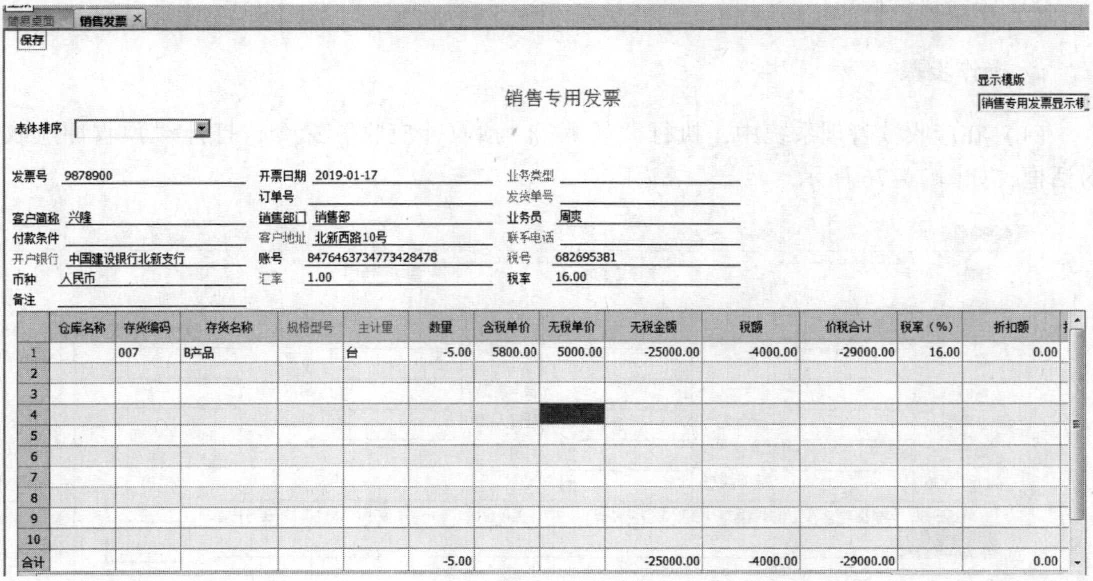

图 7－74　红字销售专用发票窗口

（6）单击“保存”按钮。

（7）单击“审核”按钮，系统弹出提示“是否立即制单?”。

（8）单击“是”，系统弹出“生成凭证”窗口，修改科目“6001 主营业务收入”的项目辅助项为“B 产品”。

（9）单击“确定”按钮，单击“保存”按钮，系统提示“已生成”，如图 7－75 所示。

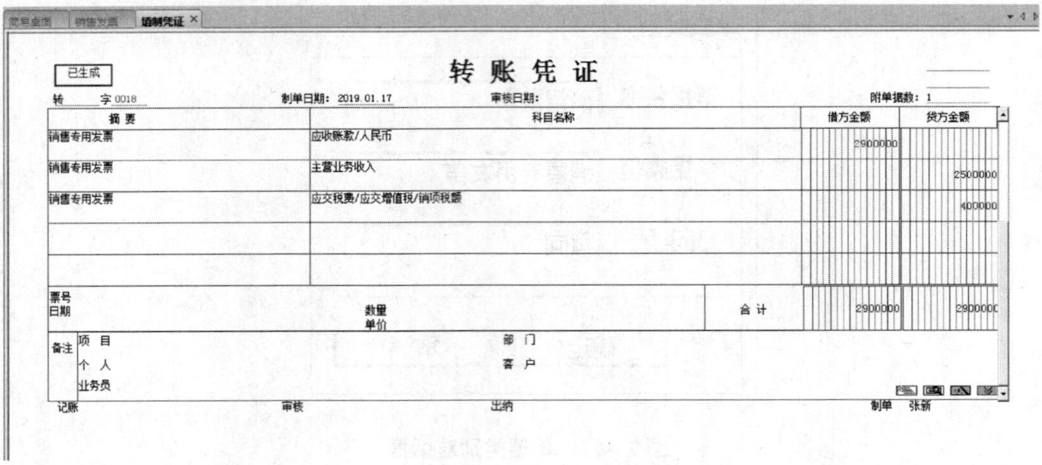

图 7-75 销售凭证

7.4.3 预收冲应收

☞ **岗位说明**

002 张新执行操作。

☞ **操作步骤**

（1）在应收款管理系统中，执行“转账”|“预收冲应收”命令，打开“预收冲应收”对话框，如图 7-76 所示。

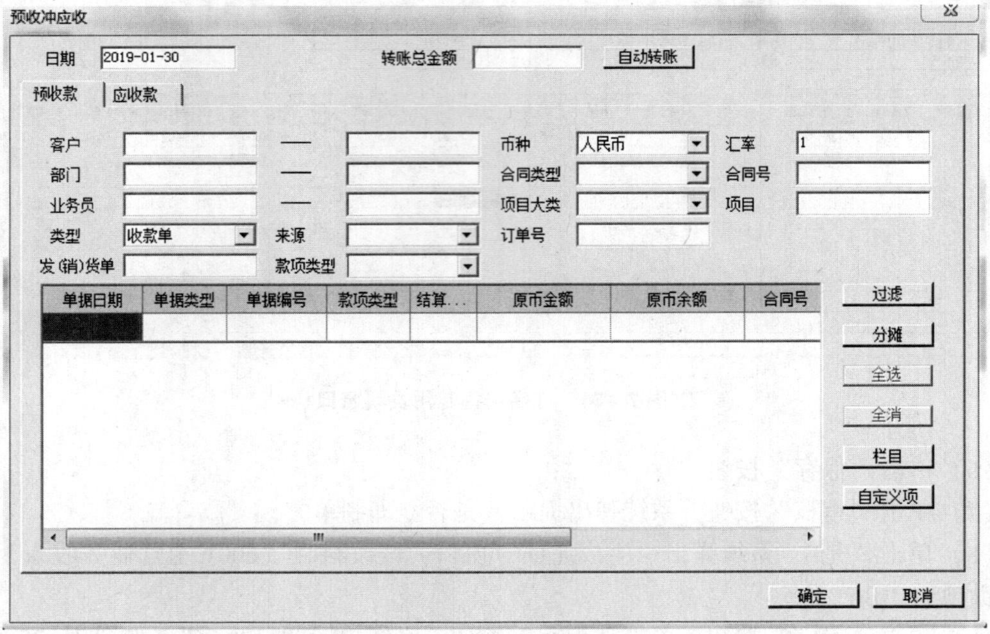

图 7-76 预收冲应收对话框

（2）在“客户”栏录入“002 兴隆公司”，单击“过滤”按钮，在“转账金额”栏录入“20 000. 00”，如图 7 – 77 所示。

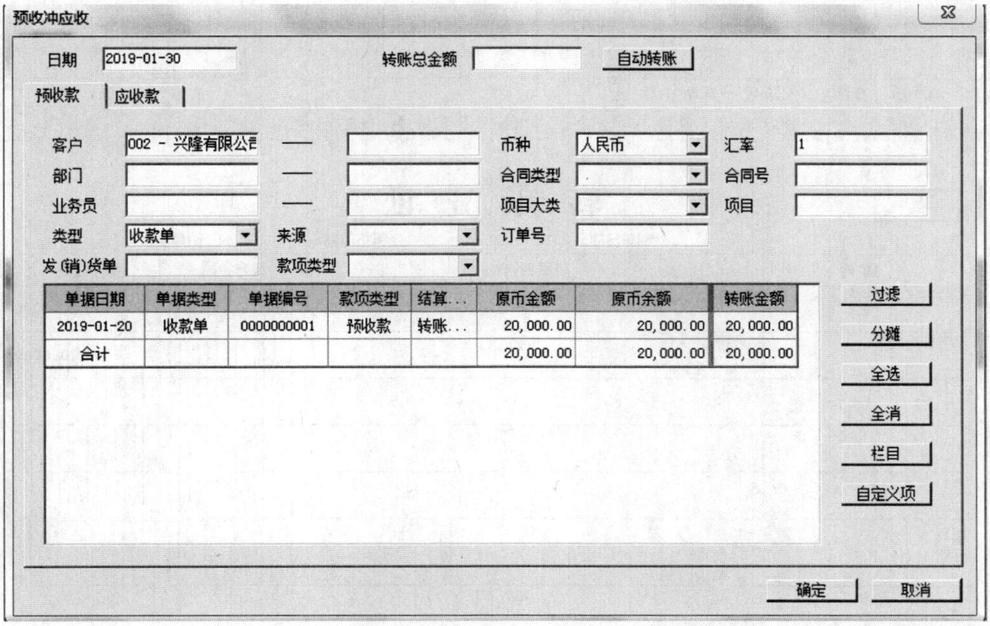

图 7 – 77　预收冲应收——预收款页签

（3）单击“应收款”页签，单击“过滤”按钮，在“2019 – 01 – 07”的销售专用发票对应的“转账金额”栏录入“20 000. 00”，如图 7 – 78 所示。

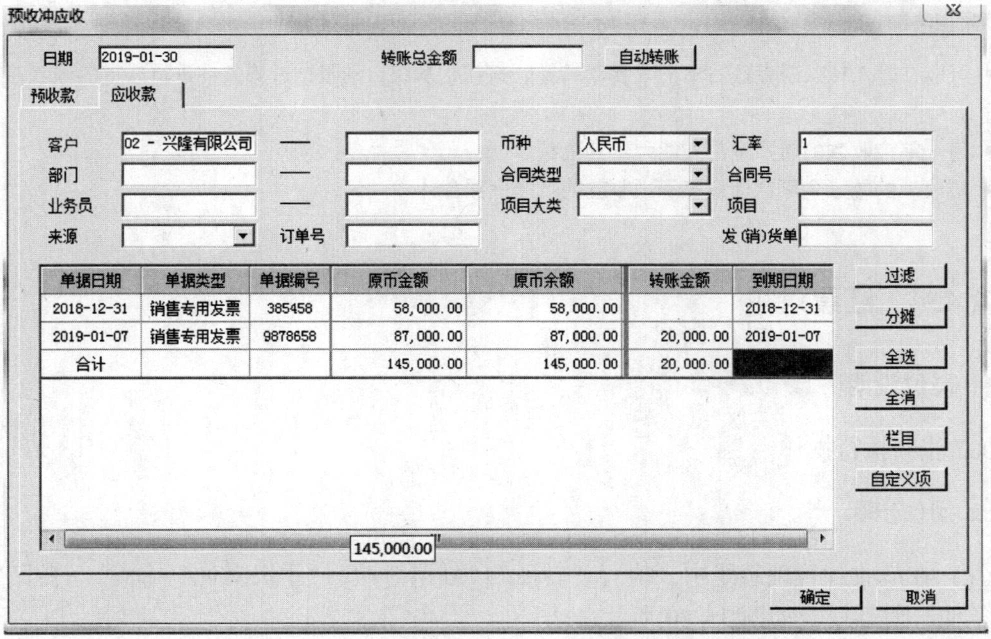

图 7 – 78　预收冲应收——应收款页签

（4）单击“确定”按钮，系统提示“是否立即制单?”，单击“是”，系统弹出“生成凭证”窗口，修改凭证字为“转账凭证”，单击“保存”按钮，系统提示“已生成”，如图7-79所示。

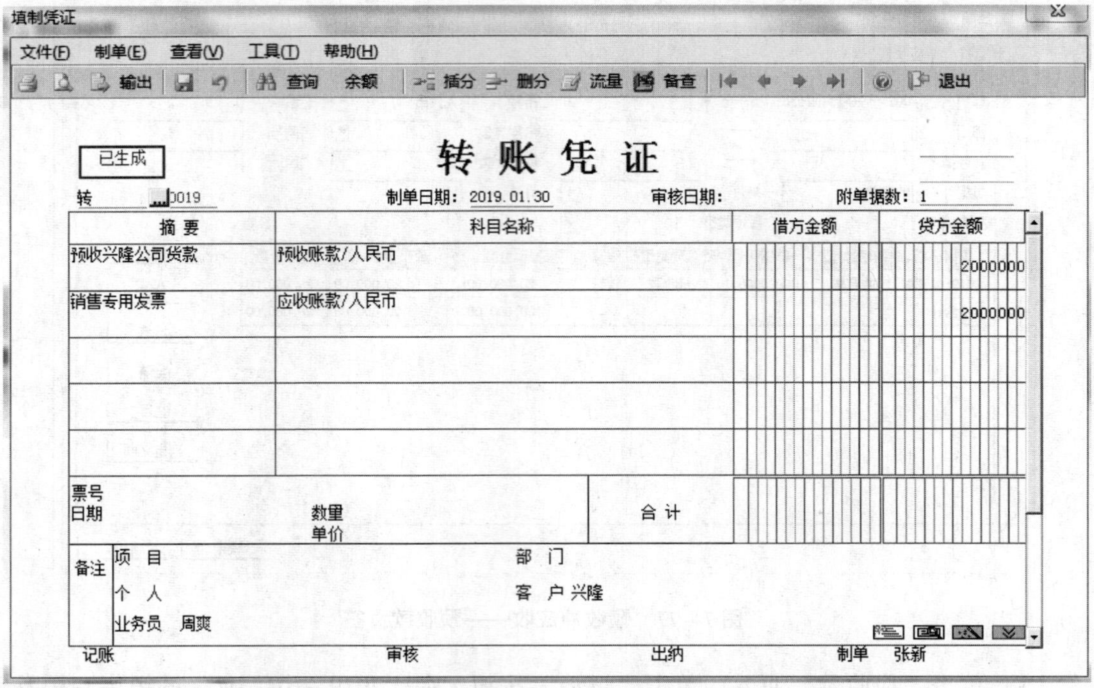

图7-79 预收冲应收凭证

提 示

- 可以在输入转账总金额后单击“自动转账”按钮，系统自动根据过滤条件进行成批的预收冲抵应收款工作。
- 每一笔应收款的转账金额不能大于其金额。
- 应收款的转账金额合计应等于预收款的转账金额合计。

7.4.4 红票对冲

☞ **岗位说明**

002张新执行操作。

☞ **操作步骤**

（1）在应收款管理系统中，执行“转账”|“红票对冲”|“手工对冲”命令，打开“红票对冲条件”对话框，如图7-80所示。

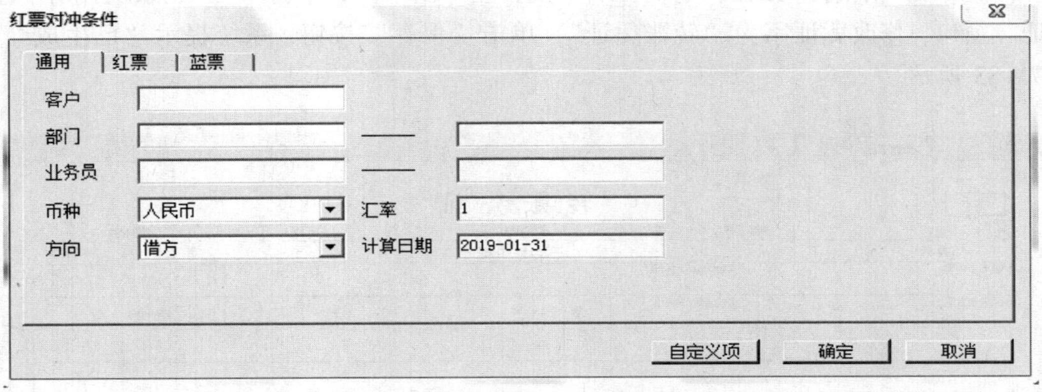

图 7－80　红票对冲条件对话框 1

（2）在“客户”栏录入“002 兴隆公司”，如图 7－81 所示。

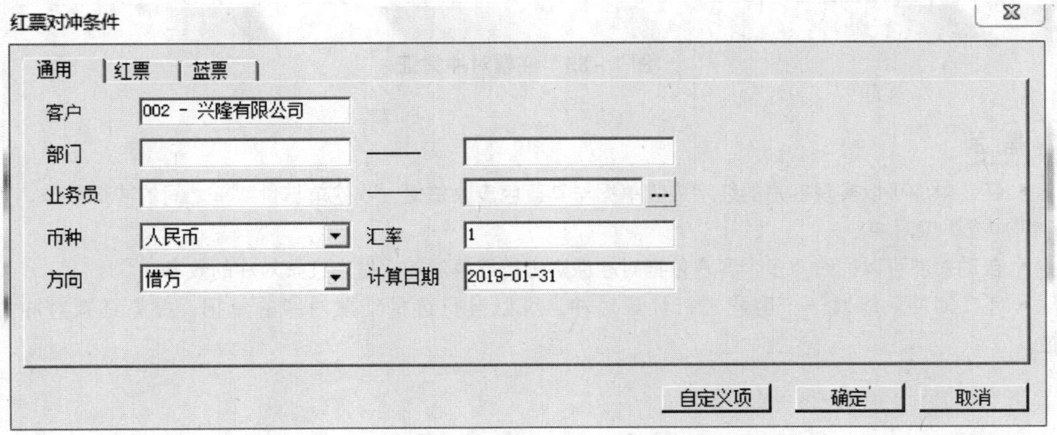

图 7－81　红票对冲条件对话框 2

（3）单击“确定”按钮，打开“红票对冲”窗口。

（4）在“2019－01－07”所对应的销售专用发票“对冲金额”栏中录入“29 000.00”，如图 7－82 所示。

简易桌面　红票对冲 ×

单据日期	单据类型	单据编号	客户	币种	原币金额	原币余额	对冲金额	部门	业务员	合同名称
2019-01-17	销售专...	9878900	兴隆	人民币	29,000.00	29,000.00	29,000.00	销售部	周爽	
合计					29,000.00	29,000.00	29,000.00			

单据日期	单据类型	单据编号	客户	币种	原币金额	原币余额	对冲金额	部门	业务员	合同名称
2018-12-31	销售专...	385458	兴隆	人民币	58,000.00	58,000.00		销售部	周爽	
2019-01-07	销售专...	9878658	兴隆	人民币	87,000.00	67,000.00	29,000.00	销售部	周爽	
合计					145,000.00	125,000.00	29,000.00			

图 7－82　红票对冲窗口

（5）单击“保存”按钮，系统提示“是否立即制单?”，单击“是”，系统弹出“生成凭证”窗口，修改凭证字为“转账凭证”，单击“保存”按钮，系统提示“已生成”，如图 7－83 所示。

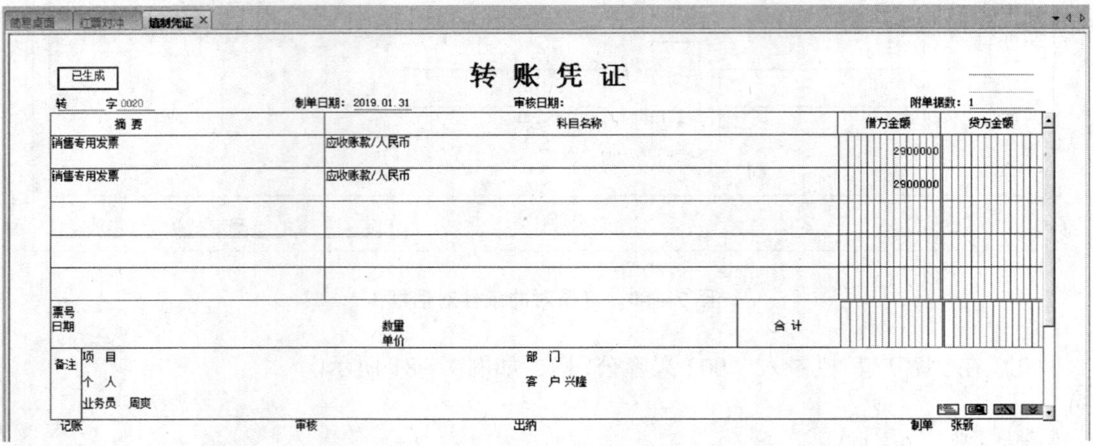

图 7－83　红票对冲凭证

提　示

- 红票对冲可以实现客户的红字应收单据与其蓝色应收单据、收款单与付款单之间的冲抵操作，可以自动对冲或手工对冲。
- 自动对冲可以同时对多个客户依据对冲原则进行红票对冲，提高红票对冲的效率。
- 手工对冲只能对一个客户进行红票对冲，可以自行选择红票对冲的单据，提高红票对冲的灵活性。

任务 5　坏账处理

任务单 7－5

项目	项目 7　应用应收款管理系统	任务	任务 5　坏账处理
学习目标 1. 掌握坏账发生的操作方法； 2. 掌握坏账收回的操作方法； 3. 掌握计提坏账准备的操作方法。		学习方法 1. 观看操作视频，记录操作要点； 2. 讨论、交流； 3. 实践操作。	
学习任务 1. 2019 年 1 月 25 日，将 1 月 15 日形成的应向红星公司收取的应收账款 29 300 元（其中货款 29 000 元，代垫运费 300 元）转为坏账。			

2. 2019 年 1 月 31 日，收到银行通知，部分收回已作为坏账处理的红星公司的应收账款 10 000 元，取得与业务相关的原始单据如图 7－84 所示。

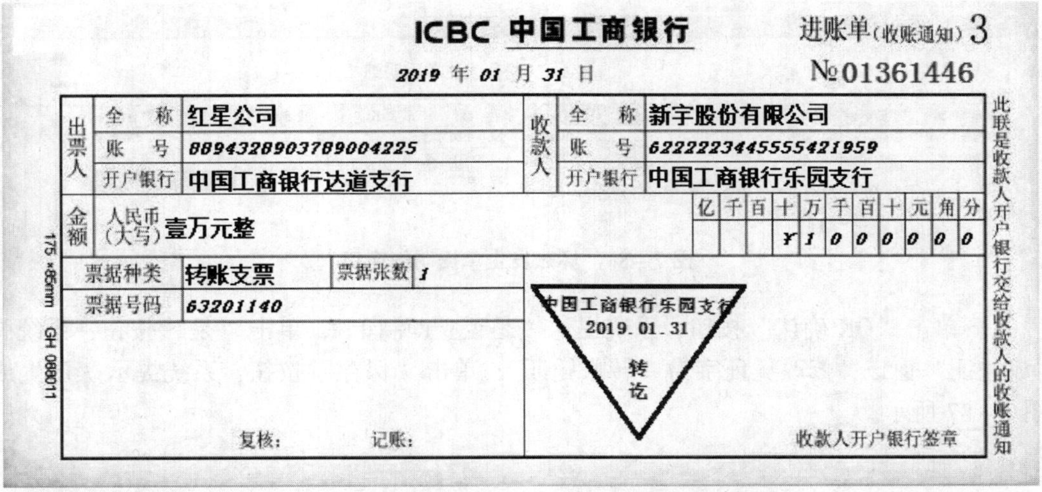
ICBC 中国工商银行　　进账单（收账通知）3

2019 年 01 月 31 日　　№01361446

出票人	全称	红星公司	收款人	全称	新宇股份有限公司
	账号	8894328903789004225		账号	6222223445555421959
	开户银行	中国工商银行达道支行		开户银行	中国工商银行乐园支行
金额	人民币（大写）	壹万元整		亿千百十万千百十元角分	￥1000000
票据种类	转账支票	票据张数	1		
票据号码	63201140				

中国工商银行乐园支行 2019.01.31 转讫

复核：　记账：　收款人开户银行签章

此联是收款人开户银行交给收款人的收账通知

175×85mm GH 068011

图 7－84　进账单（收账通知）

3. 1 月 31 日，计提坏账准备。

7.5.1 坏账发生

☞ 岗位说明

002 张新执行操作。

☞ 操作步骤

（1）002 张新在应收款管理系统中，执行“坏账处理”|“坏账发生”命令，打开“坏账发生”对话框。

（2）修改日期为“2019－01－25”，在“客户”栏录入或选择“004”，如图 7－85 所示。

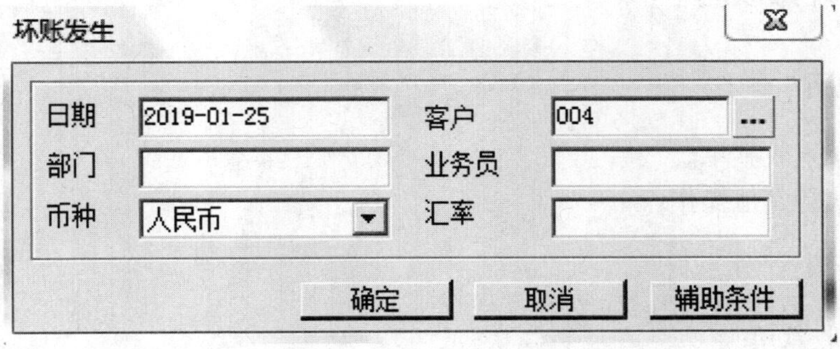

图 7－85　坏账发生对话框

（3）单击“确定”按钮，打开“发生坏账损失”窗口。

（4）在“本次发生坏账金额”栏第一行录入“29 000.00”，再在第二行录入“300”，如图 7－86 所示。

单据类型	单据编号	单据日期	合同号	合同名称	到 期 日	余　额	部　门	业 务 员	本次发生坏账金额
销售专用发票	9878656	2019-01-15			2019-01-15	29,000.00	销售部	周爽	29000.00
其他应收单	0000000001	2019-01-15			2019-01-15	300.00	销售部	周爽	300
合　计						29,300.00			29,300.00

图 7－86　坏账发生单据明细窗口

（5）单击“OK 确认”按钮，系统提示“是否立即制单”，单击“是”按钮，系统弹出“生成凭证”窗口，修改凭证字为“转账凭证”，单击“保存”按钮，系统提示“已生成”，如图 7－87 所示。

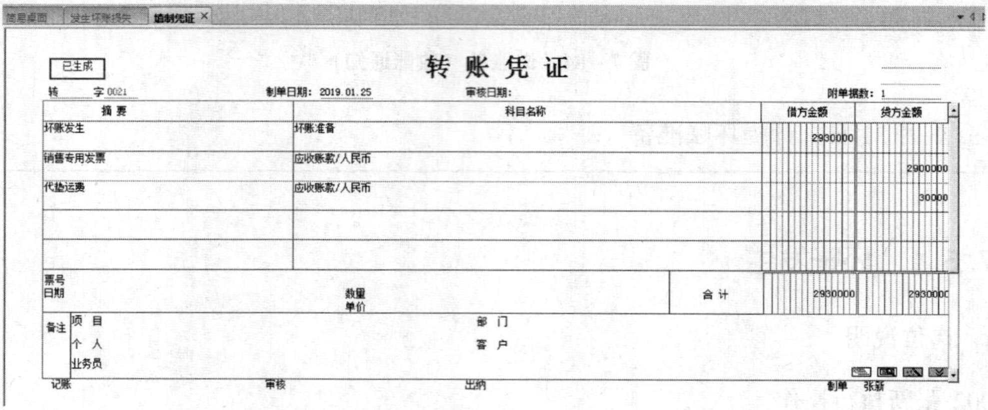

图 7－87　坏账发生凭证

提　示

本次坏账发生金额只能小于或等于单据余额。

7.5.2　坏账收回

☞ **岗位说明**

003 刘萍录入收款单。

002 张新执行其他操作。

☞ **操作步骤**

（1）录入收款单。

①003 刘萍在应收款管理系统中，执行“收款单据处理”|“收款单据录入”命令，打开

"收款单"对话框。

②单击"增加"按钮，修改日期为"2019－01－31"，在"客户"栏录入或选择"004"，在"结算方式"栏选择"转账支票"，在"金额"栏录入"10 000.00"，在"票据号"栏录入"63201140"，在"摘要"栏录入"坏账收回"，将光标点击表体第一行，如图7－88所示。

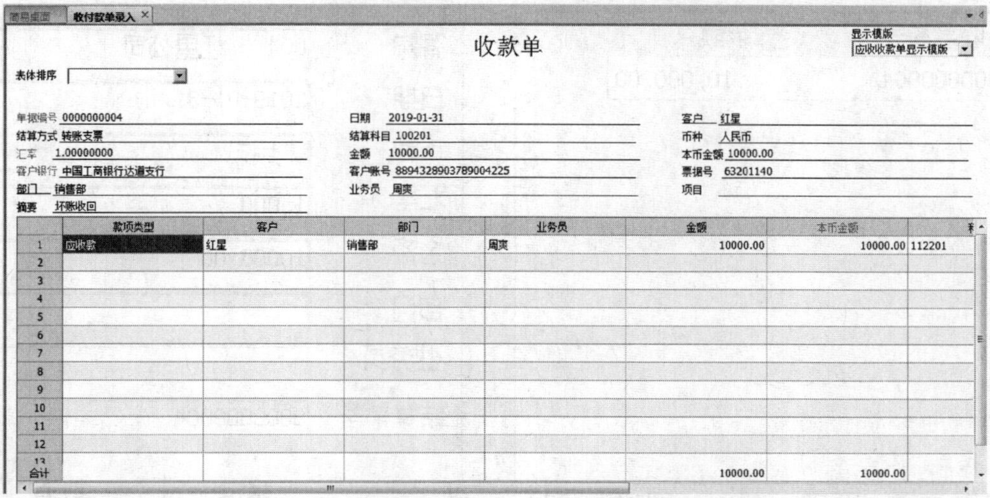

图7－88　收款单窗口

③单击"保存"按钮。

（2）坏账收回。

①002张新在应收款管理系统中，执行"坏账处理"|"坏账收回"命令，打开"坏账收回"对话框。

②在"客户"栏录入或选择"004"，如图7－89所示。

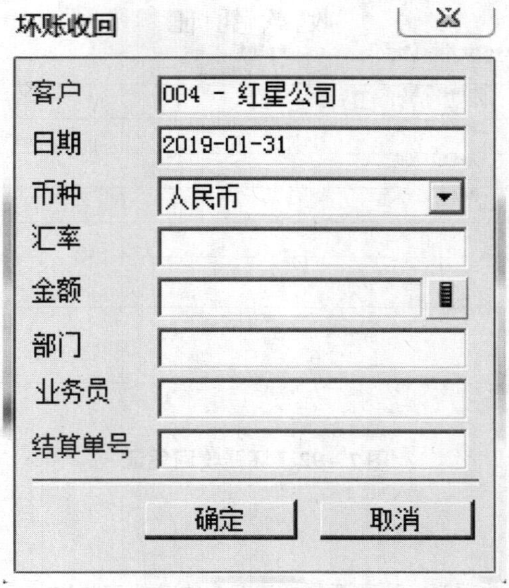

图7－89　坏账收回对话框1

③单击“结算单号”栏的参照按钮，选择“0000004”结算单，如图7－90所示。

④单击“确定”按钮，如图7－91所示。

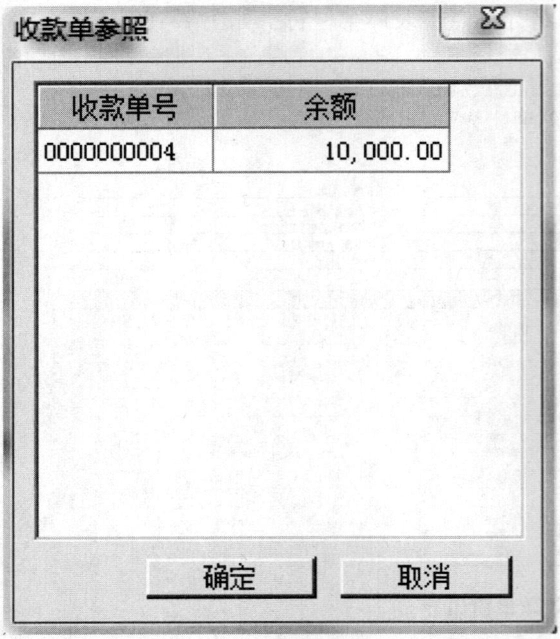

图7－90　收款单参照对话框

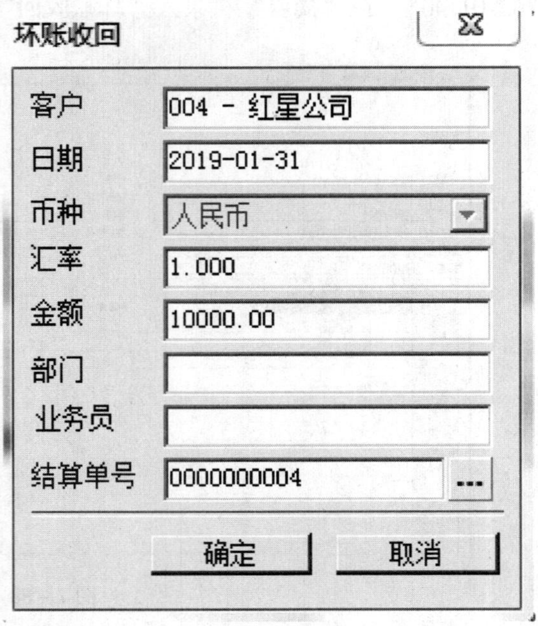

图7－91　坏账收回对话框2

⑤单击“确定”按钮，系统提示“是否立即制单”，单击“是”按钮，系统弹出“生成凭证”窗口，单击“保存”按钮，系统提示“已生成”，如图7－92所示。

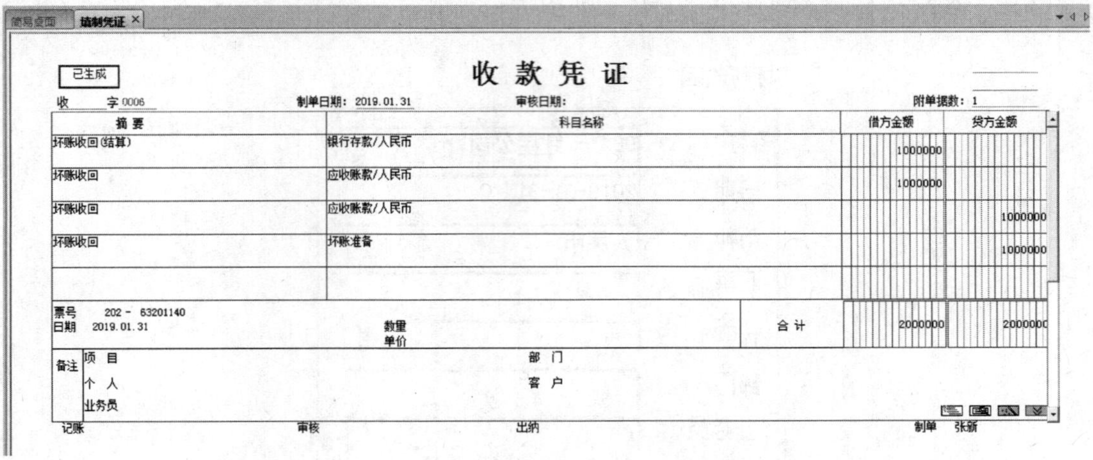

图7－92　坏账收回凭证

提　示

- 在录入一笔坏账收回的款项时，注意不要把该客户的其他应收款业务与该笔坏账收回业务录入一张收款单中。

- 坏账收回制单不受系统中“方向相反分录是否合并”选项的控制。

7.5.3 计提坏账准备

☞ 岗位说明

002 张新执行操作。

☞ 操作步骤

（1）002 张新在应收款管理系统中，执行“坏账处理”|“计提坏账准备”命令，打开“应收账款百分比法”对话框，如图 7－93 所示。

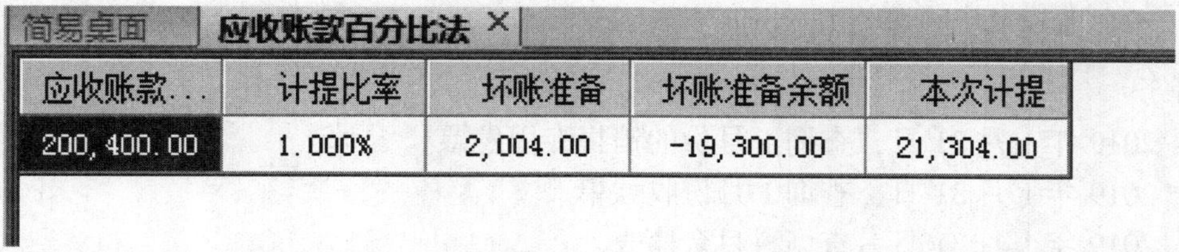
简易桌面 | 应收账款百分比法

应收账款...	计提比率	坏账准备	坏账准备余额	本次计提
200,400.00	1.000%	2,004.00	-19,300.00	21,304.00

图 7－93　应收账款百分比法窗口

（2）单击“OK 确认”按钮，系统提示“是否立即制单”，单击“是”按钮，系统弹出“生成凭证”窗口，修改凭证字为“转账凭证”，单击“保存”按钮，系统提示“已生成”，如图 7－94 所示。

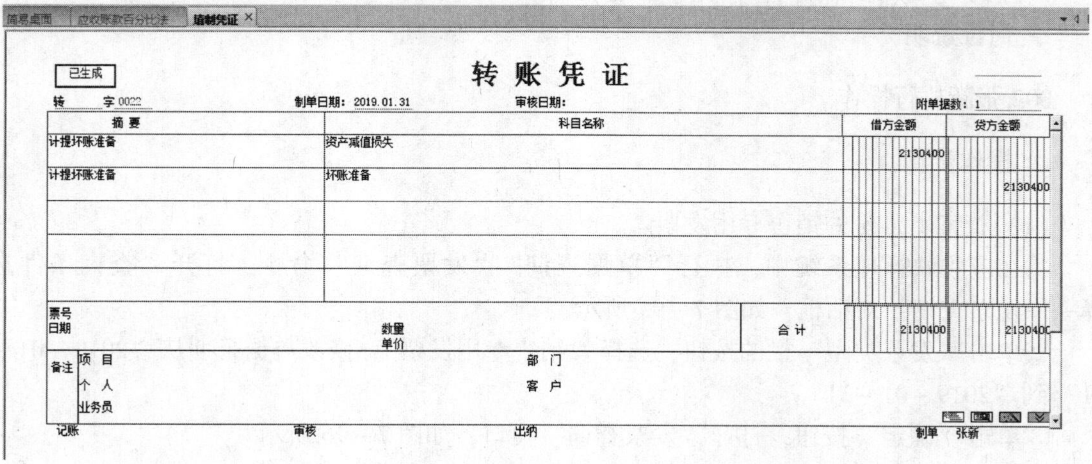
简易桌面 | 应收账款百分比法 | 填制凭证

已生成

转 账 凭 证

转 字 0022　　制单日期：2019.01.31　　审核日期：　　附单据数：1

摘要	科目名称	借方金额	贷方金额
计提坏账准备	资产减值损失	2130400	
计提坏账准备	坏账准备		2130400
票号 日期	数量 单价 合计	2130400	2130400

备注　项目　部门　个人　客户　业务员

记账　审核　出纳　制单 张新

图 7－94　计提坏账准备凭证

任务6 期末处理

任务单7-6

项目	项目7 应用应收款管理系统	任务	任务6 期末处理
学习目标 1. 掌握查询销售相关报表的操作方法； 2. 掌握应收款管理系统结账的操作方法。		学习方法 1. 观看操作视频，记录操作要点； 2. 讨论、交流； 3. 实践操作。	
学习任务 1. 2019年1月31日，查询1月份的销售专用发票。 2. 2019年1月31日，查询1月份收款单。 3. 2019年1月31日，查询科目余额表。 4. 2019年1月31日，对应收款管理系统进行月末结账。			

7.6.1 查询销售相关报表

☞ **岗位说明**

002张新执行操作。

☞ **操作步骤**

（1）查询1月份的销售专用发票。

①在应收款管理系统中，执行“单据查询”|“发票查询”命令，打开“查询条件选择——发票查询”对话框，如图7-95所示。

②单击“发票类型”栏的按钮，选择“销售专用发票”，修改单据日期从“2019-01-01”到“2019-01-31”。

③单击“确定”按钮，打开“发票查询”窗口，如图7-96所示。

④单击“退出”按钮。

提 示

- 在“发票查询”功能中可以分别查询“已审核”“未审核”“已核销”及“未核销”的发票，还可以按“发票号”“单据日期”“金额范围”或“余额范围”等条件进行查询。
- 在“发票查询”窗口中，单击“查询”按钮，可以重新输入查询条件；单击“单据”按钮，可以调出原始单据；单击“详细”按钮，可以查看当前单据的详细结算情况；单击“凭证”按钮，可以查询单据所对应的凭证；单击“栏目”按钮，可以设置当前查询列表的显示栏目、栏目顺序、栏目名称、排序方式，可以保存设置内容。

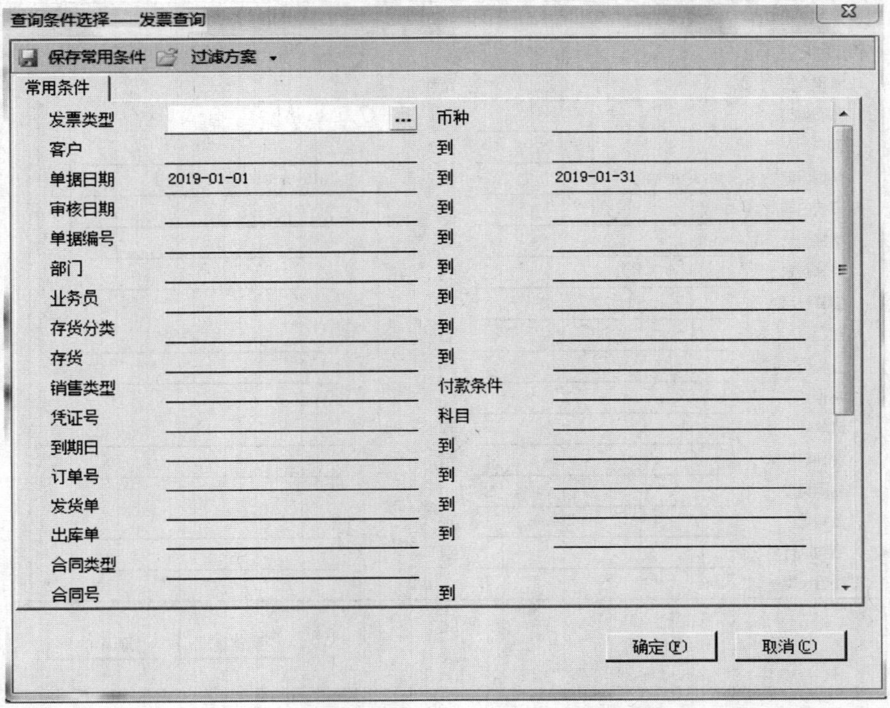

图 7－95 查询条件选择——发票查询对话框

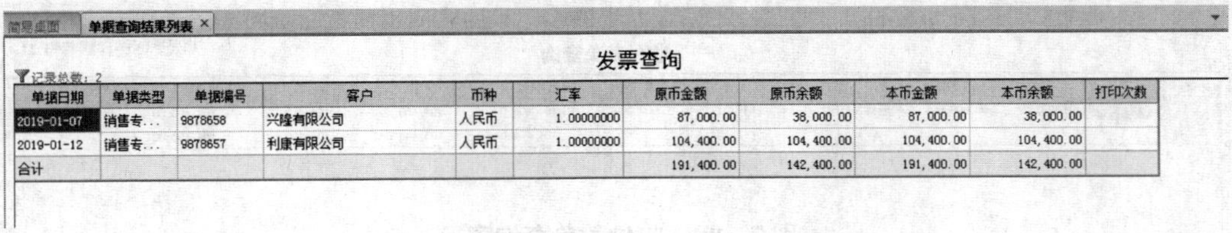

图 7－96 发票查询窗口

（2）查询 1 月份的收款单。

①在应收款管理系统中，执行“单据查询”|“收款单查询”命令，打开“查询条件选择——收付款单查询”对话框，如图 7－97 所示。

②选择单据类型为“收款单”，修改单据日期从“2019－01－01”到“2019－01－31”。

③单击“确定”按钮，打开“收付款单查询”窗口，如图 7－98 所示。

④单击“退出”按钮。

提 示

● 在“收付款单查询”功能中可以分别查询“已核销”“未核销”“应收款”“预收款”及“费用”的结算情况，还可以按“单据编号”“金额范围”“余额范围”或“单据日期”等条件进行查询。

• 在“收付款单查询”窗口中，也可以分别单击“查询”“单据”“详细”及“凭证”按钮，查询到相应的内容。

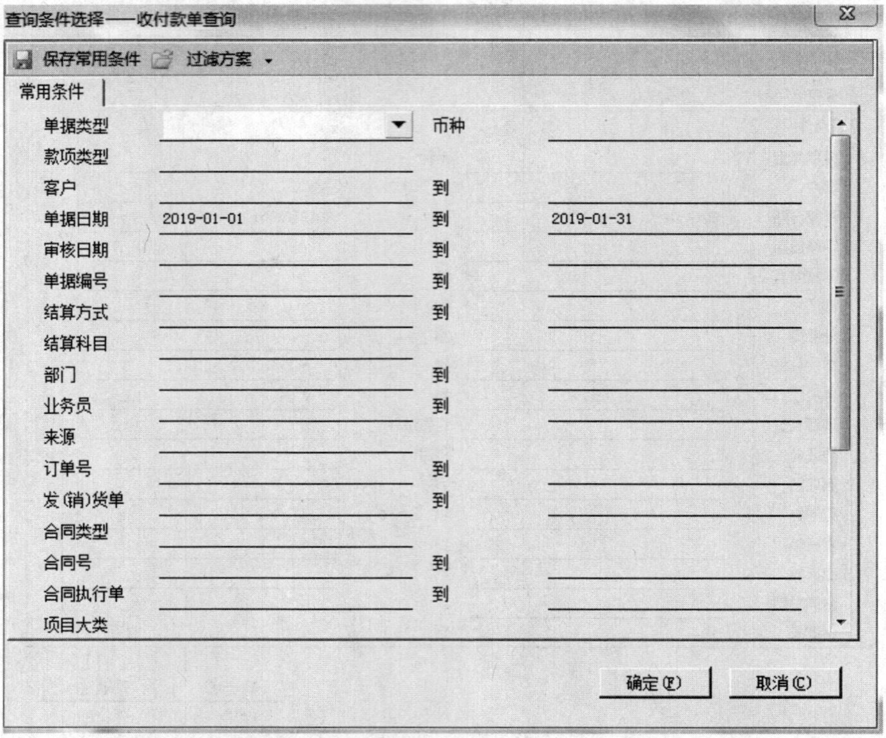

图7－97　查询条件选择——收付款单查询对话框

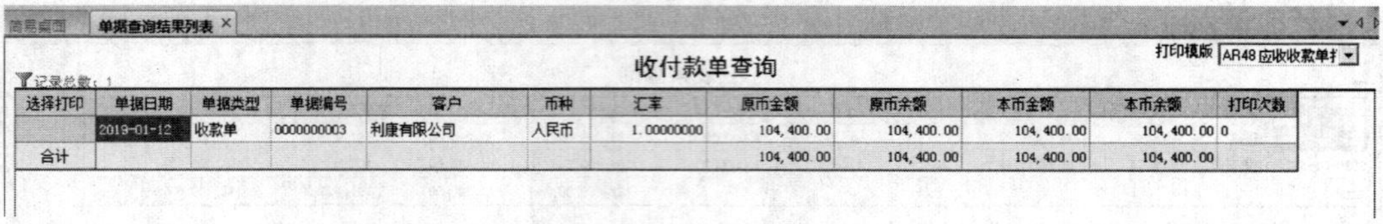

选择打印	单据日期	单据类型	单据编号	客户	币种	汇率	原币金额	原币余额	本币金额	本币余额	打印次数
	2019-01-12	收款单	0000000003	利康有限公司	人民币	1.00000000	104,400.00	104,400.00	104,400.00	104,400.00	0
合计							104,400.00	104,400.00	104,400.00	104,400.00	

图7－98　收付款单查询窗口

（3）查询科目余额表。

①在应收款管理系统中，执行“账表管理”|“科目账查询”|“科目余额表”命令，打开“客户往来科目余额表”对话框，如图7－99所示。

②单击“确定”按钮，打开“科目余额表”窗口，如图7－100所示。

③单击“退出”按钮。

提 示

• 科目账查询明细账和科目余额表。

• 科目余额表查询表可以查询应收受控科目各个客户的期初余额、本期借方发生额合计、本期贷方发生额合计、期末余额。细分为科目余额表、客户余额表、三栏余额表、部门余额表、项目余额表、业务员余额表、客户分类余额表及地区分类余额表。

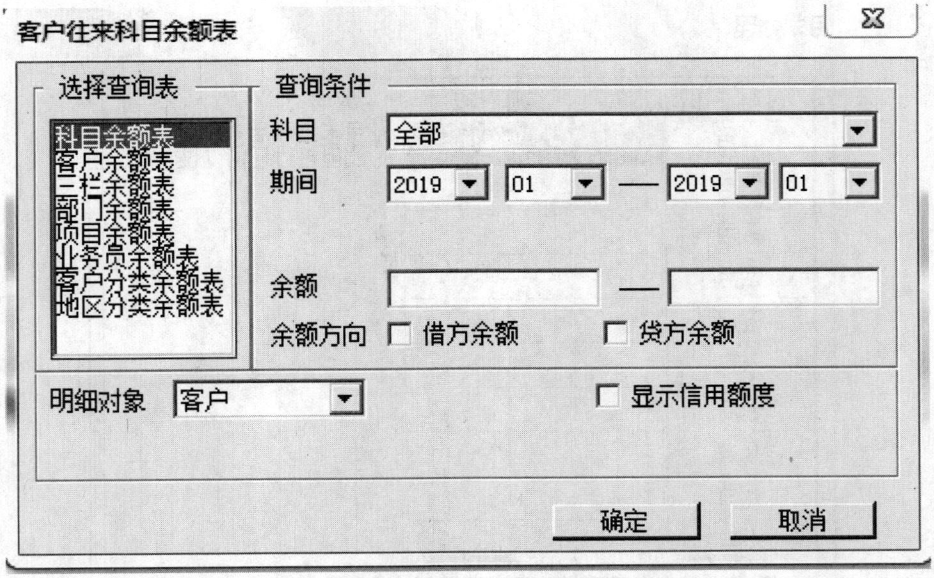

图 7－99　客户往来科目余额表对话框

单位往来科目余额表

科目余额表

科目 全部　　　　期间：2019.01-2019.01

科目		客户		方向	期初余额	借方	贷方	方向	期末余额
编号	名称	编号	名称		本币	本币	本币		本币
112101	银行承兑汇票	001	利康有限公司	借	58,000.00	589.67	58,589.67	平	
小计:				借	58,000.00	589.67	58,589.67	平	
112102	商业承兑汇票	001	利康有限公司	平		104,400.00	104,400.00	平	
小计:				平		104,400.00	104,400.00	平	
112201	人民币	001	利康有限公司	借	104,400.00	104,400.00	104,400.00	借	104,400.00
112201	人民币	002	兴隆有限公司	借	58,000.00	58,000.00	20,000.00	借	96,000.00
112201	人民币	003	天达公司	平		52,200.00	52,200.00	平	
112201	人民币	004	红星公司	平		39,300.00	39,300.00	平	
小计:				借	162,400.00	253,900.00	215,900.00	借	200,400.00
220301	人民币	002	兴隆有限公司	平				平	
小计:				平				平	
合计:				借	220,400.00	358,889.67	378,889.67	借	200,400.00

图 7－100　科目余额表窗口

7.6.2 结账

☞ 岗位说明

002 张新执行操作。

☞ 操作步骤

（1）在应收款管理系统中，执行“期末处理”|“月末结账”命令，打开“月末处理”对话框。

（2）双击 1 月份“结账标志”栏，如图 7－101 所示。

（3）单击“下一步”按钮，出现“月末处理——处理情况”表，如图 7－102 所示。

（4）单击“完成”按钮，系统弹出“1 月份结账成功”提示框，如图 7－103 所示。

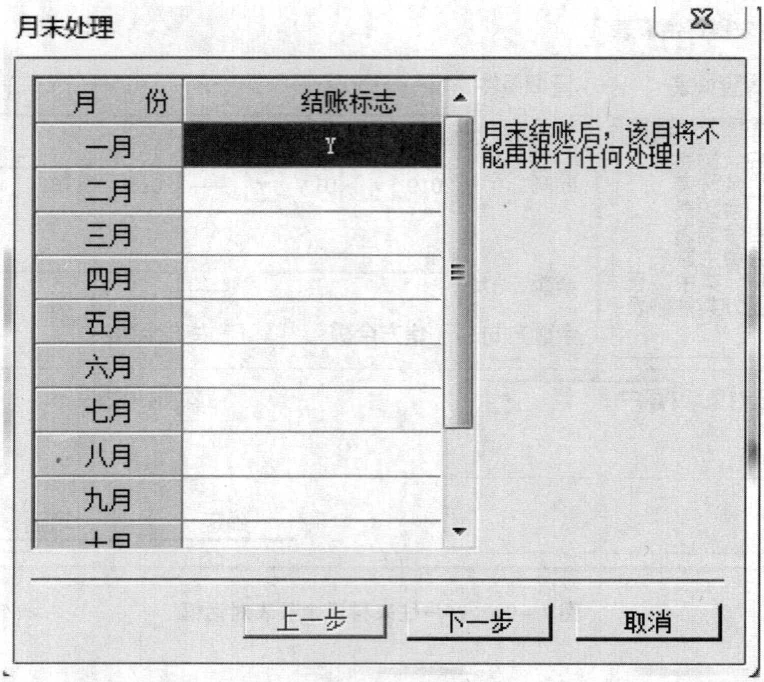

图 7－101 月末处理对话框 1

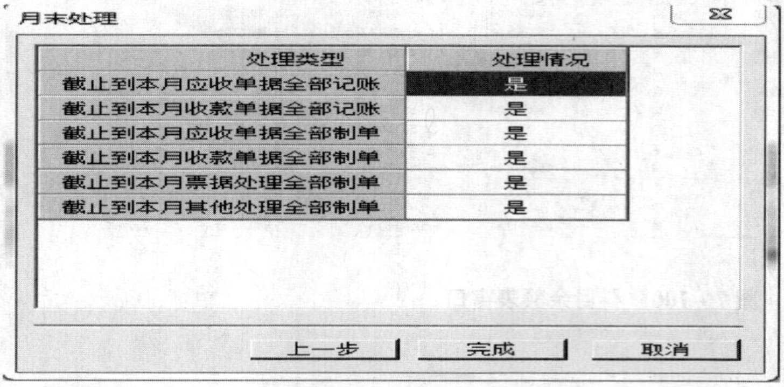

图 7－102 月末处理对话框 2

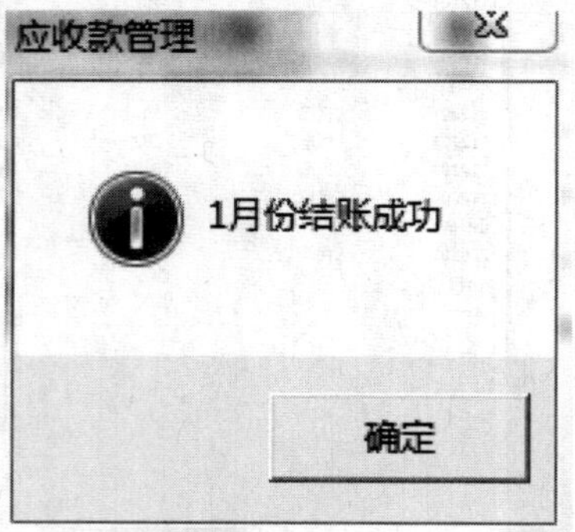

图 7－103 结账成功提示框

（5）单击“确定”按钮。

提 示

- 如果当月业务已经全部处理完毕，应进行月末结账。只有当月结账后，才能开始下月的工作。
- 进行月末处理时，一次只能选择 1 个月进行结账，前 1 个月未结账，则本月不能结账。
- 在执行了月末结账后，该月将不能再进行任何处理。

项目总结

应用应收款管理系统流程如图 7－104 所示。

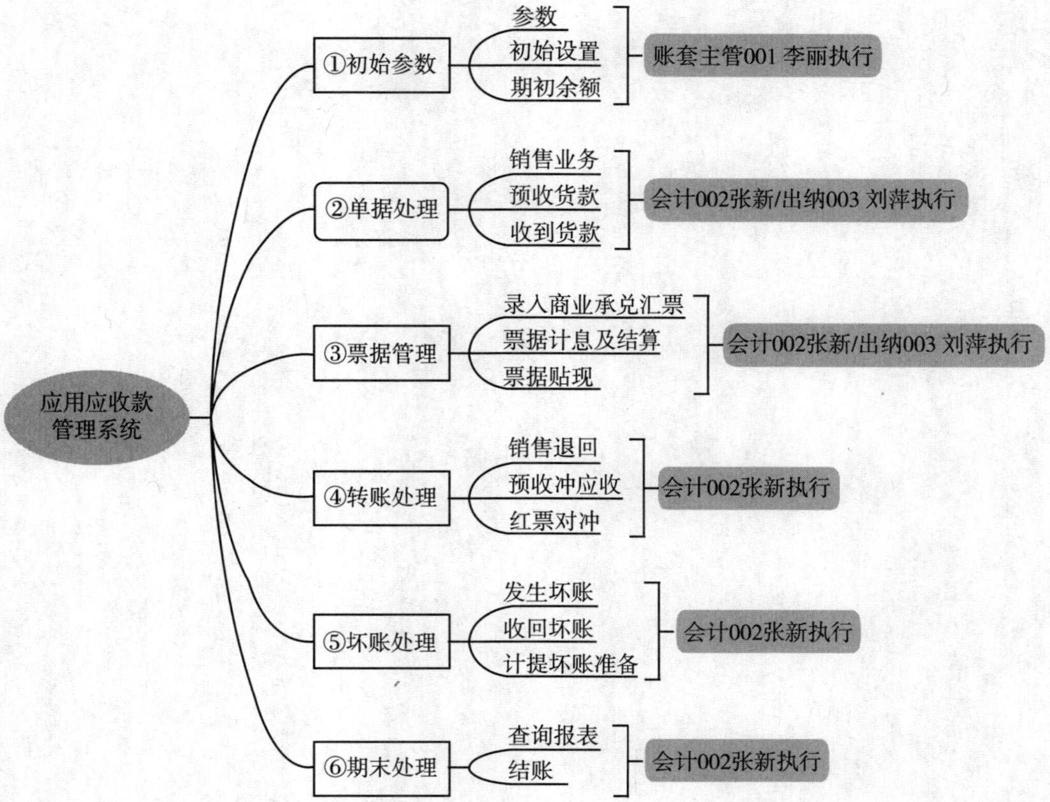

图 7-104　应用应收款管理系统流程

项目8

应用应付款管理系统

项目分析

新宇公司日常生产经营活动中需要管理和核算应付账款、应付票据，并进行相应的账务处理。要想运用软件处理新宇公司的应付款业务，就需要解决如下几个问题。

问题1：如何进行应付款管理系统的初始设置。

问题2：怎样录入采购发票、付款单。

问题3：怎样录入商业汇票，并对票据进行计息及结算。

问题4：怎样进行相关的账务处理。

问题5：怎样对应付款管理系统进行期末结账。

请在下列任务的执行过程中探索解决问题的方法。

任务1　设置应付款管理系统初始参数

任务单8-1

<table>
<tr><td>项目</td><td>项目8　应用应付款管理系统</td><td>任务</td><td>任务1　设置应付款管理系统初始参数</td></tr>
<tr><td colspan="2">学习目标
1. 掌握应付款管理参数设置的操作方法；
2. 掌握应付款管理初始设置的操作方法；
3. 掌握应付款管理系统期初余额的录入方法。</td><td colspan="2">学习方法
1. 观看操作视频，记录操作要点；
2. 讨论、交流；
3. 实践操作。</td></tr>
<tr><td colspan="4">学习任务
1. 新宇公司应付款管理系统参数如下：
单据审核日期依据：单据日期；
受控科目制单方式为：明细到单据；
采购科目依据：按存货；
自动计算现金折扣；
其他按系统默认。
2. 应付款管理系统初始设置。
（1）基本科目设置如表8-1所示。</td></tr>
</table>

表 8-1 基本科目设置

项　目	会计科目
应付科目	220201 应付账款——一般应付款
预付科目	112301 预付账款——人民币
税金科目	22210101 应交税费——应交增值税（进项税额）
现金折扣科目	6603 财务费用
票据利息科目	6603 财务费用
商业承兑科目	220102 应付票据——商业承兑汇票
银行承兑科目	220101 应付票据——银行承兑汇票

（2）控制科目设置如表 8-2 所示。

表 8-2 控制科目设置

项　目	会计科目
应付科目	220201 应付账款——一般应付款
预付科目	112301 预付账款——人民币

（3）产品科目设置如表 8-3 所示。

表 8-3 产品科目设置

存货编码	存货名称	采购科目	产品采购税金科目
001	氧化锌	140301	22210101
002	电机	140302	22210101
003	电磁线	140303	22210101
004	电缆线	140304	22210101

（4）结算方式科目设置如表 8-4 所示。

表 8-4 结算方式科目设置

项　目	会计科目
现金结算	1001 库存现金
现金支票	100201 银行存款——人民币
转账支票	100201 银行存款——人民币
电汇	100201 银行存款——人民币
其他	100201 银行存款——人民币

3. 新宇公司应付款管理系统期初余额如表 8－5 所示。

表 8－5　　应付账款——一般应付款（220201）期初余额

日期	供应商	业务员	摘要	方向	金额
2018. 12. 31	大发厂	吴萍	从大发厂购入电磁线 200 斤，不含税单价 7 元，票号 685820	贷	1 624
2018. 12. 31	宝峰	吴萍	从宝峰公司购入电机 4 台，不含税单价 2 450 元，票号 757992	贷	11 368
2018. 12. 31	黎明	吴萍	从黎明公司购入电缆线 150 斤，不含税单价 100 元，票号 448876	贷	17 400

知识链接

应付款管理系统，通过发票、其他应付单、付款单等单据的录入，对企业的往来账款进行综合管理，及时、准确地提供供应商的往来账款余额资料，提供各种分析报表，帮助您合理地进行资金的调配，提高资金的利用效率。根据对供应商往来款项核算和管理的程度不同，系统提供了应付款详细核算和简单核算两种应用方案，应付款详细核算即应付账款在应付系统进行核算，包括记录应付账款的形成及偿还的全过程，简单核算即应付账款在总账进行核算制单，在应付款管理系统进行查询。

应付款管理系统与采购管理系统、总账系统的集成使用，应付款管理系统可接收在采购系统中所填制的采购发票，进行审核，同时生成相应凭证，并传递至总账系统。

应付管理系统主要提供了参数设置、初始设置、日常处理、单据查询、账表管理、其他处理等功能。

（1）提供系统参数的定义，用户结合企业管理要求进行的参数设置，是整个系统运行的基础。

（2）提供单据类型设置、账龄区间的设置，为各种应付付款业务的日常处理及统计分析作准备。

（3）提供期初余额的录入，保证数据的完整性与连续性。

（4）提供应付单据、付款单据的录入、审核、核销、转账、汇兑损益、制单等处理。

（5）提供单据查询的功能：各类单据、详细核销信息、报警信息、凭证等内容的查询。

（6）提供总账表、余额表、明细账等多种账表查询功能。

（7）提供应付账龄分析、付款账龄分析、欠款分析等丰富的统计分析功能。

（8）其他处理提供用户进行远程数据传递的功能。

（9）提供用户对核销、转账等处理进行恢复的功能，以便进行修改。

（10）提供进行月末结账等处理。

8.1.1 应付款管理系统参数设置

☞ **岗位说明**

001 李丽执行操作。

☞ **操作步骤**

(1) 在企业应用平台，执行“业务工作”|“财务会计”|“应付款管理”|“设置”|“选项”命令，打开“账套参数设置”对话框，如图 8－1 所示。

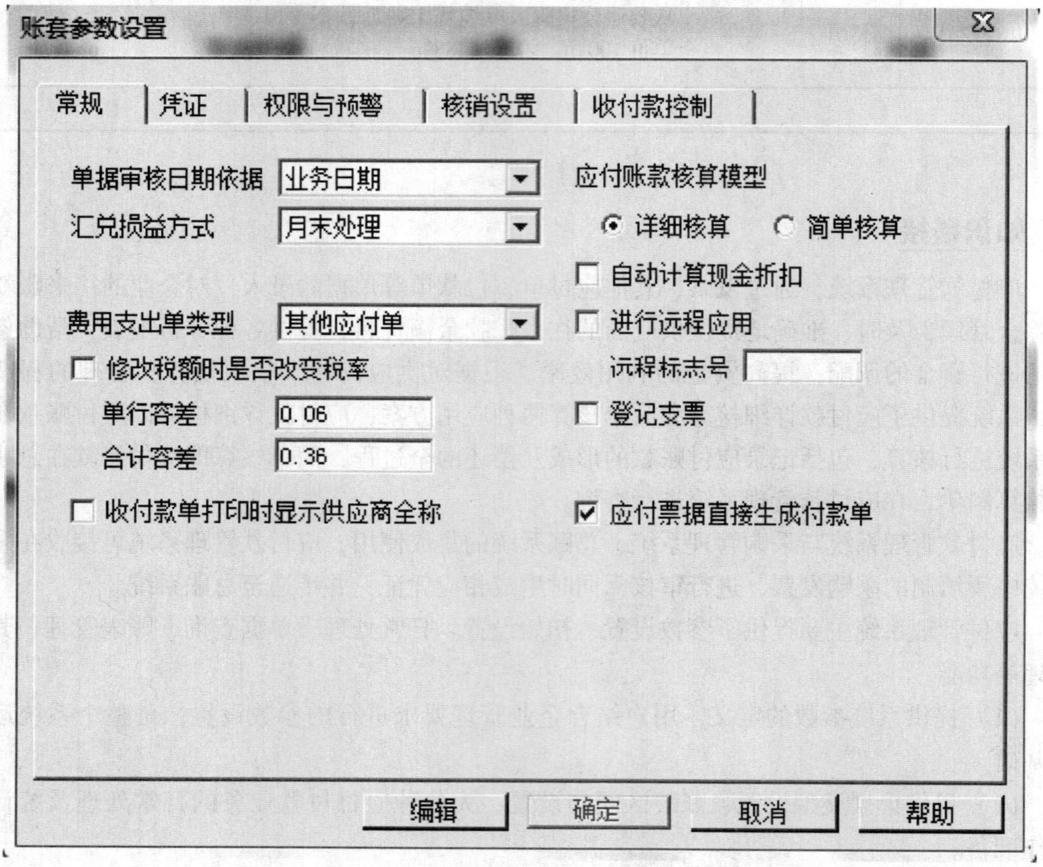

图 8－1　账套参数设置对话框

(2) 单击“编辑”按钮，系统弹出“选项修改需要重新登录才能生效”提示信息，如图 8－2 所示。

(3) 单击“确定”按钮，返回“账套参数设置”对话框，打开“常规”页签，单击“单据审核日期依据”栏的下三角按钮，选择“单据日期”；单击选中“自动计算现金折扣”前的复选框，如图 8－3 所示。

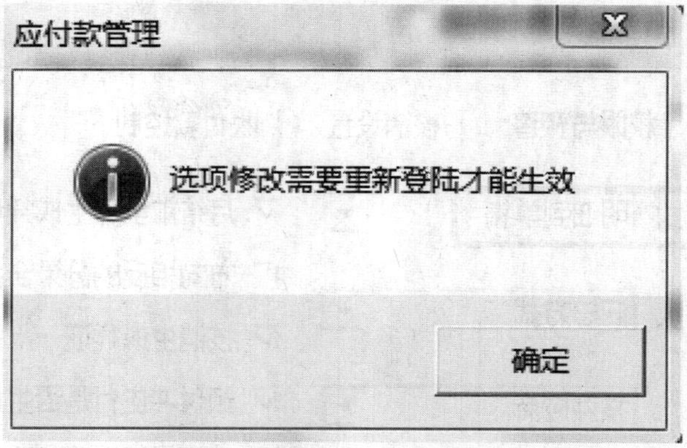

图 8-2 选项修改需要重新登录才能生效提示框

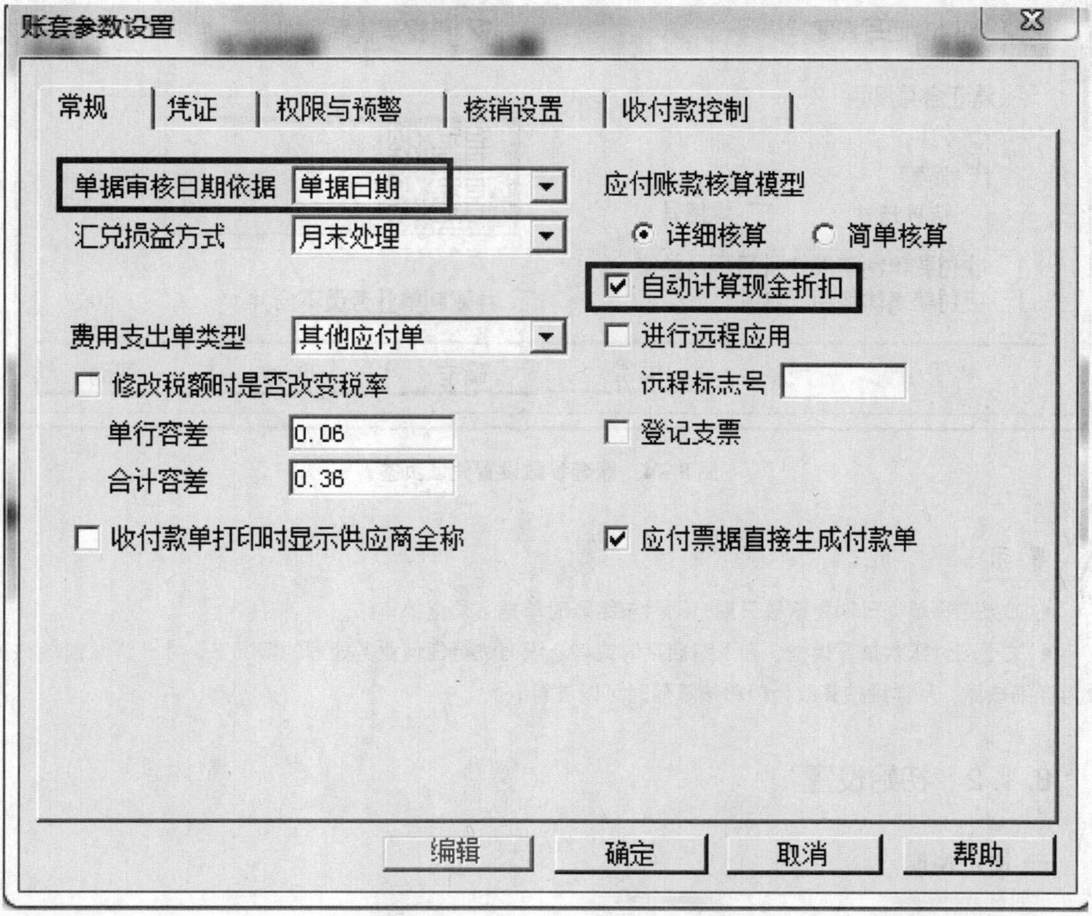

图 8-3 账套参数设置常规页签

(4) 打开“凭证”页签，单击“受控科目制单方式”栏的下三角按钮，选择“明细到单据”，核对“采购科目依据”为“按存货”，如图 8-4 所示。

(5) 单击“确定”按钮。

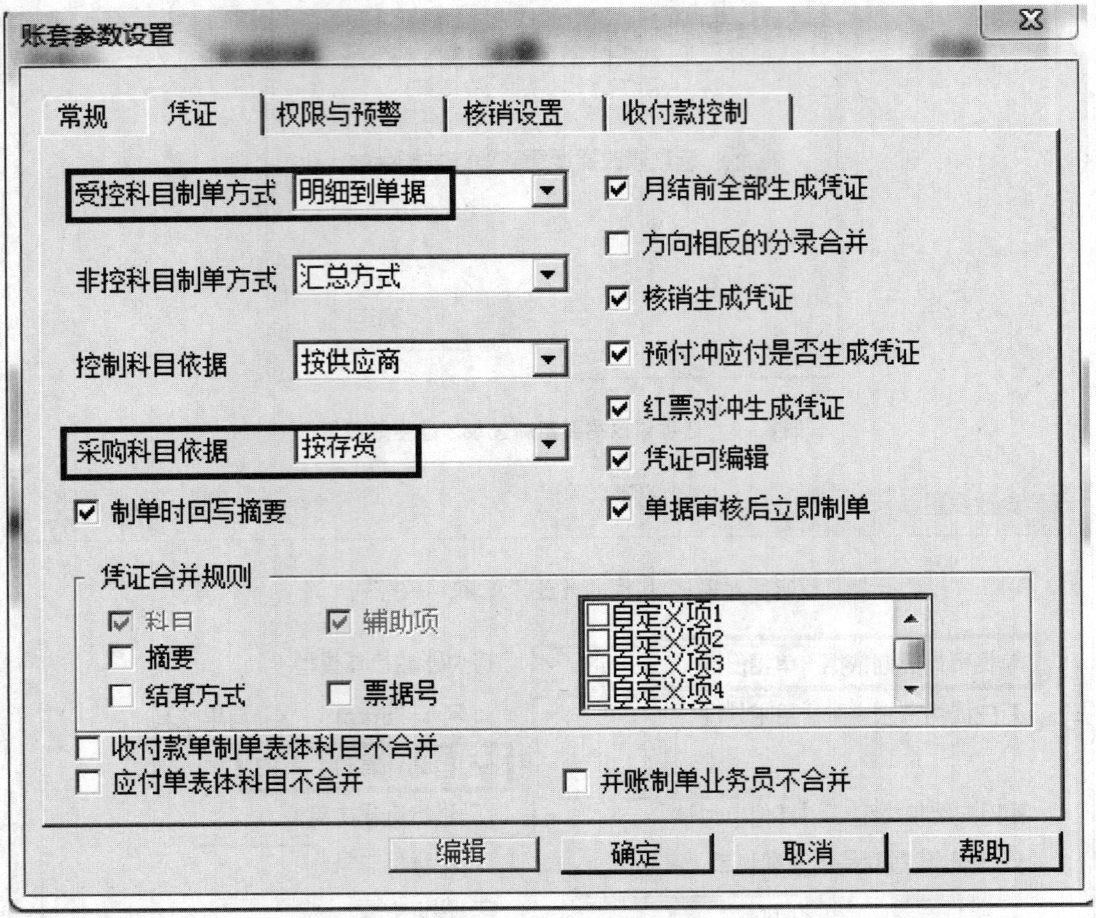

图 8-4　账套参数设置凭证页签

提　示

- 如果选择单据日期为审核日期，则月末结账时单据必须全部审核。
- 关于应付账款核算模型，在系统启用时或者还没有进行任何业务处理的情况下，才允许从简单核算改为详细核算；从详细核算改为简单核算随时可以进行。

8.1.2　初始设置

☞ **岗位说明**

001 李丽执行操作。

☞ **操作步骤**

(1) 基本科目设置。

①在应付款管理系统，执行“设置”|“初始设置”命令，打开“初始设置”对话框，如图 8-5 所示。

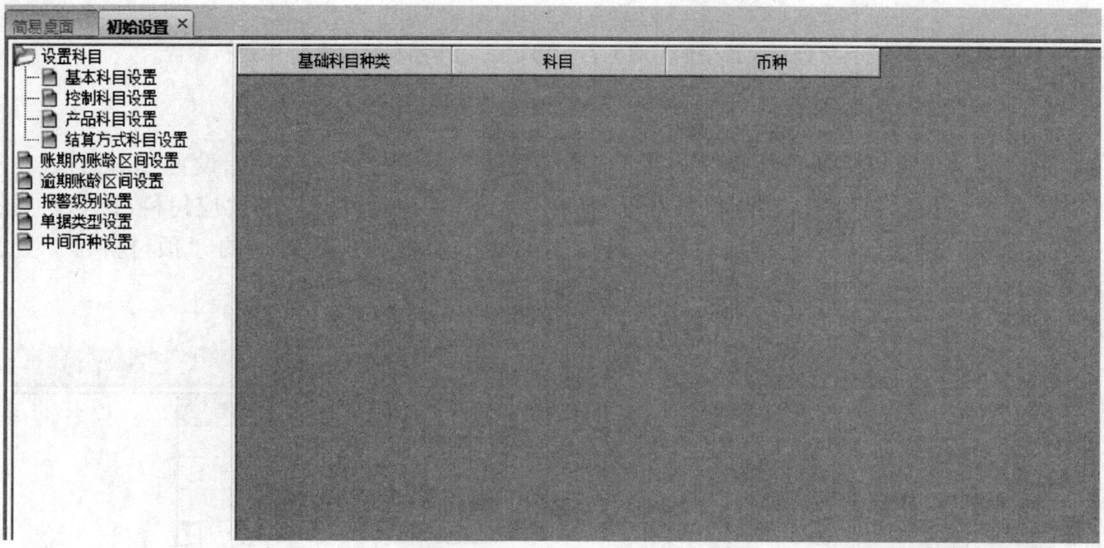

图 8－5　初始设置窗口

②选择“设置科目”|“基本科目设置”，单击“增加”按钮，从“基础科目种类”列表中选择“应付科目”，科目选择“220201 应付账款——一般应付款”，继续用此方法增加其他基本科目，如图 8－6 所示。

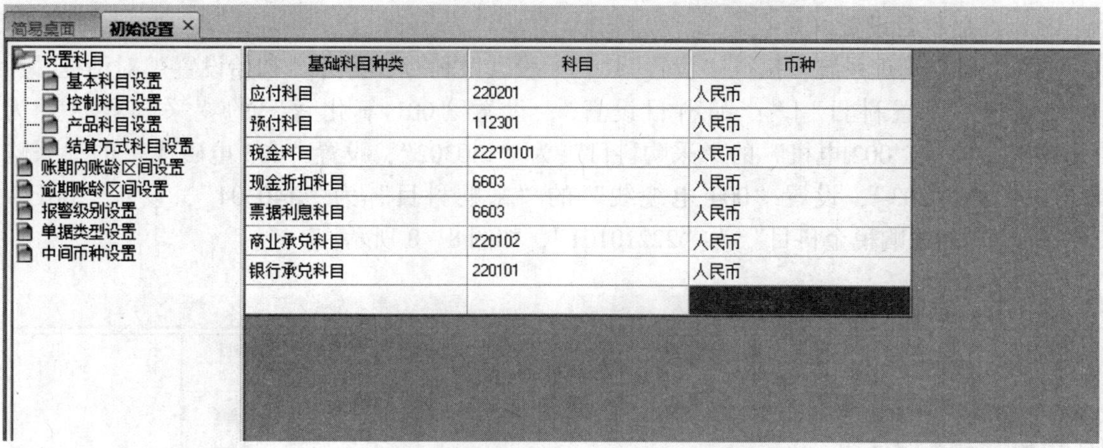

图 8－6　初始设置——基本科目设置窗口

提　示

• 在“基本科目设置”中所设置的应付科目“220201 应付账款——一般应付款”、预付科目“112301 预付账款——人民币”及票据科目“2201 应付票据”，应在总账系统中设置其辅助核算内容为“供应商往来”，并且其受控系统为“应付系统”，否则在这里不能被选中。

• 只有在这里设置了基本科目，在生成凭证时才能直接生成凭证中的会计科目，否则凭证中将没有会计科目，相应的会计科目只能手工录入。

● 如果应付科目、预付科目按不同的供应商或供应商分类分别设置，则可在“控制科目设置”中进行设置。

● 如果针对不同的存货分别设置采购核算科目，可以在“产品科目设置”中进行设置。

（2）控制科目设置。

①在应付款管理系统，执行“设置”|“初始设置”命令，打开“初始设置”对话框。

②选择“设置科目”|“控制科目设置”，在001－004供应商对应的“应付科目”处，录入“220201 应付账款——一般应付款”科目，在001－004供应商对应的“预付科目”处，录入“112301 预付账款——人民币”，如图8－7所示。

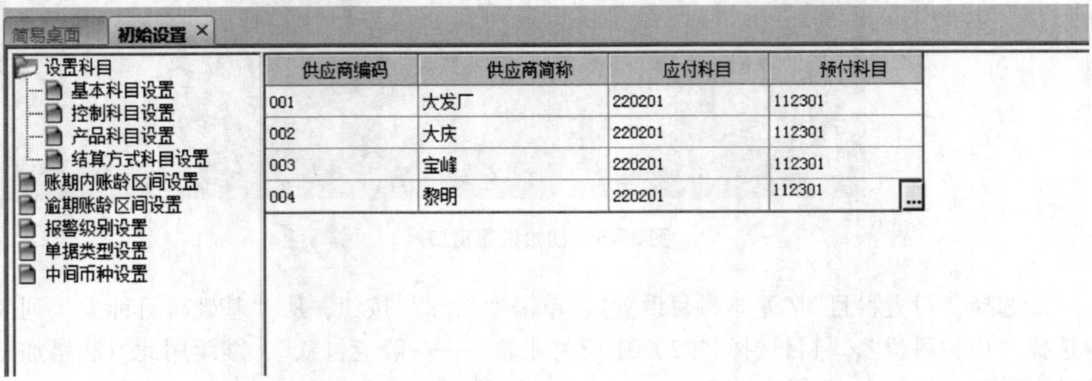

图8－7 初始设置——控制科目设置窗口

（3）产品科目设置。

①在应付款管理系统，执行“设置”|“初始设置”命令，打开“初始设置”对话框。

②选择“设置科目”|“产品科目设置”，设置“001 氧化锌”的“采购科目”为“140301”，设置“002 电机”的“采购科目”为“140302”，设置“003 电磁线”的“采购科目”为“140303”，设置“004 电缆线”的“采购科目”为“140304”，设置“001－004”的“产品采购税金科目”为“22210101”，如图8－8所示。

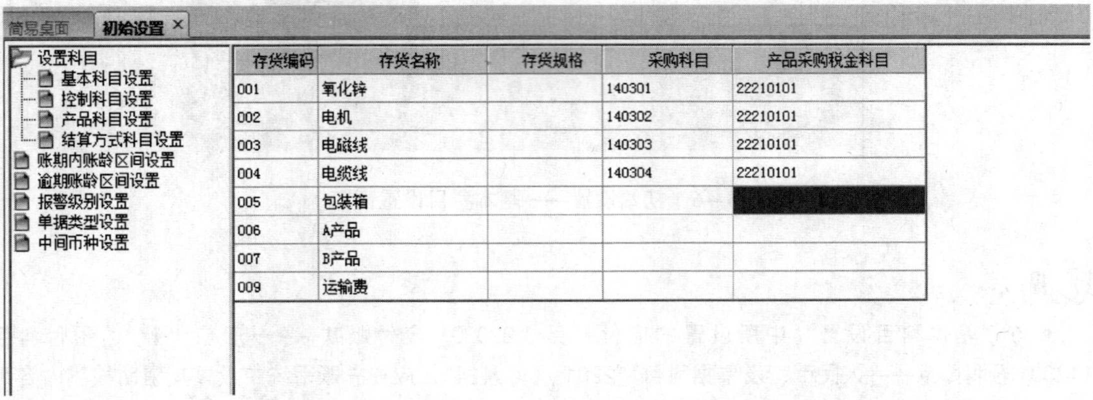

图8－8 初始设置——产品科目设置窗口

（4）结算方式科目设置。

①在应付款管理系统，执行“设置”|“初始设置”命令，打开“初始设置”对话框。

②选择“设置科目”|“结算方式科目设置”，单击“增加”按钮，从“结算方式”列表中选择“现金结算”，币种选择“人民币”，科目选择“1001 库存现金”，继续用此方法增加其他结算方式科目，如图 8－9 所示。

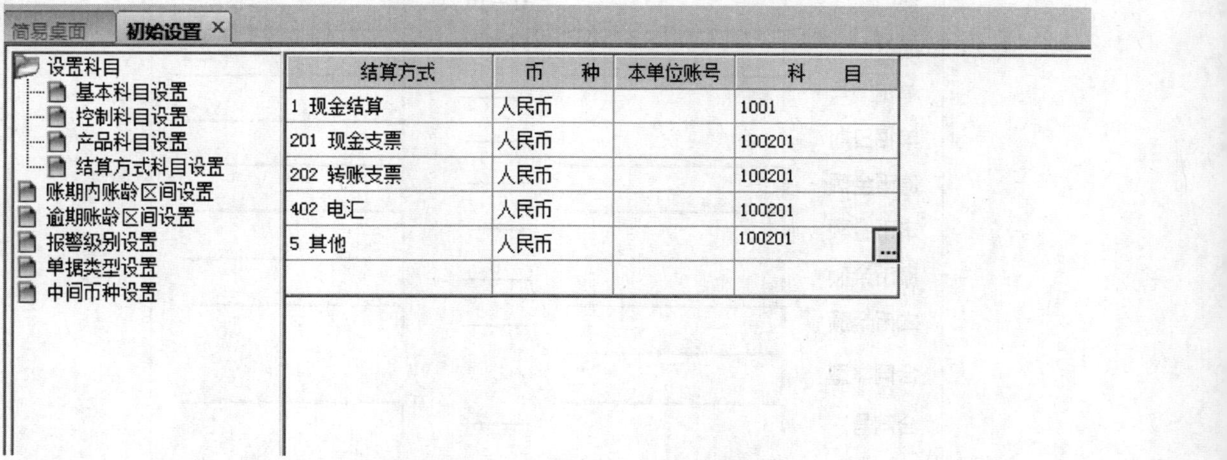

图 8－9 初始设置——结算方式科目设置窗口

提 示

• 结算方式科目设置是针对已经设置的结算方式设置相应的结算科目，即在付款或收款时，只要录入结算时使用的结算方式，就可以由系统自动生成该种结算方式所用的会计科目。

• 如果在此不设置结算方式科目，则在付款或收款时可以手工输入不同的结算方式所对应的会计科目。

8.1.3 期初余额

☞ 岗位说明

001 李丽执行操作。

☞ 操作步骤

（1）在应付款管理系统，执行“设置”|“期初余额”命令，打开“期初余额——查询”对话框，如图 8－10 所示。

（2）单击“确定”按钮，打开“期初余额明细表”窗口，如图 8－11 所示。

（3）单击“增加”按钮，打开“单据类别”对话框，选择单据名称为“采购发票”，单据类型为“采购专用发票”，方向为“正向”，如图 8－12 所示。

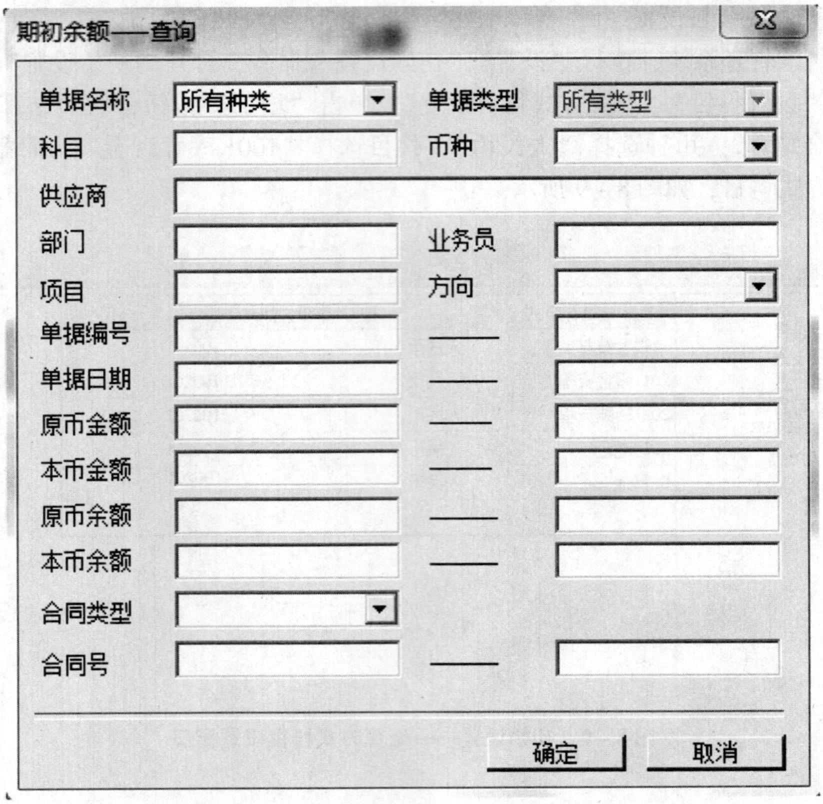

图 8－10　期初余额——查询对话框

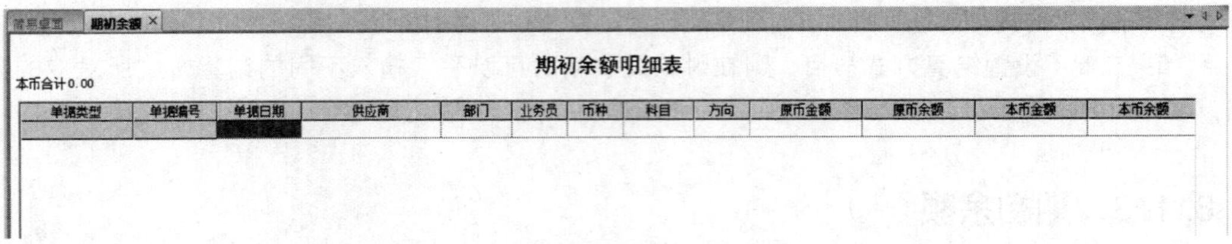

图 8－11　期初余额明细表对话框

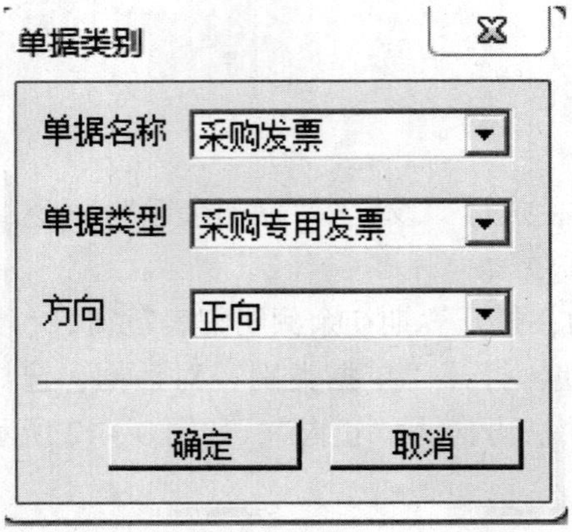

图 8－12　单据类别对话框 1

（4）单击“确定”按钮，打开“采购专用发票”窗口。

（5）单击“增加”按钮，修改开票日期为“2018－12－31”，录入发票号为“685820”，单击“供应商名称”栏的参照按钮，选择“大发厂”，在“税率”栏录入“16.00”，在“货物编号”栏选择“003 电磁线”，在数量栏录入“200”，在“原币单价”栏录入“7.00”，如图 8－13 所示。

简易桌面 期初余额 采购发票

采购专用发票

显示模版 期初专用发票显示模

表体排序

发票号 685820　开票日期 2018-12-31　订单号
供应商 大发厂　付款条件　科目 220201
币种 人民币　汇率 1.00000　部门 采购部
业务员 吴萍　项目　备注
税率 16.00

	存货编码	存货名称	规格型号	主计量	税率(%)	数量	原币单价	原币金额	原币税额	原币价税合计	累计付款(…	科目
1	003	电磁线		斤	16.000000	200.00	7.000	1400.00	224.00	1624.00		220201
2												
3												
4												
5												
6												
7												
8												
9												
10												
11												
12												
13												
14												

审核人　制单人 李丽

图 8－13　期初采购发票窗口 1

（6）单击“保存”按钮，以此方法继续录入第二张采购专用发票，如图 8－14 所示。

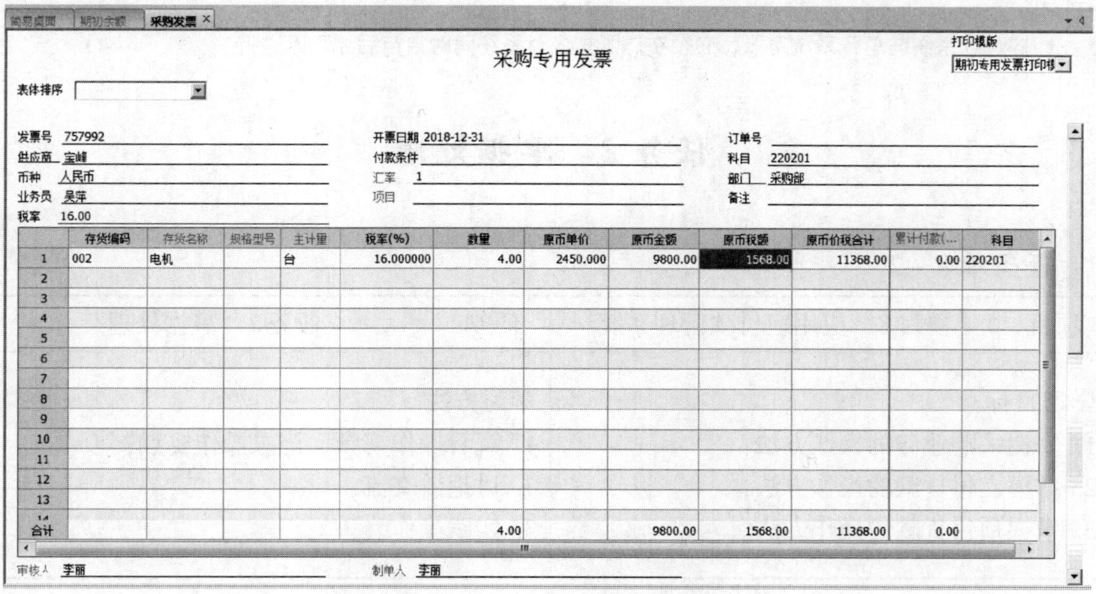
简易桌面 期初余额 采购发票

采购专用发票

打印模版 期初专用发票打印模

表体排序

发票号 757992　开票日期 2018-12-31　订单号
供应商 宝峰　付款条件　科目 220201
币种 人民币　汇率 1　部门 采购部
业务员 吴萍　项目　备注
税率 16.00

	存货编码	存货名称	规格型号	主计量	税率(%)	数量	原币单价	原币金额	原币税额	原币价税合计	累计付款(…	科目
1	002	电机		台	16.000000	4.00	2450.000	9800.00	1568.00	11368.00	0.00	220201
2												
3												
4												
5												
6												
7												
8												
9												
10												
11												
12												
13												
合计						4.00		9800.00	1568.00	11368.00	0.00	

审核人 李丽　制单人 李丽

图 8－14　期初采购发票窗口 2

（7）单击“保存”按钮，以此方法继续录入第三张采购专用发票，如图 8-15 所示。

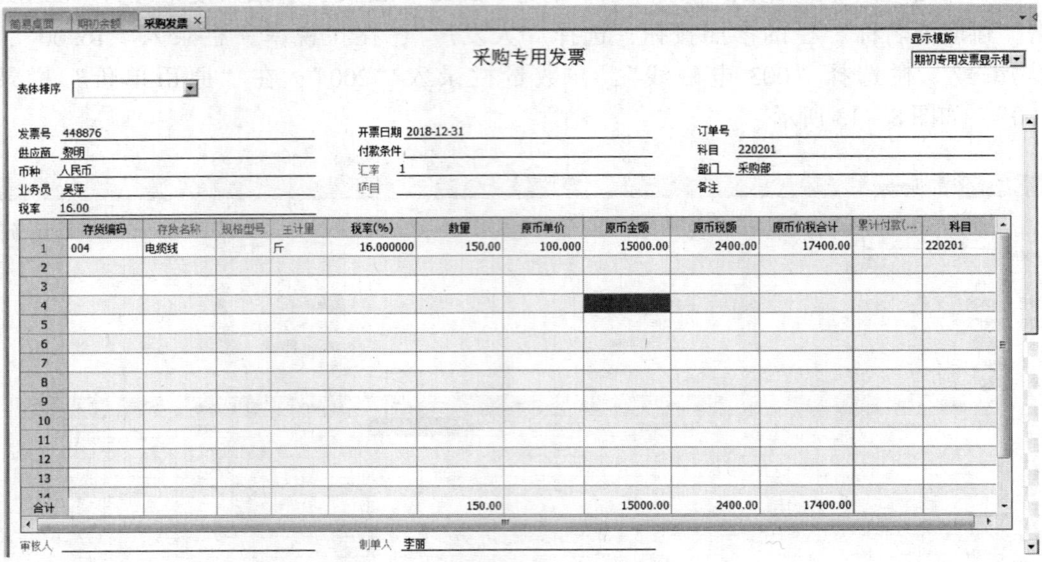

图 8-15　期初采购发票窗口 3

提 示

• 如果退出了录入期初余额的单据，在“期初余额明细表”窗口中并没有看到新录入的期初余额，应单击“刷新”按钮，就可以列示出所有的期初余额的内容。

• 在录入期初余额时一定要注意期初余额的会计科目。应付款系统的期初余额应与总账进行对账，如果科目错误将会导致对账错误。

• 当完成全部应付期初余额录入后，应通过“对账”功能将应付系统期初余额与总账系统期初余额进行核对。

• 应付款系统与总账系统对账，必须在总账与应付系统同时启用后才可以进行。

任务 2　单据处理

任务单 8-2

项目	项目 8　应用应付款管理系统	任务	任务 2　单据处理
学习目标 1. 掌握采购业务的操作方法； 2. 掌握支付货款的操作方法； 3. 掌握预付货款的操作方法。		学习方法 1. 观看操作视频，记录操作要点； 2. 讨论、交流； 3. 实践操作。	

学习任务

1. 2019 年 1 月 3 日，从宝峰有限公司采购氧化锌 1 000 斤（付款条件 2/10，1/20，n/30，计算现金折扣时不考虑增值税），取得与业务相关的原始单据如图 8－16 所示。

1100062650　　增值税专用发票　　1100062650
43446777

发票联　　№ 43446777

开票日期：2019年01月03日

购买方	名称：新宇股份有限公司 纳税人识别号：865432118999 地址、电话：哈尔滨市香坊区和平路2号，0451-84660005 开户行及账号：中国工商银行乐园支行，6222223445555421959	密码区	03*3187<4/+8490<+95-59+7<2 43 4987<0-->>-6>525<693719->7 *7

货物或应税劳务、服务名称	规格型号	单位	数量	单价	金额	税率	税额
氧化锌		斤	1000.00	30.00	30000.00	16%	4800.00
合计			1.00		¥30000.00		¥4800.00
价税合计（大写）	⊗叁万肆仟捌佰元整				（小写） ¥34800.00		

销售方	名称：宝峰有限公司 纳税人识别号：948240348 地址、电话：北京市丰台区长寿路10号，010-88665432 开户行及账号：中国建设银行丰台支行，8775443789486433221	备注	宝峰有限公司 948240348 发票专用章

收款人：略　　复核：略　　开票人：略　　销售方：（章）

税总函【XXXX】XXX号 XXXXXXX公司　　第三联：发票联　购买方记账凭证

图 8－16　增值税专用发票

2. 2019 年 1 月 10 日，从黎明有限公司采购电机 10 台，取得与业务相关的原始单据如图 8－17 所示。

1100062650　　增值税专用发票　　1100062650
43446778

发票联　　№ 43446778

开票日期：2019年01月10日

购买方	名称：新宇股份有限公司 纳税人识别号：865432118999 地址、电话：哈尔滨市香坊区和平路2号，0451-84660005 开户行及账号：中国工商银行乐园支行，6222223445555421959	密码区	03*3187<4/+8490<+95-59+7<2 43 4987<0-->>-6>525<693719->7 *7

货物或应税劳务、服务名称	规格型号	单位	数量	单价	金额	税率	税额
电机		台	10.00	2450.00	24500.00	16%	3920.00
合计			1.00		¥24500.00		¥3920.00
价税合计（大写）	⊗贰万捌仟肆佰贰拾元整				（小写） ¥28420.00		

销售方	名称：黎明有限公司 纳税人识别号：849303854 地址、电话：金州区光芒街8号，0451-83075980 开户行及账号：招商银行金州支行，5688278909753146789	备注	黎明有限公司 849303854 发票专用章

收款人：略　　复核：略　　开票人：略　　销售方：（章）

税总函【XXXX】XXX号 XXXXXXX公司　　第三联：发票联　购买方记账凭证

图 8－17　增值税专用发票

3. 2019 年 1 月 15 日，以转账支票（票号 63201146）向宝峰公司支付购买氧化锌的价税款 34 500 元（其中现金折扣 300 元），取得与业务相关的原始单据如图 8－18 所示。

4. 2019 年 1 月 16 日，以转账支票（票号 63201150）向大发厂预付货款 5 000 元，取得与业务相关的原始单据如图 8－19 所示。

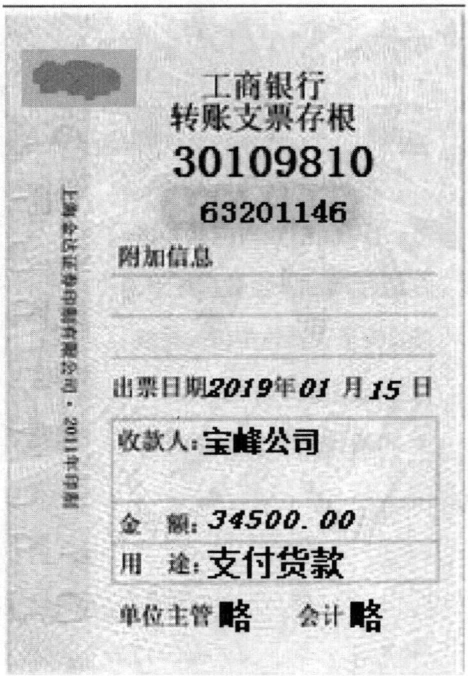
工商银行
转账支票存根
30109810
63201146
附加信息
出票日期 2019 年 01 月 15 日
收款人：宝峰公司
金　额：34500.00
用　途：支付货款
单位主管 略　　会计 略

图 8－18　转账支票存根

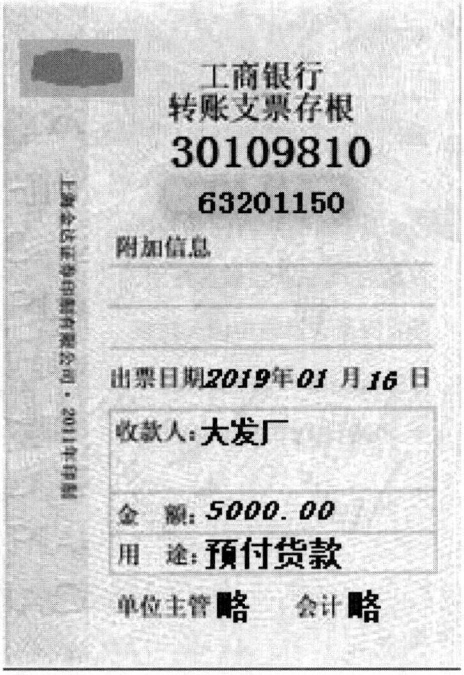
工商银行
转账支票存根
30109810
63201150
附加信息
出票日期 2019 年 01 月 16 日
收款人：大发厂
金　额：5000.00
用　途：预付货款
单位主管 略　　会计 略

图 8－19　转账支票存根

8.2.1　采购业务（一）

☞ **岗位说明**

002 张新执行操作。

☞ **操作步骤**

（1）在应付款管理系统中，执行“应付单据处理”|“应付单据录入”命令，打开“单据类别”对话框，如图 8－20 所示。

（2）在“单据名称”栏选择“采购发票”，在“单据类型”栏选择“采购专用发票”，在“方向”栏选择“正向”，单击“确定”按钮，打开“采购专用发票”窗口。

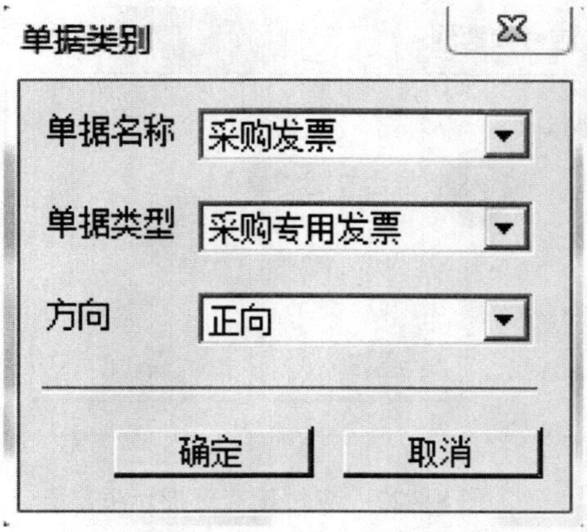

图 8－20　单据类别对话框 2

(3) 单击“增加”按钮，录入发票号“43446777”，修改开票日期为“2019－01－03”，单击“供应商简称”栏的参照按钮，选择“宝峰公司”，在“付款条件”栏选择“01”，在“税率”栏录入“16.00”。

(4) 在“存货编码”栏录入或选择“001”，在“数量”栏录入“1 000.00”，在“原币单价”栏录入“30.00”，如图 8－21 所示。

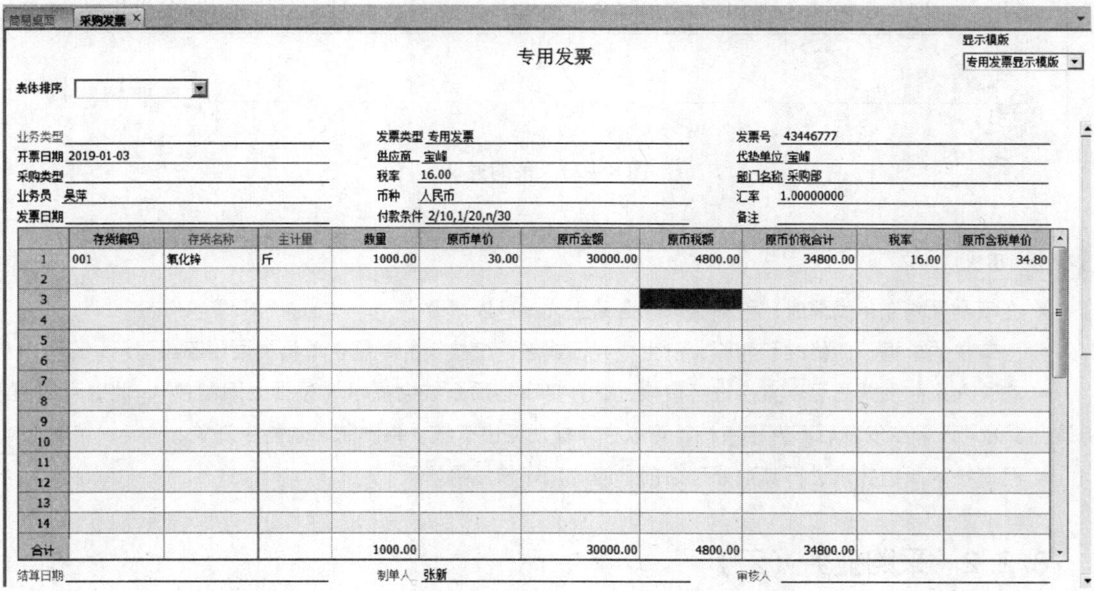

图 8－21　采购专用发票窗口 1

(5) 单击“保存”按钮。

(6) 单击“审核”按钮，系统弹出提示“是否立即制单?”，如图 8－22 所示。

(7) 单击“是”，系统弹出“生成凭证”窗口，修改凭证字为“转账凭证”，单击“保存”按钮，系统提示“已生成”，如图 8－23 所示。

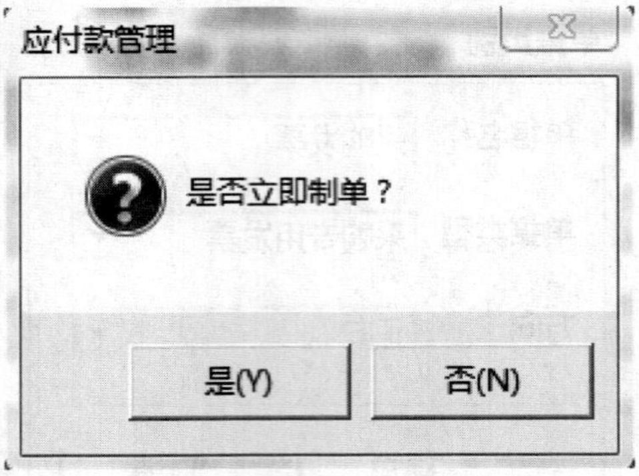

图 8－22　应付款管理提示框

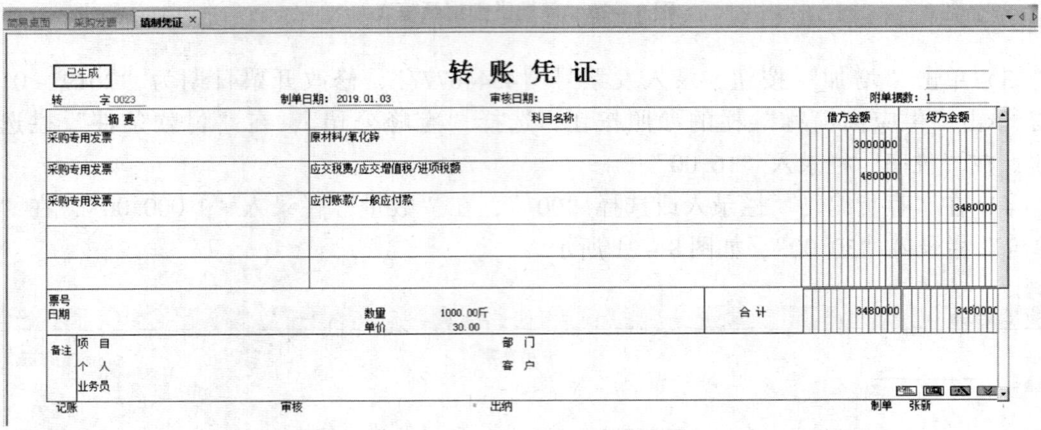

图 8－23　采购凭证

提 示

- 在填制采购专用发票时，税率由系统自动生成，可以修改。
- 已审核的单据不能修改和删除，已生成凭证或进行过核销的单据在单据界面中不再显示。
- 在录入采购发票后可以直接进行审核，在直接审核后系统会提示“是否立即制单”，此时可以直接制单。如果录入采购发票后不直接审核，可以在审核功能中审核，再到制单功能中制单。
- 已审核的单据在未进行其他处理之前，应取消审核后再修改。

8.2.2　采购业务（二）

☞ 岗位说明

002 张新执行操作。

☞ 操作步骤

（1）在应付款管理系统中，执行“应付单据处理”|“应付单据录入”命令，打开“单据类别”对话框，在“单据名称”栏选择“采购发票”，在“单据类型”栏选择“采购专

用发票”，在“方向”栏选择“正向”，单击“确定”按钮，打开“采购专用发票”窗口。

（2）单击“增加”按钮，录入发票号“43446778”，修改开票日期为“2019 - 01 - 10”，单击“供应商简称”栏的参照按钮，选择“黎明公司”，在“税率”栏录入“16.00”。

（3）在“存货编码”栏录入或选择“002”，在“数量”栏录入“10.00”，在“原币单价”栏录入“2 450.00”，如图 8 - 24 所示。

图 8 - 24 采购专用发票窗口 2

（4）单击“保存”按钮。

（5）单击“审核”按钮，系统弹出提示“是否立即制单?”，单击“是”，系统弹出“生成凭证”窗口，修改凭证字为“转账凭证”，单击“保存”按钮，系统提示“已生成”，如图 8 - 25 所示。

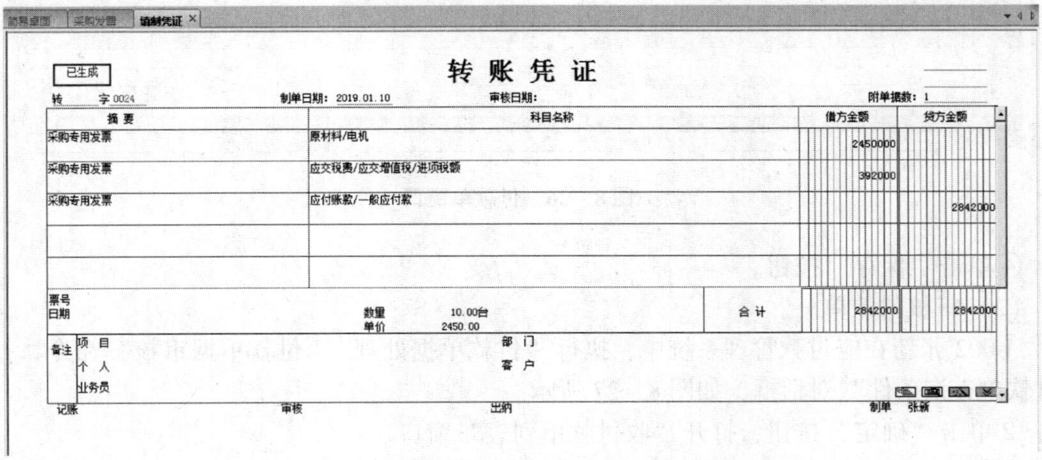

图 8 - 25 采购凭证

8.2.3 支付货款

☞ **岗位说明**

003 刘萍录入付款单。

002 张新执行其他操作。

☞ **操作步骤**

（1）录入付款单。

①003 刘萍在应付款管理系统中，执行“付款单据处理”|“付款单据录入”命令，打开“付款单”窗口。

②单击“增加”按钮，修改日期为“2019－01－15”，单击“供应商”栏的参照按钮，选择“宝峰公司”，单击“结算方式”栏的参照按钮，选择“转账支票”，在“金额”栏录入“34 500.00”，在“票据号”栏录入“63201146”，在“摘要”栏录入“支付宝峰公司货款”。

③单击表体中的“款项类型”栏选择“应付款”，如图 8－26 所示。

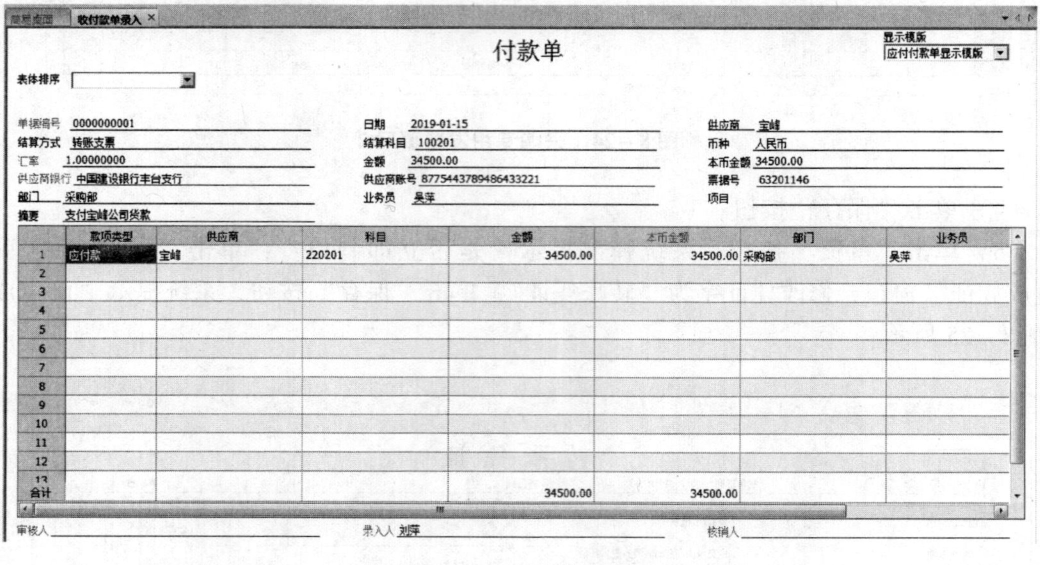

图 8－26 付款单窗口

④单击“保存”按钮。

（2）审核付款单。

①002 张新在应付款管理系统中，执行“付款单据处理”|“付款单据审核”命令，打开“付款单查询条件”对话框，如图 8－27 所示。

②单击“确定”按钮，打开“收付款单列表”窗口。

③单击“全选”按钮，如图 8－28 所示。

④单击“审核”按钮，系统提示“本次审核成功单据［1］张”，如图 8－29 所示。

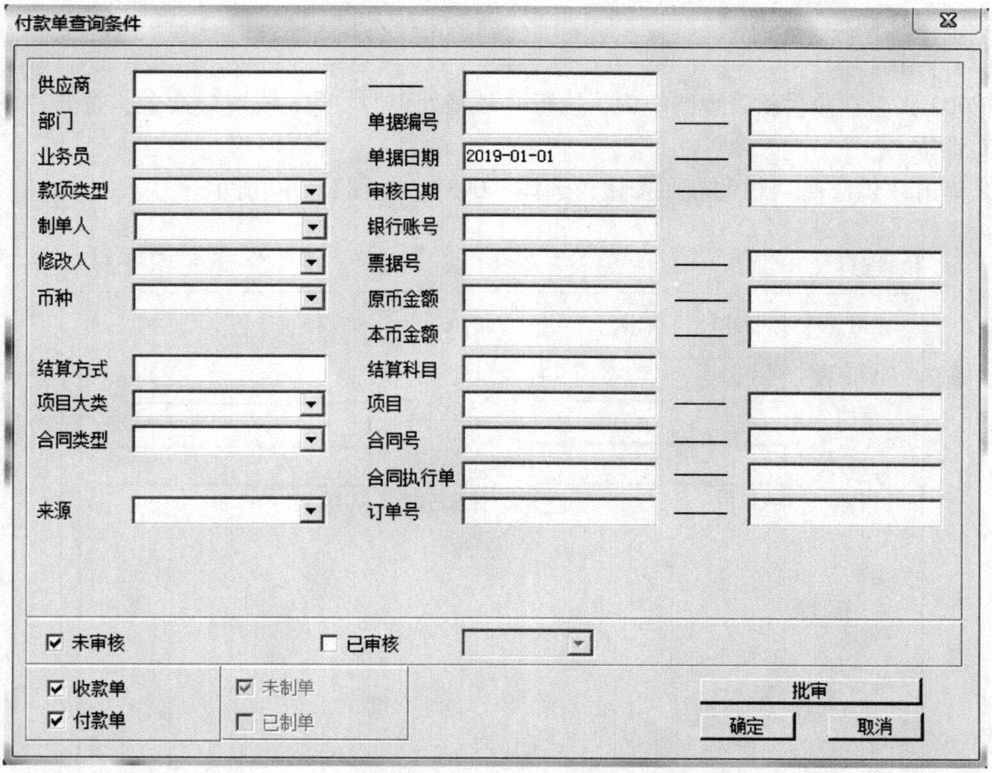

图 8－27　付款单查询条件窗口

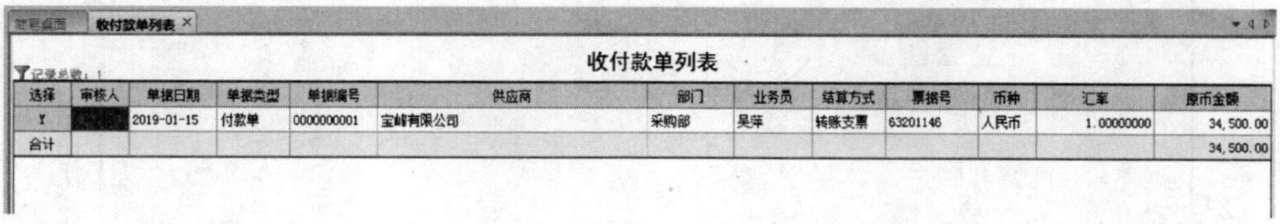

图 8－28　收付款单列表窗口

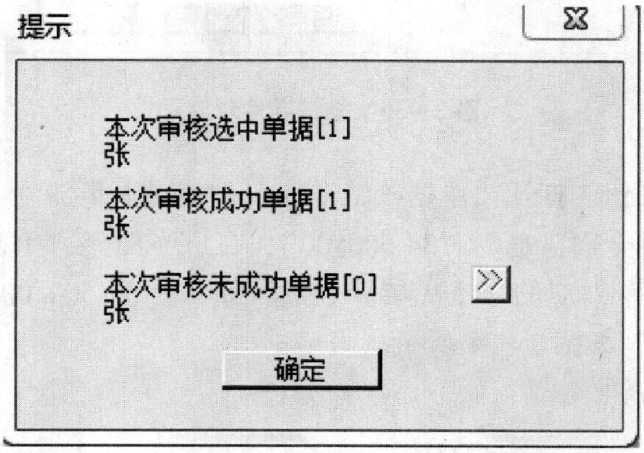

图 8－29　审核成功提示框

⑤单击“确定”按钮。

(3) 核销。

①002 张新在应付款管理系统中，执行“核销处理”|“手工核销”命令，打开“核销条件”对话框。

②单击“供应商”栏的参照按钮，选择“003”，如图 8－30 所示。

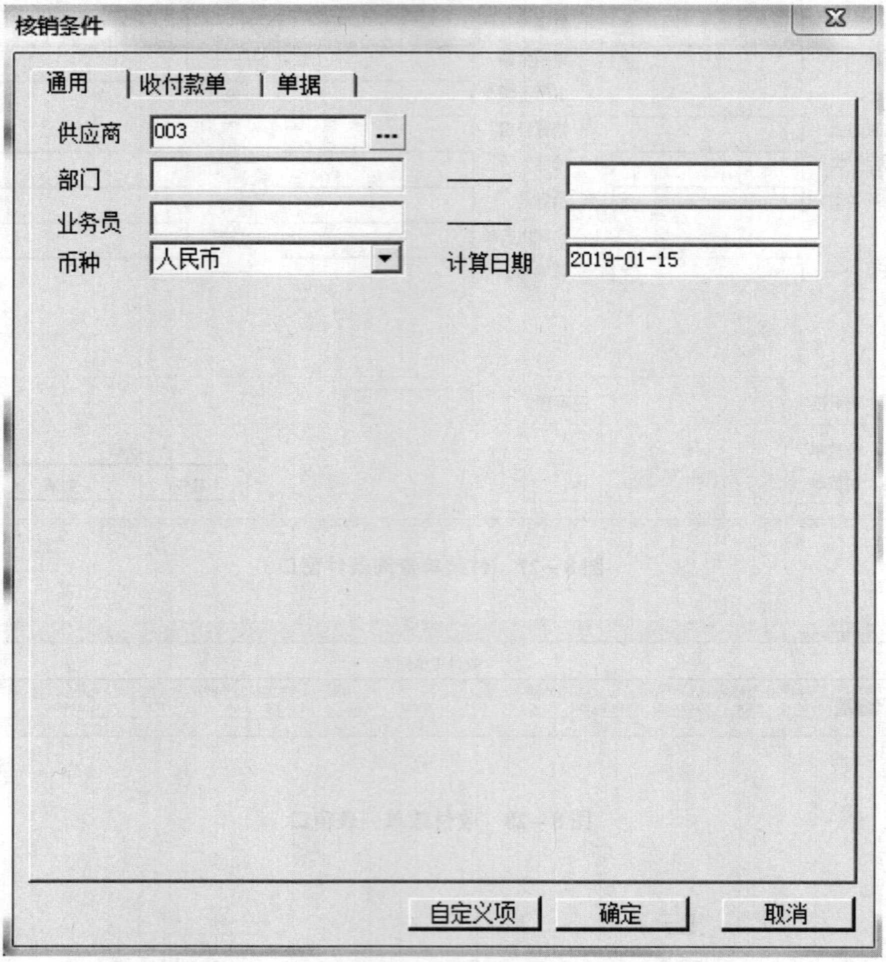

图 8－30　核销条件对话框

③单击“确定”按钮，打开“单据核销”窗口，核对上半部分“单据类型”为“付款单”对应的“本次结算金额”应为“34 500.00”，在下半部分“单据类型”为“采购专用发票（票号 43446777）”对应的“本次结算金额”录入“34 500.00”，系统自动计算“本次折扣”为“300.00”，如图 8－31 所示。

④单击“保存”按钮。

提 示

- 在保存核销内容后，“单据核销”窗口中将不再显示已被核销的内容。

- 核销时，结算单列表中款项类型为应付款的记录默认本次结算金额为该记录上的原币金额；款项类型为预付款的记录默认的本次结算金额为空。核销时可以修改本次结算金额，但是不能大于该记录的原币金额。
- 手工核销保存时，若结算单列表的本次结算金额大于或小于被核销单据列表的本次结算金额合计，系统将提示结算金额不相等，不能保存。
- 如果核销后未进行其他处理，可以在期末处理中的“取消操作”功能中取消核销操作。

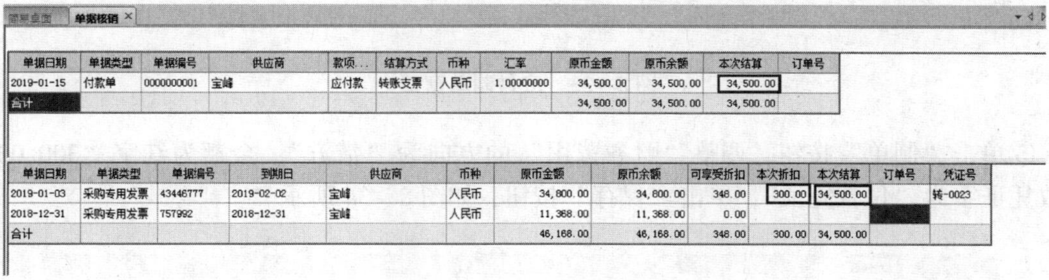

单据日期	单据类型	单据编号	供应商	款项...	结算方式	币种	汇率	原币金额	原币余额	本次结算	订单号
2019-01-15	付款单	0000000001	宝峰	应付款	转账支票	人民币	1.00000000	34,500.00	34,500.00	34,500.00	
合计								34,500.00	34,500.00	34,500.00	

单据日期	单据类型	单据编号	到期日	供应商	币种	原币金额	原币余额	可享受折扣	本次折扣	本次结算	订单号	凭证号
2019-01-03	采购专用发票	43446777	2019-02-02	宝峰	人民币	34,800.00	34,800.00	348.00	300.00	34,500.00		转-0023
2018-12-31	采购专用发票	757992	2018-12-31	宝峰	人民币	11,368.00	11,368.00	0.00				
合计						46,168.00	46,168.00	348.00	300.00	34,500.00		

图 8－31　单据核销对话框

（4）制单。

①002 张新在应付款管理系统中，执行“制单处理”命令，打开“制单查询”对话框。

②在“制单查询”对话框中，选择“发票制单”“应付单制单”“收付款单制单”“核销制单”复选框，如图 8－32 所示。

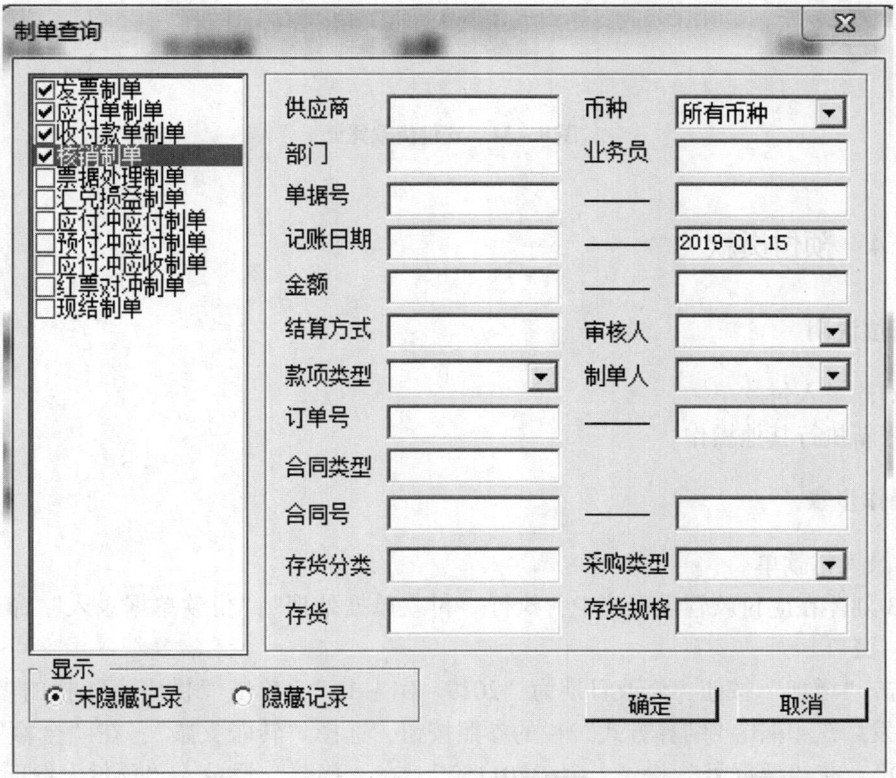

图 8－32　制单查询对话框

③单击“确定”按钮，打开“应付制单”窗口。

④单击“全选”按钮，单击“合并”按钮，如图 8－33 所示。

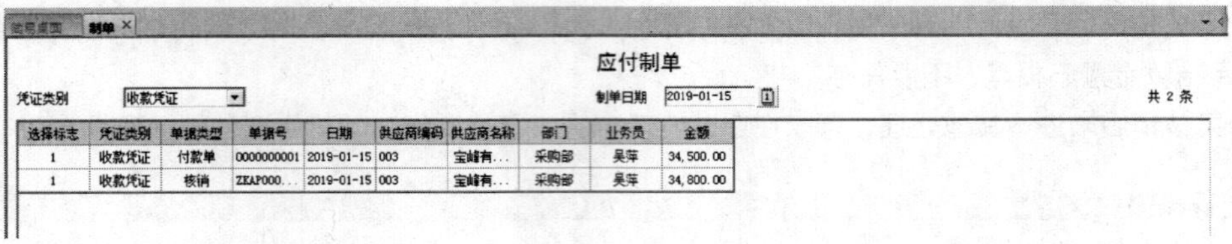

图 8－33　应付制单窗口

⑤单击“制单”按钮，调整“财务费用”的方向为“借方”，金额为红字“300.00”，修改凭证字为“付款凭证”，单击“保存”按钮，如图 8－34 所示。

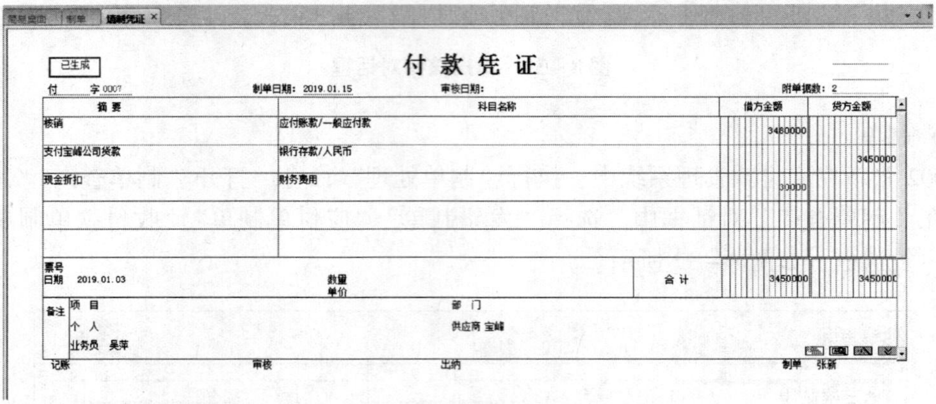

图 8－34　支付货款凭证

8.2.4　预付货款

☞ 岗位说明

003 刘萍录入付款单。

002 张新执行其他操作。

☞ 操作步骤

（1）录入付款单。

①003 刘萍在应付款管理系统中，执行“付款单据处理”|“付款单据录入”命令，打开“付款单”窗口。

②单击“增加”按钮，修改日期为“2019－01－16”，单击“供应商”栏的参照按钮，选择“大发厂”，单击“结算方式”栏的参照按钮，选择“转账支票”，在“金额”栏录入“5 000.00”，在“票据号”栏录入“63201150”，在“摘要”栏录入“预付大发厂货款”。

③单击表体中的“款项类型”栏的参照按钮，选择“预付款”，如图 8－35 所示。

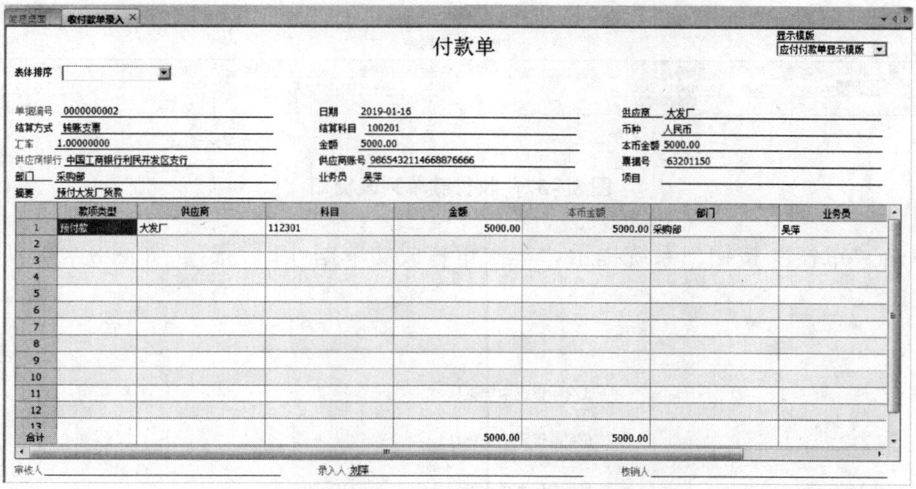

图 8－35　付款单窗口

④单击“保存”按钮。

（2）审核付款单。

①002 张新在应付款管理系统中，执行“付款单据处理”|“付款单据审核”命令，打开“付款单查询条件”对话框，如图 8－36 所示。

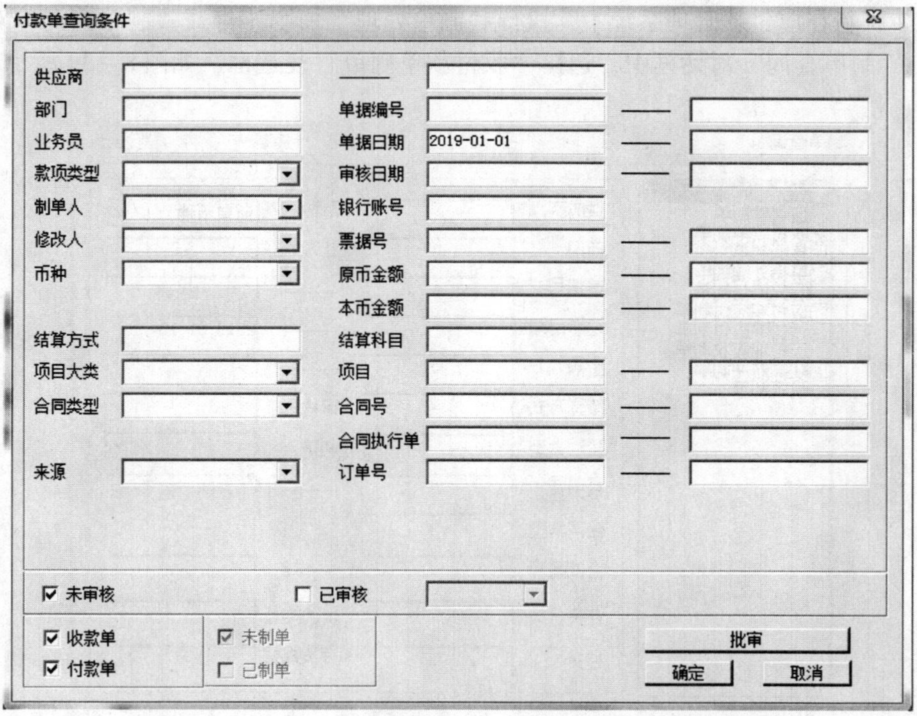

图 8－36　付款单查询条件窗口

②单击“确定”按钮，打开“收付款单列表”窗口。

③单击“全选”按钮，如图 8－37 所示。

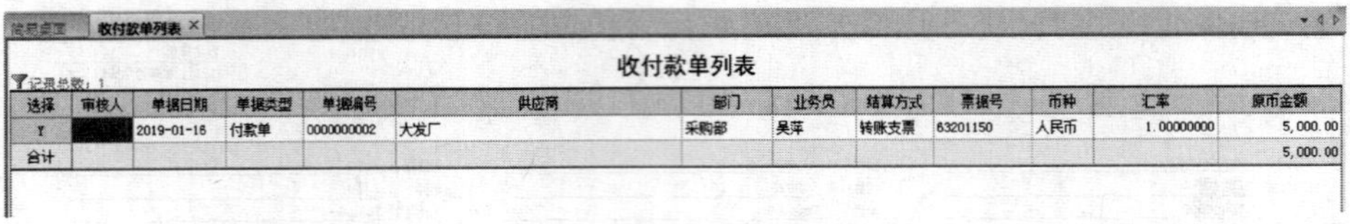

收付款单列表

记录总数：1

选择	审核人	单据日期	单据类型	单据编号	供应商	部门	业务员	结算方式	票据号	币种	汇率	原币金额
Y	[redacted]	2019-01-16	付款单	0000000002	大发厂	采购部	吴萍	转账支票	63201150	人民币	1.00000000	5,000.00
合计												5,000.00

图 8－37　收付款单列表窗口

④单击“审核”按钮，系统提示“本次审核成功单据［1］张”，如图 8－38 所示。

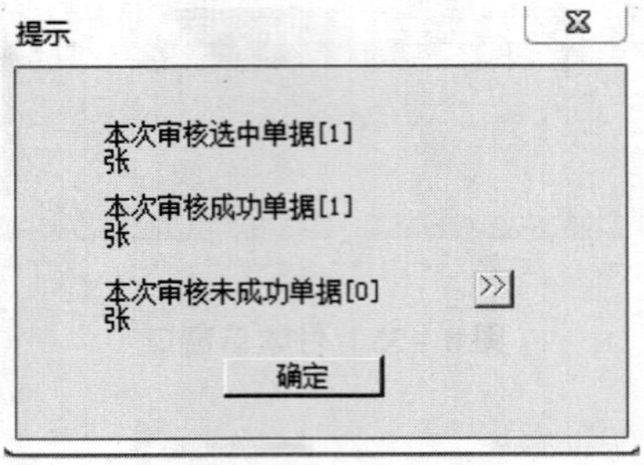

图 8－38　审核成功提示框

⑤单击“确定”按钮。

（3）制单。

①002 张新在应付款管理系统中，执行“制单处理”命令，打开“制单查询”对话框。

②在“制单查询”对话框中，选择“收付款单制单”复选框，如图 8－39 所示。

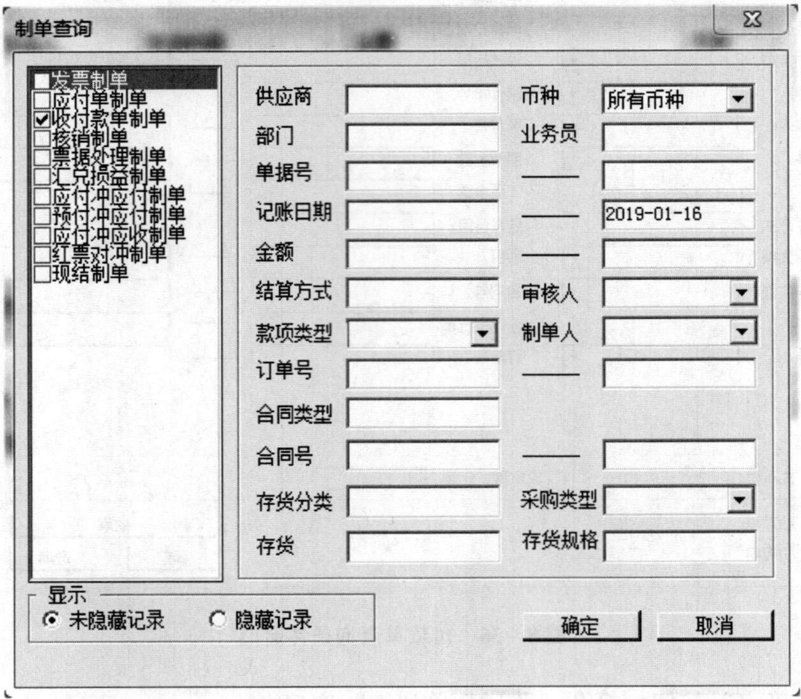

图 8－39　制单查询对话框

③单击“确定”按钮，打开“收付款单制单”窗口。

④单击“全选”按钮，如图 8－40 所示。

图 8－40　收付款单制单窗口

⑤单击“制单”按钮，修改凭证字为“付款凭证”，单击“保存”按钮，如图 8－41 所示。

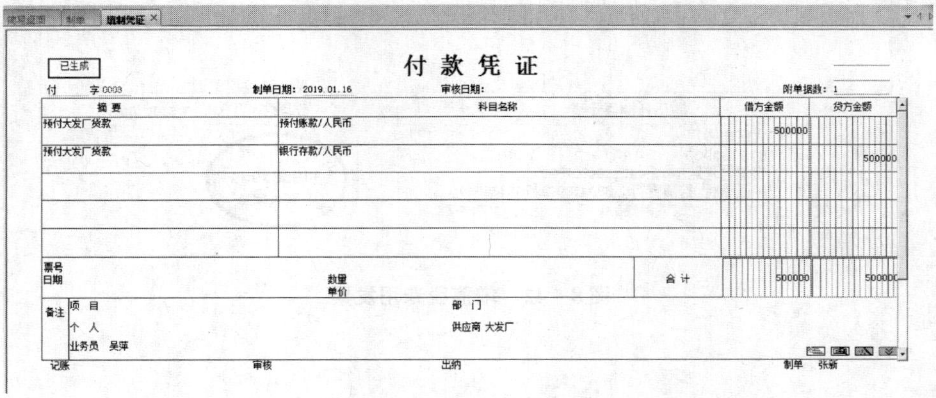

图 8－41　预付货款凭证

提 示

- 表体中的款项类型系统默认为“应付款”，可以修改。款项类型还包括“预付款”和“其他费用”。
- 在填制付款单后，可以直接单击“核销”按钮进行单据核销的操作。

任务 3　票据管理

任务单 8－3

项目	项目 8　应用应付款管理系统	任务	任务 3　票据管理
学习目标 掌握以商业承兑汇票支付采购货款的操作方法。		学习方法 1. 观看操作视频，记录操作要点； 2. 讨论、交流； 3. 实践操作。	

学习任务

1. 2019 年 1 月 6 日，从大庆电缆厂采购电缆线，开出商业承兑汇票支付货款，取得与业务相关的原始单据如图 8－42、图 8－43 所示。

1100062650　增值税专用发票　№ 43446779　1100062650 43446779

开票日期：2019年01月06日

购买方	名　　称：新宇股份有限公司 纳税人识别号：865432118999 地 址、电 话：哈尔滨市香坊区和平路2号，0451-84660005 开户行及账号：中国工商银行乐园支行，6222223445555421959	密码区	03*3187<4/+8490<+95-59+7<2 43 4987<0-->>-6>525<693719->7 *7

货物或应税劳务、服务名称	规格型号	单位	数量	单价	金额	税率	税额
电缆线		斤	50.00	100.00	5000.00	16%	800.00
合　计			1.00		¥5000.00		¥800.00
价税合计（大写）	⊗伍仟捌佰元整				（小写）	¥5800.00	

销售方	名　　称：大庆电缆厂 纳税人识别号：849383939 地 址、电 话：松浦区江路5号，0451-84867890 开户行及账号：中国银行 松浦支行，6884789999765435544	备注	大庆电缆厂 849383939 发票专用章

收款人：略　复核：略　开票人：略　销售方：（章）

税总函【XXXX】XXX号 XXXXXXXX公司　第三联：发票联 购买方记账凭证

图 8－42　增值税专用发票

商业承兑汇票（存根）　3　No：88503673

出票日期（大写）　贰零壹玖年　零壹月　零陆日

付款人	全　称	新宇股份有限公司	收款人	全　称	大庆电缆厂
	账　号	6222223445555421959		账　号	6884789999765435544
	开户银行	中国工商银行乐园支行		开户银行	中国银行松浦支行

出票金额	人民币（大写）	亿	千	百	十	万	千	百	十	元	角	分
	伍仟捌佰元整					¥	5	8	0	0	0	0

汇票到期日（大写）	贰零壹玖年零贰月零陆日	付款人开户行	行号	67786668
交易合同号码			地址	哈尔滨市乐园街66号
备注：				

此联由出票人存查

图 8－43　商业承兑汇票

☞ **岗位说明**

003 刘萍录入商业承兑汇票。

002 张新执行其他操作。

☞ **操作步骤**

（1）录入采购专用发票。

①002 张新在应付款管理系统中，执行“应付单据处理”|“应付单据录入”命令，打开“单据类别”对话框，在“单据名称”栏选择“采购发票”，在“单据类型”栏选择“采购专用发票”，在“方向”栏选择“正向”，如图 8－44 所示。

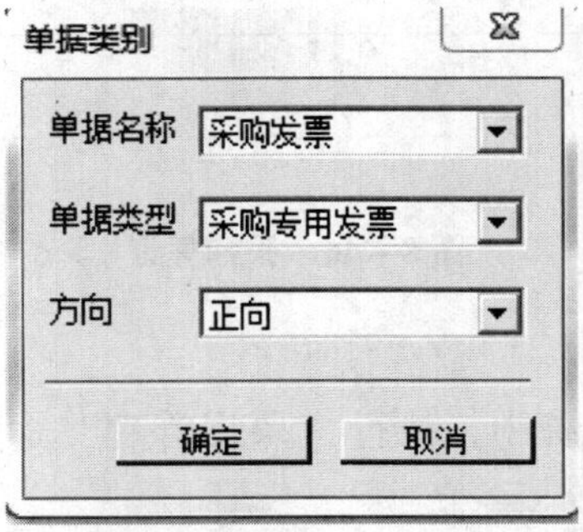

图 8－44　单据类别对话框

②单击“确定”按钮，打开“采购专用发票”窗口。

③单击“增加”按钮，录入发票号“43446779”，修改开票日期为“2019－01－06”，单击“供应商简称”栏的参照按钮，选择“大庆电缆厂”，在“税率”栏录入“16.00”。

④在“存货编码”栏录入或选择“004”，在“数量”栏录入“50.00”，在“原币单价”栏录入“100.00”，如图 8－45 所示。

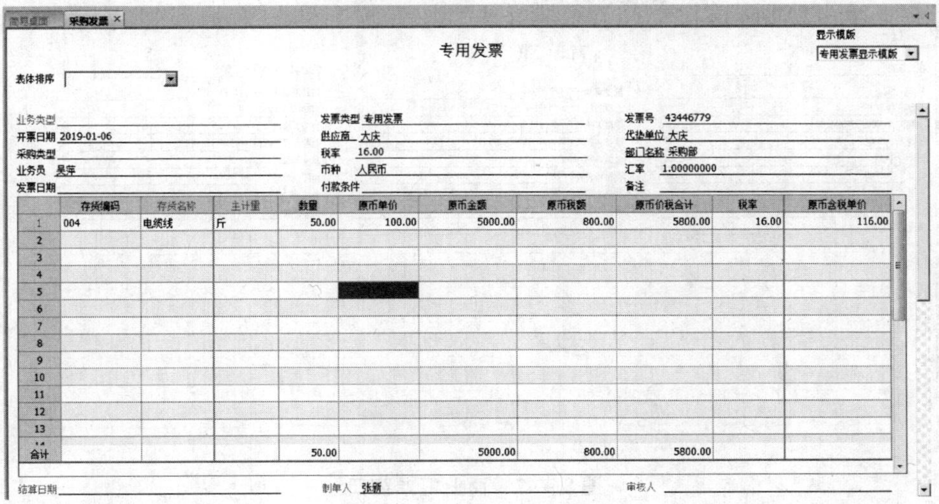

图 8－45　采购专用发票窗口

⑤单击“保存”按钮。

⑥单击“审核”按钮，系统弹出提示“是否立即制单?”，单击“是”，系统弹出“生成凭证”窗口，单击“保存”按钮，系统提示“已生成”，如图 8 – 46 所示。

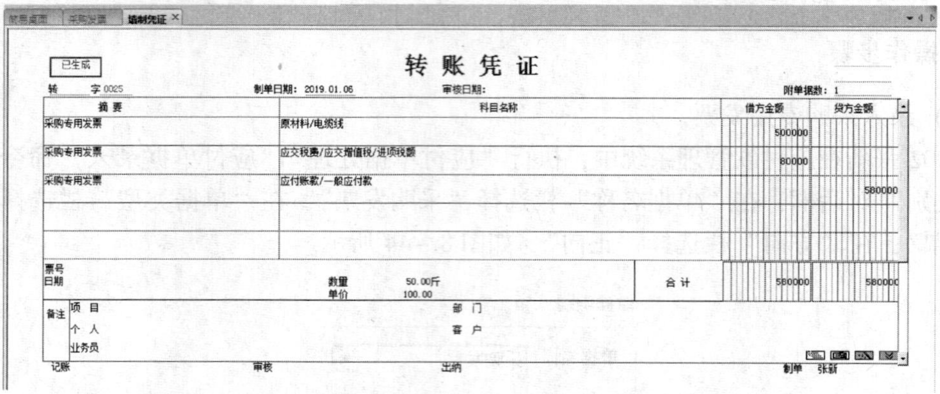

图 8 – 46 采购凭证

(2) 录入商业承兑汇票。

①003 刘萍在应付款管理系统中，执行“票据管理”命令，打开“查询条件选择”对话框。

②单击“确定”按钮，打开“票据管理”窗口。

③单击“增加”按钮，打开“商业汇票”窗口。

④在“票据类型”栏选择“商业承兑汇票”，在“票据编号”栏输入“88503673”，单击“结算方式”栏，选择“商业承兑汇票”，在“收到日期”栏选择“2019 – 01 – 06”，在“出票日期”栏选择“2019 – 01 – 06”，在“到期日”栏选择“2019 – 02 – 06”，单击“收款人”栏的参照按钮，选择“大庆电缆厂”，在“金额”栏录入“5 800.00”，如图 8 – 47 所示。

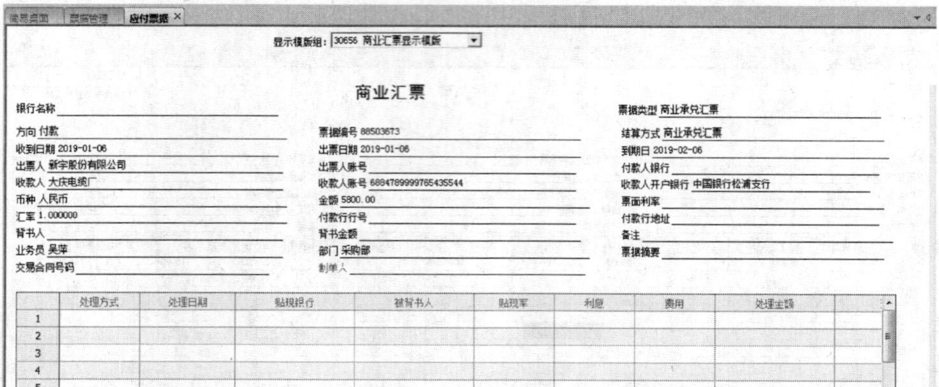

图 8 – 47 商业汇票窗口

⑤单击“保存”按钮。

(3) 审核付款单

①002 张新在应付款管理系统中，执行“付款单据处理”|“付款单据审核”命令，打开“付款单查询条件”对话框。

②单击“确定”按钮，打开“收付款单列表”窗口。

③单击“全选”按钮，如图 8－48 所示。

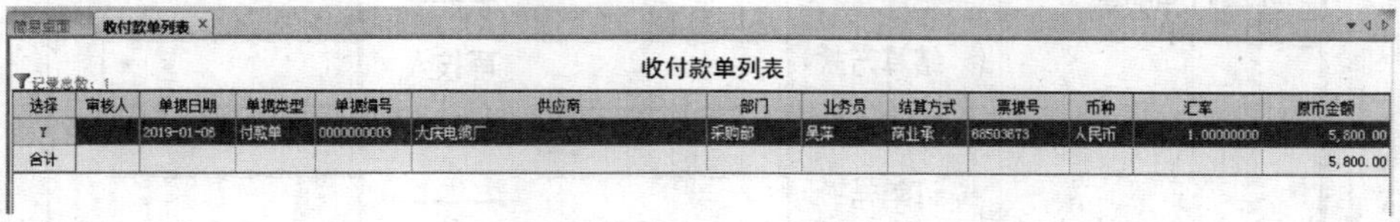

选择	审核人	单据日期	单据类型	单据编号	供应商	部门	业务员	结算方式	票据号	币种	汇率	原币金额
Y		2019-01-06	付款单	0000000003	大庆电缆厂	采购部	吴萍	商业承	68503873	人民币	1.00000000	5,800.00
合计												5,800.00

图 8－48　收付款单列表窗口

④再单击“审核”按钮，系统弹出“本次审核成功单据［1］张”信息提示框，如图 8－49 所示。

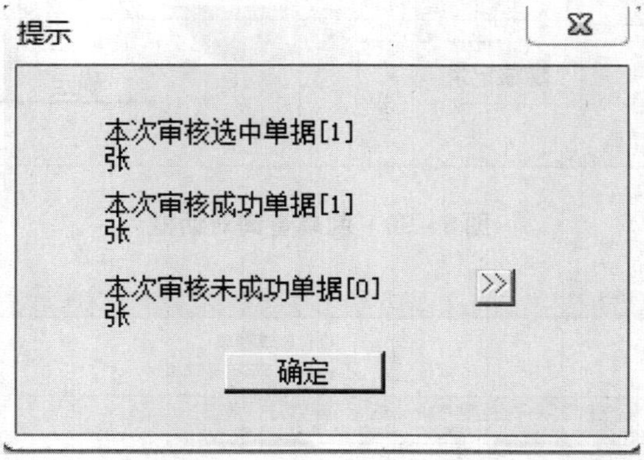

图 8－49　审核成功提示框

⑤单击“确定”按钮。

提 示

票据保存后由系统自动生成一张付款单，这张付款单应在审核后再生成记账凭证，才完成应付账款转为应付票据的核算过程。

(4) 制单。

①002 张新在应付款管理系统中，执行“制单处理”命令，打开“制单查询”对话框。

②在“制单查询”对话框中，选择“收付款单制单”复选框，如图 8－50 所示。

③单击“确定”按钮，打开“收付款单制单”窗口，单击“全选”按钮，如图 8－51 所示。

④单击“制单”按钮，修改凭证字为“转账凭证”，再单击“保存”按钮，系统提示“已生成”，如图 8－52 所示。

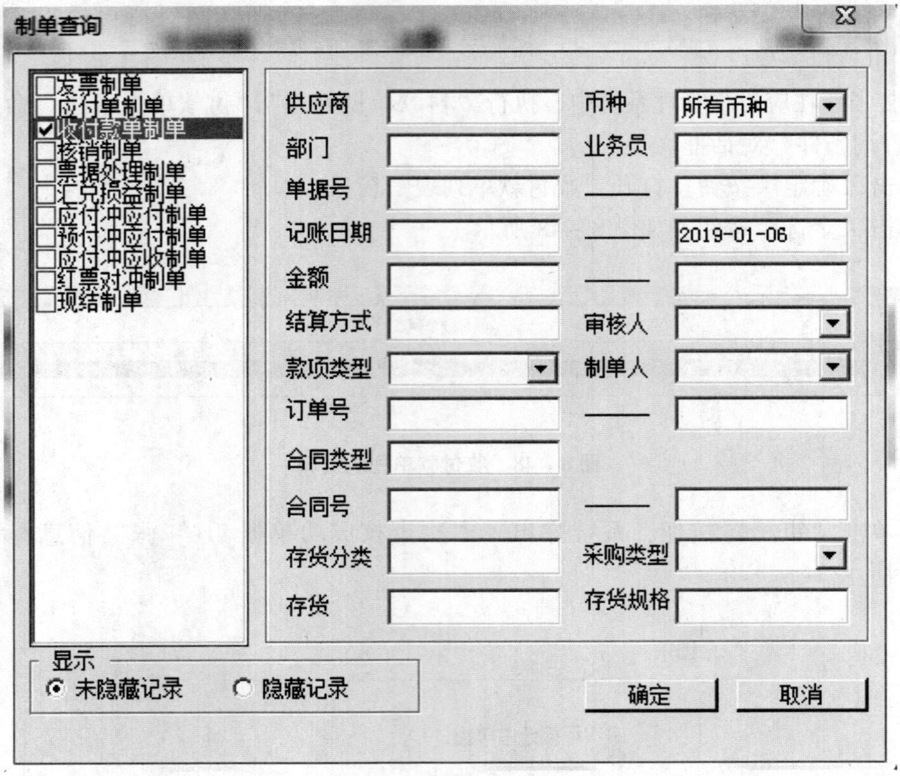

图 8－50　制单查询对话框

图 8－51　收付款单制单对话框

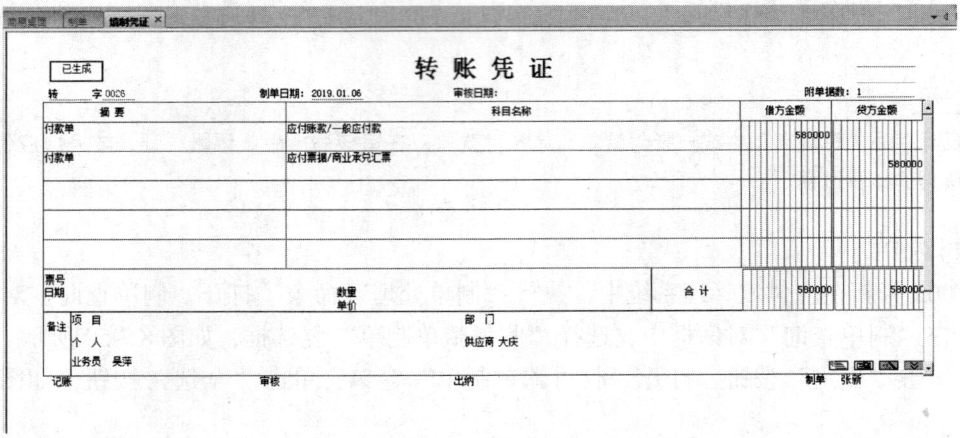

图 8－52　开出商业承兑汇票凭证

任务4 转账处理

任务单8-4

<table>
<tr><td>项目</td><td>项目8　应用应付款管理系统</td><td>任务</td><td>任务4　转账处理</td></tr>
<tr><td colspan="2">学习目标
掌握应付款转账的操作方法。</td><td colspan="2">学习方法
1. 观看操作视频，记录操作要点；
2. 讨论、交流；
3. 实践操作。</td></tr>
<tr><td colspan="4">学习任务
2019年1月31日，经三方协商，同意将新宇公司2018年12月31日从大发厂采购电磁线的价税款1 624元转为黎明公司的应付账款。</td></tr>
</table>

☞ 岗位说明

002张新执行操作。

☞ 操作步骤

（1）在应付款管理系统中，执行“转账”|“应付冲应付”命令，打开“应付冲应付”对话框。

（2）在左侧“供应商”栏单击参照按钮，选择“001大发厂”，再在右侧“转入——供应商”栏单击参照按钮，选择“004黎明公司”。

（3）单击“查询”按钮，在右下角“并账金额”栏录入“1 624.00”，如图8-53所示。

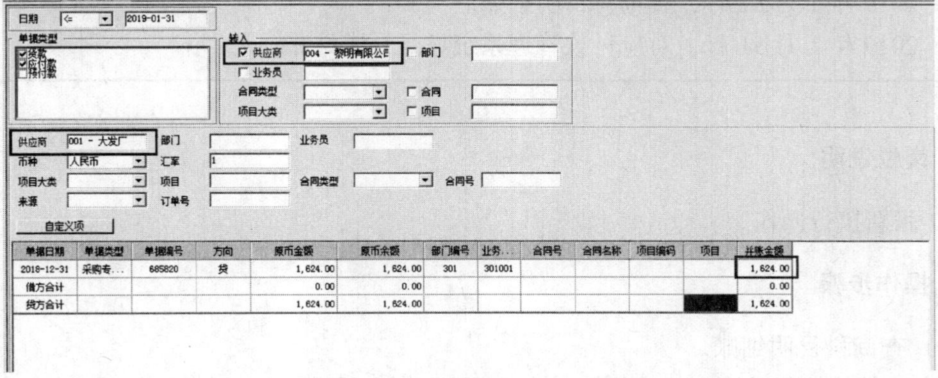

图8-53　应付冲应付对话框

(4) 单击“保存”按钮，系统提示“是否立即制单?”，单击“是”，系统弹出“生成凭证”窗口，修改凭证字为“转账凭证”，单击“保存”按钮，系统提示“已生成”，如图8-54所示。

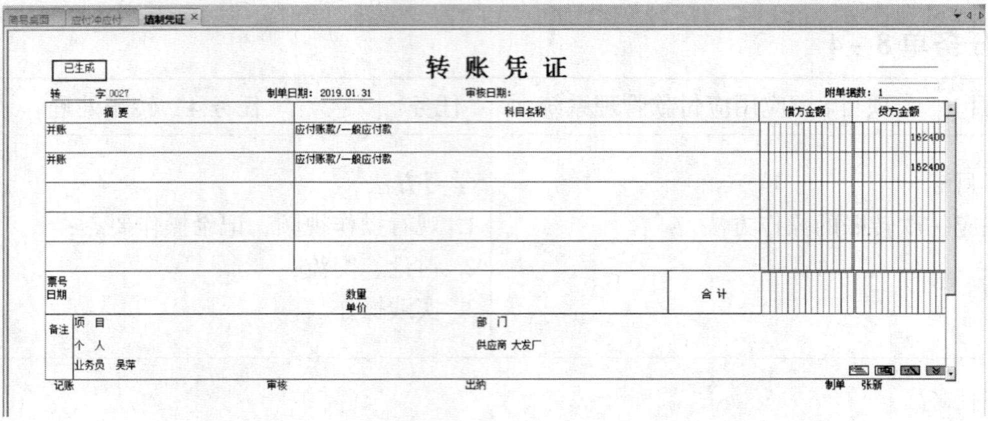

图8-54 应付冲应付凭证

任务5 期末处理

任务单8-5

项目	项目8 应用应付款管理系统	任务	任务5 期末处理
学习目标 1. 掌握查询应付款相关报表的操作方法； 2. 掌握应付款管理系统结账的操作方法。		学习方法 1. 观看操作视频，记录操作要点； 2. 讨论、交流； 3. 实践操作。	
学习任务 1. 2019年1月31日，查询科目明细账。 2. 2019年1月31日，对应付款管理系统进行月末结账。			

☞ **岗位说明**

002张新执行操作。

☞ **操作步骤**

(1) 查询科目明细账。

①在应付款管理系统中，执行“账表管理”|“科目账查询”|“科目明细账”命令，打开“供应商往来科目明细账”对话框，如图8-55所示。

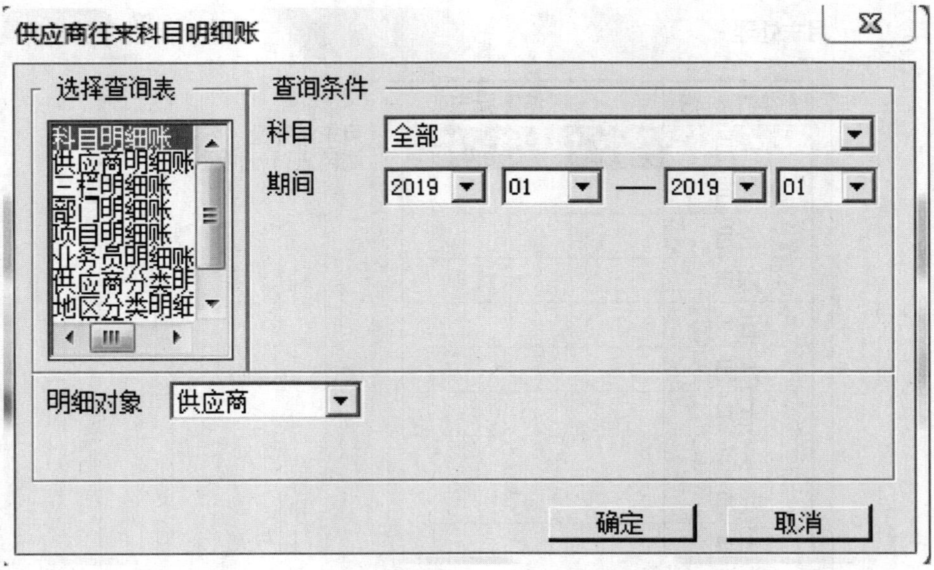

图 8－55　供应商往来科目明细账对话框

②单击“确定”按钮，打开“科目明细账”窗口，如图 8－56 所示。

年	月	日	凭证号	科目编号	科目名称	供应商编号	供应商名称	摘要	借方本币	贷方本币	方向	余额本币
2019	01	16	付-0008	112301	人民币	001	大发厂	预付大发厂货款	5,000.00		借	5,000.
2019	01			112301	人民币	001	大发厂	本月合计	5,000.00		借	5,000.
2019	01			112301	人民币	001	大发厂	本年累计	5,000.00		借	5,000.
				112301	人民币			合　计	5,000.00		借	5,000.
				112301	人民币			累　计	5,000.00		借	5,000.
2019	01	06	转-0026	220102	商业承兑汇票	002	大庆	付款单		5,800.00	贷	5,800.
2019	01			220102	商业承兑汇票	002	大庆	本月合计		5,800.00	贷	5,800.
2019	01			220102	商业承兑汇票	002	大庆	本年累计		5,800.00	贷	5,800.
				220102	商业承兑汇票			合　计		5,800.00	贷	5,800.
				220102	商业承兑汇票			累　计		5,800.00	贷	5,800.
				220201	一般应付款	001	大发厂	期初余额			贷	1,624.
2019	01	31	转-0027	220201	一般应付款	001	大发厂	并账		-1,624.00	平	
2019	01			220201	一般应付款	001	大发厂	本月合计		-1,624.00	平	
2019	01			220201	一般应付款	001	大发厂	本年累计		-1,624.00	平	
2019	01	06	转-0025	220201	一般应付款	002	大庆	采购专用发票		5,800.00	贷	5,800.
2019	01	06	转-0026	220201	一般应付款	002	大庆	付款单	5,800.00		平	
2019	01			220201	一般应付款	002	大庆	本月合计	5,800.00	5,800.00	平	
2019	01			220201	一般应付款	002	大庆	本年累计	5,800.00	5,800.00	平	
				220201	一般应付款	003	宝峰	期初余额			贷	11,368.
2019	01	03	转-0023	220201	一般应付款	003	宝峰	采购专用发票		34,800.00	贷	46,168.
2019	01	15	付-0007	220201	一般应付款	003	宝峰	核销	34,800.00		贷	11,368.
2019	01			220201	一般应付款	003	宝峰	本月合计	34,800.00	34,800.00	贷	11,368.

图 8－56　科目明细账窗口

③单击“退出”按钮。

（2）结账。

①在应付款管理系统中，执行“期末处理”|“月末结账”命令，打开“月末处理”对话框。

②双击 1 月份“结账标志”栏，如图 8－57 所示。

③单击“下一步”按钮，出现“月末处理——处理情况”表，如图 8－58 所示。

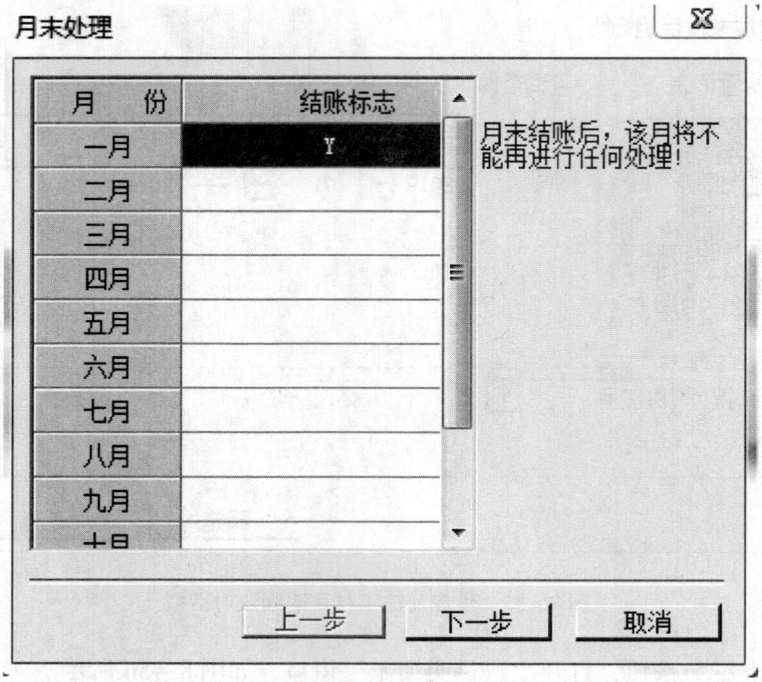

图 8－57　月末处理对话框 1

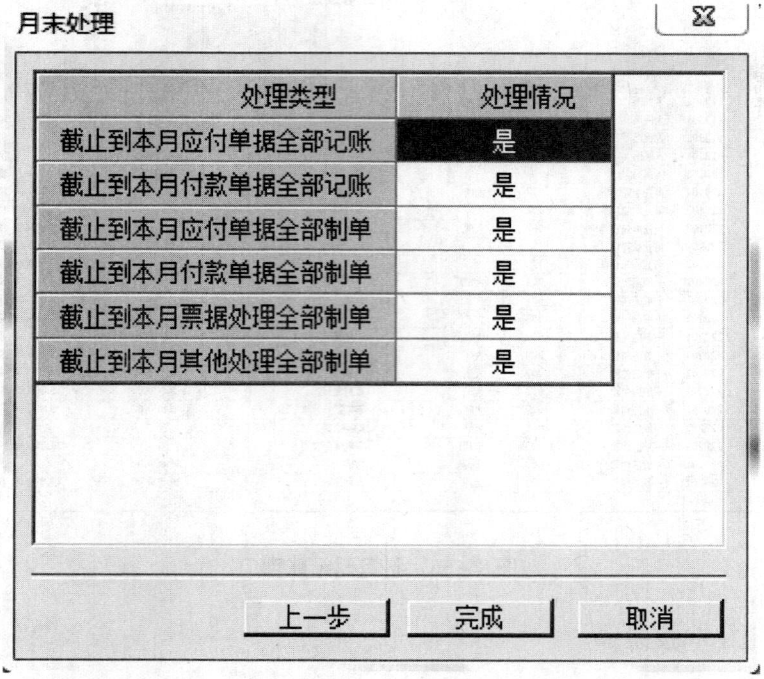

图 8－58　月末处理对话框 2

④单击“完成”按钮，系统弹出“1 月份结账成功”提示框，如图 8－59 所示。

⑤单击“确定”按钮。

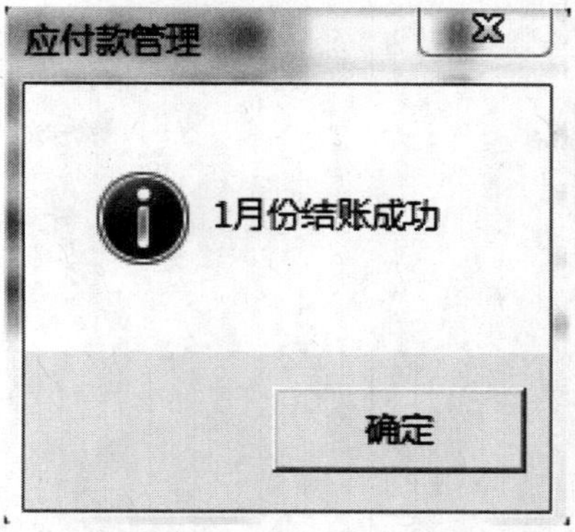

图 8-59　结账成功提示框

提 示

- 如果当月业务已经全部处理完毕，应进行月末结账。只有当月结账后，才能开始下月的工作。
- 进行月末处理时，一次只能选择一个月进行结账，前一个月未结账，则本月不能结账。
- 在执行了月末结账后，该月将不能再进行任何处理。

项目总结

应用应付款管理系统流程如图 8-60 所示。

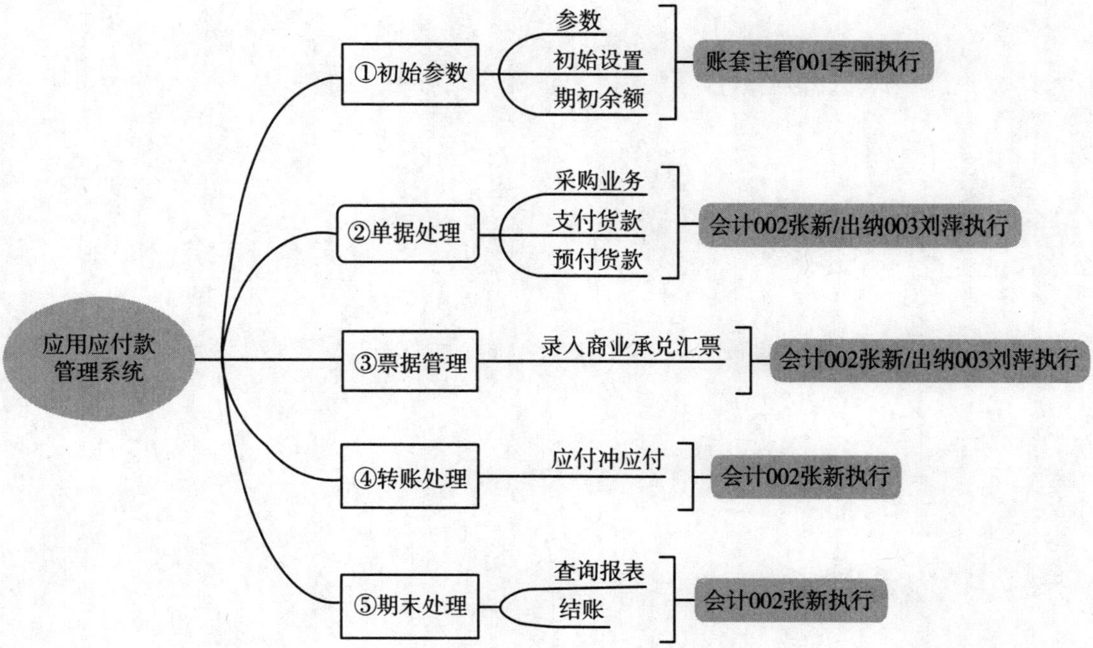

图 8-60　应用应付款管理系统流程

项目9

总账系统期末处理

项目分析

前面的操作中我们分别在总账、应收款管理、应付款管理、固定资产、薪资管理系统中对新宇公司2019年1月份日常所发生的经济业务进行了处理，接下来要研究的是月末如何运用软件执行期末处理，也就是要解决如下几个问题：

问题1：总账系统期末处理功能包括哪些。

问题2：在总账系统中如何执行转账定义。

问题3：在总账系统中如何生成转账凭证。

问题4：在总账系统中如何执行期末对账与结转。

请在下列任务的执行过程中探索解决问题的方法。

任务1　了解总账系统期末处理功能

任务单9-1

项目	项目9　总账系统期末处理	任务	任务1　了解总账系统期末处理功能
学习目标 1. 了解期末处理的主要功能； 2. 了解期末结转的种类； 3. 了解期末结转的业务处理流程。		学习方法 1. 预习，查找资料； 2. 认真听课。	

知识链接

9.1.1　期末处理的主要功能

用友软件总账系统提供的期末处理功能主要包括期末结转、对账及月末结账。由于各会计期间的许多期末业务均具有较强的规律性，因此由计算机处理期末结转业务，不但可以规范处理流程，还可以大大提高工作效率。

（1）期末结转的种类。总账系统期末结转是将某个或某几个会计科目的余额或本期发生额结转到一个或多个会计科目中。在软件中设置了自动转账功能来完成费用分配、费用计提、税金计算、期间损益结转等操作。

软件中设置的自动转账功能包括转账定义和转账生成两个部分，即在转账定义环节将凭证摘要、会计科目、借贷方向及金额的计算，用公式的形式设置完成，然后在转账生成环节由系统按转账定义自动生成凭证。转账定义完成后可长期使用。只有在所定义的转账内容发生变化时，才需要重新修改自动转账定义。转账定义包括“对应结转定义”“销售成本结转定义”“售价（计划价）销售成本结转”“汇兑损益结转定义”“自定义转账定义”和“期间损益结转定义”“费用摊销和预提”等功能。

生成转账凭证时，一定要注意凭证的生成顺序。比如，结转制造费用必须在结转生产成本之前，必须保证所有损益类账户已经全部记账，才能生成期间损益的凭证，否则，就会出现计提金额为零或计提数据错误的情况。

（2）对账。对账就是对账簿数据进行核对，以检查记账是否正确，以及账簿是否平衡，它主要是通过核对总账与明细账、总账与辅助账数据来完成账账核对。月末结账前，系统会自动进行对账和试算平衡。

（3）结账。结账就是每月月末计算和结转账簿的本期发生额和期末余额，并终止本月的账务处理工作，结账每月只能进行1次。结账前需要进行下列检查：

①检查本月业务是否已全部记账，有未记账凭证时不能结账。

②检查上月是否已结账，上月未结账，则本月不能结账。实际上，上月未结账的话，本月也不能记账，只能填制、复核凭证。

③核对总账与明细账、总账与辅助账，账账不符不能结账。

④检查科目余额试算是否平衡。

⑤检查所有损益类账户是否已结转至本年利润。

⑥当各子系统集成应用时，检查所有子系统是否已经结账。

9.1.2 期末结转业务处理流程

期末结转流程如图9－1所示。

图9－1 期末结转流程

任务2 对应结转

任务单9－2

项目	项目9 总账系统期末处理	任务	任务2 对应结转
学习目标 1. 了解对应结转的概念； 2. 掌握对应结转的操作方法。		学习方法 1. 观看操作视频，记录操作要点； 2. 讨论、交流； 3. 实践操作。	

学习任务

运用对应结转完成期末结转：2019 年 1 月 31 日，结转本月发生的制造费用。

☞ **岗位说明**

总账会计 002 张新执行对应结转。
账套主管 001 李丽执行凭证审核、记账。

☞ **操作步骤**

9.2.1 对应结转转账定义

（1）启动企业应用平台。以总账会计"002 张新"身份注册登录企业应用平台，登录时间 2019－01－31。

（2）启动对应结转功能。在"业务工作"导航区，执行"财务会计"|"总账"|"期末"|"转账定义"|"对应结转"，打开"对应结转设置"窗口。

（3）设置转出科目。单击"增加"命令，在"编号"处填写"0001"，"摘要"处填写"结转制造费用"，"凭证类别"设置为"转账凭证"，"转出科目"选择"5101"制造费用，如图 9－2 所示。

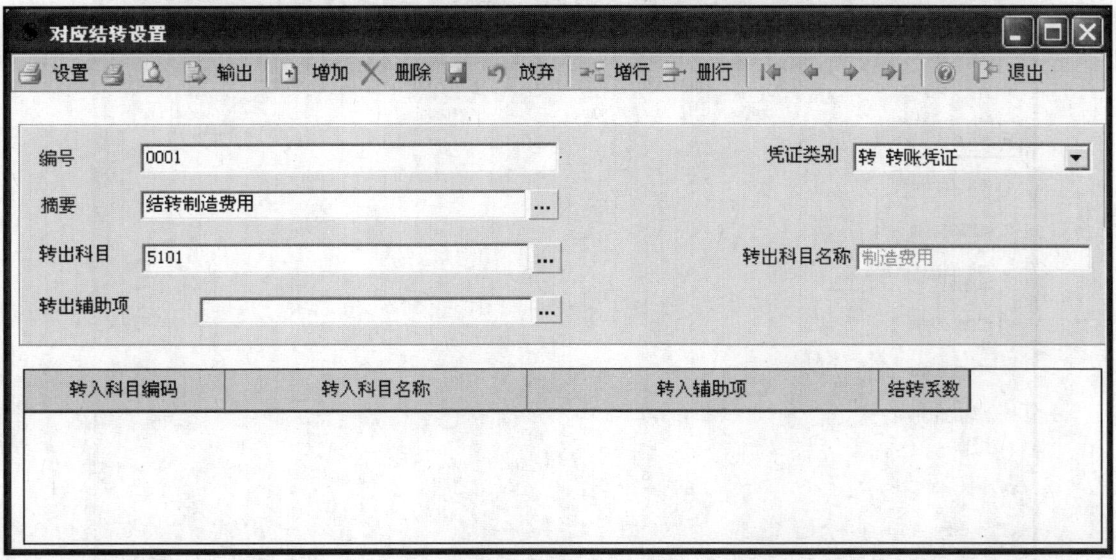

图 9－2　设置转出科目

（4）设置转入科目。单击"增行"命令，在"转入科目编码"处参照录入科目编码"5001 生产成本"，结转系数处输入"1"，如图 9－3 所示。单击"保存"按钮完成设置。

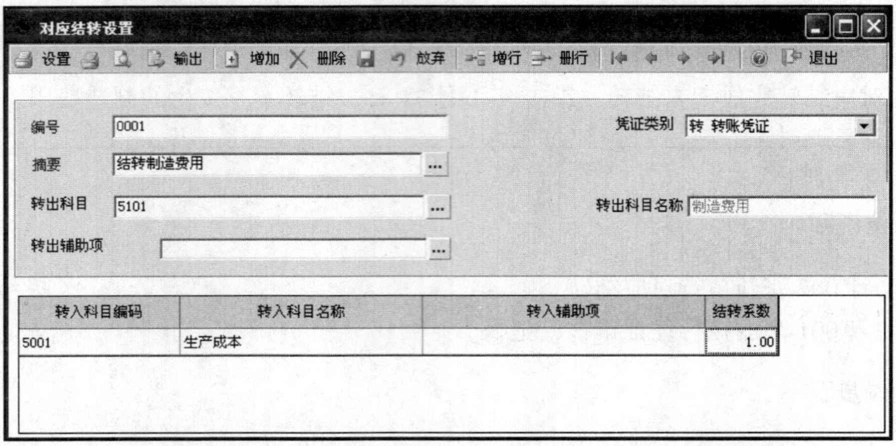

图 9-3　设置转入科目

9.2.2　生成对应结转凭证

（1）启动转账生成功能。在“业务工作”导航区，选择“财务会计”|“总账”|“期末”|“转账生成”，打开“转账生成”对话框。

（2）选择类型。单击“对应结转”单选按钮。

（3）设置结转。双击“是否结转”单元格或单击“全选”按钮，出现“Y”后，如图9-4所示。

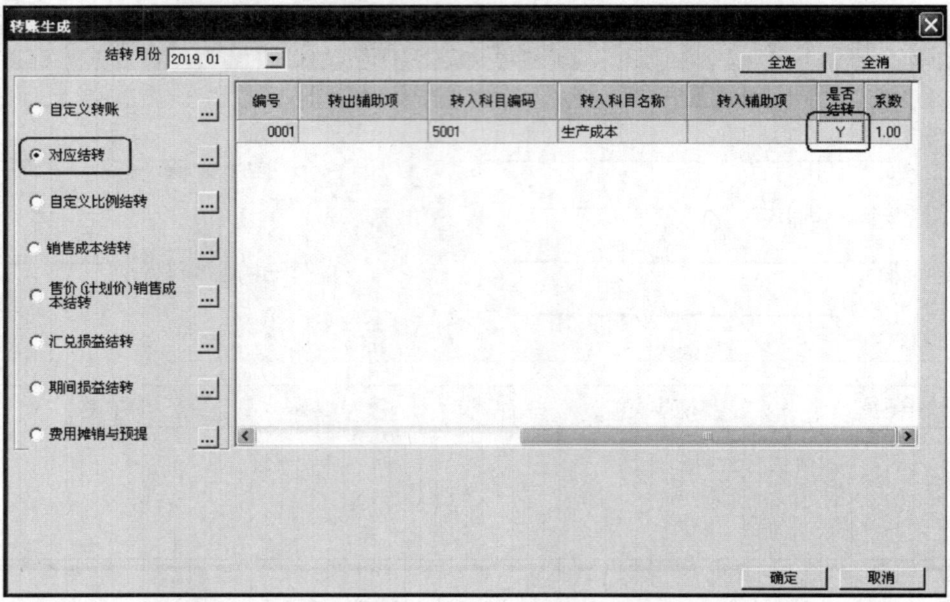

图 9-4　对应结转生成

（4）生成凭证。单击“确定”按钮，系统自动生成结转制造费用的凭证，单击“💾”按钮，凭证左上角会出现“已生成”字样，如图9-5所示。

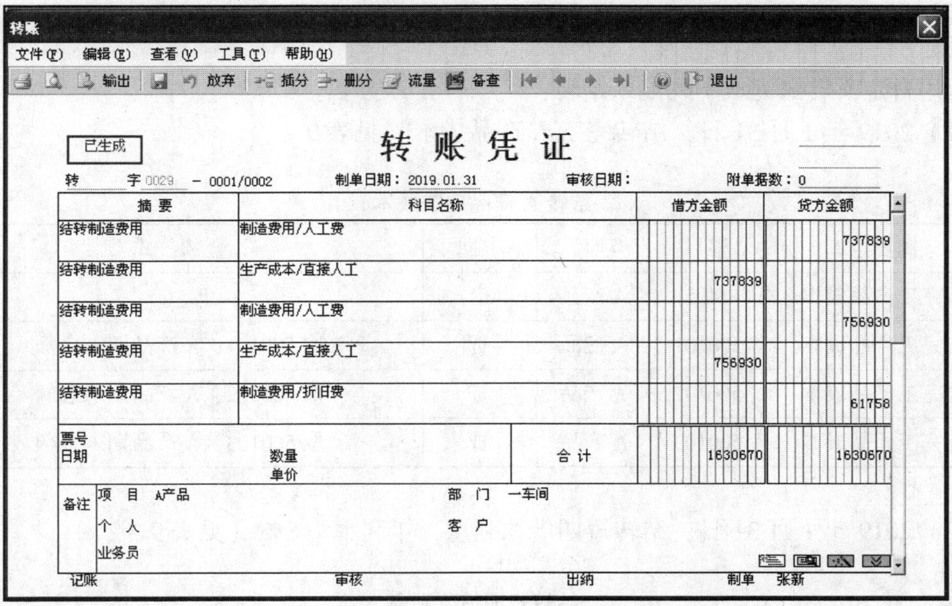

图 9-5 结转制造费用凭证

（5）凭证审核、主管签字、记账。

①凭证审核。以账套主管“001 李丽”身份注册登录企业应用平台，登录时间 2019-01-31。执行凭证审核、主管签字。

②凭证记账。以账套主管“001 李丽”身份，执行凭证记账

提 示

- 对应结转是将一个科目的全部期末余额按比例结转到一个或多个科目中，因此，结转时要调整结转系数。
- 转出科目与转入科目必须有相同的科目结构。
- 对应结转只能结转期末余额。

任务 3 自定义转账

任务单 9-3

项目	项目 9 总账系统期末处理	任务	任务 3 自定义转账
学习目标 1. 掌握自定义转账的操作方法； 2. 理解转账生成的逻辑关系。		学习方法 1. 观看操作视频，记录操作要点； 2. 讨论、交流； 3. 实践操作。	

学习任务

运用自定义转账完成下列期末结转：

（1）2019 年 1 月 31 日，结转完工 A 产品成本（见表 9－1）。

表 9－1　　结转 A 产品完工成本

摘要	科目	项目	方向	金额公式
结转完工产品成本	1405	A 产品	借	JG（）
结转完工产品成本	500101	A 产品	贷	取 500101，A 产品期末余额
结转完工产品成本	500102	A 产品	贷	取 500102，A 产品期末余额
结转完工产品成本	500103	A 产品	贷	取 500103，A 产品期末余额

（2）2019 年 1 月 31 日，结转短期借款利息，年利率为 8%（见表 9－2）。

表 9－2　　结转短期借款利息

摘要	科目	方向	金额公式
结转短期借款利息	6603	借	JG（）
结转短期借款利息	2231	贷	短期借款期末余额 ×0.08/12

（3）2019 年 1 月 31 日，结转本月未交增值税（见表 9－3）。

表 9－3　　结转未交增值税

摘要	科目	方向	金额公式
结转未交增值税	22210104	借	取 222101 的期末余额
结转未交增值税	222102	贷	JG（）

（4）2019 年 1 月 31 日，计提营业税金及附加（见表 9－4～表 9－6）。

表 9－4　　计提城建税

摘要	科目	方向	金额公式
计提城建税	6403	借	取 222102 的贷方发生额 ×0.07
计提城建税	222105	贷	JG（）

表 9－5　　计提教育费附加

摘要	科目	方向	金额公式
计提教育费附加	6403	借	取 222102 的贷方发生额 ×0.03
计提教育费附加	222106	贷	JG（）

表 9-6 计提地方教育费附加

摘要	科目	方向	金额公式
计提地方教育费附加	6403	借	取 222102 的贷方发生额 ×0.02
计提地方教育费附加	222107	贷	JG（）

☞ **岗位说明**

总账会计 002 张新执行转账定义、转账生成。
账套主管 001 执行凭证审核并记账。

☞ **操作步骤**

9.3.1 自定义转账定义

（1）结转完工 A 产品成本。

①启动自定义转账功能。以总账会计“002 张新”身份登录企业应用平台，在“业务工作”导航区，执行“财务会计”|“总账”|“期末”|“转账定义”|“自定义转账”，打开“自定义结转设置”窗口。

②设置转账目录。单击工具栏上“增加”按钮，打开“转账目录”对话框，“转账序号”处填“0001”，“转账说明”处填写“结转完工产品成本”，“凭证类别”处选择“转账凭证”，单击“确定”，如图 9-6 所示。

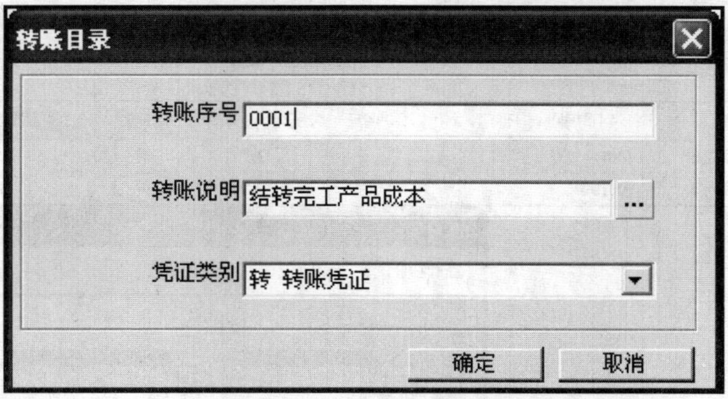

图 9-6 设置转账目录

③设置借方内容。单击“增行”命令，在新增行的“科目编码”处录入“库存商品（1405）”，“项目”选择“A 产品”，方向选择为“借”，单击“金额公式”，参照录入按钮，打开“公式向导”对话框，选择“取对方科目计算结果 JG（）”，如图 9-7 所示，单击“下一步”，再次出现“公式向导”，单击“完成”。

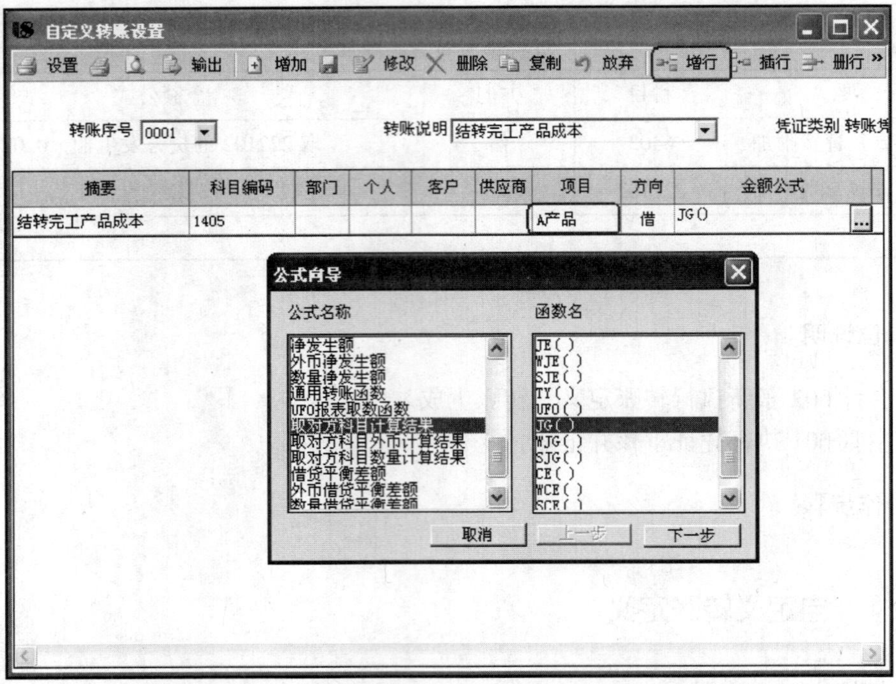

图9-7　公式向导（一）

④设置贷方内容。单击“增行”按钮，在新增行的“科目编码”单元格，参照录入“生产成本——直接材料（500101）”“项目”选择“A产品”“方向”选择“贷”“金额公式”单元，参照“公式向导”，选择“期末余额QM（）”，如图9-8所示。

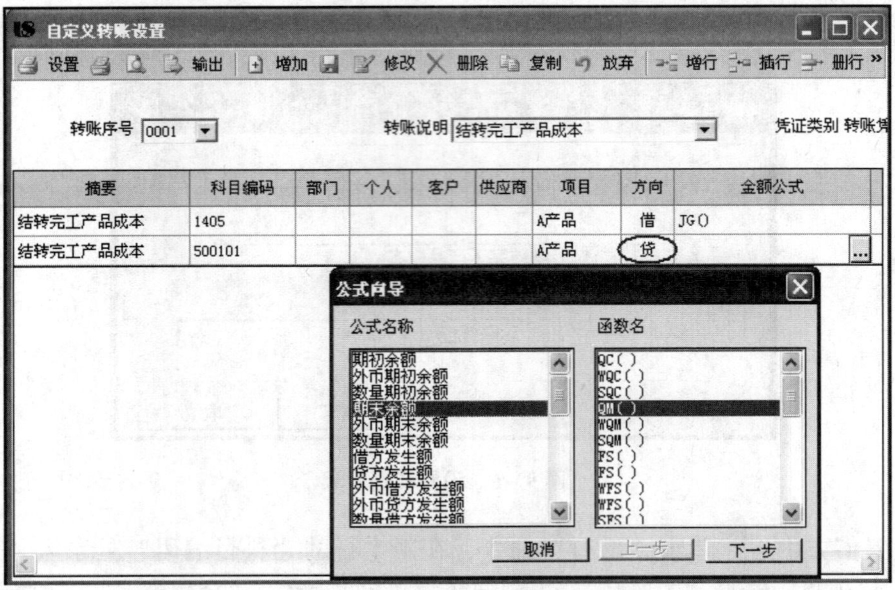

图9-8　公式向导（二）

⑤单击“下一步”，出现下一个“公式向导”对话框，在“科目”文本框中参照输入

“500101 生产成本——直接材料”，期间为“月”，方向为空，项目为“A 产品”，单击“按默认值取数”，单击“完成”如图 9－9 所示。返回“自定义转账设置”对话框。

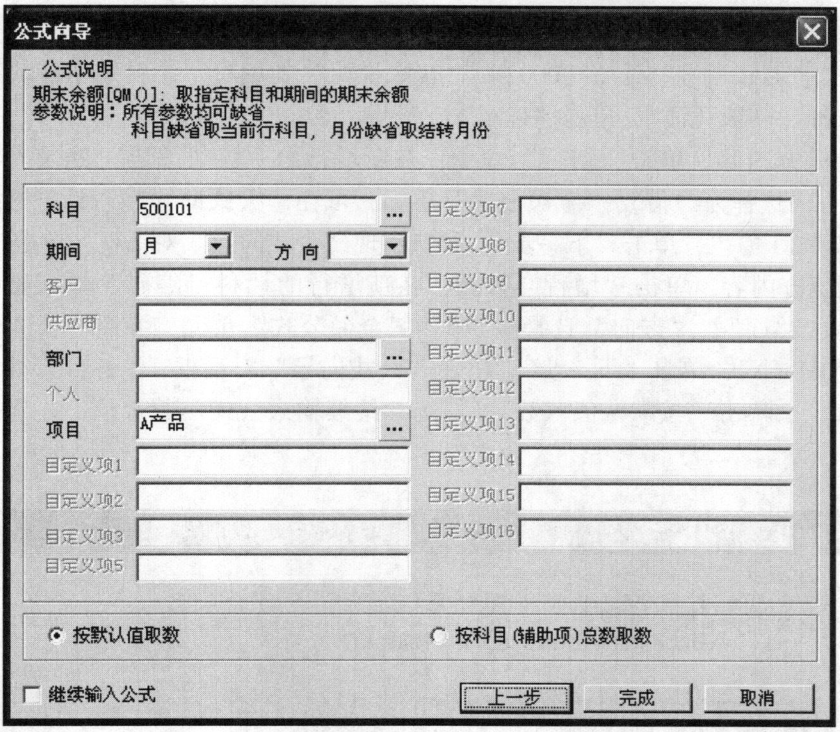

图 9－9　公式向导（三）

⑥重复④～⑤的操作，完成第三条和第四条分录的定义，全部设置完成，单击“保存”按钮。结果如图 9－10 所示。

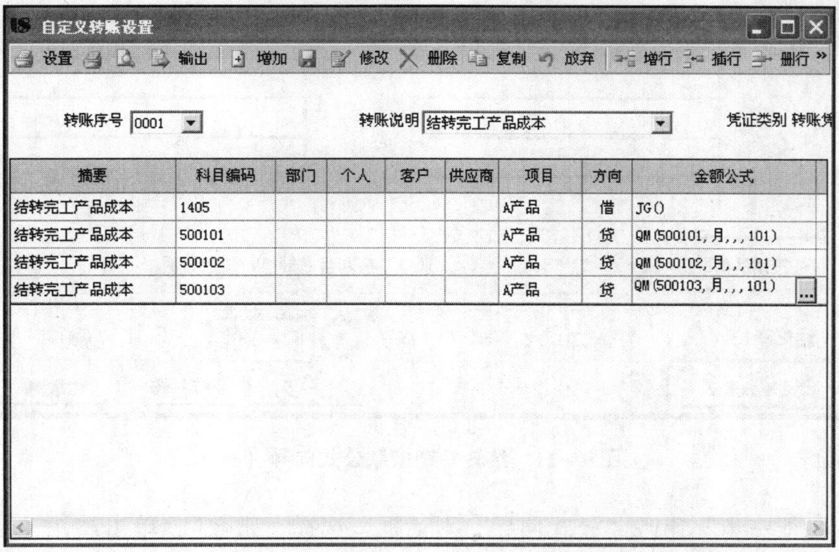

图 9－10　结转完工产品成本转账定义

（2）结转短期借款利息。

①启动自定义转账功能。以总账会计“002 张新”身份登录企业应用平台，打开“自定义结转设置”对话框。

②设置转账目录。在“自定义结转设置”对话框，单击“增加”按钮，打开“转账目录”对话框，“转账序号”处填“0002”，“转账说明”处填写“结转短期借款利息”，“凭证类别”选择“转账凭证”，单击“确定”。

③设置借方内容。单击“增行”命令，在新增行的“科目编码”处录入“财务费用（6603）”，方向选择为“借”，“金额公式”单元，可在“公式向导”对话框选择“取对方科目计算结果 JG（）”，单击“下一步”。再次出现“公式向导”对话框，单击“完成”。

④设置贷方内容。单击“增行”按钮，在新增行的“科目编码”单元格，参照录入“应付利息（2231）”，“方向”选择“贷”，“金额公式”单元，参照“公式向导”选择“期末余额 QM（）”，单击“下一步”，出现“公式向导”对话框，“科目”处录入“短期借款（2001）”，单击“按默认值取数”，勾选“继续输入公式”复选框，并选择 *（乘），如图 9－11 所示。

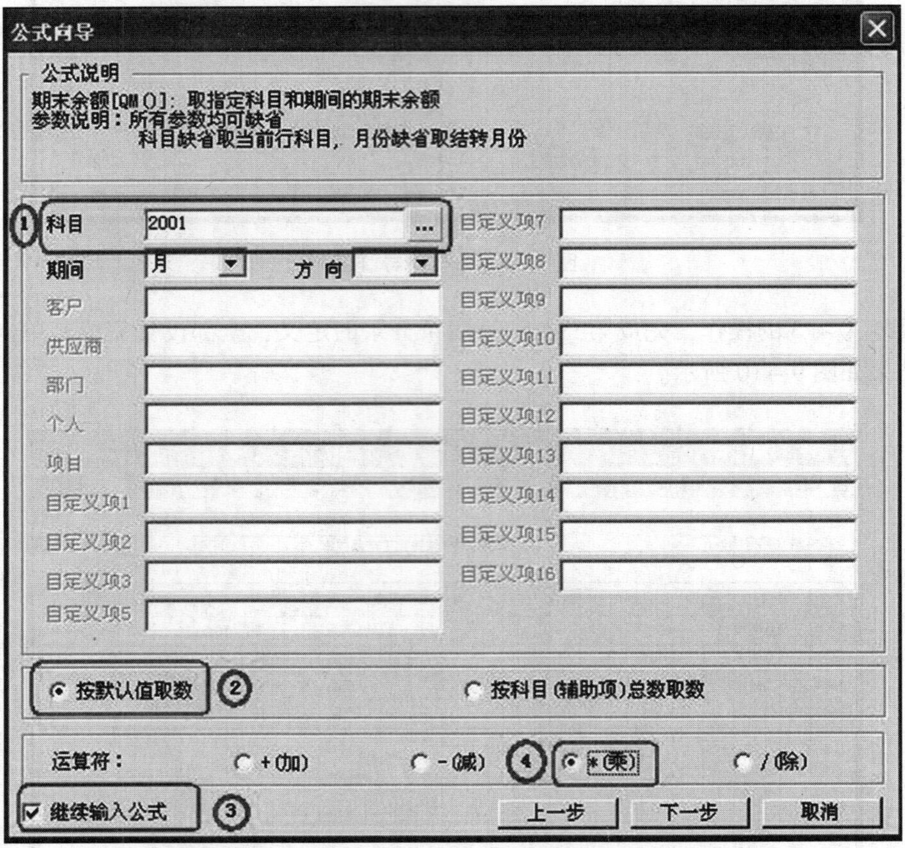

图 9－11　结转短期借款公式向导（一）

⑤单击“下一步”出现“公式向导”对话框，选择“常数”，单击“下一步”，在常数处录入“0.08/12”（年利率折算成月利率），如图 9－12 所示。

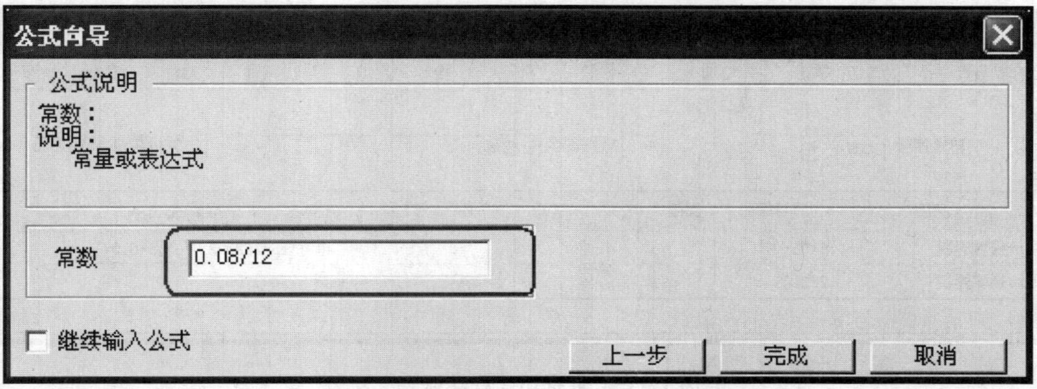

图 9－12　结转短期借款公式向导（二）

⑥单击“完成”，结果如图 9－13 所示。单击“保存”按钮并“退出”，完成设置。

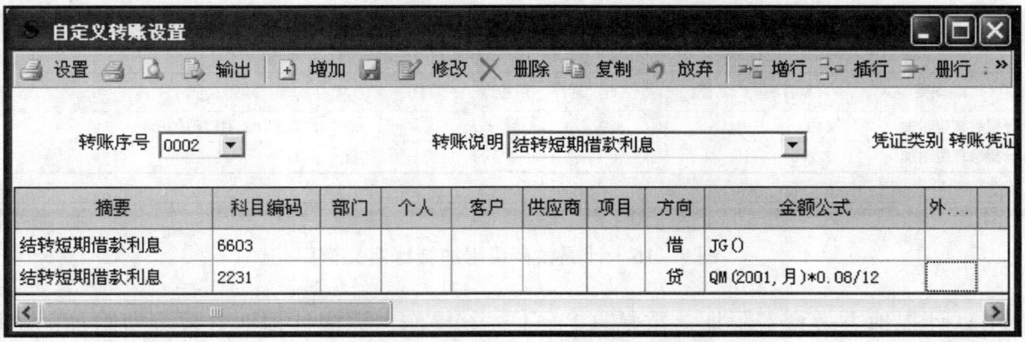

图 9－13　结转短期借款利息转账定义

（3）结转未交增值税。重复（2）①～⑥操作，完成未交增值税的转账定义，结果如图 9－14 所示。

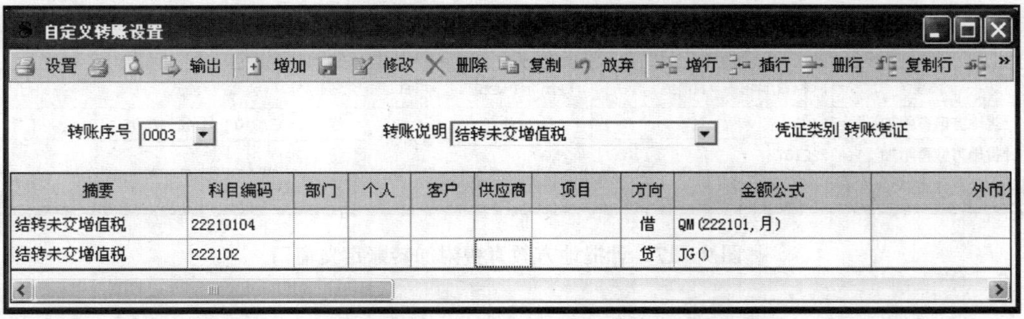

图 9－14　结转未交增值税转账定义

（4）计提城建税。重复（2）①～⑥操作，完成计提城建税的转账定义，结果如图 9－15 所示。

（5）计提教育费附加。重复（2）①～⑥操作，完成计提教育费附加的转账定义，结果如图 9－16 所示。

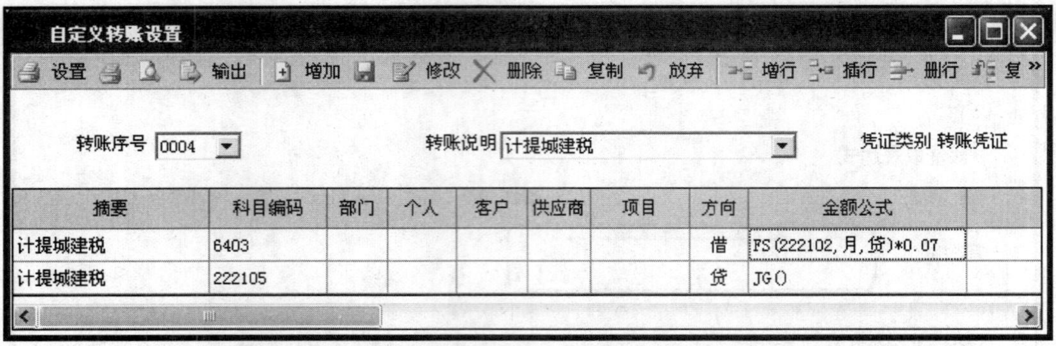

图 9－15　计提城建税转账定义窗口

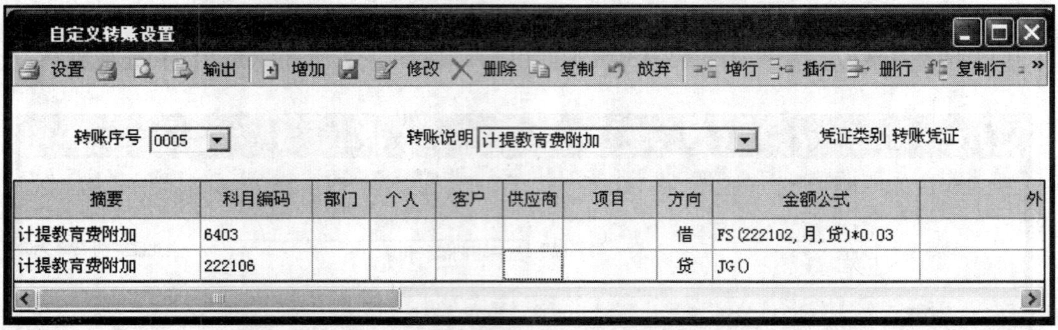

图 9－16　计提教育费附加转账定义窗口

（6）计提地方教育费附加。重复（2）①～⑥操作，完成计提地方教育费附加的转账定义，结果如图 9－17 所示。

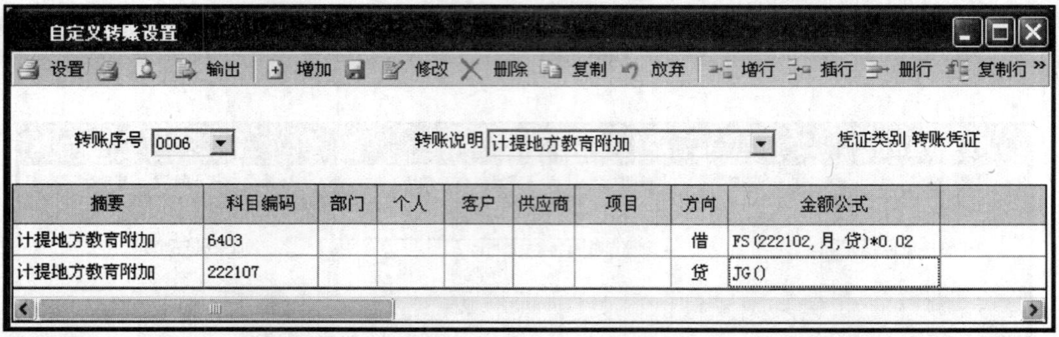

图 9－17　计提地方教育费附加转账定义窗口

9.3.2　生成未交增值税凭证

（1）启动转账生成功能。在“业务工作”导航区，选择“财务会计”|“总账”|“期末”|“转账生成”，打开“转账生成”对话框。

（2）选择类型。单击“自定义结转”单选按钮。

（3）设置结转。在“结转未交增值税”行，双击“是否结转”单元格，出现“Y”，如图9－18所示。

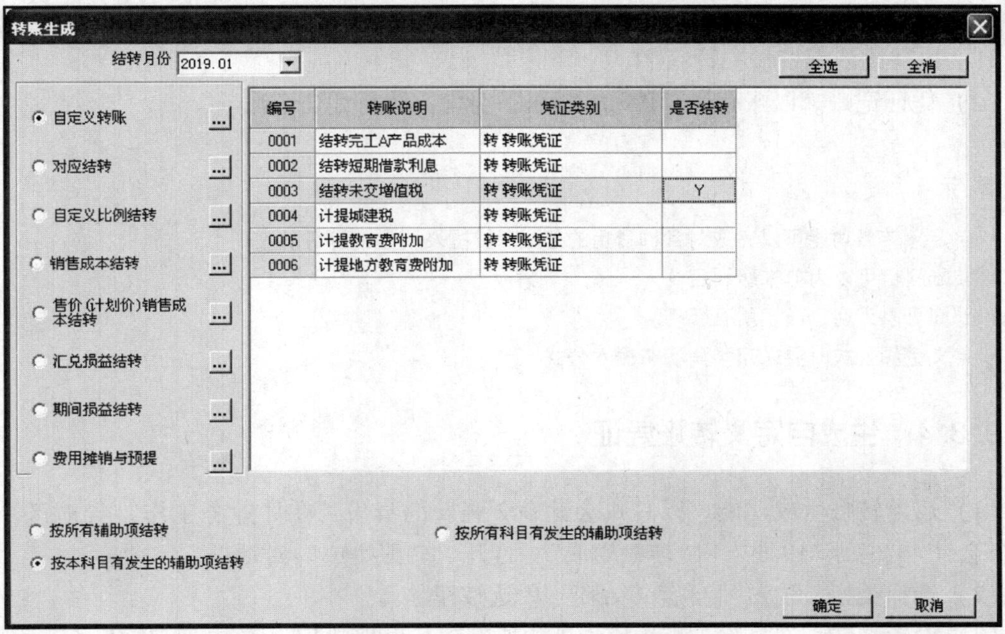

图9－18　自定义转账生成对话框

（4）生成凭证。单击“确定”按钮，系统自动生成结转完工产品成本的凭证，单击“💾”按钮，凭证左上角会出现“已生成”字样，如图9－19所示。

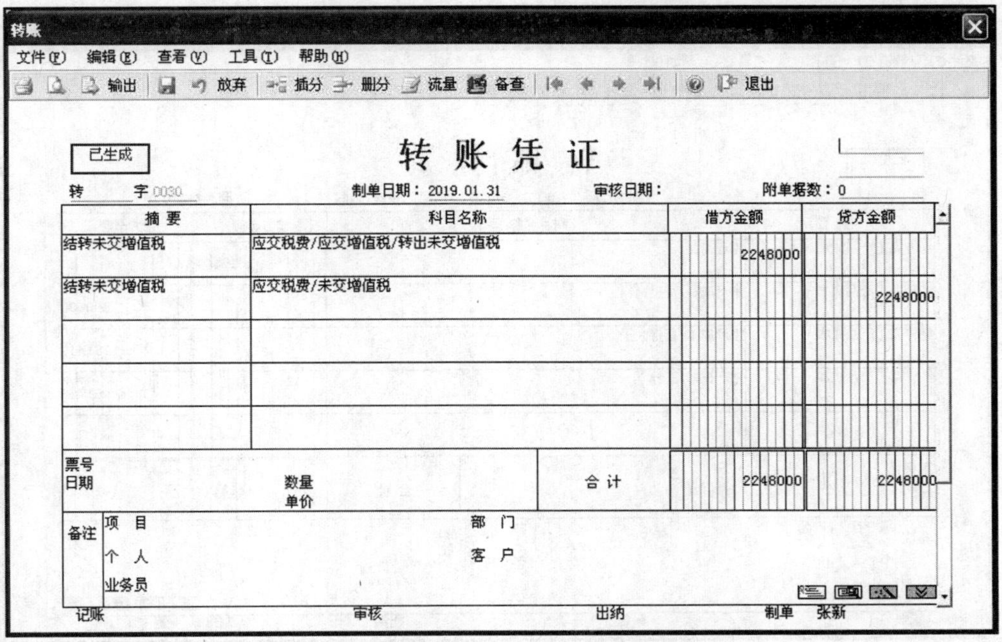

图9－19　结转未交增值税凭证

9.3.3 凭证审核、主管签字、记账

（1）凭证审核。以账套主管“001 李丽”身份注册登录企业应用平台，登录时间 2019－01－31。执行凭证审核、主管签字。

（2）凭证记账。以账套主管“001 李丽”身份，执行凭证记账

提 示

- 自定义转账功能可以完成对各种费用的分配、计提及税金的计算。
- 转账科目可以为非末级科目。
- 部门可以为空，表示所有部门。
- 定义金额公式时要采用半角状态输入公式。

9.3.4 生成自定义转账凭证

（1）启动转账生成功能。以总账会计 002 张新的身份，在“业务工作”导航区，执行“财务会计”|“总账”|“期末”|“转账生成”，打开“转账生成”对话框。

（2）选择类型。单击“自定义结转”单选按钮。

（3）设置结转。选择除未交增值税外的所有项，出现“Y”，单击“确定”。

（4）生成结转完工产品成本凭证，如图 9－20 所示；计提短期借款利息凭证，如图 9－21 所示；计提城建税凭证，如图 9－22 所示；计提教育费附加凭证，如图 9－23 所示；计提地方教育费附加凭证，如图 9－24 所示。

（5）所有凭证审核、记账。以账套主管“001 李丽”身份，执行凭证审核、记账。

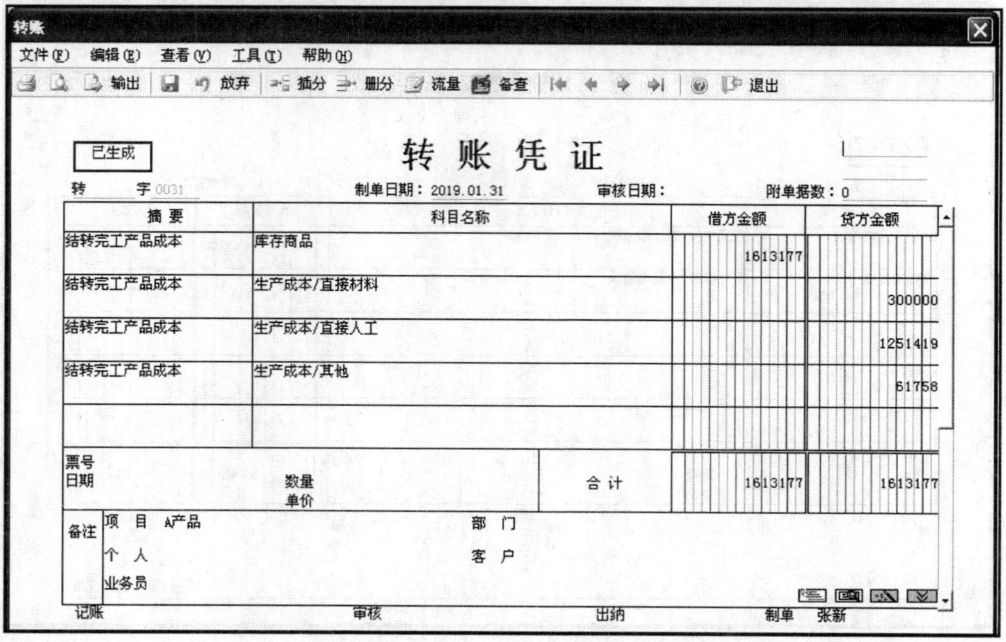

摘要	科目名称	借方金额	贷方金额
结转完工产品成本	库存商品	1613177	
结转完工产品成本	生产成本/直接材料		300000
结转完工产品成本	生产成本/直接人工		1251419
结转完工产品成本	生产成本/其他		61758
合计		1613177	1613177

图 9－20　结转完工产品成本凭证

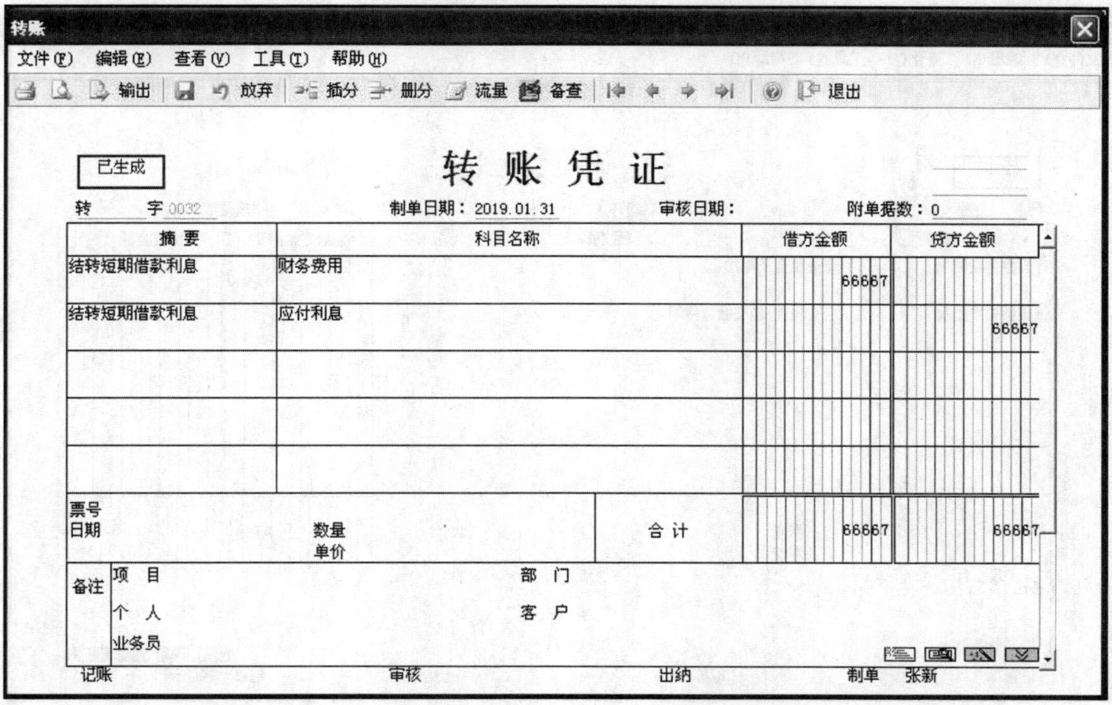

图 9-21 结转短期借款凭证

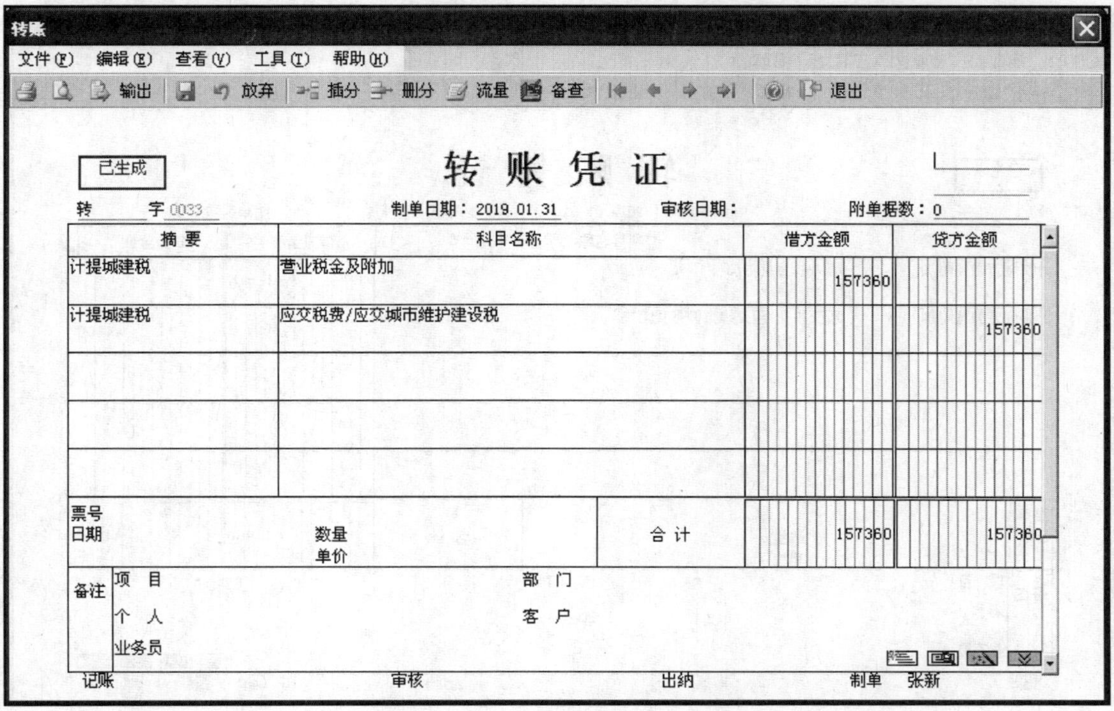

图 9-22 计提城建税凭证

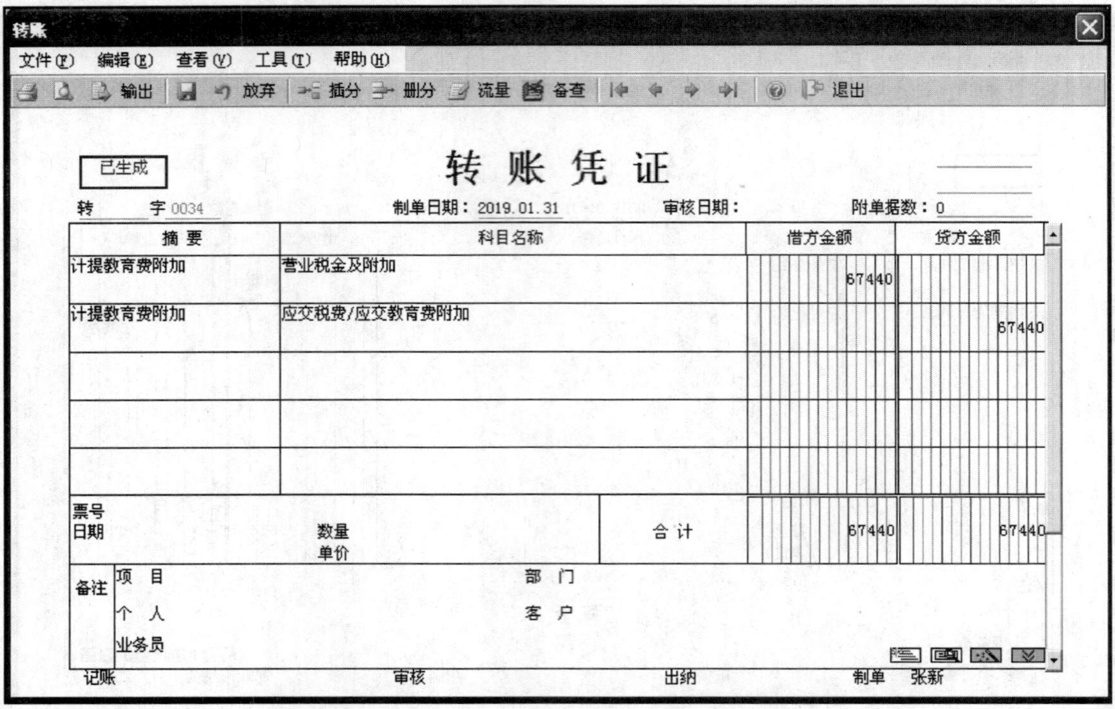

图 9－23　计提教育费附加凭证

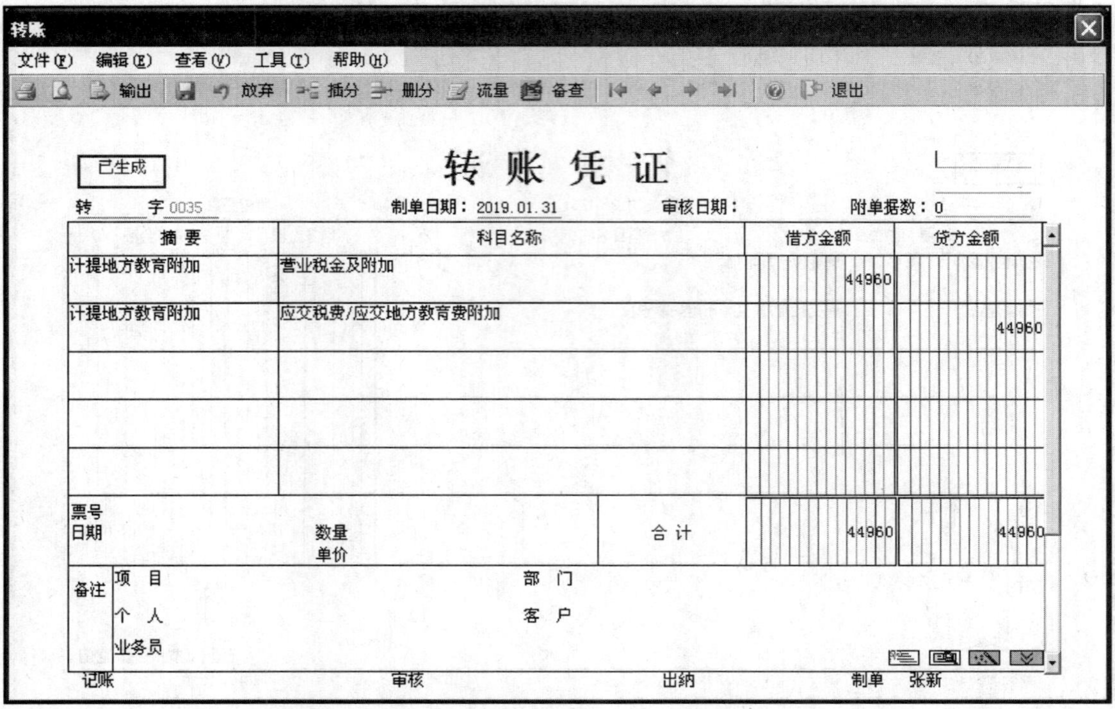

图 9－24　计提地方教育费附加凭证

提 示

城建税、教育费附加、地方教育费附加计提时要使用本期未交增值税发生额，因此，需要将结转未交增值税凭证记账后，才能生成计提营业税金及附加的凭证。

任务 4　销售成本结转

任务单 9 – 4

项目	项目 9　总账系统期末处理	任务	任务 4　销售成本结转
学习目标 掌握销售成本结转的操作方法。		学习方法 1. 观看操作视频，记录操作要点； 2. 讨论、交流； 3. 实践操作。	
学习任务 运用销售成本结转完成期末结转：2019 年 1 月 31 日，结转本月产品销售成本。			

☞ **岗位说明**

总账会计 002 张新执行转账定义、转账生成。

☞ **操作步骤**

9.4.1　销售成本结转转账定义

（1）启动企业应用平台。以总账会计“002 张新”身份注册登录企业应用平台，登录时间为 2019 – 01 – 31。

（2）启动销售成本结转功能。在“业务工作”导航区，选择“财务会计”|“总账”|“期末”|“转账定义”|“销售成本结转”，打开“销售成本结转设置”对话框。

（3）设置销售成本结转。“凭证类别”处选取“转账凭证”，库存商品名称处单击参照按钮选取“库品商品（1405）”科目，“商品销售收入”处单击参照按钮选取“主营业务收入（6001）”科目，“商品销售成本”处单击参照按钮选取“主营业务成本（6401）”科目，单击“确定”按钮，保存设置，如图 9 – 25 所示。

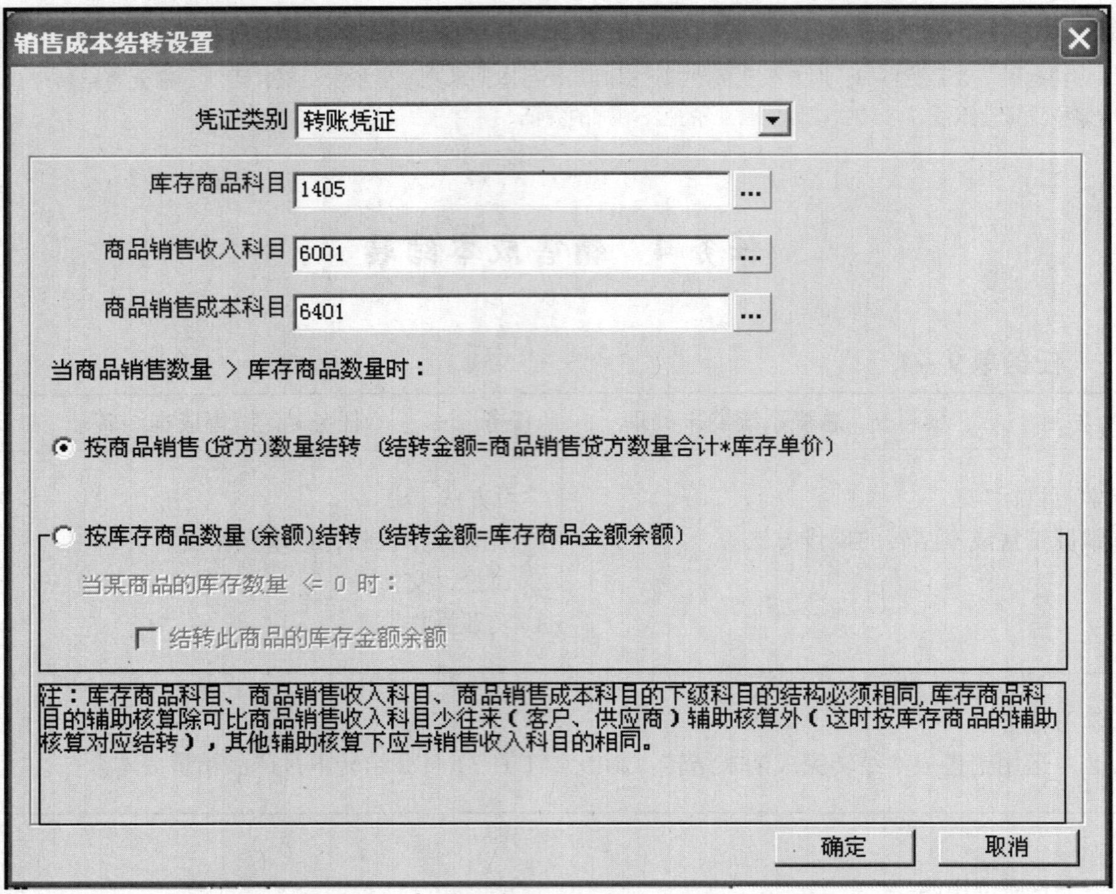

图 9－25　销售成本结转转账定义对话框

9.4.2　生成销售成本结转凭证

（1）启动转账生成功能。在“业务工作”导航区，选择“财务会计”|“总账”|“期末”|“转账生成”，打开“转账生成”对话框。

（2）选择类型。单击“销售成本结转”单选按钮，单击“确定”按钮。

（3）查看销售成本结转一览表。打开销售成本一览表，如图 9－26 所示。

（4）生成凭证。单击“确定”按钮，系统自动生成销售成本结转凭证，单击“”按钮，凭证左上角会出现“已生成”字样，如图 9－27 所示。

提 示

• 库存商品科目、销售收入科目、销售成本科目可以有部门、项目核算，但不能有往来核算。而且，这三个科目的结构必须相同。

• 如果查看销售成本结转一览表时，没有要结转的数量或平均单价，说明录入期初余额或填制记账凭证时，数量、单价辅助项填制不完整。

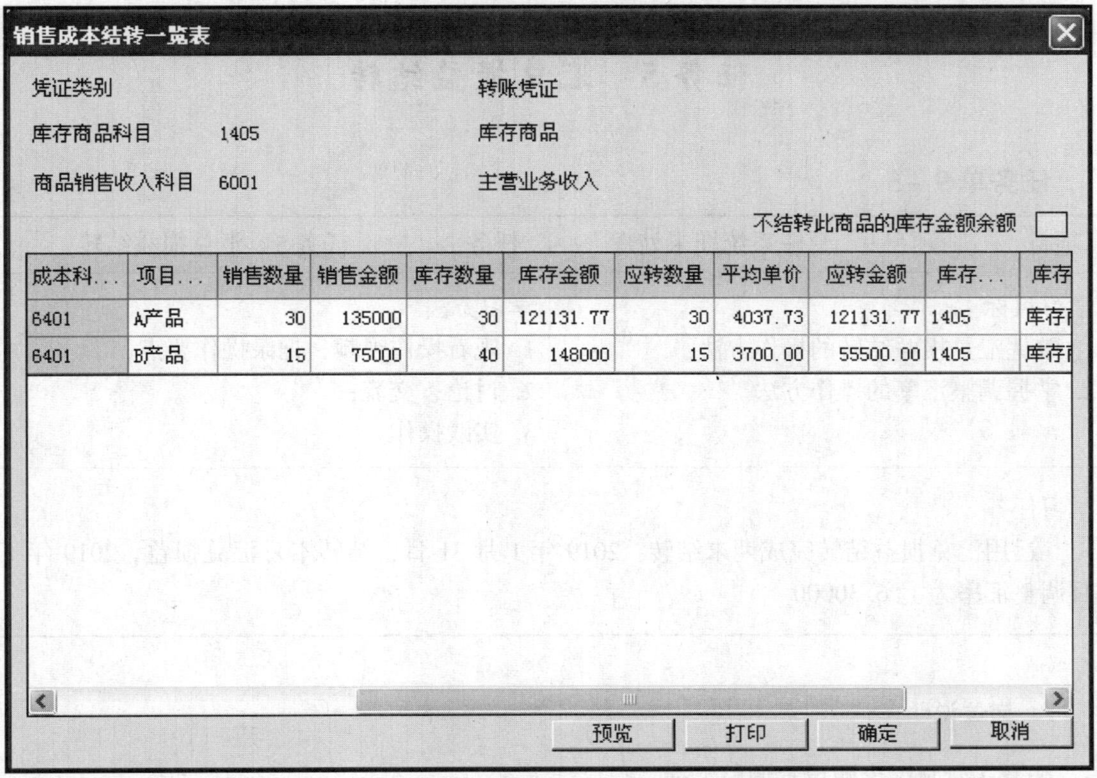

图 9－26 销售成本一览表

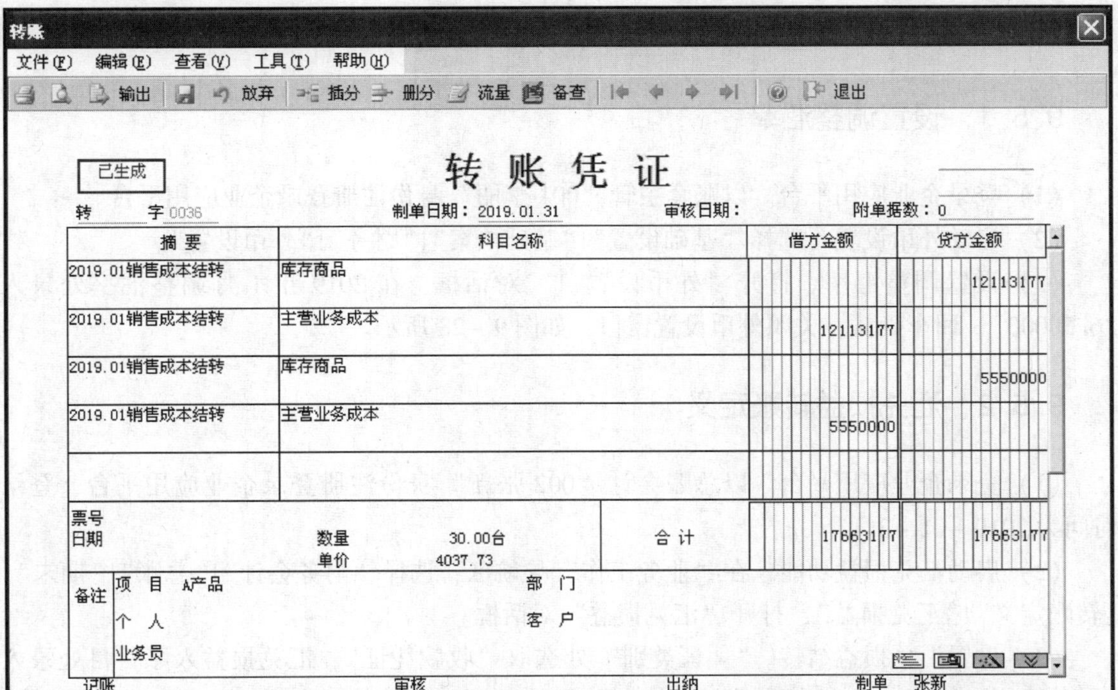

图 9－27 结转销售成本凭证

任务5　汇兑损益结转

任务单9-5

项目	项目9　总账系统期末处理	任务	任务5　汇兑损益结转
学习目标 1. 掌握汇兑损益结转的操作方法； 2. 掌握调整汇率的操作方法。		学习方法 1. 观看操作视频，记录操作要点； 2. 讨论、交流； 3. 实践操作。	
学习任务 运用汇兑损益结转完成期末结转：2019年1月31日，结转本月汇兑损益，2019年1月调整汇率为1:6.30000。			

☞ **岗位说明**

账套主管001李丽设置调整汇率。

总账会计002张新执行转账定义、转账生成。

☞ **操作步骤**

9.5.1　设置调整汇率

（1）登录企业应用平台。以账套主管"001李丽"身份注册登录企业应用平台。

（2）启动外币设置。选择"基础设置"|"基础档案"|"财务"|"外币设置"。

（3）设置调整汇率。打开"外币设置口"对话框，在2019年1月调整汇率处录入"6.30000"，回车确认，关闭外币设置窗口，如图9-28所示。

9.5.2　汇兑损益转账定义

（1）登录企业应用平台。以总账会计"002张新"身份注册登录企业应用平台，登录时间为2019-01-31。

（2）启动汇兑损益功能。在"业务工作"导航区，选择"财务会计"|"总账"|"期末"|"转账定义"|"汇兑损益"，打开"汇兑损益"对话框。

（3）设置汇兑损益结转。"凭证类别"处选取"收款凭证"，汇兑损益入账科目处录入"财务费用（6603）"，双击"是否计算汇兑损益"下方单元格，显示"Y"后，单击"确定"按钮，退出"汇兑损益结转设置"窗口，如图9-29所示。

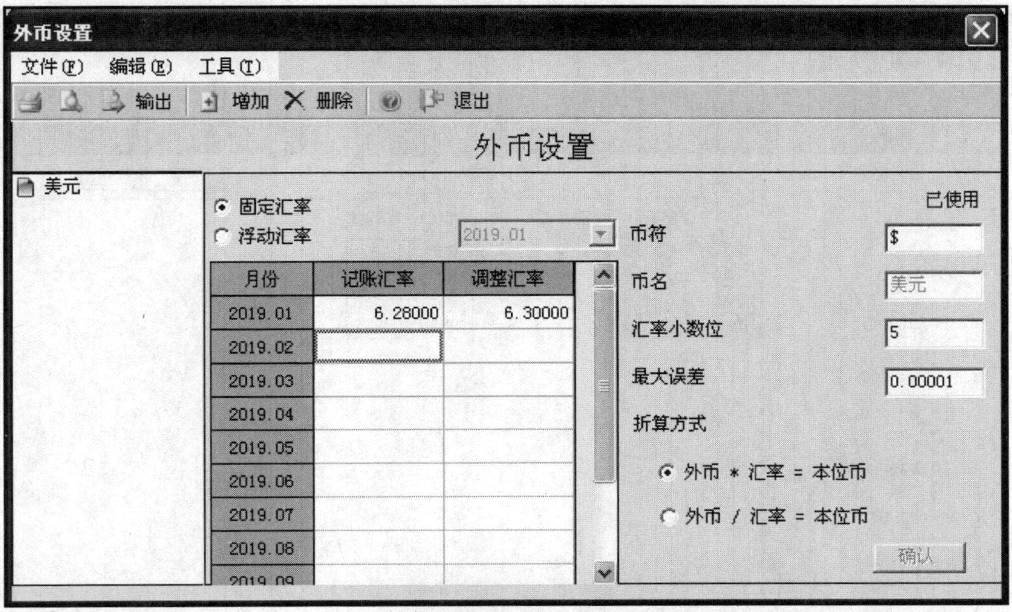

图 9－28 设置调整汇率

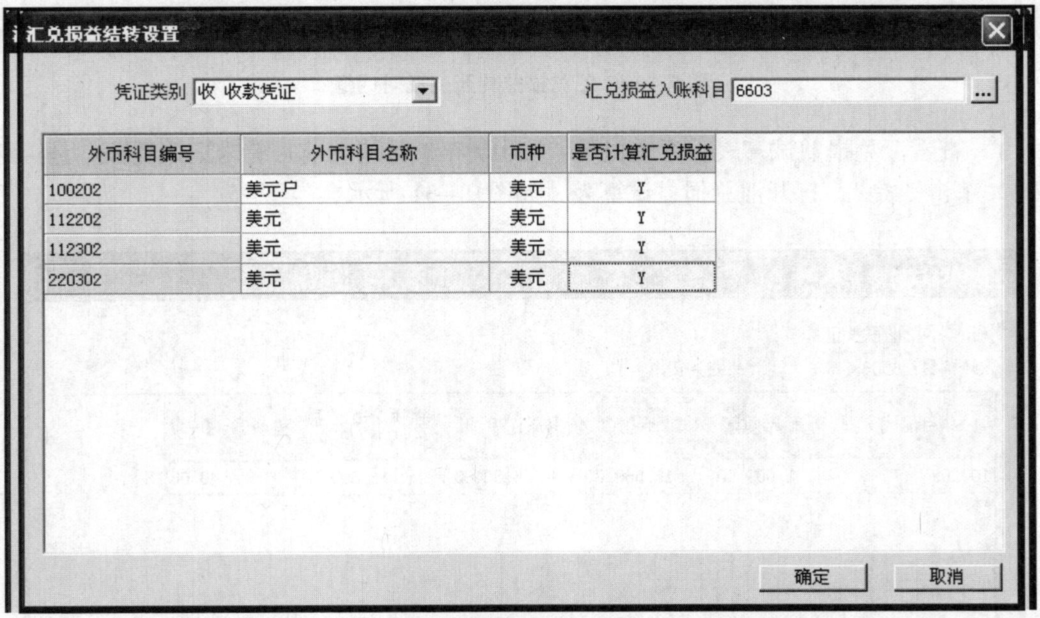

图 9－29 汇兑损益结转设置对话框

9.5.3 生成汇兑损益结转凭证

（1）启动转账生成功能。“业务工作”导航区，选择“财务会计”|“总账”|“期末”|“转账生成”，打开“转账生成”对话框。

（2）选择类型。单击“汇兑损益结转”单选按钮，在外币币种处单击下拉按钮，选择

“美元＄”；单击“全选”按钮，“是否结转”下方单元格出现“Y”后，单击“确定”按钮，如图9－30所示。

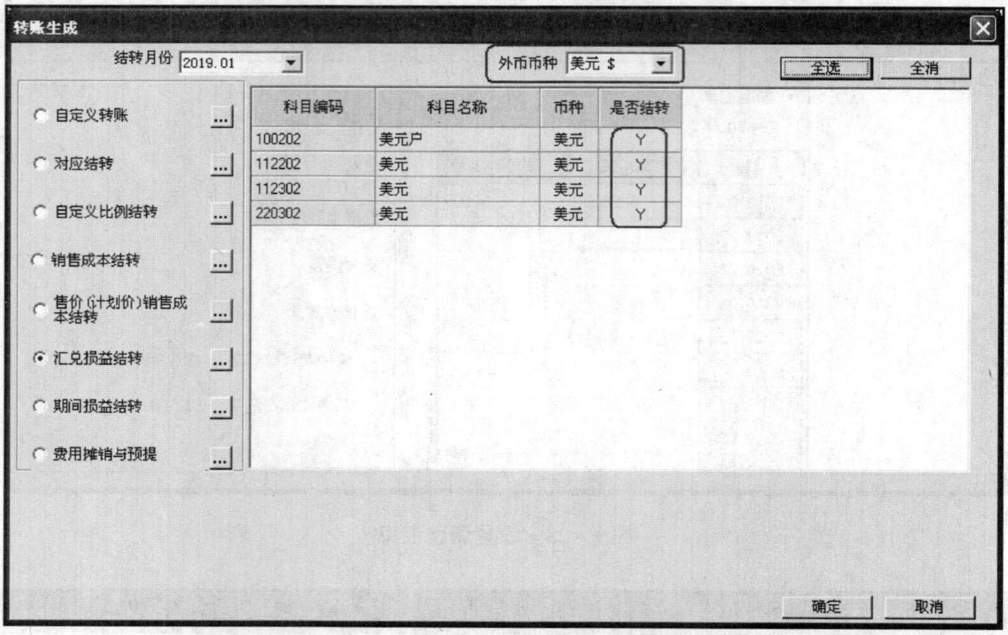

图9－30　汇兑损益转账生成对话框

（3）查看汇兑损益试算表。系统提示：“2019年1月或之前月有未记账凭证，是否继续结转？”单击“是”，打开汇兑损益试算表，如图9－31所示。

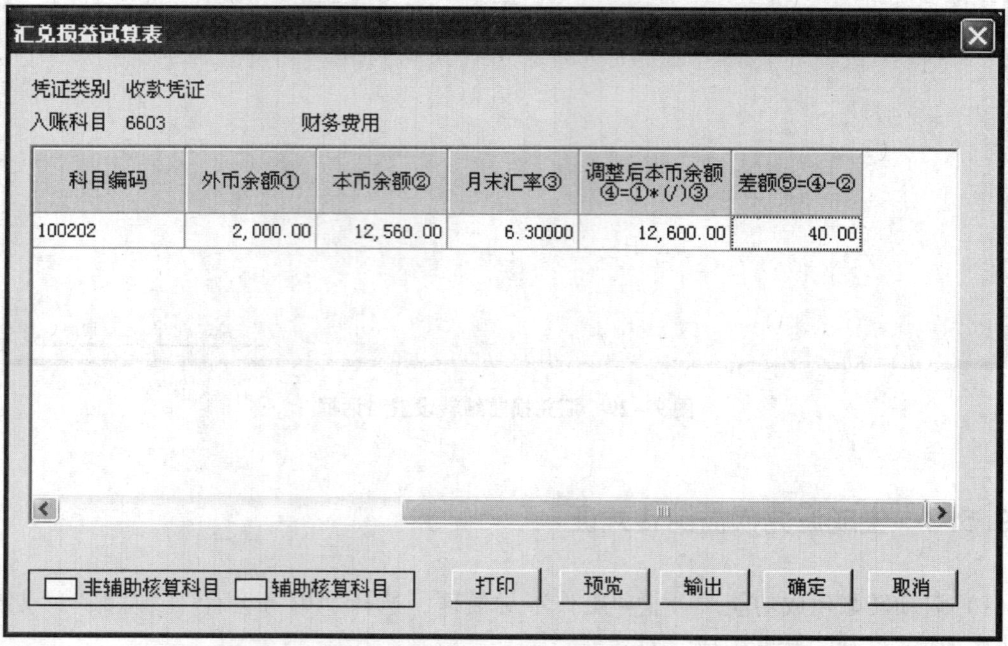

图9－31　汇兑损益试算表

（4）生成凭证。单击“确定”按钮，系统自动生成汇兑损益结转凭证，将“财务费用”贷方发生额调整到借方，并以红字金额表示。单击“ ”按钮，凭证左上角会出现“已生成”字样，如图 9－32 所示。

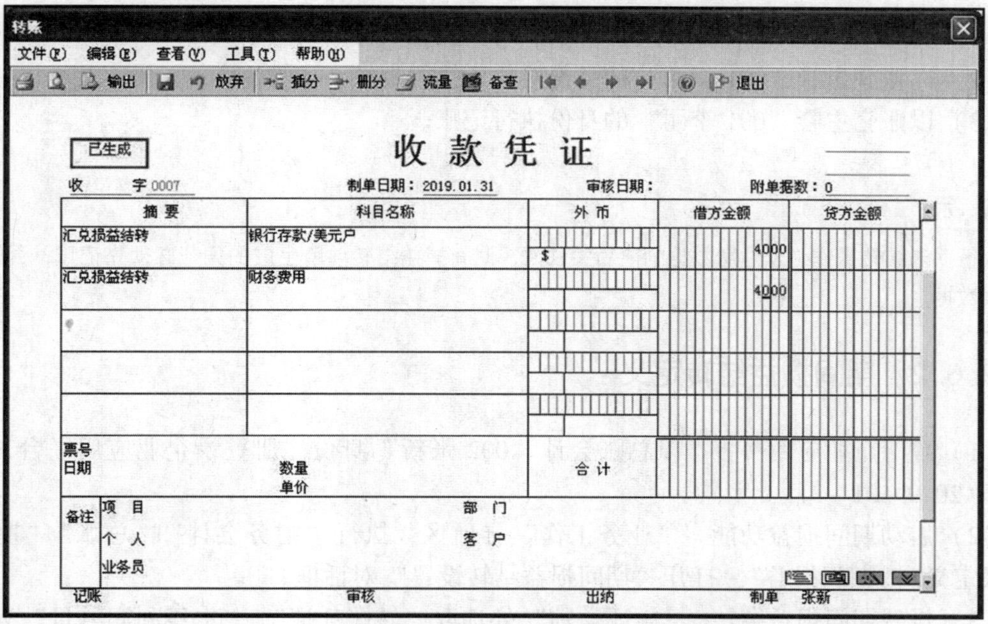

图 9－32 结转汇兑损益凭证

任务 6 期间损益结转

任务单 9－6

项目	项目 9 总账系统期末处理	任务	任务 6 期间损益结转
学习目标 掌握期间损益结转的操作方法。		学习方法 1. 观看操作视频，记录操作要点； 2. 讨论、交流； 3. 实践操作。	
学习任务 运用对应结转完成期末结转：2019 年 1 月 31 日，结转期间损益。			

☞ **岗位说明**

出纳员 003 刘萍执行出纳签字。
账套主管 001 李丽执行审核凭证、记账。
总账会计 002 张新执行转账定义、转账生成。

☞ 操作步骤

9.6.1 凭证审核、记账

（1）以出纳“003 刘萍”的身份对收、付款凭证执行出纳签字。

（2）以账套主管“001 李丽”的身份对凭证执行审核、主管签字。

（3）以账套主管“001 李丽”的身份执行记账。

提 示

执行期末结转操作必须注意数据的前后关联性，期间损益结转前所生成的凭证必须先记账，否则将产生错误数据。

9.6.2 期间损益结转定义

（1）登录企业应用平台。以总账会计“002 张新”身份注册登录企业应用平台，登录时间为 2019 - 01 - 31。

（2）启动期间损益功能。“业务工作”导航区，执行“财务会计”|“总账”|“期末”|“转账定义”|“期间损益”，打开“期间损益结转设置”对话框。

（3）设置期间损益结转。“凭证类别”处选取“转账凭证”，“本年利润科目”处录入“4103 本年利润”，单击“确定”按钮完成设置，如图 9 - 33 所示。

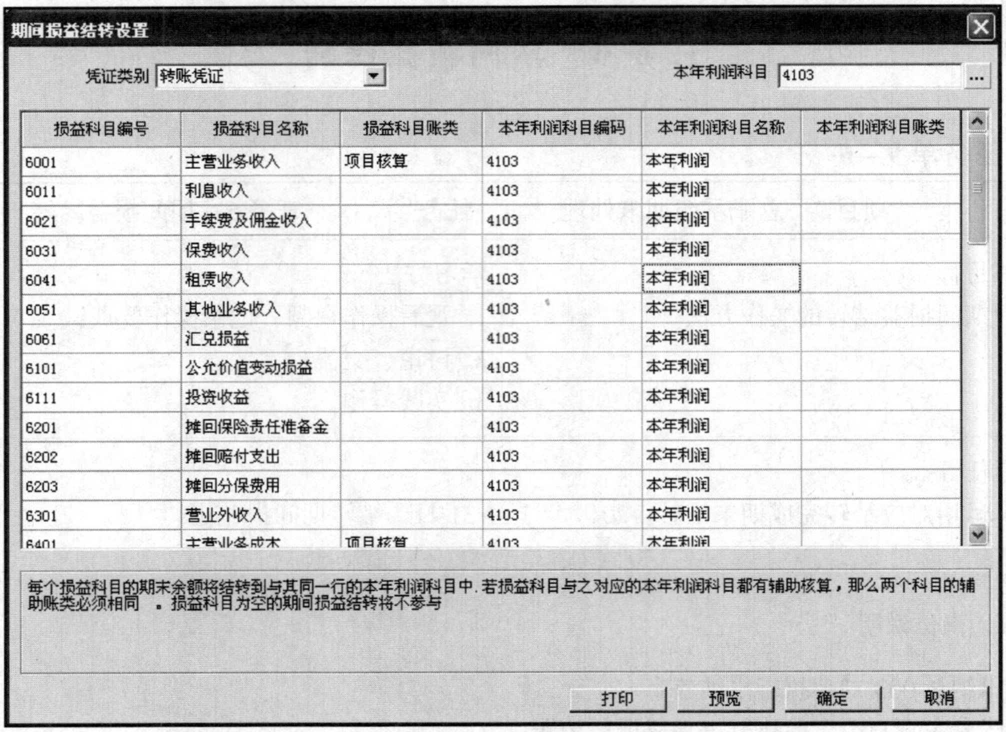
期间损益结转设置

凭证类别 转账凭证　　本年利润科目 4103

损益科目编号	损益科目名称	损益科目账类	本年利润科目编码	本年利润科目名称	本年利润科目账类
6001	主营业务收入	项目核算	4103	本年利润	
6011	利息收入		4103	本年利润	
6021	手续费及佣金收入		4103	本年利润	
6031	保费收入		4103	本年利润	
6041	租赁收入		4103	本年利润	
6051	其他业务收入		4103	本年利润	
6061	汇兑损益		4103	本年利润	
6101	公允价值变动损益		4103	本年利润	
6111	投资收益		4103	本年利润	
6201	摊回保险责任准备金		4103	本年利润	
6202	摊回赔付支出		4103	本年利润	
6203	摊回分保费用		4103	本年利润	
6301	营业外收入		4103	本年利润	
6401	主营业务成本	项目核算	4103	本年利润	

每个损益科目的期末余额将结转到与其同一行的本年利润科目中．若损益科目与之对应的本年利润科目都有辅助核算，那么两个科目的辅助账类必须相同 。损益科目为空的期间损益结转将不参与

打印　预览　确定　取消

图 9 - 33　期间损益结转设置

9.6.3 生成期间损益结转凭证

（1）启动转账生成功能。在“业务工作”导航区，执行“财务会计”|“总账”|“期末”|“转账生成”，打开“转账生成”窗口。

（2）选择类型。单击“期间损益结转”单选按钮，在类型处单击下拉按钮，选择“收入”，单击“全选”按钮，在“是否结转”下方单元格出现“Y”，如图 9－34 所示。

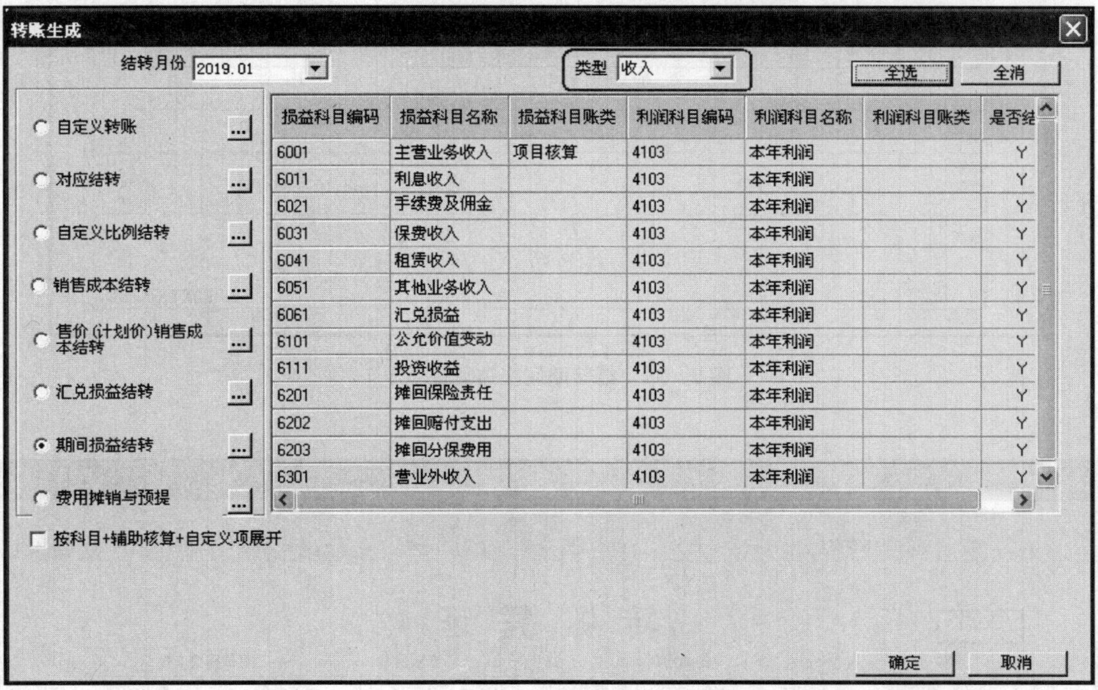

图 9－34 期间损益转账生成

（3）生成收入类结转凭证。单击“确定”按钮，系统自动生成期间收入类的结转凭证，单击“”按钮，凭证左上角会出现“已生成”字样，如图 9－35 所示。

（4）选择类型。在类型处单击下拉按钮，选择“支出”，单击“全选”按钮，在“是否结转”下方单元格出现“Y”。

（5）生成支出类结转凭证。单击“确定”按钮，系统自动生成期间支出类的结转凭证，单击“”按钮，凭证左上角会出现“已生成”字样，如图 9－36 所示。

提 示

期间损益结转可以选择“全部”生成一张结转凭证。

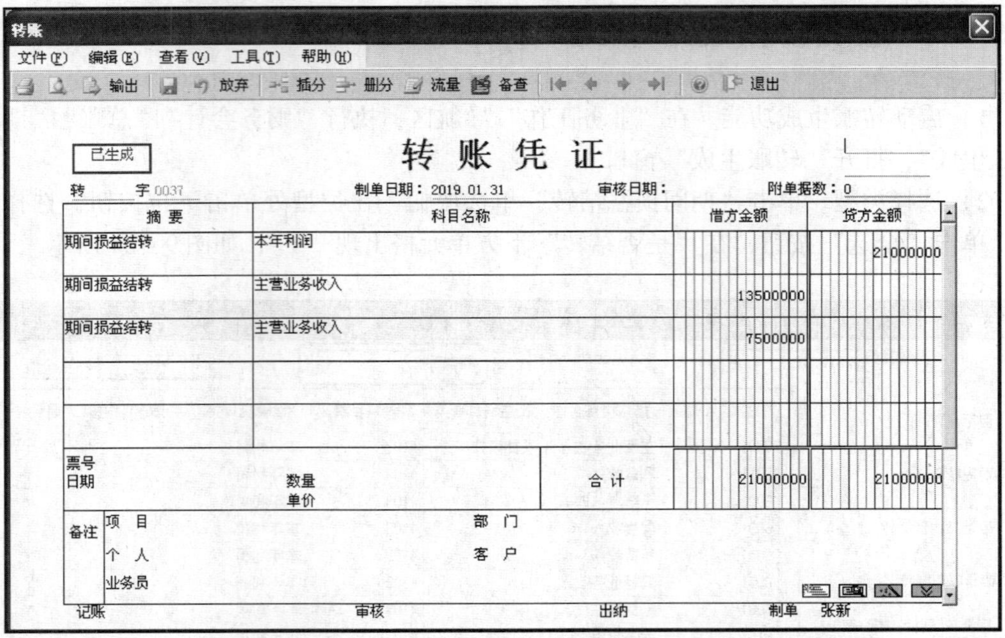

转账

文件(F) 编辑(E) 查看(V) 工具(T) 帮助(H)

已生成

转账凭证

转 字 0037 制单日期：2019.01.31 审核日期： 附单据数：0

摘要	科目名称	借方金额	贷方金额
期间损益结转	本年利润		21000000
期间损益结转	主营业务收入	13500000	
期间损益结转	主营业务收入	7500000	
票号 日期	数量 单价 合计	21000000	21000000

备注 项目 部门 个人 客户 业务员

记账 审核 出纳 制单 张新

图9-35 结转期间损益凭证（一）

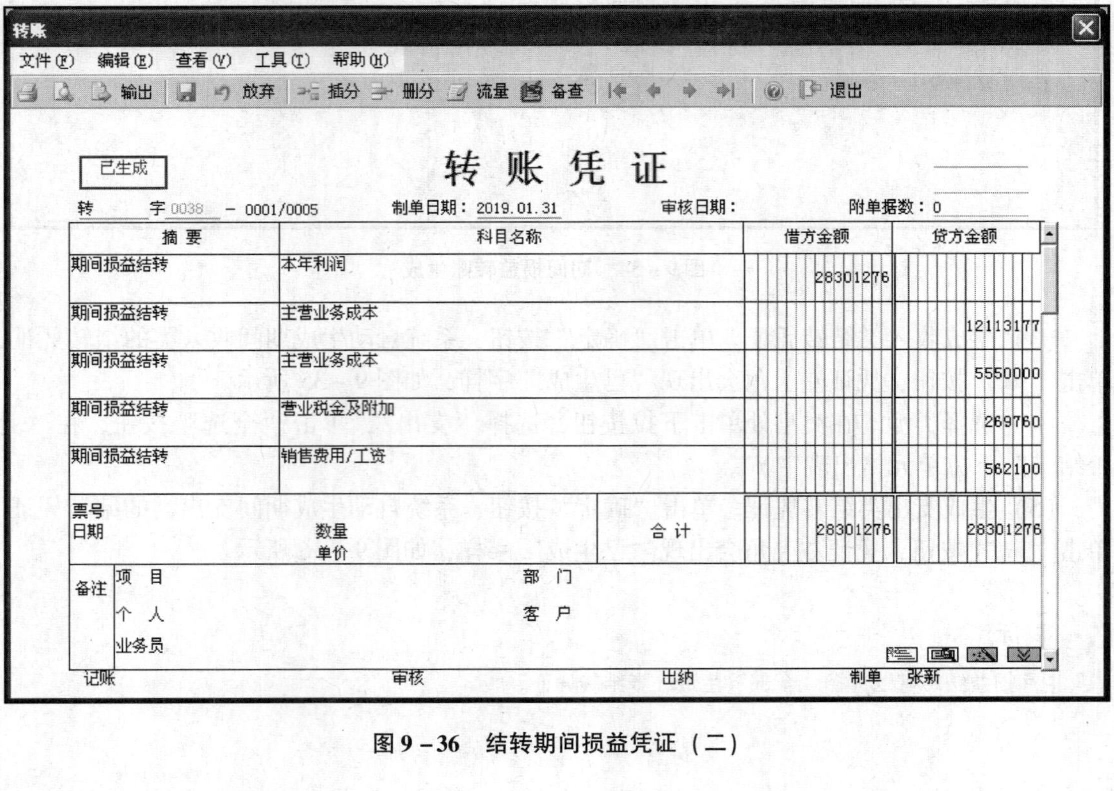

转账

文件(F) 编辑(E) 查看(V) 工具(T) 帮助(H)

已生成

转账凭证

转 字 0038 - 0001/0005 制单日期：2019.01.31 审核日期： 附单据数：0

摘要	科目名称	借方金额	贷方金额
期间损益结转	本年利润	28301276	
期间损益结转	主营业务成本		12113177
期间损益结转	主营业务成本		5550000
期间损益结转	营业税金及附加		269760
期间损益结转	销售费用/工资		562100
票号 日期	数量 单价 合计	28301276	28301276

备注 项目 部门 个人 客户 业务员

记账 审核 出纳 制单 张新

图9-36 结转期间损益凭证（二）

任务 7 期末对账与结账

任务单 9-7

项目	项目 9 总账系统期末处理	任务	任务 7 期末对账与结账
学习目标 1. 掌握期末对账的操作方法； 2. 掌握期末结账的操作方法。		学习方法 1. 观看操作视频，记录操作要点； 2. 讨论、交流； 3. 实践操作。	
学习任务 运用对应结转完成下列期末结转： （1）2019 年 1 月 31 日，完成对账； （2）2019 年 1 月 31 日，完成结账。			

☞ **岗位说明**

账套主管 001 李丽执行操作。

☞ **操作步骤**

9.7.1 凭证审核、记账

（1）以账套主管“001 李丽”的身份对凭证执行审核、主管签字。

（2）以账套主管“001 李丽”的身份执行记账。

提 示

- 期末结账前所有凭证必须记账。
- 如当期有盈利，还需要计提并结转所得税费用。

9.7.2 对账

（1）应收款管理系统对账。

①启动“对账”功能。在“业务工作”导航区，执行“财务会计”|“应收款管理”|“账表管理”|“业务账表”|“与总账对账”，打开“对账条件”对话框。

②执行对账。单击“确定”按钮，与总账对账结果如图 9-37 所示。

与总账对账结果

金额式

对账不平

日期：2019-01-01至2019-01-31

客户		币种	应收系统				总账系统				差额(应收-总账)		
编号	名称		期初本币	借方本币	贷方本币	期末本币	期初本币	借方本币	贷方本币	期末本币	期初本币	借方本币	贷方本币
001	利康有限公司	人民币	162,400.00	209,389.67	267,389.67	104,400.00	162,400.00	209,389.67	267,389.67	104,400.00			
002	兴隆有限公司	人民币	58,000.00	58,000.00	20,000.00	96,000.00	58,000.00	58,000.00	20,000.00	96,000.00			
003	天达公司	人民币		52,200.00	52,200.00			52,200.00	52,200.00				
004	红星公司	人民币		39,300.00	39,300.00			39,300.00	39,300.00				
	合计		220,400.00	358,889.67	378,889.67	200,400.00	220,400.00	358,889.67	378,889.67	200,400.00			

图 9-37　应收系统与总账对账结果对话框

（2）应付款管理系统对账。

①启动“对账”功能。在“业务工作”导航区，执行“财务会计”|“应付款管理”|“账表管理”|“业务账表”|“与总账对账”，打开“对账条件”对话框。

②执行对账。单击“确定”按钮，与总账对账结果如图 9-38 所示。

与总账对账结果

金额式

对账不平

日期：2019-01-01至2019-0

供应商		应付系统				总账系统				差额(应付-总账)		
编号	名称	期初本币	借方本币	贷方本币	期末本币	期初本币	借方本币	贷方本币	期末本币	期初本币	借方本币	贷方本币
001	大发厂	1,624.00	5,000.00	-1,624.00	-5,000.00	1,624.00	5,000.00	-1,624.00	-5,000.00			
002	大庆电缆厂		5,800.00	11,600.00	5,800.00		5,800.00	11,600.00	5,800.00			
003	宝峰有限公司	11,368.00	34,800.00	34,800.00	11,368.00	11,368.00	34,800.00	34,800.00	11,368.00			
004	黎明有限公司	17,400.00		30,044.00	47,444.00	17,400.00		30,044.00	47,444.00			
	合计	30,392.00	45,600.00	74,820.00	59,612.00	30,392.00	45,600.00	74,820.00	59,612.00			

图 9-38　应付系统与总账对账结果对话框

（3）固定资产管理系统对账。

①启动“对账”功能。在“业务工作”导航区，执行“财务会计”|“固定资产”|“处理”|“对账”，打开“与账务对账结果”对话框，如图 9-39 所示。

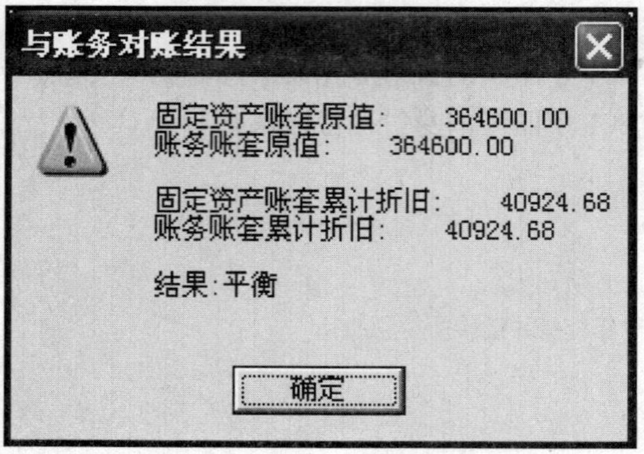

图 9-39　固定资产与账务对账结果对话框

（4）总账对账。

①启动“对账”功能。在“业务工作”导航区，执行“财务会计”|“总账”|“期末”|

“对账”，打开“对账”对话框。

②进行试算平衡。单击工具栏上的“试算”按钮，出现“2019.01 试算平衡表”，单击“确定”按钮，如图 9－40 所示。

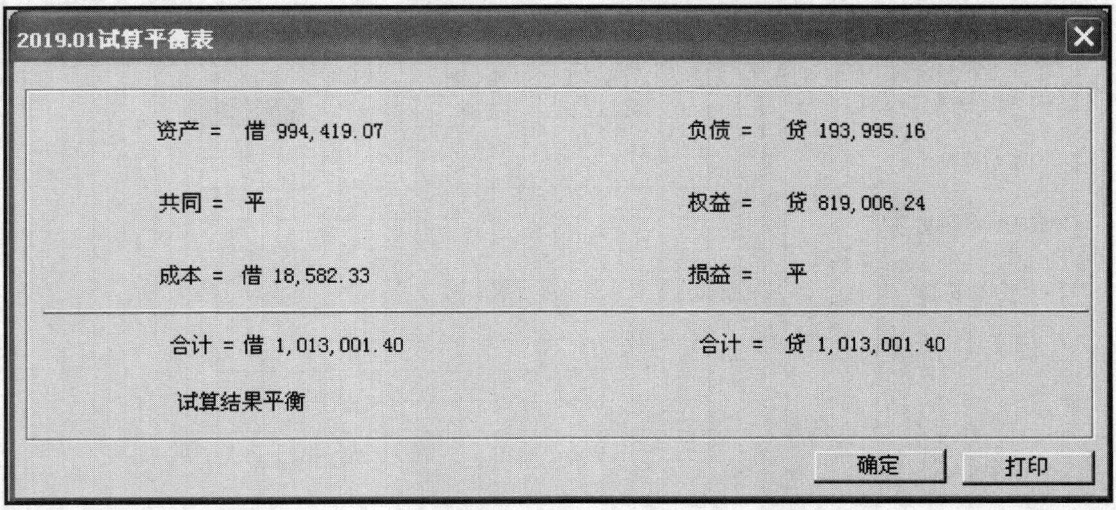

图 9－40　2019.01 试算平衡表

③执行检查。单击“检查”按钮，系统提示：“总账、辅助账、多辅助账、凭证数据正确”，如图 9－41 所示。

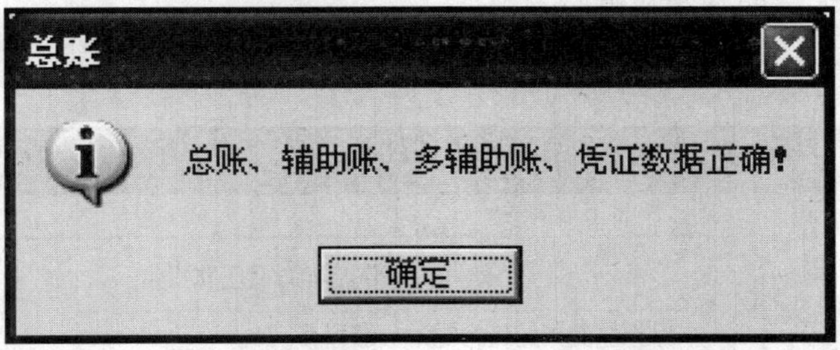

图 9－41　检查结果对话框

④执行对账。选择要对账的月份并单击“选择”按钮，或在要对账的月份行“是否对账”栏中双击，出现“Y”，表示要对该月进行对账。

⑤显示对账结果。单击“对账”按钮，系统开始自动对账，对账结果如图 9－42 所示。

⑥单击工具栏上的“退出”按钮，退出对账界面。

9.7.3　结账

（1）启动结账功能。在“业务工作”导航区，选择“财务会计”|“总账”|“期末”|“结账”，显示“结账”对话框。

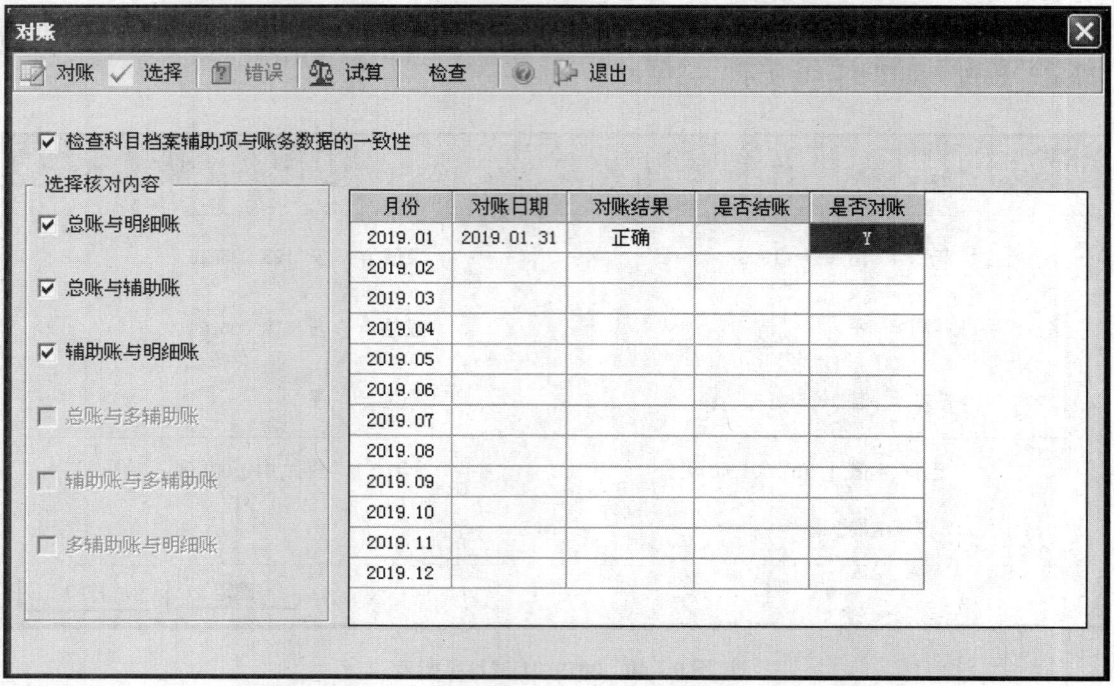

图 9－42　对账结果

（2）选择结账月份。单击要结账的月份“2019－01”，单击“下一步”。

（3）对账。系统自动开始对账。

（4）显示月度工作报告。单击“下一步”，打开“月度工作报告”，如图 9－43 所示。

图 9－43　月度工作报告

（5）完成结账。单击“下一步”，出现系统提示，可以结账，单击“结账”按钮，完成操作，如图 9－44 所示。

图 9－44 结账

提 示

- 已结账的月份不能再填制凭证。
- 有未记账的凭证不能结账。
- 上月未结账，本月不能结账。
- 其他子系统未全部结账，则总账不能结账。
- 结账后发现结账错误，可以取消结账，操作方法为：打开“结账”对话框，选择要取消结账的月份，按“Crtl＋Shift＋F6”组合键。

任务 8 总账系统账证查询

任务单 9－8

项目	项目 9 总账系统期末处理	任务	任务 8 总账系统账证查询
学习目标 1. 掌握查询凭证的操作方法； 2. 掌握查询账簿的操作方法。		学习方法 1. 观看操作视频，记录操作要点； 2. 讨论、交流； 3. 实践操作。	

学习任务

1. 2019年1月31日，查询2019年1月份所有转账凭证；
2. 2019年1月31日，查询2019年1月份库存商品总账；
3. 2019年1月31日，查询2019年1月份办公室的办公费明细账。

9.8.1　查询凭证

☞ **岗位说明**

账套主管001李丽执行操作。

☞ **操作步骤**

（1）打开查询凭证对话框。在“业务工作”导航区，选择“财务会计”|“总账”|“凭证”|“查询凭证”打开“凭证查询”对话框。

（2）设置查询条件。“凭证查询”对话框，选择记账范围中的“全部凭证”，凭证标志为“全部”，“凭证类别”选择为“转账凭证”，日期为“2019－01－01～2019－01－31”，如图9－45所示。

图9－45　凭证查询条件

（3）显示查询凭证列表。单击“确定”按钮，系统弹出查询凭证列表，如图9－46所示。

（4）查看凭证内容。双击要查询的凭证，可查看凭证内容。

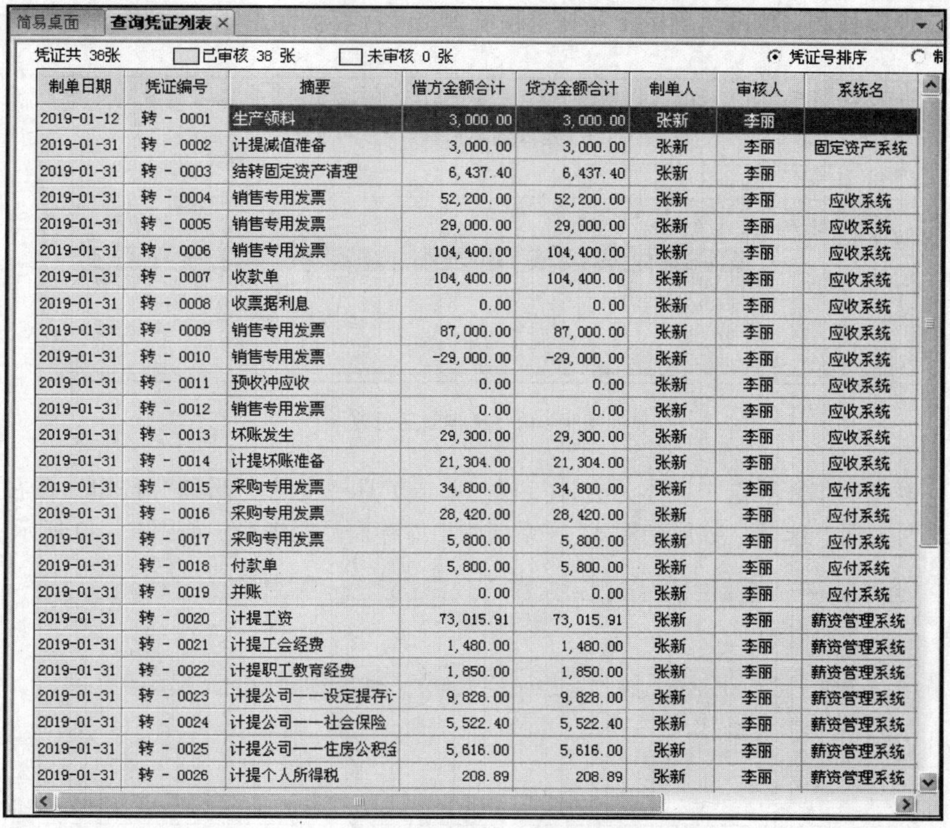

简易桌面 | 查询凭证列表

凭证共 38张 已审核 38 张 未审核 0 张 凭证号排序 制

制单日期	凭证编号	摘要	借方金额合计	贷方金额合计	制单人	审核人	系统名
2019-01-12	转 - 0001	生产领料	3,000.00	3,000.00	张新	李丽	
2019-01-31	转 - 0002	计提减值准备	3,000.00	3,000.00	张新	李丽	固定资产系统
2019-01-31	转 - 0003	结转固定资产清理	6,437.40	6,437.40	张新	李丽	
2019-01-31	转 - 0004	销售专用发票	52,200.00	52,200.00	张新	李丽	应收系统
2019-01-31	转 - 0005	销售专用发票	29,000.00	29,000.00	张新	李丽	应收系统
2019-01-31	转 - 0006	销售专用发票	104,400.00	104,400.00	张新	李丽	应收系统
2019-01-31	转 - 0007	收款单	104,400.00	104,400.00	张新	李丽	应收系统
2019-01-31	转 - 0008	收票据利息	0.00	0.00	张新	李丽	应收系统
2019-01-31	转 - 0009	销售专用发票	87,000.00	87,000.00	张新	李丽	应收系统
2019-01-31	转 - 0010	销售专用发票	-29,000.00	-29,000.00	张新	李丽	应收系统
2019-01-31	转 - 0011	预收冲应收	0.00	0.00	张新	李丽	应收系统
2019-01-31	转 - 0012	销售专用发票	0.00	0.00	张新	李丽	应收系统
2019-01-31	转 - 0013	坏账发生	29,300.00	29,300.00	张新	李丽	应收系统
2019-01-31	转 - 0014	计提坏账准备	21,304.00	21,304.00	张新	李丽	应收系统
2019-01-31	转 - 0015	采购专用发票	34,800.00	34,800.00	张新	李丽	应付系统
2019-01-31	转 - 0016	采购专用发票	28,420.00	28,420.00	张新	李丽	应付系统
2019-01-31	转 - 0017	采购专用发票	5,800.00	5,800.00	张新	李丽	应付系统
2019-01-31	转 - 0018	付款单	5,800.00	5,800.00	张新	李丽	应付系统
2019-01-31	转 - 0019	并账	0.00	0.00	张新	李丽	应付系统
2019-01-31	转 - 0020	计提工资	73,015.91	73,015.91	张新	李丽	薪资管理系统
2019-01-31	转 - 0021	计提工会经费	1,480.00	1,480.00	张新	李丽	薪资管理系统
2019-01-31	转 - 0022	计提职工教育经费	1,850.00	1,850.00	张新	李丽	薪资管理系统
2019-01-31	转 - 0023	计提公司——设定提存计	9,828.00	9,828.00	张新	李丽	薪资管理系统
2019-01-31	转 - 0024	计提公司——社会保险	5,522.40	5,522.40	张新	李丽	薪资管理系统
2019-01-31	转 - 0025	计提公司——住房公积金	5,616.00	5,616.00	张新	李丽	薪资管理系统
2019-01-31	转 - 0026	计提个人所得税	208.89	208.89	张新	李丽	薪资管理系统

图 9－46　查询凭证列表

9.8.2　查询总账、联查明细账及凭证

（1）启动总账查询功能。在“业务工作”导航区，执行“财务会计”|“总账”|“账表”|“科目账”|“总账”，打开“总账查询条件”对话框。

（2）输入查询条件。在科目处输入“1405 库存商品”，如图 9－47 所示。

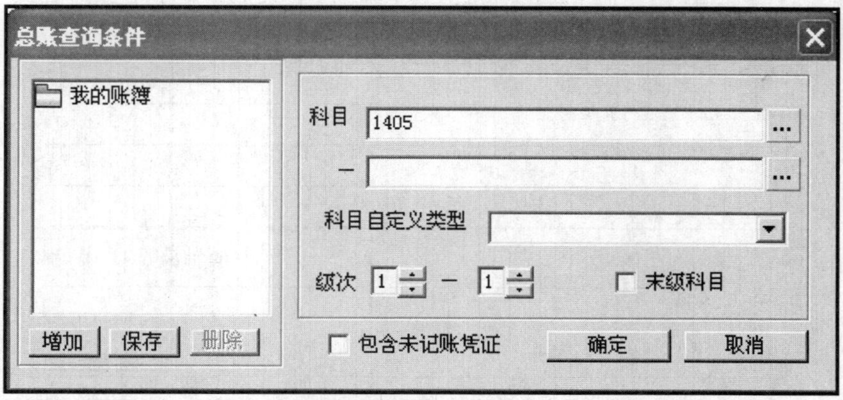

图 9－47　总账查询条件对话框

（3）查看总账。单击“确定”按钮，系统弹出“库存商品总账”，如图 9－48 所示。

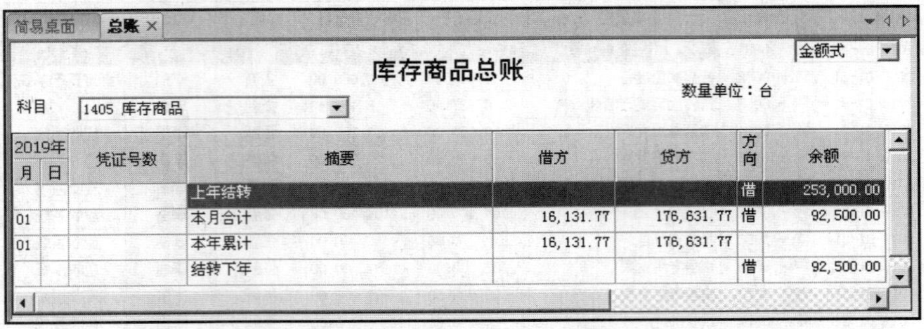

简易桌面 总账

金额式

库存商品总账

数量单位：台

科目 1405 库存商品

2019年 月	日	凭证号数	摘要	借方	贷方	方向	余额
			上年结转			借	253,000.00
01			本月合计	16,131.77	176,631.77	借	92,500.00
01			本年累计	16,131.77	176,631.77		
			结转下年			借	92,500.00

图 9－48　库存商品总账

（4）联查明细账。选中“本月合计”栏，单击工具栏上的“明细”按钮，在右上角的账簿格式列表框中选择“数量金额式”，系统弹出库存商品明细账，如图 9－49 所示。

简易桌面 总账 明细账

数量金额式

库存商品明细账

数量单位：台

月份：2019.01-2019.01

科目 1405 库存商品

2019年 月	日	凭证号数	摘要	单价	借方 数量	借方 金额	贷方 数量	贷方 金额	方向	余额 数量	余额 单价	余额 金额
			上年结转						借	70.00	3614.29	253,000.00
01	31	转-0030	结转完工产品成本_A产品			16,131.77			借	70.00		269,131.77
01	31	转-0036	2019.01销售成本结转_A产品	4037.73			30.00	121,131.77	借	40.00		148,000.00
01	31	转-0036	2019.01销售成本结转_B产品	3700.00			15.00	55,500.00	借	25.00		92,500.00
01			本月合计			16,131.77	45.00	176,631.77	借	25.00	3700.00	92,500.00
01			本年累计			16,131.77	45.00	176,631.77	借	25.00	3700.00	92,500.00
			结转下年				45.00		借	25.00	3700.00	92,500.00

图 9－49　库存商品明细账

（5）联查凭证。在明细账中选择要联查的凭证号，单击工具栏上的凭证按钮，即可查看凭证内容，如图 9－50 所示。

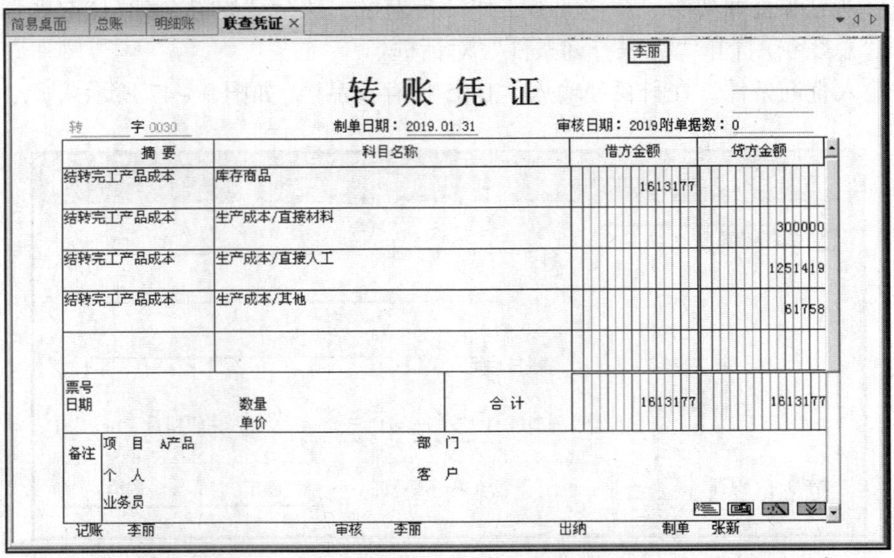

简易桌面 总账 明细账 联查凭证

李丽

转 账 凭 证

转 字 0030　制单日期：2019.01.31　审核日期：2019　附单据数：0

摘要	科目名称	借方金额	贷方金额
结转完工产品成本	库存商品	1613177	
结转完工产品成本	生产成本/直接材料		300000
结转完工产品成本	生产成本/直接人工		1251419
结转完工产品成本	生产成本/其他		61758
票号 日期	数量 单价 合计	1613177	1613177

备注　项目 A产品　部门

个人　客户

业务员

记账 李丽　审核 李丽　出纳　制单 张新

图 9－50　联查凭证

9.8.3 查询部门明细账

（1）在“业务工作”导航区中，执行“财务会计”|“总账”|“账表”|“部门辅助账”|“部门科目明细账”，打开“部门科目明细账条件”对话框。

（2）设置查询条件。选择“科目”为“660202 办公费”，“部门”设置为“办公室”，如图 9－51 所示。

图 9－51 部门科目明细账查询条件

（3）查看部门科目明细账。单击“确认”按钮，系统显示 660202 办公室的明细账，如图 9－52 所示。

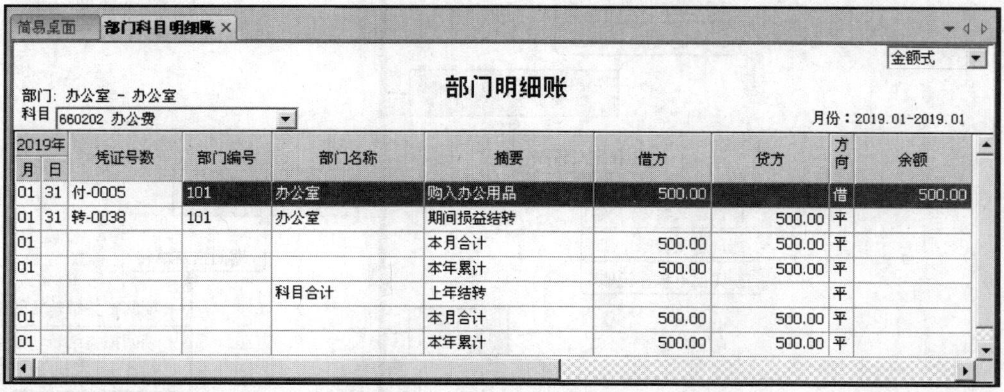

部门明细账

部门：办公室 - 办公室

科目 660202 办公费

月份：2019.01-2019.01

2019年 月	日	凭证号数	部门编号	部门名称	摘要	借方	贷方	方向	余额
01	31	付-0005	101	办公室	购入办公用品	500.00		借	500.00
01	31	转-0038	101	办公室	期间损益结转		500.00	平	
01					本月合计	500.00	500.00	平	
01					本年累计	500.00	500.00	平	
				科目合计	上年结转			平	
01					本月合计	500.00	500.00	平	
01					本年累计	500.00	500.00	平	

图 9－52 管理费用部门科目明细账

（4）联查总账。单击工具栏上的“总账”按钮，可以联查管理费用的总账。

（5）联查凭证。选要联查凭证号，单击工具栏上的“凭证”按钮，即可查看凭证内容。

项目总结

本项目介绍了运用用友软件执行期末处理的流程（如图 9－53）及操作方法。其核心就在于能结合业务需求执行期末转账定义。

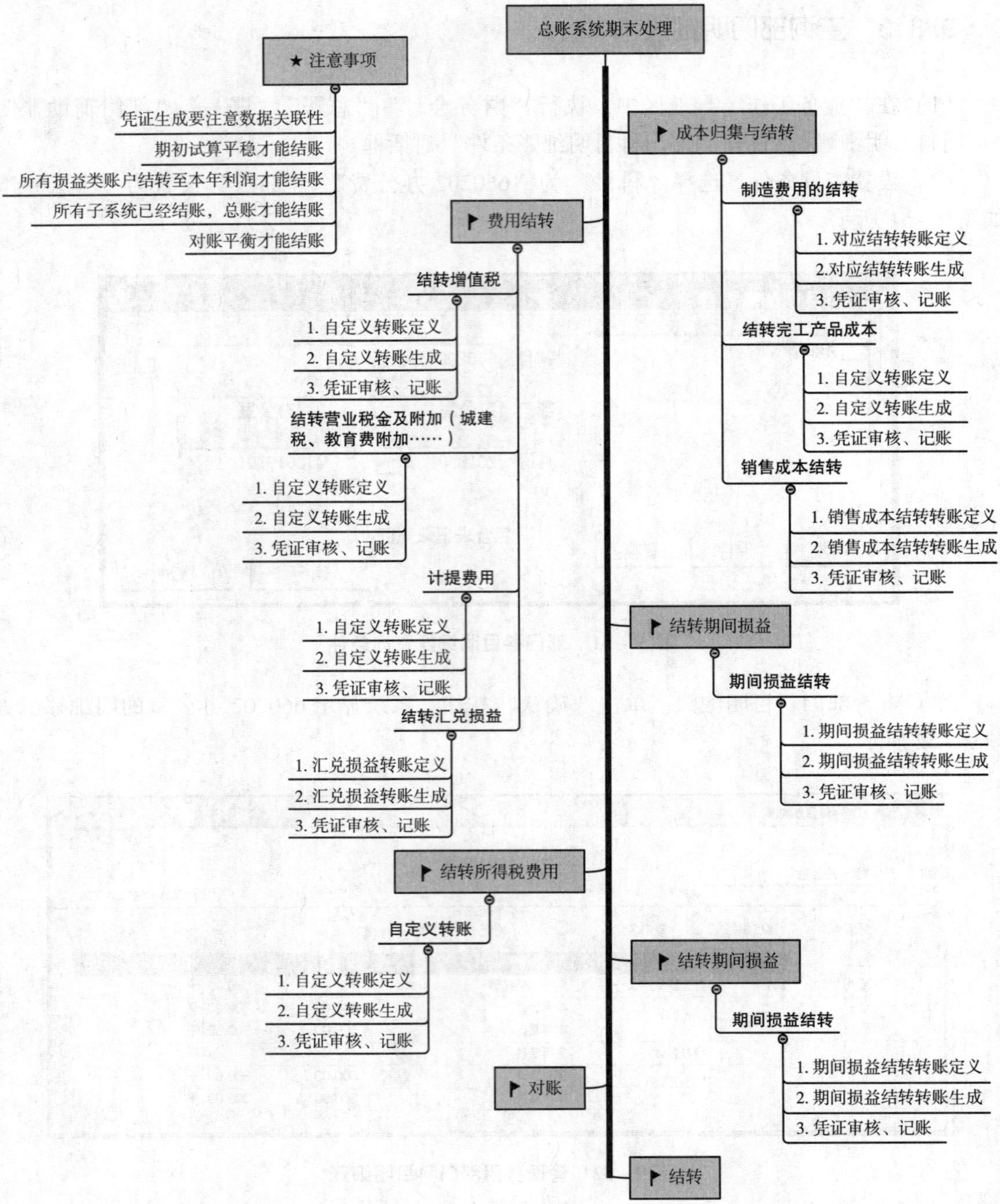
总账系统期末处理
★ 注意事项
凭证生成要注意数据关联性
期初试算平稳才能结账
所有损益类账户结转至本年利润才能结账
所有子系统已经结账，总账才能结账
对账平衡才能结账
成本归集与结转
制造费用的结转
1. 对应结转转账定义
2.对应结转转账生成
3. 凭证审核、记账
结转完工产品成本
1. 自定义转账定义
2. 自定义转账生成
3. 凭证审核、记账
销售成本结转
1. 销售成本结转转账定义
2. 销售成本结转转账生成
3. 凭证审核、记账
费用结转
结转增值税
1. 自定义转账定义
2. 自定义转账生成
3. 凭证审核、记账
结转营业税金及附加（城建税、教育费附加……）
1. 自定义转账定义
2. 自定义转账生成
3. 凭证审核、记账
计提费用
1. 自定义转账定义
2. 自定义转账生成
3. 凭证审核、记账
结转汇兑损益
1. 汇兑损益转账定义
2. 汇兑损益转账生成
3. 凭证审核、记账
结转期间损益
期间损益结转
1. 期间损益结转转账定义
2. 期间损益结转转账生成
3. 凭证审核、记账
结转所得税费用
自定义转账
1. 自定义转账定义
2. 自定义转账生成
3. 凭证审核、记账
结转期间损益
期间损益结转
1. 期间损益结转转账定义
2. 期间损益结转转账生成
3. 凭证审核、记账
对账
结转

图 9－53　期末处理流程

项目10

应用报表系统

项目分析

新宇股份有限公司2019年1月所有的经济业务处理完毕，接下来需要编制会计报表。要想运用用友U8V10.1的UFO报表系统编制会计报表就必须解决好如下问题：

问题1：如何启动UFO报表系统。

问题2：如何定义报表格式。

问题3：如何定义报表公式。

问题4：如何定义关键字。

问题5：如何调用报表模板生成会计报表。

请在下列任务的执行过程中探索解决问题的方法。

任务1 自定义报表

任务单10－1

<table>
<tr><td>项目</td><td>项目10　应用报表系统</td><td>任务</td><td>任务1　自定义报表</td></tr>
<tr><td colspan="2">学习目标
1. 掌握定义报表格式的方法；
2. 掌握定义报表公式的方法；
3. 掌握定义关键字的方法；
4. 能运用UFO报表系统，设计规范的财务报表；
5. 掌握舍位平衡表的编制方法。</td><td colspan="2">学习方法
1. 观看操作视频，记录操作要点；
2. 讨论、交流；
3. 实践操作。</td></tr>
<tr><td colspan="4">学习任务</td></tr>
</table>

1. 编制新宇股份有限公司2019年1月31日制造费用明细表，内容如表10－1所示。

表10－1　　制造费用明细表

单位名称：　　年　月　日　　单位：元

项目	A产品	B产品
材料费		
人工费		
折旧费		
合计		

制表人：

2. 编制计量单位为“千元”的制造费用舍位平衡表。

10.1.1 编制报表

知识链接

（1）单元。报表中由行和列构成的方格称为单元，它是组成报表的最小单位，每个单元都用它所在的列号和行号共同表示，称为单元名。如用 A3 表示报表中的第 1 列第 3 行所对应的单元。

（2）单元属性。单元属性包括单元类型、对齐方式、字体图案及边框。

①单元类型分为数值型、字符型和表样型三种。

数值型单元：用于存放报表的数据，可以直接输入也可以由单元公式运算生成。建立一个新表时，所有单元的单元类型均默认为数值型。

字符型单元：可存储汉字、字母、数字及用键盘输入的字符串。字符型单元的内容可以直接输入，也可以由单元公式生成。

表样型单元：它是报表的格式，是在格式状态下输入的所有文字、符号或数字。表样型单元对所有的表页都有效。表样型单元只可以在格式状态下输入和修改，在数据状态下只能显示而不可以修改。

②对齐方式，表明该单元的数据或字符在水平和垂直方向的对齐方式。

③字体颜色，表明该单元的数据或字符所显示的颜色，可以根据具体需要设置。

④边框。可设置该单元的边框。

（3）区域，是由一组相邻的单元组成的矩形块。最大的区域是一个表页的所有单元，最小的区域只包含一个单元。描述整个区域时将开始单元（左上角单元）的名称与结束单元（右下角单元）的名称用“：”连接起来，如 C4：D9 就表示从 C4 到 D9 的区域。

（4）表页，是由若干行和若干列组成的一个二维表。某页中单元的表示方法为：列行@页，如 C4@3，就表示是第 3 页的 C4 单元。

（5）报表文件，是以·rep 为后缀的文件，由一个或多个表页组成。

（6）关键字。关键字是游离于单元之外的特殊数据单元，可用于在大量表页中快速选择表页，每个表页可设置多个关键字，如单位名称、单位编号、年、月、日等，关键字在报表格式状态下以红字显示。

☞ **岗位说明**

账套主管 001 李丽执行操作。

☞ **操作步骤**

（1）创建报表文件。

①启动 UFO 报表系统。以账套主管“001 李丽”的身份注册登录企业应用平台，操作日期为“2019－01－31”。执行“业务工作”|“财务会计”|“UFO 报表”，打开 UFO 报表系统。

②新建报表文件。执行“文件”|“新建”命令，系统将自动创建一个空白的报表文件，系统默认文件名为“report1”，如图 10－1 所示。

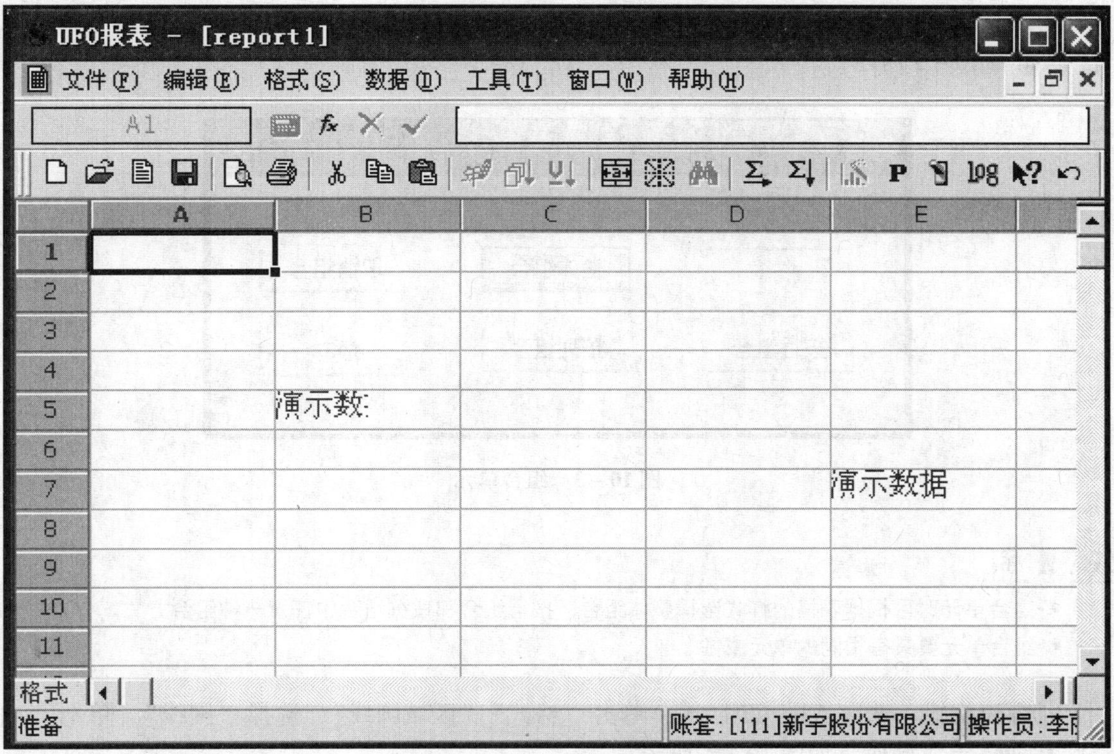

图 10－1　新建报表窗口

(2) 设计报表格式。

①定义报表尺寸。报表在“格式”状态下，执行“格式”|“表尺寸”命令，打开表尺寸窗口对话框，录入行数和列数，如图 10－2 所示。单击“确认”按钮，完成表尺寸设置。

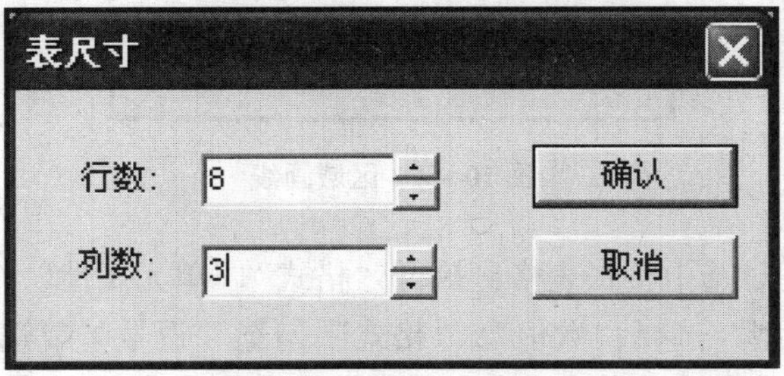

图 10－2　设置表尺寸

②定义行高和列宽。选择 A1：C8 区域，单击“格式”|“行高”，输入行高 10，单击确认。执行“格式”|“列宽”，输入列宽 35，单击确认。

提　示

- 表尺寸是指报表的行数与列数，在定义表尺寸时要将报表的表头、表体、表尾都考虑在内。
- 调整行高和列宽的方法有两种：一种是使用格式菜单栏中的行高和列宽命令进行调整；另一种是使用鼠标拖动分割线的方法来完成。

③定义组合单元。选取 A1：C1 区域，执行“格式”|“组合单元”命令，单击“整体组合”，如图 10－3 所示。

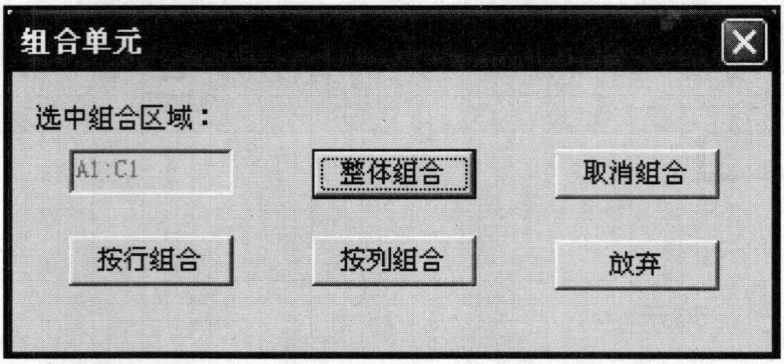

图 10－3　组合单元

提　示

- 组合单元时可根据表格的样式选择整体组合、按行组合和按列组合中任意一种组合方式。
- 组合单元要具有相同的单元属性。

④画表格线。选取 A3：C7 区域，单击“格式”|“区域画线”，选择“网线”，单击“确认”按钮，完成操作，如图 10－4 所示。

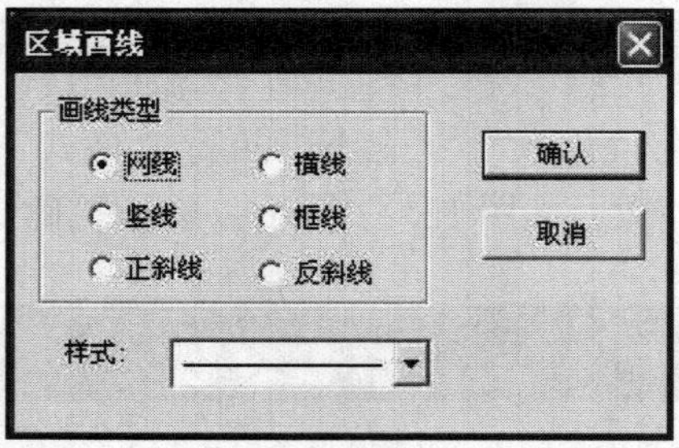

图 10－4　区域画线

⑤设置单元格属性。选中整张表格，执行“格式”|“单元属性”命令，打开“单元格属性”对话框，“单元类型”选择“数值”，“格式”勾选“逗号”复选项，如图 10－5 所示。

提　示

- 格式状态下输入内容的单元均默认为是表样单元，在数据状态下只能显示，不能修改。
- 字符单元和数值单元输入后只对本表页有效，而表样单元输入后对所有表页都有效。
- 单元格属性对话框还可以执行“字体”“对齐方式”“边框”的设置。

⑥定义关键字。“格式”状态下，选择 A2 单元，执行“数据”|“关键字”|“设置”命令，打开设置关键字对话窗口，选中“单位名称”，单击“确定”按钮。运用同样方法在 B2 单元，设置关键字“年”“月”“日”。如图 10－6 所示。

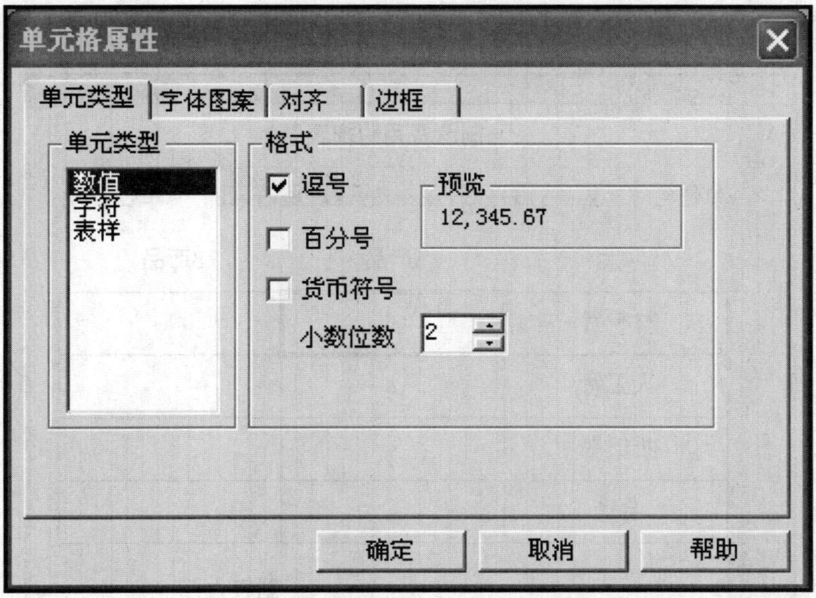

图 10－5　单元格属性

⑦调整关键字位置。执行“数据”|“关键字”|“偏移”命令。打开定义关键字偏移对话框，设置“年”偏移量“－30”，“日”偏移量“30”，如图 10－7 所示，单击“确定”完成操作。

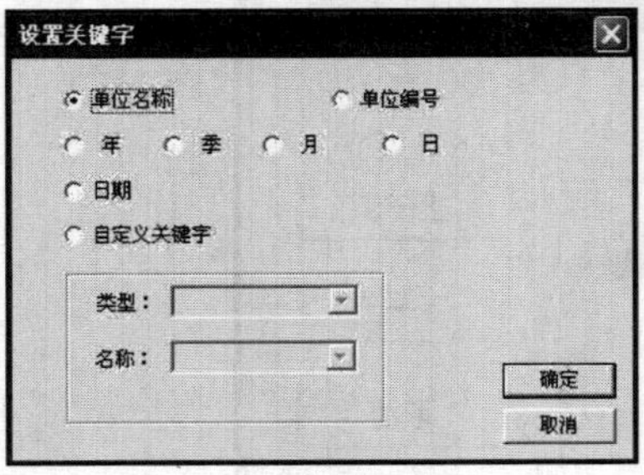

图 10－6　设置关键字

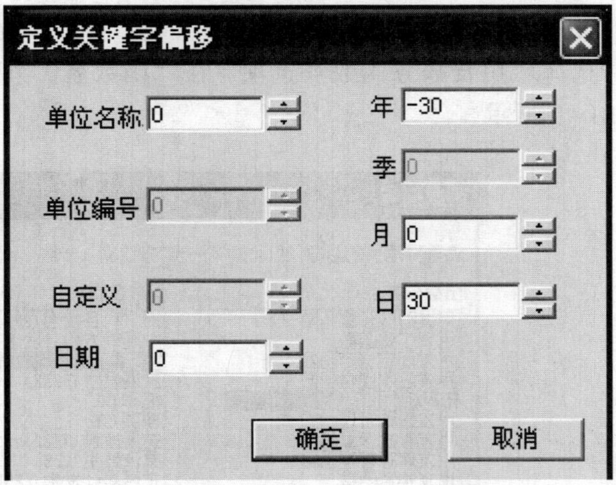

图 10－7　定义关键字偏移

提 示

- 每个报表可设置多个关键字。
- 如果要取消关键字，可执行“数据”|“关键字”|“取消”。
- 设置关键字偏移时，用正数表示向右移，用负数表示向左移。
- 格式状态下关键字显示为红色。

⑧输入表格内容。“格式”状态下录入表格内容，如图 10－8 所示。

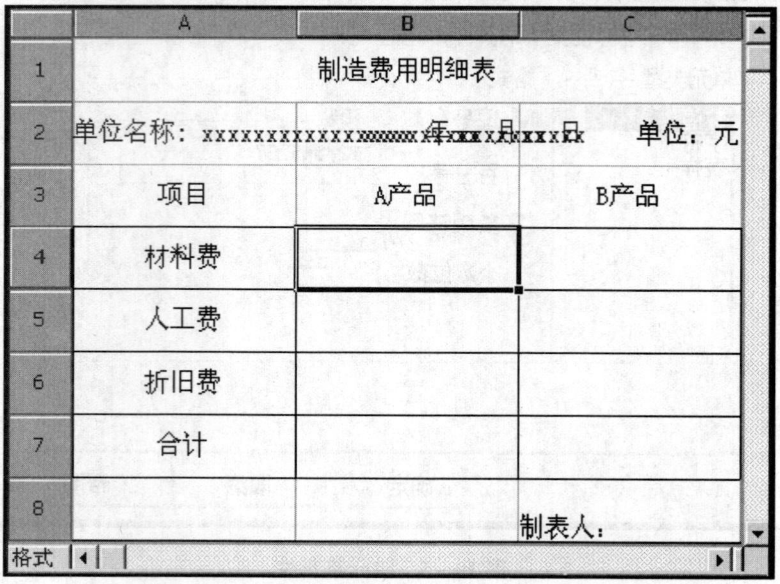

图 10－8　制造费用明细表

(3) 定义报表公式。

①打开定义公式对话框。单击 B4 单元，即“A 产品材料费”的单元，执行“数据”|“编辑公式”|“单元公式”命令（或单击“fx”按钮），打开定义公式对话窗口。

②选取函数。单击“函数向导”按钮，打开函数向导对话窗口，在“函数分类”列表框中选择“用友账务函数”选项，在“函数名”列表框中选择“发生（FS)”选项，如图 10－9 所示。

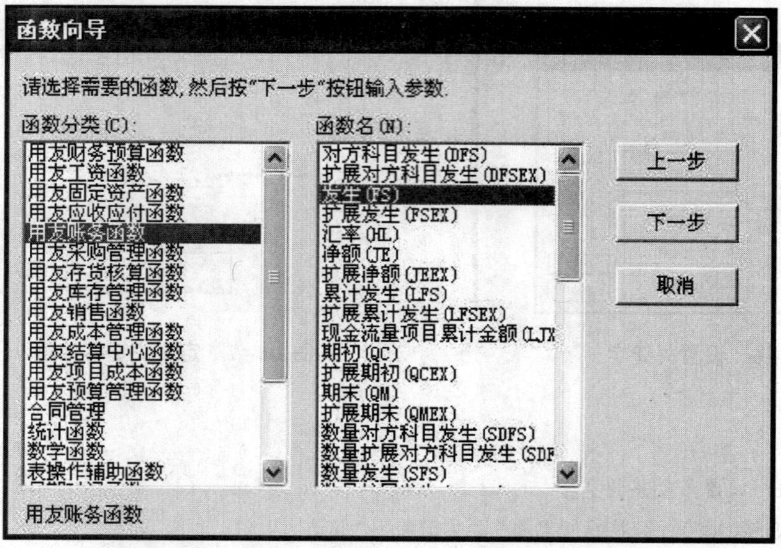

图 10－9　函数向导

③打开账务函数窗口。单击“下一步”按钮，打开用友账务函数对话窗口，单击“参照”按钮，打开账务函数参照对话框，科目选择“510101”，期间选择“月”，方向选择“借”，部门编码为“一车间”，项目编码为“A 产品”，如图 10－10 所示。

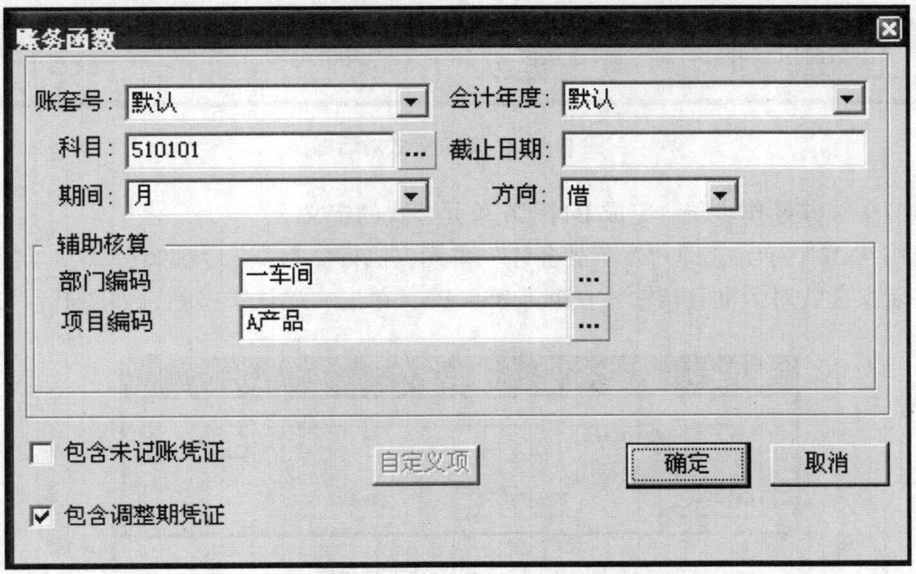

图 10－10　账务函数参照窗口

④单击“确定”按钮，返回用友账务函数对话框，如图 10－11 所示。

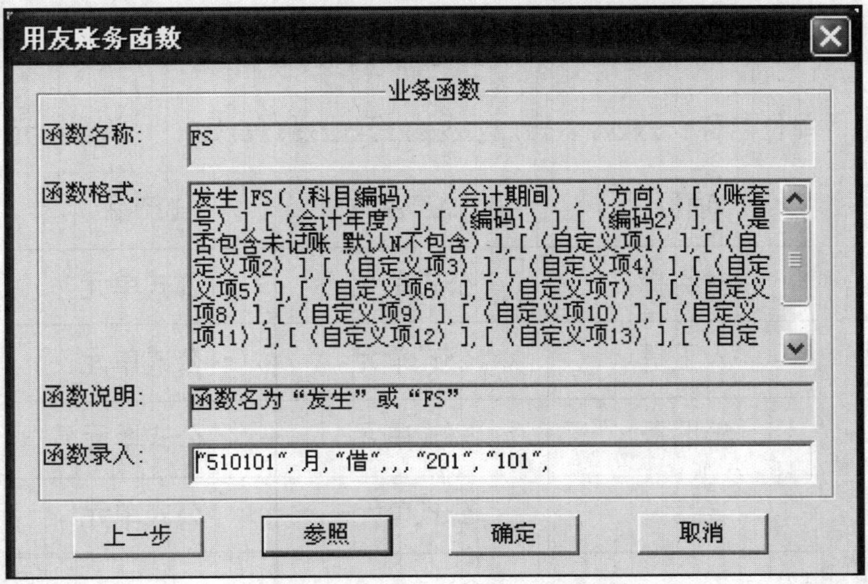

图 10－11　用友账务函数对话框

⑤单击“确定”按钮，返回定义公式对话框，如图 10－12 所示。单击“确认”完成操作。

图 10－12　定义公式对话框

⑥重复①～⑤操作步骤，完成 B4：C6 单元公式的定义。

⑦选中“B7”单元，即“A 产品合计”单元，执行“数据”|“编辑公式”|“单元公式”命令。在定义公式对话框直接输入：B4＋B5＋B6，单击“确认”按钮，如图 10－13 所示。

图 10－13　定义公式对话框

⑧运用同样方法，设置 C7 单元公式，结果如图 10－14 所示。

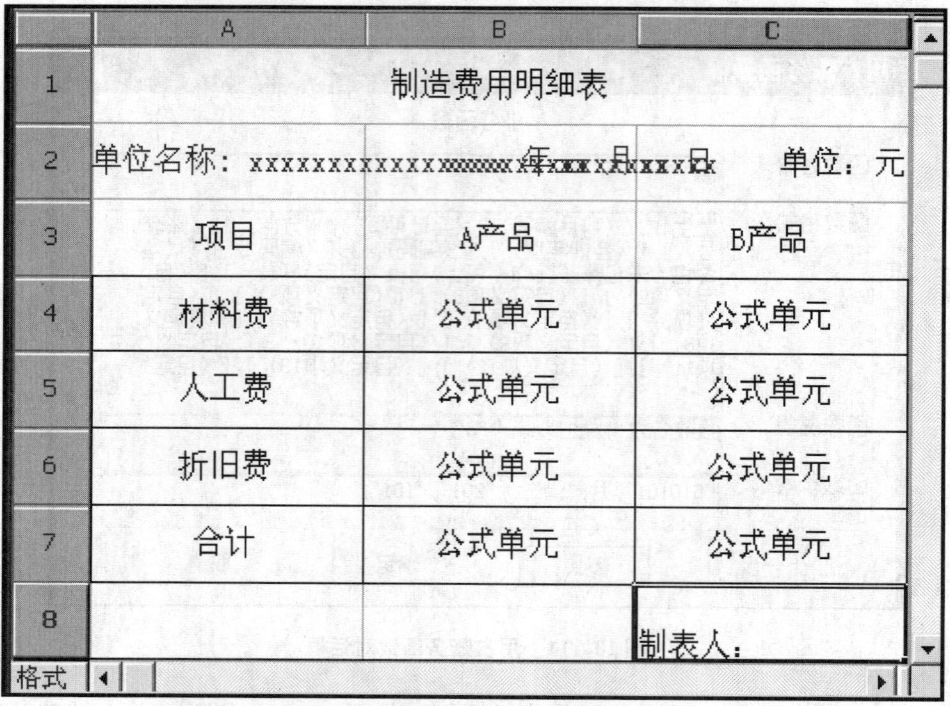

图 10－14　制造费用明细表窗口

提 示

输入单元公式时要使用半角字符。

（4）生成报表数据。

①切换报表状态。在报表“格式”状态下，单击窗口左下角的“格式”按钮，切换为“数据”状态。

②录入关键字。执行“数据”|“关键字”|“录入”命令。录入单位名称：“新宇股份有限公司”，年度：“2019”，月份：“1”，日期：“31”，如图 10－15 所示。

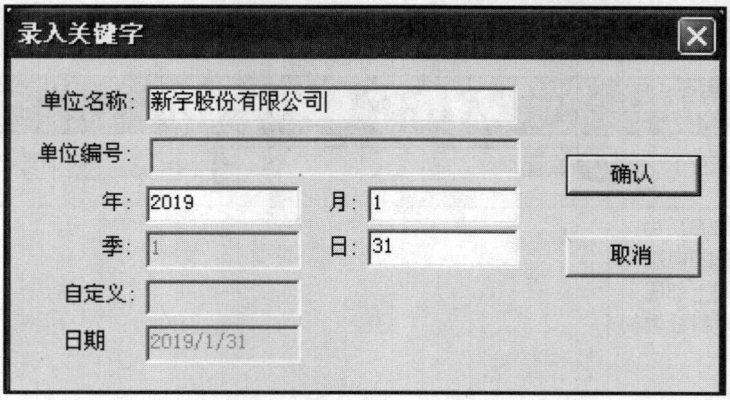

图 10－15　录入关键字

③生成报表。单击“确认”，系统提示“是否重算第 1 页？”，单击“是”即可生成制造费用明细表，如图 10－16 所示。

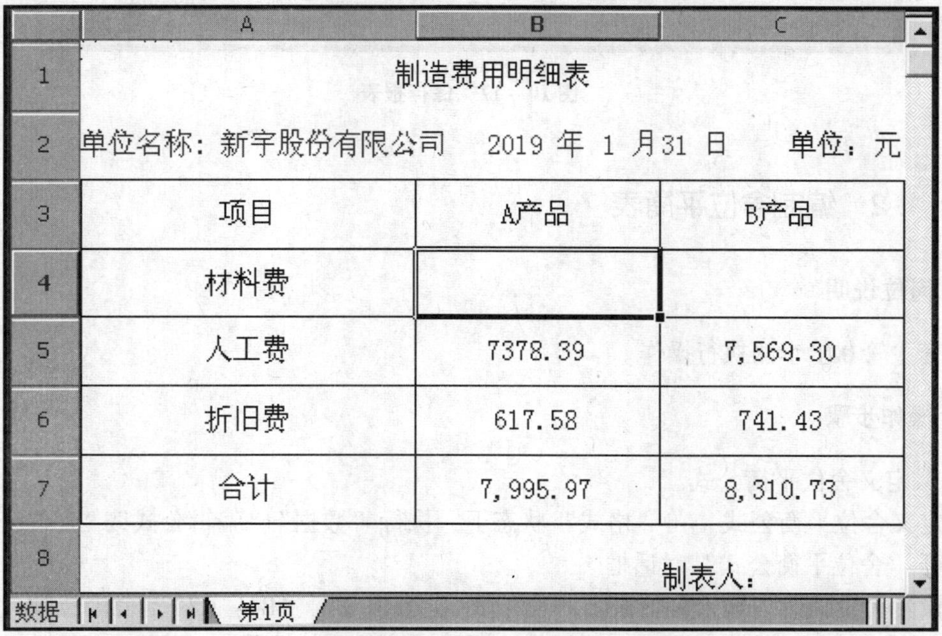

	A	B	C
1	制造费用明细表		
2	单位名称：新宇股份有限公司	2019 年 1 月31 日	单位：元
3	项目	A产品	B产品
4	材料费		
5	人工费	7378.39	7,569.30
6	折旧费	617.58	741.43
7	合计	7,995.97	8,310.73
8			制表人：

数据　第1页

图 10－16　制造费用明细表

提 示

- 报表数据处理必须在“数据”状态下进行。
- 如需增加表页可在“数据”状态下执行“编辑”|“追加”|“表页”命令，一张报表，最多可管理99 999张表页，但演示版最多为4页。
- 每一张表页均对应不同的关键字，日期关键字可以确认报表数据取数的时间范围。
- 对表页的查找、排序、汇总等管理均在“数据”状态下完成。

(5) 保存报表。执行“文件”|“另存为”命令。打开“另存为”对话框，设置“保存位置”为“桌面”；“文件名”为“制造费用明细表”；选择文件类型为“＊.rep”，单击“另存为”，完成操作，如图10－17所示。

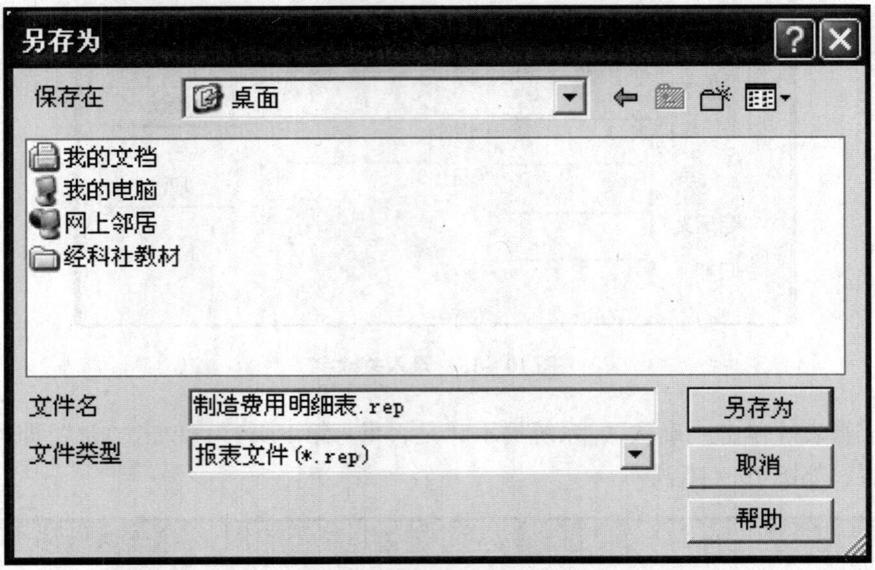

图10－17 保存报表

10.1.2 编制舍位平衡表

☞ **岗位说明**

账套主管001李丽执行操作。

☞ **操作步骤**

(1) 定义舍位平衡公式。

①定义舍位平衡公式。在“格式”状态下，执行“数据”|“编辑公式”|“舍位公式”命令。打开“舍位平衡公式”对话框。

②设置舍位信息。输入舍位表名“舍位表”，舍位范围“B4：C7”，舍位位数“3”，平衡公式“B7＝B4＋B5＋B6，C7＝C4＋C5＋C6”，如图10－18所示。单击“完成”按钮。

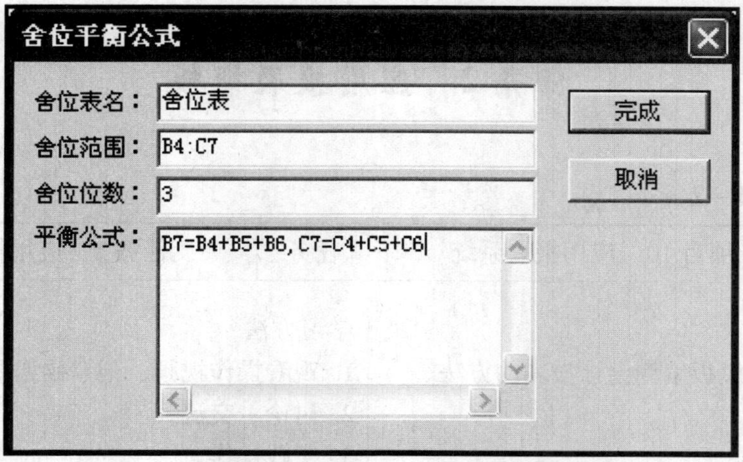

图10－18　舍位平衡公式对话框

提 示

- 舍位平衡公式通常在汇总数据时使用，可将以“元”为单位的报表数据转换为以“千元”或“万元”为单位的数据。
- 设置舍位信息要使用半角字符。
- 设置平衡公式可用“+”“-”符号，不能使用其他运算符号。

（2）生成舍位平衡表。

①切换报表状态。将报表切换至“数据”状态。

②执行舍位平衡。执行“数据”|“舍位平衡”命令，如图10－19所示。

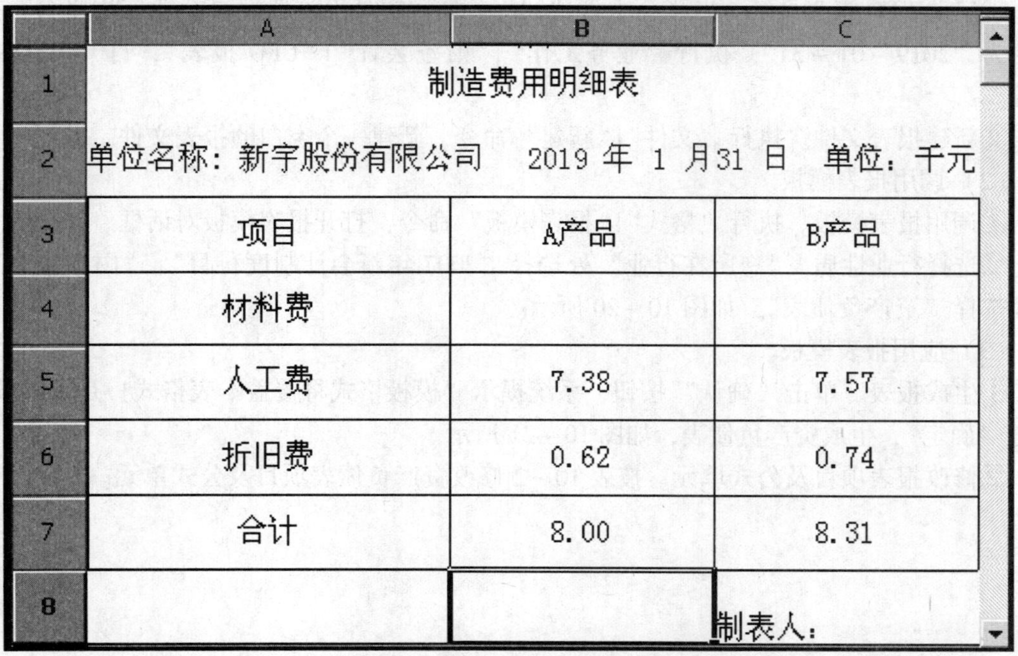

	A	B	C
1	制造费用明细表		
2	单位名称：新宇股份有限公司	2019 年 1 月31 日	单位：千元
3	项目	A产品	B产品
4	材料费		
5	人工费	7.38	7.57
6	折旧费	0.62	0.74
7	合计	8.00	8.31
8			制表人：

图10－19　舍位平衡表

任务2　应用报表模板

任务单10－2

项目	项目10　应用报表系统	任务	任务2　应用报表模板
学习目标 掌握应用报表模板编制会计报表的方法。		学习方法 1. 观看操作视频，记录操作要点； 2. 讨论、交流； 3. 实践操作。	
学习任务 利用报表模板编制新宇股份有限公司2019年1月31日资产负债表。			

☞ **岗位说明**

账套主管001李丽执行操作。

☞ **操作步骤**

（1）创建报表文件。

①启动UFO报表系统。以账套主管“001李丽”的身份注册登录企业应用平台，操作日期为“2019－01－31”。执行“业务工作”|“财务会计”|“UFO报表”，打开UFO报表系统。

②新建报表文件。执行“文件”|“新建”命令，新建一个空白的报表文件。

（2）调用报表模板。

①调用报表模板。执行“格式”|“报表模板”命令，打开报表模板对话框。

②选择行业性质。“您所在行业”处选择“2007年新会计制度科目”，“财务报表”类型处选择“资产负债表”，如图10－20所示。

（3）应用报表模板。

①生成报表。单击“确认”按钮，系统提示“模板格式将覆盖本表格式！是否继续?”，单击“确定”，生成资产负债表，如图10－21所示。

②修改报表项目及公式单元。按表10－2修改资产负债表项目及公式单元。

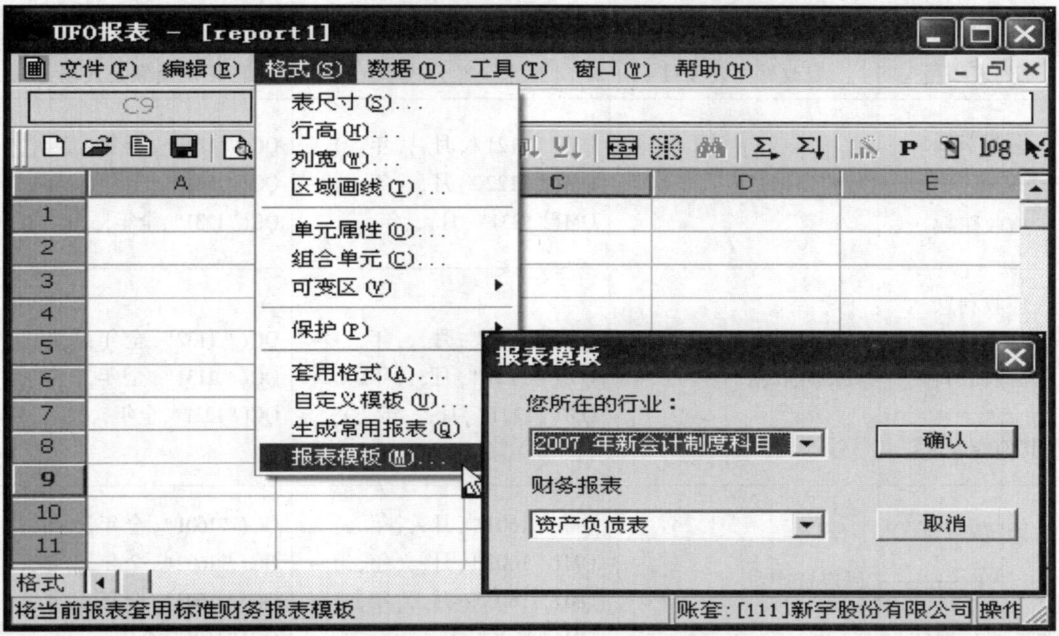

图 10－20 调用报表模板

图 10－21 资产负债表窗口

表 10－2　　资产负债表调整项目及公式单元

原列表项目	修改后类表项目	期末余额公式单元	年初余额公式单元
应收票据 应收账款	应收票据及应收账款	QM("1121",月,,,年,,)＋ QM("1122",月,,,年,,)－ QM("1231",月,,,年,,)	QC("1121",全年,,,年,,)＋ QC("1122",全年,,,年,,)－ QC("1231",全年,,,年,,)
应收利息 应收股利 其他应收款	其他应收款	QM("1132",月,,,年,,)＋ QM("1131",月,,,年,,)＋ QM("1221",月,,,年,,)	QC("1132",全年,,,年,,)＋ QC("1131",全年,,,年,,)＋ QC("1221",全年,,,年,,)
固定资产 固定资产清理	固定资产	QM("1601",月,,,年,,)－ QM("1602",月,,,年,,)－ QM("1603",月,,,年,,)＋ QM("1606",月,,,年,,)	QC("1601",全年,,,年,,)－ QC("1602",全年,,,年,,)－ QC("1603",全年,,,年,,)＋ QC("1606",全年,,,年,,)
在建工程 工程物质	在建工程	QM("1604",月,,,年,,)＋ QM("1605",月,,,年,,)	QC("1604",全年,,,年,,)＋ QC("1605",全年,,,年,,)
应付票据 应付账款	应付票据及应付账款	QM("2201",月,,,年,,)＋ QM("2202",月,,,年,,)	QC("2201",全年,,,年,,)＋ QC("2202",全年,,,年,,)
应付利息 应付股利 其他应付款	其他应付款	QM("2231",月,,,年,,)＋ QM("2232",月,,,年,,)＋ QM("2241",月,,,年,,)	QC("2231",全年,,,年,,)＋ QC("2232",全年,,,年,,)＋ QC("2241",全年,,,年,,)
长期应付款 专项应付款	长期应付款	QM("2701",月,,,年,,)－ QM("2702",月,,,年,,)＋ QM("2711",月,,,年,,)	QC("2701",全年,,,年,,)－ QC("2702",全年,,,年,,)＋ QC("2711",全年,,,年,,)

（4）生成资产负债表数据。

①切换状态。单击报表左下角的状态切换按钮，将“格式”状态切换成“数据”状态。

②录入关键字。执行“数据”|“录入关键字”命令，在“录入关键字”窗口中“年”录入“2019”，在“月”录入“1”，在“日”录入“31”。

③计算报表数据。单击“确认”按钮，出现“是否重算第一页?”的提示窗口，单击“是”，系统会自动计算报表中的数据，如图 10－22 所示。

资产负债表

会企01表

编制单位：新宇股份有限公司　　2019 年　1 月　31 日　　单位：元

资　产	行次	期末余额	年初余额	负债和所有者权益（或股东权益）	行次	期末余额	年初余额
流动资产：				流动负债：			
货币资金	1	251,417.75	153,500.00	短期借款	32	100,000.00	100,000.00
交易性金融资产	2			交易性金融负债	33		
应收票据及应收账款	3	198,396.00	220,400.00	应付票据及应付账款	34	64,612.00	30,392.00
其他应收款	4		1892.00	其他应付款	35	666.67	
预付款项	5	5,000.00		预收款项	36		
	6			应付职工薪酬	37	3,330.00	
	7			应交税费	38	25,386.49	
持有待售资产	8				39		
存货	9	237,512.33	322,930.00		40		
一年内到期的非流动资产	10			持有待售负债	41		
其他流动资产	11			一年内到期的非流动负债	42		
流动资产合计	12	692,326.08	698,722.00	其他流动负债	43		
非流动资产：				流动负债合计	44	193,995.16	130,392.00
可供出售金融资产	13			非流动负债：			
持有至到期投资	14			长期借款	45		
长期应收款	15			应付债券	46		
长期股权投资	16			长期应付款	47		
投资性房地产	17				48		
固定资产	18	320,675.32	323,689.00	预计负债	49		
在建工程	19			递延所得税负债	50		
	20			其他非流动负债	51		
	21			非流动负债合计	52		
生产性生物资产	22			负债合计	53	193995.16	130392.00
油气资产	23			所有者权益（或股东权益）：			
无形资产	24			实收资本（或股本）	54	650,000.00	650,000.00
开发支出	25			资本公积	55		
商誉	26			减：库存股	56		
长期待摊费用	27			盈余公积	57	174,000.00	174,000.00
递延所得税资产	28			未分配利润	58	-4,993.76	68,019.00
其他非流动资产	29			所有者权益（或股东权益）合计	59	819,006.24	892,019.00
非流动资产合计	30	320675.32	323689.00				
资产总计	31	1013001.40	1022411.00	负债和所有者权益（或股东权益）总计	60	1,013,001.40	1,022,411.00

图 10－22　2019 年 1 月 31 日资产负债表

（5）保存报表

执行“文件”|“另存为”命令。打开“另存为”对话框，设置“保存位置”为“桌面”，“文件名”为“资产负债表”，选择文件类型为“＊.rep”，单击“另存为”，完成操作。

提　示

- 第一次调用报表模板生成资产负债表之后，需要检查资产负债表中每个项目取数是否正确，资产合计是否等于负债加所有者权益合计。如有错误可在“格式”状态下修改报表模板中的公式单元。
- 2018 年 6 月，财政部对财务报表格式进行了调整，因此操作时需要对报表模板中的列表项目及公式单元进行调整。
- 切换成“数据”状态后，如果在某个单元中出现“##########”，表明这个单元的列宽不够，加大列宽后就可以显示完整的数据。

项目总结

运用用友软件既可以根据业务需求设计定义报表，也可以直接调用系统预置的常用报表模板编制报表，其编制流程如图10－23所示。

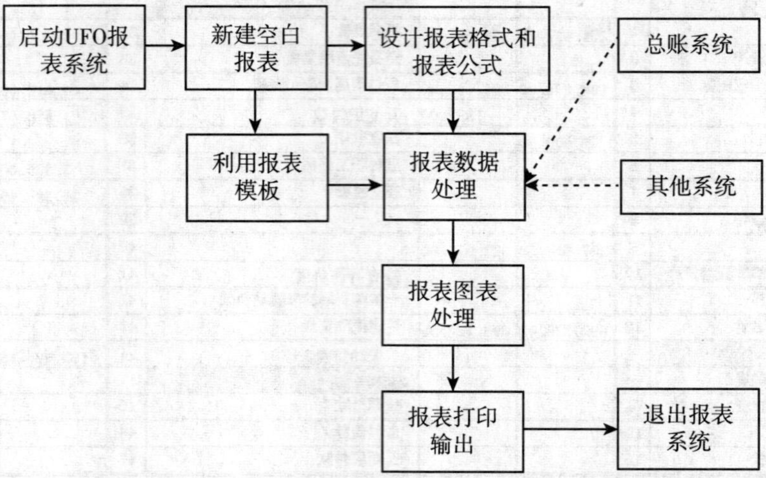

图10－23　UFO报表业务处理流程

参考文献

[1] 牛永芹，刘大斌. ERP 财务管理系统实训教程 [M]. 2 版. 北京：高等教育出版社，2017.

[2] 钟爱军，徐亚文. 会计信息化应用教程 [M]. 3 版. 北京：科技出版社，2014.

[3] 李宏伟. ERP 软件操作实务 [M]. 1 版. 大连：东北财经大学出版社，2012.

[4] 甘玲俐. 会计电算化 [M]. 2 版. 北京：清华大学出版社，2017.